福建省石狮市

永宁镇志

永宁镇志编纂委员会 编

图书在版编目（CIP）数据

永宁镇志 / 《永宁镇志》编纂委员会编. --北京：方志出版社，2016.8
ISBN 978-7-5144-2071-5

Ⅰ.①永… Ⅱ. ①永… Ⅲ. ①乡镇-地方志-石狮 Ⅳ. ①K295.75

中国版本图书馆CIP数据核字（2016）第216399号

永宁镇志

编　　者：石狮市永宁镇地方志编纂委员会
责任编辑：王　俊
出 版 人：冀祥德
出 版 者：方志出版社
地址 北京市朝阳区潘家园东里9号（国家方志馆4层）
邮编 100021
网址 http://www.fzph.org
发　　行：方志出版社发行中心
电话（010）67110500
经　　销：各地新华书店
印　　刷：福州远榕印刷有限公司
开　　本：889×1194　1/16
印　　张：32
字　　数：575千字
版　　次：2016年8月第1版　2016年8月第1次印刷
印　　数：0001～1500册
ISBN 978-7-5144-2071-5　定价：358.00元

ISBN 978-7-5144-2071-5

中国历史文化名街——永宁老街

永宁古卫城小东门城楼及部分城墙修复工程竣工揭牌仪式

全国重点文物保护单位——姑嫂塔

隋朝慈航庙

虎岫禅寺

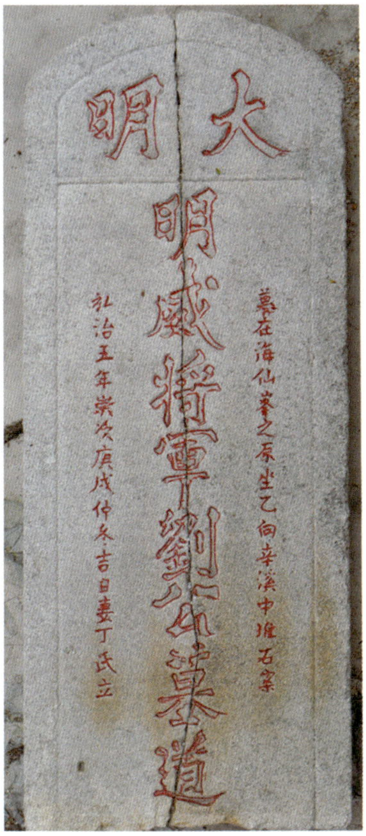

永宁卫右所镇抚明威将军刘瑛墓道碑

镇海石

永宁卫万户侯千君俨峰德政碑

永宁卫抚军王鳌峰德政碑

元代摩崖石刻海天一色

明代永宁卫地图 下为永宁卫下属5个守衛千户所遗址

重建的福全所城西门

崇武所城西门

金门所城北门

残存的中左所城墙

高浦所城墙残迹

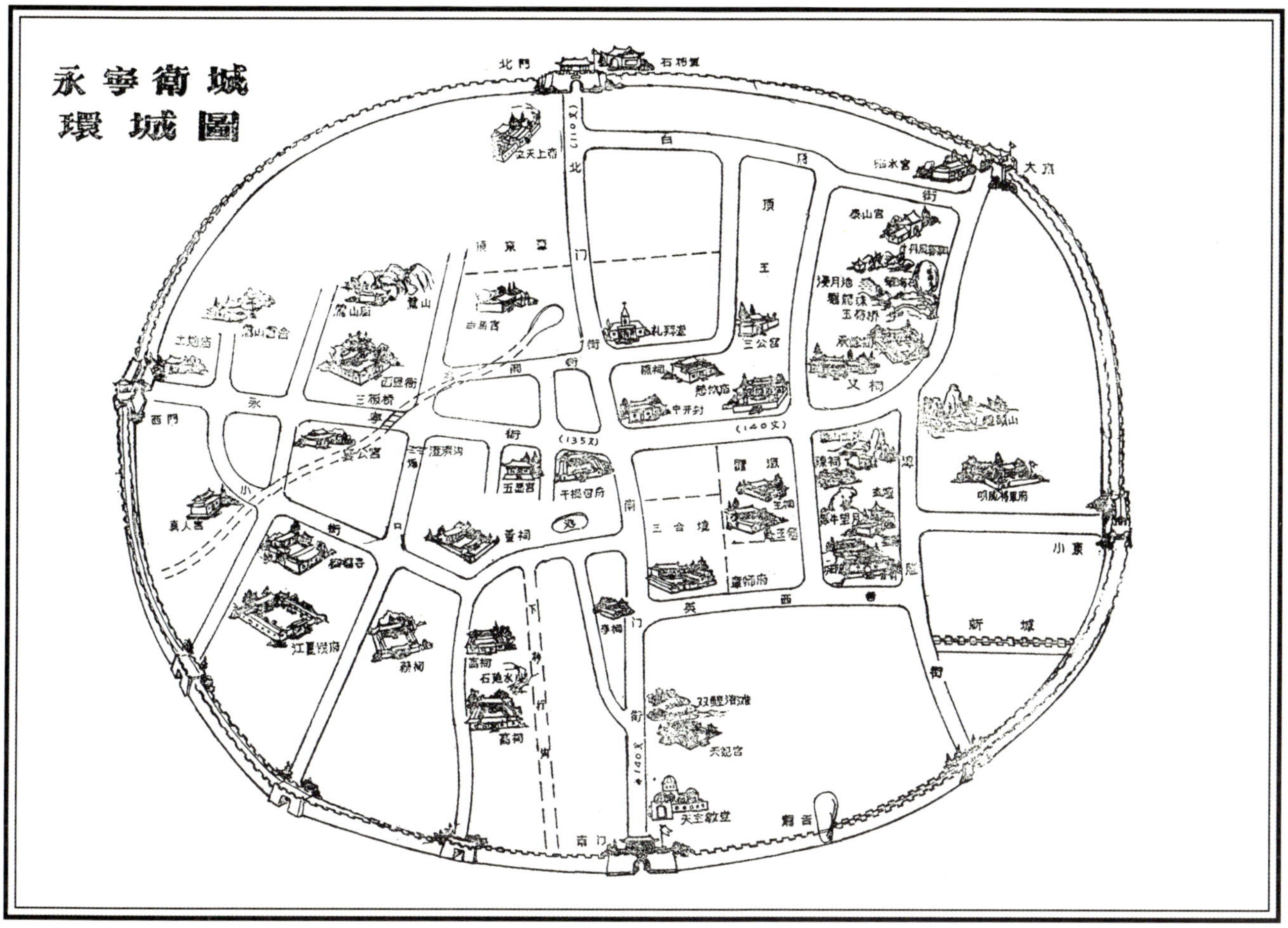

城隍庙前的清代古炮

永宁出土的明代古炮，现保存于泉州海交馆

鳌西平浪侯古庙

卫城中所千户陈继将军府遗址

干八秃·帖木儿指挥使司遗址

詹都督府遗址

福建省文物保护单位——永宁城隍庙

永宁古卫城暨城隍文化节

大夫第

日茂行先祖林振嵩

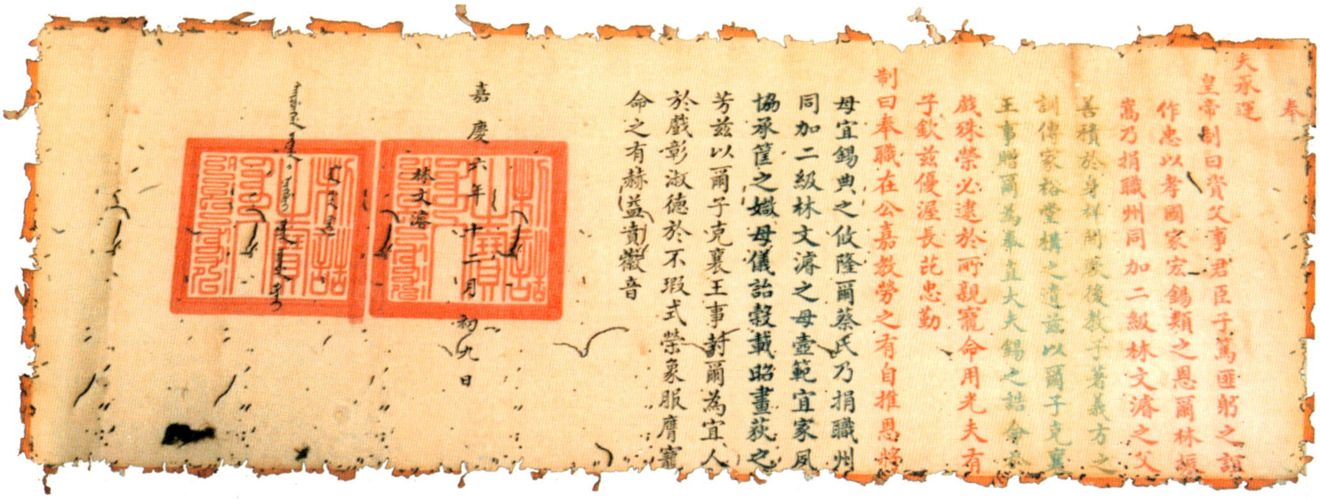

奉
天承運
皇帝制曰資父事君臣子篤匪躬之誼
作忠以孝國家宏錫類之恩爾林振
嵩乃捐職州同加二級林文濬之父
善積於身祥開厥後教子著義方之
訓傳家裕堂構之遺茲以爾子克襄
王事贈爾為奉直大夫錫之誥命於
戲殊榮必逮於所親寵命用光夫有
子欽茲優渥長芘忠勤
制曰奉職在公嘉敎勞之有自推恩將
母宜錫典之攸隆爾蔡氏乃捐職州
同加二級林文濬之母壼範宜家夙
協承筐之媺母儀詒穀載昭畫荻之
芳茲以爾子克襄王事封爾為宜人
於戲彰淑德於不瑕式榮象服膺寵
命之有赫益賁徽音
嘉慶六年十二月初九日

圣旨

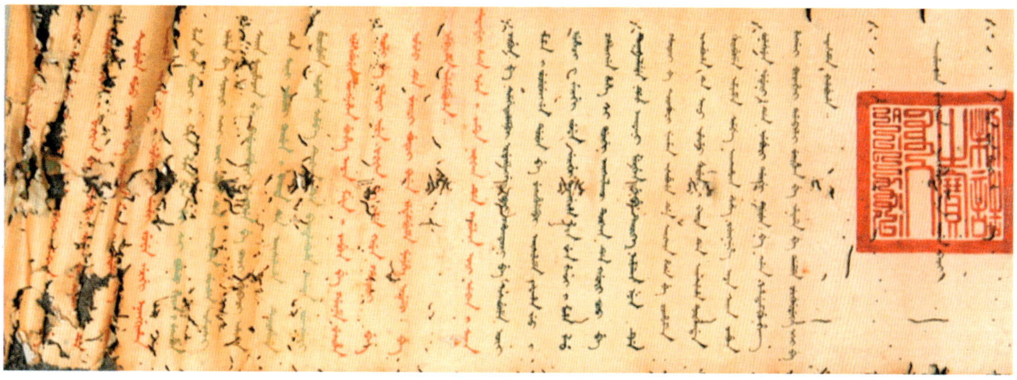

圣旨中的满文部分

1940 年 7 月 16 日，遭日寇轰炸的“贻庆楼”

永宁“七・一六”蒙难纪念碑

永宁各界人士纪念“七・一六”惨案

1940年8月，刊登于日本《写真画报》记录日军“七·一六”入侵永宁的照片

李子芳烈士

时任新四军政治部组织部长李子芳（图中站立者）在新四军第一次党代会上作报告

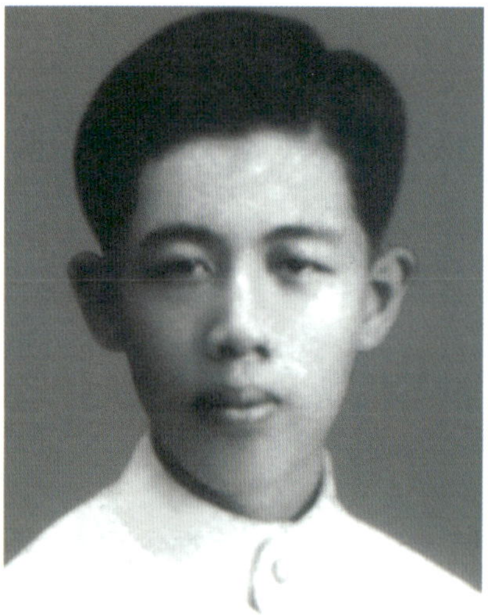

董云阁烈士

李子芳烈士纪念馆

董云阁烈士故居

董云阁烈士墓

永梅路商业街

石永路

石永二路

对台贸易码头——梅林码头

台商投资区

建设中的梅林国家一级渔港

鳌水书院

莺山书院

行实小学、幼儿园

永宁中心幼儿园

永宁中学

银江华侨学校

永宁中心小学

梅林小学

美丽乡村——永宁镇前埔村

美丽乡村——永宁镇郭坑村

2007 年 12 月，福建省人民政府为菲华各界联合会主席卢祖荫树碑表彰。

1990 年 4 月，由菲律宾商联总会理事长董尚真（前排左 3）带领的菲律宾商总访问团到石狮访问受到石狮市领导的热烈欢迎。

1992 年 4 月，旅菲华侨郑周敏回到石狮家乡，受到市政府和乡亲的热烈欢迎。

军旅作家白刃创作的话剧《兵临城下》演出后，周总理和领导同志与演职人员合影（前排右三白刃）

受总政表彰的梅林民兵营进行传统教育。

全国三八红旗手、拥军模范李乌谅在军营。

黄金海岸

中骏黄金海岸

天然浴场——红塔湾

观音山神韵

守望

展翅

千年神龟

子英村贻谋堂

永宁黄氏古厝

金埭村黄念忆故居

港边村佘煌投古大厝

后杆柄村六也亭

永宁宁东楼

永宁汉林楼

沙美村万安楼

陷城洗街古俗

妆糕人

中秋“烧塔仔”习俗

元宵节　南音演奏

鳌城谜会

永寧古鎮全鎮旅游導覽圖
姑嫂塔
朝天寺
虎岫禅寺
后杆柄村
杨家大院
西偏村
塔石村
石永路
塔石村隘门
前埔美丽乡村
杨厝古厝群
大帝
洋厝村
沙溪古井路
李子芳故居
西岑村
联荣同居
子英万芳楼
立城楼
子英村
万安楼
贻谋堂
沙美狮阵
沙美村加油站
永宁镇行政服务中心
永宁中学
海天一色
郭坑农场
慧源禅寺
郭坑回族村
新沙堤村
新沙堤
红塔湾
沿海大通道
黄金大道
车头
沙堤村
信义宗园
福利院
正源农场
洛伽寺
观音山
永宁卫青年旅舍
永宁卫城
城隍庙
城门
港边村
黄金海岸
衙口
虎安角
梧林渔港
梧林村
梧林码头
外高村
贻庆楼

永寧古衛城游覽導圖
寺庙
古民居
宗祠家庙
配图建筑
黄金大道（往红塔湾、黄金海岸、观音山）
石狮
石永路
东门（已毁）
北门（已毁）
南门（已毁）
小东门
镇海石
泰山夫人宫
杏仔爷宫
迎薰楼
拱北楼
太原衍派楼
太原楼
观潮楼
王氏番仔楼
董氏番仔楼
幼儿园
三清宫
陈氏宗祠
陈氏番仔楼
慈航庙
象山土地庙
宁东楼
陈氏古大厝
玄坛宫
城隍庙后门
城隍庙
石将军
真武殿
四王府
中开坊
金甲代巡
伍盟府
小东门土地庙
南门土地庙
天妃宫
李氏祠堂
高氏祠堂
下宫古厝群
火神爷宫
萧王府
梅福寺
菜市场
车头
保生大帝
六王爷府

《永宁镇志》目录

卷一　地理篇

卷二　经济篇

卷三 政治篇

卷四 文化篇

卷五　社会篇

卷六 人物篇

附 录

序

盛世修志，继往开来。《永宁镇志》经编修人员 6 年来的辛勤劳作，终于出版问世，这是一件很值得庆贺的事！

习近平同志说：“历史是最好的教科书。”一个地区的政治、经济、社会文化及地情发展状况最权威的资料就是地方志书。它可以为各级领导干部和社会各界人士参与党的建设和经济社会发展实践活动提供历史借鉴、智力支持。这是任何书刊都不可替代的资政和资治的参考书籍。

永宁是历史文化古镇，在地理上具有重要的战略地位。据史料记载，永宁古卫城建于明洪武二十年（1387 年），为当时东南沿海第一大卫城。由于历史文化积淀的深厚，如今永宁古城内遗存的文物古迹极其丰富，较著名的有古卫城遗址、老街，城隍庙和镇海石等，以及一大批明清时期的摩崖石刻，加上优美漫长的海岸线，青山绿水、碧海蓝天的生态环境，为永宁镇发展文化旅游产业提供了优越而丰厚的条件。当前，镇党委、镇政府在市委、市政府的正确领导下，认真贯彻落实“质量石狮、二次创业”和全域城市化的战略部署，围绕“永宁旅游风情小镇”的发展定位，锐意进取，真抓实干，全力推进滨海历史文化名镇建设。

《永宁镇志》内容丰富，涉及永宁的地理、经济、政治、文化、社会和人物等方面。每一卷皆引用大量的文献资料，不仅丰富了记述内容，而且增强了志书的学术性。

《永宁镇志》记载了千年来永宁的变迁。有史有事、脉络清晰，详近略古，再现了永宁深厚的历史文化底蕴，闪耀着独具永宁特色的光辉。读读志史，可叫人温故而知新，能使民族美德代代相传。相信每一个永宁人，读一读这部永宁镇志，一定会开卷有益。

《永宁镇志》的成书实乃众望所归、民心所盼。我们可透过书中古代永宁人浴血卫国保家的感人篇章，瞻仰前人的功绩，同时藉着所记录的海内外永宁人艰苦奋斗的脚迹，激励今人进一步开拓创业的决心。我们相信在这 28.6 平方公里的土地上，展示出的是日新月异的新貌，传承的是那古卫城不朽的精神，让我们与古卫共崛起，与永宁同追梦，去创造永宁更加美好的明天！

中共永宁镇委员会书记 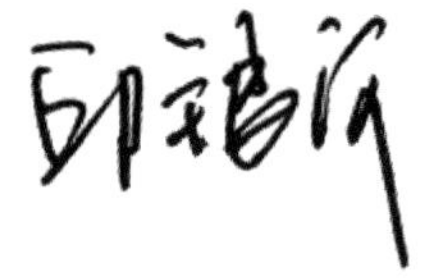

永宁镇人民政府镇长 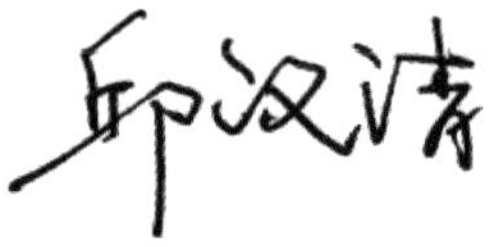

前任领导　　书记 

镇长 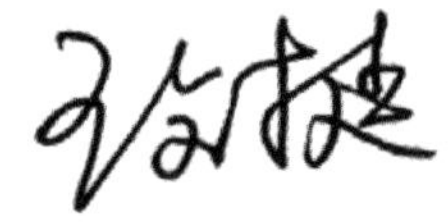

凡　例

一、本志书系永宁镇首部社会主义新方志，以马克思主义为指导，力求运用辩证唯物主义和历史唯物主义的立场、观点和方法，全面、客观、实事求是地记述永宁镇的历史与现状。

二、本志所述内容贯通古今，立足当代，薄古厚今，时间上限起自事物发端，溯源述流，下限至2010年，部分延伸至2015年，大事记则延续至2016年6月付印之时。

三、本志卷首设照片、序言、概述、大事记，正文由卷、章、节、目四个层次组成，分6卷30章。卷后设“附录”收录历代重要文献。

四、本志正文以语体文记述。各种符号依照国家公布的现行规范。年代一律采用公元纪年。中华人民共和国成立前采用朝代年号括注公元纪年。

五、本志记述人物遵循“生不立传”原则。凡对社会有较大影响的本镇籍者，予以立传。凡符合入志仍健在者，列入人物简介。按一定规格收录古今本镇籍人名，列表记载。人物传排列以传主生年先后为序。

六、本志记述地域以1961年设立的永宁公社行政区域为准，此前曾属永宁者一般不作记述。确因需要记述者作括号说明。

七、本志史料主要来自有关史籍、志书、文献、历史档案、报刊。石狮建市后的统计数据，大多以《石狮市统计年鉴》为准，或以镇政府档案及各村各单位提供的文字资料为依据。资料来源一般不注明出处。

概　述

永宁镇位于福建省泉州市石狮市东南突出部，东临台湾海峡，西倚宝盖山，南临深沪湾。全镇总面积28.6平方千米，下辖4个社区居委会、20个行政村。常住人口4.6万人，外来人口2.5万人。永宁籍海外侨胞及港、澳、台同胞5万多人。

史籍记载，永宁古称“水澳”，又称“水湾”。唐称“高亭”，宋称“凉恩亭”。明称“永宁卫”。唐宋年间已是晋江县辖下的一处海滨繁盛之地。南宋乾道八年（1172年），为防“毗舍耶”海盗，在此建水寨，称“永宁寨”，寓永保安宁之意。明洪武二十年（1387年）为抵御倭寇，朝廷在此置永宁卫，建卫城以作东南海防屏障，下辖崇武、福全、金门、高浦、中左（今厦门）五个守御千户所。明嘉靖年间（1522年～1566年），永宁卫曾多次遭受来自日本倭寇的侵扰，其中两次被攻陷城池，军民奋争而死伤殆尽。清顺治四年（1647年）四月十五日，清兵为镇压郑成功部将林顺而攻入永宁卫城，劫杀乡民，死者不计其数。1940年7月16日，日本侵略者在飞机掩护下，分三路登陆永宁古镇，制造骇人听闻的“七·一六惨案”。日本侵略者所到之处，烧杀奸淫，惨极一时。1944年，永宁设镇，隶属晋江县。1987年12月，经国务院批准，析晋江县石狮、蚶江、永宁3镇和祥芝乡，置石狮市，永宁归石狮市管辖。

永宁镇三面临海，半岛形的山川形胜决定了其突出的战略位置。自古以来，永宁就是福建东南沿海的军事要冲，抗击外侮、固边靖海、保家卫国的斗争从未停止过。战火洗劫给永宁人们带来深重的灾难，但也煅造了永宁人顽强不屈、团结互助的品格。在奋勇抗击外来侵略、建设美好家园的斗争实践中，永宁军民同仇敌忾、并肩战斗，屡次击败来犯之敌，保障了闽东南大部地区的和平与安定，孕育了坚忍不拔、团结一心、守望相助、尚武重义、敢拼敢赢的卫城文化，涌现出一位位令人钦慕的慷慷壮烈之士。明弘治年间，永宁卫镇抚尤天爵率军民多次击溃倭寇的轮番进攻，最后因得不到增援，卫城沦陷，以身殉国。隆庆年间，都指挥佥事王世实随俞大猷于广东会剿倭寇，屡建功勋，后在龙眼沙海一役激战中壮烈牺牲。从嘉靖四十一年（1562 年）至隆庆元年（1567 年），五年间，戚继光曾五次驰援永宁，立下不朽功勋。明代中期，永宁梅林村黄克缵，少时深受倭患之害，后曾任刑部尚书、工部尚书、吏部尚书，兵部尚书，他为官清廉，不惧权势，敢于为民请命。史书上称他“与民裁阔狭、蠲烦苛，惠政甚著。”明末，沙堤村董友（永宁民间称之为董酋姑），是民族英雄郑成功的贤内助，内育子女，外辅大政。,《台湾通史》称颂她：“勤俭恭谨，日率姬妾婢妇纺织，并制甲胄诸物，以佐军用……每与军事，多所匡辅。王薨后，时诫子孙，抚恤民庶，厚养将士，毋坠先业，故台人咸受其惠。”近现代以来，永宁人救亡图存，为国纾难的情怀薪火相传。岑兜村归侨烈士李子芳曾任新四军政治部组织部部长，全心投入抗日工作为抗击日本侵略者做出卓越贡献。永宁归侨烈士董云阁，为了国家和民族解放，积极参加革命，牺牲时年仅 24 岁。

中华人民共和国成立后，永宁人民秉承先贤爱国爱乡精神，励志图强，奋发有为，在商业、科技、政治、文化、军事等诸多领域人才辈出。港边人李爱珍从事半导体材料研究取得重大成就，当选美国科学院外籍院士，是中国第一代化合物半导体女科学家。前埔村人蔡英挺上将，现任中国人民解放军军事科学院院长，为中共第十八届中央委员。卢文端、卢温胜、李贤义、施展熊、姚志胜、李欲晞等 6 人先后荣任全国政协委员。永宁军旅作家白刃，以其话剧《兵临城下》（后改编电影）等作品在国内外享有盛名。

永宁依山傍海，风光旖旎，旅游资源丰富，且因历史悠久，存留大量的文物古迹。据《永宁卫志》载，永宁原有内十景、外八景，并有东西庵、五大庙等宏伟建筑，可惜屡遭劫难，损毁甚多。20 世纪 90 年代建设的“黄金海岸”，为集游、食、住、购、娱于一体的滨海旅游度假区，是福建省十大重点旅游景区之一。至 2013 年，全镇除了有中国历史文化名街永宁老街、全国重点文物保护单位姑嫂塔、省级文物保护单位永宁城隍庙外，还有虎岫寺摩崖石刻、永宁卫石刻、李子芳烈士故居、董云阁烈士故居、明代武探花陈有纲墓、慈航庙、“七・一六蒙难纪念碑”、岑兜古盐场等 8 处石狮市级文物保护单位。此外，还有洛伽寺、朝天寺、慧源寺等较大型的宗教建筑群，以及布满各种酷肖珍禽异兽嶙峋怪石的观音山。永宁还拥有明、清、民国等不同时期的闽南古大厝及华侨民居建筑，有“天然闽南建筑博物馆”之称。

永宁是石狮市著名侨乡。侨胞旅居海外始于宋末元初，永宁《温陵董氏沙堤分派永宁宗谱》即有“十四世柳轩，开族吕宋‘大明街’”的记载。明初，永宁卫指挥使干八秃帖木儿曾率永宁部分官兵随郑和下西洋，并有8位将军因功受朝廷封爵。当时，曾有一些人留居海外。2003年6月，印尼前总统瓦希德经委托专家前来考察，确定永宁下宅村为其明初迁居印尼先祖陈金汉的祖籍地。有清以来，战乱频仍，天灾人祸，永宁人纷纷逃往东南亚国家。民国初期，永宁华侨在海外已成规模，且颇有建树，纷纷回乡建家立业，故有“金埭”、“银江”等富裕侨村的出现。现旅外侨亲以菲律宾居多，余者遍及新加坡、马来西亚、印度尼西亚、缅甸、澳大利亚及美洲等地。他们在海外胼手胝足，艰辛创业，甚多人在侨居地已成为颇有影响的侨领或工商界巨擘。如曾连任两届菲华商联总会理事长董尚真、菲律宾华侨善举总会董事长李逢梧、菲华体育总会理事长陈著远、晋江市旅菲同乡会理事长董光溪、曾任石狮市同乡总会理事长董伦意、菲华各界联合会主席卢祖荫、菲华企业界巨子蔡登錬，以及曾被誉为东南亚第二大富豪、已故的郑周敏等，乃侨领中的佼佼者，也是爱国爱乡的典范。他们捐助家乡兴办公益事业，致力于兴学助教、修桥造路、改造镇容村貌，其功绩有口皆碑。

永宁与台湾关系源远流长，很早以前就有永宁人前往发展。清初，郑成功率大军收复台湾，许多永宁人随军出征。顺治十八年（1661年），清政府颁布迁海令，强迫沿海居民内迁三十里，永宁境内诸多不愿内迁者，纷纷投奔台湾，从事农耕或经贸。乾隆四十九年（1784年），清政府批准蚶江与台湾鹿港对渡，使永宁与台湾的贸易从隐蔽到公开，商业及航运业随之得到发展。道光初年，永宁即设有海关，以管理往返船只，征收出入口税。当时，如日茂、霞源、永进、兴源、宝藏、东益等一些大商家，其商舶频繁往来于海峡两岸。清代台湾著名郊商、永宁人林元品，其“日茂”商行在鹿港首屈一指，且对鹿港、彰化的建设及公益贡献良多。至清末，永宁及梅林、沙堤往返于海峡两岸的商船达100多艘。永宁还设有厘金局，征收出入港商船的税款。此外，台湾鹿港鳌亭宫、台中灵兴宫的城隍亦系从永宁城隍祖庙“分灵”供奉。

1987年石狮建市以后，永宁乘着改革开放的春风，不断加大基础设施的建设力度，投资环境日臻完善。宽敞的水泥公路连接全镇24个村（居），沿海大通道贯通东部海岸。镇区距泉州青阳机场仅18千米，距福厦高速公路石狮或石狮北出口仅10千米，交通便利。2011年以来，永宁镇镇委、镇政府围绕“质量石狮”的战略部署，主动融入石狮发展大局，确定“打造滨海文化旅游城镇”的发展方向。编制《永宁古卫城控制性详细规划》，经济社会持续、健康、快速发展。2012年起，永宁镇连续四年成功举办“永宁古卫城暨城隍文化节”，吸引海内外数万游客来观光旅游，兴起一股新的旅游热潮。文化事业快速发展，涌现出太阳风文化促进会、雅韵艺术促进会、鳌城谜社、绿洲读书社永宁分社等多个文间社团，先后成立30多个教育促进会、济困助学基金会等一批优秀公益社团。全镇有大小工业企业近300家，其中规模以上企业39 家、纳税超百万企业31家，基本形成以服装面料、体育用品、食品五金为龙头的新兴支柱产业，以黄金海岸度假村为代表的旅游及第三产业，以滩涂养殖、海产品加工、农业基地为主导的现代农渔业的经济发展格局。

永宁镇2014年入选住建部、国家发改委等7部委共同确定的最新一批“全国重点镇”，并先后获 “全国生育关怀先进单位”“福建省文明乡镇”“福建省渔业十强镇”“福建省生态乡镇”“福建省卫生乡镇”“全国婚育新风进万家活动先进单位”等称号。郭坑回族村获“全国民族团结进步创建活动示范村”，前埔村被授予“中国淘宝村”称号。

2016年5月31日，福建省人民政府公布，永宁镇列为第五批省级历史文化名镇。

永宁只是一个小镇，但古今的沧桑巨变，却和国家和民族的命运紧紧联系在一起。国运兴，则永宁兴，国运衰，则永宁不得安宁，因此可以说，永宁是中国历史发展的一个缩影，也是中国古镇发展和保护的一个标本、卫城文化的一个典范，同时也是向世界展示中国历史与文化的一部英雄史诗。

大事记

隋　代

大业三年　（607 年）

改闽州为建安郡，领南安等县，晋江属建安郡南安县，时在今永宁海边有小渔村，称“水湾”，又称“水澳”。

一僧人在永宁高处建庙宇，供奉观音大士，早称慈航寺，后称永宁庵,现称慈航庙。

唐　代

武德元年（618 年）

浙江高智慧起兵失败后，其子高公仲“航海避难”居于此，故永宁唐代称“高亭”。

贞观年间（627—650 年）

宝盖山周围乡村开始有玄天上帝信仰传播。

开元六年（718 年）

泉州刺史冯以智以州治无县，奏请置县，乃析南安县东南地新置晋江县。其时，永宁地属晋江县。

岑兜村民开始利用海水晒盐，并已形成规模。

宋　代

绍兴中期（1140—1150 年）

僧人介殊在宝盖山上建关锁塔，俗称“姑嫂塔”。

宋绍兴二十五年（1155 年）

在宝盖山麓虎岫岩建“真武宫”，供奉玄天上帝。

乾道七年（1171 年）

4 月间，近千名毗舍耶（今菲律宾群岛）人，从水澳（今永宁）等处登陆，恣行凶暴，残杀乡民。知州汪大猷遣兵围击，俘获 400 余人，余者被击毙。

乾道八年（1172 年）

朝廷于水澳置寨，称“永宁寨”，驻扎水军 60 名。由设于泉州的“殿下前司左翼军统制厅”统领。

庆元五年（1199 年）

永宁人傅烈中进士，为现石狮境内有史以来第一位进士。

嘉定十二年（1219 年）

永宁寨改属泉州节制。永宁寨由原来步兵百人、水军 50 人，改为水军百人、步兵 50 人。

景炎二年（1277 年）

宋幼主赵昺避难南行，路过石狮境内海面，被元兵追击，永宁人董义成等 10 人助总兵刘洙救之。

元 代

海盗经常出入佛堂澳，朝廷在永宁港边设巡检司。

至正十四年（1354 年）

沙堤人董二聚众 500 余人，自称“元帅”，起兵反元。朝廷派兵镇压，董二仓促不及备，“率其众，挈家下海而去”。

明 代

洪武二十年（1387 年）

江夏侯周德兴入福建，“抽三丁之一为沿海戍兵防倭，移置卫所当要害处”，改永宁寨为永宁卫，开始建城筹备工作。“具图以进”，奏请建永宁卫城。

洪武二十一年（1388年）

信国公汤和行视福建，筑城增兵，置永宁卫指挥使司。

同年泉州卫指挥佥事童鼎奉命督造永宁卫城，环城周长八百七十五丈，基广一丈五尺，高二丈一尺，窝铺三十二，门五，各建城楼其上。城外濠广一丈六尺，间碍大石，深浅不同。同时，开始兴建永宁卫指挥使司、经历司、镇抚厅、旗纛庙、架阁库、军器库、谯楼、监房、军器局及左、中、右、前、后五个千户所，并于大东门之东设置教场。

洪武二十四年（1391年）

宝盖山麓“真武宫”改建为虎岫寺，主神仍奉玄天上帝。

永乐四年（1406年）

指挥佥事沈瑾移教场于卫城西门外坡上，并于场中建演武亭。

永乐十五年（1417年）

郑和第五次下西洋，永宁卫指挥使干八秃帖木儿率部分官兵随郑和出洋，并立下功勋，有8名将军因功受朝廷封爵。

同年，都指挥谷祥增高城垣三尺，各城门均增筑月城。

正统八年（1443年）

都指挥刘亮、指挥同知钱辂于各城门增置敌台。

正统十二年（1447年）

指挥同知钱辂创建公馆，以为上司及使客馆寓之所。

成化年间（1465—1487年）

永宁卫知事陈用之创办卫学，礼聘兴化举人陈愈任教。永宁“文风稍进，学者德之”。

成化六年（1470年）

城门楼圮，指挥使杨晟重建。

成化十三年（1477年）

巡按监察御史戴用令、指挥使杨晟创设收料库。

成化十七年（1481年）

指挥使杨晟于西门外教场增建左右翼房，绕以周垣。

弘治十五年（1502年）

倭寇大举进攻永宁城。永宁卫镇抚尤天爵率将士日夜捍守，几番击退贼兵。数日后，倭寇增兵，再度围城。因得不到救援，次日城陷，敌人进城大肆焚掠，尤天爵率将士浴血巷战，为国捐躯。

嘉靖三十七年（1558 年）

五月，倭寇攻永宁城，指挥同治杜钦爵奋勇先登，日夜固守，贼不得入，因即退去。

嘉靖四十一年（1562 年）

二月，倭寇侵犯永宁卫城，指挥佥事王国瑞失守。城陷，倭寇大掠数日而去。三月，倭寇复来攻城。城再陷，军民被杀伤几尽。为避倭乱，永宁居民纷纷外迁。其中，迁入石狮的有何、高、田、姜、尤、朱、商等姓。三月初八，港边人佘见海，任千夫长，率兵复城，不克阵亡。

嘉靖四十四年（1565 年）

四月十二日，倭船一艘，运载一百五十余人进攻永宁卫沙堤澳，登岸后直逼永宁卫城。官军轻敌战败，幸好，戚继光指挥部属驰援，水汛哨官陈逊玉率水军夹击，倭寇被迫撤退。次日，戚继光命令金科、冯焕、金守常率部追击，斩获倭首五十九级，生擒五人。戚家军朱虎等 4 人阵亡。

嘉靖四十五年（1566 年）

倭寇一百余人乘船突袭永宁，被戚家军截杀无遗。

隆庆二年（1568 年）

永宁卫镇抚王世实随都督俞大猷往广东剿倭，在龙眼沙海战役中壮烈牺牲。谥“忠勇”，立“昭忠祠”于永宁祀之，墓葬于永宁北门外北山。

万历三十一年（1603 年）

永宁人陈有纲中武进士，殿试第三名，为现石狮境内历史上唯一的一位武探花。

清　代

顺治四年（1647 年）

4 月，郑成功部将林顺来永宁招兵。清将韩岱闻报，突袭永宁，乡民死难者 2400 余人。余生者逃匿水关沟中，恰逢暴雨，水涨入沟，淹死者甚众。

顺治十七年（1660 年）

郑成功率军收复台湾。沙堤董胄飞、胄英兄弟等许多永宁人随军出征，移居台湾。

顺治十八年（1661 年）

春，清政府采纳黄梧的“平海五策”，颁布迁海令，俗称“辛丑播迁”，强迫沿海居民内迁30里，片板不得下海，违者处死。永宁卫城被拆毁，沿海一带夷为废墟。

5月，郑成功招沿海一带不愿内迁的民众数十万人往台湾，许多永宁人迁往台湾，从事农垦、商贸。

同年，于永宁东南隅建新城，周59.7丈，基广1.3丈，高1.65丈，门一。

康熙五十四年至五十七年（1715—1718年）

闽浙总督觉罗满保、福建巡抚陈瑸主持修复永宁卫城。

乾隆七年（1742年）

福建提督军门右营游击一员移驻永宁，随配把总一名。辖汛十、兵321名、马58匹。

乾隆三十六年（1771）

秋，雷震，击毁姑嫂塔芦尖。十九都、二十都倡修，至乾隆四十三年（1778年）落成。

道光初年（1821—1830年）

在永宁设立“海关”，负责征收出入口税。

英国鸦片走私船经常停泊梅林海面贩卖鸦片，西岑、西偏、岑兜、永宁、高厝等乡深受其害。

道光二十年（1840年）

英军入侵厦门，永宁沿海各村举办团练，加紧备战。

光绪二十七年（1901年）

3月，4艘英舰入侵梅林海面，水师提督程恩高率舟师击退之。

同年，林登宾创办永宁行实小学堂，首开新式学堂之先河。校址设于西门外林氏宗祠。

光绪三十年（1904年）

永宁竹篙厝鼠疫流行，居民死者甚多，遂废乡。

宣统二年（1910年）

永宁旅菲华侨在董氏宗祠创办“豢龙小学”（抗战胜利后改名永明小学），是石狮境内最早的侨办学校。

中华民国

民国5年（1916年）

林登滨和女儿林朝素在永宁莺山书舍创办“竞新女学”。

民国 9 年（1920 年）

靖国军进驻永宁，由永宁商会出面，在城隍庙前巨石上刻“靖国保民”四个大字。

民国 15 年（1926 年）

冬，中共厦门市委派董云阁、蓝飞鹤到永宁一带开展农民运动，建立农民协会组织。

民国 16 年（1927 年）

3 月初，邹恩铭、辛连昌、林跃辉等在永宁一带组织反帝大同盟，参加的师生、青年达四五百人。

民国 17 年（1928 年）

永宁人蔡绍远、林登宾等创办永宁电灯公司。

周永年、高伯英等创办永丰面粉公司。

高挺观、陈植坤等创办永宁人力车公司。

民国 18 年（1929 年）

永宁进步人士佘伯昭、林书概等人发起创办“阅书报社”。社址设于永宁大埔保善堂。除传播新思潮外，还组织提倡国货、抵制日货等爱国活动。民国 30 年，太平洋战争爆发，侨汇断绝，阅书报社停办。

民国 21 年（1932 年）

码头工会组织工人武装缉私队到永宁沿海码头，巡检船舶，查处日货，严惩奸商。

民国 22 年（1933 年）

秋，卢彬榔在永宁建立中共永宁支部。

9 月，卢彬榔、卢明堂在永宁一带建立打石工会组织。

民国 23 年（1934 年）

春，中共泉州特支在永宁卢厝建立中共石狮永宁区委。下辖卢厝、石狮、永宁 3 个支部。

民国 25 年（1936 年）

5 月，中共晋南县委在永宁一带举办夜校，组织泉声剧社，成立抗日救国会，开展抗日救国运动。

民国 26 年（1937 年）

王年送（笔名白刃）回国，在永宁组织永宁青年抗日救国会，开展教唱救亡歌曲、自编自演抗日话剧等活动。

民国 27 年（1938 年）

5月，日寇战舰炮击永宁、深沪沿海，造成百姓伤亡和房屋倒塌。

5月10日，《泉州日报》刊登：永宁四日来天花患者达数百人，死亡80多人。

6月，旅菲宿务永宁同乡会在菲律宾募捐银元2000余元，购买大米，运抵永宁。同年8月8日组织“永宁平粜会”，开展平粜事宜，接济乡民。

11月4日，晋江妇女抗敌后援队永宁妇女军训队举行成立大会，广泛开展抗日救国宣传，募集资金慰劳前方抗日将士。

民国29年（1940年）

年初，泉州大通轮船公司、捷益行船务部及厦门太古轮船公司等应华侨要求，先后在永宁外高垵开设轮船代理行，协助华侨返回侨居地，前后共运送客人1600余名。

7月16日，日本侵略军300多人在飞机、军舰掩护下，分3路进犯永宁，大肆烧杀掠夺，制造骇人听闻的“七·十六”惨案。10个村庄惨遭其害，杀害村民84人，军士11人，焚毁船舶200多艘，烧毁大厝、洋楼、货栈36座、学校3所、商铺店屋40多间。财物被烧毁、掠劫一空。

是年，永宁、蚶江等地走私猖獗。走私货物大多来自设在鼓浪屿海面的日寇货物交换站。

民国32年（1943年）

1月，日军武装走私船从华北运大批毒品，企图在永宁海面登陆，被守军击沉运输船1艘，余者窜逃。

民国33年（1944年）

10月，郑家玄和刘延都到岑兜，领导群众开展革命活动。

民国35年（1946年）

年初，王经贤与林贵攀到沙美村发展多个“掩蔽户”，长期掩蔽地下党员开展革命工作。

民国36年（1947年）

中共泉州中心县委开展游击战争，急需经费和武器。永宁侨眷林贵攀、陈碧娥、卢嫦娥变卖金器，购买枪支，赠送游击队。

民国37年（1948年）

春，王经贤与施能攀在前埔李乌蜂家建立联络点，后该联络点先后成为侨乡区委及塔山区委机关驻地。

民国38年（1949年）

6月14日夜12时，中共塔山区工委游击队攻打永宁国民党镇公所、稽征处，缴获一批弹药等战利品。

9 月 2 日，人民解放军进入石狮，石狮解放。

9 月 3 日，永宁解放。

中华人民共和国

1949 年

9 月初，中共晋江县委派出第九区工作队进驻永宁。指导员温致富。

9 月上旬，福建省第五军分区船工支前委员会在石狮成立，并在永宁、祥芝等地组织船工、水手，组成支前队伍，支援解放军解放厦门。战斗结束后，沙堤船工龚书长被选为出席“福建省首届战斗英模代表大会”代表。

9 月中旬，梅林一带遭国民党飞机轰炸，渔船被炸毁 22 艘。

10 月，永宁区域划为晋江县第九区，区公所驻永宁北门。

11 月 18 日，第九区人民政府在永宁城隍庙召开第一次农民代表大会，100 多人参加。

1950 年

5 月，实行民主建政，第九区各乡（镇）组建基层政府。

10 月中旬，镇压反革命运动开始。

12 月，开始实行土地改革。

1951 年

1 月 23 日，中共晋江县委发出（土改工作）第一号通报，表扬第九区区委组织土改工作队与剿匪工作队下乡，与当地民兵配合，一面在土改进行的乡及时镇压破坏土改的坏分子，一面在没有土改的乡进行剿匪肃敌和做秋征尾欠的扫尾工作，并于 18 日晚，清剿藏在锦溪乡厝仔村西南一墓穴中的匪特，保证全区土地改革顺利进行。

9 月，永宁、祥芝等地沿海民兵围歼潜入大陆的匪特 4 人，并缴获一批武器弹药。

1952 年

春节，区政府在永宁北门城脚举办“第九区首届运动会”。

7 月，永宁划为晋江县第十五区。区公所驻永宁小街汉林楼。时双岑乡（西岑、岑兜、前埔）由第十区（衙口）划入第十五区。

是年，在晋江县教育局和区人民政府主持下，永宁行实、育元、永明、朝霞、涵镕等五所小学合并，命名为永宁小学。1956 年易名永宁中心小学。

同年，以永宁荣星篮球队为主力的第九区代表队，参加在安海举办的晋江首届体育运动会，获男篮冠军。

1953年

2月17日，永宁工商联成立。

9月，实行棉布计划供应。永宁举办秋季物资交流大会。

11月，宣传贯彻过渡时期总路线、总任务和实行粮食统购统销政策。

1954年

6月，永宁沿海各乡村建立海防岗哨，健全民兵武装组织，建立港口船只管理检查所。

9月27日，台湾国民党当局派遣战船抓走在海面打鱼作业的梅港、深沪渔民20人，抢走渔船1艘。

10月，部队在永宁文祠一带建工地，设置“警戒区”，建监察台海动态的前哨瞭望站。该站于1962年撤销。

是年，永宁民兵队长陈焕江被评为全国民兵模范，出席在北京召开的全国民兵英模代表大会。

1955年

1月，梅林、深沪对拖船70多对，在沪东塔后作业，被8架台湾国民党飞机轮番扫射，渔船伤沉9艘，渔民死伤12人。

2月，永宁各村组织民工参加4582工地（青阳军用飞机场）的建设。

3月，全县掀起大办农业社高潮，永宁开始成立初级生产合作社。

9月，十五区改称永宁区，区公所仍驻永宁小街汉林楼。

1956年

6月，永宁编入莲塘区，区公所驻莲塘。

秋，各村初级社先后转为高级社。

1957年

2月15日，姑嫂塔被列为福建省第二批文物古迹保护单位。

秋，李淑琼、林安朗等20位归侨、侨眷创办“永宁华侨子弟补习学校”，分别在永宁、前埔、下宅开班。

12月，梅林渔业社老艄杨金益被评为省劳模，出席“福建省农林牧渔群英会”。

1958年

3月，撤区设乡。永宁乡政府驻永宁小街。

秋，在原有永宁华侨子弟补习学校的基础上，创办永宁华侨中学，校址设沙美村，并由各村侨委组成第一届校董会。

10月，实行政社合一，撤乡成立人民公社。永宁乡划入石狮人民公社。

同月，开展大炼钢铁运动，各村组织劳力到沙堤筛铁沙炼钢铁。永宁在北门城脚筑起小高炉群，开始炼钢。

11月，石狮人民公社召集各大队民工围垦建设永宁盐场。

1959年

县委领导沿海人民根治风沙灾害。在永宁、梅林、外高、浯沙、沙堤、新沙堤沿海大量种植木麻黄及“老鼠刺”。

1960年

冬，永宁盐场竣工，开始投入生产。

1961年

6月，永宁从石狮人民公社析出，设永宁人民公社管委会，驻地永宁西门外。

1962年

6—9月间，台湾蒋介石集团企图乘新中国国家暂时经济困难，伺机反攻大陆，时常派遣特务窜犯沿海地区。全县紧张进行战备支前部署，训练民兵队伍，支援部队送弹药、挖工事、修路。

1963年

8月，贯彻《关于目前农村工作若干问题的决定（草案）》（即“前十条”）。大抓阶级斗争，组织典型，忆苦思甜。永宁公社组织宣传队、图片展览，到各村讲“四史”（革命史、村史、合作史、家史）。

1964年

6月30日24时，全国进行第二次人口普查。普查结果，永宁公社总户数5730户，人口27082人，其中男13035人，女14047人。

11月，开展面上社会主义教育运动，即“四清”运动。大队、生产队干部“下楼”“洗手洗面”，进行“四清”退赔。

1965年

元旦，永宁中学由沙美村搬迁到永宁莺山西麓新校舍。

是年，全县开展“学大寨、学昔西”群众运动。永宁人民公社发动各大队共青团组成青年突击队在宝盖山北麓建“青年水库”。

同年，整治石永公路，将洋厝坡降低1米，孝女姑坡降低3米。

1966年

3月，永宁农业中学于虎岫寺正式开学，后因“文化大革命”，至秋季即告停办。

6月，“文化大革命”开始，各学校先后成立“红卫兵”组织，“停课闹革命”，到各村“破四旧、立四新”，搞“大串联”。

1967年

“文化大革命运动”由学校向各村和各单位蔓延，相继成立各种“战斗队”、“红卫兵”组织。后分成“八·二九”与“红色造反者”两大派。

1969年

8月，永宁人民公社革命委员会成立。

是年，开展“斗、批、改”和“清理阶级队伍”（简称“清队”），不少干部群众被审查、批斗。

1970年

3月，全社开展“一打三反”运动。

1975年

2月，在长汀举行福建省农村人民公社篮球赛，永宁公社女篮获第二名。

1976年

10月，党中央粉碎“四人帮”。年底，基层组织的领导班子开始进行调整和充实。

1979年

2月，县委根据党的三中全会精神，落实党的政策，平反“文革”、“清队”、“整党”、“一打三反”中的冤、假、错案。

1980年

10月，厦门海关与晋江边防、公安、工商等组成“晋江海上缉私队”，指挥所设于梅林港。配备海关201号关艇和武装民警、海关缉私人员，在晋江沿海海面巡逻查缉海上走私活动。

11月，永宁人民公社革命委员会改称为永宁人民公社管理委员会。

1981年

10月11日，建于永宁文祠境域的永宁小学新校园举行落成典礼。旅菲永宁同乡会特组团回乡参加庆典，受到地、县各级领导和各界人士的热烈欢迎。

1982 年

梅林大队民兵营长李正汉被评为“全国民兵模范”。

1983 年

李正汉、李贤起经晋江县八届二次人大会议选举为省第六届人大代表。

是年，中共晋江地委批准晋江县第二批开放六所基督教礼拜堂，永宁基督教堂为其中之一。

1984 年

10 月，永宁人民公社改为镇建制，设立永宁镇人民政府。

11 月，由永宁企业供销公司与香港三和贸易公司合作创办的永香面巾纸品厂，为石狮境内首家中外合作企业。

1985 年

4 月 2 日，永宁港边村 3717 号拖船被上海“平安城”号货轮撞翻毁沉，死亡 11 人。

7 月，晋江县人民政府公布第二批革命老根据地基点村，其中有永宁镇岑兜、沙美、前埔 3 个村。

1987 年

10 月 27 日,泉州市人民政府颁文（泉政民字第 052 号文件），正式批准郭坑村 161 户、村民 638 人为回族成分。

12 月 17 日，国务院批准石狮建市（县级），以原晋江县石狮、永宁、蚶江 3 镇和祥芝乡为石狮市行政区域。

是年，梅林 500 吨级综合码头兴工投建。

1988 年

秋，子英学校附中转为独立初中校，命名“银江华侨中学”

1990 年

11 月 25 日，永宁镇召开中共永宁镇第五次代表大会。黄辉煌任镇党委书记。

12 月 28 日，永宁镇召开第六届人民代表大会。选举杨其柱任第六届镇长。

1991 年

2 月 15 日，交通部副部长林祖乙在省交通厅、泉州市交通局等领导陪同下参观梅林码头。

5 月 23 日，泉州市委书记张明俊专程来石狮市检查指导计划生育开展情况，并到子英村计划生育服务中心了解计划生育执行情况。

1992 年

1 月 16 日，祥芝至永宁、蚶江的两个 3.5 万伏高压输电线路同时正式投入使用，该工程总投资 103.9 万元，总线路长 14.3 千米。

7 月 1 日，石狮市区往永宁的主干路拓宽工程开工。

8 月 25 日，市政府批准新沙堤自然村从下宅村析出，设立新沙堤村。

12 月 19 日，市委批转市清标办《关于协调永宁会款兑现及当前清理工作报告》。

1993 年

2 月 7 日，香港友邦国际集团有限公司独资开发建设的“闽南黄金海岸旅游经济开发区”首期工程项目建议书获福建省政府批准，开发面积 132 公顷。

5 月 21 日，经省政府批准的石狮市信义工业综合开发区通过规划会审。该开发区由香港信义发展公司投资开发，位于永宁居委会与沙堤村之间，占地 20.73 公顷，总投资 1.2 亿元。

8 月，永宁镇获“福建省百强乡镇”称号。

11 月 20 日，永宁镇召开中共永宁镇第六次代表大会。刘京任镇党委书记。

1994 年

1 月 2 日，永宁镇召开第七届人民代表大会。选举李转生为第七届镇长。

3 月 26 日，以永宁沙堤旅菲侨亲董尚真为团长的菲华商联总会东北亚工商考察团一行 50 多人突破台湾当局层层压力抵达北京访问，此行被称为“破冰之旅”。4 月 3 日抵达石狮。

同月 30 日，“共富路”正式奠基开工，第一期工程总投资 2200 万元。

6 月，旅港乡亲捐资投建的子英医院病房楼、门诊楼先后动工兴建。

1995 年

6 月 9 日，永宁中学新校园举行奠基典礼。

7 月 12 日，永宁梅林 5000 吨对台码头技改扩建指挥部正式成立。

8 月 26 日至 9 月 5 日，石狮市委书记何锦龙率石狮市访港团抵香港进行招商活动，并与香港中国银行达成永宁对台贸易码头的建设贷款意向。

9 月 21—24 日，福建省首次由民间独资赞助举办的大规模闽台艺术交流活动——“首届闽台民间艺术节” 在永宁黄金海岸度假村举行。海峡两岸 32 支民间艺术团联袂献艺。

1996 年

秋，永宁中学新校园首期工程竣工，并于新校舍开始复招高一年新生。10 月 26 日，福建省教委正式行文“同意石狮市永宁中学进行完中注册登记”。永宁中学恢复完中建制。

10 月 26 日，永宁镇召开中共永宁镇第七次代表大会。李转生任镇党委书记。

11 月 9 日下午，省委副书记林兆枢在泉州市委副书记薛祖亮陪同下来永宁梅林码头、黄金海岸参观考察。

同月，永宁城隍庙经批准为第四批省级文物保护单位。

同月，永宁镇被授予“ 96 年度福建省百强乡镇”称号。

12 月，永宁镇被评为“福建省科技示范乡镇”。

1997 年

1 月 6 日，永宁镇召开第八届人民代表大会。选举王诗默任第八届镇长。

2 月 16 日，沙堤村渔民董群星的渔船（8201 号）在 273 海区作业时救获 1 条国家一级野生动物中华鲟，18 日将其放回大海。该鱼在泉州海区发现尚属首次。

2 月 21 日，市委、市政府召开殡葬改革座谈会。会议强调加大改革力度，强化工作措施，敢于碰硬，攻坚克难，推进殡葬管理工作顺利进行实施。

4 月 8 日，中央政治局委员、国务院副总理钱其琛在省委书记陈明义、省长贺国强陪同下视察闽南黄金海岸。

5 月 2 日，全国人大副委员长铁木尔·达瓦买提在省人大常委会主任袁启彤等领导陪同下参观考察黄金海岸。

同月，永宁镇被省政府授予“渔业十强镇”。

6 月，省委副书记何少川到永宁镇西偏村进行精神文明建设调研。

10 月，永宁镇被评为“福建省第二批科技示范建设乡镇先进单位”。

1998 年

2 月 1 日，国务委员、国家民委主任司马义·艾买提一行，在副省长汪毅夫的陪同下，考察闽南黄金海岸。

2 月 12 日，永宁镇乡贤李欲晞、港胞卢文端、施展熊、姚志胜当选为第九届全国政协委员。

同月，永宁镇被省委、省政府授予“第六届（1996－1997 年度）文明乡镇”。

9 月 6 日，石狮市举行梅林 5000 吨码头首航香港仪式，副省长丘广钟、石狮市五套班子领导出席首航仪式。

10 月 2 日，省侨联主席李欲晞、泉州市副市长黄少萍到永宁中学参加四十周年校庆。

11 月 13 日，全国政协副主席罗豪才、张克辉率全国政协台港澳侨委员会调查组参观黄金海岸度假村。

12 月 27 日，全国政协副主席李贵鲜到石狮调研，并为黄金海岸度假村题词。

1999 年

9 月，永宁镇召开第九届人民代表大会。选举朱贤任第九届镇长。

10 月 17 日，永宁镇召开中共永宁镇第八次代表大会。林强任镇党委书记。

11 月 8 日，国家口岸检查团一行 50 人参观梅林码头、黄金海岸。

2000 年

4 月 5 日，《泉州市人民政府令》（第 2 号）把宝盖山列为第一批泉州市重点风景名胜区。

5 月，永宁镇被省委党建工作领导小组定为“省党建工作联系点”。

6 月 29 日，菲律宾预算部副部长辛西亚 G 卡斯特罗女士率领菲律宾赴华考察团访问石狮，参观闽南黄金海岸度假村。

12 月，永宁镇被省委、省政府授予“福建省第七届（1998—1999 年度）文明乡镇”称号。

2001 年

5 月 1 日，黄金海岸新增景点——洛伽寺举行工程落成剪彩仪式。

同月 4 日，永宁镇邀请全国明清史专家、学者 20 多人，汇聚黄金海岸海洋宾馆，举行“永宁古卫城学术研讨会”。

5 月 3 日，泉州市委常委、石狮市市委书记、市长郑栋梁，泉州市委常委、宣传部部长黄少萍出席永宁中学新校舍落成剪彩仪式。

6 月 3 日，“省海洋野生动物救护中心”在黄金海岸“海洋世界”挂牌。

同月 5 日，国家海洋局局长王曙光一行 9 人到黄金海岸“海洋世界”调研。

7 月 23 日，全国侨联主席林兆枢到永宁镇前埔村调研。

2002 年

2 月 24 日，全国侨联副主席、福建省侨联主席李欲晞、致公党省委副主委郑永祥和石狮市领导出席永宁镇侨联大厦重建竣工剪彩仪式。

4 月 19 日，永宁镇召开第十届人民代表大会。选举李密卿任第八届镇长。

9 月，国家国土资源部部长田凤山到永宁镇前埔村调研。

10 月 30 日，永宁镇召开中共永宁镇第九次代表大会。杨华铿任镇党委书记。

2003 年

1 月 17 日，永宁边防派出所与狮渔 3630 号渔船成功搭救一艘长时间在海上漂流的台湾渔船及船上两名台胞。

2 月，永宁镇乡贤李欲晞、港胞卢文端、卢温胜、李贤义、施展熊当选为第十届全国政协委员。

6 月 5 日，印尼大同党主席、印尼《和平日报》社长吴能彬博士和《瓦希德传》的作者张永和先生、李展先生等到下宅村实地考察后，向媒体宣布：石狮永宁下宅村可以定为印尼前总统瓦希德先祖陈金汉的祖籍地。

同月，永宁镇团委被团中央授予“全国五四红旗团委”称号。

8 月 22—31 日，石狮市在黄金海岸举办首届“阳光·海浪”沙滩风筝节，市五套班子领导参加开幕式。

11 月 8 日，永宁中学通过省三级达标中学复查。

同月 27 日，福建省副省长叶双瑜一行视察永宁红塔湾打私观察哨。

12 月 2 日，永宁中学举行建校 45 周年庆典暨首届海内外校友奖教奖学基金颁奖典礼。

2004 年

3 月 13—19 日，“2004 年全国帆船冠军赛”在闽南黄金海岸举行。

7 月 14 日，国际古迹遗址理事会总协调员尤嘎博士一行，在国家文物局负责世遗申报工作的巡视员郭旃等领导的陪同下踏勘姑嫂塔。

同月 13 日，7 户 30 名三峡移民落户前埔村。

同月 16 日，李建国等市领导出席永宁镇首期计生“二女”户“安居工程”乔迁仪式。

12 月 10 日，市新型农村合作医疗保险试点工作正式启动。永宁镇下宅村、郭坑村、山边村成为“2004—2005 年石狮市农村医疗保险试点村”。

2005 年

2 月 14 日，永宁中学举行校友楼竣工落成剪彩仪式暨永宁中学石狮市校友会成立六周年、第三届理监事就职、第二届海内外校友会奖教奖学基金颁奖庆典。菲律宾永宁中学校董会、校友会和永宁中学香港校友会组团回乡参加庆典。

3 月 31 日—4 月 6 日，“2005 年 470 级帆船亚洲锦标赛暨全国帆船冠军赛”在黄金海岸举行，共有来自韩国、新加坡等国家和中国香港等地区的 12 支代表队、近 200 名运动员参加本次比赛。

6 月 16 日，泉州市人大副主任周真平及香港华煌发展有限公司董事长卢章煌等出席子英医院、泉州市第一医院协作医院挂牌仪式暨医技大楼落成典礼。

6 月 27 日，中国侨联副主席林淑娘、中国侨联法顾委主任、原司法部部长邹瑜率中国侨联调研组一行7人，到永宁镇开展维护侨益的调研活动。

7月16日，永宁镇举行纪念抗战胜利60周年暨“七·一六”蒙难65周年大会。石狮市政协主席丁家全，市委常委、宣传部长李丽月，市委常委、武装部长丁东福，原市人大主任吴彦南出席大会。

9月29日，在香港科技创新博览会上，永宁镇飞通通讯设备有限公司参展的“渔业无线通讯电台”获博览会金奖。

10月1日，永宁龙山开发区二期工程（洋厝片）举行奠基仪式。

12月8日，110千伏永宁变电站二期扩建工程竣工并投入运行。

12月26日，沙堤学校举行建校八十周年暨新校园落成、董欣粿施红娟教育基金会成立庆典大会。石狮市有关领导及菲律宾沙堤同乡会回乡庆贺团、旅港沙堤校友会回乡庆贺团参加大会。

同月，省司法厅授予永宁司法所“全省优秀司法所”称号；中国社会工作协会乡镇委员会授予前埔村党支部书记、村主任蔡文聘“全国建设小康村模范带头人”荣誉称号。

2006年

1月，永宁镇旅港乡贤卢文端获“2006年世界杰出华人奖”和美国哈姆斯顿大学荣誉博士学位。

4月6日，永宁镇子英村“2000—2005年公益系列工程暨李施红娘家族教育基金会颁奖仪式”在永宁银江中学龙远体育馆举行。菲华商总理事长李逢梧、菲工商联总会理事长李沧洲、菲华体育总会创会会长陈著远、全国政协委员旅港石狮同乡公会永远荣誉会长李贤义、广东闽南商会会长施能响等著名侨领及旅菲银江同乡会、旅港银江同乡会庆贺团，专程返乡庆贺。黄源水等市领导及市有关部门负责人参加庆典大会。

4月25日，位于沙堤村的“石狮市社会福利中心”举行儿童院、流浪儿童保护中心、救助管理站启用揭牌仪式，黄源水、高云程等市领导出席。

5月1日，旅菲侨胞蔡婷婷捐建的石狮市福利中心“婷婷儿童院”落成剪彩正式启用。

同月22日，中共中央政治局委员、国务院副总理回良玉在福建省委书记卢展工、省长黄小晶等陪同下视察前埔村。

同月29日，永宁镇召开中共永宁镇第十次代表大会。洪志扬任镇党委书记。

8月1日，经厦门海关同意，梅林港恢复对台小额贸易。15日，石狮关区梅林码头首票对台出口水产品顺利出航。

9月13日，黄源水、高云程等市领导先后出席梅林码头对台贸易监管点揭牌仪式、李子芳纪念馆新馆开馆暨《永远闪烁的星光》作品捐赠仪式。

同月，国务院公布，姑嫂塔被列为第五批全国重点文物保护单位。

同月18日，《永宁“7·16”惨案》一书首发式在永宁侨联举行。

10月19日，永宁镇入围国家统计局公布的“2005全国小城镇综合发展水平1000强”（简称千强镇）名单。

11月3日，梅林港迎来恢复对台贸易口岸后的首批货物，货物主要是台资企业急需的机械零配件和纺织服装面料。

同月29日，前埔村被评为“福建省第九届（2003—2005年度）文明村镇”。

12月8日，永宁镇召开第十一届人民代表大会。选举林忠民任第十一届镇长。

同日，市有关领导出席郭坑回民老年协会成立二十周年暨第七届委员就职典礼、国卿回族文化活动中心落成与老人会迁新址庆典活动。

12月，经省教育厅复审，正式确认永宁中学为省二级达标校。

2007年

1月13日，北京军区原副司令员陈希滔中将一行25人到前埔村参观视察。

2月，旅港乡贤、香港胜骏集团有限公司董事局主席姚志胜获省政府立碑表彰。

同月，永宁中心小学新校园主体工程教学楼和科技楼竣工，搬迁到莺山下新校园上课。

5月1日，中国第一代化合物半导体女科学家、永宁乡贤李爱珍当选美国科学院外籍院士。

12月3日，省政府为旅菲侨亲卢祖荫先生树碑表彰暨揭碑仪式在行实幼儿园举行，省侨办主任曾晓民、省新闻出版局局长白京兆、省侨联主席李欲晞及泉州市、石狮市有关领导和菲律宾庆贺团等参加仪式。

2008年

3月，司法部、民政部授予前埔村“第三批全国民主法治示范村”称号。

3月15日，永宁镇港胞卢文端、卢温胜、李贤义、施展熊当选为第十一届全国政协委员。

5月，前埔村党支部书记蔡文聘被评为“福建省劳动模范”。

6月19日，永宁镇举行纪念董云阁烈士诞辰100周年大会，石狮市市委副书记黄南康、市有关部门负责人和永宁镇党政领导出席会议。

同月，永宁镇计生协会获“全国计生协会工作先进单位”称号。

7月1日，香港特别行政区政府授予旅港乡贤李贤义“特区政府荣誉勋章”。

10月29日，在福建省第八次侨代会上，永宁乡贤李欲晞当选省侨联第八届委员会主席。

12月5日，在第二届中华慈善大会暨2008年度中华慈善奖颁奖仪式上，旅港乡贤李贤义被授予“最具爱心慈善捐赠个人”称号。

12月22日，永宁中学举行建校50周年暨永中教育促进会成立庆典大会。会前，白刃、龚清概、董伦意等18位嘉宾为新建教学大楼奠基。

是年，永宁镇财政收入首次突破亿元大关，达1.222亿元。

2009年

4月29日，永宁镇永前建材有限公司董再发获福建省“五一劳动奖章”。

7月，全国侨联召开第八次代表大会，永宁乡贤李欲晞连任中国侨联副主席、姚志胜当选新一届常委。

8月，中国和平统一促进会香港总会举行成立大会，旅港乡贤卢文端任常务副会长兼秘书长，姚志胜任副会长。

10月，子英医院被评为省二级乙等综合医院。

2010年

1月13日，菲律宾总统阿罗约在总统府英雄厅，为永宁旅菲侨亲李逢梧主持就职菲国医疗旅游大使宣誓仪式。

5月4日，石狮市在银江华侨学校举行纪念李子芳烈士诞辰100周年大会，泉州市新四军研究会名誉会长朱展华、泉州市新四军研究会会长庄晏成、石狮市委副书记张贻山、市委常委宣传部长李丽月、市委常委组织部长林仁达出席大会。

7月23日（古历六月十二），永宁镇各界代表在永宁社区居委会举行“七·十六”乡难70周年纪念大会，与会人员重温抗日战争时日寇登陆永宁那段惨痛历史，并到“七·十六”蒙难纪念碑敬献花圈，向蒙难同胞致哀。

6月，永宁镇被确定为泉州市小城镇综合改革试点单位和石狮市“七大片区”开发改造的一大片区。7月3日，举行“永宁镇小城镇建设指挥部”揭牌仪式，市领导许维泽、黄南康、张贻山、丁东福、吴清木出席仪式。

7月，在第三届闽商大会上，永宁镇李贤义、卢祖荫、姚志胜三位乡贤2007年以来捐献公益事业超过1000万元，获福建省“捐赠公益事业突出贡献奖”。

10月　福建省人民政府授予郭坑回族村委会“全省民族团结进步集体”称号。

2011 年

4 月，根据《石狮市人民政府关于同意撤销永宁社区居民委员会设立永宁第一社区居民委员会等 4 个社区居委会的批复》（狮政综[2011]22 号），撤销永宁社区居委会，成立永宁第一、第二、第三、第四等四个社区居委会。同时分别通过选举产生四个社区居委会组成人员。

6 月 15 日，永宁镇召开中共永宁镇第十一次代表大会。张国钦任镇党委书记。

7 月 1 日，永宁乡贤、南京军区参谋长蔡英挺中将升任中国人民解放军副总参谋长。

12 月 31 日，永宁镇召开第十二届人民代表大会。选举王文挺任第十二届镇长。

2012 年

7 月 20 日，首届“永宁古卫城暨城隍文化节”开幕，文化节以“弘扬古卫城隍文化、促进两岸三地交流”为主题，举行“祈福永宁”城隍会香祭典、“鳌城”永宁历史文化学术研讨会等具有浓厚闽台特色的民俗活动和两岸经贸交流活动，共有来自台湾、香港、澳门等地区以及东南亚等国家的十多个参访团、敬贺团参加盛会。

10 月，永宁乡贤、中国人民解放军副总参谋长蔡英挺重返南京军区，接替已任总后勤部部长的赵克石上将，担任司令员职务。同年 11 月 14 日当选中国共产党第十八届中央委员会委员。后于 2013 年 7 月 31 日晋升上将军衔。

2013 年

1 月 23 日，泉州市“美丽乡村”评选结果揭晓，永宁镇前埔村、郭坑村被授予首批“泉州市美丽乡村”称号（本届泉州市范围内仅 10 个乡村获这一称号）。

2 月 23 日，永宁镇接受泉州市 2012 年度小城镇建设试点考评，在 15 个市级试点乡镇中，永宁获总评第二名。

同月，永宁镇乡贤卢文端、李贤义、卢温胜荣任第十二届全国政协委员。

3 月 11 日，全国政协第十二届常委会第一次会议，卢文端当选外事委员会副主任、李贤义当选社会和法制委员会委员、卢温胜当选港澳台侨委员会委员。

3 月 29 日，“中骏——黄金海岸沙雕艺术展”举行开幕式。

5 月 1 日，郭坑回族村党支部书记郭自力被评为“福建省劳动模范”。

6 月 8 日，文化部、国家文物局公布，永宁老街入选第五届“中国历史文化名街”，为 2013 年福建省唯一入选的古街。

9 月 12 日，永宁举办第二届永宁古卫城暨城隍文化节，来自新加坡、菲律宾、马来西亚、台湾、香港以及大陆各地共 1000 多名嘉宾出席。开幕式上，还举行中国历史文化名街——永宁老街揭牌仪式、导游之星颁奖仪式、永宁——鹿港旅游文化产业战略合作签约仪式，为两岸旅游产业化合作进一步深入掀开新篇章。

11 月 6 日，永宁古卫城小东门（东瀛门）段工程动工兴建。

本年度，永宁镇被列入泉州五个“连片示范及强镇扩权示范镇”之一，并获“泉州市小城镇建设一等奖”。镇党委书记张国钦被中国人民解放军福建预备高炮师授予“优秀预备役军官”称号。

2014 年

7 月 4 日，永宁镇党委书记张国钦被授予“全省优秀党务工作者”荣誉称号。

9 月，永宁镇入选住建部、国家发改委等 7 部委共同确定的最新一批“全国重点镇”称号。

9 月 27 日，举办第三届永宁古卫城暨城隍文化节。共有海内外 1000 多名嘉宾出席。同时举行永宁古卫城小东门城门城楼及部分城墙竣工揭牌仪式。

10 月，郭坑回族村荣获“全国民族团结进步创建活动示范村”称号，该村党支部书记郭自力被评为“全国民族团结进步模范个人”。

本年度，永宁镇还先后荣获“国家级生态乡镇”“泉州市 2011-2013 年度文明乡镇”、“泉州市双拥模范镇”等荣誉称号。前埔村成为石狮市首个“中国淘宝村”。

2015 年

5 月，在共青团福建省委纪念“五四运动”94 周年活动中，永宁镇团委荣获“福建省五四红旗团委”、永宁边防派出所团支部荣获“福建省五四红旗团支部”称号。

5 月 17 日，菲律宾永宁镇联乡总会成立暨首届理监事会就职典礼在马尼拉索菲特酒店举行，董伦意任首届理事长。

6 月 8 日，永宁镇召开第十二届人民代表大会第五次会议。选举蔡世鑫任永宁镇人民政府镇长。

7 月 6 日，全省精神文明建设工作暨先进表彰大会在福州召开。永宁镇被评为省级文明镇，前埔村及郭坑回族村被评为省级文明村。

9 月 3 日，中国人民抗日战争胜利 70 周年天安门阅兵观礼等纪念活动在北京举行，永宁镇乡贤李贤义、卢文端、卢温胜、姚志胜、李逢梧、董尚真、卢祖荫、李良灿、洪文棋、李青松、郭自力等 11 位受邀出席阅兵观礼。又永宁乡贤、著名作家白刃获抗日战争胜利 70 周年纪念章。

9 月 26 日，第四届永宁古卫城暨城隍文化节由永宁古卫城文化促进会、台湾鹿港文教基金会、永宁城隍庙管委会联合主办。共有海内外1000多名嘉宾出席。本届文化节恰逢中秋节，主办方特地筹备了主题为“中秋圆梦·情聚永宁”两岸中秋灯会。

10月份，由科学技术部、国家知识产权局、中华全国总工会、中国科协主办的第21届全国发明展览会上，我镇北记食品总经理李栋梁研发的“果汁乳酸天然酵母窖养制备方法”项目获“第21届全国发明展览会金奖”。

11月，永祥路永宁至锦尚段建成通车。永祥路全长6.25公里，双向6车道，是连接永宁、锦尚、鸿山三镇的重要“内联”快速车道。

12月24日，在“第三届中国淘宝村高峰论坛”上，前埔村再次入选中国淘宝村。

本年度郭坑村被评为省级旅游特色村。国家旅游局公布首批乡村旅游“千千万万”品牌名单，郭坑村党支部书记郭自力荣登“中国乡村旅游致富带头人”名单。

永宁镇旅港乡贤信义集团董事局主席李贤义在马来西亚兴建玻璃基地，马来西亚六甲州元首册封李贤义拿督勋衔荣誉。又香港特区政府第18次授勋，李贤义获铜紫荆星章。

本年度开工的梅林国家一级渔港码头工程，至年终三座栈桥基本成型，防波堤回填850米，形成陆域10万方，完成整个工程77%。

2016年

5月27日，中共石狮市市委提名邱汉清为永宁镇人民政府镇长人选。

5月31日，福建省人民政府（2016）22号文件公布，永宁镇列为第五批省级历史文化名镇。

6月4日，永宁镇召开中共永宁镇第十二次代表大会，邱银河当选镇党委书记。

卷　一

地 理 篇

第一章　行政区域

唐开元六年（718 年），置晋江县，永宁属晋江县。宋代，晋江县分五乡，永宁属安仁乡。自元至清代，永宁属晋江县二十都。民国 24 年（1935 年）后，永宁属晋江县第四区、第三区，后改称石狮区。其间，区公所一直在石狮。民国 33 年（1944 年），设永宁镇。新中国成立初期，永宁属晋江县第九区，后改为十五区，区政府设永宁。1956 年永宁属莲塘区。1958 年，永宁并入石狮人民公社。1961 年，永宁从石狮人民公社析出，成立永宁人民公社，下辖 20 个大队，行政区域才开始固定下来。1984 年 10 月，实行政社分开，撤永宁人民公社，恢复永宁镇建制。1987 年 12 月，石狮建市，永宁镇归石狮市管辖。

第一节　地理位置

永宁镇位于石狮市东南部滨海地带（北纬 24° 44′，东经 118° 37′），为我国东南沿海抗倭卫城及历史古镇。距石狮中心市区 8 千米。北与蚶江、宝盖、锦尚镇接壤，西与晋江龙湖镇相邻，东临台湾海峡，南隔深沪湾与深沪镇相望。镇政府驻永宁社区。陆地面积 28.6 平方千米，海岸线长 19.8 千米。

第二节　历史沿革

一、清代以前

唐，初属南安县。开元六年（718 年），析南安东南地置晋江县，永宁属晋江县。时晋江县乡里具体设置情况不详。

宋，晋江县分为5乡，永宁属安仁乡。

元，晋江县城内分3隅。城外分为47都。永宁属二十都（今永宁镇及锦尚、鸿山、蚶江等镇部分地域。）

明，沿袭元制，永宁属二十都。二十都辖4图40甲。

清，永宁属二十都。二十都辖4图46乡。即山根（山墩）、竹高厝（竹篙厝）、西仑、塔石、西边（今西偏）、杨厝（今洋厝）、前埔、西岑、梧洲（梧村）、岑兜、后店、桥头、沙美、西门外、永宁、港边、梅林、寨下（今外高）、金埭、浯沙、城角、坑尾、路角、洋丹、小阳端、沙堤、郭坑、满山红、郭宅、霞泽、后杆柄、院东、山边、港东、深埕、谢厝、青石、卢厝、港前、西坑、新厝窑、上埭、西港、厝上、前尾、东埔等46村。

二、民国时期

民国初年，行政区划沿袭清制。民国17年（1928年），取销县佐制度，实施《县组织法》，县以下设区、村、里、闾邻四级。5户为邻，25户为闾，百户以上的市镇为里，百户以上的乡村为村，20村里为区。民国23年（1934年）5月，实行保甲制，以10户为甲，10甲为保，10保以上为镇，亦可设区。

民国24年（1935年）6月，晋江划为六区。永宁属第四区（区公所设石狮）。同年8月，四、五区合并为第三区（区署设石狮），永宁属第三区。民国32年（1943年）改第三区为石狮区，永宁属石狮区。

民国33年（1944年），撤销区署设乡、镇公所。晋江县改为8镇16乡，共辖298保。永宁镇（镇公所设永宁）辖永清（以街为界，永宁之南半部分），玉东（永宁之北半部分），金沙（金埭、沙堤、浯沙、外高4村），梅港（梅林、港边2村）、洋沙（洋厝、沙美、西偏、塔石4村），双岑（岑兜、西岑、前埔3村），杆东（杆头、坑东、龙穴3村），联溪（下宅、郭坑、院东、山边、后杆柄、郭宅6村），厝上（厝上村）共9个保。

三、中华人民共和国成立后

1949年9月3日，永宁解放。时晋江县划为11个区，永宁属第九区（区政府设永宁），10月3日，区政府正式挂牌，下辖永宁镇及莲埭、莲塘、锦林、青山、洋厝、双湖、蚶江、古莲、祥芝、石湖、伍鸿、东埔、厝上、锦溪、联溪（包括下宅、山边、院东、郭宅、后杆柄）、沙郭（包括沙堤、郭坑、新沙堤）、梅港（包括梅林、港边）、洋沙（包括洋厝、沙美、西偏、塔石）、三芳（包括外高、浯沙、金埭）等19乡。

1952年，全县划为20个区，永宁属15区（区政府驻永宁），下辖永宁镇及锦溪、青山、联溪、沙郭、三芳、梅港、洋沙（包括洋厝、沙美、西偏、塔石）、金林、杆东、双岑（包括岑兜、西岑、前埔）等10个乡。

1956年6月，全县并为8个区， 88个乡、6个乡级镇及青阳、安海、石狮3个县辖镇。今永宁镇行政区域隶属于莲塘区（区政府设莲塘），分为一镇二乡。即：永宁镇（包括永宁、梅林、港边、外高、金埭、浯沙、沙堤）、子英乡（包括岑兜、西岑、沙美、前埔、洋厝、塔石、西偏）、联溪乡（包括郭宅、山边、院东、后杆柄、下宅、郭坑）

1958年3月，晋江县撤区并乡，今永宁镇范围及杆东村（包括坑东、龙穴、杆头、八斗、许坑后），合并为永宁乡。同年10月实行政社合一，撤乡成立人民公社，时永宁乡范围之永宁、外高（原三芳）、梅港、洋厝（包括洋厝、沙美、西偏、塔石）、子英（岑兜、西岑、前埔）、后杆柄（原联溪乡）、沙堤7个大队，及杆东大队全部并入石狮人民公社。

1961年，全县划为20个人民公社。永宁从石狮人民公社析出，成立永宁人民公社，下辖永宁、外高（包括浯沙）、金埭、梅林、港边、沙堤、子英、西岑、洋厝（包括前埔）、西偏（包括塔石）、沙美、后杆柄（包括山边、郭宅、院东）、下宅（包括郭坑、新沙堤）等13个大队。

1984年10月，实行政社分开，撤永宁人民公社，恢复永宁镇建制。

四、石狮建市后

1987年12月，石狮建市，永宁镇归石狮市管辖。时永宁镇辖有永宁居委会和外高、浯沙、金埭、梅林、港边、子英、西岑、前埔、洋厝、西偏、塔石、沙美、后杆柄、下宅、郭坑、沙堤、院东、山边、郭宅等19个行政村，计有181个村民小组。

1991年新沙堤自然村从下宅村析出，自成为行政村。

2011年4月，永宁社区一分为四。成立永宁第一、第二、第三、第四社区居委会。至此，永宁镇辖有20个行政村和4个社区居委会。

第三节　村（居）简介

一、现有村（居）

1.永宁社区　位于永宁镇南部，为永宁镇人民政府所在地。因地处海湾地带，古称“水澳”，又称“水湾”。南宋时，为防海盗侵扰，在此建“永宁水寨”，永宁因此得名。明初，朝廷在此建卫城防御倭寇，称“永宁卫”。又因地势状若鳌鱼，别称“鳌城”。清道光年间，称“永凝”。乃为避道光皇帝“旻宁”讳，故将“宁”改为“凝”。

永宁社区辖城内境域和城外西厝自然村，以及后来新建的北门新村、龙溪新村、龙山新村、龙顺新村、西北新村、西南新村、小街新村、龙泉新村、朝霞新村、城外文明片区等。行政辖区面积约 4.0 平方千米。全社区 2959 户，9677 人，主要姓氏为董、陈、高、蔡、林、郑、王、李、黄等 83 个姓氏。

1956 年，在农业合作化运动中，永宁成立 4 个高级社。1958 年合并为永宁大队，下辖四个中队。

该社区为永宁镇经济文化中心。主要企业有以日东升体育用品、非凡体育运动器材等为代表的球拍制造产业链、以华辉实业为代表的五金机械，以及飞通通讯设备有限公司和纺织服装等。辖区里有黄金海岸度假村、信义开发区、孝女姑工业区，以及永宁中学、永宁中心小学、永宁中心幼儿园、行实学校、永宁镇卫生院等单位。永宁居委会于 1998 年被评为“福建省第六届文明单位”，1991 年被授予“省司法工作先进单位”称号，2000—2006 年连续五届被评为“泉州市文明村（社区）”，2008 年被评为“泉州市军民共建精神文明先进单位”等。

永宁历史悠久，文化积淀深厚，永宁社区有较多的文物古迹。如全国历史文化名街——永宁老街、省级文物保护单位永宁城隍庙，市级文物保护单位：慈航庙、永宁卫石刻（镇海石等）、明代武探花陈有纲墓、董云阁烈士故居、“七·一六”蒙难纪念碑等。

2011 年，永宁社区居委会一分为四：第一社区居委会辖北门、观音亭、大街头、白厝街等角落，以及城外信义综合开发区和黄金海岸度假村。第二社区居委会辖水关、磨内、中街、干厝、场口、后山等角落和城外龙溪新村、龙山新村、龙顺新村及西厝自然村。第三社区居委会辖西门外、石埕头、小街、下营等角落，以及邮电新街、小街新村等。第四居委会辖南门、大东、小东、三合境等角落。

2. 梅林村　位于永宁镇政府驻地东南 1.4 千米，为深沪湾之要港，西南临海，东与外高、北与金埭、港边相邻，面积 0.4 平方千米，全村 1495 户，4583 人。主要姓氏有李、蔡、邱、柳等。古时，村南有一小山坡，绵延至外高村，长达 1 千米，满山尽皆粿叶树（俗称臭梅），春夏开花，南风拂来，香闻数里，故称梅林。相传南宋，就有泉州南外宗正司赵氏一支迁居村中“井围”一带，后因明代倭乱，万历年间举族迁往吕宋。现有李氏，系明代永乐年间从佛堂澳（今新沙堤）迁居此地。该村以捕捞为主要产业，有海鲜加工、制衣、制冰等企业。村中有梅村小学。村之东隅，建有 5000 吨级“梅林对台贸易码头”，现正在建设国家一级渔港。1997年被评为福建省明星村、福建省渔业十强村。

3.港边村 位于永宁镇政府驻地西南1.1千米，与永宁社区、梅林村毗邻。分为东堡份、中堡份、西堡份3个角落，面积0.8平方千米，全村1016户，3268人。因村落建于梅林港旁，故称“港边”。古时，港道可直达永宁卫城之南门，潮涨为港、潮落为江，故又称“鳌江”。宋元时，有姜、苏、林、何、蔡等姓氏住居。明朝倭寇扰乱沿海，诸姓纷纷迁移泉州、石狮、大埔等地。明末清初，佘、李、陈三姓先后来此定居，从事航运、经商以及开发浔美盐场。

主要产业有以“好田”为代表的牛仔童装系列，和水洗、电脑绣、印花等服装加工行业。又有垦海养殖，如挂蚝、紫菜以及海产品加工等。村中办有港边小学。

4.外高村 位于永宁镇政府驻地东南1.3千米,邻近梅林、金埭、浯沙等村，面积0.5平方千米，全村325户，1177人。先古，该地聚居张氏，明代中叶，有高氏一家迁入，后高氏人口蕃衍迅速，张氏日见稀微，剩下少数人丁，最后尽皆外迁。从此称“高厝”。古时，该村又称“寨下”，乃因宋代，朝廷为防范“毗舍耶”海盗骚扰，在此沿海建永宁水寨。“寨下”由此得名。该村雅称“霁江”，则因“霁”、“寨”谐音，衍化而成。后来，为拓生计，许多村民迁入永宁城内，故将城外之高厝村称为“外高”。

经济收入以农业为主，同时发展海上捕捞。村中有海星食品有限公司，从事海产品深加工。

5.浯沙村 位于永宁东南1千米海边，东北与黄金海岸度假村毗邻，西、南与金埭、外高接壤。该地原系“邱”氏居住。明代，王、陈、蔡、何四姓相继迁入，于滨海沙滩分五大角落安居，故称“五沙”。后因方言“五”“浯”谐音，称为“浯沙”。该村面积0.4平方千米，全村258户，人口1006人。

经济以农业为主，兼讨小海。曾被评为石狮市文明单位，计划生育合格村。2011年，被列为泉州市新农村示范村。

6.金埭村 东临镇区东南环路，西临永梅路，北与永宁相邻。面积0.4平方千米，全村293户，980人。主要姓氏李、黄、刘。深沪湾港道潆洄，直抵村前。后淤泥湮积，年久失浚，成为冲积区，俗称海埭。金埭位居海埭之首，故又名“埭头”。明末清初，村民受战乱祸害，纷纷前往南洋谋生，致富后即回乡建置厝宅家产，村民甚为殷富，相传“过屋无不闻银声”，故有“金埭头”美誉。

近年来，该村多方筹集资金，建设新农村，人居环境得到很大改善。2002年被泉州市委、市政府评为“连续五年计划生育合格村”， 2004年获“石狮市改旧建新先进村”

三等奖， 2005年被评为“泉州市宽裕型文明村”。

7.沙堤村 位于镇区东隅，濒临大海。因地处沿海沙丘地带，长期经受潮水冲击，风沙漫卷，年久月深，积成一条天然白色堤岸而得名。辖区面积4.8平方千米，全村1474户，5717人。古时，村旁枫树成林，又称“枫边”，因闽南方言“枫”与“生”谐音，俗名“生边”。海边有一座观音山，三面环海，立于山上，放眼长堤，犹如一巨鲸卧于水中，故又称“鲸江”。北宋时，即有蔡、李、黄、许等姓聚居。至南宋嘉定年间，有龚氏从晋江荆山迁入。元初，又有董氏从晋江青阳入住，分别在两个角落开发（现称龚厝、董厝），发展农业、渔业和海上运输，至今蔚为大族。村中主要产业有黎祥食品、长阳海鲜食品等。该村曾被评为全国双拥工作先进单位、福建省明星村、泉州市文明村。村中办有沙堤小学。石狮市福利中心建于村口环岛南侧。

8.下宅村 在永宁镇政府东北4千米处，四面环山，成盆地状。村子建于山下，故称“下宅”。村南有大溪自西流向大海，每逢大雨溪水上涨，村里积水成泽，故又称“霞泽”。该村面积约2.9平方千米，652户，2437人。主要姓氏为王、陈、蔡三姓。该村为永宁镇重要粮食产地，主种甘薯、花生。村中办有霞泽小学。有卡拉胶食品厂7家、制衣加工厂多家。

9.郭坑回族村 位于永宁镇政府驻地东北2.2千米的下宅溪下游丘陵地带，北与下宅村毗连，东南与沙堤村接壤，是永宁镇唯一的少数民族村。先祖从惠安白奇分支石湖村后，再从石湖分支到郭坑。因郭氏建村于山下坑地而称“郭坑”，且因国卿与郭坑谐音又称“国卿”。该村面积1.1平方千米，232户，860人。

近年来，该村以“村庄园林化、道路林荫化、农地林网化、山坡林果化、庭院花园化”为目标，高起点建设绿色村庄，实现“四改四化”。全村绿化率近30%，村间道路硬化率98%。先后获“全国计划生育协会先进单位”“福建省民族团结进步模范集体”“福建省民主法治村”“泉州市美丽乡村”和“全国民族团结进步创建活动示范单位”等一系列荣誉称号。

10.后杆柄村 位于永宁镇政府驻地北3.5千米的丘陵地带。北与院东、山边村接壤，南与郭宅相连。该村因杨氏先祖杨近江与五部尚书黄克缵交谊甚厚而称“官聘”。且因“官聘”与“杆柄”在方言中发音近似而俗称“杆柄”。后又因邻近的龙湖镇也有个杆柄村，故习惯于将龙湖的杆柄村称“前杆柄”，而将该村称为“后杆柄”。该村面积2.9平方千米，392户，1459人。主要姓氏：杨。经济收入以农业为主，主种甘薯、花生。村中办有官聘小学。2015年，该村被评为第四批“泉州十大美丽乡村入围村”。

11. 院东村　在永宁镇政府驻地北 4.4 千米处,与后杆柄、山边村毗邻。据传，古时未开发之前，西边有座寺庙叫“西院”，东有一片土地约 0.67 公顷，先民就在这片土地上肇基，故称“院东”。该村面积 1.7 平方千米，257 户，998 人，主要姓氏为吴氏。经济收入以农业和开采石料为主，今在建的石狮台资企业园区，即有部分在院东村。

12. 郭宅村　在永宁镇政府驻地北 2.8 千米共富路东侧，与沙美、后杆柄村相邻。该村面积 0.8 平方千米，190 户，730 人。居洪、蔡二姓。郭宅洪氏一世祖，原居晋江英林陈山（亭山），因受族人委托守护祖茔，前来虎岫寺东侧的“金谷”村定居，后再迁到相邻不远的现郭宅村。由于是从金谷村迁移过去，就称之“过宅”，后因“过”与“郭”方言语音相近，久而久之，“过宅”便变成“郭宅”。该村经济收入以农业为主，矿产资源有花岗岩，村里有石材厂、制衣厂和雷森纺织等企业。是石狮市社会主义新农村建设重点村之一。

13. 山边村　位于永宁镇政府驻地北 4.4 千米处,与后杆柄毗邻。三面环山，而村居依山而建，故称“山边”。 该村面积 0.57 平方千米，211 户，800 人。主要姓氏为吴、杨、邱、蔡等。由于位置偏僻，曾是石狮市一个经济欠发达的“不适应村”。近几年来，新农村建设取得显著成效。先后获“泉州市宽裕型文明村”“石狮市改旧建新精品村”等称号。2013 年，被评为第二届“泉州十大美丽乡村入围村”。主要经济收入为农业。矿产资源有花岗岩。

14. 西岑村　在永宁镇政府驻地西北 3 千米处、深沪湾北岸滨海地带，东与子英村接壤，西与晋江龙湖镇前杆柄村交界。相传，明初有王、施二姓迁入永宁西隅的滨海小山坎地建居，海边小山坎，方言称之为“岑”，故名“西岑”。村旁有大溪绕村而过，称“西岑溪”，发源于宝盖山，沿东南流入大海、犹如一条玉带，在阳光下闪光，又称玉带溪，是以又有“岑江”之雅称。该村面积约 1.1 平方千米，699 户，2595 人，主要姓氏为王、施氏二姓。经济以农业为主，盛产甘薯、花生，并产芦笋、豆类，兼有滩涂养殖等副业。村中办有岑江小学。私企有鸿达水洗厂及服装厂多家。

15. 子英村　位于永宁镇政府驻地西北 2 千米处，南临深沪湾，东与沙美村、西与西岑村毗邻，东南与永宁盐场接壤。古称岑兜，雅称“银江”。据传，银江乃因李氏开基祖李振仲乐善好施、恩泽广被，曾获上天赐银而得名。又云，乃为纪念其先祖曾在此地经营银店而命名。该村是新四军政治部组织部长李子芳烈士故里，1956 年公映李子芳（钱子英）烈士为革命壮烈牺牲的电影《上饶集中营》后，村中引起热烈反响，因而改名“子英村”，以为纪念。该村面积 1.0 平方千米，616 户，2214 人。主要姓氏为李、陈二姓。

古来村民以产盐为主要经济来源，有的从事筛壳、烧灰或运载壳灰，但现已基本消失。许多青年前往香港、深圳创业，颇有成就。村中办有银江学校（银江华侨中学与银江小学整合联办）。该村是石狮市革命老区基点村之一，李子芳烈士故居为石狮市文物保护单位，李子芳烈士纪念馆为“泉州市爱国主义教育基地”。村中有私企皮革服装厂、五金厂、橡胶厂等。

16. 前埔村 位于永宁镇政府驻地西北 3.3 千米的西岑溪东畔丘陵地带。东与子英村、南与西岑村相邻，西与内坑（龙湖镇）交界，北与洋厝、西偏村毗连。因地处宝盖山前的山坡地而得名，故称“前埔”，亦称“前坡”。面积 0.76 平方千米，228 户，849 人，是石狮市革命老区基点村之一。1999 年被确定为泉州市首批改旧建新试点村。几年来，共投入改旧建新资金 1000 多万元，实现“四改四化”（即改水、改厕、改圈、改路和环境美化、道路硬化、庭院绿化、空气净化），全村绿化覆盖率近 30%，村间道路硬化率 100%，已建成环境优雅整洁的园林式新农村。是石狮市新农村建设样板，获旧村改造一等奖，有“前埔模式”之誉。曾被评为省级文明村、省级卫生村。2013 年 1 月，被授予“泉州市美丽乡村”称号。

17. 沙美村 位于永宁镇政府驻地西北 2.3 千米之五虎山西麓。东连鳌城古卫，南接永宁盐场，临西溪与子英相望，隔公路与郭宅相邻。因位于五虎山麓尾端，俗称山尾头。境内有东西两溪贯穿而过，自北向南流入深沪湾。两岸绿树成荫，景色秀美，故称“美江”，又因地处海滨，退潮时一片白沙，阳光照耀下，金光闪闪，又称“金沙”。后取其美江之“美”，合金沙之“沙”，是为“沙美”。该村为石狮市革命老区基点村之一，面积 2.1 平方千米，700 户，2562 人，大多为卢姓。主要经济收入为农业，矿产资源有花岗岩，先前有相当部分劳力从事开采石料、运输等副业。村中办有美江小学。

18. 洋厝村 位于永宁镇政府驻地西北 3.0 千米的石永大道及战备公路两侧，东北与西偏、塔石毗邻，东南与沙美、子英相接，南与前埔相连。该村古称杨厝，居杨姓。后杨姓外迁，李姓纷纷迁入。清代中叶，村民往南洋谋生者甚多，同治、光绪年间，村民甚为富裕，新居甚多，故将村名改称“洋厝”。面积约 0.7 平方千米，333 户，1137 人，多为李姓。经济收入以农业为主，主种甘薯、花生、豆类。境内有大帝集团等企业。

19. 西偏村 位于永宁镇政府驻地西北 3.1 千米的宝盖山南麓丘陵地带。东邻塔石、西连洋厝村。明初，沙堤名宦龚名安之孙龚培肇居此地，因该村建在虎岫寺的西畔，闽南话“畔”与“偏”谐音，故称“西偏”。面积 1.6 平方千米，280 户，1077 人，多为龚氏。主要经济收入为农业，矿产资源有花岗岩。村中有五金、制衣等企业。

20. 塔石村　位于永宁镇政府驻地西北 2.9 千米处，与西偏、洋厝毗邻。早在唐代，此地已有陈、丁、蔡、林、黄、徐、周等姓氏聚居，从事农耕及开山采石，石场规模很大，石质坚硬洁白，遐迩闻名。据传，宋绍兴年间兴建的关锁塔，所用的石料皆出于此，故称“塔石”。该村面积 0.9 平方千米，186 户，711 人。主要姓氏为李氏。经济以农业为主、石料开采为辅。境内有雷霆服饰、大元化工、棒球手鞋业以及纸塑包装、综合食品厂等企业。

21. 新沙堤村　位于永宁镇政府驻地东北 2.7 千米处，与下宅、深埕村（锦尚镇）毗邻，南临大海。该村古称佛堂，别名新桑边。元代，有李氏在此定居，明初迁徙梅林。明代宣德、正统年间，又有泉州金鱼巷谢氏移居此地。倭患时，为倭寇登陆永宁的重要关口，常遭侵扰，谢氏举族搬迁至将军山北麓的深埕村。1949 年，有沙堤龚氏、郭宅洪氏、祥芝洪氏三部分人来此建村。新中国成立后，命名为新沙堤。面积 0.3 平方千米，78 户，318 人。耕地面积 13.67 公顷，主种甘薯、花生、豆类等。村中建有鲍鱼育苗基地，现有养殖池 100 个 2000 多平方米。

二、已消失的村落

1. 澳仔　永宁镇区东 0.5 千米海口，因沙滩呈鞍形，俗称“鞍心”。但该地水浅，只能停靠小船（舢舨），故称“澳仔”村。宋元时，澳仔村住许、黄二姓 30 多户，主要靠讨小什海及农耕为生。嘉靖年间，倭寇由此澳口登陆，烧杀抢掠。余生者如许氏逃往厦门一带，黄氏则移居永宁小东门。从此废村 。第二次世界大战期间，1940 年 7 月 16 日，日寇进攻永宁，制造“七·一六”血案，其中一路日军即从“鞍心”登陆。新中国成立后，第十五区政府为防止小股敌特登陆，曾在此设民兵哨所，由永宁民兵营负责值班，直至兴建黄金海岸度假村时才拆除。

2. 坑尾　古时，在黄金海岸马场有个坑尾村，明清朝代，属二十都，居黄姓。今永宁小东门有 3 户黄氏，称“坑尾黄”，即为该村后人。

3. 山墩　又称山根。在永宁镇西部，距镇政府驻地 3.5 千米，北依宝盖山。因处于西偏与塔石两村的山峦峡谷之间，故名“山墩”。古属晋江县二十都。该村原居住蔡、徐、陈三姓十多户人家，以农耕为生。后因生计贫乏，人丁稀微，先后搬迁他乡。今惟存有山墩桥等遗迹。1965 年，永宁人民公社发动沙美、子英、西岑、前埔、洋厝、西偏等村社员在此建沙墩桥水库。

4. 竹篙厝　在宝盖山南麓、西偏村西隅。古时，周边原为一片农地，为抵御干旱，各家各户均在田头打井，并在井旁竖立石柱，上挂竹篙，用以吊水灌溉农作物。行人每抵此地，但见村前村后竹篙一支接着一支，别有一番景观，故称之“竹篙厝”。该村 80 多户，颜姓。清光绪二十九年（1904 年）鼠疫流行。疫情高峰期，一天死亡多人，后人人自危，纷纷逃离，遂废乡。至今尚流传有 “竹篙厝废乡——那消那离”的歇后语。该村遗址，于 1981 年建朝天寺。

5. 梧村　又称浯洲。在子英与西岑两村交界处，现银江中学东南隅。古属二十都。据传有五个姓氏在此聚居，因“梧”与“五”谐音，故称“梧村”。清初，晋南分为强弱二大派系，械斗终年不息。有一次，梧村因敌不过对方强大攻势，终被废村，废弃房屋则成为晋南一带乞丐的聚居地，称“梧村寮”。 民国初期，尚存有阎君公庙遗址，后经岑兜村民几次重修，改称“梧村宫”。

6. 洋丹　亦称洋单。在永宁城北门外 1 千米处。因在永宁东北隅的高处，太阳总先在那里出现，又称“阳端”。古属二十都，居有林氏 30 多户，以农耕为业。后因房舍年久倒塌，村民陆续迁入城内。新中国成立后，仍有 3 户居住，归永宁大队管理。1954 年，部队曾在此建营房。1960 年，余下居民才全部迁入永宁。遗址在今信义开发区。

7. 阮厝　因位于洋丹与西厝村中间的山坡地，又称中厝。住阮姓。前清时期，因人口稀少，常被盗贼骚扰，难于安居，居民外迁而废弃。

8. 路角　永宁与郭坑交界处，有一座路角山。该村在山边，因山得名。古属二十都，居董、李二姓。明末清初，因村里发生瘟疫，村民迁入永宁城。中华人民共和国成立后，该地尚见残壁、大门、石阶等遗迹，1958 年大跃进平整土地时才清理掉。遗址在今永宁北门工业区。

9. 满山红　位于永宁西厝自然村后方，原居有许氏。古属二十都。20 世纪 60 年代尚见有余垣残壁。传说中的大力士许根泉，即为“满山红”人氏。村中居民于清末民国初移居永宁北门。

10. 城角　位于永宁城隍庙往浯沙村（旧路）中途城外拐角处。20 世纪 60 年代曾建有军营。原居有陈氏。古属二十都。今浯沙村有多户陈氏称“城角陈”，即为该村后人。

11. 桥仔头　永宁北门外原有一小村称桥仔头，在今西厝村东南角溪边。已废。

12. 薛厝　今西厝村西北方原部队营部，有薛厝村，居薛姓。有遗迹薛厝池。

13. 西门外　永宁卫城永清门外，现“车头”一带，有西门外村，在古二十都中独立具名。但以后境域不断拓展，今已和永宁连在一起，而成为永宁社区的一个角落。

14. 小路尾　今永宁孝女姑工业区“仙脚迹”西南，居王姓，清末废村，大多迁入永宁场口街。

15. 陈丕山村 今永宁孝女姑工业区生猪屠宰场北侧，居陈姓，清末废村，居民大多迁于永宁西门外。

16. 佛堂 位于今新沙堤村。明何乔远著《闽书》中《捍国志》载："自深沪至永宁间为佛堂澳，可泊舟，海寇出入必经门户地"，道光版《晋江县志》又载："元置巡司于此"。清乾隆壬戌年（1742 年）修撰的《深埕谢氏后房派家谱》序文中载："我祖昔日聚居佛塘，后值兵荒，故移居深埕。"（参照本章"新沙堤"条目）

17. 锦瀛 在沙堤北一公里许，即今红塔湾一带，居黄氏，后于明初发生海啸，倭患、瘟疫，村民陆续外迁。（详见第二十章《姓氏》之十二"黄氏"条目）

18. 金谷 在宝盖山后，靠近"院内"，即今青年水库南侧，原洪氏先祖从晋江英林迁来此地居住，传说因住宅对着虎岫寺，与风水有对冲之嫌，后再迁到"过宅"，即今郭宅村。（参照第二十章《姓氏》之十八"洪氏"条目）

第二章 自然环境

永宁镇位于石狮市东南突出部，三面临海一面依山，是典型的沿海小丘陵半岛。海岸线长 19.8 千米，历来为泉州海外交通的重要港口及海防要地。镇域有梅林、沙堤等重要渔港。

除下宅、后杆柄几个村外，大多土壤瘠瘦，地下水资源贫乏。

第一节 地形地貌

永宁镇整体地形走势为东西两边高、由北向南倾斜，地貌类型以台地为主，地形由丘陵——台地——平原呈阶梯式逐级递变。西北部的最高峰宝盖山，次之为双髻山。低丘陵有五虎山、将军山、东山、烽炉山、益辅山和观音山。宝盖山、双髻山等山体受北西向断裂切刈，走向呈北西向延伸。丘陵主要由花岗岩构成，沟谷发育，植被较少。

永宁东、南两面临海，沿海有深沪湾及梅林、沙堤、西岑等港湾。自新沙堤、观音山、宫屿至外高垵一带，其海岸陡峭，岸线曲折，岛礁罗列，海水较深，波浪作用强烈。岬角处发育着海蚀崖、海蚀洞穴等海蚀地貌。小海湾内有风积沙堤和沙滩海岸分布。

一、山峰

宝盖山 地标：北纬 24° 43′，东经 118° 40′。在塔石村，南界西偏村，北近双髻山，东南连后杆柄村，西临宝盖镇古坑后。主峰海拔 209.6 米，东西走向约 1 千米，南北走向约 3 千米。山巅关锁塔凌空兀立，古来即为泉州港湾航海标志。宝盖山古称“大孤山”。因“若鼎状之覆盖”故名之。且因山上建有关锁塔，又称“塔山”。

双髻山　地标：北纬 24° 43′，东经 118° 40′。在院东村西侧约 2 千米。主峰海拔 206.9 米，东西走向 2 千米，南北走向 1 千米。山体由花岗岩组成。两峰如妇女头髻状，故名。该山又称金鞍山，《晋江县志·山川志》载："金鞍山，一名天马山，在二十都，距郡城东南五十里，俗呼小孤山。中有永嘉室，亦名月庵，宋道人赵永嘉居之。"

将军山　位于下宅村的东北部，北与锦尚镇深埕村交界，东隔 1 千米地临海。面积约 0.5 平方千米，海拔 81.1 米。该山原系古代驻军隘口而称"军山"，其西北侧，另有一座顶部呈圆状，犹如巨钟覆地的小山，叫"钟山"。村民往往把此两座小山合称为"钟军山"，后因谐音，衍化为"将军山"。

五虎山　位于永宁、沙美北侧及下宅之西南部，为永宁屏障。该山由青山（海拔 125.3 米）、钟山（海拔 103.8 米）、鸡母山（海拔 86.4 米）、陈山、虎头山等山峰组成，面积约 4 平方千米。除主峰青山和钟山属低丘陵，余者均为海拔高程不满 100 米之台地。山群状若五只由西向东追奔的老虎，故名"五虎山"。

民间传说：在宝盖山下，五只小虎与雄狮为争夺天上降落的一颗金球互相撕拚，难分难解。后狮子敌不过五虎，从永宁猛跃过海，到了深沪海口，回头一望，但见五虎已化为五座山雄踞在永宁高处，眈眈而视。狮子顿觉气从口出，接连吐出三口鲜血，即成深沪（首峰村）的三个赤土坡。狮子待要上岸，却也变为一座石头山（狮山），峙立于海中。

东山　位于沙美村之东边，故名"东山"。海拔高程 57.0 米。

烽炉山　位于沙美之东北和永宁西北交界处。因状如风炉而得名。海拔高程 48.1 米。

观音山　地标：北纬 24° 41′，东经 118° 43′。位于沙堤村东南约 1.5 千米，古称"仙人山"，范围约 1.4 平方千米，海拔 21.3 米。因石穴中有一状若观音俯视的石头而得名。山上怪石嶙峋，或如飞禽走兽，或如龟鳖游鱼，惟妙惟肖。

益辅山　位于永宁城东北隅。《晋江县志·山川志》载："益辅山在郡东南永宁卫，以山受日光最早，名'朝阳山'；又以山上有石如珠，名'骊龙珠'；又以山滨大海，名"瑞海山"。山体由花岗岩构成，叠岩垒石，巧而多姿。永宁十八景中之镇海石、骊龙珠、观日台、玉带桥、浸月池、丹凤朝阳等景观均集中于此。

象山　在永宁城隍庙后方，山体由花岗岩构成，因状如伏象，故名。山上有象山土地庙。永宁十八景之"犀牛望月"即在此山。

莺山　在永宁卫城内偏北侧，因山上有巨石状若山莺，故名。且因位于溪源铺之背后而俗称"后山"。 山体由花岗岩构成。山下有莺山妈宫。

二、溪流

下宅溪　发源于宝盖山，出口处在新沙堤村。干流流经后杆柄及下宅村。流域面积 11.1 平方千米，长度 5.35 千米。多年平均年径流量 630 万立方米。

西岑溪　发源于宝盖山，东南流向，出口处在西岑村。流域面积 5.50 平方千米，长度 4.60 千米。多年平均年径流量 311 万立方米。在姑嫂塔上观看大溪像一条白玉带，半环西岑村，故又称“玉带溪”。

洋厝溪　发源于宝盖山，出口处在子英村。干流流经西偏、洋厝及子英村。流域面积 6.00 平方千米，长度 3 千米。多年平均年径流量 399 万立方米。

水关沟　水关沟为永宁城内的主要排水渠道。下雨时，雨水顺地势汇入其中，然后排出城外入海。其起自北门境，沿水关街横过十字街，经小街出城。全长约 170 丈，宽 6 尺，深 7 尺，除入口一段外，上皆复盖石板。民间传说：明嘉靖年间，倭寇攻入永宁城，曾于沟中杀害无数百姓。

三、港湾

深沪湾　地标：北纬 24° 39′ —24° 40′ ，东经 118° 39′ —118° 42′ 。原名沪江，港湾深邃，因唐末诗人罗隐曾于石崖上题“深沪”两字而改称。该湾在永宁镇之南面，为跨石狮市的永宁、晋江市的龙湖、深沪 3 个集镇之间的海域。弧长 4.5 千米，湾口 4.5 千米，介于深沪角和永宁咀之间。其突出部互为犄角，呈半圆状，向东敞开。湾内主要为沙质底质,潮间倾斜度较大，风浪大、残质不稳定。水深 3—9 米，海岸线曲折，长 25 千米。属冲积泥沙滩和台地岩岸，为天然避风良港。年平均气温 20° C，夏秋常有台风，最大风力达 12 级，海水色 15 号，透明度 1.35 米，含盐度 10%。湾内为往复流,涨潮流向东北，落潮流向西南。半日潮，涨潮 7 时 40 分，退潮 11 时 40 分，潮差每日 50 分，最大浪潮 7 米，流速最大 0.20 米/秒，落潮 0.40 米/秒。

梅林港　地标：北纬 24° 40′ ，东经 118° 41′ 。在梅林村南部。方位：自外高至梅林。水域面积约 3000 多平方米，水深 25 米，最浅深度 4 米。不受潮水影响，可停泊千吨以上船舶。已建 5000 吨对台贸易码头 1 座。

红塔湾　地标：北纬 24° 41′ ，东经 118° 43′ 。位于新沙堤至观音山之间，面积约 1 平方千米。因海岸边有一座祈风塔，故称“红塔湾”。沙滩洁净，水域开阔，潮汐平妥，已被开发为海泳基地。

西岑湾　地标：北纬 24° 41′ ，东经 118° 40′ 。又称西海湾。位于港边至西岑之间。系沙岸。

四、海滩

东浅滩 地标：北纬 24° 40′，东经 118° 40′。位于梅林村东南部约 500 米，故名。潮底露面，东西长约 200 米，1988 年建对台贸易码头。

西浅滩 因地处梅林的西畔，故名。在梅林村西南约 800 米处。暗浅滩，潮底不露面。向西南延伸，长约 250 米，面积约 500 平方米。系沙滩。建有紫菜养殖场。

五、礁屿

宫屿 地标：北纬 24° 40′，东经 118° 42′。在沙堤村东南约 1.1 千米，观音山南隅。长约 600 米，宽约 270 米，四面环水，潮水退时可直达。据传，早年有一大货船在海面失事，三块船木随潮水飘至浮屿，后有人把这三块船木刻成三尊佛像，并在浮屿上建一佛宫，取名“三仔爷宫”，浮屿因宫得名，称之“宫屿”。今屿上另建有“洛伽寺”。

老虎嘴 地标：北纬 24° 41′，东经 118° 43′。位于新沙堤东南约 0.5 千米处海域，由三小岛组成，因状若老虎的嘴巴得名。该屿距陆岸最近点 0.1 千米。长 500 米，宽 200 米，面积约 400 平方米，高程 17.1 米，周围水深 0.5—2.6 米。由花岗岩构成,呈卵圆形或葫芦形。

五鼻岛 地标：北纬 24° 40′，东经 118° 42′。位于永宁东南方向 1.2 千米海域，屿东礁的东南角，离陆岸约 700 米。长约 30 米，宽约 20 米，面积 5000 平方米，高程 6 米。由花岗岩石构成。周围水深 0.9—2.6 米。为东南海面抵御风浪之屏障。巨石突起波间，犹如五鼻形状，海潮涨落时与潮水相吞吐，能发出鼻鼾声，故名。又称牛鼻、后尾。

三旦岛 地标：北纬 24° 41′，东经 118° 43′。位于新沙堤南，沙堤东北海域，距陆岸最近点约 10 米。由三个小岛组成，花岗岩结构，犹如三角形状，故称三旦岛。别名：三尖岛、后安、三脚尖。面积 0.075 平方千米，高程 17.5 米，周围水深约 12 米。不受潮水影响，可停泊 2000—3000 千吨级船舶，年平均气温 20.2° C。

风流 地标：北纬 24° 41′，东经 118° 43′。在新沙堤西南方向约 0.7 千米海域，距陆岸最近点约 0.16 千米。由内、中、外流三礁石组成，涨潮只见内流石，落潮时三流石均可见。每块石约 400 米，卵圆形，高程 15.4 米，周围水深 1.5—3.6 米，年平均气温 20.2° C。因大风冲击海浪形成风浪回流，故名“风流”。

永宁嘴 地标：北纬 24° 39′，东经 118° 42′。在永宁东南部，浯沙村海边灯塔之南侧。为花岗岩地质结构，面积约 100 多平方米，海拔高程 19.3 米，因乃古时船只驶入永宁澳之门户，故称为永宁嘴。四周陡峭，成葫芦形，长年生长海藻及海螺。

咸橄榄　地标：北纬 24° 40′，东经 118° 40′。该礁位于梅林村西南部约 700 米海域。海底涨潮满时深约 4 米，水底圆礁周长约 30 多米，面积约 120 平方米。因形似“橄榄”而得名。

屿东　地标：北纬 24° 39′，东经 118° 41′。该岛因在外高村东边，故称屿东。距村约 1 千米，距陆岸最近点 0.2 千米。涨潮时可与陆地通航往返。长 550 米，宽 280 米，面积约 800 平方米，高程 7.9 米，周围多礁石，水深 2.5—3.7 米。由花岗岩石构成。岛上设有航标灯塔（闪 6 秒 10 米、7 海里），为深沪湾航线重要标志。

石目　地标：北纬 24° 41′，东经 118° 43′。该礁位于沙堤村东部，观音山的北面海域。面积约 3200 平方米，干出高程 20 米，退潮时基座有碎石与观音山相接。因形状似眼睛，故名“石目”，又名“猴目”。

内外　地标：北纬 24° 39′，东经 118° 41′。位于外高东南方向 1 千米的马鞍礁内畔，该干出礁分为内外石，故名“内外”。内礁离外礁约 70 米左右。潮涨时均不出水面，内礁潮涨时涉水而过，外礁则非船渡不能登岸。礁土盛产螺蠔，为渔民小杂海基地。

马鞍　地标：北纬 24° 39′，东经 118° 39′。位于外高村内港东南面深沪湾海域，距外高村 1 千米。该干出礁因状似马鞍而得名。退潮时，礁石露出海面。长约 20 米，宽约 8 米，面积 300 平方米，干出高程 2.2 米。为深沪湾渔船出入重要航线目标。

大金　地标：北纬 24° 40′，东经 118° 43′。该干出礁在沙堤村东南约 2 千米深沪湾海域。面积约 250 平方米，干出高程 2.9 米，周围多礁石，水深 8.2 米。为深沪湾内航道的险区。

第二节　气　候

永宁镇属南亚热带海洋性气候区，夏长无酷热，冬短无严寒；日照充足，蒸发旺盛，水分欠缺。气候受季风影响明显，台风季节较长，降水受季风控制，有干湿季之分。灾害性天气主要有干旱、台风、暴雨等。

一、气温

20 世纪 90 年代以后，受全球气候变暖影响，气温有所上升。1998—2007 年平均气温 21.6℃，比 1998 年前 40 年平均升高 1.2℃。常年最热的月份为 7 月，月平均气温 29.0℃。常年最冷的月份为 1 月，月平均气温 13.4℃。

1998—2007 年，日最高气温大于或等于 35 度的高温日共出现 42 天，平均每年 4.2

天，一般出现在 7—9 月。93%的高温日分布在 7—8 月，1998 年最多为 8 天，2003 年最少为 1 天。

极端最高气温高达 37.8℃ （2002 年 7 月 4 日）。极端最低气温为 2.0℃（1999 年 12 月 24 日）。

1998—2007 年永宁镇年平均气温值表

表 1—1 单位：℃

年份	1998	1999	2000	2001	2002	2003	2004	2005	2006	2007
平均气温	21.8	21.4	21.5	21.7	21.8	21.4	21.5	21.2	21.8	21.8

1998—2007 年永宁镇各月平均气温情况表

表 1—2 单位：℃

月份	1 月	2 月	3 月	4 月	5 月	6 月	7 月	8 月	9 月	10 月	11 月	12 月
平均值	13.4	13.9	15.8	20.3	24.1	26.9	29.0	28.7	27.2	24.1	20.1	21.8

二、日照

全年平均日照时数为 2200 小时左右，日照率 50%，表现为夏季多照秋冬少，一年之中的日照时数以 7—8 月最多，月均 250 小时，日照率 60%；2—5 月较少，月均 150 小时，日照率低于 40%。

三、降水

1998—2007 年，年降雨量平均 1266.6 毫米，与前 40 年相比，平均多 275.1 毫米，增幅 27.74%，平均年降雨日相近。其中最高年份为 2006 年，达 1551.3 毫米，最少年份为 2002 年，仅 861.1 毫米。大多数年份在 1000—1400 毫米之间。

四、气压

年均为 1007.5 百帕，年际间变化不大，在 1005.8—1008.5 百帕之间。每年冬季受强冷空气影响，气压较高；夏季受热带低压影响，气压较低。其一日变化，一般是“二峰二谷”型。日最高值通常在 9—10 时和 22—23 时。日最低值一般在 3—4 时、15—16 时。若受强冷空气或受热带低压等影响，这种正常的变化便遭破坏。

五、风速

全年最多风向是东北，频率为 17%。9 月至次年 4 月最多风向为东北风或偏北风，频率为 59%；5—8 月最多风向为西南或东南风，频率为 20%；全年静风频率为 10%。平均风速 6.0—7.0 米/秒，越靠近海边，风力越强劲。一年之中，10 月至翌年 3 月平均风速大于 4—9 月，其中 10—11 月平均风速最大（7.5—8.0 米/秒），而 8 月较小（4.8 米/秒）。

一日之中，风速白天大于夜间，一般下午2时风速最大，下半夜风速最小。历年平时最大风速一般在9级，而瞬间最大风速达12级（35米/秒）以上，瞬间最大风速多出现在夏季台风袭击时。2000年“碧利斯”台风影响时最大风速超过计划40米/秒为最大。2008年7月26日20时到7月30日20时，受热带风暴“凤凰”影响，石狮市普降暴雨和刮大风，永宁风力达30.2米/秒（11级）。

第三节　物　产

一、矿产

永宁境内矿藏以非金属矿为主，有高岭土、型砂、海贝壳、钾长石、花岗岩、钛铁矿砂、锆英石砂、独居石砂及矿泉水等。

1.高岭土　分布于下宅村，为风化残积高岭土，具有一定规模。

2.型砂　北起新沙堤、南至西岑沿海岸带均有分布，其中以梅林至西岑最多。

3.海贝壳　分布于西岑至港边海滩，为壳灰的生产原料。

4.钾长石　分布于西偏，该矿产于混合二长花岗岩中，质量好，矿石储量31301吨。

5.花岗石　主要分布于宝盖山、双髻山、五虎山、烽炉山等地，储量大，色调单一，属白色系列。

6.矿泉水　外高村的偏硅酸（富硒）矿泉水，为水质较好的基岩裂隙水。

7.钛铁矿砂、锆英石砂、独居石砂　分布于外高和梅林，其中梅林矿点，每立方米钛铁矿石29230克、锆英石1239.4克、、独居石11227克，有一定规模。

二、海产

沿海区域处于台湾海峡高温高盐暖水和沿海低温低盐冷水团交汇地带。海水中有丰富的饵料生物，沿岸多岛屿、礁石，适合于南来北往的鱼群生长、繁殖和栖息。因而生物品种繁多。沿海水生生物近千种，其中经济鱼类常见的有100多种。

1.鱼类　软骨鱼类有鲨鱼、魴鱼等。硬骨鱼类有带鱼（俗称白鱼）、黄鱼（大小黄花鱼）、鳗鱼、蓝圆参（吧唧）、鲐鱼（花铅）、金色沙丁鱼（鰛鱼）、燕尾鲳（白鲳）、乌鲳、刺鲳（肉鱼）、鲷（加腊、乌刈、黄翅、海鲢、石鲈、乌过、赤鲫）、鰳鱼、马绞、比目鱼（酒排、塔西、扁鱼）、石斑鱼（珠过、土过、猎过）、金线鱼（匹香）、杀尾绯鲤（红娘）、方头鱼（腊轮）、长蛇鲻（狗母鱼）、海鲇（成鱼）、甬鱼（牛尾）、黄鲫（白只）、绒纹单角屯（迪仔）、多指马鲅（午仔）、青干金枪鱼（青甘）、舵鲣

（铅锤）、河豚（规鱼）、角仔、梅童（梅仔、头丁）、乌江、犀雪（秋公）、竹荚（大目孔）、圆腹鲱（小嘴温）、鲻鱼（乌鱼）等。

2. 头足类　有乌贼（墨鱼、尾尖即花枝、小者称目斗）、莱氏拟乌贼（净瓶）、枪乌贼（鱿鱼，小者称锁管）、真蛸（章鱼）、短蛸（石矩）、海蜇（水母）等。

3. 虾蟹类　有日本对虾（九节虾）、长毛对虾（红虾）、鹰爪虾（土九虾、厚壳虾）、中国毛虾（虾皮）、毛扇虾（虾蛄）、斑节对虾（花虾）、红星梭子蟹（三点仔）、远海梭子蟹（花蟹）、梭子蟹（蚶）等。

4. 浅海滩涂的主要生物　经济价值较高的人工养殖及野生资源较常见的贝类有褶牡蛎、缢蛏、花蛤、泥蚶、文蛤、近江牡蛎、江瑶、西施舌、翡翠贻贝、泥螺、马蹄螺、苦螺、鲍鱼、扇贝等。藻类有紫菜、海带、石花菜、浒苔、赤菜、铁钉菜、鼠尾藻等。

三、农业产品

1. 蕃薯　又称甘薯或地瓜，为永宁地区主要粮食作物。20 世纪 50 年代初，主要品种有黄仔闷、菜签薯、五齿仔、果白、六十日早等。1958 年后，先后推广新种花、安溪竖仔、福薯 26 号、福薯 28 号和惠薯 5 号等。20 世纪 90 年代，前埔、下宅村曾为石狮市甘薯良种示范繁育基地。

2. 花生　为永宁地区主要经济作物，主要品种早年有大硫球和小硫球。大硫球多用于榨油，小硫球又称“钮仔豆”。当年闻名海外的“送顺风”珍品——永宁“万兴馆”花生，即专选用此一良种蒸制而成，其甜脆特性可保持经久不变，且花生外壳洁白，膜红仁饱。中华人民共和国成立后，又引进泉花 10 号、白沙 1 号和广东的狮头企等品种。

第四节　自然灾害

一、地震

受区域大地构造的控制，通过石狮市域内的有两条断裂带：北东向的长乐—南澳断裂中段和北西向的晋江—永安断裂南方东端，永宁镇辖区属地震烈度 8 度地区，但未见有破坏性地震记载。

二、雷震

据宝盖山顶“重修塔峰碑记”载：清乾隆三十六年（1771 年）秋雷震，击去关锁塔之芦尖。2001 年 7 月 30 日晚，永宁威尔夫体育用品公司遭雷击，电脑、传真机、电话交换机被击坏，损失约 1 万元；沙美村至黄金海岸一带村庄同时遭雷击，附近多家广播电视、电话线路被烧毁。

三、水灾

石狮境域年平均暴雨日数为2～4天，永宁为2.4天。暴雨日除12月外，1—11月均有出现，主要集中在台风、雷阵雨及梅雨季，尤其在6—8月。暴雨持续日数以1天最多，持续2天的很少，但1968年6月9—12日，永宁曾出现持续3天以上的暴雨，过程雨量达270.9毫米。1960—1990年石狮境内发生5次重大水灾，其中1980年5月24日永宁遭受第四号台风正面袭击，梅林海带养殖场56公顷海带全面损失，26日又下暴雨，永宁、港边、西岑等沿海大队的养殖场均受不同程度的损失。1990年6月24日，第5号台风袭击石狮市，永宁遭受百年罕见的特大暴雨灾害，雨量高达310毫米。29日，再次遭受6号台风袭击，暴雨量达154毫米。

四、台风

永宁濒临台湾海峡，地势突出海面，故而风灾频仍。每有从海面刮起而后入侵石狮境内的台风，大多由永宁登陆。一年之中以10—12月大风日数最多，5—6月最少。每年台风登陆的次数，以1961年10次为最多，1980年6次居次。

1956年9月17—20日和30日，先后遭受8～12级台风袭击，为20年来未曾有的风灾。1959年9月27日台风，风力达12级，中心附近最大风速85米/秒，风大雨急，潮水来势凶猛。1986年9月17—20日，台风影响，海潮暴涨，永宁镇沿海村庄遭受海潮冲击，海堤决口，海岸崩溃，渔船沉没，水产养殖受到严重破坏。1990年6月，梅林港500吨级码头引堤基本完成，靠船平台正在吊装时，遭遇历史上罕见的当年第5、第6号台风的正面袭击。由于主体工程尚未形成整体，码头受到严重破坏，直接经济损失达155万元。1992年8月30日，受16号强风暴和水文大潮影响，永宁镇沿海各养殖场、海堤遭受历史上罕见的大海潮袭击，险象环生。梅林、港边交界的梅港斗门闸、新沙堤、浯沙养殖场、西岑溪岸，有的出现裂缝，有的被冲成洞穴，坝身下陷，有的甚至被冲毁。1996年4月15日，永宁镇遭受8号台风破坏，西岑村损失颇大。

五、海事

各种自然灾害或人为的海难事故，由此而产生死亡或财产损失的海事早年甚多，但未见具体记载，近年较严重的有：

民国34年（1945年），梅林李君皎在出海途中，误触水雷爆炸，死亡1人。

1952年12月，永宁1艘小钓船于大风中出海，遭致海难，死亡6人。

1955年1月，梅林、深沪对拖船70多对在沪东塔后海面作业，被台湾当局飞机8

架轮番扫射，梅林渔船伤 7 艘，渔民死 2 人,重伤 4 人，轻伤 4 人。

1960 年 3 月 26 日，沙堤一定置船冒险穿礁被触翻，8 人落水，救起 5 人，死 2 人，重伤 1 人。

1972 年 11 月 25 日，梅林二队舸母船，于沙堤海域被浪打翻，死亡 4 人。

1975 年 1 月 18 日，梅林一舸仔船回港，于夜 9 时许，经深沪湾口被浪打翻，死亡 13 人。

1982 年 11 月 23 日，港边机轮 3704 号船，主机故障未能排除，在海上飘流，于 12 月 23 日发现在西沙玉啄礁，11 人全部死亡，船体破毁。

1985 年 4 月 2 日，港边村 3717 号机拖船被上海远洋运输公司“平安城”号货轮撞翻沉没，死亡 11 人。

1988 年 11 月 18 日，梅林 3582 号机拖船在 283 海区机舱进水沉没，死亡 3 人。

2003 年 4 月 21 日，梅林闽狮渔 3972 号钢质渔船在台湾海峡生产作业，因大雾疑被撞沉，13 名渔工同渔船失踪。

2003 年 11 月，梅林一钢质渔船在台湾海峡作业时失踪，2 人死亡，6 人失踪。

2010 年 1 月 9 日，梅林闽狮渔 3785 号钢质渔船在莆田海域生产作业，被天津一艘 4.3 万吨货轮撞沉，造成船上 13 名惠安藉渔工遇难。其中 1 人死亡，11 人失踪，1 人获救。

第三章 村镇建设

明洪武年间，永宁建卫城。建有海防、军事、港口等设施，还有卫学、寺庙等建筑。至清乾隆年间，商业建设已颇具规模。新中国成立之后，先后建设医院、学校及商业、金融、邮电等服务设施。20 世纪 60 年代起陆续建成党政机关、供销社、工商、税务、邮电等公共建筑。80 年代，各种商业服务设施又得到改造。1978—1985 年，侨胞、港澳台同胞共捐资 2000 万元，扩建或新建镇内 18 所中小学的教学楼、宿舍楼、礼堂、体育馆等，总建筑面积达 9124 平方米。1987 年，各种公共建筑面积 3.24 万平方米。其中党政机关建筑面积 9600 平方米。商业建筑面积 5200 平方米，学校、医疗建筑 1.26 万平方米，银行建筑 3000 平方米。1995 年开展“社会主义新农村建设”，农村的村容村貌出现历史性变化。其中前埔、郭坑两村，被列为“石狮市社会主义新农村建设”样板，2012 年被授予“泉州市美丽乡村”称号。2011 年永宁镇被定为“泉州市综合改革试点镇”和“石狮七大片区开发改革”的一大片区。

第一节 土地的利用与管理

一、土地管理

1950 年以前，土地为私人所有，私人土地可自由买卖或租典。

1951 年土地改革，其中少量耕地分给无地的农户耕种。

1956 年农业合作化，农地全部归集体所有，其他公地为国家所有。土地一律禁止买卖。

土地归国家和集体所有后，集体建设项目动用土地，历来由镇（公社）、村、生产队研究决定，报县备案，没有严格手续。居民住宅建设一般只使用废杂地，均由户主提出申请，村统一规划，由镇（公社）办理手续，送县主管部门批准。

1988 年，镇政府设立土地管理所，同年年底，全镇公用及居民用房重新办理土地申报，建立档案。1992 年在永宁镇区开展土地登记确权换发证工作。1995 年土地登记确权发证工作在全镇各村全面铺开。

2009 年，为衔接《石狮市城市总体规划（2006—2020 年）》，镇委托设计院对全镇进行分区规划，并先期进行控制性用地管理，按照分区规划划定的功能区严格控制各类用地，保护基本农田和国土资源。

二、建设规划

1992 年 10 月，镇人民政府委托天津大学建筑系进行规划设计，1994 年 4 月经石狮市人民政府批准，将城镇性质定为工贸旅游港口城镇，共分为石永大道科技工贸区、东南环大道旅游商贸区、旅游路工贸旅游区、共富路工业走廊等 4 个功能区。

1996 年，永宁镇完成 21 个行政小区建设规划，并完成西偏、沙堤、金埭、浯沙、前埔、塔石等 6 个自然村新村详细规划。

21 世纪初。新修编的《石狮市总体规划（2006—2020 年）》将永宁组团纳入石狮市主城区版图。2006 年 12 月，石狮市规划建设局委托芜湖市城市规划设计研究院（福州），开始编制《石狮市永宁组团分区新规划（2006—2020 年）》，于 2008 年出炉并通过评审。根据规划文本，新永宁规划区域包括永宁镇域大部分范围，锦尚、蚶江镇部分村庄以及少量填海造陆部分，总规划面积约 36.63 平方千米。规划对永宁的定位是：商务、贸易、航运、旅游基地，以现代服务业领航的滨海新城。规划将永宁分为新城、老镇两个片区，新城位于永宁分区东北部，将规划成为商务办公、休闲基地及主要居住区之一；老镇位于永宁分区南部，规划成为主要居住区之一。规划突出永宁滨海和风景旅游资源丰富的特点，强调岸线的利用和旅游资源的开发，规划“五区三线”的旅游业发展布局，将宝盖山、红塔湾、黄金海岸以及永宁古卫城、城隍庙等各种旅游资源串在一起。规划强调沿海大通道的作用，提出要改扩建沿海大通道，打通永宁分区与沿海各城镇的连接，实现永宁分区与深沪湾旅游资源的一体化开发。

第二节 街衢巷道

一、古街道

永宁古城内明代形成的街道，至今大多基本保留原貌，但已极少保留商贸功能。这些街道是：

永宁老街 古称西直街，东起大街头（中开坊），西至永清门。总长446米，宽4米。路面原为大小不一的石块铺成，20世纪80年代改为四方石，为20世纪90年代之前永宁的主要商贸街。

北门街 南起大街头，北至玄天上帝宫口。总长0.36千米，宽4米。路面原为不规则石块铺成，现已铺水泥混凝土。

南门街 北起大街头，南至南门口。总长0.42千米，宽4米。路面与北门街同。

水关街 东起白马宫，西至十字街口。全长0.15千米，宽4米。路面原盖有石板，现已铺水泥混凝土。

小街 东起小街顶路，经梅福寺、真人宫，西与永宁老街下段相接。全长0.15千米，宽4米。

小东门街 在小东门境，古称章老街。北起文祠东隅，南至新城口，与城隍路相接。全长0.33千米，宽5米。

白厝街 东至大东门（海宁门）口，西至北门顶街。全长0.19千米，宽4米。

二、当代商贸街

永宁新大街 1990年永宁镇统一规划在镇区西门外建新商业街，道路两侧建造商住楼、商厦。新大街自孝女姑庙至石永大道港边路口，全程长1.18千米，宽18米。街道两侧均配备绿化带、路灯。该大街由两大段组成：即从孝女姑至永宁车头（车站）的永石路、和从车头至港边路口的永梅路组成。

邮电街 东起永梅路阳光超市，西至冰岛大酒店。全长0.18千米，宽18米。

农贸街 起自永宁新大街菜市路口至农贸南路。全长0.19千米，宽12米。

黄金大道 曾用名北环路，建于1997年。东起沙堤村标，西至沙美环岛，全长1.6千米，宽26米。

三、路巷

永宁镇城区内的路巷，早年就有民间约定俗成的名称。2005年，石狮市第四批道路命名公告，对城区内新旧居住区的路巷名称作了正式确定。同时编设门牌，共编有路（街）

88条，巷18条。其中包括古街13条，新街6条。

石狮市第四批道路命名公告---永宁镇区部分

表1—3

街道巷名称		走向	起点——止点	长千米	宽米	沿途交叉或交接的街路、大型建筑物或企业单位、村、居委会名称	命名名称的来源及含义
曾用名	命名名称						
小东门街	小东门街	南北	城隍庙至幼儿园	0.33	5	海晖路、小东门东街	古代遗留俗称
小东门东街	小东门东街	南北	仓顶路至小东门街	0.11	5	—	古代遗留俗称
观音亭街	观音亭街	东西	观音宫至大街头	0.17	5	—	古代遗留俗称
白厝街	白厝街	东西	东环路至北门顶街	0.19	4.7	—	古代遗留俗称
北门顶街	北门顶街	南北	白厝街至三公巷	0.18	4	北门宅内路	古代遗留俗称
北门街	北门街	南北	大街头至北门城顶	0.23	4	三公巷、北门宅内路、北门城脚路、礼拜堂	古代遗留俗称
南门街	南门街	南北	大街头至金埭村	0.42	4	干厝巷、打铁巷、英西巷、南门东路	古代遗留俗称
水关街	水关街	东西	东源路至十字街口	0.15	4	—	古代遗留俗称
永宁顶街	永宁顶街	东西	大街头至十字街口	0.19	4	—	古代遗留俗称
永宁中街	永宁中街	东西	十字街口至小街路	0.15	4	—	古代遗留俗称
永宁下街	永宁下街	东西	小街路口至永宁车头	0.25	4	西门街后巷、下亭巷、西门下磨巷、农贸市场	古代遗留俗称
永宁小街	永宁小街	东西	永宁街至小街顶路	0.15	4	小街中路、小街顶路、小街观音宫	古代遗留俗称
场口街	场口街	南北	十字街至小街顶路	0.1	5	—	古代遗留俗称
新菜市	农贸街	南北	永宁下街至农贸南路	0.19	12	农贸中路、农贸市场道口、侨联、派出所	综合农贸市场
城外永新街	城外永新街	南北	农贸南路至城外路	0.13	12	—	新建商住区名称今未变
邮电街	邮电街	东西	永梅路至石永大道	0.18	18	龙泉路、邮政所、邮电所	自建成名称至今未变
永宁新街	永宁新街	东西	永石路至西南新村	0.13	26	永宁供销合作社	自建成名称至今未变
北环路	黄金大道	东西	沙堤村标至沙美环岛	1.6	26	东环路、西厝路、行实路、工业区北路	位于永宁居委会环村北路
东环路	镇海路	南北	浯沙村至北环路	0.8	26	海晖路、镇海路、白厝街、北门城外路、边防所	位于永宁居委会环村东路

续表 1—3

街道巷名称		走向	起点——止点	长千米	宽米	沿途交叉或交接的街路、大型建筑物或企业单位、村、居委会名称	命名名称的来源及含义
曾用名	命名名称						
永石路	永石路	东西	永宁车头至北环路	0.6	18	新车路、西南新村路、工业区南路、“艾斯特”	永宁至石狮早期唯一道路
永梅路	永梅路	南北	永宁车头至梅林村	0.58	18	菜市口、城外路、邮电街、农行、信用社、税务所	永宁至梅林村公路
行实东路	行实东路	南北	永宁车头至北环路	0.35	6	永宁新车路、龙溪中路	行实幼儿园东侧溪东道路
行实西路	行实西路	南北	永宁车头至北环路	0.35	6	永宁新车路、行实幼儿园	行实幼儿园门口道路
农贸中路	农贸中路	东西	农贸街至永梅路	0.65	12	—	农贸市场中路
农贸南路	农贸南路	东西	农贸街至永梅路	0.18	12	城外永新街路、侨联、派出所	农贸市场南侧道路
城外路	下营城外路	东西	下营西路至永梅路	0.12	12	城外永新街、雪兰制衣厂	永宁西门城外
朝霞街	朝霞街	东西	下营西路至永梅路	0.26	12	朝霞新村规划巷路、“恒盛”“茂松”	下营俗称“朝霞”
龙泉路	龙泉路	南北	邮电街至小街新村	0.34	18	龙泉新村规划巷路	位于“龙泉新村”区中
小街新村路	小街新村路	东西	永梅路至龙泉路	0.2	8	小街新村规划巷路	小街新村主通道
西南新村路	西南新村路	南北	永石路至山质巷	0.16	5	永宁供销社	西南新村主通道
西北新村路	西北新村路	南北	永石路至北环路	0.25	6	天华编织厂	西北新村主通道
新车路	新车路	东西	永石路至北门街	0.57	8	行实路、莺山西路、西厝路、中心小学、粮站	解放后建设的第一条车路
龙溪中路	龙溪中路	东西	龙顺巷至行实东路	0.15	5	龙溪新村规划巷路	位于龙溪新村中
莺山西路	莺山西路	南北	新车路至莺山宫	0.2	5	粮站、中心小学	位于莺山西侧
龙山中路	龙山中路	南北	新车路至北环路	0.14	8	龙山新村规划巷路	位于龙山新村中
西厝路	西厝路	南北	西厝山门至北环路	0.15	12	龙山新村规划巷路	永宁往西厝道路
西厝中路	西厝中路	南北	西厝村口至村后	0.26	5	西厝祠堂	西厝村中路
西厝东路	西厝东路	南北	西厝村口至村后	0.26	8	西厝村各巷路	西厝村东侧道路
西厝西路	西厝西路	南北	西厝村口至村后	0.26	8	西厝村各巷路	西厝村西侧道路

续表 1—3

街道巷名称		走向	起点——止点	长千米	宽米	沿途交叉或交接的街路、大型建筑物或企业单位、村、居委会名称	命名名称的来源及含义
曾用名	命名名称						
玉泉路	玉泉路	南北	玉泉亭至北环路	0.16	5	—	以“玉泉亭”命名
北门城外路	北门城外路	东西	东环路至新车路	0.25	10	北门新村各规划巷路	沿北门城外道路
荣兴北路	荣兴北路	南北	城外路至北环路	0.24	8	荣兴楼、“新星”羽拍厂	以“荣兴楼”命名
北门城顶	北门城顶	东西	白厝街至新车路	0.25	8	永宁北门村间各巷路	位于北门城顶
白厝街后	白厝街北路	东西	北环路至北门顶路	0.18	5	白厝街村间各巷路	位于白厝街北侧
北门城脚	北门城脚路	东西	白厝街自北门街	0.33	4	北门村间各巷路	位于北门城脚
北门宅内路	北门宅内路	东西	北门顶街至北门街	0.16	5	北门宅内各巷路	位于北门宅内
莺山东路	莺山东路	南北	旧卫生院至新车路	0.33	5	北门后山各巷路	位于莺山东侧
东源路	东源路	东西	水关街至旧卫生院	0.1	4	东源、白马宫、番王公宫	位于东源区中
观音亭所内	观音亭所内路	东西	大街头至文祠路	0.18	4	观音亭所内各巷路	古代遗留俗称
文祠路	文祠路	南北	小东门至三公巷	0.24	6	中心幼儿园、文祠	以“文祠庙”命名
观音亭顶路	观音亭顶路	南北	三合境后街路至文祠	0.11	4	“宁东楼”、陈氏宗祠	位于观音亭顶
后街路	后街路	南北	英西巷至观音亭街	0.14	4	三合境各巷路	三合境后街路
三合境中路	三合境中路	南北	英西巷至王氏宗祠	0.12	4	三合境各巷路	位于三合境区中
南门东路	南门东路	东西	英西巷至南门街	0.3	4.5	南门东路各巷路	位于南门街东侧
城隍路	城隍路	东西	英西巷至东环路	0.2	8	永宁城隍庙	以“城隍庙“命名
南门西路	南门西路	南北	打铁巷至金埭村	0.27	4	南门西路各巷路	位于南门街西侧
南门路	南门路	东西	南门西路至石必水	0.1	5	下营、南门、各巷路	下营往南门通道
石必水路	石必水路	东西	打铁巷至朝霞路	0.3	5	下营、南门、各巷路	古代遗留俗称
下营中路	下营中路	南北	石必水路至小街顶	0.15	4	小街顶路、下营各巷路	位于下营区中
下营西路	下营西路	南北	石必水路至小街顶	0.13	5	下营城外路	位于下营西侧
小街顶路	小街顶路	东西	场口街至下营西路	0.2	4	小街、下营中路、小街中路	位于永宁小街顶
小街中路	小街中路	南北	小街顶路至小街	0.15	4	小街各巷路、小街中路	位于小街区中

续表 1—3

街道巷名称		走向	起点——止点	长千米	宽米	沿途交叉或交接的街路、大型建筑物或企业单位、村、居委会名称	命名名称的来源及含义
曾用名	命名名称						
工业区南路	印石路	南北	永石路至石永大道	0.28	12	沿途各企业厂家大路、威尔夫体育用品厂、快克厂	位于永宁南侧工业区
工业区北路	青山路	南北	北环路至沙美地段	0.38	16	电力公司、永前、日东升	永宁北侧工业区
北门下沟	北门下沟路	东西	北门路至水关街	0.13	4	北门下沟、三块厝各巷路	古代遗留俗称
码头大道	码头路	南北	沙美环岛至码头	0.13	26	工业区南路、沿海公路、永梅路、宁盛、冰岛	石狮至梅林码头永宁段
信义区东路	信义区东路	南北	信义区（东）至边防所	0.45	8	信义开发区区间道路	开发区东侧道路
信义区西路	信义区西路	南北	信义区（西）至边防所	0.45	8	信义开发区区间道路	开发区东侧道路
信义区北路	信义区北路	南北	黄金大道至北门山	0.2	10	信义开发区汽配厂	开发区北侧道路
信义区南路	信义区南路	东西	镇海大道至黄金海岸	0.3	10	信义区东路、西路、永宁边防所	位于信义开发区南侧
信义区郭坑路	信义区郭坑路	南北	信义区到驻军营地	0.3	10	—	信义区往郭坑道路
象山巷	象山巷	东西	小东门街至后街路	0.16	2	—	古代遗留俗称
高厝围巷	高厝围巷	南北	观音亭街至王氏宗祠	0.12	2	—	古代遗留俗称
仓顶巷	仓顶巷	东西	文祠路至东街	0.3	2.5	—	古代遗留俗称
三公巷	三公巷	东西	文祠路至礼拜堂	0.17	3.5	—	古代遗留俗称
磨内巷	磨内巷	南北	永宁顶街至幼儿园	0.08	3.5	—	古代遗留俗称
五显巷	五显巷	南北	永宁顶街至大埔巷	0.11	2.5	—	古代遗留俗称
干厝巷	干厝巷	南北	永宁顶街至打铁巷	0.14	3	—	古代遗留俗称
打铁巷	打铁巷	东西	南门街至大埔巷	0.14	3	—	古代遗留俗称
英西巷	英西巷	东西	南门东路至南门街	0.19	3.5	—	古代遗留俗称
大埔巷	大埔巷	南北	打铁巷至永宁顶街	0.09	3	—	古代遗留俗称
下磨巷	下磨巷	南北	永宁街至农贸南路	0.12	3	—	古代遗留俗称
下亭巷	下亭巷	南北	永宁街至西门下亭	0.07	2.5	—	古代遗留俗称
竹后巷	竹后巷	南北	新车路到旧中学	0.07	2.5	—	古代遗留俗称
街后巷	街后巷	南北	永宁街至十三架	0.11	2.5	—	古代遗留俗称

续表 1—3

街道巷名称		走向	起点——止点	长千米	宽米	沿途交叉或交接的街路、大型建筑物或企业单位、村、居委会名称	命名名称的来源及含义
曾用名	命名名称						
龙泉巷	龙泉巷	东西	永梅路至龙泉路	0.13	3	—	古代遗留俗称
龙顺巷	龙顺巷	南北	新车路至北环路	0.22	2.5	龙溪中路	古代遗留俗称
西南新村巷	西南新村巷	东西	永梅路至山质	0.16	2.5	—	古代遗留俗称
西北新村巷	西北新村巷	南北	永石路到北环路	0.25	3	—	古代遗留俗称

第三节　镇村道路

1992 年 8 月以前，永宁镇村路狭窄，且均为泥结石路面和沙土路面。镇区通往市区及祥芝镇的主干道也仅为 7 米宽的沥青路面。1992 年 8 月至 1997 年，全镇共集资 6000 万元，投建完成镇区主干道和 21 个行政村的水泥路铺设工程。1999 年，开始启动沿海大通道的建设。

石永路　自镇区前埔路口至梅林码头，原有道路基宽 38 米，中铺 15 米宽水泥路面，全程 5 千米，两侧为 1.5 米宽绿化带，并安装路灯。2008 年启动石永大道沙美环岛至杆头红绿灯路段的拓宽工程，改为 6 车道、宽度拓至 41 米，中铺隔离带，两侧人行道。2009 年 5 月竣工。

共富路　自沙美路口至院东村界，原有路基宽 38 米，中铺 7.5 米宽水泥路面，全程 4 千米。2009 年 6 月启动拓宽至 90 米宽。2010 年 6 月完成石锦大道至后杆柄的双向 8 车道拓宽工程 2.55 千米。

黄金大道　自镇区一号环岛至黄金海岸入口处，路基宽 26 米，中铺 15 米宽水泥路面，全程 2 千米，两侧为 1.5 米宽绿化带，并安装路灯。

东南环路（现状兼沿海大通道）自信义综合开发区至梅林油库区，路基宽 26 米，中铺 15 米宽水泥路面，双向 4 车道，全程 2.29 千米。

战备路　自洋厝至西岑村，全程 2.0 千米，原有双向 2 车道，路基宽 26 米，中铺 7.5 米宽水泥路面。2009 年 6 月启动改造工程，总投资额 1850 万元，路基拓宽至 35 米，路面宽 15 米。2010 年 6 月完成全段 2 千米的双向 4 车道道路改造。

旅游路　自石永大道西偏村至朝天寺，路基宽 18 米，中铺 12 米宽水泥路面，全程 2 千米。

沿海大通道　1998 年，石狮市开始建设沿海大通道。永宁境内东西两段总长 6.01

千米，双向4车道，路面宽度26米（其中机动车道宽15米）。其西段为海堤，西起西岑村，东至梅林港，全长4千米，堤岸为26米宽的沿海通道，大堤由三座涵桥连接，仅海堤部分，投资金额1200万元。工程于2003年完工。

石永二路　石永二路西起石狮市石锦大道，东至石狮市沿海大通道（红塔湾），全长约6.12千米。其中永宁段自共富路至红塔湾，长3.4千米，宽60米、双向6车道，设计行车速度为60千米/小时。该工程于2010年动工兴建，总投资9630万元。工程于2014年完工通车。

其他　1992—1997年，还建成沙堤、西岑、子英、前埔、下宅、后杆柄、郭坑、郭宅、塔石、金埭、梅林、港边、沙美、浯沙等村3～5米宽水泥路面的环村路。

第四节　公共建筑

镇人民政府原借用位于永梅路邮电新街的龙泉大厦，2011年，暂搬迁到黄金大道永宁交警中队旁厂房办公。2013年，位于永宁文化公园的行政中心大楼封顶。其他如公安、工商、税务等机构及外驻单位办公设施，主要分布在镇区永梅路及黄金大道等几条道路两侧。

1991年，子英村旅菲华侨及港胞捐资400万元，兴建银江华侨中学，占地3.8公顷，共建教学楼2幢，建筑面积1.35万平方米，学生宿舍楼建筑面积5400平方米；室内体育馆1幢，建筑面积1200平方米，还有室外运动场地。1992年，永宁镇兴建文化娱乐中心（影剧院）1座，占地0.4公顷，建筑面积6600平方米。1995年，永宁籍“三胞”捐资2500万元，在“黄金大道”北侧新建永宁中学校园，内有教学楼5幢、礼堂1幢、学生宿舍楼3幢，还有实验楼1幢及运动场等设施，占地5.73公顷，总建筑面积4.51万平方米。同年，子英村、沙美村旅港乡亲又捐资改造1958年兴建的子英医院，新建住院楼、门诊楼各1幢，总建筑面积7500平方米。1993—1997年，共建设邮电程控电话模块局2个，其中洋厝模块局占地1公顷，建造邮电大楼、宿舍楼等设施，建设面积8000平方米；新建工商行政大楼及税务所大楼各1幢，总建筑面积1.13万平方米。

1990—1997年，新大街两侧共建设3～5层商住楼、商厦、酒店、办公综合楼51幢，其中6层以上10幢，如威尔夫大酒店、工商大厦、文化娱乐中心大厦、龙泉大厦，总建筑面积9.88万平方米。至1997年，永宁教委下属各小学校园，总计占地114038平方米，校舍建筑面积31247平方米。21世纪之后，大力推进“校安工程”建设。2004年，在新一轮校舍改造工程中，沙堤小学集资500万元重建教学楼、综合楼及体育场地、塑胶跑道。同年，永宁中心小学启动新校园（莺山下）迁建工程，校园占地15482平方米，总投资500多万，建有教学楼1幢，科技楼2幢，建筑面积5345平方米，2007年竣工投入使用，2010年又投入120万元，兴建运动场及塑胶跑道。至2012年，有梅林小学教学楼，改造面积4372平方米，投入资金1000多万元，已完成投入使用；永宁中心幼儿园改造面积2973平方米，投入资金300多万元，已投入使用；沙堤小学重建综合楼：改造面积1374平方米。总投资166万元，已投入使用。陶青小学改造面积2924平方米，建筑标价375万元，已投入使用；霞泽小学改造面积2832平方米，建筑标价346万元，已投入使用。官聘小学改造面积3206平方米，投资525万元，现已基本完工。美江小学改造面积为2956平方米，投资近450万元，正在施工中。另：银江华侨学校改造宿舍、食堂、校门、运动场计投入550万元；永宁中学扩建首期一幢教学楼，建筑面积7000平方米，投建资金1200万元，也已投入使用。

2010年以来，永宁镇大力推进“绿色乡镇”建设，镇区总绿化面积70公顷，其中公园绿地面积20公顷，绿化覆盖率22%。全镇计建有公园、休闲广场33个，其中较成规模的有永宁镇人民广场、中骏·黄金海岸香湖公园、镇海石公园、永宁中学校友文化公园，以及前埔道德文化公园、郭坑民族文化公园等。

第五节　住宅建设

改革开放前，永宁镇居民建房较少，住宅大多是平房，石混、砖木结构。村居建设无规划，布局杂乱无章。遗存的古大厝多属昔时豪富、官绅宅第，如西门外林氏“莺山书院”，岑兜“贻谋堂”均为三进式住宅，雕梁画栋，古雅别致，堂构轩然。又如永宁的“宁东楼”、董云阁故居和后杆柄“杨家大院”，中西合璧，宏伟壮观，为颇具特色的华侨民居。改革开放后，人民生活水平提高，群众多建新居，以石混、混凝土结构的楼房建筑为主，并注重设计、装修和配套设施。1987年全镇住宅总建筑面积1.99万平方米，人均居住面积49.8平方米。1988年后，住宅建筑按照全镇新村总体规划合理布局，通过道路建设和旧村改造，拆除部分旧房，新建部分公共建筑和新住宅区。1996年永宁居委会在建设新街区时组织村民建设龙泉新村、龙溪新村。至1997年共建新楼92幢，总面积7.26万平方米。1988—1997年，全镇21个村（居）共建设民用住宅1600幢、商品房18幢、教师安居楼4幢，总建筑面积55.58万平方米，占房屋总建筑面积84.56万平方米的65.73%。1997年全镇人均居住面积46.8平方米。

从2009年开始，一批现代住宅新区拔地而起。其中有黄金海岸别墅82套，面积33632平方米；洋房194套，面积40139平方米；高层1642套，面积154751平方米；酒店式公寓688套，面积36080平方米。信义豪园商品房362套，面积61138平方米；别墅18栋，面积25297平方米。星海湾外高商品房235套，商铺11间，总建筑面积35000平方米；金埭商品房138套，面积19000平方米。

第六节　工业厂房建设

1988—1997年，全镇建设11个工业区和2条工业走廊，拥有各类企业523家，其中服装、纺织、电子、五金、食品、文体用品、石板材、金属钛粉、石雕工艺品、制鞋业等企业陆续建设标准厂房，其中较成规模的标准厂房总建筑面积12.7万平方米。

信义综合开发区　位于黄金大道南、北两侧，东南环道路东侧，东南面与黄金海岸度假村相毗邻，总面积20公顷。1993年开始投建，至1997年铺设水泥路面3千米长，建有商住楼、办公楼、汽车修配车间等，建筑面积3万平方米。

镇综一号工业区　位于黄金大道北侧，孝女姑庙一带，占地面积达20公顷。1992—1997年服装、纺织、体育用品、金属钛粉、铝合金、水泥预制品、石板材等企业先后完成标准厂房10座，建筑面积4.1万平方米。

镇综四号工业区　位于石永大道与镇东南环道路交接地段，面积20公顷。主要是对台贸易区域。至1997年区内已建成对台贸易市场、保税仓库、矿泉水生产基地，以及植物油、车辆、船舶用油基地、海产品加工基地，总建筑面积1.4万平方米。

西偏工业小区　位于石永大道西北侧，即永宁镇西大门入口处，面积10多公顷。1993—1997年共有服装、制蜡、石雕工艺等8家企业建成标准厂房，建筑面积2.5万平方米。此外，还有塔石工业小区、沙堤工业小区、郭宅工业小区、子英工业小区，标准厂房建筑面积4.3万平方米。

台资企业园区　位于共富路与石锦大道交界处，范围涉及院东村、山边村、后杆柄村和锦尚镇港前村、蚶江镇青莲村。园区总规划用地287公顷，首期开发建设100公顷。该区严禁污染项目入园，重点引进机械电子、纺织服装、生物科技等资金密集型、科技密集型的台资企业。该区启动于2007年2月15日征地协议签定后。2008年4月18日，举行奠基仪式。至2013年4月，已完成147公顷土地的征用工作，首期入园有7家台资企业。

第七节　公共设施

一、　港口建设

梅林对台贸易码头　1993年，梅林港建成500吨级码头。1996年又集资3500万元，动工扩建国家二类口岸梅林港5000吨级对台贸易综合码头及配套设施。1997年12月完成码头陆域工程及引堤加宽工程。1998年建成投入生产。

梅林国家一级渔港　位于梅林西尾。2010年7月农林部对该项目可行性研究报告正式发文立项批复，工程总投资5800多万元，建设防浪堤980米，码头179米，4个600Hp渔业码头、渔港管理办证中心500平方米，开挖港池航道1550立方米、灯塔3座以及配套水电、环保工程、消防设施和通讯设备等。于2014动工兴建，至年底工程已完成近半，预计2016年年底完工。

二、市场建设

1953年，永宁工商联成立，发动群众清理大埔垃圾场，建成永宁第一个菜市场。1962年10月，在永宁下街建镇区农贸市场，建筑面积226平方米。1981年建成梅林村水产品交易市场，建筑面积545平方米。1995年10月镇政府投资300多万元，在镇区东南环大道对台贸易区域内建成对台小额贸易市场，占地1公顷，建筑面积500平方米。据市工商局2013年统计资料：全镇建有市场17个，其中镇办1个：即永宁永梅路综合市场（摊位132个、店面11间）；村办市场16个：即沙堤村农贸市场（摊位70个、店面15间）、后杆柄村农贸市场（摊位32个、店面8间）；前埔村菜市场（摊位12个）、前埔工业区综合市场（摊位30个，店面51间）；沙美村菜市场（摊位14个）；塔石村菜市场（摊位22个）；西偏村综合市场（摊位41个）；子英村菜市场（摊位36个）；西岑村农贸市场（摊位33个）；港边村菜市场（摊位35个）；梅林村菜市场（摊位16个）；郭宅村菜市场（摊位10个）；院东村菜市场（摊位32个）；山边村菜市场（摊位14个）；下宅村菜市场（摊位32个）；郭坑村菜市场（摊位6个）。

三、供水

古来境内居民饮水多挖井取水。1992年8月，在孝女姑利用地下水源建成日供水2000吨的自来水厂1座。1996年集资3500万元兴建永宁至石狮市区引水工程，实现永宁镇与市区20万吨水厂联通供水，日供水4万吨。2010年，石狮市第五届人民代表大会第四次会议通过《关于全市自来水由市供水股份有限公司统一管理到户的议案的决定》，全市各镇办先后启动水改工程。2012 年永宁镇水改后，并入石狮市供水股份有限公司，实行城镇同价统一供水。

四、供电

1992 年 10 月，集资 5000 万元在孝女姑建设 3.5 万伏和 11 万伏输变电站，并改造完成全镇 21 个行政村及企事业用电线路，1996 年 10 月竣工投产。2005 年 12 月,11 万伏永宁变电站二期扩建工程竣工并投入运行。

五、黄金海岸旅游度假村

1994 年 8 月，经福建省人民政府批准，在永宁滨海地带建设“黄金海岸”旅游区，用地面积 131.304 公顷。1996 年完成区内“三通一平”的工作，并先后建成福建省滨海度假规模最大的金沙乐园，以及集食、购、娱乐、休闲为一体的滨海广场、游艇俱乐部、海滨浴场；建成金沙区首期别墅区，旅游民俗商业街、商住楼、商品房；建成大观园度假酒店、仿古街等工程。共投资 2 亿多元，总建筑面积达 6.3 万平方米。2008 年 8 月，黄金海岸第二期工程由香港中骏置业投资公司接手，2009 年 1 月进驻。2009 年年初完成控制性详规编制并通过专家评审，4 月 18 日举行改造启动仪式。开始对一期建设部分回购拆除改造。至 2012 年，完成首期 7000 平方米健康会所和 3.3 万平方米中央景观广场以及别墅样板房主体建设。

六、石狮市社会福利中心

位于黄金海岸度假村北侧，占地 1.67 公顷，总建筑面积 1.3 万平方米，设有老人康复大楼、老人公寓、孤儿院、光荣院、救助管理站以及流浪儿童保护中心等，总投资 1280 万元。2004 年春投建，2006 年 5 月投入使用。

七、永宁污水处理厂

位于西岑村，为 2010 年永宁小城镇建设启动项目，总投资 600 万元。2012 年年底投入调试运行。同期启建的还有永宁镇污水管网工程：即西岑溪之前埔至西岑出海口长 3.6 千米的单侧污水管和沙美西溪上游段 1.5 千米单侧污水管的铺设等。总投资 1500 万元。

八、垃圾收运工程

属 2010 年永宁小城镇建设启动项目。在永宁孝女姑、塔石、后杆柄村建成 3 个垃圾集中转运站，同时，完善农村垃圾清运队伍，设置专门的集中垃圾堆放点，配备专门的垃圾收集车。总投资 100 万元。

九、公墓区建设

1995 年，经福建省人民政府批准，在永宁镇建设“石狮市永久墓园”。墓园位于双髻山麓后杆柄与院东村山界交接处，用地面积 26.7 公顷。区内基础设施配备齐全，道路畅通，园林绿化。同时，建成石狮市殡仪馆，于 1997 年元旦投入使用。总投资 7000 多万元。

第八节　社会主义新农村建设

1998 年以来，永宁镇以“四改四化”（即改水、改厕、改路、改圈和环境美化、道路硬化、庭院绿化、空气净化）为标准，分类型、有计划、有重点地实施改旧建新，建设基础设施完善、村容村貌整洁有序、生产生活环境美化优化的新农村。

2000 年，前埔村试点工作取得显著成效，被泉州市委、市政府定为“前埔模式”，向全市推广。之后，镇党委政府在前埔试点工作取得成功的基础上，又确定金埭、山边、西岑、浯沙、下宅、外高、郭坑、郭宅、子英等为新一阶段试点村，聘请市规划设计室对重点试点村进行详规设计，增加建设资金。同时，把改旧建新同宽裕型小康建设结合起来，2001 年全镇 21 个村（居）全部通过达标验收。2008 年，前埔村被评为福建省园林式村庄。同年，开展“家园清洁行动”和村容村貌整治，子英村获全市村容村貌整治工作二等奖，永宁、洋厝、后杆柄等 3 个村（居）获三等奖，8 个“家园清洁行动”试点村全部通过验收。其中有 3 个村达优秀档次。

2010 年，又有 15 个行政村进行新农村规划建设。其中前埔、郭坑、山边等村已步入泉州市精品村行列。

2012 年，前埔村和郭坑村从泉州市 2000 多个乡村中脱颖而出，被授予“泉州市美丽乡村”的称号。此外，前埔村、郭坑村还被石狮市委市政府列入石狮市“新型社区建设”的样板。

附：新型社区建设样版介绍

前埔村　位于永宁镇西南部，是石狮市的一个革命老区基点村。村域面积 0.76 平方千米。全村总户数 228 户，常住人口 849 人，外来人口 8500 人，海外侨胞近 500 人。

1999 年，前埔村集资 900 多万元（其中华侨捐资 500 余万元），投入到新农村建设当中，拆除破旧厝和“公妈厅”67 座，清除猪舍牛厩和违章搭盖 100 多处 3000 多平方米，整治修建排水沟 12 条 5000 多米，铺设水泥路面 32000 平方米，完成绿化面积 18000 多平方米，全村绿化覆盖率近 30%，村间道路硬化 100%。在村民的房前屋后和道路两侧广种大叶榕、白兰树、橡皮树、大王椰等名贵树种，将整个村子变成一个绿树掩映、风景如画的现代化新农村。

改旧建新工作基本完成后，前埔村两委把工作重心转移到发展经济上来，按照规划建设龙山工业开发区。吸引10多家投资超千万元的企业入驻前埔。还把征用土地款集中起来兴办企业，集资兴建12000多平方米的标准厂房和一座6000平方米的蓝领公寓，吸引多家企业承租。该村村民不但每人每年可从出租厂房中获得1000～2000元的分红，而且通过发展第三产业，为村民提供多方位宽领域的增收途径。2010年，全村社会总产值3.5亿元，村财政收入200万元，人均收入1.5万元，居石狮市中上水平。

2012年，前埔村按照新型社区建设理念，围绕打造“宜业宜居花园式村庄”目标，聘请规划设计公司对全村进行控制性修建性规划，确立“建设安居小区，扩大工业区、发展现代农业”的轮廓思路，合理划分出“居住区”“工业区”“耕作区”，推进整个空间结构体系、现代产业布局体系、人居生态环境体系等规划布局趋于合理化。“产业支撑、多元就业、多渠道增收”是前埔村经济发展的突出特点。目前前埔村正着手探索通过村企合资，建设“新永宁人安居小区”出租给外来务工人员，还集资建设超市、菜市场，通过营业收入、收取租金等方式为全村群众创造持续有效的收入。同时，前埔村以秀美乡村为主题，在住宅区域、工业区周边栽种樱花等花卉，引导群众在门前屋后栽种三角梅等有色花草，整体景观得到提升；以绿色低碳为主题，引导工业区内企业增设绿地或花草景观，工业区生态水平不断提升；以休闲生态为主题，引导村民、外来务工人员承包栽种绿色有机蔬菜、水果，探索新型农业发展途径。

该村先后获得全国民主法治示范村、福建省卫生村、福建省连续四届文明村、福建省园林式村庄、泉州市连续三届文明村、泉州市十佳美丽乡村、石狮市改旧建新精品村、石狮市平安村居等一系列荣誉，成为石狮市新农村建设的样板，被誉为“前埔模式”。2006年5月22日，中共中央政治局委员、国务院副总理回良玉来到前埔村考察，对前埔村的新农村建设十分赞赏。他说：“这是一条因地制宜的路子，既符合以人为本，又符合建设节约型社会的要求，很有特色。”

郭坑村 位于永宁东北部，是永宁镇唯一的少数民族村落。全村232户，人口860人。辖区居住面积0.54平方千米。自2006年以来，通过改旧建新，使一个原本山旮旯里的回族村，成为远近闻名的新农村建设示范村。

多年来，郭坑村共投入改旧建新资金1600万元，按照“高起点规划、分步骤实施，全方位建设”的总体思路，采取改旧与建新相结合的办法，共拆除危旧房21座共1600平方米，围墙18处共500多平方米，铺设、扩宽水泥路2.5万平方米，整治排水沟1200多米。一个时期以来，该村华侨捐资达300多万元，给郭坑村新农村建设提供强有力的资金支持，其中投入小区建设资金30多万元，投入自来水工程90万元。实现“四改四化”，全村绿化率近30%，村间道路硬化率98%。2010年，郭坑村还投入20多万元，在村间主要道路采光较好的位置安装40根太阳能路灯。投入30多万元，加强村间公园建设，和对沿途溪流的清淤疏浚及排水沟的整治，并实现把露天电线变压改造成地下铺设的工程。近年来，郭坑村以“村庄园林化、道路林荫化、农地林网化、山坡林果化、庭院花园化”为目标，高起点建设绿色村庄。在旧小学操场建起美观的郭坑休闲公园，面积约3300平方米，四周种植有香樟树、榕树、盆架子、刺桐等，乔木、灌木和花卉相结合，落叶树与常绿树相结合，一年四季常绿、三季有花。如今，一走进郭坑村，一座具有回族风情的建筑便映入眼帘，绿色的屋顶、雪白的墙体、伊斯兰教的建筑风格，还有回族文字都显示着这个村子与众不同的文化气息。昔日脏乱贫穷的小村落不见了，取而代之的是纵横交错的水泥路，生机盎然、错落有致的房屋，井然有序的园林式新农村。2012年郭坑村还在已有文体活动中心、休闲公园基础上，又新建婚育文化园等设施，以丰富村民业余文化生活。

2011年，全村实现工农业总产值2480万元，人均纯收入15020元。该村先后获“全国计划生育协会先进单位”“福建省民族团结进步模范集体”“福建省计划生育新农村家庭示范”“福建省民主法治村”和“泉州市十佳美丽乡村”等一系列称号。

第九节　小城镇综合改革建设

2010年，永宁镇被确定为泉州市综合改革建设试点镇和石狮市“七大片区”开发改造的一大片区。7月3日永宁镇举行小城镇建设指挥部揭牌仪式，市委副书记张贻山担任指挥部指挥长，指挥部领导办公室主任由镇长林忠民兼任。

小城镇建设2010年启动项目计28个，其中重点工程有黄金海岸改造开发建设，对一期建设部分回购拆除改造，开工建设二期会所、中心公园及景观工程，总投资20亿元；石永二路（共富路至红塔湾段）工程：该路长3.4千米，宽60米,途经后杆柄、下宅、郭坑、沙堤等村，总投资9630万元。红塔湾沿海旅游路工程，总投资3000万元。永宁镇行政中心区公园，总投资1000万元。黄金大道改造，长度3千米，包括人行道建设、绿化等工程，总投资1000万元。永宁古卫城遗址公园建设，包括镇海石公园及古卫城片区的开发建设，总投资2000万元。继续台商投资园区基础设施建设：启动纬四、纬六路建设，总投资14000万元。共富路台商开发区路段，长2.8千米，部颁一级标准，双向4

车道，总投资 4550 万元（已基本完工）。永码路改造工程：沙美环岛至梅林码头 3 千米的人行道、绿化带改造，总投资 2300 万元等。

2012 年，小城镇建设在泉州 15 个乡镇中获总评第二名。其中，集绿化、硬化、建筑小品、运动休闲为一体的新行政中心文化广场、镇海石公园、黄金海岸景观广场已投入使用；黄金大道、东南环路、永码路的改造和府东路、府西路的建设，以及环镇区三条道路绿化工作、环镇区污水管网及镇区至污水厂主干管网铺设已完成。

2013 年，又确定 12 个续建项目、10 个新建项目以及 8 个预备项目，共 30 个项目作为小城镇建设的重点。除黄金海岸改造开发建设、台商投资园区首期入驻企业续建项目外，永宁古卫城小东门段的修复及滨海旅游建设是 2013 年的重点项目，其涉地面积约 15 平方千米，预计用 3 年时间完成、投资 21.07 亿元。该年度获泉州市小城镇建设一等奖。

2014 年，石永二路 B 标段（共富路至红塔湾）道路及路灯、管线等配套设施全部竣工通车。环镇区永码路、东南环路路沿绿化并安装电灯，以及黄金大道路灯的改造安装均告完工。9 月 27 日，古卫城小东门城楼及部分城墙修复工程竣工举行揭牌仪式。石永路沙美路口环岛及沙堤村口红绿灯控工程亦于年底完成。台商投资园区首期 7 家入驻企业完成厂房基建面积 20 万平方米，2 家投产，5 家将于春节后投产。该年度小城镇建设计划项目 28 个，总投资 12.64 亿元，完成投资 14.3 亿元，完成计划任务的 113.13%，完成比率在泉州市级试点镇排名前列。

2015 年，永宁镇加快生态旅游特色的小城镇建设步伐，推动产业集聚与连片开发，实施小城镇建设项目 29 个，总投资 12.82 亿元，完成投资 14.24 亿元，完成计划任务的 111.15。获泉州市小城镇综合改革建设一等奖。其中作为省海洋重大项目、石狮市重点项目之一的梅林国家一级渔港建设工程稳步推进，三座栈桥基本成型，防波堤回填 850 米，形成陆域 10 万方，完成整个工程量 77%，预计 2016 年 6 月完工。黄金海岸项目已建成内湖公园、绿化景观区近 10 万平方米，商住公寓、酒店、临海商场等项目总建筑面积 32.8 万平方米，完成沙滩整治 5.5 万平方米，建成地上、地下停车位近 2000 个，计 6.8 万平方米。信义豪园一期商住楼、商场竣工开业，二期 18 栋别墅洋房完成主体施工，建成面积 2.53 万平方米。启动城隍庙片区改造安置房、黄金海岸 8-2 地块安置房建设。

卷　二

经济篇

第四章　农　业

永宁古来土壤瘠薄，缺少水利灌溉设施，农作物产量低。中华人民共和国成立后，政府重视农业，大兴农田水利基本建设，建小型水库、兴建金鸡南渠引水工程、建西岑海堤，营造防风固沙林，农业生产取得不断发展。1962 年，永宁公社即设置农业技术推广站、农业经营管理站、畜牧兽医站等单位，各配备专业技术人员 1～2 人。改革开放后三站合并为农业技术服务站。1995 年为永宁农业复兴的最佳时期，镇政府贯彻中央、省、市各级农村工作会议精神，采取有力措施促进农业建设。当年复耕多年抛荒的土地 93 公顷（复耕率 90%），规划建立 733 公顷耕地保护区。新办 12 个 3.33 公顷以上的小型农场，新办 9 个养猪场，全年饲养生猪 6000 多头，并引进外资建设一个饲养万头生猪的综合养猪场。建立前埔 33.33 公顷微喷灌溉的蔬菜基地。同时，继续巩固发展葡萄、龙眼等水果种植和其他开发性农业。近年来，以一家一户为单位的个体农业生产经营效益甚低，农业已逐渐转向规模化经营。

第一节　生产条件

一、耕地

永宁地域水资源缺乏，旱地多。据 1980 年土壤普查分类，境内的盐土为石狮市仅见的咸土壤，系经旱耕熟化形成的耕作土壤，但发育尚未完善，仍处于脱盐阶段。咸土壤面积 17.6 公顷，集中在永宁的滨海平原局部高潮位以上脱离海潮影响的低平地带。下宅、郭坑、后杆柄、院东、前埔等农业村，大多在距离海岸线较远的地方。

1998年，全镇有耕地651.82公顷。其中灌溉水田0.69公顷、水浇地272.97公顷、旱地378.17公顷。耕地面积在20公顷以上的有永宁社区20.89公顷，后杆柄村31.29公顷，院东村39.61公顷，山边村20.81公顷，下宅村121.37公顷，西岑村49.16公顷，前埔村32.03公顷，郭坑村34.23公顷，子英村34.59公顷，沙美村48.06公顷，沙堤村133.20公顷。

2000年，全镇耕地面积608.87公顷。其中灌溉水田0.53公顷、水浇地259.86公顷、旱地348.51公顷。

2005年，全镇有耕地573.12公顷(旱地、水浇地)。

2008年，全镇有耕地530.57公顷。其中20公顷以上的有后杆柄村23.57公顷，院东村34.84公顷，下宅村112.75公顷，西岑村41.77公顷，郭坑村30.77公顷，子英村28.93公顷，沙美村39.73公顷，沙堤村110.79公顷。

二、水利

民国及其以前，永宁境内农业水利设施极为简陋，仅个别田头有水井。一旦天旱，即用吊桶打水，灌溉面积极小。

中华人民共和国成立后，各级政府重视发展农业。永宁境内兴建小型水库3座，山围塘3座。

青年水库　建于1965年冬社教运动中，1967年竣工。因组织全公社青年基干民兵建造，故名青年水库。水库在永宁镇（公社）西北部，后杆柄溪上游，宝盖山东南侧山下，水库集雨面积1.14平方千米，正常库容32万立方米，坝高10.6米，灌溉面积约400公顷。养鱼面积8公顷。

沙墩桥水库　位于永宁镇西北部，西偏村的沙墩桥口。1962年5月建成。水库集雨面积0.46平方千米，流域面积0.46平方千米。正常库容22.04万立方米，坝高13.7米，灌溉面积约60公顷。养鱼面积4.67公顷。

郭坑水库　位于郭坑村西南面，1961年3月建成。水库集雨面积0.62平方千米，坝高12米，正常库容24.8万立方米。灌溉面积约53.33公顷。养鱼面积5.67公顷。

院东山塘　位于院东村，1958年建成。集雨面积0.34平方千米，坝高8米，库容8万立方米。灌溉面积约8公顷。

洋厝山塘　位于洋厝村，1958年建成。集雨面积0.34平方千米，坝高8米，库容8万立方米。灌溉面积约8公顷。

后杆柄山塘　位于院东村，1960年建成。集雨面积0.25平方千米，坝高6米，库容 1.5 万立方米。灌溉面积 3 公顷。

引水工程　1965 年，晋江专署在南安县建设金鸡拦河闸工程。工程建成后，金鸡水通过南渠直送晋江、石狮一带，并从长福电灌站引水输入永宁渠道，满足永宁农业灌溉需要。

喷灌工程　1977 年，下宅村开始试行移动式喷灌。1994 年，建成前埔村 33.33 公顷蔬菜基地喷灌工程。1995—1996 年，改建为微喷工程。

围垦工程　也叫西岑海堤，位于西岑村，东邻梅林港，西临晋江衙口海岸线。全长 1.76 千米，保护 80 公顷田地和 5000 多人口安全。原海堤是流砂堆积的自然堤岸，1993 年永宁镇委、镇政府把西岑海堤加固达标建设作为为民办实事的第一件大事，按省定千亩海堤标准设计，成立指挥部。1993 年 7—12 月，第一期工程完成新建挡潮排江闸一座（4 孔×3 米）和西侧堵口的浆砌石堤段 70 米。1994 年 5—11 月，第二期工程完成土石混合堤段砌筑 863 米，土堤段 827 米。浆砌防浪墙 515 米。第三期从 1995 年 9 月开始，完成 125 米近水坡段砌筑，并结合海滨大道的建设堤顶加宽至 10 米。11 月，完成 1760 米堤段的加固达标任务。共投入资金 151.8 万元，完成总土石方 3.88 万立方米（其中石方 1.02 万立方米）。

围垦工程还包括永宁镇（公社）盐场，于 1963 年建成，围垦面积 48 公顷。

管　理　1964 年，永宁公社成立水利中心管理站，配备 3～5 名管理人员，“文化大革命”期间，机构瘫痪。1979 年 10 月后，镇水利中心站恢复管理。20 世纪 80 年代，镇水利中心站开展多种形式的综合经营，开始在水库养殖淡水鱼。1985 年经营水管、钢材、炸药、雷管等，年产值 12.5 万元，利润 2 万元。同时，与山美水库晋江县灌区、晋江县电力公司合资投股兴办冷冻厂。该厂于 1987 年 3 月投产，生产规模为日制冰 50 吨，冷藏容量为 1000 吨海产品，当年上缴利润 21.5 万元。石狮建市后，水库仍由镇水利站管理。先后于 1994 年 2—9 月，对青年水库进行除险加固，完成土石方 0.77 万立方米(其中石方 0.17 万立方米)，投入资金 42.6 万元；1995 年 6 月—1996 年 4 月对郭坑水库进行除险加固，完成土石方 0.75 万立方米（其中石方 0.17 万立方米），投入资金 41 万元。2012 年上半年，国家财政拨款 650 万元，再对郭坑水库及青年水库进行加固，洪水设计标准 30 年一遇，校核标准为 300 年一遇。

三、农具

农家使用的农具大多是传统工具。耕耘、整地有带三角形铁犁头的木犁、铁制多齿“而”字耙、锄头、锄锥、草锄、统仔、土铧。收获有镰刀、薯挖。脱粒有竹杈、簸箕、米筛、竹箩。农副产品加工有石槌臼、油车、石宕、石碾、地瓜片刨。装卸、运输有斗篮、畚箕、粪桶、扁担、板车。排灌有木制长斗多叶水车、吊乌、戽榉、喷桶等。

20 世纪 60 年代起，开始使用碾米机、磨面机、榨油机及淀粉加工机具。同时已有手扶拖拉机用于运输。70 年代，小型移动式内燃—水泵机组普遍使用于农业排灌。80 年代开始使用手摇喷雾器。1988 年后，拖拉机用于短途运输已非常普遍，主要从事砂、石、土等建筑材料及生产、生活资料的运输。

四、肥料

中华人民共和国成立前至 50 年代，境内农作物施用的肥料以农家肥为主。有水肥、土杂肥、稿秆、海肥、绿肥、饼肥等。20 世纪 60 年代，仍以农家肥为主，同时引种臭菊等绿肥。1962—1963 年，重点施用碳酸氢铵、氨水、过磷酸钙、钙镁磷和尿素等化肥。70 年代，虽然化肥品种、数量增加，但仍以农家肥为主要肥料，但增加红萍等绿肥。在全面推广施用氮肥、磷肥的同时，重点示范推广钾肥和复合肥。80 年代，农家肥和化肥并重。90 年代，以化肥为主，农家肥为辅。

第二节 粮油生产

一、作物品种

甘薯为当地主要粮食作物。20 世纪 80—90 年代，下宅、郭坑村曾为石狮较好的旱地粮食作物基地。前埔、下宅村曾为石狮市甘薯良种示范繁育基地。

1961 年，全镇总播种面积 1110.87 公顷，其中粮食播种面积 1070.87 公顷（复种指数 120%），粮食生产总量 40521 担。1971 年总播种面积 1825.4 公顷，其中粮食播种面积 1354.07 公顷（复种指数 136%），粮食生产总量 58820 担。1978 年总播种面积 1782.33 公顷，粮食播种面积 1286.8 公顷（复种指数 132%），粮食生产总量 66258 担。2002 年全镇总播种面积 1204.6 公顷，其中粮食播种面积 547.27 公顷，粮食生产总量 2444 吨。

2010 年，全镇计有农业综合种植场 5 个，主种甘薯及花生杂粮；蔬菜规模化生产单位 12 个。全镇农作物总播种面积 1049.73 公顷，粮食播种面积 627 公顷，总产量 2533 吨（其中甘薯 580 公顷、产量 2409 吨）；花生 116.47 公顷、产量 285 吨；蔬菜 299.8 公顷、产量 5630 吨，水果产量 169 吨。

二、耕作制度

中华人民共和国成立前至50年代初，农地普遍是2年3熟。即第一年种早甘薯后，除一部分种菜或冬闲，多数播种小麦或大麦、豌豆；第二年种春花生后，除部分种蔬菜外，大部分秋闲待种大、小麦；部分种春大豆后种豆薯。还有一种方式是第一年种春花生后，秋闲待种大、小麦或豌豆；第二年种早甘薯后种大、小麦或豌豆，有的冬闲。第三种方式是第一年种春大豆，后种豆薯，部分种瓜、菜或秋闲；第二年种春花生后，秋闲待种大、小麦。20世纪50年代中后期以来，推广播种晚甘薯的经验，逐步减少秋闲地，改变耕作制，提高复种指数，改2年3熟制为2年4熟制。即第一年种甘薯后，种冬大、小麦（蔬菜）；第二年种春花生（春大豆）后种晚薯（蔬菜）。80年代中期以来，由于种大、小麦经济效益差，基本没有人再种。

20世纪60年代，尚有少量水田，每年只能插一季早稻，后种一季甘薯。

第三节　多种经营

一、林果生产

沿海防护林区，位于新沙堤至西岑、前埔一线。在造林运动中，沙堤村林业专业队是一支劲旅。组建于1978年。几年间，在沙堤村沿海沙滩、山头、溪岸、荒地，营造林地133.33公顷，种植木麻黄、柠檬桉、相思树、湿地松等林木计2600多万株，成活率高达99%。该队还每年为石狮市培育苗木60万株。1984年，沙堤村被省林业厅评为造林先进单位。1992年，前埔村计栽龙眼13.33公顷，木麻黄60万株。经省林业厅定为造林种果达标单位。同年，永宁居委会李奕明等三户，租赁0.73公顷责任田种植日本巨峰良种葡萄，至1994年每年每户纯收入达4万多元。新沙堤的葡萄种植场收入略低，每户收入3万元左右。

至2010年，全镇计有规模化果林场生产单位5个，分布在后杆柄、新沙堤、前埔、下宅4村。以种植龙眼居多，也有种桃子、枇杷、芒果、柚柑等。其中有新沙堤龚书土等人创办的滨海果蔬种植专业合作社（前身为新沙堤银河果林场），先是种植巨峰葡萄、青枣、火龙果，列入石狮市区6610项目。2000年，龚书土在市惠农补贴的支持下，砍掉巨峰葡萄，全部种上台湾青枣。后又与台湾果农沈先生合作，成功种植台湾莲雾、台农1号杨桃、“一点红”小西红柿、释迦等近10种优质水果。

二、禽畜饲养

改革开放之前，均为家庭饲养，主要品种有：猪、牛、羊、鸡、鸭、兔等。据统计，1961 年永宁公社生猪存栏量 40521 头、1971 年存栏量 4495 头、1978 年存栏量 4421 头。

石狮建市后，畜禽饲养专业化、规模化发展较快。1996 年，创办新沙堤畜牧场，饲养肉牛 50 头，至 1997 年饲养肉牛 130 头。1993 年，菲律宾外商投资 1200 万元、兴建占地近 2 公顷的永宁振兴畜牧发展有限公司，饲养生猪 2275 头，其中母猪 450 头、公猪 5 头，至 1997 年,年出栏生猪近万头，为当时石狮市较大型的养猪场。至 2007 年，因有碍于环保而告停。

三、蔬菜种植

从 20 世纪 80 年代开始，随着农村经济迅猛发展，永宁蔬菜的栽培面积不断扩大，开始引进新的品种并大量栽培食用菌。1984 年 6 月，西岑村芦笋专业户王正楷利用沿海风沙园试种芦笋，经济效益高于粮食 10 倍。晋江县农委总结推广其经验，促进该村芦笋种植的快速发展，1986 年全村的芦笋总产 271.8 吨，平均亩产 6179 公斤，总产值 60 万。至 1994 年，西岑 20 多公顷芦笋基地，每年纯收入已达百万元，是该村农户的农业主要收入。金针菇是 20 世纪 80 年代中后期新兴的一种超级保健食品。1986 年，永宁镇首次试种 6.645 万袋，到 1987 年 3 月中旬共收金针菇 8.5 万吨，产值 5 万多元。

1991 年 1 月，建立石狮市首个蔬菜基地——前埔蔬菜基地，面积 1.67 公顷。1992 年出产蔬菜 4 个品种，年产值 10 万元。1994 年发展至 10 公顷，出产蔬菜 14 个品种，并建成养猪种菜、种菜养猪的立体小型农业，年产值 400 万元。1995 年，扩大至 33.33 公顷，并配套喷灌设施。

2010 年，全镇计有农业综合种植场 5 个，除主种甘薯及花生杂粮外，并种有相当数量的蔬菜。另有蔬菜规模化生产单位 12 个，分布在前埔、沙美、沙堤、下宅、永宁、郭坑等村，除主种蔬菜外，有的还种白萝卜、金针菇、平菇、灵芝、猴头菇等。

第四节　管理体制

土地改革前，土地私有。1951 年实行土地改革，各阶层划分成份，有地主、工商业者、富农、小土地出租者、中农、贫农、雇农、手工业者、工人、小商贩、自由职业者，还有华侨工商业、侨小商、侨职员等。土改中，征收地主、富农和小土地出租者部分土地分给贫农、雇农。1954 年以自愿结合为原则，组织互助组。1955 年成立初级农业生产合作社。农副产品全部收入扣除成本外，一部分按土地入股分成，大部分按工分分成。1956年下半年，一些初级社开始转为高级社，废除土地分红制，农业社收入扣除成本外，全部按工分分红。

1958年10月成立人民公社。永宁乡划入石狮人民公社。所属各高级社、初级社、单干户一律并入公社。公社实行政社统一体制。它既是一个经济组织，也是一级政治机构；既要负责全社的农、林、牧、副、渔业生产，也要管理工、农、商、学、兵（民兵）等各方面的工作。人民公社分为若干生产大队，下又分成若干生产队。实行三级管理。1961年，对原有社队规模进行调整，永宁从石狮人民公社析出，成立永宁人民公社，下设13个生产大队，不久后又调整为20个生产大队。同时缩小生产队的规模，有效解决因社队规模过大导致的问题。在分配方面贯彻多劳多得的原则，以发挥农民的生产积极性。1979年年初，党的十一届三中全会之后，一些干部群众开始对生产责任制进行探索。院东村一个生产队首先实行包工包产到组，山边等村也有个别生产队随后跟进。至1980年春，后杆柄大队就有3个生产队实行包产到组，3个生产队实行包产到户。这些责任制的推行，在一定程度上贯彻按劳分配的原则，解决平均主义吃“大锅饭”的问题，取得增产增收的效果。1981年4月，福建省人民政府公布《关于农业生产若干具体政策问题的规定》。同年，全公社各大队普遍建立生产责任制。1983年春，普遍实行包干到户。1984年10月，永宁撤销人民公社建制，建立永宁镇人民政府，与此同时，撤销原来作为一级行政机构的生产大队，成立村民委员会，作为农村基层的群众性自治组织。

在农村新时期管理体制变革中，前埔村两委在改旧建新工作基本完成后，把工作重心转移到发展经济上来，致力于提高村民的整体生活水平。着手按照规划建设龙山工业开发区。并逐步完善工业园区的基础设施建设。新农村建设带来的优美舒适的软件环境马上受到企业的青睐。短短时间内，就有10多家投资超千万的企业入驻。同时，还把征用土地款集中起来兴办企业，集资兴建12000多平方米的标准厂房和一座6000平方米的蓝领公寓，吸引多家企业承租。此举不仅使村里的工业园区日益兴盛，而且提升了该村的经济总值，直接解决村里150多人就业；大量外来务工人员的涌入，也迅速带动前埔村的第三产业，为村民提供多方位宽领域的增收门路。

1961—1978年永宁镇（公社）农业主要经济指标完成情况一览表

表2—1

年份	总耕地面积（亩）	总播种面积（亩）	其中粮食播种面积（亩）	粮食总产量（担）	生猪存栏数（只）
1961	13401	16663	16063	40521	732
1962	13487	21673	14899	42099	1461
1963	15230	16248	16248	44634	3269
1964	15261	22920	17118	56526	4943
1965	14947	24954	18838	68548	4838
1966	14699	27016	20452	51311	7018
1967	13930	25924	19484	58071	5691
1968	14654	24071	17676	57481	5311
1969	14681	24932	18570	59473	4991
1970	14867	25962	19272	68283	5175
1971	14883	27381	20311	58820	4495
1972	14883	27841	20870	62456	3857
1973	14699	28464	21017	62131	3833
1974	14608	27800	20400	63034	3989
1975	14604	27096	20096	66328	4702
1976	14592	22743	20499	67030	4635
1977	14652	24826	17072	56909	4301
1978	14612	26735	19302	62258	4421

2001—2010年永宁镇农业主要经济指标完成情况一览表

表2—2

年份	总耕地面积（亩）	总播种面积（亩）	其中粮食总播种面积（亩）	粮食总产量（吨）
2001	9131.6	16319	8599	2849
2002	9079.3	18069	8209	2444
2003	8821.4	16590	7365	2157
2004	8673.7	20879	9378	3004
2005	8596.8	19396	9500	3045
2006	8038.9	14646	8288	2642
2007	7958.6	13556	7664	2439
2008	7958.6	15845	9468	2534
2009	7679.1	15882	9503	2542
2010	7631.9	15746	9407	2533

第五章　渔　业

永宁渔业历史悠久，渔业生产可追溯到宋元时代。后历经明、清至民国时期，几度随着经济发展而发展，但也多次因战乱和自然灾害的侵袭而衰落，故发展速度甚为缓慢。

中华人民共和国成立后，党和政府重视渔区各项建设，渔业经济有所发展。但在“文化大革命”期间，生产连续滑坡，产量下降。中共十一届三中全会后，渔区贯彻改革开放方针，实行多种经济形式和多种经营方式，产量稳步上升。1997年，永宁镇被列入“福建省渔业十强镇”，梅林村被评为“福建省渔业十强村”。2009年，全镇共有捕捞船400多艘，渔民相继投入5000多万元，新造铁船50多艘，其中10艘为适宜远洋捕捞的大吨位铁驳船。近年来，水产养殖初具规模，梅林、港边、西岑、子英、新沙堤等村海水养殖面积533公顷。2010年，全镇渔业总产量 8.8万吨，产值3.3亿元。2014年，梅林国家一级渔港建设已完成防波堤550米，正在建设水上平台等工程。沙堤三级渔港亦已完成规划设计。

第一节　海洋捕捞

一、拖网作业

永宁海域处于闽中渔场南部，60米等深线以内为近海渔场。拖网是梅林村海洋捕捞的传统作业方式，分机大对拖、机大单拖、机中小单拖(虾拖)和木帆拖网4种。1958年，梅林村建1艘60马力拖网渔船，但因效益差而中断。1885年，梅林村开始率先使用钢质拖网渔轮。

二、定置网作业

宋建炎年间（1127—1130年），沙堤村渔民就开始捕鱼作业，主要捕捞带鱼、鲳鱼、魟鱼等。直至明万历年间（1573—1620 年），开始采用“定置网捕捞”法，开展双桩有翼插网作业，作业海区在祥芝以南、深沪湾以北海域，属闽中渔场 273 海区。20 世纪 70 年代前，渔场作业水深在 20～40 米，80 年代作业水深在 25～53 米，90 年代又收缩在 40 米以内。除禁渔期外（每年 5 月 1 日至 6 月 30 日为定置作业禁渔期），全年均可生产，以每年 9 月至翌年 5 月为主要汛期。主要渔获物为毛虾、七星鱼、日本鳀鱼、带鱼及各种幼鱼幼体。1969 年，沙堤的灯光围网和机帆船定置试验获得成功，至 1997 年渔船全部兼作灯诱鱿鱼敷网及虾拖作业。

三、围网作业

永宁的围网渔业多属季节性生产。如沙堤的算网（拖巴浪鱼），梅林、沙堤的铎仔网。20 世纪 60 年代中期引进灯光围网（照锁管），铎仔网作业逐渐消失。

四、钓鱼作业

传统的钓具有延绳钓、手钓和杆钓 3 种类型，以延绳钓为主。1956 年开始建造大排钓艚，1971 年 8—12 月，梅林、沙堤大队经由晋江县组织转浙江渔场生产。以后由于灯光围网的兴起，拖网作业的恢复，钓业捕捞开始衰退。

五、刺网作业

永宁刺网作业以流刺为主，流刺网是传统渔具。400 年前外高村即开始这种作业，在近海及台湾海峡进行海洋捕捞生产。据有关资料显示，民国 24 年（1935 年），石狮一带仅有外高村流刺网渔船 12 艘。20 世纪 50 年代，由于渔场受限制发展甚为缓慢。20 世纪 70 年代，永宁、金埭、浯沙开始发展流刺网生产。1990 年后逐年减少。

第二节 生产工具与设备

一、渔船

（一）木质风帆船

大缯拖网船 为梅林传统渔船，最初为竹箩纺织成船帆，后改为帆布风帆，这种风帆船适用于近海捕捞作业和海上运输。1940—1945 年，梅林村有木质风帆船近百艘，采用拖网作业，船长约 19 米，船宽 4.5 米，型深 1.4 米、吃水 1.1 米，排水量 34 吨，载重 20～30 吨，船头尾窄,中间宽,吃水深，备有中、头帆和插花，5～7 级风力可作业，8 级风力可航行。这种风帆船随着动力机拖渔船（轮）的兴起，20 世纪 90 年代初被全部淘汰。

大排钓艚 梅林、港边等村均曾建置。船体总长22.5米，宽5.2米，深1.29米。载重40～50吨，带5～6条舢舨，为一级钓艚，8级风可航行。

算网渔船 分布在沙堤村。渔船载重2吨左右，属单船有囊围网。渔船总长7.27米，龙骨长4.45米，中宽2.42米，深0.9米，吃水0.61米，单船单桅橹2支。作业海区为乌丘至东碇一带渔场，水深40米以内。

摇缯围网渔船 分布在永宁。渔船载重为舸母1.5吨，舸仔1吨。舸母和舸仔长分别为5.45米和4.55米，龙骨长4.55米和3.64米，中宽2.42米和1.82米，型深0.9米和0.76米，吃水0.61米和0.45米。适于近内海沿岸渔场作业。

铎仔网渔船 分布在梅林村。渔船载重1吨左右，属单船有囊围网渔船，适于近岸内海作业。

退缯定置网渔船 分布于沙堤村。船体总长12.9米、宽2.7米，龙骨长9.39米，型深1.2米，吃水0.76米，载重5吨。作业渔场为永宁定置作业区，水深20～60米。

刺网渔船（含小型钓船） 分布在永宁、外高、金埭、浯沙等沿海渔村。属非专业性渔船，一般为算网渔船和小钓渔船兼作流刺网；小型钓船以单船小船、舢舨或竹排为作业渔船。

（二）木质机拖渔船

20世纪80年代末，梅林村开始出现此船型，系采用机动拖网，船型仿渔轮，马力200—300匹，长约24米、宽5米，载重70多吨，适合闽南闽中渔场。1994年全村木质机拖渔船180多艘，2008年全部淘汰。

（三）钢质渔轮

20世纪90年代初期，梅林村开始建造此渔轮，船长30～35米，宽6米左右，载重130吨左右，马力500～700匹，适合于闽中渔场、台湾海峡浅滩渔场及南海北部渔场。2010年，梅林有63艘。

二、网具

（一）拖网类

双拖网 即对拖网，1949年，梅林澳最盛时有拖网船49对。早期梅林村木质风帆船及木质机拖渔船均采用此类拖网，是主要传统渔具。20世纪80年代中期，梅林吸收惠安、祥渔等地拖网优点，改进设计的拖底网具网鱼，效果很好。之后，又引进南海水产研究所的水动水浮子拖网。

单拖网 20世纪90年代，随着机动单拖渔船（轮）的出现，单拖网具普及，该网型似双拖网，靠两块拖板完成网的扩张，且网具较小，操作灵活方便。

（二）张网类

宋建炎年间（1127—1130年），沙堤渔民已使用张网（定置网）渔具。中华人民共和国成立后，张网是主要渔具，定置网主要有退缯、栓桁、四角框3种。四角框因影响航道和渔场，20世纪50年代禁用。1966年试验国产维尼纶网，张网的网型与苎麻网网型一样，使用后增产，但因成本高，后改用胶丝网。1983年张网选用网口周长73米、总长49.67米、上纲长41.6米的缯网具。1984—1986年，经试验后选用疏腹网，规格为网口周长75米，总长52.17米，上网43.68米。

（三）刺网类

刺网是外高、浯沙、永宁（小东门）等渔村传统生产网具。依作业方式分为：流刺网、定置刺网、围刺网、拖刺网4类。本地以流刺网为主，定置刺网甚少。依结构特点可分为：单层刺网、多层刺网、混合刺网和框刺网4种。除上述两种分类外，渔民习惯上依主要捕捞对象划分，如马鲛镰、白只镰、鰳鱼镰、虾镰、蟹镰、蜉镰等。

（四）围网类

围网类属于过滤式的渔具。沙堤村围网类渔具有灯光围网和箕网。

灯光围网　1983年，福建省水产厅扶持发展灯光围网。1985年后，网具加大，推广安装舷侧滚筒式液压起网机。随着渔船主机功率的增大，开始对灯光围网网具进行改造，使用主尺度为250米×168.8米。此类围网多用于捕捞锁管。

箕网　属有囊围网，是传统的渔具。用于捕捞蓝圆鲹（巴六鱼）等，箕网昼夜均可作业。20世纪80年代，成为小机镰钓船重要的渔具之一。

（五）插网类

插网类渔具属海洋定置网的一种类型。多见于西岑等村。这类网具是利用竹竿或木杆插立在海滩上，形成长带形网壁，以截拦涨潮时游到岸边浅滩鱼虾的归路，待退潮时拾取渔获。插网类渔具根据网具敷设和作业特点又分为固定插网、拦网和起落网3种。本地插网类渔具有固定插网（吊乾、兴大篙）、拦网（比固定插网小，每潮均可依渔获情况变换地点）两种。

（六）钓鱼具

外高、浯沙、永宁（小东门）等沿海渔村，古代即有手钓、竹篙钓等，外海主要是延绳钓。手钓主要有石斑鱼手钓。延绳钓是海洋捕捞钓鱼业的主要渔具，有带鱼单钩延绳钓（俗称白鱼滚）、鳗鱼单钩延绳钓(俗称鳗鱼滚)。

（七）杂渔具

西岑、子英村的杂渔具有耙刺等。耙刺是用于捕获埋在沙泥中贝类的渔具。外高、浯沙、永宁（小东门）则常用鱼笼以诱捕具有钻穴习性的鱼类。此渔具有圆形、四方形两种，用于捕捞螃蟹、香螺、石斑鱼等。

三、助渔导航仪器

探鱼仪　1957年，开始在灯光围网作业渔船上推广使用厦门渔具厂生产的东方红—III型探鱼仪。1987年，部分渔船使用南京与挪威合作生产的新吉波603型垂直探鱼仪或厦门经济特区生产的C2Y－3B鱼群探测仪。

定位仪　1980年开始推广使用，1985年普遍使用。主要机型有厦门水产学院生产的DXS－B型双曲线时差定位仪（芳兰A系统接收机），烟台海洋渔业公司生产的RK－100型定位仪（罗兰接收机）。1995年后，定位仪被淘汰，由卫星导航仪取代。

卫星导航仪　1990年，开始使用全球卫星导航仪，主要有日本产光电GDS－982型，北京产光电KGP－911型和KGD－50,KGD－70,GDS－65型全球卫星导航仪，还有日本产彩色三合一卫星导航880型、660型。

电信设备　1980年，渔船推广使用超短波小型对讲机、单边带无线电机。1990年后使用雷达等导航通信设备。雷达有日产古野1831型、古野1941型、JBC－2144型；超短波小型对讲机有上海产红灯747,泉州产ND－M700＋AT－120GAIFIC－M735＋MN－100型，通讯距离可达3704千米。

通讯网络　1983年，梅林开始设渔业信息岸台，初始呼号为“405”。1998年，呼号改为“430”,与本澳渔船组成小网络，并定时与船台联络，通报渔区气象、渔情和灾情。1986年，购置150瓦单边带电台，并加入全省性的信息联络网。2009年，梅林430渔业信息岸台及全澳渔轮配备AIS通讯设备(该系统是全省海上渔业安全应急指挥系统),可全省联网,实时掌握渔轮动态,大大提高渔轮安全生产系数。

第三节　劳动力与管理体制

一、劳动力

1987—1997年，全镇有梅林、沙堤、港边、外高、浯沙5个渔业专业村，另有永宁、金埭2个渔农兼业村。长期以来，梅林村渔业劳力占全村劳动力约90%。自20世纪90年代开始，随着渔业生产的快速发展，渔船数量增加，劳动力不能满足需求，大量外来渔工到梅林务渔，其中以惠安县籍占多数，其余有莆田、福清及河南、安徽、四川等省。而梅林村务渔人员逐年减少，至2010年全村渔业劳力80%～90%由外来工担任。

二、渔业体制

梅林村的渔业经济体制在全镇渔村中，颇具代表性。该村历史上以分散家庭作业船经营为主。1950年成立渔民协会，组织互助组发展集体生产，1955年实行渔业合作化，全村分为5个生产队，生产资料为集体所有，渔民由大队统一安排就业，所捕捞的海产品大部分由水产站收购，小部分由生产队自主销售。

20世纪50年代至70年代，实行以生产队为核算单位。采用“按产值记工分”和“比例分红”形式，劳动计酬与生产成果直接结合。生产队每年向大队缴交一定比例公积金，余者用于渔民工酬与扩大再生产。80年代初期起随着体制改革，有股份制和私营经营形式：股份制经营方式是合伙投资、股份所有、雇工经营；私营经营方式是独自投资、船主所有、雇工经营。这一形式一直延续到现在。

第四节　海水养殖

永宁镇有漫长的海岸线，全镇近一半村（居）处于海边，海洋经济优势十分明显。1958年晋江县水产局从大连市购海带苗南移在梅林、港边海区试养成功，成立海带养殖场，面积53.3公顷，后又引进养殖紫菜。1980年5月因受第四号台风正面袭击，梅林56公顷海带全部损失，此后十多年难以复产。20世纪60年代，西岑、子英等生产大队小面积试养花蛤，苗种依靠外地供给。1977年，西岑养殖花蛤面积1.3公顷，产量3.6吨。1989年养殖面积107.7公顷，但由于环境污染等原因，产量仅650吨；永宁沿海礁石均产天然牡蛎，为渔民季节性副业。1965年西岑、子英两大队试养0.5公顷1750株，产量2.8吨。永宁沿海礁石还有分散的贻贝本地优良品种紫贻贝（黑翰）和翡翠贻贝（金翰），以及文蛤，俗名“偶仔”。1993年，西岑养殖文蛤面积10公顷，收成约200吨。1995年后没有再养殖。

石狮建市后，贯彻市委市政府的“四市三海”发展战略，引导群众由以往的以海洋捕捞为主转向滩涂养殖。在巩固子英200公顷滩涂养殖场的基础上，着力培植壮大梅林近海养殖基地、西岑滩涂养殖场、港边养殖场、新沙堤养殖场等4个养殖基地。梅林村于1995年再次养殖海带6.67公顷。随后试养海蛎，获得成功，村民纷纷投资养殖海蛎，至2010年海蛎养殖面积已有62公顷。梅林村的芙蓉牡蛎吊养专业合作社，是一专业从事牡蛎、海带、鱼蟹等海产品养殖的合作社，2010 年 10 月首次尝试在深海养殖鲍鱼，投放的 10000 余颗鲍鱼苗，成活率在 90%以上，是石狮市首家在深海开展生态养殖鲍鱼的专业合作社。新沙堤的千峰鲍鱼育苗基地初具规模，有养殖池 100 个 2400 多平方米，每池每年可产鲍鱼苗 10 万粒，同时，还吸引 5 家养殖场前来投资兴业。子英村养殖基地的紫菜、花蛤畅销省内外，依旧保持着良好的发展态势。港边村的滩涂养殖面积已达 200 多公顷，自村里成功运作实现滩涂养殖成片大规模开发和集中市场开发后，该村与中国科学院海洋研究所挂钩合作，试种龙须草取得成功，提高了养殖业的综合效益。该村的顺盛水产养殖专业合作社，在海中竹排养殖牡蛎，是“全国基层农技（渔业）推广补助项目县（市）渔业科技试验示范基地”，获省海洋与渔业厅颁发的“无公害产品产地认证书”和农业部产品质量安全中心颁发的“无公害农产品证书”。

2010 年，全镇海水养殖面积达 534 公顷。其中牡蛎养殖场 51 家，集中在梅林与港边两村，规模 66.67 公顷以上的有 5 家；鲍鱼养殖场 5 家，3 家在沙堤，2 家在新沙堤，养殖面积计 2.67 公顷；紫菜养殖场 8 家，6 家在港边、2 家在子英村，养殖面积计 8.47 公顷；花蛤养殖场 4 家，3 家在子英村，1 家在西岑村，养殖面积计 21.67 公顷；海产养殖场 11 家，分布在沿海各村，养殖面积 17.93 公顷，养殖项目包括石斑鱼、黄翅、龙虾、黑雕、角蟹、美国红鱼、对虾等 10 多个品种。

第五节　水产品加工

古代，渔民用盐浸、腌制鱼虾干品。中华人民共和国成立前，鱼获物大部分卖给“渔寮”，少量加工鱼干，其办法有盐浸、腌制、炊煮、晒干等。至 20 世纪 50 年代，仍沿用“一把刀一把盐”的传统加工方法。主要加工小杂鱼和其他经济鱼，如带鱼、墨鱼、鱿鱼、鲨鱼、鳗等。梅林、沙堤水产品购销站都建干、咸仓库和晒埕，还配有炊煮炉等加工设备，加工咸、干制品和鲔油、虾油。1955 年，梅林水产购销站改革带鱼的腌制工艺。腌制带鱼时，逐条顺序排列，层鱼层盐。使腌好的带鱼不但形态整齐，而且表面清洁、咸度均匀，还保持原色，延长保鲜期。数年时间被指定为调往北京、上海的保供品种。20 世纪 70 年代，永宁水产加工生产鱼糜制品，有鱼丸、鱼卷、人造鱼翅等。80 年代新兴水产品熏烤制品，常见的有香甜鱿鱼丝、墨鱼丝、酶香鱼、烤鱼片、虾串、鲜烤虾等品种。近年来正源水产科技公司引进台湾“低值鱼类鱼糜技术”项目，年产 5000 多吨，产值上亿元。2009 年底，该公司与台湾新鸿渔业集团公司合作，共同投资 1 亿美元，开发台湾水产品、冷冻调理食品项目，该项目建成投产后年产值可达1亿8仟万元。位于外高工业区的石狮市海星食品有限公司，开展水产品深加工，开创“地球鱼”的海鲜冷冻虾仁、扁贝、龙虾、石斑鱼等，产品销往日本、东南亚等多个国家和地区。从2007—2010年，连续四年被评为“福建省水产产业化龙头企业”。

2010年，永宁镇有冷冻厂4家，港边保利冷冻厂制冰年产量4000吨；海产品加工厂6家，年产量9750吨；下宅村加工卡拉胶工厂5家，年产量200吨。

第六节　主要渔村

一、梅林村

地处深沪湾东北岸，濒临台湾海峡。全村1495户，人口4583人。

20世纪50年代，在政府支持下，全村有木质布帆渔船35对，梅林渔业经济开始振兴，1960年1月，晋江县召开水产战线群英会，梅林被评为先进大队。后经“文化大革命”，渔业生产举步维艰，1968年全村仅剩破旧渔船10对，机帆船1对。

1978年，全村渔业生产走出低谷，年产值近百万元。石狮建市后，政府鼓励个体建造渔船，从政策、资金予以扶持，村民纷纷集资贷款建造木质机拖渔船，淘汰木质帆船。1994年，全村有180多艘二、三百匹马力以上木质机拖渔船，1994年、1995年渔业生产产值连续两年超亿元，此后产值年年上升，1997年全村工农业总产值1.86亿元，其中水产品产值1.39亿元（水产品加工产值966万元），人均年收入4326元，每个劳动力年均收入9998元。1994年和1997年被福建省水产厅评为“渔业先进单位”。水产品年产量位居泉州市村级第二名，仅次于祥渔村。

梅林村海洋捕捞业较为发达。1997年，梅林村拥有各类机动渔船230艘、9317吨位、39059马力，其中钢质渔轮10艘、木质拖网渔船145艘，各种生产辅助渔船85艘。在145艘生产渔船中，主机功率200马力以上的大马力渔船116艘。1997年，海洋捕捞产量4.57万吨。同时还集资20多万元，在浅海养殖海带4公顷，并试套养翡翠贻贝。大部分渔船配备雷达、单边带电台、卫星导航仪等先进的助渔导航仪器。梅林村为渔业服务的后勤设施主要有：水产冷冻厂5家，库容量550吨，日制冰能力53吨，日急冻能力55吨，水产品加工厂12家。有大型供油库5座，贮油量2万多吨，加油船8艘。还有10多家的网线厂，渔船修造厂、机修厂、五金厂、各种机器配件商店、助渔导航仪器维修店、代销店等。设置“430”渔业无线电通讯岸台，为出海渔船服务。该村已建成2个水产品批发市场。1997 年 4 月被省人民政府授予“福建省渔业十强村”第 4 名，并获“省级明星村”称号。

21 世纪后，由于近海渔业资源日益枯竭，二三百匹马力木质机拖船，抗风能力差，且不能适应远洋捕捞的要求，2008 年木质机拖渔船全部淘汰；到 2010 年全村有六、七百匹马力钢质渔轮 63 艘，辅助船 67 艘。渔业捕捞作业的区域由闽南渔场转向闽中及台湾海峡浅滩渔场、南海北部渔场作业。2010 年全村渔业产值 5.21 亿元。

二、沙堤村

位于永宁镇东北部，东临台湾海峡。全村 1474 户，5717 人。

中华人民共和国成立初期，沙堤村有渔船 10 多艘，1955 年成立渔业合作社。1964 年，为发展双拖捕捞，在惠安造船厂建造一对双拖，命名为“鲸江 1 号”，从而结束沙堤村没有双拖机帆的历史。

至 20 世纪 70—80 年代初期，沙堤村有 8 个渔业生产队，渔船 60 多艘，之后一些农业队还发展相当数量的农副业船。沙堤渔业，大部分以定置网捕捞为主，还有小钓、算网、铎仔、拖网、灯光围捕、封网多种作业。时沙堤村从事渔业人员还包括鱼贩，补网工、运输工等约占全村劳动人口 60%以上。当时沙堤大队 8 个渔业生产队，每个生产队有 4 艘机帆船（不包括农副业船），每队下海的渔民 30 多人，在山（从事后勤）与补网工 10 多人，每个生产队有将近 50 个劳力。1984 年，大队为确保渔业的进一步发展，决定将布袋澳建成安全进出的避风港。在上级有关部门的支持下，人民解放军支援对澳内小礁石进行爆破清除，渔民积极参加义务劳动，把澳内所有礁石清理干净，并将这些碎石垒在董厝坞外围的礁石上，筑成一道抵御海浪的堤坝。工程历时一年多，耗资 30 多万元。

2010 年，该村有渔船 50 艘，其中灯光捕鱼船 30 艘、拖虾船 4 艘、还有讨小海小船 16 艘。沙堤村建有一批新兴产业，如黎祥食品、长阳鱼片厂、协华水产、明盛食品等。

第六章　工　业

永宁工业开发始于明朝，主要为手工业，且多与军事设备相关。明初建卫城时即设立军器局，负责打制兵器。清乾隆四十九年（1784），蚶江与鹿港对渡之后，永宁造船业兴盛一时，“其船上可通苏浙，下可抵粤东，即台湾运载，亦用此船”。清代，民间开始有油车、磨房、染坊、农具、打铁、制线香、打锡器等手工作坊。民国初期至抗日战争前期（1912—1938 年），开始兴办电灯厂、毛巾织造厂、碾米厂。

20 世纪 50 年代，个体手工业改造为手工业联社，后发展为集体工业企业，主要从事铁木农具等手工业生产。1958 年，创建社办企业永宁盐场、抽纱厂。同年，在港边村设晋江县修造船厂。1959 年 12 月，经县政府批准在梅林村建地方国营晋江县造船厂。

1972 年，开始陆续有大队办螺丝厂、扑克厂。1977 年，永宁公社成立社队企业管理站，加强对社队企业的管理、引导和服务，促进社队企业的发展。1985 年后，民办工业企业迅速发展，以制衣厂居多，规模小，多属于加工性质。

石狮建市后，永宁镇大抓道路、码头、供水、供电等基础设施建设。1993 年，开始抓标准化厂房建设，着重解决土地征用、财税及融资等问题，主要发展牛仔裤系列、花岗岩石板材、凉垫、电子产品等产业。

21 世纪以来，永宁镇侧重扶持一批龙头企业增资扩产，通过技术升级、产品创新以及与知名实力公司的品牌合作，开拓市场实现增收。以共富路台商投资基地为龙头的工业聚集区初具雏形。

第一节 民国时期工业

清代及民国初期，永宁的工业仅限于一些手工作坊，比较著名的有永宁荣兴商行，经营榨油坊和磨坊，其制作的线面细嫩洁白可口，畅销台湾。1927 年，由华侨及当地富商蔡远思、蔡昭远、蔡安平、杨邦梭、周永年、李景文、佘伯昭等人投资 7 万银元，创建永宁电灯公司，并组成董事会。公司购买一台英国产的发电机，聘请西门外陈植锭作技师。靠烧煤炭火力发电，雇一温州人来当司炉。多年后，公司又投资购买 2 台德国产的汽油发电机，线路全部用铜线拉成，初供电给永宁、梅林、港边等村照明，后来电网拉到后杆柄。当时颇为轰动。后因投入太大，资金周转不灵，1938 年停止营业。其间，又投资 3 万银元创办永宁永丰面粉有限公司，还建有毛巾厂等。

第二节 建国初期工业

1953 年，人民政府开始对私营工业和个体手工业进行社会主义改造，变个体私有制为集体所有制和全民所有制。重点单位介绍如下：

一、晋江县永宁农具厂

1954 年 4 月，永宁手工业率先成立竹器生产合作社（址设下磨），之后相继成立铁器社（址设水关）、木器社（址设下营）、木桶社（址设中街）、五金社（址设中街）和缝纫社（址设三板桥）。翌年，为适应产销形势的发展，开始实行“五社合一”，即将竹器、铁器、木器、五金、木桶等合并为晋江县永宁农具厂（厂址设于西门外）。另有理发社、缝纫社，仍各自独立经营。后缝纫社为扩大经营，转行成立永宁增强塑料厂，该厂与永宁农具厂同为隶属于晋江县手工业联社的大集体单位。

1958 年 10 月，永宁并入石狮人民公社。隔年，永宁农具厂随之改体，竹器并入石狮竹器社、木器并入石狮木器社，铁器并入石狮农械厂。

1961 年，永宁从石狮析出，成立永宁人民公社，铁、木、竹三社也随之迁回永宁，成立永宁农渔具厂。但因原厂址已被翻建为永宁公社社址，只好分散在几个地方开展生产。如铁木车间建于西里宅，竹器车间则分散于东头池及小街。厂址暂设于永宁中街木器门市部楼上。后于 1973 年在永宁孝女姑周围建厂房，迁址后，企业发展方成规模，有铁、木、竹车间，电动锯车间，电镀车间，塑料车间，螺丝金工车间，竹编车间和办公楼等。全厂职工 200 多人，正式更名为晋江县永宁综合厂。该厂竹编产品曾参加广交会，受东南亚客商青睐；汽车螺丝远销全国各地。通过技术革新，该厂生产的深水抽水机曾赴北京参加全国农产品展览，获全国农产品技术创新奖。在全民兴修水利期间，该厂生产的粪箕广受群众好评，曾被晋江县工交系统评为先进车间。

二、永宁镇盐场

唐代开始，岑兜浔尾场就是晋江县海盐主要产地，其优质洁白在闽南一带享有盛誉。沿海 50 里，东至港边乡、西至安海乡、南至梧州场、北至海，计十二团，兼管丙州场共有盐埕 14529 坎。民国时期，泉州盐局于永宁埠设分局，西岑施雪崖任盐局分局长。盐务管理所设在岑兜村，再由该所派人员分驻各制盐村。

中华人民共和国成立初期，岑兜村民仍以晒盐为副业。1958 年，石狮人民公社召集各大队民工在港边和岑兜村临海交界处围筑海堤，建设较大型盐场。1960 年投产，1961 年，永宁人民公社盐场正式成立，由晋江县盐务局永宁盐管所对该场海盐生产进行监管。后有所扩展，其面积近 15 公顷。1965 年后，年产量达 6000 吨，全场工人 100 左右人。并附设盐业化工，主要生产氯化钾。1984 年，改名永宁镇盐场。2003 年，省盐务主管部门决定关停永宁镇盐场，浔尾盐场的历史至此结束。

永宁镇盐场历任领导：1960 年，场长高武连、书记李逢章。1970 年，盐场负责人龚书钗，王厚烈配合管理，支部并入镇工交财贸支部。1980 年，场长高武连、书记林英杰。1983 年，场长王坪、书记卢文水。1988 年，场长黄海滨（兼书记）。

三、永宁公社中心抽纱厂

1958 年，公社为解决部分妇女的生活出路，开始在永宁等 13 个大队相继兴办抽纱厂。时参加白绣的工人 454 人，菲立工人 1541 人。由于抽纱是一项花钱少、经济收益快、国际市场销路广的家庭副业，而且操作简单，只要一根针、一条线，家家户户、大大小小都能绣出产品，所以发展很快。1965 年，在晋江县外贸局重视下，永宁公社建立永宁公社中心抽纱厂，任命吴蝶英为中心厂厂长。

几年间，全公社已发展有白绣厂 12 个，工人 1557 人；菲立厂 12 个，工人 2136 人，1975 年还发展梭菲新工种。1981 年，全公社抽纱厂人数 4354 人。为按时按质量完成生产任务，全社每季度都开展技术大检查，进行考核鉴定。中心厂还培养几个技术过硬、生产又快又好的重点厂，如永宁、沙美、港边、梅林等厂，把一些技术性较强、难度较大的任务交给他们。1980 年，全厂完成 26 万元的生产任务，被评为晋江县先进生产集体。1982 年，该厂被省妇联会授予“福建省三八红旗集体”称号。

四、永宁电厂

始建于1962年，厂址设在永宁大埔，由王振荣、李圣鳅负责管理。最初动力为福车12匹电机，仅供应镇机关企业照明。1976年，永宁通过坑东（部队团部）接通石狮（35千伏）水电，1992年10月至1996年10月共集资5000万元在孝女姑建设3.5万伏和11万伏输变电站，并改造完成全镇21个行政村及企事业用电线路，11月竣工投产。1999年5月，石狮市成立农电“两改一同价”（农村电力体制改革和电网改造、实行统一电价）工作领导小组。2000年6月成立永宁供电所。永宁电改后，2002年并入石狮电力联营公司。

五、晋江县造船厂

1958年，祥芝、深沪两造船社合并为晋江县修造船厂，工场设在永宁港边村。主要造木帆对拖网船和定置网船，以及修补旧船。1959年12月31日，晋江县人民政府批准晋江县修造船厂为地方国营晋江县造船厂。1960年开始建造木壳机帆船（旧型船）和木壳渔轮型机动船（120马力）。是年，省水产厅、县计划委员会拨款建厂房，厂址设在梅林村东边海滨，归县工业局领导。20世纪60年代中后期，可同时造5艘“大排”（120～135马力，50吨左右）。1973年改属水产局，1978年改称国营晋江县水产造船厂，有职工76人，年产值28万元。20世纪80年代，以造拖网船（渔轮型，40～50吨）为主。1983年和1984年曾两次实行承包经营。1985年4月9日，经晋江县政府批准停产。

六、文革期间的集体企业

1972年起，批转社队办企业文件下达后，永宁境内的队办工业企业迅速兴起，较成规模的有永宁大队的羽毛球拍厂、螺丝厂，港边大队的明胶厂（炼海带胶，后并入石狮化工厂）、胶丸厂、五金厂（鱼仔厂），洋厝村的螺丝厂等。

第三节 改革开放时期的队办工业企业

20世纪80年代，实行改革开放，人民群众焕发出极大的积极性和创造力。队办集体工业企业开始兴起。前埔村积极争取侨资，创办手袋厂、鞋厂、塑料编织袋厂、拉链厂、玻璃花厂，牛仔裤加工厂。永宁的羽毛球拍产业，一些较有发展眼光的本地工人乘着改革的春风纷纷自立门户，创立球拍制造家庭作坊，形成一定规模的体育用品民营企业。1982年，永宁机械模具厂办理“飞燕”牌羽毛球拍注册商标，打开了销路。子英村先后在村中创办酱油厂、五金厂、保险柜厂、食品厂、工艺厂、凉垫厂、制花厂、印花厂及车队，安排大量劳动力，使该村逐渐由农耕型向工贸型转化。以后，部分企业又慢慢向外拓展，至 2010 年，石狮、晋江、鲤城、厦门、广州、海南、香港等地均有子英村人创办的企业或商店，其中又以李贤义的信义集团、李圣典的展兴集团与施能晌的兴华集团较为突出。1984 年 11 月，由晋江县商业系统、永宁企业供销社公司与香港三和贸易公司共三股合资创办的永香面巾纸品厂为石狮境内首家与港商合作的企业。当时由港方投资生产机械设备，该厂于 1987 年结束股份，由港商独资承包经营。

第四节　石狮建市后的永宁工业

石狮建市初期，永宁经济由于三大因素的困扰，面临诸多困难。一是 1977 年“割资本主义尾巴”，永宁首当其冲，元气大伤；二是 1984 年渔业生产盲目一哄而上，各银行资金投放失误；三是 1989 年投机性标会，永宁镇是重灾区，大部分资金被小部分会头囊括一空，经济发展受到重创。但这一时期，也是永宁经济发展的机遇期，福建省人民政府颁发闽政（1988）综 301 号文件，批准石狮市蚶江、永宁镇为重点工业卫星镇，实行中共中央（1985）3 号文件的优惠政策，镇党委政府积极进行基础设施建设，建成石狮市区至梅林码头的 38 米宽水泥公路，500 吨对台贸易综合码头投入使用，初步形成水陆交通网络。同时把 1 千门程控电话扩至 4 千门，建成日产 2000 吨的自来水厂，并在建成 3.5 万千瓦变电站的基础上再筹建 11 万千瓦变电站。随着投资环境的改善，至 1992 年 12 月，乡镇企业已发展至 362 家，比 1990 年增加 87 家；三资企业 24 家，比 1990 年增加 17 家，镇村企业总产值计 1.6 亿元。镇委、镇政府采取一系列措施，对现有企业加以扶持，帮助企业逐步从家庭式管理转变为规范化管理，并在税收方面也给予一定的优惠倾斜。在发展本地企业的同时，抓好外引内联，吸引外地资金力量来永宁镇开发，如重庆制冷空调设备厂与永宁镇水产冷冻厂合资的渝狮制冷空调设备公司，以其优质的产品及良好的产后服务，赢得信誉，1992 年一年创产值近千万元。各村还相继开办 314 家村办企业，郭坑村人口 831 人，村办水磨石板材厂 6 家、石雕厂 3 家、纸厂 1 家、磨料厂 1 家，安置从业人员 322 人。1991 年全村工业总产值近千万元，占全村工农业总产值的 90%。1991 年该村人均收入达 2300 多元。

1992 年，永宁镇纳税 10 万元以上的企业有永宁服装厂、郭坑石材制品厂、西岑华联工艺厂、宝利达服装厂、子英汽配公司、日东升体育用品制造实业公司、文体用品厂等 7 户。1993 年全镇乡镇企业的产值、税收和发展均比上一年有较大幅度的增长，企业总产值增长70%；工商税收翻一番多；乡镇企业由448家增加至588家，三资企业由18家增加至31家。产品结构进一步优化，已初步形成服装、针织漂染、石板材、日用品、文体用品、五金制品、食品加工、包装印刷、塑料玩具、电脑绣花、水泥预制品、高科技产品等的加工工业体系。据1997年统计，全镇有企业354家，从业人数17048人，总产值75666万元。

1998—2002年，新建永宁工业区、龙山工业开发区、孝女姑工业开发区，工业用地达133.34公顷，新引进企业69家，其中外资企业28家。服装面料、体育用品、糖果食品、五金化工等产业发展迅速，产品结构呈现多元化、规模化。培育著名商标1个、知名商标2个，获得ISO 9000质量体系认证的企业8家，全镇拥有鹏程实业、日东升体育用品厂、威尔夫体育用品、黎祥食品、雷腾服饰、鸿新针织、利德利革绒制品、豪丰服装等多家上档次、上规模企业。全镇年均增加财税300多万元。

2005—2010年，永宁镇引导企业调整结构，提升管理水平，加大科技投入，打造名牌产品。新增福建省著名商标3个（好田、棒球手、艾思特），省名牌产品3个（威尔夫、顽石、大帝），中国免检产品2个（威尔夫、黎祥），新增国家高新技术企业2家（大帝实业、飞通通讯），省级星火行业技术创新中心、省级、市级企业工程技术中心6家（快克体育、正源水产、大帝实业、鹏程实业、非凡体育、大元化工），省高新技术企业4家（快克体育、飞通通讯、大帝实业、永前建材）。

若干年来永宁镇规模以上工业产值与固定资产投资情况一览表

表2—3　　　　单位：亿元

年份	规模以上工业产值			固定资产投资	
	单位数（家）	1—12月总产值	增长%	1—12月实际	增长%
2008	40	25.51	22.1	—	—
2009	42	32.07	18.9	2.97	-12.0
2010	41	37.69	30.4	5.60	88.6
2011	41	48.14	35.0	14.00	150.0
2012	38	34.60	16.1	17.50	25.0

第五节　重点企业简介

大帝实业有限公司　创建于2001年，是一家专业生产PU合成革面料的加工型外资企业。注册资本800万美元，系福建省百强重点企业，福建省高新技术企业，泉州市工业重点项目企业，是泉州市“重合同、守信用”重点企业，是国内外许多企业品牌服装面料指定供应厂家。2010年获“国家高新技术企业”“省级企业工程技术研究中心筹建单位”（福建省高分子复合面料企业工程技术研究中心）称号。2011年，纳税在1000万元以上2000万元以下，获石狮市委市政府表彰，被授予“石狮市2011年度明星企业”称号。

鹏程集团　为专业生产PU面料及新技术开发的台资集团企业。经过20年的发展，每年开发新产品100种以上，生产的各种PU面料、鞋革等产品能够主导市场潮流，并且开发水流皮及PU成膜复合仿皮面料、防辐射、变色纤维面料等特殊工艺高档面料，填补国内服装面料行业中纳米技术攻关项目的科技空白。2011年，该公司纳税在1000万元以上2000万元以下，获石狮市委市政府表彰，被授予“石狮市2011年度明星企业”称号。

石狮市好田服饰实业有限公司　位于永宁综三工业区，主要生产牛仔服装系列。2011年公司纳税在700万元以上800万元以下，获石狮市委市政府表彰，被授予“石狮市2011年度重点企业”称号。

福建大元化工有限公司　位于塔石工业区，主要生产各种合成皮革。2011年，纳税在600万元以上700万元以下，获石狮市委市政府表彰，被授予“石狮市2011年度重点企业”称号。

快克体育用品有限公司　是一家集网球、羽毛球拍研发、生产、销售为一体的高新技术企业。从铝材成型到成品包装，形成一套严谨的流水线作业。拥有每年为客户提供120多万支优质产品的生产能力，系列产品远销东南亚和东欧各国。2010年,获“省级星火行业技术创新中心”称号。2011年，纳税在500万元以上600万元以下，获石狮市委市政府表彰，被授予“石狮市2011年度重点企业”称号。

雷腾服饰有限公司　位于永宁塔石工业区，为外商独资企业。成立于2001年，专业生产制作各类服装，其中以运动休闲装为主。公司拥有自己的服装设计团队，现有标准厂房15000多平方米，员工800多人，配套生产所需的各类专用设备，是国内外一些知名品牌主要生产基地之一。2011年纳税在500万元以上600万元以下，获石狮市委市政府表彰，被授予“石狮市2011年度重点企业”称号。

非凡运动器材有限公司　位于永宁孝女姑工业区，是一家专业从事羽毛球拍、网球拍、壁球拍、运动包袋及配套产品研发、生产和销售的技术型企业。产品远销海内外各地。自创“威尔夫”品牌，先后被授予“中国十大体育用品品牌”和“国家免检产品”荣誉称号。2010 年，纳税在 300 万元以上 400 万元以下，获石狮市委市政府表彰。2011 年，获“国家高新技术企业”称号。

飞通通讯设备有限公司　该公司占有中国民用海洋卫星通讯市场 60%的份额，与中国卫星导航上、下游产业代表性的企业远东华强导航定位有限公司（中国电子科技集团公司）达成协议，加快了北斗卫星导航应用领域的开发，已经研究出海洋船舶北斗导航产品应用样机，与采用美国 GPS 导航产品相比，增加短信功能、语音通话功能，同时兼容美国 GPS 系统。2010 年，有 6 项卫星导航海事应用终端科研新产品问世。2010 年，获“国家高新技术企业”称号，2011 年获“福建省创新型企业”称号。

李宁（福建）羽毛球集团（凯胜）　即原来的凯胜（泉州）运动器材有限公司，是国内领先的羽毛球器材生产研发品牌。在国内羽毛球领域，创造了多个“第一”。1992 年，凯胜成为国内第一家起用代言人的羽毛球品牌。第二年，第一款全碳素球拍系列上市，成为国内羽毛球生产研发的领头人。1996 年，自选研发生产铝碳一体羽毛球拍，成为当时大陆最早自行研发生产该系列产品的中国品牌。2007 年 7 月，凯胜品牌正式进入李宁（中国）体育用品有限公司旗下。2010 年，纳税在 600 万元以上 700 万元以下，获石狮市委市政府表彰。

日东升体育用品制造有限公司　位于永宁孝女姑工业区，是一家集专业从事羽毛球拍套、网球拍套、运动包研发、制造为一体的轻工企业。20 年来，一直为李宁、361　°、德尔惠、凯胜等国内外知名运动品牌的 OEW 供应商。2010 年，纳税在 500 以上 600 万元以下，获石狮市委市政府表彰。

诗崴琦服饰（福建）有限公司　位于前埔工业区，主要生产运动服装系列。2011 年，纳税在 300 万元以上 400 万元以下，获石狮市委市政府表彰。

黎祥食品有限公司　是一家生产以巧克力、糖果类为主的公司，始创于 1992 年。至 2010 年，其旗下拥有“佳圣”“蒙丽萨”“怡可星”“黎祥”等品牌。2010 年，纳税在 200 万元以上 300 万元以下，获石狮市委市政府表彰。

正源水产科技开发有限公司　2003 年创建，是一家凭借科研技术专业从事各种鱼、虾、鱿鱼、章鱼、蟹等水产品深加工的外商独资企业。公司占地 15000 平方米，建有国内先进水平的大型冷库和独立生产加工车间，具有日加工速冻 100 吨水产品和冷藏贮存

8000吨货物的能力。2010年，获“省级企业工程技术研究中心筹建单位”（福建省冷冻鱼糜深加工企业工程技术研究中心）称号。2010年，纳税在200万元以上300万元以下，获石狮市委市政府表彰。

飞鸿五金饰品有限公司　位于永宁前埔工业区。系台商独资企业，成立于1995年，注册资金1000万港元。主要生产徽章、奖牌、锁钩、锁圈和五金饰品的开发、生产、贸易等业务，产品远销欧洲、美洲、亚洲等十几个国家和地区。

鸿达纺织品染整有限公司　位于西岑工业区，1991年创建，占地2.34公顷。主要加工服装及布匹的免烫抗皱、普洗、酵素洗、漂洗、石磨、印花及高科技纳米处理。

棒球手鞋业有限公司　位于塔石工业区，是一家集男女休闲鞋的开发、设计、生产及营销于一体的现代化企业。拥有标准厂房1万多平方米，销售网点覆盖全国各地。

六蜂王环保建材有限公司　位于永宁孝女姑工业区。公司以“以废促用”，“以弃护生”，开发出多种功能独特、性能优越的生态水工砌块（构件）产品，推出“六蜂王”品牌。获“2009—2010年度石狮市专利优秀奖”。

卡拉胶　一种食品添加剂。目前，国内卡拉胶生产企业仅20多家，下宅村就有7家。协力海洋生化有限公司是该村最早的一家卡拉胶生产企业，其生产的振牌卡拉胶，远销菲律宾、印度尼西亚、西班牙等国。

第七章　商　业

永宁商业贸易，始于唐宋。当时，规模不大，只是受泉州蕃市的影响，靠小船或渔船进出交易而已。到了明初建卫城之后，由于人口的猛增、城内八卦街的建成，永宁集市贸易开始振兴，且有商人上吴下粤，长途贩运。至清乾隆年间（1736—1795 年），开放海禁，蚶江、永宁辟为对台贸易港，是为永宁商贸发展的兴盛时期。

抗日战争期间，1938 年，厦门沦陷，闽南航运被日寇严加封锁，商贸活动顿受阻滞，而永宁却因港口特殊的地理位置带来一度短暂的繁荣。但不久，即于 1940 年“七·一六”日寇登陆永宁而告终。抗日战争胜利后，经济有所复苏，但通货恶性膨涨，民众深受其害。

中华人民共和国成立后，人民政府着力恢复经济，整顿市场，扶持商业发展。1952 年，建立供销合作社，1956 年对私改造完成，实行计划经济下的保障供应商业体制。至 1983 年，开放市场，永宁商业又渐趋繁荣。

1992 年，兴建商业大街。1998 年占地逾千平方米的农贸市场投入使用。

第一节　古代永宁商业

古代泉州蕃市非常发达，《晋江县志·蕃市志》载：“晋江辖地，虽滨海不立蕃市，盖夷舶不到之区也。内惟蚶江、永宁、祥芝、深沪数处，或造小船，不过商渔贸易而已，其船上可通苏、浙，下可抵粤东。即台湾运载，亦用此船，未尝更造夷船。”此为古代永宁与外界经商往来最早的记述。

宋元时期，经永宁港出口的商品有衣料、杂物60余种，其中以丝绸、瓷器为大宗，销往东南亚各地。

明朝初期，永宁卫城建成，街衢东西直贯，南北纵横，百业俱兴、市集繁荣。永宁人南北奔波，工商兴贩。“富者上吴下粤，舟车之到，皆可裕生活。永宁《刘氏家谱》载：天启年间，刘鼎臣（七世）前往福清开设打银店，鼎臣为人敦谨，善于经营。其子刘秉震继承父业，时常“买金珠苏、杭二州”，“往来兴、莆等处，生意颇为兴隆”。

清初迁界，永宁集市沦为废墟。康熙二十二年（1683年）“复界”，逐渐恢复旧观，从海路运进的占城米、暹罗米，在永宁、石湖等港口上岸。清政府于永宁设立“闽海局关”，管理外贸事务及稽查海上走私活动。其时永宁称“八卦街”，各行各业商店计二、三百间。《永宁卫志》载：至乾隆年间，“太平日久，民生不见外事，而安于亩畎之自乐。君子弦歌，小人负米，鹍腾鹊起，甲于此都之盛。贾陶商贩，推我邑之多”。

清末，据佘煌焕先生的《清末永宁概况》文章云：“大街店屋自中开坊直落至土地宫，计贰百余间。商店林立，如绸缎布匹、苏广百货、纱灯、照相、扎花、粮食、糖品、中西药房、典当、油车、磨房、染坊、烟茶、干果、鱼肉蔬菜、香楮油灼、农具、家器、酒厂、菜馆饭店、酱园、打铁、铸铜、山医星相、书册文具，百工技艺，应有尽有。北门街商店，亦有四、五十号。南门较少。水关街店铺二、三十间，手工业居多。其中如染坊、制鞋、顾绣、木器、碱炒花生、碗糕甜果、剃头店、傀儡馆。场口街则有制线香、打锡器，名牌之祥珍甜果、万兴馆熟花生等。永进巷亦有商店数间。肩挑叫卖满街皆是。居民生活颇好，市况兴盛，并有富商建造大帆船，载重五、六千担，遄走南北商埠，北至烟台、牛庄，南至安南、实叻。贩运货物者远涉重洋，贸利甚丰。”

第二节　民国时期永宁商业

第一次世界大战后，永宁旅外华侨增多，永宁、西岑、岑兜、金埭已成著名侨乡。如永宁的陈植鱼，西岑的施光铭、王立旋，岑兜的李文秀，港边的詹孟杉，金埭的黄念忆均是菲律宾著名商家及侨领。侨汇的增多促进永宁经济的繁荣。许多华侨及商家把资金投放于石（狮）永（宁）蚶（江）公路的建设，或开设电灯公司、面粉厂、毛巾织造厂、电（铁）船捞鱼等事业。

抗日战争初期，中国北方屡遭日本侵略军战火摧残，但晋江、石狮一带，与南洋仍有交通，侨汇尚可接济，永宁经济未受太大影响。据1938年印发的《永宁平粜会征信录》记载，在平粜会执行委员中，有15人是当时永宁较有影响的商家：林谋板（普通号米行）、董春前（建昌号布庄）、王显泮（合益号米行兼甘味店）、高祖枞（荣兴号油坊兼磨房）、陈焕景（宗陶号）、高祖泮（永安堂药铺）、高标照（合珍号糖品）、陈渊宽（联兴号杂货、文具、香楮）、张尚螺（新食珍号糖品、果炊）、王翼彬（泉利号甘味店）、卢为汉（新协兴号米行兼甘味）、陈植添（源源号邮局）、蔡绍远（和安堂药铺）、董光湖（万兴馆花生行）、郑孔钗（合发号杂货店）。除此之外，尚有一些较有名气的商家，如周永年的时新布行、蔡泽挞的万通布庄，高住栽的沪广百货、许经济的首饰金店、王千玉的百货商店、陈克庚的太和安药铺、高祖专的泰安药房、周永渊的达生医馆，北门王琼梅的惠泉诊所，中街高墀显的东莱诊所、下街杨连炮的景丰照相馆和水关街董春及的黎明照相馆等。

民国28年（1939年），日机对泉州沿海一带狂轰滥炸，沪泉航线只有为数不多的船只冒险往来，在永宁梅林港集中起卸。泉州大通轮船公司、捷益商行船务部，在永宁港边、梅林村建造很多仓库，堆积大量货物，不少大商家亦在永宁开设轮船代理行。于是永宁商业一时盛况空前，港边村新街仔即于当年建成。民国29年（1940年）7月16日凌晨，日本侵略军登陆永宁，大肆劫掠烧杀，行郊商家损失巨大。沪泉线航运从此断绝，永宁一度短暂的繁荣遂告终结。

太平洋战争爆发后，日本侵略军加紧封锁沿海，市场货物奇缺，许多商家乘机囤积居奇，抬高价格，永宁市场经济处于瘫软状态。由于侨汇断绝，许多侨眷不得不依靠卖故衣和卖私盐维持生活。

民国33年（1944年）2月，永宁创办晋江县永宁镇合作社，经营业务范围包括柴米油盐糖及日常必需品。一共募集4667股，每股金额10元，有社员160人，理事主席周美锦（镇长）。社址设于永宁顶街原王千扬米店。业务区域包括全永宁镇。理事每年一届。该合作社历三届后，因经济环境险恶及经营不善而倒闭。

抗战胜利后，台湾回归祖国，“走台湾”做生意之风甚盛。永宁一些商人开始组织内地土特产和手工业产品运往台湾，换回台米、台糖、钢材、橡胶及香蕉、菠萝，大获其利。其时，梅林、港边等村有十多艘渔船改为商船，从事大陆与台湾的贸易。规模较大的有“泉美”“安泰”等商号。永宁街由于大批华侨归乡，侨汇充裕，市面甚为繁荣，首饰店、布店、成衣店及各种食杂百货店、香楮店生意非常兴旺。

民国35年（1946年），出现严重通货膨胀，法币一日数贬。民国37年8月，国民政府发行金圆卷，至翌年3月，仅7个多月时间，物价上涨1.2万多倍，平均每天上涨52

倍。市场只能以美钞、银元为交易信用。公教人员、职工薪资及市场货物交易均以白米市价为准，一钱黄金换白米 50 公斤。

第三节　中华人民共和国成立后永宁商业

中华人民共和国成立后，人民政府采取各种有效措施，加强市场管理，结束通货膨胀。1951 年，第九区（永宁）建立区域性工商联筹备小组，协助人民政府推销胜利折实公债。发动工商户捐资购买飞机大炮，支援抗美援朝。1952 年，工商联筹备小组发动工商户交纳税收，参加“五反”运动。当年，晋江全县工商企业登记统计，永宁有工商企业 169 家。经过“五反”后，私营商业受到限制，一些商户先后转业、歇业，也有一部分纳入国营和集体商业。1953 年 2 月 17 日，永宁成立工商联，郑延爽任主席。同年，工商联组织商户举办秋季物资交流大会。当时，诸如泉州“南国”“建成”等大商场都来设摊布点，吸引附近乡镇居民数万人前来参观采购，永宁街盛况空前。

1954 年，永宁设立大埔菜市场。1955 年年底，晋江县掀起社会主义改造高潮，大部分小商小贩和坐商接受安排和改造，组成日用什货、家具、食什、复制业、缝纫社、理发社及鱼组、菜组等店组，纳入合作（集体）经济。1957 年 8 月，永宁乡给已改造的商贩发证，共发 166 户。1959—1960 年，永宁设立商店，批零合一，既经营零售，又负责对乡社供销部和小商贩的批发业务。

1965 年，在永宁西门石埕头设置农贸市场，规模不大。“文化大革命”期间，永宁街商业日见凋零，工商联停止活动。

1979 年改革开放后，再次出现民营商业，初期发展缓慢，多数为合伙经营，规模不大。后来，商品交易日见活跃，个体商户日渐增多。

第四节　国营企业与集体企业

新中国成立后，永宁陆续设立一些国营商业企业和集体企业。

一、国营企业

粮食管理站　1951 年，兼营粮油购销的泉州贸易公司在永宁设置营业组，负责粮油等物资的调节供应。1952 年，永宁营业组划归晋江县粮食局设于石狮的十三区粮食管理站，负责粮食征、购、销工作。1953 年，实行粮食统购统销。1955 年 4 月，成立晋江县油脂公司，永宁设油脂购销组，负责油脂油料统购统销工作，并在南门李氏宗祠建榨油厂。同年12月，永宁成立粮食管理站，站址设于永宁永清门内。当年永宁粮食定产117.71万公斤，定购4.11万公斤，定销99.83万公斤。1956年进行调整，永宁定产127.38万公斤，定购3.28万公斤，定销161.33万公斤。1957年，油脂公司并入粮食局，永宁油脂购销组归入永宁粮食管理站。20世纪70年代，永宁粮站在永清门外建粮食仓库2座，建筑面积723平方米，容量798吨。80年代，于永宁莺山下建粮食仓库2座，建筑面积689平方米，容量906吨。从1991年8月开始，粮食基本为市场自由交易，再次出现专营粮油购销的商户。现在永宁粮食管理站附设军粮供应点，其他经营已基本撤销。

水产购销站 1953年前，渔行、渔贩是水产品经营者。永宁、梅林、沙堤等地是水产品主要集散地。除渔寮坐商外，还有小摊小贩和数十家肩挑贩卖者。1950—1952年，人民政府取缔中间剥削的鱼牙行。1954年，国营水产部门在梅林村成立水产收购站，开始对水产品实行收购，抑制市场价格。1956年12月，梅林水产收购站归入县水产公司管理。后县水产公司再于沙堤成立水产收购站。1959—1960年，成立梅港、东埔水产购销总站。梅港总站辖梅林、沙堤、衙口3个收购站。1983年，晋江县水产贸易货栈在沿海设置购销站，石狮片区设有梅林、沙堤等7个站。1985年水产品市场开放后，私营、个体商贩参与市场购销。 1987年9月，永宁梅林水产品市场建成开业，占地580平方米，建筑面积545平方米，有50个摊位。1988年10月，石狮成立国营水产公司，梅林、沙堤水产购销站隶属于该公司。水产市场开放后，水产购销站实行承包经营责任制。

食品购销站 1952年以前，永宁猪肉均由个体小商贩经营。1953年由部分个体屠商联合成立购销组，实行牲畜集中屠宰，门市部设于永宁下街，屠宰场设于小街一小庙。1955年2月，根据政府规定对生猪实行派购。1964年7月，成立石狮食品购销站，永宁购销组成为该站下属的一个食品组。1966年10月，永宁食品组更名为购销站，与石狮站分开独立核算。1983年，永宁食品购销站搬迁到永梅路新址。1985年5月1日放开猪肉价格，终止“一把刀”经营，取消生猪派购任务和城镇非农业人口的猪肉供应，形成新的经营方式和流通体制。1989年，永宁食品站在孝女姑工业区投建的定点屠宰场开始投入使用。

医药营业处 1958年，“太和春”“永安堂”“广安堂”等私营药店实行公私合营，同年8月过渡为全民所有制，于中街设营业处，隶属晋江县医药公司。经营各种中药材、中成药和西药，以及一些贵重药品、滋补药品。现为石狮医药公司德和医药连锁店旗下的一所分店。

二、集体企业

永宁供销合作社 1952年8月30日成立，入社社员8457人，社员股数8457股，股金18708元。同年召开社员代表大会，产生理事会及监事会，进行经营管理。1956年，开展“对私（个体工商业）改造”，机构迅速扩大，经营网点由原生产资料、粮油、百货、日用品扩大到水产、食品、粮油加工、副食品等十个行业门市部及十个农村供销部。1958年晋江县供销社并入商业局，由商业局统一领导，1959年7月成为全民国营商业。1960年，改为商店，批零合一，既经营零售，又负责对乡社供销部和小商贩的批发业务。

1961年7月1日，永宁供销社恢复为基层供销合作社，以人民公社为建制单位，对外仍实行社员代表会制。1982年建立职工代表会，实行民主管理，同时开展清理社员股金，兑现股金分红，并进行扩股。20世纪60年代，供销社在永宁下街建百货门市部（附军供部）；1978年在永宁西门外建供销新街区。在国家计划经济时期，供销社执行“发展经济，保障供给”的方针，根据农（渔）时季节的需要，做好组织生产资料、生活资料的供应，对推动农村生产力的发展和安定民生做出重大贡献。

1983年9月，永宁供销社制订实施联利计奖、比例分成、定额管理、增利分成的经营责任制方案，全面实行柜组核算。该方案经晋江县人民政府批准，于全县推行。1988进行内部配套改革，实行干部聘任制、主任负责制、经营承包责任制，全面推行以租赁经营为主的经营承包责任制。当年计有社员股数7616股，股金资本15232元。

1991年1月起，开始实行第二轮经营承包责任制。1993年2月，经石狮市人民政府批准组建石狮市供销社集团公司，联合层次分核心层、紧密层、半紧密层、松散层4个层次，该社属集团公司半紧密层。1994年1月起，开始实行第三轮定额管理、全奖全赔、全员承包的经营承包责任制，承包期3年。

2010年，该社有干部、职工30人、社员股金1.5万元、自有资金120万元，商品零售额（年）300万元。

社办企业 据1958年统计，永宁公社下辖9个社办企业单位，人数164人。即农具厂68人、建筑队38人、盐场30人、壳灰厂9人、加工厂4人、兽医站1人、电厂2人、服务部10人、水库2人。

第五节 石狮建市后永宁商业

1987年12月，石狮建市。1990年，永宁有企业158家、总产值3646万元、工商税收 172.11 万元。1991 年有企业 279 家、总产值 3736 万元、工商税收 197.19 万元。1992 年有企业 362 家、总产值 14615 万元、工商税收 305.72 万元。

1992 年开始兴建商业大街，自孝女姑坊至永梅路三角湾港边路口，大街路基宽 20 米、全程长 1.18 千米。街道两侧均配备绿化带、路灯。于是，陆续有许多新潮商店在新街出现，如超市、时装店、手机店、音像店、美容店、快餐店等，而且永宁已有“欢乐”“洞天”“海景”“涛声”“风采”“雅筑”以及稍后的“喜相逢”“威尔夫”等歌舞厅。尤其是由镇文化站牵头筹募股份制的永宁“风采”歌舞厅，室内安放空调、装饰豪华，设有卡拉 OK 歌厅、舞厅、雅座，并拥有多名省内外获奖歌手及专业摇滚乐队，人气最旺。

1998 年，永宁在西门外公社旧址建成农贸市场，占地 2100 平方米，建筑面积 952 平方米，有 132 个经营摊位。

1993 年 9 月，永宁镇 38 家企业参加石狮建市五周年商品展销会，推出不少高质量、高科技新产品，很多产品成了展销期间的抢手货，如百鑫空调鞋、华龙服装、惠盛果冻食品，成交额均在 500 万元以上，全镇参展企业成交额 9300 多万元。

1996 年 4 月，永宁工商综合大楼竣工。其中一楼为农贸市场，营业面积 1700 多平方米；二楼服装小商品市场，营业面积 1000 平方米。5 月初，市场服务中心正式运作。后改为灯具、家具市场。

1998 年，永宁有集体企业 397 家，年末职工人数 16271 人，总产值 45624 万元（其中工业产值 40040 万元）；私营企业 87 家，年末职工人数 2735 人，总产值 45376 万元（其中工业产值 45376 万元）。

随着市场的开放和经济的发展，个体商户逐年增加，据个体劳动者协会统计资料显示，近十年来，个体经营户每年验照情况如下：2003 年 158 户；2004 年 196 户；2005 年 231 户；2006 年 290 户；2007 年 388 户；2008 年 387 户；2009 年 411 户；2010 年 508 户；2011 年 523 户。

据 2012 年永宁工商所登记资料显示，全镇有个体商户 787 户，资金数额 4274.01 万元，从业人数 1934 人。其中商品零售 479 户 ，主要有食品（包括糖、粮油、果杂）167 户；百货（包括日用品）141 户。另有经营销售图书及文化用品（包括电脑、文具）15 户，经营五金（包括交电、化工）29 家。

经营医药的有德和药店（石狮德和连锁）、菜市口东南药店（石狮东南连锁）、永梅路福安堂大药房（卢文旭）、西偏村石永路旁元帆医药商店（邱华轮）、黄金大道交警中队对面祥泰大药房（张丽清）等。

饮食服务业，较成规模者可分为 3 类。以餐饮为主附有 KTV 及住宿部的有黄金海岸度假村对面的东旭观光大酒店（龚书芳）。纯餐饮设备较好的有：冰岛海鲜酒楼（郑德胜）、丰盛海鲜酒楼（高武录）及黄金海岸的涛园酒馆、金海岸食府等。

照相服务业，主要有西门外柳青照相馆（尤金柳），行实路的丹青婚纱照相馆（施彩云），永宁老街的黎明照相馆（董坚育），以及位于前埔村的真时照相馆（邓海燕）等。

理发服务业 13 家，有新大街连清贤的清贤时尚发艺，以新娘婚礼发型知名。

修理业：2012 年，全镇从事个体修理服务者 21 户（包括手机、摩托、家电、农机修理店），从业人数 44 人，自有资金 76 万元。

广告装饰业：较有名气的有行实路绿叶广告公司（苏荣灿）和邮电街新天地广告公司（洪全克）等。

较成规模的民营商贸企业：

石狮市华联超市有限公司永宁商场　设于新大街地税大楼底层，总经理施晓蓉。创办于 1999 年 3 月，经营项目有零售：日用百货、家用电器、钟表、服装、鞋帽；新鲜果蔬、鲜冻畜禽产品；预包装食品、乳制品（含婴幼儿配方乳粉）；卷烟、雪茄等。

石狮市永宁阳光超市　设于永梅路 148—152 号（许昌大厦），董事长朱维善。创办于 2010 年 4 月，经营项目有预包装食品（含婴幼儿配方乳粉）、卷烟、雪茄烟零售、西式快餐服务。箱包、日用百货、鞋服、蔬菜、水果、猪肉零售等。2014 年该超市又于信义开发区分设一商场，经营范围与永梅路超市同。

据石狮市工商局 2013 年 5 月统计资料显示，永宁镇有内资企业 488 家，注册资本 123859 万元，雇工 6383 人；外资企业 88 家，注册资本 26842.39 万美元、投资总额 44303.94 万美元（其中外方投资 26634.06 万美元）；个体工商户 874 户，从业人数 2219 人，资金数额 4960 万元。

若干年来永宁镇引资及外资出口情况表

表 2—4　　单位：万美元

年份	引资情况		外资出口情况	
	合同外资额	外商实际到资额（1—12 月验资）	企业自营出口值（海关累计数）	
			1—11 月	增长%
2008	582	780	2592	136.7
2009	70	708	3513	35.5

续表 2—4

年份	引资情况		外资出口情况	
	合同外资额	外商实际到资额（1—12 月验资）	企业自营出口值（海关累计数）	
			1—11 月	增长%
2010	1743	1719	4746	35.1
2011	9407	2367	2495	-37.9
2012	450	4182	3487	18.4

第六节　商业管理机构

一、市场管理委员会

1950 年，永宁市场管理组成立，址设永宁顶街，人员 3 人。1961 年 6 月，永宁公社市管会成立，管理人员由供销社资政干部兼任。该会为晋江县工商行政管理局的基层单位，行使工商行政管理职能。1962 年，开始配备专职干部。

1963 年，公社成立小商小贩联合会。1965 年该会撤消，人员并入永宁公社市管会。

1980 年 4 月，公社市管会为永宁工商行政管理所取代。

二、摊贩管理委员会

1952 年，为方便税收征收工作，晋江县石狮区在永宁组建摊贩管理委员会（简称摊管会），配备专职人员 1～2 人。摊管会属行政管理机构，隶属晋江县工商科领导，负责对所在摊贩登记发证、组织管理、整顿、征税等管理工作。

1956 年，因对私改造基本完成，小商小贩过渡到国营供销社或合作商店（组），摊贩管理工作不复存在。年底，该会撤销。

三、工商行政管理所

1980 年 4 月，晋江全县分片成立 7 个工商行政管理所（工商所）和 10 个工商行政管理组（工商组），同时撤销各公社市管会。4 月 10 日，成立永宁工商所（下辖祥芝、蚶江 2 个工商组）。1982 年 4 月，各所（组）设立个体工商业户管理站。1983 年 7 月，工商所建立个体经济管理组，个体工商业户管理站同时撤销，人员并入所在工商所（组）。1987 年，永宁工商所（含蚶江、祥芝工商组）有干部、职工 17 人。

1988 年 7 月 1 日起，原晋江县工商局永宁工商所及其所辖的蚶江、祥芝两个工商组的人员划归石狮工商分局管理。是年，工商所人员 13 人（不包括蚶江、祥芝）。1988 年

10 月 19 日后，石狮工商行政管理局下设 6 个派出机构，即市区的大仑、新华、新湖和在郊区的永宁、祥芝、蚶江 6 个工商所。1991 年，永宁工商所有人员 9 人（干部 4 人、职工 5 人）。1993 年 5 月，改设永宁分局（副科级单位）。1996 年 10 月，分局内设综合股、注册登记股和公平交易股 3 个机构。2004 年 9 月，永宁工商分局改名永宁工商所。2013 年，工商所有人员 7 人（其中干部 6 人、职工 1 人）。

永宁工商行政管理所历任领导：吴玉池（副所长 1980.4—1981.5）、洪金龙（所长 1984.4—1986.9）、杨锡愿（副所长 1982.2—1985.6）、董群景（副所长 1986.10—1996.10）、张英勇（副所长 1990.1—1991.5；所长 1991.6—1993.7）、谢文泰（副所长 1990.1—1992.8）、陈书阳（所长 1994.5—1996.10；永宁分局局长 1996.10—2001.10）、陈振强（分局副局长 1997.9—1999.8）、佘连捷（注册股长主持工作 2001.11—2002.3）、谢玉亮（分局局长 2002.3—2004.9；永宁工商所所长 2004.9—2005.4 ）、吴育进（所长 2005.10—2008.1）、邱志宏（所长 2008.1—现任）、王建群（副所长 2004.9—2008.1；工商所政治指导员 2008.1—）、林泽煌（副所长 2008.3—2012.7）、陈田宝（副所长 2012.7—）。

四　打击走私贩私活动

1979 年开始，走私贩私活动逐渐盛行。永宁公社沿海几个大队较为严重。其中沙堤大队 51 艘渔船全部参与走私，涉及 449 人，占大队人口数的 67.73%。1981 年，梅林港建立海上缉私队，加强海上缉私工作，至 1983 年海上走私贩私活动有较明显收敛。曾经走私泛滥的沙堤大队，在中共晋江县委的重视下，以开展“精神文明村”入手，进行综合治理，出现可喜的变化，成为闻名全省的“福建省精神文明先进大队”。

1989 年，永宁工商所采取岸上堵、路上抓、市场查及发动群众举报等方法。共查获走私案件 148 起，罚款 18.39 万元，查扣物品有香烟 62599 包、旧服装 712.5 公斤、现金人民币 1500 元。

1990 年 3 月 25 日，永宁工商所针对海上走私有所回潮的现象，加强对陆上走私香烟活动的查缉工作。至 4 月 3 日，共查获走私香烟 5884 条，价值约 30 多万元。3 月底 4 月初，又针对走私贩私分子组织严密、通讯工具先进、不定时、不定点，一旦上岸由当地群众集中将走私物品迅速分散化整为零，大量销往石狮市场的特点，主动与梅林缉私队联系，互通情报，或组织人员严阵以待，一经发现走私物品上岸就及时检查堵截，共查获走私案件 97 起，查获走私香烟“双喜”“健牌”“良友”等品牌香烟 8339 条，并查扣走私交通工具二轮摩托车 10 多辆。1990 年，永宁工商所计查获走私香烟案 108 起，查扣香烟 12388 条，罚款金额 30 多万元，查扣走私运输工具 18 辆。

第七节　商业团体

一、永宁工商业联合会（商会）

1989 年 8 月，永宁商会成立，首届会长谢金铱，时有 60 多家会员。1995 年 1 月 18 日举行第二届会员大会，会员发展至 90 多家。大会选举副镇长陈建设为会长，常务理事 40 人。第三届会长由分管副镇长颜朝晖、李斌先后兼任。该会帮助企业家排忧解难、沟通海内外企业家，以商引资，以商招商，并帮助企业融资和培训管理人才。2003 年 9 月 19 日，举行第四届会员大会，选举日东升体育用品制造有限公司董事长王平东任会长。会员单位由原来的 106 家增加到 175 家。2008 年 10 月 15 日，召开第五届代表大会，选举龚清海为会长，至 2010 年有会员企业近 300 家，主要行业有体育用品、纺织服装、面料、鞋帽、五金塑料、食品、水产品加工等。2014 年 12 月 26 日，召开第六届代表大会，选举龚诗康为会长，

二、永宁个体劳动者协会（个协）

1984 年 10 月 19 日成立，原隶属于晋江县个协。首届会长蔡远墀。1987 年 3 月 10 日换届，蔡远墀连任会长。1989 年 7 月与晋江县个协脱钩。石狮市个协成立后，该会隶属之。1995 年 8 月换届，第三届会长高天从（高天从于届中出国，由林振恭接任），第四届会长林天塔，第五届林天塔连任。

1991 年，有 34 家个体工商户被评为年度“文明经营户”或“信得过经营户”。1994 年有 37 户被评为“文明经营户”。1997 年 9 月，永宁镇涛园海鲜馆（蔡清峰）被市个协、市工商局授予石狮市“光彩之星”称号。2005 年 12 月，泉州市工商局、市文明办、市私协、市个协联合表彰，授予永宁镇冰岛海鲜酒楼、永宁镇金鹰通讯“泉州市 2004—2005 年文明诚信经营单位”称号；授予永宁雄盛海藻制品厂“泉州市 2004—2005 年光彩之星”称号。

第八章　交通 邮电

永宁唐宋时即开展海外交通贸易，明代辟为军港。清初“迁界”，海运尽废，直至海禁解除之后，航运业日渐繁荣。除了商家置有远航船队外，不少大渔船兼营航运，对台湾运输盛极一时。民国年间，相继开通轮船航运，加上石永蚶公路的开通，打开陆路通道，对外交通已非常便捷。抗日战争时期，“七·一六”日寇登陆永宁，梅林港商船、渔船被烧毁殆尽，永宁海上交通贸易一度萎靡不振。

中华人民共和国成立后，由于地处对敌斗争前沿，海上航运遂被陆运所取代。石狮建市后，将公路建设和港口建设做为经济建设的首要任务，永宁镇公路四通八达，通过石狮市区可延伸到全国各地。梅林港对台贸易码头建成，对台小额贸易业务发展迅速，逐年以两位数增长，呈现良好态势。

1990 年，永宁电信由磁石电话一跃为数字程控电话，传输实现数字化，邮电业务进一步发展。

第一节　海上运输

一、港口

永宁港在深沪湾口东北侧，隔佛堂澳与深沪对峙，东临外海。永宁港内原有外高、港边、梅林 3 个泊位码头，水域面积 35.9 万平方米，岸长 3.5 千米，航道长 1. 5 千米，宽 2 千米，水深 7.5～10.5 米。港内梅林澳原为著名渔港。1985 年实际货物吞吐量 1.96

万吨。1987—1988 年，交通部拨款 200 万元，省交通厅拨款 100 万元，石狮地方筹资 200 万元，投建 500 吨级梅林综合码头，长 300 米、平台长 78.2 米、引堤长 284 米、水深 8 米。万吨轮不受候潮限制，可自由进出。年吞吐量 10 万吨。1995 年动工扩建 500 吨级码头配套设施。1996 年 3 月扩建 5000 吨级泊位码头 1 座及相应配套设施，年吞吐能力 30 万吨，由交通部四航局承建。1997 年竣工并投入使用。至 2010 年，梅林港区有 3 个泊位，分别是 5000 吨、3000 吨、500 吨。码头于 1993 年经国台办批准为石狮市唯一的对台小额贸易码头。1995 年 6 月经福建省人民政府正式批准为对台贸易码头试验点，同年被定为台轮停泊点。1997 年 6 月，省人民政府口岸办公室正式批准为国轮外贸运输装卸点（即国家级二类开放口岸）。

二、海运

永宁北连泉州湾，南临深沪湾。南宋绍兴年间（1131—1163 年），永宁与后渚、石湖、安平并称为泉州四大商港。时在宝盖山上兴建了关锁塔 ，成为商舶往来的重要航标。

明朝洪武、永乐年间，永宁的海上贸易甚为兴旺。据载，永宁岑兜人李振仲“永乐十二年甲午（1414 年），事业有成，置帆舟廿艘，贾漳、福、台之间”。

清初，尤其是实行“迁界”政策后，永宁海运及港口贸易濒临绝境。

清乾隆年间，开放蚶江与台湾鹿港对渡，永宁港的海上运输、对外贸易得以复振。当时，著名商号永进、霞源、兴源、宝藏、日兴和东源等，都从事海上贸易。永进商行最鼎盛时拥有大乌槽五艘，最大的乌槽船可装每袋 180 斤的大米一万袋。该商行在青岛、天津建立自家的货栈、小码头，曾捐资参与重修天津妈祖庙。永进商船一般抛锚停泊在外高垵海面，每年出海走春冬两趟，南风时北上，走天津、青岛、大连、烟台；北风时则南下安南、实叻、菲律宾。往返台湾，更为频繁。永宁先后有许多商家到台湾安家落户，从事与大陆之间的贸易，如林元品，经营的“日茂行”，为鹿港一财势雄厚的郊商。沙堤村海上贸易也非常发达，有东益、东回、东源、合宝等著名商号，拥有乌槽船十多艘，北航京、津，下通两广。东益还在台湾设有行郊，成为闽台贸易著名商家。道光年间，清政府于永宁设立“闽海局关”，征收进出口税。

民国年间，除木帆商船外，开始出现小汽轮（俗称电船）。永宁通过县际南线可直航厦门。振东轮船公司的振通号，航线由泉州经永宁、围头到厦门。该船载重 100 吨，载客量 160 人，客货兼载，每两日往返一班。泰利轮船公司的永宁号，载重 50 吨，载客量 250 人，航线与振通号同。还有专航围头、永宁、深沪的“隆盛”号，每天往返一次。航线更长的有仁记洋行的江宁号，载重 511.29 吨，载客量 349 人，航线由东山、诏安、漳浦、石码、金门、厦门、安海、深沪、永宁、泉州直至福清。

1938 年，厦门沦陷，航道被日寇封锁。海路之商品供应濒临停顿，华侨往来陷入困境。然而，梅林港的海交贸易活跃异常。港边设有很多商行、货栈。外高、金埭置有不少旅馆、客舍。其时，泉州大通轮船公司、捷益商行船务部，在永宁港边、梅林建造许多仓库，堆积大量货物，不少商家在永宁开设轮船代理行。厦门太古轮船公司在永宁港外高垵停靠葡萄牙“胜罗沙号”小火轮，运送华侨返回侨居地。晋江、安溪、永春、惠安、厦门、同安、南安等地的侨客纷纷到永宁等候船期。由于当时交通断绝时间较久，乘客极拥挤，一艘小船满足不了需要。因此，几天后再派“安庆”号客轮和“张家口”号货船来外高垵接客。两次共运送 1600 余人。此情况后引起日寇注意，导致 1940 年日本侵略军登陆永宁，制造了“七·一六”惨案，梅林港所有商船渔船被烧毁一空，海运及贸易繁荣期遂告结束。

抗战胜利后，对台贸易再度恢复，许多渔船纷纷改为货船，往返于海峡两岸从事商业活动，但规模已大不如前。

20 世纪 90 年代，梅林对台贸易码头建成，海运及贸易开始进入一个新时期。前一段主要货物是煤炭、瓷砖、黄沙、建材、成品油、粮食、钢铁、海产品等，2002 年全年完成货物吞吐量 43.4 万吨（含对台小额贸易 2.4 万吨）。2006 年 8 月 15 日，首批 4 个品种的水产品共 25.6 吨 2050 箱从梅林港运往高雄港。经过五年的发展，梅林港进出航班由零散航班发展到天天有航班进出，两岸货物实现朝发夕至，贸易商品也从原来单一的布料、机械配件拓展到水产品、日常生活用品及五金配件等。这些货物不但满足石狮、泉州及周边台商、台资企业的补给，且逐渐向广东、浙江、江苏等地转递扩展。近年来，梅林港对台小额贸易货物呈现大幅增加。据统计，2006 年梅林港对台小额贸易 370 艘次，货值 378.8 万美元；2007 年 442 艘次、货值 478.3 万美元；分别比增 19.5%和 26.3%；2008 年船舶 904 艘次、货值 821.7 美元，分别比增 104.5%和 71.8%；2009 年 1084 艘次、1156 万美元，分别比增 19.9%和 40.7%；2010 年 710 艘次、货值 2704.31 万美元，分别比增－34.9%和 132.2%，货值实现翻番，并四年连续保持两位数增长。

第二节　陆路运输

一、古道

“通东京大路”　永宁沿海的大路口，多处立有“通东京大路”的勒石路标，如新沙堤圣母宫附近海边，乡人称“红土仔”之处，多年前尚见一“东京大路”石碑；后杆柄青年水库边亦曾有一“东京大桥”，旁边还有“往东京大路”石碑；下宅也有一座东京大桥，长2米多、宽1米，桥面原有3条石板，该桥于1958年被拆除；郭坑村亦传闻有一“东京大桥”及碑刻残迹。近代有些考古学者认为，北宋沿称汴梁（今河南开封市）为东京，史书均有记载。这些路标所指的“东京”，应是北宋的京都汴梁。当时，泉州是粤东和闽南进京驿道的中心站，从泉州进京，不论走剑州路或福州路，都要逾越数百里的险峻山岭。此时，泉州海上交通已相当发达，有些任满回京的官员、赴考入京的士子，以及北贩江淮的商人，为避陆路崇山峻岭的艰险，改从海路坐船至江淮，再转途北上到东京（汴梁），路标所指应是往东京的古渡口。（见《晋江市交通志》）

永宁卫入县城道路 主要有两条，即一路从永宁城出西门经杆头至石狮过下渎桥、塘市以达陈埭、涵口，过溜石渡（泉州城南溜石村）至城南。另一路则从永宁城出北门经下宅、奈厝前、莲塘至莲埭铺转蚶江，搭船至城南。

铺递道路 历代在各地设置铺司，配置一定数量的铺兵专事公文传递。晋江的铺递，附于驿道或县大道内。到永宁卫铺递的道路有二条，一由县城沿新亭铺至山前铺，分一路经秀山铺达永宁卫。另一路由永宁北上，经莲埭铺，上溯至日湖、法石，而与新亭铺连接。

二、公路

民国11年（1922年）8月，闽南泉安汽车股份有限公司开辟青阳至石狮公路，连接泉州至安海公路，可直达泉州而通往福州等地。1925年，石狮人蔡培庆发动旅菲华侨创办石永蚶民办汽车路公司，同年动工开建。石狮至永宁里程9千米，至蚶江11千米。该工程于1930年竣工，并投入营运，从而使永宁通过石狮连接厦门、福州等地交通线路。民国27年（1938年）5月厦门沦陷，为阻止日本侵略军进一步入侵，国民政府下令毁坏公路，石永蚶公司所属公路均被破坏断运。1947年，复路通车，但路况极差，时运时停。新中国成立后，人民政府组织力量抢修解放前夕被破坏的公路，建立交通秩序，1956年，石狮至泉州、石狮至永宁公路才通达客货车。1958年，贯彻“全民全党办交通”的方针，调动群众投入义务工，新建“沙美—莲厝线”公路，从永宁沙美村经后杆柄、厝上、伍堡至莲厝与石（狮）蚶（江）线连接，长11.8千米。

1992年，石狮市及沿海乡镇人民政府相继成立道路建设指挥部，着手修建高等级公路。石狮至永宁、祥芝、蚶江3条主干道的建设工程全面动工。1993年年底，石狮至永宁公路长7.225千米，拓宽38米路基，铺设15米宽水泥路面工程完成。1994年元旦，中共石狮市委、市政府及有关部门、乡镇领导到永宁、祥芝交界处现场办公，决定修建永宁至祥芝公路，以帮助周边贫困村共同走富裕的道路。当年4月发动社会各界捐资，多方筹集资金。至1995年2月共投入2700万元，修通永宁沙美村至蚶江大厦村的长10.86千米、路基宽26米、中铺15米宽水泥路面的共富路。1996年，铺设永宁洋厝至晋江衙口（石狮境内段）宽14米、长1.95千米的水泥路。1998年，石狮市开始建设"沿海大通道"，在永宁镇境内东、西两段总长6.01千米，双向4车道，道路宽度26米（其中机动车道宽度15米）。2002年实现全镇所有自然村通水泥路。

据统计，永宁镇有县（市）道1条，即石永路，从永宁镇梅林港至宝盖镇杆头村与市区道路连接，加上另一段永宁至黄金海岸旅游公路，全程9.1千米，是314线组成部分。除主要镇道外，永宁有等级公路13条24.85千米，等外公路12条10.5千米。

2010年底，奠基开建石永二路，为石狮市新建主干道，西起市区石锦大道，连接外东环，中间沿双髻山麓，东至沿海大通道，全长6.12千米，总投资3.6亿元，（永宁境内共富路至红塔湾长3.4千米，总投资9630万元）采用城市一级主干道进行设计，设计行车速度每小时60千米，双向6车道。

又永祥路，全长6.25公里，双向6车道，为连接永宁、锦尚、鸿山三镇的重要"内联"快速车道，于2015年11月建成通车。

附：桥梁 民国期间，石永蚶汽车公司兴建的公路桥大多以石拱或石台永久式桥梁为主，长度及净跨径较小。抗战期间，国民政府消极抗战，石永线所有桥梁均被毁坏。抗战胜利后，所有被毁坏的桥梁改为木（石）台木面临时式桥梁。1970年，所有公路桥梁先后全部改为永久性桥梁。1988年后，大多数公路桥翻建或新建。1994年，石永线公路5座桥梁均改为石台墩钢筋混凝土桥面，净宽度38米。各桥总长度如下：杆头桥总长度16米；亭后桥总长度9.9米；洋厝桥总长度8.2米；沙美桥总长度20米；永宁桥总长度10.5米。

三、运输工具

民国以前，永宁境内运输靠的是人力、牲畜等。往返石狮、安海以肩挑商品货运者，称"挑石狮担"或"挑安海担"；扛轿者称"轿夫"；养驴子搞运输的则称为"牵驴驮"。

民国初开始出现人力车（黄包车），拉夫均为外地人。1930年，石永蚶汽车运输公司开始营运，永宁交通开始了机动车运输的新时期。中华人民共和国成立初期出现自行车，当时群众称之为"孔明车"或"脚踏车"。以后自行车逐年增加，并与马车成为主要客货运交通工具。20世纪60年代，板车成为运载石料、三轮车成为运载壳灰的主要运输工具。70年代，私人开始购置手扶拖拉机，以代替人力板车运输。

客运方面，有晋江汽车运输公司的班车承包经营沙堤—泉州的业务（1978 年 11 月—2009 年 6 月）和梅林——厦门的业务（1979 年 6 月—2009 年 6 月）。晋江公交公司的班车承包经营永宁——泉州的业务（1981 年 5 月—2009 年 4 月）。又有黄金海岸度假村车队开展度假村——泉州往回的业务（1995 年—1998 年）。

短途方面，早于 20 世纪 80 年代，两轮摩托、三轮摩托等机动车辆迅速取代自行车、马车成为客运的重要补充工具。1992 年，不少港田车（残疾人自助三轮摩托车）被改装，用于短途载客营运。20 世纪 90 年代以后，出租汽车渐盛，搭乘者日益增多。

1999 年 7 月，石狮市公共交通运输有限公司成立之后，5 路车频繁往来于石狮市区至永宁沙堤之间，每隔 5 分钟就有一趟班车往回。

若干年份永宁镇公路运输机动车辆情况一览表

表 2—5 单位：辆

年份	合计	货车		客车		专用汽车	摩托车		拖拉机		机板车
		大型	小型	大型	小型		三轮	两轮	轮拖	手扶	
1988	1331	20	98	4	70	3	290	500	1	370	15
1992	768	27	137	4	81	4	256	700	1	536	22
1996	2523	38	188	4	125	7	245	1500	2	387	27
1997	2834	45	227	4	137	7	215	1800	2	370	27

21 世纪之后，摩托车发展极为迅速，几乎各家各户都备有 1 辆甚至 2—3 辆摩托车。据市交警部门统计：

2001—2012 年永宁镇报牌摩托车统计表

表 2—6 单位：辆

年份	报牌数	年份	报牌数	年份	报牌数
2001	1312	2005	1794	2009	1026
2002	1701	2006	2765	2010	953
2003	1932	2007	2122	2011	666
2004	1291	2008	1180	2012	658

2008年之后，购置摩托车数量开始下降，私人小汽车逐年增加。据市交警部门统计，永宁2011年小型车辆共报牌86部，其中货车（面包车）11部、客车45部、小轿车29部。2012年，共报牌205部，其中货车（面包车）33部、客车71部、小轿车101部。

四、运输管理机构

石狮建市前，永宁设立交通运输管理站，归晋江县交通局管辖。1988年10月，石狮市成立交通运输管理处，永宁镇交管站属石狮交管处管辖。主要负责执行上级有关交通管理的政策、规定，开展对交通运输行业及服务行业的管理，征收各类车辆运输规费，负责区内公路和路政管理。1989年6月，石狮交警大队正式成立。1997年，组建永宁交警中队，址设信义开发区。负责道路交通安全管理、驾驶员管理及车辆管理、车辆事故处理和交通安全警卫工作。2009年5月，迁黄金大道新址办公。2013年7月，永宁交警中队在编中队长1人、副中队长1人、民警2人，另有协警8人。

1994年前，永宁设有港务组。后泉州港务局在祥芝镇设祥芝港务中心站，永宁港务监管工作由该中心站管理。

第三节　邮政电信

一、机构设置

清光绪三十三年（1907年），安海邮局（属厦门邮政总局管辖）在永宁、港边等地设邮政代办处。民国20年（1931年）5月，石狮设邮局，经营信函、包裹、汇兑业务。时永宁镇境内设有永宁、港边、岑兜、西岑4个邮政代办所，属石狮邮局管辖。

1951年11月，石狮邮政局、电信营业处合并为邮电局，永宁邮政代办处改为石狮邮电局永宁支局，址设永宁石盘街，配备人员3人。1972年在永宁西门外大夫第对面兴建永宁邮电支局，翌年竣工，邮政与总机业务合并搬入。1986年，开始由各行政村自聘乡邮投递员，实现全镇邮件直接送到户。镇区邮件仍由支局投递员送发。

1989年，在永宁邮电街新建邮电支局楼（3层、占地近0.2公顷）。1990年9月搬迁新址营业。1990至1992年连续三年获福建省邮电先进集体称号。

1998年10月，邮电分营。分营后，邮政配备支局局长1人、窗口营业员1人、报刊收订及替班1人、邮件处理及包裹分发1人、信报投递员1人。营业场所依旧。2013年，永宁邮政支局配备支局长1人、营业员3人、投递员3人，共7人。

1996年，在西门外邮政支局附设邮政储蓄所，2003年搬迁永石路租房营业。2009

年，邮政储蓄所被提升为邮政储蓄银行，内部仍属市局领导。同年 12 月，搬迁到支局营业厅内营业。时设主任 1 人、营业员 3 人。邮政储蓄银行办理各类定期存款、全国联网、通存通取，以及保险基金理财业务和信用卡贷款等业务。至 2013 年 7 月，邮政储蓄银行配备主任 1 人、营业员 5 人，存款量已过亿元。

二、邮政业务

现永宁邮政支局经办的业务项目有：

1. 收寄平信、挂号信、保价信函、明信片、印刷品，以及商函、广告、特快业务。

2. 收寄国内水、陆、航空包裹、普通包裹、快递包裹，及香港、澳门、台湾等地区及国际小包裹。

3. 办理邮政汇兑业务。

4. 收订全国通过邮电部门发行的报纸刊物。

5. 代办电信业务；代缴电费。

2012 年，永宁邮政业务收入 145 万元，其中报刊流转额 105 万元，为 1993 年 4.25 万元的 24.7 倍。

1990 年至 2013 年，永宁支局多次被市邮电局评为先进单位。

三、电信业务

1958 年，永宁开始架设线路，经营电报电话业务。其时仅 2 个总机值班员。“文化大革命”期间，电话总机一度搬迁到西门外公社驻地办公。

1972 年，在永宁西门外大夫第对面建永宁邮电支局，次年落成。邮政与总机业务合并搬入。总机设于 2 楼，有磁石电话 50 门。

1989 年，在永宁邮电街新建邮电支局楼。同年，由石狮至永宁中继线路全部安装凯装电缆。1990 年 2 月，日本 F－150 程控电话刈接成功，4 月安装到用户，永宁支局由磁石电话一跃到数字程控电话，由 60 门磁石电话总机换成 5000 门程控机房（一开始只放 800 门电缆）。1990 年 9 月搬迁新址营业。时有机房 2 人、机线员 1 人、送报（电报）员 1 人。1992 年，石狮至永宁分局由凯装电缆改换光纤电缆。1993 年，又在洋厝村公路边兴建另一个模块局（占地 1 公顷）。至此，安装扩容达 1.5 万门。

1995 年，黄金海岸度假村的线路埋设由原来的 50 门电缆扩容到 200 门电缆，解决大部分用户装电话难的问题。同年，由省局前来安装移动通信铁塔及机房。石狮市局兼职维护及检查机房各项技术指标。至此，实现全镇各村通电话。

1998 年 10 月，邮电分营，永宁设立电信营业厅、办公室、机线员查障及线路图室、夜间值班（安全值班）室。配备分局长 1 人、营业员 2 人、机线员 2 人、替班人员 1 人。同年，市电信局扩容永宁 F－150 程控交换设备 1000 门。2000 年 4 月，正式成立石狮市电信局永宁电信分局。2007 年起，电信机线人员由 2 人增加到 5 人，分片包干线路维护工作。

2011 年，开始更改用户接入模式，由普通电缆模式改为光纤到户模式。2013 年，永宁电信分局配备分局长 1 人、营业员 2 人、片区经理 1 人、社区经理 6 人、渠道经理 1 人，全镇现有程控交换设备万户以上。

2009 年，开始经营移动手机业务，至 2013 年用户达 10600 多户。

移动通信永宁营业部　成立于 2005 年 4 月，隶属中国移动通信石狮分公司，其前身为永宁移动客户服务中心。址设于永石路 57—61 号，配备主任 1 人、员工 13 人。

永宁移动营业部经营固话、话音、数据、多媒体以及ＩＰ电话、互联网等业务。客户总数超过 4 万。

第九章　财税金融

唐至清代，永宁境内税收主要有盐税、钱粮、户口税、商税等。民国初年，由于驻军频繁往来，税收由军人把持、强行摊派征收。民国 29 年（1940 年），晋江县政府设立会计室，永宁镇公所配有会计员。抗日战争胜利后，通货膨胀，章法失控，乱收乱派，赋税更为繁杂。

中华人民共和国成立后，国家集中财力物力统筹使用，支持农业生产，促进国民经济和财政状况的好转。石狮建市后，永宁镇财政围绕以经济建设为中心、服务生产、培植财源、发挥财政的杠杆调节作用，随着经济的发展，永宁镇财政收入逐年递增。镇财政每年收支基本保持平衡。

第一节　镇财收支

一、镇财管理

中华人民共和国成立后，乡镇财政单独成立总预算，由县具体管理。永宁镇（区）财政主要收入来源为农业税附加与工商税附加。支出方面，各项行政、事业正常经费，均列入镇（区）财政预算支出。1953 年 1 月，晋江县成立一级预算后，永宁镇（区）财政收支项目列入县总预算内。1956 年，建立乡镇一级财政。1958 年乡镇财政与人民公社财政合而为一，实行财政大包干。1984 年，永宁撤社建镇，建立镇一级财政机构（设财政所），1993 年体制改革，设永宁镇财经办公室，财政所为财经办公室下属单位。镇财政实行以增收分成为主要内容的“划分收支、核定基数，增收分成，超支不补，一定三年”

的预算管理体制。1999 年，实行“核定基数、增收分成、减收扣支、自求平衡”的办法。

2002 年，实行“划分收支范围、核定基数、固定和增超收分成相结合、减收扣支、自求平衡”的办法。

二、财政收支

镇财收入　分预算内收入和预算外收入两部分。预算内收入包括工商税收和农业税，2000 年则分为地方级（国税、地税、财政）收入和中央“两税”（增值税、消费税）收入。预算外收入包括企业管理费，教育事业费附加收入，优抚金及民兵预备役训练费，文化、计生等事业费，上级各项专项补助及土地开发等收入。

石狮建市以来，随着经济建设的持续发展，永宁镇财政收入一路递升，1990 年为 205.24 万元、1993 年为 530.5 万元，三年翻一番多。

1994 年永宁镇财政收入 1845.2 万元；1995 年财政收入 2777.8 万元，比上年增长 50.5%；1996 年财政收入 3324.7 万元，比上年增长 19.7%；1997 年财政收入 3059.5 万元。

1898 年，由于受到复杂经济环境和亚洲金融危机的影响，镇财政收入有较大幅度的下降，为 2483 万元。2000 年开始回升，镇财政收入 2794 万元，2001 年财政收入 3151 万元，比上年增长 12.8%。

2002 年财政收入 3711 万元，至 2005 年财政收入 7405 万元，实现三年翻一番；2006 年财政收入 7371 万元，至 2010 年财政收入 1.5048 亿元，同比增长 104%，提前实现五年财政收入再翻一番的目标。

镇财支出　除预算内收入全额上解国库外，余下可用财力分别为上级财政下拨包干经费及专项补助（行政经费、教育经费、税收分成及财政事业费和其他专项追加补助）以及预算外收入等。

1987 年以来，永宁镇财的投入，主要侧重于基础设施建设及惠民惠农实事。如道路建设、水电设施、宜居宜业家园建设、污水管网工程、溪流整治，以及确保计划生育工作的资金投入，支持文教卫生事业、校安工程以及社会救济、最低生活保障、农村新型医保镇级投入资金等。

永宁镇若干年来财政收支情况表

表 2—7　　单位：万元

年份	收入	支出	年份	收入	支出
2006	7371	1135	2011	14237	1980
2007	8934	1186	2012	19578	2145
2008	10463	1208	2013	24551	3450
2009	12377	1165	2014	22758	3300
2010	15048	1389			

第二节 税 收

一、古代税收

唐朝中期，晋江建县，征收盐税一直为官府的主要税源。元、明、清三代，永宁浔美盐场一直是晋江县海盐的主要产地，盐的课征历代有变化，或专卖或征税交替使用，古代统称为榷盐。至清末，对运出境的盐另征出口厘，由金门盐厘总局浔美分局经征。清代，县府在永宁场口街设盐馆，从事海盐专卖及私盐管理。

古代，永宁境内的财政收入除盐税外，主要还有农业税（钱粮）、营业税等，每年定额上缴。典当铺则另设有牌照税，典当税率为6%。钱粮局设在石狮，到季节派差役到各村征收农产税。另有征收仓米者，比钱粮税额较少些。清乾隆之后，随着永宁海运贸易的发展，官府开始在永宁设立“闽海局关”（海关分局）征收出入商船之货物税款。道光廿三年（1843年），永宁重修城隍庙，其碑文载有永宁海关捐银四两七钱。光绪七年（1881年），其关址设于永宁小街观音庙边。负责人蔡泉两（人称“海关两”），关员多为外地人士。该机构属泉州法石馆（即法石海关）管辖。1918年，永宁海关改由高标土负责，关员多为福州人，并在梅林村设立派出机构——水司馆，负责人洪大仁，另有关员数名，遗址在梅林西尾黄厝祠堂后。永宁闽海局关一直延续到1939年。

二、民国时期税收

抗战前，税收主要有盐税、农业税、屠宰税以及烟酒税、印花税、营业税、特种营业税、铺税、自治费、公安费、教育费、建设费、补助费及杂捐等。1942年，增收遗产税、筵席及娱乐税、鱼捐、水果捐、纸捐、房捐（由铺捐改）、自治捐（由自治费改）、警捐（由公安费改）、迷信捐及罚锾、国难防务费、使用牌照税等。

盐税 民国元年（1912年），食盐改由官府专卖，民国2年，北京政府颁布《盐税条例》，食盐正课每担2元5角，渔盐每担5角5分。民国17年，撤销浔美盐场收税所，设置泉州盐务局实行专卖。民国25年，实行官运商销。民国26年，收归官办，设立泉永盐务收税局。民国31年，实行民制官收官运专卖制，每担抽收60元（后改75元）。民国32年，每担食盐加征国军副食费1000元；战时附税300元，另附征公益费、偿本费、整理费等，出现盐比米贵，私盐盛行。民国34年（1945年）2月，废止专卖，恢复征税，每担食盐正附税4400元。

农业税 民国24年（1935年），法定税率为地丁（地粮和丁税）、盐折，每两以2.6元折算，粮米每石以6.0元折算。另外加收地丁、盐折，每两粮书经费0.3元，粮米每石粮书经费 0.4 元。民国 31 年，征率提高为每赋元（亦称赋额、为计税基数）73 斗，又实行粮食征购和带征公学粮，合计 3 项每赋元配征达 7.3 斗。另有契税，民国 3 年后，执行北平政府颁布的《契税条例》，税率断（卖）契 9%，典契 6%。县区层层转包。民国 21 年，石狮、永宁承包 5000 元，然后逐村摊派，每村 50 至 400 元不等。

营业税　民国 22 年 3 月，实行福建省营业税征收章程，采用行业比例税率，最高的税率为娱乐、照相、保险储蓄业 20%，最低的税率为粮食、柴炭、棉花贩卖业 2%，税额分摊到户。

屠宰税　永宁之征收猪捐，始于清末。民国 24 年开始征收屠宰税，由屠户认额包缴，每头猪只征 1.25 元。民国 30 年，晋江县统一征收标准，县府派员在永宁常驻，实地在猪背盖印收缴，每头猪征收 16 元。民国 32 年，永宁招商认购废牛捐每月最低头数为 15 头。

三、中华人民共和国成立后税收

1950 年，晋江县税务局成立，永宁设税务所。1960 年改为中心税务所，下设农税组、企业组、个体商贩组及祥芝、蚶江税务组。1983 年，祥芝、蚶江从永宁所分出，各自成立税务所。1988 年 3 月 8 日，石狮市税务局成立，永宁税务所属石狮局。

其税种主要有农业税和工商统一税。

农业税　1951 年，永宁镇（第九区）根据丈量土地，按各户占有土地量、分等级征税。1958 年，全国农业税制改革，以高级农业生产合作社为单位，在原负担基础上，全面调整产量、税率、负担，以基本核算单位在年终决算时按收入比例上缴。1979 年，实行穷队减免。1980 年承包经营后，永宁镇农业税由各村负责收缴，有的村按承包耕地数量分摊，有的村按户征收。2003 年停征农业税。

工商统一税　1958 年 10 月，将 1950 年开征的货物税、商品流通税、营业税和印花税合并简化为工商统一税。1973 年 1 月起，简化税种，将工商统一税及其附加、车船使用牌照税、盐税、屠宰税合并为工商税。合并后对国营企业只收工商税，对集体所有制企业征收工商税和所得税，并简化税目、税率。1984 年 10 月，又将工商税分为产品税、增值税、盐税和营业税。

1994 年，实行分税制。9 月 19 日，税务机构分设，成立石狮市国家税务局和地方税务局。1997 年，永宁税务所相应分为永宁国税分局和永宁地税分局。

国税局主要负责增值税、消费税、金融营业税、国有（联营）企业所得税、集体企业所得税、涉外企业所得税、国民存款利息所得个人所得税等税种的征收管理工作。地税局负责征收的税、费（金）包括：营业税、企业所得税、个人所得税、房产税、城镇土地使用税、车船税、资源税、土地增值税、印花税、屠宰税、城市房地产税、车船牌照使用税、国务院赋权征收的教育附加、文化事业建设费、以工建农、以工补农资金、社会基本养老保险费、失业保险费等。

石狮建市后，工商税迅速成为永宁镇税收的主体，1990 年，永宁工商税收 171.11 万元；1991 年增至 197.19 万元；1992 年增至 305.72 万元，当年纳税 10 万以上的企业仅 7 户，即永宁服装厂、郭宅石材制品厂、西岑华联工艺厂、宝利达服装厂、子英汽配公司、日东升体育用品制造实业公司和永宁文体用品厂。之后，由于工厂企业的发展，税收金额也随之大幅度增长。1999 年，永宁镇国税、地税总收入 1610 万元；2000 年增至 1987 万元。之后逐年递升，数额如下：

2001—2010 年永宁镇税收收入情况表

表 2—8　　单位：万元

年份	国税	地税	合计	年份	国税	地税	合计
2001	1157	1071	2228	2006	5580	2239	7819
2002	1741	1119	2860	2007	6511	2575	9086
2003	2315	1189	3704	2008	6078	3255	10484
2004	2315	1625	3940	2009	9350	3026	12376
2005	3595	1997	5592	2010	11523	3525	15048

2008 年 10484 万元，首次突破亿元大关； 2010 年达 15048 万元。

附： 2010 年永宁镇纳税先进企业名单

1. **年度纳税超 1900 万企业** 石狮市好田服饰实业有限公司
2. **年度纳税超 1300 万企业** 福建大帝实业有限公司
3. **年度纳税超 800 万企业** 鹏程实业有限公司
4. **年度纳税超 600 万企业** 李宁（福建）羽毛球科技发展有限公司、福建大元化工有限公司
5. **年度纳税超 500 万企业** 石狮市日东升体育用品制造有限公司、石狮市快克体育用品有限公司、石狮市顺强鞋业有限公司
6. **年度纳税超 300 万企业** 石狮雷腾服饰有限公司、诗崴琦服饰（福建）有限公司、石狮市非凡运动器材有限公司、石狮中油通用石油销售有限公司、石狮黎祥食品有限公司

7．年度纳税超200万企业　石狮正源水产科技开发有限公司

8．年度纳税超100万企业　金沙（福建）鞋业有限公司、石狮市鹏程高丽纤维有限公司、信源兴（石狮）服饰有限责任公司、石狮市飞鸿五金饰品有限公司、石狮市滚石服饰织造公司、石狮市闽南黄金海岸度假村有限公司、福建省美典家具装饰有限公司、石狮市鑫元丰印务有限公司、石狮市信义工业区综合开发有限公司、石狮市洪腾冷拔油缸有限公司、石狮市鸿达纺织品整理有限公司、石狮市飞通通讯设备有限公司、福建省石狮市奥斯达服装发展有限公司、石狮市华辉工艺精品有限公司、石狮市鸿新针织有限公司、石狮市艾思特体育用品有限公司、泉州恒安民爆物品有限公司石狮分公司

9．年度纳税超50万企业　石狮市海博制衣有限公司、福建省石狮市棒球手鞋业有限公司、石狮市澳宁运动用品有限公司、石狮市中油海山油品供应有限公司、石狮市宏利染织制衣有限公司、石狮市亿君织造有限公司、石狮市永久墓园有限公司、石狮市春城经编织造有限公司、石狮市梅林港发展有限公司、石狮市豪丰服装有限公司、石狮市协力海洋生化有限公司、石狮市隆宝机械有限公司

第三节　金　融

一、金融机构

典当　清道光初年，永宁人陈大年在观音亭开设霞源典当。之后有绍成典当、茂源典铺。民国期间，有陈氏联源号典当设于永宁西门外。

储蓄会　20世纪30年代，南国储蓄会泉州支会于永宁设立代理处，营业地点设于中街蔡泉远和安药房内。

益通信局　民国期间，永宁旅菲华侨陈增派创建益通信局，在菲律宾和永宁都有对应营业所，信局地点设在永宁大街头。1950年迁往石狮太原路，易名新民信局，中华人民共和国成立后，1952年并入泉（州）晋（江）南（安）侨汇派送总站。

中国人民银行晋江支行永宁营业所　初设于1952年7月，地点大街头（原王千扬米店）。1955年附设华侨服务部。1956年告停。1988年，中国人民银行石狮支行曾于永宁西门外设立营业所，几年后告停。

中国农业银行永宁营业所　1956年5月，农业银行从人民银行分出。之后，农行晋江县支行在永宁顶街设立营业所，为永宁地区早年主要的国家金融机构，对永宁的经济特别是渔业的发展，起过重要的作用。1988年1月1日，中国农业银行石狮支行成立，

农行永宁营业所改属农行石狮支行。

农村信用合作社　农商银行　1954年，永宁各村组织农村信用合作社，群众自愿入股，每股股金2元。1958年信用社并入人民公社。1963年12月，永宁农村信用社正式成立。1964年，按公社行政区域设置，下设信用站，同时召开社员代表大会并组织理监事会。1988年，石狮建市，永宁农村信用社及其下辖分社、储蓄所、代办站从晋江农村信用社分出，由农行石狮市支行管理。1996年9月，石狮市农村信用联社成为管理经营型的一级独立法人（科级），接受中国人民银行石狮支行的领导和监管，与中国农业银行脱离隶属关系。2007年，永宁信用社与石狮市信用联社及其辖下石狮、蚶江、祥芝信用社合并组建“福建石狮市农村合作银行，2011年改名农商银行。现石狮农商银行永宁支行下辖梅港、沙堤、洋厝三个分理处，有人员26人。

福建兴业银行石狮支行永宁分理处　1995年7月12日，在新大街开业。主要业务范围：办理企事业单位存款、贷款、结算以及票据汇兑、贴现业务和代收代付业务；办理个人储蓄存款业务和经中国人民银行批准的其他业务。2003年告停。

建设银行石狮支行永宁分理处　1995年12月，在邮电街路口开业。其业务范围包括个体、集体企业存、贷款及住宅贷款、城乡居民保值存款、外币储蓄、个人活期支票、汇票、汇款、结算、国际业务、工程结算等一系列全方位金融服务。

中国工商银行石狮支行永宁分理处　1996年1月，在永梅路开业。业务范围包括办理企事业单位存款、贷款、结算及票据汇兑、贴现；个体工商户存贷款；居民个人储蓄存款；代理牡丹卡信用卡及代理房地产信贷等一系列金融业务。2003年告停。

邮政储蓄银行　1996年，永宁邮政支局附设邮政储蓄所，2003年搬迁西门外永石路租房营业。2009年，邮政储蓄所被提升为邮政储蓄银行，内部仍属市局领导。同年12月，搬迁到邮电街永宁邮电支局新营业厅内办公。设主任1人、营业员3人。

中国人寿保险营销服务部　2002年4月，中国人寿保险股份有限公司石狮支公司开始在永梅路建立营销服务部，经理李天助。2005年，有业务员200多人。每年业绩1000多万元，续期保费每年达3千万～4千万元。

二、货币

1. 硬币

制钱　俗称铜钱，是永宁境内古代流通的主要货币，清末改铜元，制钱止用。

铜元　俗称“铜瓜”，清光绪朝和民国政府铸造。正面有“光绪元宝”、“大清铜币”、“中华元宝”几种，背后有蟠龙纹。

银锭　民国以前，商品交易，以银为主要支付手段，以两为单位。整银称“元宝”，一两以下称碎银，作为辅币。

银元　主要流通的银元有清光绪年间所铸的“龙银”，民国 3 年所铸的袁头洋等。民国 24 年币制改革，银元禁止在市场流通。

银毫　俗称银角仔，属辅币。清光绪年间开始使用贰角和壹角两种银毫。后又有袁世凯的袁头银角仔在市面流通。

镍币　民国 25 年，国民政府几次发行过镍币。面额有壹分（铜质）及伍分、壹角、贰角（镍质）的辅币。民国 27 年、31 年，又有贰拾分、伍拾分镍币流通。

合金币　新中国成立后，中国人民银行于 1957 年，首次发行使用壹分、贰分、伍分三种合金币。1980 年又发行壹角、贰角、伍角、壹圆等 4 种合金币。1992 年再发行铝合金的壹角、铜合金的伍角，铜芯镀镍的一元金属币各一种，在市场混合流通。

2. 纸币

南宋绍兴三十年（1160 年），开始用纸币，时称飞钱。后，元称交钞，明、清称宝钞。清代银票称官钞。民国时期发行兑换币，即法币。

关金　民国 20 年，国民政府发行关金，原为专供缴纳关税之用。抗战胜利后作为法币流通，初期有拾圆、贰拾圆、伍佰圆 3 种面额。后面额增至伍万圆、贰拾伍万圆。由于纸币贬值，导致物价飞涨，金融市场动荡。民国 37 年 3 月初，永宁市面米价每斤售至 25 万圆，关金券等同废纸。

金圆券、银圆券　民国 37 年 8 月发行金圆券，但不断贬值，物价直线上升，1949 年 4 月后，永宁金圆券已买不到柴米油盐。各商家均以各种银元作价成交，市场小量交易则以白米计算，金圆券信用全然消失，为商民拒用。当年 7 月，国民党政府溃逃前夕，又发行过银圆券，不过在市场上仅昙花一现。

同乡会信用券　1948 年，旅菲永宁同乡会曾于永宁印发信用券。由同乡会在永宁设立办事处，委托高火炮经营，信用券由石狮共和印刷厂承印。面额有壹圆、贰圆、伍圆 3 种，与美钞同面值。正面图案为永宁城隍庙。主要用于侨批（走水）及货款支付，当时信用甚佳，石狮、泉州、厦门等地均可使用。至 1949 年，因发觉有人偷印假钞券，冒充使用，即停止发行，并进行清理。

人民币　1949 年 9 月 3 日永宁解放。同月，在全国革命根据地发行的第一套人民币开始在本地流通使用。面额有从壹圆至伍万圆计 12 种。人民币为统一的合法货币。1955 年 3 月 1 日发行第二套新人民币。按 1 元等于第一套人民币 1 万元的比价收回第一套人民币；同年5月10日第一套人民币全部停用。1962年4月15日发行第三套人民币。1963年停止使用3元券。1987年4月27日发行第四套人民币，与第三套人民币同时流通使用。

外汇兑换券 1980年4月1日由中国银行发行。供短期来华的外国人和回国探亲的华侨、港澳台胞在指定地区范围购买物品或支付使用。

三、信贷

1. 银行信贷 永宁地区的银行贷款，早年一直由农业银行永宁营业所办理。20世纪50年代，银行发放农业贷款和贫农合作基金贷款，重点扶持农业互助组与合作社、支持渔民发展渔业生产。个体农民贷款则由信用社办理，以解决贫下中农入社缴纳股金的困难，同时发放极贫户专项无息贷款，使他们逐渐摆脱困难。1958年9月，银行对公社信用部实行"存贷合一"、"存贷相抵、差额包干"的管理办法，对公社贷款盲目支持，导致农业贷款剧增。1963年全面清理，对1961年以前的农村欠款，按政策进行豁免。20世纪80年代，为发展渔业生产，发放梅林村渔船贷款达1000多万元。1988年，银行按照市政府产业导向，支持山海资源的综合利用和开发。重点支持海产品加工出口创汇、蔬菜基地、果林基地等的开发，如永宁的反季节蔬菜等基地都受到大力的支持。21世纪后，银行适应中小企业客户在融资方面"短、频、急"的需求特点，为其及时提供贷款支持。农村合作银行创新开展渔船抵押贷款、小额农户信用贷款、农户联保贷款、发放专业合作社与养殖户贷款，缓解"三农"贷款难题，促进"三农"发展。

2. 民间借贷 民国期间，民间借贷盛行，其形式多样，条件各异，利率不一。普通者月利率在2%至3%，一般数额不大，手续简便，双方均凭信用。但利率比较高者可达5%，此类放贷者不少是寡妇。也有极个别以放贷为生的大户。月息高达10%者，被人称为"无子利"，且有的还须有"金当头"，即以金首饰或厝契、地契为抵押。更有一种叫"日仔利"，也称"出门利"，其利率非常高，以日计算。此类高利贷，大多发生于赌场。

3. 标会 标会是永宁民间流行已久的一种经济互助形式。由会头倡议组织，邀请亲友，俗称会脚入会。会金议定，按月固定金额缴纳。会头优先享受第一期会金。其后，每月开标时，由会脚各自写下意欲标取的利息金额，以出价最高者标取当月会金。但以后每月除上缴会金外，还须加上当时标得的利息。会头则负责收取每期会金，如不能按时收取，会头必须先行垫付。后来，此标会形式被一些投机者所利用。他们瞅准机会，招揽会股，充当"会头"，从中坐收不付利息的第一次会款的好处，会头再以其所收取的资金，一部分作为参加"高息会"的会金，赚取会息之间的差额。会头不断开新会吸纳资金，或标取"低息会"的会款投入其他"高息会"。如此循环裂变成连环标会，又称"炒会”。竞标周期则从月会演变为半月会、十日会、星期会、五日会，有的甚至发展为类似赌博的日日会、夜夜会。标会股数也由十几股、几十股发展至几百股，甚至数千股。纳会款额从每股 20 元逐渐上升到每股数百元，最高达 5000 元。月息由原来的 2%～3%发展到 15%，甚至高达 20%。

1990 年 8 月，石狮市成立清标领导小组，从政法、市直机关部门抽调 170 余人组成工作组进行全面清理。永宁镇党委、政府先后派出十多名干部配合市清标工作队组成清理标会办公室，历时三年，先后举行会头学习班数十期，对在倒会中的债权、债务进行清理、仲裁，追缴非法得利款，直至拍卖缺款会头财产，追捕“兜钱”会头，并使用电子计算机，反复分解，查出会头谎报的账务 3300 万元，使清理工作取得突破性进展，查清永宁镇倒会时的原始会款发票额为 8.6656 亿元。其中债权 4.0898 亿元，债务 4.5758 亿元。1992 年度强制缺款会头破产还债，拍卖商店 15 间、民房 6 座、厂房 1 座，面积 9677.44 平方米，价值人民币 81.9 万元（不包括自理的商店和民房）。清退会头侵吞款 360 万元（不包含黄金、财产、房产折款）。永宁镇标会第二期清会退款工作于 1993 年春节前兑现。退款期间，前来领款的有石狮沿海三镇、石狮街道和邻县、区的群众 3000 余人，金额达 360 万元。同年 10 月在永宁召开批捕大会，逮捕会头陈某、董某 2 人，从而稳定群众情绪，促进社会治安的好转。

卷　三

政治篇

第十章　政　权

永宁自唐开元六年（718年）以来，隶属于晋江县，先后设有乡、里、都、铺等一级政权机构。民国初期永宁属石狮区，实行保甲制，设联保办事处。民国33年（1944年），设立县属镇公所。中华人民共和国成立后，晋江县在永宁派驻区公所，下设乡（镇）政权机构。1954年开始实行人民代表大会制度，是年3月召开首届人民代表大会。1958年10月，建立政权和经济管理合一的人民公社管理委员会，永宁编入石狮人民公社，1961年6月，永宁从石狮公社析出，成立永宁人民公社管委会。1969年8月改设革委会（“文化大革命”期间，曾一度改称“前哨人民公社革委会”）。1980年恢复设管委会。1984年改为镇建制，设立永宁镇人民政府，为一级政权，下辖村民委员会为自治机构。1987年12月，建立石狮市，永宁镇录属之。

第一节　镇人民代表大会

从1954年至1986年，永宁共进行4次镇人民代表的选举和召开镇人民代表大会，选举镇人民政府组成人员。

1987年10月，召开永宁镇第五届人民代表大会。同时，根据省人民代表大会常委会的指示，设立镇人代会常设机构，组成镇人大主席团。蔡经泉任主席（1989年5月吴炳辉继任）。

1990年12月28日，召开永宁镇第六届人民代表大会，选举产生永宁镇第六届人大主席团，施至储任主席。

1994 年 1 月 2 日，召开永宁镇第七届人民代表大会，选举产生永宁镇第七届人大主席团，刘京任主席（1995 年 5 月施性埭继任）。

1997 年 1 月 6 日，召开永宁镇第八届人民代表大会，选举产生永宁镇第八届人大主席团，施性埭任主席。

1999 年 9 月，召开永宁镇第九届人民代表大会，选举产生永宁镇第九届人大主席团，施性埭任主席。

2002 年 4 月 19 日，召开永宁镇第十届人民代表大会，选举产生永宁镇第十届人大主席团，洪孝心任主席。

2006 年 12 月 8 日，召开永宁镇第十一届人民代表大会，选举产生永宁镇第十一届人大主席团，施健康任主席。

2011 年 12 月 31 日，召开永宁镇第十二届人民代表大会，选举产生永宁镇第十二届人大主席团，颜鸿瑜任主席。

2013 年 12 月 28 日，召开第十二届人代会第三次会议，因颜鸿瑜工作调动，选举林东宁为镇人大主席。

2016 年 5 月 27 日，林东宁工作调动，市委提名蔡清墩为镇人大主席人选。

第二节　行政机构沿革

一、机构设置

宋代　乡设乡官 1 人，掌佐县令治一乡之事。里设里正 1 名，协助管理户籍和徭役。

元代　基本沿用宋制。晋江县设盐场司，于浔美盐场设司令、司丞、第勾、典史各 1 人。

明代　永宁卫城内属军事编制。设永宁卫指挥使司及左、右、中、前、后五个千户所。其职官编制情况如下：

指挥使司指挥使一员（正三品）

指挥同知二员（从三品）

指挥佥事四员（正四品）

经历司（卫之幕官）经历一员（正七品）

知事一员（正八品，以上二品职俱用文职充）

卫镇抚二员（从五品，有司吏一人）

各千户所正千户一员（正五品）、副千户二员（从五品）、百户一十员（正六品）、所镇抚一员（从六品）。

另晋江县在浔美盐场设盐课司大使1人，副使1人。

永宁为二十都，都立耆老及社首各1名。时永宁城内按“五门城头”划分为32铺，铺设总甲、小甲、保长、保副各1名。

清代 时永宁地方行政有文武机关。文职机关曰巡司官，专办民案，其中人员三、四人而已。武职机关曰汛地，驻千总一员，副官一人，文书一人，管府兵十五、六人，办理地方治安，大约管辖一都份之地方……千总若出门下乡办案，则身穿满清礼服，坐四名夫大轿。轿前吹长号者两人，管府兵六人或八人，执枪列队而行。有海关分局厘金局，专收出入商船之货物税款，内设地保一人。梅林村驻有水汛衙门，专管水上治安。钱粮局设在石狮，到季节派差役到各村征收农产税。另有征收仓米者，比钱粮税额较少些，典当铺有牌照税。

民国 永宁初属石狮区，抗战时期实行联保制，设联保主任一人。民国33年（1944年）撤区设镇公所。由晋江县政府委派镇长1人（兼户籍主任、镇警队长）、主任干事1人（相当副镇长）。下设经建干事1人、民政干事1人、户籍副主任1人、镇警副队长1人。配镇警1个班（负责征兵、治安）。

下属各保设保长1名，聘用保干事、保队付（管壮丁）各1人。保长经选举产生，但可运动（拉票）。各保选出2名乡民代表。永宁9个保共选出18名，然后推选出一名乡民代表主任。

民国24年11月，县城（泉州）设保安警察大队，在永宁区分设警察所（所址建于水关街），直隶晋江县政府。时在岑兜村设盐警所，址设于万芳楼边，有盐警多人。

中华人民共和国 初设区公所，为县人民政府派出机构，区长及工作人员若干人均由县府派出。区公所设有秘书、民政、生产、财粮、公安、文教等委员，由区政府选任，主干由县政府发给半脱产干部补贴。

人民公社时期，公社管委会设主任、副主任及民政、生产、财粮、公安、文教、武装等专委，人员均由县府调派。

1984年10月，镇人民政府成立，设镇长及副镇长若干名，由镇人民代表大会选举产生。下设综合办、司法办（附民政）、农办、财政所、渔政办、国土所、矿管办、计生办、武装部、企业办。附设老干办、文化站等。

后机构有所调整。2010年，设置党政办、财经办、村镇建设办、计生办、企业办、武装部、农业服务中心、社会事务办、司法所、民政办。附设外口办、村财办、老干办、文化服务站等。

二、行政主管人员

宋、元、明、清代未见有地方专任官员的记载。

抗战初实行联保制，董光前、林谋板、林朝赞等先后任联保主任。民国33年（1944年）撤区设镇公所。周美锦、林英俦（只任4个月）、张哲华、高武鹄等先后任镇长。镇区保长：蔡乃素（永清保）、周千俊（玉东保）。

1949年9月，晋江县人民政府向全县派出10个工作队，永宁工作队队长董超群。10月，全县设10个区公所，永宁编入第九区，区政府驻地永宁北门。区长初未配备，后管峰到任(1950.6—1952.7)；副区长：蔡沛忠(1949.10—1950.6)、高成(1949.10—1950.6)、施海滨（1950.6—1951.1）。

1952年7月，永宁编入第十五区，驻地永宁小街。区长衣德君（1952.7—1953.8）、邵炳发（1953.8—1954.2）、（1954.2—1954.7无正职）、谢章掬（1954.8—1955.9）；副区长：胡岚（1952.7—1952.12）、谢章掬（1954.3—1954.8）、杜成顺（1955.8—1955.9）。

1955年9月，改称永宁区公所，驻地永宁小街。1955.9—1956.6无正职。副区长：吴水龙（1955.9—1956.6）、杜成顺（1955.9—1956.6）、王孝川（1955.9—1955.11）。

1956年6月，永宁编入莲塘区。区公所驻莲塘。区长：王孝川（1956.6—1958.3）；副区长吴水龙（1956.6—1956.8）、林注治（女，1956.6—1958.3）。

1958年3月，永宁乡政府驻地永宁小街。乡长邵炳发（1958.3—1958.10）、副乡长施教延（1958.3—1958.8）。

1958年10月，永宁编入石狮人民公社，驻地石狮。社长蔡敦昇(1958.10—1958.11)、蔡经泉（1958.11—1961.6）；副社长施教延（1958.10—1961.6）、林注治（女，1958.10—1960.8）。

1961年6月，永宁从石狮人民公社析出，成立永宁公社管委会，驻地永宁小街，后迁到西门外新址。社长蔡经泉（1961.7—1965.12）、许天赐（1965.12—1968.10）；副社长施教延（1961.7—1967.12）、蔡永田（1961.6—1968.10）。

1969年8月，永宁人民公社革委会成立，驻地永宁西门外。主任邵先举（1969.8—1970.3）、许天赐（1970.3—1975.11）、施扶西（1975.11—1976.8）、许天赐（1976.8—1976.10）；副主任许天赐(1969.8—1970.2)、王恢炮(1969.8—1971.2月)、蔡明溪(1970.2

—1976.10）、王世汉（1971.2—1976.10）、杨思崎（1975.11—1976.10）。

1976年10月，粉碎“江青反革命集团”后，中国进入一个崭新的历史发展时期。1976年年底，晋江县基层组织的领导班子进行调整和充实。1980年11月，永宁人民公社革委会改称为永宁人民公社管委会。

永宁人民公社管委会驻地永宁西门外。主任许天赐（1976.10—1977.4）、杨仁宣（1977.4—1978.3）、林大朝（1978.5—1980.3）、邱季跃（1980.7—1981.5）、施育礼（代，1981.9—1984.8）、吴炳辉（代，1984.8—1984.10）；副主任王世汉（1977.4—1980.3）、朱奕鄙（1978.4—1978.11）、吴炳辉（1979.4—1981.7）、施育礼（1979.12—1980.9）、李清池（1980.9—1984.10）、邱家对（1981.12—1984.8）、黄辉煌（1984.7—1984.10）、施性埭（1984.8—1984.10）。

1984年10月，永宁人民公社改为镇建制，设立永宁镇人民政府。镇长吴炳辉（1984.10—1988.1）；副镇长李清池（1984.10—1988.1）、施性埭（1984.10—1987.10）、黄辉煌（1984.10—1988.1）。

永宁镇第五届人民政府（1987年12月，永宁镇划归石狮市行政区域）1988年1月以后机构延续。镇长吴炳辉（1988.1—1989.5）、黄辉煌（1989.5—1990.9）、杨其柱（代，1990.9—1990.12）；副镇长黄辉煌（1988.1—1989.5）、李清池（1988.11—1989.5）、李宁编（1989.5—1990.8）、颜受友（1989.5—1990.12）。

1990年12月28日，永宁镇召开第六届人民代表大会第一次会议，选举产生永宁镇人民政府镇长、副镇长。镇长杨其柱（1990.12—1993.7）、李转生（代，1993.7—1993.12）；副镇长李永智（1991.1—1993.12）、施性埭（1991.1—1993.12）、吴祖恒（1993.3—1993.12）。

1994年1月2日，永宁镇召开第七届人民代表大会第一次会议，选举产生永宁镇人民政府镇长、副镇长。镇长李转生（1994.1—1996.1）、王诗默（代，1996.2—1996.12）；副镇长李永智（1994.1—1996.12）、陈建设（1994.1—1996.12）、张英勇（1994.1—1996.12）、周炳忠（1994.5—1995.10挂职）、潘立辉（1994.5—1995.5挂职）、颜朝晖（1996.7—1996.12）。

1997年1月6日，永宁镇召开第八届人民代表大会第一次会议，选举产生永宁镇人民政府镇长、副镇长。镇长王诗默（1997.1—1999.9）；副镇长李永智（1997.1—1999.3）、颜朝晖（1997.1—1999.3）、蔡建国（1997.1—1999.3）、李斌（1999.3—1999.9）、颜鸿瑜（1999.3—1999.9）、陈丽影（1999.3—1999.9）。

1999 年 9 月，永宁镇召开第九届人民代表大会第一次会议，选举产生永宁镇人民政府镇长、副镇长。镇长朱贤（1999. 9—2002. 4）；副镇长李斌（1999. 9—2002. 4）、林晓辉（1999. 9—2002. 4）、颜鸿瑜（1999. 9—2002. 4）、蔡亚印（1999. 9—2002. 4）。

2002 年 4 月 19 日，永宁镇召开第十届人民代表大会，选举产生新一届人民政府镇长、副镇长。镇长：李密卿（2002. 4—2006. 12）、副镇长吴志勇（2002. 4—2006. 12）、黄火鹏（2002. 4—2006. 12）、潘住林（2002. 4—2006. 12）、丁思洪（2004. 3—2006. 12）。

2006 年 12 月 8 日，永宁镇召开第十一届人民代表大会第一次会议，选举产生永宁镇人民政府镇长、副镇长。镇长林忠民（2006. 12—2011. 12）、副镇长丁思洪（2006. 12—2011. 12）、李祝坚（2006. 12—2011. 12）、李志红（2006. 12—2011. 12）。

2011 年 12 月 31 日，永宁镇召开第十二届人民代表大会第一次会议，选举产生永宁镇人民政府镇长、副镇长。镇长王文挺（2012. 1—2015. 6）、副镇长丁思洪（2012. 1—2015. 12。2015. 6 提主任科员）、李志红（2012. 1—2016. 5）、蔡清墩（2012. 1—2015. 6）、林东宁（2012. 1—2013. 12）、邱尚进（2013. 12—2015. 5）。

2015 年 6 月 8 日，永宁镇召开第十二届人民代表大会第五次会议，选举蔡世鑫任永宁镇人民政府镇长（2015. 6—2016. 6）。后增补刘福全（2015. 7—2016. 6）、吕志亮（挂职 2015. 8——）任副镇长。

2016 年 5 月 27 日，因工作调动，市委提名邱汉清为永宁镇人民政府镇长人选，施文静、蔡文作为永宁镇副镇长人选。

2016 年 6 月 8 日，市委提名王少勇为永宁镇副镇长（科技）人选。

第三节　基层村居

一、基层村居发展情况

1949 年 9，永宁解放，编为第九区。1950 年 6 月，基层先后完成建政工作，各乡（镇）长如下：永宁镇镇长高积良；联溪乡乡长杨扶西；沙郭乡乡长龚书良；梅港乡乡长李德力；洋沙乡乡长卢为平；三芳乡乡长李意标；双岑乡乡长王志腾（时双岑乡属第十区）。

1952 年，永宁编为第十五区。永宁镇镇长王年招（后许书镖继任）；联溪乡乡长杨邦祥；沙郭乡乡长龚尚团（后龚丕尚、龚丕招先后继任）；梅港乡乡长邱季琛；洋沙乡乡长李逢谈（后卢远万代乡长）、卢谋顺（1953—1956）；三芳乡乡长李正忠；双岑乡乡长王志广。

1956 年 6 月，永宁属莲塘区，今永宁镇范围划为 3 个行政乡镇。永宁镇镇长李正忠；

子英乡乡长王志杏；联溪乡乡长郭丕顶。

1958年3月，永宁从莲塘区析出，成立永宁乡。下辖原永宁镇、子英乡、联溪乡及杆东乡。

1958年10月，永宁属石狮人民公社，今永宁镇范围分为7个大队。永宁大队长郑延寸；沙堤大队长龚丕招（农业）、董欣祥（渔业）；后杆柄大队长张木水；梅港大队长李意福；洋厝大队长李福添；子英大队长王志杏、卢文水；外高大队长高武钢。

1961年6月，永宁镇从石狮人民公社析出，形成今永宁镇行政区域。当时分为13个大队，后再先后析为21个村（居）。

二、各村（居）主任（大队长）名录

1. 永宁 大队长郑延寸（1957—1977）、陈植赞（1977—1979）、高清泉（1979—1986）。1986年成立永宁居委会。主任高清泉（1986—1989）、董光川（1989—1991）、高铭烟（1991—1994）、陈增成（1994—1997）、陈焕补（1997—2000）、林佳耀（2000—2006）、高荣厚（2006—2009）、董文通（2009—2011）。

2011年4月，撤销永宁社区居委会，成立永宁第一、第二、第三、第四社区居委会。

永宁第一社区居委会主任董文通（2011—2015.8）、董伦杰（2015.8——）。

永宁第二社区居委会主任董自情（2011——）。

永宁第三社区居委会主任高祖润（2011—2012）、蔡建勇（2012——）。

永宁第四社区居委会主任林清山（2011—2012）、高铭生（2012—2015.9）、高德默（2015.9——）

2. 梅林 大队长李意福（1961—1978）、李意杉（1978—1991）。村主任李天送（1991—1994）、李加强（1994—2000）、李培元（2000—2009）、李允照（2009—2012）、李菲邦（2012——）。

3. 港边 大队长李德从（1961—1965）、黄其镖（代，1965—1968）、陈友情（1968—1976）、佘明固（1976—1980）、陈友情（1981—1994）。村主任佘明狮（1994—1997）、李文广（1997—2009）、李加胜（2009——）。

4. 外高 1961—1980年外高与浯沙合为外高大队。大队长高武钢（1961—1962）、高水塘（1962—1984）。村主任高武丽（1984—1987）、高子颜（1987—1994）、高德友（1994—1997）、高维艇（1997—2003）、高铭善（2003—2015.9）、高文扬（2015.9——）。

5. 浯沙 大队长高祖涵（1981—1991）。村主任蔡上劳（1991—2009）、王建民（2009——）。

6. 金埭 大队长黄昭炮（1961—1964）、黄天恩（1964—1977）、李正聪（1977—1984）。村主任王仁赞（1984—1997）、刘金榜（1997—2006）、黄金矿（2006—2009）、李超群（2009——）。

7. 沙堤 大队长龚显勤（1978—1980）、龚清泉（1980—1983）、龚显坑（1983—1991）。村主任龚辉煌（1991—1994）、龚天足（1994—2000）、龚建筑（2000—2006）、龚建民（2006—2009）、龚万雄（2009——）。

8. 下宅 1961—1979年，下宅与郭坑合为下宅大队。大队长郭文章（1964—1970）、王天赐（1970—1977）、郭文章（1977—1979）、卢远厚（1979—1991）。村主任王秀莲（1991—1993）、陈奕川（1993—1997）、王清泉（1997—2000）、王志育（2000—2006）、蔡清宗（2006——）。

9. 郭坑 大队长郭文章（1979—1991）。村主任郭文泽（1991—1994）、郭凯旋（1994—2000）、郭建设（2000——）。

10. 后杆柄 1961—1984年，后杆柄与院东、郭宅、山边合为后杆柄大队。大队长洪元灿（1964—1971）、吴联瑜（1971—1988）。村主任杨庆良（1988—1991）、杨祖岩（1991—1994）、杨清山（1994—1997）、杨祖岩（1997—2003）、杨祖明（2003—2012）、杨至成（2012——）。

11. 院东 村主任吴芳丕（1984—1994）、吴芳后（1994—1997）、吴孙亮（1997—2000）、吴天灌（2000—2003）、吴阿六（2003—2006）、吴绵来（2006—2012）、吴良枝（2012——）。

12. 郭宅 村主任蔡金水（1984—1994）、卢世传（1994—1997）、蔡和平（1997—2006）、洪祖集（2006—2009）、蔡自然（2009—2015.8）、蔡贻福（2015.8——）

13. 山边 村主任吴墩碧（1984—2000）、吴亲勇（2000—2003）、杨天疆（2003—2006）、邱允育（2006—2009）、吴亲运（2009—2012）、吴清河（2012——）。

14. 西岑 大队长施奕国（1961—1963）、王守道（1963—1966）、施能捌（1966—1977）、王志烟（1977—1989）。村主任施天看（1989—1991）、施能捌（1991—1997）、施利由（1997—2000）、王长乐（2000—2009）、王煌彬（2001——）。

15. 子英 大队长李贤益（1961—1977）、李德幸（1978—1979）、李贤古（1979—1982）、李圣建（1982—1985）。村主任陈著奇（1985—1989）、李圣筑（1989—1996）、李清远（1996—1998）、李清烽（1998—2000）、李绵绵（2000—2009）、李灿辉（2009——）。

16. 前埔　1961年撤双岑乡，前埔村分出，前埔大队成立。大队长李贤领（1961—1964年）、施海汀（1964—1967）、李福添（1967—1970）、施海汀（1971—1977）、施纯忠（1978—1984）。村主任蔡式连（1985—1990）、施天示（1991—1994）、蔡文聘（1994—2015.8）、施纯钢（2015.8——）。

17. 沙美　大队长卢长锡（1961—1964）、卢远芳（1964—1968）、卢文恩（1972——1976）、卢远芳（1976—1979）、卢清波（1979—1988）。村主任卢永周（1988—1991）、卢文约（1991—1997）、卢建筑（1997—2000）、卢文共（2000—2006）、卢建兴（2006—2007）、卢文共（代，2007—2009）、卢世演（2009—2015.9）、卢情根（2015.9——）。

18. 洋厝　大队长蔡式谋（1961—1965）、李福添（1965—1979）、李扶西（1979—1984）。村主任李振华（1984—1987）、李秋烨（1987—1994）、李凉凉（1994—1997）、李秋烨（代，1997—2000）、李超然（2000—2003）、李文龙（2003—2012）、李钦盛（2012——）。

19. 西偏　1961——1980年，西偏与塔石合为西偏大队。大队长李永沛（1961—1964）、李圣瑞（1964—1970）、龚清锦（1970—1976）、龚水挺（1976—1991）。村主任龚永康（1991—1994）、龚宗程（1994—2012）、龚英雄（2012——）。

20. 塔石　大队长颜祐建（1980—1994）。村主任卢共裁（1994—2008）、李逢土（2008—2015.8）、李清绍（2015.8——）。

21. 新沙堤　村主任龚书勇（1995—1999）、洪开（1999—2009）、龚振育（2009——2015.8）、龚万灯（2015.8——）。

第四节　民　政

一、拥军优属

1950年春节，第九区政府开始组织拥军优属慰问活动。此后，每年春节、“八一”建军节等节日，境内机关团体均组织到部队驻地慰问，或举行军民联欢活动。同时组织各村（居）干部、群众向烈军属拜年。

1951年永宁优待军烈属方式主要以代耕为主。代耕土地收成不低于群众土地。1952年，永宁高德念代耕组代耕的土地每亩平均收地瓜干560斤，比上年增产20%。1958年人民公社时期，实行优待劳动工分制。1963年，永宁公社享受优待对象88户474人，优待66466劳动工分。1980年后，农村实行生产责任制，对烈军属的优待改为优待金，由镇统筹解决，每户每年优待现金200～300元。1987年10月1日，晋江县人民政府颁发《烈军属优抚工作暂行规定》，规定县优待标准每户每年600元。1995年8月12日，石狮市人民政府颁布《退伍士兵安置、义务兵优抚暂行办法》，规定服现役义务兵优抚标准从1993年冬季起新入伍的义务兵每人每年不少于2000元。1996年始，市民政部门为每年新入伍的义务兵办理一次性养老保险。同年8月12日，市人民政府制定《石狮市优待金社会统筹试行规定》，明确规定享受优待金的对象每户每年优待金分别不低于上年度农民人均纯收入的70%和城镇居民人均生活费收入的20%。

二、救济扶贫

中华人民共和国成立后，人民政府关心群众的生产生活，每年冬令、春荒期间对贫困户都拨出救济粮、款以及衣物，使他们度过难关。

1956年，农村成立高级社时，90%以上贫困户参加合作社，经评议，评出“五保”户（保吃、保住、保穿、保病、保葬）对象。1958年，“五保”户分别由大队、公社、国家照顾。1964年省人委颁布《农村人民公社“五保”户、困难户供给、补助工作试行办法》（草案）。尔后，每年定期拨给“五保”户救济款、粮及慰问金。21世纪后，民政工作树立“以民为本、为民解困、为民服务”的工作理念，镇民政部门坚持应保尽保、应退尽退的原则，做好2007—2009年度的城镇居民最低生活保障对象的摸底及审核工作，且做好7户五保老人的安居工程的落实工作，同时按“轻一般困难补助，重特殊个体救助”的办法，帮助临时困难户申请救助金度过难关。2007年还通过建立“爱心慈善超市”，整合社会扶贫济困资源，提高对困难群众的救助水平。

每当灾难发生时刻，政府不仅组织境内人民抗灾救灾，还拨出财、物安定灾民生活。1960年5—8月，永宁连遭3次10～12级台风暴雨袭击，洪水成灾，民房大量倒塌，晋江县委、县政府动员全党全民组织抢险救灾，拨出救济款物，发给药物，为群众治病。1988年11月18日，梅林村机拖31队闽渔（甲船）3582号船，凌晨2点由梅林澳驶向283海区渔捞作业，返航途中海水灌入机舱，当日22点沉没，3名船员遇难，市委、市政府领导带领有关人员到村里看望遇难船员家属，了解海难详情，拨出专款解决受难遗属的生活困难。1996年4月18日，梅林村闽狮渔3564号船在距梅林港14海里273海区第9小区从事渔业生产时失事沉没，10名船员全部遇难，政府拨出救灾款1.3万元，救济遭难船员家属。

三、社会福利

永宁镇残疾人普查工作于1992年第四季度开始。普查结果，共有视力、听力、肢体、智力、精神病及综合残废等1447人。根据有关规定，初步安排对残疾人的医疗康复、安置就业等措施，并成立残疾人联合会。发动全社会共同关心帮助弱势群体。每年助残日，许多单位或团体都会到一些困难的残疾人家中，开展扶贫慰问活动。1994年12月29日，举行永宁镇残疾人联合会首届代表大会，推选李永智任首届残联主席，李联才、曾东明任副主席。

沙堤村与黄金海岸旅游度假村毗邻处，建有石狮市福利中心。该中心占地近2公顷，总建筑面积1.3万多平方米，内设有护理院（医疗）、老人公寓（爱心护理院）、儿童院（孤儿院）、光荣院、救助管理站以及流浪儿童保护中心，是全省首家社会福利机构综合性设置示范单位。

2010年，前埔、郭坑村建立居家养老服务中心，进一步健全养老服务体系，完善养老服务设施。

第五节　公　安

一、剿匪 镇反

中华人民共和国成立之初，第九区民兵配合区武装开展剿匪斗争，擒获“反共救国兴泉纵队”匪首蔡角、击毙土匪多名。1951年在围剿美蒋派遣特务的战斗中，歼灭匪特蔡乞、林角、李渊土、林判等。同时配合剿匪、土改、抗美援朝，开展镇压反革命运动。除依法处决其中罪大恶极者，对不够捕判的反革命分子进行戴帽管制。同时，在各乡镇建立治保会，对判处管制的地主分子、富农分子、反革命分子和其他坏分子（简称“四类分子”）依法实行管制，监督改造，使其成为自食其力的劳动者。1979年，贯彻中共中央指示，被管制对象经群众评议，改造好的给予摘掉“帽子”，错定的给予纠正，改造不好的少数人继续监督改造。1984年国庆节前夕，被管制对象全部摘帽，改变成份，享有公民的一切权利。

二、治安管理

中华人民共和国成立后，人民公安机关立即在永宁全面收缴赌具、烟（鸦片）枪，清除妓院、赌场。1952年6—9月，在永宁临海地区摧垮制贩毒集团，逮捕一批毒犯，缴获一批毒品毒具，吸毒者在人民政府的帮助下得到医治。

1955年，晋江县公安局在永宁设分局，翌年5月改派出所，区配有公安特派员（1980年撤），村建立治安保卫委员会。

改革开放后，社会治安出现一些新情况，治安管理全面加强。镇设立社会治安综合治理办公室，在辖区永宁居委会、洋厝村、后杆柄村分别设置东片、西片、北片三个治安联防队。1992年1—8月，全镇共发生妨害公务、流氓、赌博、卖淫嫖娼、打架斗殴等治安案件175起，查结162起，查处违法人员493人次，治安处罚420人次（其中有治安拘留、收容教育、劳动教养等）；发生盗窃、抢劫、爆炸、强奸、诈骗等各类刑事案件42起，破获20起，抓捕犯罪分子43人（其中报捕、逮捕12人），从而保证社会治安的持续稳定。

2006年后，开展“平安永宁”的创建工作，全镇建立健全21个治保会和24个调解会，形成齐抓共管的工作格局。后又在全市率先成立综治工作协会，发动非公组织等各方面社会力量参加综治工作。同时依托两个派出所，建立2支专职治安巡防队和一支40人的镇巡逻中队及12个村级治安巡防队，有效地防范和打击罪犯，维护社会安定。自2006年至2010年，镇社会治安满意率一直位居全市前列，2010年的满意率为94.2%。全镇21个村全部通过“平安村居”命名，前埔村被评为“全国民主法制示范村”，镇副书记庄绍河被评为“泉州市综治先进个人”。

三、户籍管理

中华人民共和国成立后，1951年完成户口登记，1953年建立户口登记制度，户设户口簿，村及镇均编造总册。管理走上正规，凡迁入、迁出、出生、死亡、析户、并户均报办登记。每年年终人口情况统计汇总逐级上报。1953年、1964年、1982年、1990年、2000年、2010年各进行一次人口普查。

初期，户口由治安派出所管理。1980年成立边防派出所，即由边防派出所管理。1989年1月，永宁派出所正式挂牌成立，永宁社区居委会、子英村、西岑村、前埔村、洋厝村、塔石村、西偏村、后杆柄村、山边村、院东村、下宅村、郭坑村、郭宅村、新沙堤、沙美等15个行政村（居）户口改由永宁派出所管理。余者浯沙、沙堤、金埭、外高、港边、梅林等沿海地区6村仍由永宁边防所管理。1987年开始颁发居民身份证。2005年开始换发二期居民身份证。

1990年后，外来暂住人口大量增加。1991年，开始设立暂住人口申报站，办理外来人口暂住证，基本做到“人来登记，人走注销”。1992年，石狮市公安局建立全省首创的人口综合信息微机管理及光盘人像管理系统，永宁开始将全镇人口信息录入计算机。同时，对外来人口分两个层次管理，逐步推行户口协管制度。

四、上级下设机构

1.永宁边防派出所

1949 年 9 月，永宁解放。翌年晋江县公安局在永宁北门设置边防派出所。1956 年改称派出所，址迁西里宅。1958 年再迁小街汉林楼南侧小楼。“文化大革命”时，一度改称永宁公社人保组。1977 年，改设永宁边防派出所，1979 年迁西门外（车头）新址。

1980 年 12 月，永宁边防派出所正式挂牌成立，管辖外高、港边、梅林、沙堤、浯沙、金埭 6 个行政村和黄金海岸度假村。该所设“两队一室”，即社区警务中队、办案中队和内勤综合室，分 3 个警务区。1999 年，永宁边防派出所搬迁至现镇海石公园对面新址。至 2015 年 12 月，该所在编民警 12 人。

历任领导：李德谦（所长 1955.12—1956.8）、依德君（所长 1956.9—1960.7）、王伯庚（副所长 1960.7—1962.7）、王伯庚（政治指导员 1962.10—1964.9）、黄武平（哨所所长 1964.2—1964.9）、王年坦（副所长 1964.10—1967.3）、王年坦（所长 1967.3—1968.11）、陈文巩（政治指导员 1968.11—1973.4）、陈培着（人保组长 1968.11—1973.4）、黄衍前（副所长 1973.4—1979.12）、许永坛（政治指导员 1980.1—1981.4）、洪祖领（副所长 1980.11—1989.6）、陈贤明（所长 1989.6—1995.11）、游友生（政治指导员 1992.6—1996.6）、林明华（所长 1995.11—1996.12）、查建由（所长 1997.1—1997.9）、 陈德安（政治指导员 1997.1—1997.9）、李育仁（站长兼所长 1997.9—2000.12）、杨鸿波（教导员兼指导员 1997.9—2001.10）、谢东红（站长兼所长（2001.1—2002.2）、叶卫国（副站长兼副所长 2002.2—2002.9）、周文斌（副教导员 2002.2—2003.7）、王鸿斌（站长兼所长 2002.9—2004.7）、缪智勇（副教导员 2003.7—2004.12）、薛闽（站长兼所长 2004.7—2007.1）、林小波（副教导员 2004.12—2005.9）、陈国栋（教导员 2005.9—2008.7）、黄伟忠（站长兼所长 2007.1—2009.7）、王龙滨（教导员 2008.7—2010.7）、吴衢军（站长兼所长（2009.7—2012.7）、姜明（教导员 2010.7—2013.6）、陈明明（所长 2012.7—2013.11）、黄种华（教导员 2013.6—2015.3）、黄炳煌（所长 2014.1—2015.3）、黄炳煌（教导员 2015.3——）、黄种华（所长 2015.3——）

2.永宁派出所

1983 年晋江县公安局派王宏面来永宁任所长，负责组建派出所，租西门外永宁工商所楼下办公，并于农贸街着手建新址。1989 年 1 月，永宁派出所迁入新址、正式挂牌成立，管辖永宁社区居委会等 15 个行政村（居）（见“户籍管理”）。2004 年 7 月，按“两队一组一室”（即社区警务中队、治安中队、刑侦探组及综合室）进行运作。2014 年 1

月，按“两队一室”（即社区警务中队、办案中队及综合室）进行设置，分 6 个警务区。2011 年 8 月永宁派出所被公安部命名为“2010 年度一级公安派出所”。2014 年 10 月，搬迁至黄金大道镇政府西北侧，有在编民警 16 人。

历任领导：王芳团（所长 1989.1—1994.5）、蔡尚华（指导员 1989.1—1994.5）、林荣锡（所长 1994.5—1997.3）、蔡尚华（指导员 1994.5—1997.3）、陈建新（所长 1997.3—1999.9）、蔡怀旭（指导员 1997.3—1999.9）、许铭坛（所长 1999.9—2004.1）、蔡怀旭（指导员 1999.9—2004.1）、苏琪（所长 2004.1—2004.5）、施正白（指导员 2004.1—2004.5）、施正白（指导员 2004.5—2007.9，主持工作）、施正白（所长 2007.9—2013.1）、王瑞荣（指导员 2007.9—2010.7）、侯远育（教导员 2010.7—2013.1）、赖火车（所长 2013.1—2015.4）、吕志新（教导员 2013.1—）、吕志新（教导员主持工作 2015.4——）

第六节　司　法

一、民事调解

民国及其以前，乡里发生民事纠纷，通常由“老大”或族长主持调解。中华人民共和国成立后，永宁镇及各村建立调解委员会。1955 年，晋江县在石狮设立法庭，负责调处民事纠纷。“文化大革命”爆发后，调解工作处于停顿状态。1973 年起，逐步恢复调解组织和调解工作。1990 年，石狮市司法局成立后，加强基层调解组织建设，永宁镇多个村、居成绩显著。1991 年，永宁社区居委会被评为“省司法工作先进单位”。1992 年，省司法厅授予永宁镇沙堤村调解委员会“防激化有功集体”一等奖。1994 年 5 月，永宁居委会高姓祠堂和董姓祖厝因争执多年的地界纠纷复发，双方出动 100 多人，持刀执棍准备械斗。镇司法办公室人员闻讯后会同镇有关部门迅速赶到现场规劝，引导双方达成和解协议，防止纠纷的激化，并结束几十年来的宿怨，从此双方一直遵守协议，和睦相处。2005 年 12 月，省司法厅授予永宁司法所“全省优秀司法所”称号。2007 年后，永宁镇建立健全矛盾纠纷情况的信息网络，形成综治单位齐抓共管、社会各界共同参与的矛盾纠纷排查调解工作格局，坚持每月 15 日召开社会稳定分析会和社会矛盾纠纷排查调处工作汇报会。及时发现矛盾、化解矛盾。2008 年 3 月，司法部授予前埔村“第三批全国民主法治示范村”称号。

2006—2010 年，在镇、村两级调委会共同努力下，成功处理各类纠纷 115 起，调处成功率为 95.5%。其中劳资纠纷 55 起，涉及人员 98 人，涉及金额 9.5 万元；邻里纠纷

47 起；征地拆迁 7 起；房屋宅基地纠纷 5 起；其他纠纷 13 起。

附：2011 年后，经石狮市人民政府任命，永宁镇历任司法所所长如下：肖秋华（2011.6—2015.5）、邱友炳（2015.6—2016.6）、曾焕达（2016.6——）

二、法制宣传

中华人民共和国成立后，永宁开始有法制宣传。1951 年，配合土地改革和镇压反革命运动，宣传《中华人民共和国土地改革法》和《中华人民共和惩治反革命条例》。1952 年，宣传贯彻《中华人民共和新婚姻法》，开展解放童养媳、反对包办买卖婚姻，提倡婚事新办等活动。1954 年，结合民主选举人民代表活动，宣传《中华人民共和宪法》。1955 年，宣传《中华人民共和兵役法》，推行义务兵役制。1966 年“文化大革命”爆发后，《中华人民共和宪法》及法律都受到严重践踏，群众法律观念随之淡薄。1985 年，全国开始实施第一个五年全民普法规划，永宁镇全面开展“十法一例”的普法教育。1991 年，开展以《中华人民共和宪法》为核心、以专业法为重点的“二五”普法教育活动。1993—1995 年，永宁镇配合“严打”斗争，举办轻微违法人员法制教育学习班。

1996 年 8 月，全镇开展 “三五”普法教育活动。通过学习宪法和一些日常生产、工作、生活涉及较多的法律法规，加强公民法律意识，让人们做到知法、守法、用法，依法维护自身的合法权益。

第十一章 政党群团

1933年，石狮区域正式成立中共石狮永宁区委，下设石狮、永宁、卢厝3个支部，并先后在岑兜、沙美、前埔3个村建立革命支点村。在中共泉州特别支部领导下，坚持革命斗争。中华人民共和国成立后，永宁建立镇（区、公社）中共委员会，同时发展基层组织，并逐步组建共青团、工会及妇女、农（渔）民等各界群众团体。这些组织在社会主义事业发展中发挥重要作用。近年来，镇党委坚持以“五好”为目标，不断加强各级党组织和领导班子建设，使基层组织的战斗力、凝聚力不断增强，被评为“泉州市五好党委”。先后有浯沙村支部被评为“石狮市先进党支部”，前埔村、郭坑村支部被评为“福建省先进基层党组织”。2013年，永宁镇党委书记张国钦被中共泉州市委评为“泉州市创先争优优秀共产党员”。2014年，张国钦又被中共福建省委授予“全省优秀党务工作者”称号。

第一节 中国共产党

一、地下党组织

1926年6月，共产党员董云阁从厦门回到家乡，在永宁一带组织农民协会，开展活动，播下革命火种。

1927年3月，邹恩明、辛边昌、林跃辉在永宁一带组织“反帝大同盟”，参加者有学校教师、学生及社会青年400多人。成立时，于宝盖山下虎岫寺集中，高呼“打倒帝国主义”等口号，会后分路游行示威。6月，惠安青年蓝飞凤等到永宁洋厝、金埭、沙美村等地小学任教。教学之余，还秘密组织农会，开展马克思主义宣传活动。

1933年春，卢彬郎在卢厝建立党支部，担任支部书记。秋，又先后建立中共石狮支部和永宁支部，同时，还建立团支部。

1934年初春，中共泉州特别支部在永宁、石狮、龙湖一带发展组织，建立中共石狮永宁区委。许立（许敬诚）任区委书记。组织委员卢彬朗，宣传委员卢明堂。下辖石狮、永宁、卢厝3个支部。5月1日，永宁区委发动永宁、卢厝、后杆柄的工人、农民捣毁国民党的交通设施及通讯设备，并组织党团员利用乡村演戏或群众聚集的场所散发革命传单、张贴宣传标语，大造革命声势。7月，中共泉州特别支部并入晋南县委，改为中共晋南县委东北区委，下辖石狮、永宁、卢厝及池店、塘头园坂等5个支部。

1937年5月，晋南县委遭国民党破坏。革命斗争走入低潮。

1944年，晋江县工委书记郑家玄回到曾经教书的岑兜村，公开以师生关系与原银江小学的进步学生建立联系，宣传革命道理。后又介绍地下党员刘廷都来此开展革命活动。后该村发展成为泉州、晋江党组织的地下活动据点。王经贤、刘祖丕、陈佑时、侯如海、许集美、郑秀凤、林金錬等同志也经常在岑兜活动。

同年，中共晋江工委在永宁西门外林朝石家建立联络点。

1946年2月，经郑家玄等人介绍，李自力、李逢佳，李贤清加入中国共产党，并成立中共岑兜支部，李自力任支部书记，开始恢复地下活动。他倡导成立银江学友会，以该会的名义写信给海外华侨，使抗战时期停办的银江小学复校，并推荐思想进步的李孟饴担任校长。接着吴身乒、丁建安、吴秀恋等地下党员陆续来校任教。同时，还积极与石狮联络点联系，领取《民主》《文粹》以及香港出版的《华商报》等进步刊物，广泛开展宣传。

同年，王经贤到沙美村开展工作，与林贵攀一起发展陈碧娥、卢维波等多户“掩蔽户”，掩护地下党员开展革命工作。

1946年冬，郑家玄、郑秀凤发动旅外侨胞赞助，以义务任教的方式在深埕创办玉庭小学，党组织先后派郑秀凤、李贤清、李素珍、许礼尚、吴池研、吕辉广、蔡文明等人到该校任教，开展地下革命活动，在此基础上，成立中共玉埕支部。之后，又在港东村创办东群小学，先后派李贤清、吴池研、蔡文明等人当教员，继续开展活动，并把工作扩展到港前、厝上等地。

1947年冬，王经贤与施能攀在永宁前埔开辟革命新据点。翌年春，在李乌香家建立联络点。

1948 年 8 月，王经贤在前埔李乌香家主持召开侨区党的干部会议，出席 20 多人。会议传达贯彻泉州中心县委会议精神，开展批评与自我批评小整风，分析形势，明确任务。同年，泉州中心县委召开后溪会议，决定撤销侨区区委，同时，以其所辖的永宁、复兴乡（现锦尚、蚶江一带）的党组织，建立中共塔山区工委，驻地前埔村，隶属于晋江县工委，书记施能初，组织施海滨，宣教施性镜。

1949 年初，塔山区工委在永宁沙美村成立中共沙美支部，卢长流任书记。当年 5 月 6 日，组织沙美村民反抗前来抓壮丁的国民党兵，打了一副班长，还缴了一些枪支，使其狼狈逃回。

同年 6 月 14 日夜 12 时，塔山区委施能初、施养宗率武工队 20 多人，攻打永宁镇公所和经征处，烧掉敌人公文、账册等。7 月，施能初调泉州中心县委参加接管训练，书记由施海滨代理，时组织委员施养尚、武装委员施养宗、民运委员施能攀。9 月 3 日，永宁解放。

二、党的领导机构

1949 年 8 月 31 日，晋江县城泉州解放。9 月 9 日，中共福建省第五地委召开第一次扩大会议，宣布张格心任中共晋江县委书记，原中共晋江县工委同时撤销。

1949 年 9 月，县委下设 10 个区工作队。驻永宁工作队指导员温致富。

1949 年 10 月，永宁编为第九区，驻地永宁北门，区委书记温致富（1949.10—1951.7）、梁子新（1951.7—1952.7）；副书记谷起仓（1950.6—1952.7）

1952 年 7 月，永宁编入十五区，驻地永宁小街。区委书记谷起仓（1952.7—1954.8）、于文忠（1954.8—1955.4）、蔡敦昇（1955 年 4 月—1955 年 9 月）；副书记施养宗（1952.7—1952.10）、蔡敦昇（1954.7—1955.4）、许锦章（1955.4—1955.9）

1955 年 9 月，改称永宁区委员会，驻地永宁小街。区委书记蔡敦昇（1955.9—1956.6）；第二书记黄礼准（1955.11—1956.6）；副书记许锦章（1955.9—1956.6）。

1956 年 6 月，永宁属莲塘区。驻地莲塘。区委第一书记吕辉广（1956.6—1958.3）、第二书记黄礼准（1956.6—1957.9）、第三书记许锦章（1956.6—1958.3）；副书记刘天相（1956.6—1958.3）、杨荣宗（1956.6—1957.10）、杨邦暖（1956.9—1956.10；1957.7—1958.3）。

1958 年 3 月，永宁从莲塘区析出，永宁乡党委驻地永宁小街。党委书记蔡敦昇（1958.3—1958.10）；副书记王曰成（1958.4—1958.8）。

1958年10月，永宁属石狮人民公社。公社党委驻地石狮。第一书记吕辉广（1958.10—1959.8）、陈孔才（1959.8—1960.5）、王人辉（1960.5—1961.6）；第二书记吴纪杭（1958.10—1960.5）、邵炳发（1958.10—1960.3）、庄金钩（1960.5—1961.6）、柯汉玉（1960冬—1961.6）；副书记陈荣再（1958.10—1961.6）、李水冷（1958.10—1960.1）、吴文桂（1958.10—1959.11）、王恢炮（1959.12—1961.5）、杨金堆（1960.7—1961.6）、施玉敦（1960.7—1961.6）。

1961年6月，永宁从石狮人民公社析出，成立永宁人民公社，公社党委驻地永宁小街，后迁西门外新址。公社书记黄礼准（1961.6—1963.2）、蔡敦昇（1963.5—1965.12）、邱定国（1966.1—1968.10）；副书记施玉敦（1961.6—1966.12）、王曰成（1962.4—1963.1）、王恢炮（1961.6—1968.10）、张时查（1966.1—1968.10）。

1966年5月，“文化大革命”开始，党组织瘫痪。1968年，永宁成立革命委员会。统揽党政大权。

1970年2月，永宁人民公社党的核心小组成立。组长许天赐（1970.2—1971.4）。

1971年4月，永宁人民公社党委会成立，党的核心小组撤销。公社党委书记许天赐（1971.4—1975.11）；副书记蔡明溪（1971.4—1976.10）、杨思崎（1975.11—1976.10）。

1976年10月，晋江县基层组织的领导班子开始进行调整和充实。公社驻地永宁西门外。党委书记施扶西（1976.10—1977.4）、杨仁宣（1977.4—1978.3）、林大朝（1978.5—1980.3）、林积赞（1980.7—1988.1）；副书记杨思崎（1976.10—1977.4）、林泽民（1977.1—1978.6）、李水冷（1977.4—1977.12）、王世汉（1977.4—1980.3）、陈文孔（1977.12—1978.12）、施培墩（1978.11—1983.9）、林积赞（1979.7—1980.7）、胡春木（1979.7—1982.12）、施育礼（1980.9—1984.10）、吴炳辉（1981.7—1984.8）、施至储（1982.5—1984.10）、蔡经泉（1982.12—1984.10）。

1984年10月，永宁镇人民公社改为镇建制，中共永宁人民公社委员会同时改称为中共永宁镇委员会。1988年石狮建市后原中共永宁镇第四届党委延续。该届党委下辖20个村（居）支部。党委书记林积赞（1988.1—1989.5）、吴炳辉（1989.5—1990.9）；副书记蔡经泉（1988.1—1989.5）、施至储（1988.1—1990.9）、黄辉煌（1989.6—1990.9）、杨其柱（1990.9—1990.10）、施健康（1990.9—1990.10）、李宁编（1990.9—1990.11）；纪委书记施健康（1990.9—1990.10）；委员：颜受友、许自卫、李宁编、邱家对、施性埭。

1990年11月25日，中共永宁镇第五次党代会召开。选举产生第五届党委会及新一届纪律检查委员会委员。委员8名：黄辉煌、杨其柱、施健康、颜受友、孙进荣、吴祖恒、施能权、李永智。镇党委第一次会议选举产生书记 1 名，副书记 2 名。届中正副书记有部分调整。党委下辖 20 个村（居）支部。党委书记黄辉煌（1990. 11—1993. 7）、刘京（1993. 7—1993. 11）；副书记杨其柱（1990. 11—1993. 7）、施健康（1990. 11—1993. 7）、颜受友（1991. 2—1993. 7）、孙进荣（1991. 7—1993. 11）、李转生（1993. 7—1993. 11）、王诗默（1993. 7—1993. 11）；纪委书记施健康（1990. 11—1993. 7）、王诗默（1993. 8—1993. 11）。

1993 年 11 月 20 日，永宁镇第六次党代会召开，选举产生第六届党委。委员 8 名：刘京、李转生、王诗默、孙进荣、庄文甲、魏初贡、施能权、章文新。其中书记 1 名，副书记 3 名。下辖 1 个居委会总支、23 个村（居）支部、3 个新经济组织支部。党委书记刘京（1993. 11—1995. 5）、李转生（代，1995. 5—1996. 10）；副书记李转生（1993. 11—1995. 5）、王诗默（1993. 11—1996. 10）、孙进荣（1993. 11——1996. 10）、纪委书记王诗默（1993. 11—1996. 4）、魏初贡（1996. 4—1996. 10）。

1996 年 10 月 26 日，永宁镇第七次党代会召开。选举产生第七届党委会。委员 10 名：李转生、王诗默、杨永裕、庄文甲、张英勇、陈丽影（女）、施能权、李贤古、魏初贡、施永忠。其中书记 1 名，副书记 4 名。下辖 1 个居委会总支、23 个村（居）支部、4 个新经济组织支部。书记李转生（1996. 10—1997. 6）、林一峰（1997. 6—1999. 2）、林强（1999. 2—1999. 10）；副书记王诗默（1996. 10—1999. 10）、杨永裕（1996. 10—1999. 10）、庄文甲（1996. 10—1999. 10）、张英勇（1996. 10—1999. 10）；纪委书记魏初贡（1996. 10—1998. 6）、曾庆宗（1998. 6—1999. 10）。

1999 年 10 月 17 日，永宁镇第八次党代会召开。选举产生第八届党委会。委员 9 名：林　强、朱　贤、林成佳、洪孝心、曾庆宗、施永忠、苏学艺、陈丽娜、吴　侯。其中书记 1 名，副书记 5 名。下辖 1 个居委会总支、23 个村（居）支部、4 个新经济组织支部。书记林强（1999. 9—2002. 1）、朱贤（2002. 1—2002. 10）；副书记朱贤（1999. 9—2002. 1）、施永忠（1999. 9—2001. 10）、林承佳（1999. 9—2002. 4）、洪孝心（1999. 9—2002. 4）、李密卿（2002. 1—2002. 10）、曾庆宗（1999. 9—2002. 4）、颜鸿瑜（2002. 4—2002. 10）；纪委书记曾庆宗（1999. 9—2002. 4）、吴荣伟（2002. 4—2002. 10）。

2002 年 10 月 30 日，永宁镇第九次党代会召开。选举产生第九届党委会。委员 10 名：杨华铿、李密卿、林忠民、许金钟、曾少嵘、黄丽雅、吴　侯、林积沪、蔡清汉、蔡清墩。其中书记 1 名，副书记 5 名。下辖 1 个居委会总支、23 个村（居）支部、4 个新经济组织支部。书记杨华铿（2002. 10—2006. 5）；副书记李密卿（2002. 10—2006. 5）、林忠民（2002.10—2006.5）、许金钟（2002.11—2006.5）、曾少嵘（2002.10—2006.5）、黄丽雅（2002.10—2006.5）；纪委书记曾少嵘（2002.10—2006.5）。

2006年5月29日，永宁镇第十次党代会召开。选举产生第十届党委会。委员11名：洪志扬、林忠民、蔡新群、许为民、陈世猛、庄绍河、林积沪、蔡清墩、邱宗财、洪奇树、李友接。其中书记1名，副书记 5名。下辖1个居委会总支、23个村（居）支部、4个新经济组织支部。书记洪志扬（2006.5—2011.6）；副书记林忠民（2006.5—2011.6）、蔡新群（2006.5—2011.6）、许为民（2006.5—2011.6）、陈世猛（2006.5—2011.6）、庄绍河（2006.11—2011.6）；纪委书记蔡新群（2006.5—2011.6）。

2011年6月15日，永宁镇第十一次党代会召开。选举产生第十一届党委会。委员9名：张国钦、林忠民、庄绍河、李祝坚、郑进锡、蔡加勉、颜建生、洪奇树、林雄飞。其中书记1名，副书记 5名。下辖11个机关党支部、1个居委会总支和24个村（居）支部、25个“两新”党支部（其中新经济组织21个，新社会组织4个）。该届党委书记张国钦（2011.06—2016. 6）；副书记林忠民（2011.6—2011.11）、王文挺（2011.11—2015.4）、蔡世鑫（2015.4—2016. 6）、庄绍河（2011.6—2013.5；2013.6提主任科员）、邱文伟（2013.6—2016. 6）、李祝坚（2011.6—2015.5）、蔡清墩（2015.5—2016. 6）、郑进锡（挂职，2010.9—2013.2）；纪委书记庄绍河（2011.6—2013.3）。另：施文进任镇企业委员会专职副书记（2014.12—2016.6）。

2016年6月4日，永宁镇召开中共永宁镇第十二次代表大会。选举产生第十二届党委会。委员9名：邱银河、邱汉清、纪华雄、刘福全、林再裕、邱竞芬、施文静、林文森、蔡育权。党委书记邱银河、党委副书记邱汉清、纪华雄、刘福全，纪委书记林再裕。（另：林曙燕任镇企业委员会专职副书记，庄绍河、丁思洪留任镇党委主任科员。）

三、党的村（居）基层组织

1952年，永宁编为十五区，下属1个镇、6个乡。在完成民主建政后，先后组建支部，并逐步在基层发展党员。之后，支部数量随着行政村的增多而相应增加。

1955年，又先后在各镇直单位建立支部，即梅林水产支部（建于1955年）、供销社支部（建于1956）、盐场支部（建于1958.10）、粮站支部（建于1960）、教委办支部（建于1977.9）、抽纱厂支部（建于1985.10）、派出所支部（建于1985.4）、企业办支部（建于1985.4）、国税分局支部（建于1996.9）。1994年，原有镇机关支部撤销，同时成立镇机关第一、第二支部。同年10月，中共永宁居委会支部升格为总支部委员会（下辖永宁居民区东区、西区和离退休干部三个支部）。

1995年，开始在新经济组织建立支部，有信义开发区支部（建于1995.11）、黄金海岸执勤点支部（建于1995.11）、梅林港发展有限公司支部、（建于1996.9）万事达橡胶电子有限公司支部（建于1996.11）等。

党的基层组织设书记、组委、宣委及若干委员。各村书记为专职，企事业单位书记大多兼行政或生产领导职务，个别为生产或工作一线人员。企事业单位党的班子常随行政职务调动而更换。村（大队）党组织成员相对稳定。

20世纪50年代至60年代初，各村（大队）支部书记名录如下：

1952年永宁镇支部书记黄登煦。联溪乡书记杨扶西。沙郭乡书记郭丕义，后郭烈志继任。梅港乡书记李天和，后佘明冰继任（下分二个支部：渔业支部书记李光能；农业支部书记邱季若）。三芳乡书记李正忠。双岑乡书记王志腾。

1956年6月，永宁属莲塘区，今永宁镇范围划为1个镇、2个乡。永宁镇书记佘明冰。子英乡书记李逢章，后佘明冰继任。联溪乡书记吴芳芬。

1958年，永宁属石狮人民公社，今永宁镇范围划为7个大队。永宁大队书记陈振荣。沙堤大队书记（农业）龚承目、后郭烈志继任；（渔业）龚丕尚。后杆柄大队书记杨荣炕。梅港大队书记蔡奕榜。洋厝大队书记李永律。子英大队书记李逢楚。外高大队书记蔡明援。

1961年6月，永宁从石狮人民公社析出，形成了今永宁镇行政区划。当时下属的13个大队也先后分开，析为21个村（居）。

50年代后期以来，各村（居）支部书记如下：

1.永宁居委会支部　成立于1957年7月。书记陈振荣（1957—1970）、郑延寸（1970—1977）、陈振荣（1977—1991）、陈增成（1991—1994）。

1994年10月，中共永宁居委会支部升格为总支部委员会，下辖永宁居民区东区、西区和离退休干部三个支部。书记庄文甲（1994—1996）、颜鸿瑜（1996—1997）、陈增成（1997—2011）。

（1）中共永宁东区支部委员会（1994年9月成立），书记陈增成（1994—2011）。

（2）中共永宁西区支部委员会（1994年9月成立）。书记陈焕补（1994—1997）、林佳耀（1997—2006）、高祖润（2006—2009）、郑志谋（2009—2011）。

（3）中共永宁离退休干部支部委员会（1994年10月成立）。书记许清标（1994—1999）、林长溪（1999—2006）、董帝恭（2006—2011）。

2011年4月，撤销永宁社区居委会东区等三个党支部，成立永宁第一至第四等四个社区居委会党支部。同时，分别选举各社区党支部组成人员，其中：

第一社区支部书记陈增成（2011——）。

第二社区支部书记郑志谋（2011——）。

第三社区支部书记林德雄（2011——）。

第四社区支部书记邱建雄（2011—2012）、高荣厚（2012—2015.8）、邱尚木（2015.8——）。

2.梅林村支部　成立于1961年10月。历届书记：蔡奕榜（1960—1965）、李意杉（1965—1977）、邱季耀（1977—1978）、李剑秋（1978—1991）、李清渔（1991—1997）、李光荣（1997—2012）、李允照（2012—2016.4）、陈钟铭（2016.——）。

3.港边村支部　成立于1961年10月。历届书记：佘明炒（1960—1963）、佘明冰（1963—1965）、许国志（1965—1968）、李华忠（1968—1976）、许国志（1976—1980）、李德从（1981—1994）、李德世（1994—1997）、佘明狮（1997—2000）、张祖对（2000—2009）、李垂猛（2009—2012）、郭其福（代支部书记、2012—2013.2）、张宗飚（2013.2——）。

4.外高村支部　1961—1980年，外高与浯沙合为外高大队。1961年10月，外高支部成立。历届书记：蔡明援（1960—1980）、高武铺（1980—1983）、高海安（1984—1997）、高联才（1997—2015.8）、高铭善（2015.8——）。

5.浯沙村支部　成立于1981年3月。历届书记：陈天培（1981—1991）、施天锥（1991—2009）、蔡上坚（2009—2015.8）、蔡上海（2015.8——）。

6.金埭村支部　成立于1961年10月。历届书记：李子均（1960—1964）、刘贤造（1964—1970）、黄天恩（1970—1977）、刘贤造（1977—1979）、刘以要（1979—1997）、王人赞（1997—2006）、刘金榜（2006—2015.8）、黄金矿（2015.8——）

7.沙堤村支部　成立于1961年10月。历届书记：龚丕招（1960—1980）、龚显勤（1980—1993）、李贤古（1993—1994）、董海彬（1994—2003）、龚显勤（2003—2005）、龚诗赞（2005—2012）、龚建民（2012—2016.4）、龚万雄（2016.4——）。

8.下宅村支部　1961—1979年，下宅与郭坑合为下宅大队。1961年10月，下宅村支部成立。历届书记：张木水（1961—1970）、王人富（1970—1977）、张木水（1977—1979）、蔡泽州（1979—1991）、卢远厚（1991—1997）、陈奕川（1997—2003）、王庆良（2003—2015.8）、王和狮（2015.8——）。

9.郭坑村支部　成立于1979年11月。历届书记：郭文坛（1979—1991）、郭向农（1991

—1994）、郭国涵（1994—2000）、郭自力（2000——）。

10. 后杆柄村支部 1961—1984 年，后杆柄与院东、郭宅、山边合为后杆柄大队。1961 年，后杆柄支部成立。历届书记：杨荣炘（1961—1964）、杨荣埭（1964—1971）、洪元灿（1971—1988）、杨清满（1988—1994）、杨志勇（1994—2012）、李明媛（2012——）。

11. 院东村支部 成立于 1984 年 9 月。历届书记：吴芳铁（1984—1994）、黄传糊（1994—1996）、卢远再（1996—1997）、吴绵兴（副书记主持工作，1997——2003）、吴天灌（2003——）。

12. 郭宅村支部 成立于 1984 年 9 月。历届书记洪元灿（1984—1997）、卢世传（1997—2009）、洪祖集（2009—2015.8）、洪清溪（2015.8——）

13. 山边村支部 成立于 1984 年 9 月。历届书记：蔡宗钦（1984—1987）、吴福开（1988—2000）、吴墩碧（2000—2003）、吴亲勇（2003—2008）、邱允育（2008—2012）、吴建国（2012——）。

14. 西岑村支部 成立于 1961 年 10 月。历届书记：王志杏（1961—1966）、施能捌（代书记，1966—1968）、王志杏（1968—1978）、王志坪（1979—1980）、王正央（1980—1997）、林英杰（1997—1999）、施能棍（1999—2012）、王煌彬（2012——）。

15. 子英村支部 成立于 1961 年 10 月。历届书记：李逢楚（1961—1977）、李重汉（1978—1979）、李德川（1979—1996）、李清烽（1996—1998）、邱永乐（1998—2004）、李天景（2004—2009）、李绵绵（2009—2015.8）、李恒情（2015.8——）。

16. 前埔村支部 成立于 1978 年。历届书记：施海汀（1978—1985）、施纯忠（1985—1994）、施天示（1994—2002）、蔡文聘（2002——）。

17. 沙美村支部 成立于 1961 年 10 月。历届书记：卢文水（1960—1968）、卢文水（1976—1979）、卢远芳（1979—1997）、卢文约（1997—2000）卢建筑（2000—2006）、卢文共（代书记，2006—2009）、卢建筑（2009—2012）、卢连环（2012——）。

18. 洋厝村支部 成立于 1961 年。历届书记：李永律（1961—1965）、李垂初（代书记，1965—1979）、李永律（1979—1981）、李焕洋（1981—1984）、李长炎（1984—1993）、佘志伟（1993—1994）、李焕阳（1994—2000）、李金权（2000—2003）、李超然（2003—2015.8）、李文龙（2015.8——）。

19. 西偏村支部 1961—1980 年，西偏与塔石合为西偏大队。1961 年，西偏村支部成立。历届书记：龚清坎（1961—1964）、龚水挺（1964—1970）、卢共栽（1970—1976）、李圣瑞（1976—1985）、龚诗堆（1985—1991）、龚清奖（1991—1994）、龚永康（1994—

1997）、龚宗程（1997—2006）、龚维陆（2006—2012）、龚宗程（2012—2015.8）、龚英雄（2015.8——）。

20.塔石村支部　成立于1981年9月。历届书记：李圣瑞（1981—1985）、李联才（1985—2000）、李文曙（2000—2012）、李文曙（2012—2015.8）、李国华（2015.8——）。

21.新沙堤村支部　成立于1995年5月。历届书记：董启狮（1995—1996）、吴国钦（1996—1999）、龚书勇（1999—2006）、李长灿（2006—2009）、洪清跃（2009—2015.8）、龚振育（2015.8——）

四、党员

1．党员构成　石狮建市以来，永宁镇围绕市委的中心工作和自身建设需要，按照党章和《中国共产党发展党员工作细则（试行）》要求，做好发展党员工作。2008—2010年，共发展党员79名，其中女党员29名，占总数37%；35岁以下党员57名，占总数72%；大专及以上30名，占总数38%；新发展“两新”（新经济组织和新社会组织）党员17名，占总数22%。

至2010年底，全镇有党员1307名，以本地的农村党员为主，占总党员数90%以上；男女比例4 ：1左右；党员平均年龄48周岁，其中35周岁以下431人，占党员总数32.73%；高中及高中以上学历589人，高中以下728人；汉族1289人，回族28人。

2.党员教育　党的基层组织历来有正常的对党员进行思想政治教育的制度，主要是学习党的文件和民主生活会。1965年下半年进行清政治、清经济、清思想、清组织的社会主义教育运动。1978—1979年，开始纠正“文化大革命”所造成的部分党组织和党员思想混乱、党风不正、纪律废驰的状态。改革开放后，公社党委把教育党员、干部抵制资产阶级思想的侵蚀作为重点，组织学习《关于开展做一个合格的共产党员的教育训练意见》。1980年组织学习县纪委通报表扬永宁公社梅林大队党支部在反走私斗争中发挥战斗堡垒作用先进事迹。1989—1990年，开展以反对资产阶级自由化为中心内容的政治形势教育。1993—1995年，重点组织邓小平理论的学习。1996年，开展学习孔繁森先进事迹活动，加强世界观、人生观、价值观教育，树立全心全意为人民服务的公仆意识。1997组织学习《讲学习、讲政治、讲正气》等文件。自2000年12月开始，开展为期两年的“三个代表”重要思想学习教育活动。2003年，镇党委开展“是执政为民，还是执政为已”的大讨论。2006年以来，镇党委组织学习实践科学发展观，深入开展创先争优及“两强化两提升”活动，加强反腐倡廉教育，增强廉洁从政意识，进一步健全落实保持共产党先进性教育长效机制。

五、党的纪律检查

根据上级纪委关于严肃查办案件的要求，镇纪委坚持“惩前毖后、治病救人”的原则，在镇党委的指导下，慎重地查办一些案件。

20世纪90年代，实行“两公开一监督”制度，妥善处理三件同广大人民群众切身利益相关的大事。1989年10月，在发生轰动全市的“倒会”事件后，促使“清标”工作较顺利地进行。1994—1996年三年中，处理违反计生工作的党员、干部7人，其中受党纪处分的2人，建议给予政纪处分、开除公职留用的4人。查清3位同志存在不同程度违规建私房问题，分别给予党内警告处分，对多占地部分给予拆除、罚款等处理。

2006—2011年，办理上级转办的信访件26件、领导的批件1件，做到调查深入、反馈及时、处理到位。共立案查处违纪案件7件，其中经济案件2件，计划生育案件2件，安全生产案件2件，农村“三资”案件1件，均已办结。在市纪委查办的村村通自来水工程案件以及镇纪委本级查办的案件中，对违法违纪的党员干部进行党纪处理，其中：受开除党籍处分4人，留党察看1人，党内严重警告2人，党内警告11人。

第二节 共产主义青年团

一、共青团组织及其活动

1933年，共青团泉州特别支部在永宁建立团支部，传播革命思想，发动广大青年参加抵制日货活动。

中华人民共和国成立后，永宁镇建立青年团基层组织，隶属于晋江县团委。时永宁镇民兵有90%以上是青年，他们在支前、剿匪及巩固海防的斗争中，立下卓著功勋。1979年，沙堤村团员、青年组成青年突击队，在沿海沙滩、河丘、荒地，造林135公顷，种树2000多万株，成活率99%，该防护林被省团委命名为“共青林”。该村团员龚丽卿获全国新长征突击手称号，1984年出席共青团福建省第7次代表大会。1965年，在全县开展“学大寨、学音西”的群众运动中，镇团委发动各大队共青团员组成青年突击队，在宝盖山麓安营扎寨，建设青年水库。水库于1967年竣工，总库容54万立方米，坝高10.6米，灌溉面积约335公顷。

石狮建市后，镇团委引导青年走多层次的农业综合开发路子，创办养猪场、蔬菜基地。还把学雷锋活动和青年志愿者活动结合起来，开展以“真情暖人心、热心献社会”为主题的各项活动。为保一方平安，组织青年志愿者治安巡逻队，预防和制止治安案件的发生。同时，组织开展各项社会公益活动，如义务植树造林、修筑公路、清扫卫生、成立青年科技推广小组服务农业生产等。1995 年，镇团委相继在闽南黄金海岸度假村、郭宅石材制品厂、日东升体育用品公司、立群笔业有限公司等企业建立团支部。

进入 21 世纪，镇团委学习贯彻“三个代表”重要思想，围绕上级党委政府的中心工作，团结广大团员青年，为两个文明建设贡献青春和力量。永宁镇辖区内有太阳风文化促进协会、太阳风青年志愿者服务总队、雅韵文艺协会、鳌城谜社、绿洲读书社永宁分社等一批社团组织。永宁团委加强与社团之间的交流，举办一系列活动，捐助贫优生、关爱病残老人、关注贫困户、计生宣传等。在抗击“非典”工作中，团委组织青年志愿者配合退休老医师，深入到各村（居）宣传防治非典知识，开展义诊活动。镇团委于 2003 年 6 月被团中央授予“全国五四红旗团委”称号。

二、少年儿童组织

1951 年初，永宁行实小学首先组建少年儿童队，首批队员 30 多名，之后，各小学陆续组建少年儿童队。后改称少年先锋队，成为中小学 9～14 周岁学生的群众性组织。

少先队由共青团领导。以校组成大队，设大队部。以班级组成中队，下分小队。学区（教委）设辅委会，有专职总辅导员负责。校大队聘总辅导员，中队聘辅导员。

1996 年 7 月，教委辅委会与镇关工委联合举办少先队夏令营活动，永宁中心小学等 9 所学校 40 名少先队员与关工委的校外辅导员、解放军战士和教委办的 10 位同志参加。其间举行爱国爱乡、当好小干部、学雷锋等讨论，还瞻仰李子芳烈士故居、参观黄金海岸、朝天寺、虎岫寺等旅游景点，及金泰克制衣厂。还举行野炊，组织 16 步舞蹈培训，并于闭营式举行文娱演出。

2001 年，全镇少先队员 4574 人。后因生数逐年减少，至 2010 年为 2927 人。辅委会充分挖掘永宁乡土资源，结合重大节日，开展一系列爱国主义教育和技能训练活动。并于每年清明节，邀请关工委老同志讲述革命先烈生平，开展祭扫烈士墓活动。

第三节　群团组织

一、工会

民国 15 年（1926 年）后，工农民主运动蓬勃开展。当时，永宁及附近乡镇有关行业的一些职工、工人纷纷加入行业工会。1937 年 9 月，永宁一些工人、职工踊跃参加晋江县总工会组织的抗敌后援队和晋江县码头工会组织的抗日武装纠察队，在永宁等地巡查日货，开展抗日救亡运动。1948 年 3 月 1 日，梅林村成立渔业工会。

1955—1956 年，晋江县公安局在永宁设立分局，因台湾国民党飞机常常来轰炸，由公安分局治安科牵头成立永宁工人纠察队，队部建在西里宅的一排木屋，大部分队员由竹器社和理发社工人组成。他们白天忙于做工，一旦响起警报，立即放下工作，到永宁街指挥群众疏散。后纠察队改散，大部分队员编入永宁工交民兵排。

1998 年 6 月 8 日，永宁镇工会成立。会长李永智。届时，全镇已组建新经济组织工会 120 多个，覆盖企业 122 家，其中组建外资企业工会 32 家，乡镇企业工会 80 家，私营企业工会 12 家。职工总人数 1 万多人，会员 4000 多人。2007—2010 年新成立工会 80 家，共成立工会 240 多家，会员已达 8000 人。同时，积极推动工会规范化建设，不少工会建有乒乓球室、台球室、棋牌室、健身室、会议培训室等活动场所。郭宅村工会、沙堤村工会、永宁社区工会、金埭村工会、鹏程实业公司工会、诗威琪服饰公司工会、大帝实业公司工会、永前建材公司工会、雷腾服饰公司工会、黎祥食品公司工会经评比均获很好的成绩，受到石狮市总工会的表彰。镇工会组织全镇企业参加“安康杯”竞赛活动，有 120 家企业计 8000 多人参赛，黎祥食品公司被省总工会授予“安康杯”竞赛先进单位。镇工会落实“培训、维权、帮扶”三大工程，参与调解劳资纠纷、追讨欠薪，切实维护职工的合法权益。镇工会还宣传组织企业参加职工医疗互助活动，切实解决职工就医问题。

二、农（渔）民协会

民国 15 年（1926 年），中共党员董云阁、兰飞鹤在永宁一带发动农民，组织农民协会，开展减租减息斗争。

1949 年 9 月，晋江县第九区工作队到永宁，首先建立永宁镇农民协会，具体任务是支前剿匪、巩固政权、宣传发动群众、在贫雇农中培养积极分子和干部，为农村建党建政打下基础。时永宁镇农会主任黄来成，后高武默、陈焕民先后继任。不久，各村农会相继成立。联溪乡农会主任杨邦狮，后吴联曲继任；沙郭乡农会主任龚显顺；梅港乡渔农会主任李大建 ；洋沙乡农会主任卢水土；三芳乡农会主任王海清；双岑乡农会主任王志腾。农民协会带领广大农民进行土地改革，建立民兵队伍以及配合上级各项中心工作。

随着土地改革的胜利完成，乡村政权相继建立，农民协会活动逐渐消失。

1965 年 2 月，永宁公社下属各大队曾成立贫下中农协会，以发动广大贫下中农参加社会主义教育运动。后“文化大革命”开始，贫下中农协会活动即告停止。

三、妇联会

大革命时期和抗日战争年代，在中国共产党和爱国进步妇女的发动下，永宁组织妇女参加军训队、救护队，为抗日救国贡献力量。解放战争时期，永宁侨乡妇女参加“反三征”斗争，掩护、支持中共地下组织和游击队为石狮的解放作贡献。

1952 年，永宁镇妇联大力宣传贯彻《婚姻法》，引导广大妇女废除封建包办、买卖婚姻，实行婚姻自由、男女平等。1953 年，发动和组织广大侨眷侨属参加生产劳动，改变“嫁侨吃侨”的旧俗。中共十一届三中全会以来，永宁公社妇联组织广大妇女开展“三八红旗手”、“五好家庭”、“五讲四美”活动。沙堤村李乌谅 1983 年被授予全国“三八红旗手”称号、1984 年被中共福建省委、省人民委员会授予“福建省农业先进工作者”称号。

改革开放后，镇妇联会组织妇女投入社会主义经济建设和精神文明建设。激励广大妇女争做“四自”（自尊、自信、自立、自强）、“四有”（有理想、有道德、有文化、有纪律）的新女性。1991 年，沙堤龚丽影被评为“福建省双学双比先进个人”。1993 年沙堤妇代会被评为“全国拥军模范单位”、同年被省评为先进妇女组织“六好”妇代会、郭金宝被授予“省三八红旗手”称号。1998 年，镇妇联主席陈丽影被评为“省基层妇女组织建设先进工作者”，港边村鸿源电子有限公司黄碧玉被授予“省个体工商户、私营企业五好文明家庭”。 2012 年，沙堤村被评为“全国妇联基层组织示范村”。

石狮建市后，永宁镇妇女联合会历届主席：

第八届主席陈丽影（1990—1994. 1）。第九届主席陈丽影（1994. 1—1996. 9）。第十届主席陈丽影（1996. 9—1999. 8）。第十一届主席黄明瑄（1999. 8—2000. 8)，其间因黄明瑄工作调动，蔡雅旋继任。第十二届主席蔡雅旋（2002. 8—2004. 3)，其间因蔡雅旋工作调动，施旭红继任。第十三届（2007. 8—2012. 3）主席黄丽蓉。第十四届主席黄丽蓉（2012. 3—）。

2010 年，永宁镇妇联会下辖 21 个村级妇代会，并在日东升体育用品有限公司、宝塔服装、利德利皮革厂、鸿达制衣、新光工艺、冰岛酒楼、讯菱电子等 7 家企业中组建妇委会。

四、老年人组织

离退休干部领导组　1987 年，离退休干部领导组成立。领导组每年组织慰问病灾的老同志，并于年终举行团拜会，由镇党委向离退休干部通报全年工作情况，并向七十、八十高龄老干祝寿。1997 年，开展创建文明镇活动中，成立镇容督导队，每天上街检查督导镇区街道的环境卫生和商家门前“三包”、纠正群众的不文明行为，先后评出 100 多户卫生之家，促进创建“永宁卫生镇”工作的深入开展。

离退休干部领导组历届组长由镇组委兼任。常务副组长：第一届卢长流、第二届佘琦、第三届林长溪（1994.1—2010.8）、第四届李正木（2010.8—）。2010年底，计有离退休干部234人，其中男134人、女100人。有教育系统148人、科级干部7人、其他企事业单位79人。

老龄工作委员会　成立于1994年，下辖21个行政村（居）老年协会。协会在提倡移风易俗、推动新村建设、支持公益事业、调解民间纠纷，引导老年人开展有益身心健康活动、以及开展评选"敬老文明家庭"等活动中，取得显著成效。

关心下一代工作委员会　成立于1994年，并于各村居、学校建立关工委基层组织。主要工作是向校内外青少年进行爱国主义、革命传统、普法和德育等方面的教育。1997年，组成"关工委报告团"，深入到各中小学，进行40多场宣讲，听讲师生达1.3万多人次。1998年2月，被泉州市关工委授予"关工委工作先进集体"称号。2009年，永宁中心小学关工委小组创办"校外教育辅导站"，成绩突出，于2010年被评为"泉州市关工委先进单位"。

老年学校　成立于1994年3月，坚持每月定期开课，授课内容包括政治、时事、养生保健、医学常识等课程。每堂课均有100多人参加。2000年8—9月，学校组织5个宣讲团，分赴各村居26个老年协会宣讲"三个代表"重要思想和"台湾海峡局势"。受到各村老人的欢迎。

老体协　1997年，老体协成立。推行《全民健身纲要》，发动老年人参加体育健身活动，参加人数由开始镇区20多人发展到现占全镇老年人50%。范围由镇区扩大到50%的村居。健身项目由单项太极拳增加到太极拳、太极剑的"太极系列"。木兰拳、剑、扇的木兰系列及气功、门球、汽排球、象棋、集体舞、慢跑等，群众性健身活动蔚然成风。镇老体协先后5次被评为省、泉州市、石狮市的达标单位和先进单位。

第十二章　军　事

永宁乃闽海重镇、兵家要地，军民有抗击外寇的光荣传统。数百年来，先后抗击毗舍耶、倭寇和日本军国主义者，表现出顽强拼搏、不屈不挠的英雄气概。

中华人民共和国成立后，永宁地处海防前线，又陆续新建一些军事防御设施，成为福建东南新的海防屏障。沿海民兵与驻军部队密切配合，进行联防活动。石狮建市后，驻军部队开展“军民联防”“军民共建”活动，军政民共同为建设社会主义物质文明和精神文明作出新贡献。

第一节　驻军与防御设施

一、宋代

南宋乾道七年（1171年），毗舍耶（今属菲律宾）海盗经常袭掠泉州沿海乡村，海道不靖。次年，为加强海防，打击海盗。朝廷在滨海“水澳”设置水寨，拨兵戍守，取名为“永宁寨”，意在“永保安宁”。初为省辖。驻有水军60人，其主体为左翼军（禁军），由设于泉州的“殿下前司左翼军统制厅”统领。嘉定十一年（1218年），真德秀出任泉州知州。翌年，福建沿海“海盗不时出没，米商舶贾，间遭劫掠”，而左翼军不受州郡统摄，出现“教阅尽废，纪律荡然”，“守臣亲出救援，将士偃然，不肯用命，必邀重赏，而后肯前”之弊。经真德秀申报枢密院，朝廷令左翼军“各随所在，听州、县守令节制，本寨事并申取州县指挥”。

改归泉州节制后，沿海防务有较大发展。为加强永宁寨水军追击海寇的作战实力，真德秀决定移宝林水军，添屯永宁、法石两处。通过调整，永宁寨由原来步兵百人、水军50人，改为水军百人，步兵50人，又招募梢工、碇手40名，皆“海滨强壮轻捷、习熟风涛之人”。为鼓励士兵携同家属安居海隅、捍卫边塞，真德秀又对原有旧军舍进行展拓，每3间并作2间。即将150间并作100间，另新造20间。可使军人“子孙生长其间”，从小培养成“惯使舟楫之人”。从而开创军屯和移民戍守永宁寨的新方式，亦即以后明代永宁卫城的世袭兵制度之初始。此外，真德秀又添造将官房舍及寨屋40间，以改善官兵及其家属的居住条件。

二、元朝

元朝于永宁港边设置巡检司，明洪武廿年（1387年）建永宁卫，巡检司移到深沪。元代驻军数量未见记载。

三、明朝

明初，倭患频仍，于泉州、晋江、惠安、同安一带甚为猖獗。倭寇所至，烧杀劫掠，人居一空，地方受害至剧，引起朝廷关注。明太祖朱元璋为靖安东南海疆，洪武二十年（1387年），命江夏侯周德兴到福建巡视。并在福、兴、漳、泉4府实行“三丁抽一”（即三个男丁抽一丁为兵士），共抽兵士1.5万人，戍卫福建沿海卫所。同时规划在永宁建城。翌年二月，设置永宁卫指挥使司，开始动工建造永宁卫城。“环城周长八百五十丈，基广一丈五尺，高二丈一尺。窝铺三十有二。为门五：南曰金鳌、北曰玉泉、大东曰海宁、小东曰东瀛、西曰永清，各建城楼其上。城外壕广一丈六尺。间碍大石，深浅不同”。负责建城者童鼎，其父童聚为周德兴部将，于“洪武十八年除授福建都司泉州卫指挥佥事”。同时，永宁卫各项配套设施亦陆续动工。据道光《晋江县志》载：城内建有指挥使司，仪门内之东有架阁库，西有军器库。卫堂之左有钟、鼓楼。卫堂之右有经历司。镇抚厅在卫北门内之右。监房在西廊之后。左千户所在卫西谯楼之左。东西两廊，列十百户所。右千户所在卫西门内之右。中千户所在卫东南小东门内。前千户所在卫南门之右。后千户所在卫西谯楼之右。公馆在卫城西门内，为上司及使客馆寓之所。收料库在卫西廊。军器局在卫城中、城隍庙左。教场在大东门之东，永乐四年移置卫城西门外坡上，中为演武亭。成化十七年增建左右翼房，绕以周垣……”

继后，卫城工程又多次增建完善。永乐十五年（1421年）都指挥谷祥增高城垣三尺，门各增筑月台。正统八年（1443年）都指挥刘亮、同知钱辂于各门口增置敌台。至此，卫城规模乃成。

1. 永宁卫编制

明代，福建设有两个都司，福建都司和福建行都司，共辖 13 个卫和 19 个守御千户所。永宁卫属福建都司，隶属前军都督府。下设左、右、中、前、后 5 个千户所。按明朝卫所建制，一般是州、县设所，若干州县置卫。大体以 5600 人为卫、1120 人为千户所，112 人为百户所，百户所以下设总旗 2，小旗 10。每个总旗辖 5 个小旗，每个小旗领军士 10 人。但永宁卫城内实际配备旗兵 6935 名，加上卫城外五个防御千户所兵员 5793 名，合计 12728 名，兵力相当于通常的两个卫。此乃当时永宁卫海防位置之重要的见证。

当时，永宁卫城内各千户所及营房情况：左千户所，营房 850 间，在海宁门东街；右千户所，营房 840 间，在永清门西直街；中千户所，营房 849 间，在东瀛门东南街；前千户所，营房 840 间，在金鳌门南街；后千户所，营房 849 间，在玉泉门北街。

2. 永宁卫指挥机构

指挥使 1 员（正三品），又称掌印，负掌理一卫之事。

指挥同知 2 员（从三品）、指挥佥事 4 员（正四品），分理屯田、验军、操营、巡捕、漕运、备御、出哨、入卫、戍守、军器等军务，统称“见任管事”；不任事入队，称“带俸差操”。每遇战事，则率领所属军士，听主帅调度指挥。

知事 1 员（正八品）。

明初，军队实行“世兵制”，军兵单立军藉，父死子代，世代相袭。军官如此，士兵亦然。在万历以前，永宁卫指挥使实际上是由阚、干、杨三家轮流担任。杨家只有正统至天顺间的杨春、杨兴、杨晟祖孙三代任此职。而阚、干两家则是长期袭此职。阚家首任此职者是洪武时阚义，和州人，以功升任。至万历时，阚家世袭任此职者有：阚俊（义子）—阚玉（俊子）—阚瑄（玉子）—阚珍（瑄子）—阚钺（珍子）—阚钟（钺弟）—阚怀韬（钟子）。

另一姓干氏，永乐时干八秃帖木儿首任此职，为顺天府通州宝坻人。其后，干八秃家改姓干，后裔袭此职者有干勇（八秃子）—干殷（勇子）—干泰（殷子）—干辅（泰子）—干伟（辅子）—干以临（伟孙）。

明永乐十五年（1417 年），郑和第五次下西洋，“从苏州刘家港入海，至泉州寄泊”，永宁卫指挥使干八秃帖木儿曾带领卫城官兵参加郑和船队。任务完成后，返回卫城任职。据现存于北京故宫明朝《卫所武职选簿》记载，郑和奏请为沿海卫所将军参加下西洋立功者授爵，其中永宁卫 8 人，泉州卫 4 人。永宁卫授爵将军有：

指挥使司：指挥使干八秃帖木儿（宝坻人）；指挥同知钟宣（善化人）；指挥佥事李实（凤阳人）。

左千户所：副千户潘佑（东平人）；副千户宋德（安肃人）；百户徐海（全椒人）；百户李忠（大兴人）。

中千户所：正千户穆斌（合肥人）。

3. 千户所指挥机构

正千户 1 员（正五品），副千户 1 员（从五品），1 人掌印，1 人佥书，称“管军”。掌印千户常常一人兼掌数印。

镇抚 1 员（从六品），职权为处理军中的刑狱，若无刑狱，则兼管军士，若百户缺额，可以代补。

每千户所各有百户 10 员（正六品）。凡军政事务，“卫下于所，千户督百户，百户下辖总旗、小旗”，统率其属军士听从号令。

4. 卫城下设 5 个守御千户所

崇武守御千户所：位于惠安县东南（由原小兜巡司址新置）。配置操海屯种旗军 1221 名。下移置 4 个巡检司：峰尾巡检司，在惠安县东北，原沙格巡司移此；小岞巡检司，在惠安县东南，原小兜巡司移此；黄崎巡检司，在惠安县东，原德化清泰巡司移此；獭窟巡检司，在惠安县南獭窟岛，原南安芦溪巡司移此。

福全守御千户所：位于府城东南 43.5 千米。配置差操屯种旗军 575 名。下移置 4 个巡检司：围头巡检司，在晋江县东南，原永春陈岩巡司移此；乌浔巡检司，原安溪大西坑巡司移此；深沪巡检司，在晋江东南，原府南港边巡司移此；祥芝巡检司，在晋江县东，原石湖巡司移此。

中左守御千户所：位于同安县嘉禾屿（即今厦门岛）。配置差操屯种旗军 1204 名。

金门守御千户所：位于同安县浯州屿（大金门岛）。配置差操屯种旗军 1535 名。下移置 5 个巡检司：田浦巡检司，在浯州屿北，原安溪源口渡巡司移此；官澳巡检司，在浯州屿北，原德化东西团巡司移此；峰上巡检司，在浯州屿东，原南安莲河巡司移此；陈坑巡检司，在浯州屿东，原晋江石井巡司移此；烈屿巡检司，在烈屿（小金门岛），原南安澳头巡司移此。

高浦守御千户所：位于同安县西南 30 千米。配置操海屯种旗军 1258 名。下移置高浦和塔头（在厦门岛）2 个巡检司。

5. 永宁卫防御体系

永宁卫城内各千户所旗军分作三部分：征操军、屯旗军和屯种军。其中征操军又分两种：守城训练的见操军和出海守寨的出海军。出海军每年两班轮替出海守寨，称为“践更”。

上半年二月中旬至夏至为一班，下半年七月中旬至冬至为一班。守寨即守水寨。福建沿海防御体制是“陆设卫，海立水寨”。沿海水寨从北向南，有烽火寨、南日寨、浯屿寨、铜山寨。水寨有自己的舟师，但又与卫所联合防汛。其中浯屿寨有战舰48艘，兵1089名，但它与永宁卫、福全守御千户所和漳州卫联合防汛。晋江境内还辖有17个寨隘，其中15个寨军事上辖属永宁卫。它们是：吴山、中寨、坑尾、沙堤、新寨、尾寨、古云、沙浦、仓后、东店、尤溪、湖边、东埔、深芦、龙尾。此外，永宁卫还辖有龙坡等12个烽火燧。这样，以永宁卫为核心，联系周围同安、惠安5个守御千户所，以及海上水寨、陆上寨隘和烽火燧，构成守卫泉州门户的立体防御体系。大约在永宁建卫之后的150年间，泉州及附近地区得以保持社会安定，内地百姓也蒙受其福。

6. 永宁卫的给养

明前期军队实行自给制，以军屯的收入养活军队。永宁卫亦然。卫城建成初期，永宁卫屯田数额，不见记载。至万历时永宁卫屯田情况如下：左千户所屯田2所，计33.6顷，均在安溪县西南光德等里及永安等里；右千户所屯田4所，计67.2顷，一在晋江县西南之二、三都磁灶，一在南安县西三十都八尺，另有安溪县二所，一在县西北新溪等里，一在县东北来苏等里。中千户所屯田2所，计32.6顷，一在同安县东一、二、三都丰塘等处，一在安溪县西北新溪等里。前千户所屯田2所，计33.6顷，俱在安溪县东北崇善等里。后千户所屯田4所，计67顷，俱在安溪县，二所在崇善等里，二所在龙涓、三洋、南斗。

自给制下，屯军耕种的屯田，不仅要养活自己，还要交纳一定数量的“子粒”，供给军官和其他守城或操海士兵。因此，屯兵名为士兵，实乃兵农合一的国家佃农。以建文四年（1402年）的规定，每一屯军每年耕田3.33公顷，要交纳24石上仓。永宁城内有永宁卫仓（遗址即今“仓顶”），就是用来收贮本卫屯军交纳的正、余粮。正粮12石供本人支用，余粮12石为本卫官军俸粮。

7. 永宁卫防务的减弱

嘉靖年间，由于明朝军政日渐败坏，战备松懈，士兵逃亡严重，至万历时（1573—1620年）全卫军士已不及原额之半。

永宁卫下属千户所兵员数量变化表

表3—1

千户所名称	明前期军士人数	万历时军士人数			万历仅存原额百分比
		操海军	屯种军	小计	
附卫五所	6935	1394	783	2177	31.4%

续表 3—1

千户所名称	明前期军士人数	万历时军士人数			万历仅存原额百分比
		操海军	屯种军	小计	
崇武千户所	1221	602	194	796	65.2%
福全千户所	575	116	117	233	40.5%
金门千户所	1535	618	74	692	45%
高浦千户所	1258	588	201	789	62.7%
中左千户所	1204	684			56.8%
合　计	12728	5371			42.2%

据《泉州府志》载：时“太平日久，军政不修，逃歿（亡）日多，清勾无法，制额于是日减……屯因失额，操复缺伍，及至有事，乃抽选军户，以兼团练，谓之余丁军；招集市井无赖，谓之募兵。调于各省，谓之客兵；调之于湖广等处者，谓之狼家兵。又增派兵户丁粮于旧制之外以为一乡防守，谓之民兵、乡兵。太平无事之时，兵额虽减而粮额犹有余；一旦有事，兵不足则增兵，兵久费多而食又不足则增饷，皆一时不得已之权，而非国家经常之规矣。”由于防御体制遭破坏，终于导致嘉靖之后永宁城多次遭倭寇攻陷。

四、清朝

及至清初，永宁城的军事要塞作用已丧失殆尽。尤其是顺治十八年（1661 年）春，清政府颁布迁海令，强迫沿海居民内迁三十里，片板不得下海，违者处死，永宁卫城被拆，部分城石被运到杆头村建“杆头寨”。

康熙二十二年（1683 年），施琅率清军入台，郑氏政权归顺。按理应废迁界，整顿海防，但永宁卫城残破依旧。施琅曾令人在永宁筑一新城，不过规模太小，周围长仅 59 丈、宽 1.3 丈、高 1.65 丈。同年建外高寨 2 处，一于外高村“西埔尾”，另一处在该村东南隅，各长 19.7 米、高 3.16 米、宽 2.5 米，内可置炮数门。

康熙五十四年（1715 年），觉罗满保升任闽浙总督，奉命巡视海防。经实地调查，觉罗满保建议自乍浦至南澳整条海防沿线，需修复要塞 127 处，设置炮位 1178 位，方能达到捍卫海疆、保护内省的功能。朝廷准其奏，拨出库银，征发民夫，对东南海防逐一进行修复、加固。此时，觉罗满保会同福建巡抚陈瑸主持永宁卫城的修复工程。

修复后的永宁卫城，虽难于恢复昔日之雄姿，但也颇具规模，在泉州海防史上仍起着重要作用，朝廷也开始重视永宁卫城的地位，加强了卫城的军事力量。规定水师金门镇标左营拨出战船一只，士兵 35 名，驻守永宁、深沪、乌浔、东店等汛。到了乾隆七年（1742 年），福建陆路提督军门右营分驻永宁,配游击一员，把总一名。游击演武场设于西门外。

辖汛 10 处、兵 321 名、马 58 匹。据道光《晋江县志・兵制》记载：道光十年（1830 年）游击一员、把总一员“驻防永宁卫，辖汛 10，兵共 276 名，在本汛兵 182 名。内拨驻梅林汛，兵 10 名。沙堤汛，兵 13 名。厝上汛，兵 13 名。东店汛，兵 10 名。杆头汛，兵 20 名。邓厝汛，兵 5 名。仑后汛，兵 6 名。青石汛，兵 6 名。灵水汛，兵 5 名。前浦汛，兵 6 名。分防定公庵汛，辖汛 9，兵共 141 名，在本汛兵 40 名。内拨驻石亭汛，兵 10 名。深沪汛，兵 20 名。乌浔汛，兵 10 名。柳山汛，兵 6 名。沿山汛，兵 5 名。福全汛，外委 1 员，兵 20 名。石圳汛，兵 10 名，西仓汛，兵 10 名，后湖汛，兵 9 名。分防蚶江汛，辖汛 14，兵共 248 名。在本汛兵 100 名，内拨驻日湖汛，兵 20 名。祥芝汛，兵 20 名。古浮汛兵 10 名。五堡汛，外委 1 员，兵 10 名。石狮汛，外委 1 员 ，兵 6 名。水头汛，兵 10 名。浦边汛，兵 5 名。塘市汛，兵 4 名。青阳汛，兵 5 名。法石汛，外委 1 员，兵 10 名。鹧鸪汛，兵 20 名。径边汛，兵 10 名。后渚汛，兵 10 名。上庵汛，兵 5 名。”

五、中华民国

民国 8 年（1919 年）3 月，靖国军司令官黄华秋率兵驻扎永宁。

民国 9 年（1920 年）成立靖浙联军，部分入驻永宁。兵多饷少，时向民众摊派勒索。

民国 30 年（1941 年）3 月，晋江县国民兵团自卫大队第一中队进驻永宁，兵 125 员。

民国 34 年（1945 年）2 月 23 日，自卫大队第一中队驻永宁有军官 4 人、兵 88 员。上尉中队长为喻昭辉。配备轻机枪 2 挺、短枪 6 支、步枪 70 支、大刀 6 把、轻机枪子弹 1500 发、短枪子弹 270 发、步枪子弹 700 发、手榴弹 20 枚。中队驻永宁。第一分队一、二班驻深沪，三班驻围头，第二分队四班驻石湖，五、六班驻祥芝，七班驻梅林，九班驻沙堤。5 月，晋江县国民兵团永宁镇队所属洋沙、双岑、杆东、厝上、金沙、联溪、永清、玉东、梅港 9 个保队，皆配发保队印鉴。

六、中华人民共和国

中华人民共和国成立之初，部队借住民房。1951 年，陆军 28 军一个连进驻外高村，借住贻庆楼，后于该村建军营。1953 年，部队又于永宁北门、新城口、洋丹、港边、“孝女姑”、仓顶等地建军房，进驻高炮部队。1954 年，在永宁文祠一带建军事工地，设置警戒区。1957 年，高炮第 612 团奉命由青阳调驻永宁，作战 5 次，击伤敌机 1 架。

1961 年，永宁公社成立武装部，为晋江县人民武装部下辖基层单位。1977 年改为永宁镇武装部。1989 年 10 月，石狮市人民武装部成立，永宁镇武装部为其下辖基层单位。

1962 年，撤警戒区，建于永宁的六处军房的驻军也于同年先后撤离，军房改为附近中、小学临时课室。1963 年，守备部队于永宁西厝后和郭坑水库南侧建营房。1983 年，部队精简整编，撤外高军营。2000年，撤西厝后军营。现存有郭坑军营，常驻守备部队。

自1951年后，晋江县公安局便在永宁设置边防派出所，以后历经武装派出所、边防哨所、沿海派出所、边防派出所等体制演变。主要工作是发动群众，组织军警民联防体系，以防上防下为中心，进行反小股偷袭、反抓靠、反心战、反派遣及反外逃等沿海保卫工作。

1954年，台海局势紧张。12月，在梅林港设立船舶检查站。同年，设立晋江县公安局永宁分局，配置公安人员12人，址设北门。1956年8月，分局机构撤消，改为派出所，址迁西里宅。1958年再迁小街汉林楼南侧小楼。"文化大革命"期间，一度改名永宁公社人保组。1977年，复称永宁派出所。1979年搬迁到西门外"车头"新址。

1979年，晋江沿海边防工作进行调整，1980年，永宁成立边防部队派出所。1983年，梅林缉私中队队长邱国鉴被武警总部授予二级英模和"海上缉私先锋"称号，晋京出席英模表彰大会，受到党和国家领导人李先念等人的接见。

1989年2月30日，武警石狮市边防大队正式挂牌成立，下辖永宁、祥芝、蚶江3个边防派出所和梅林海上缉私中队。1996年11月9日，增设永宁边防工作站。主要担负沿海社会治安、船舶管理、台轮监护、打击走私贩私、贩枪贩毒、偷私渡和打击海外敌对势力的渗透及维护海上治安秩序等公安边防保卫任务。1999年，永宁边防派出所搬迁到永宁镇海石公园对面新址。多年来，该所曾被省人事厅、省公安厅评为"1999年度人民满意的科所队"；1999—2005年，三度被中国人民武装警察边防部队政治部评为"先进党支部"，并获公安部颁予"一级公安派出所" 称号。2001年被公安部边防管理局授予"标兵单位"称号。2004年，在公安边防工作和部队建设中成绩突出，荣立集体三等功。2006年，获共青团福建省委、省边防总队授予"青年文明号"称号，2008年，被省公安边防总队评为"全省公安边防部队执法示范单位"。

第二节　兵役与动员

一、兵役制度

有史以来，永宁服兵役出现过多种制度。宋代实行募兵制，永宁寨的禁军都是招募各地壮丁充当。明代实行世兵制，永宁卫军官多是随明太祖征战的有功将士。卫所军士，皆另立军籍。军户由国家分给土地，令其屯田自养，平时军士由卫所军官指导操练、屯田，一遇国家有事，则拨归兵部派遣的总兵统领。为保证兵员充足，把全体军人和"壮士有力之家"定为军户，世袭为兵。一人从军，一家便永远为军户，军丁不受地方行政机构管束。

清代，永宁所辖各汛驻军系招募汉人编成的绿营兵，也实行世袭制。民国时期，实行“征兵制”，政府颁布兵役法，规定国民服兵役的年龄，民国 27 年（1938 年）开始征兵。当时军队严重腐败，在民众心目中形象极坏，普遍不愿入伍当兵。民国 32 年，晋江县制订《制止逃亡壮丁暂行办法》，征集兵员实际是摊派强征，形成“抓壮丁”。抓到壮丁，先送镇公所关禁，后捆绑由武装的国民党兵押送到泉州集中关押，然后再由接兵部队押送到仙游或邵武新兵营训练，后再押解到江西等地前线。为逃避服兵役，众多男性青壮年逃往南洋，也有的“买丁”，雇人顶替。只有少数极贫穷者或亡命者当兵。

抗日战争时期，曾出现“志愿兵役制”，1939—1944 年，有一些青年自愿报名应征奔赴抗日前线。

抗战胜利后，民国 36 年征召新兵（中央军），晋江县计征 922 名，其中永宁镇 41 名。民国 37 年 3 月，闽南师管区永春团管区电令晋江县政府，征补福建省保安第二团兵额 52 名，其中永宁 2 名。下半年征召新兵，晋江县计征 980 名，其中永宁 40 名。

中华人民共和国成立初，实行“志愿兵役制”。1951—1955 年春，每年都有一批青年自愿报名参加人民解放军。1955 年 7 月 30 日，《中华人民共和国兵役法》正式颁布实施，兵员的征集由志愿兵役制转为义务兵役制，改个人自愿为依法尽义务。永宁适龄青年每年都踊跃报名应征，应征率都在 70%以上。据《石狮市志》统计表载：永宁公社（镇）1961 年应征入伍青年 12 人，1963 年 52 人，1965 年 60 人，1972 年 85 人，1974 年 50 人，1976 年 20 人，1984 年 17 人，1986 年 20 人，1987 年 19 人。

二、国防教育

永宁镇地处海防对敌斗争最前线，有开展爱国主义教育和国防教育的生动教材。1988 年，镇成立乡土资料编委会，发掘整理大量历史资料，进行全民国防教育，激发爱国主义热情。1989 年开始，全民国防教育列为镇党委的一项重要工作，每年民兵整组、征兵、建军节，都启动所有宣传阵地开展国防教育。镇离退休干部协会还组织人员，利用这些乡土资料编写爱国主义教材，供学校及有关单位参考。

1995 年，全国开展纪念抗日战争胜利 50 周年活动。镇举办座谈会，邀请“七·一六”惨案见证人，控诉日寇罪行，组织参观“贻庆楼”等惨案遗址、并安排离退休干部到各中小学宣讲日军在永宁的罪行。2005 年 7 月 16 日，全镇各界举行集会，纪念抗战胜利 60 周年暨“七·一六”蒙难 65 周年，市政协主席丁家全，市委常委、宣传部长李丽月，市委常委、武装部长丁东福，原市人大主任吴彦南、镇党委书记杨华铿，镇长李密卿等领导出席会议。参加大会的有永宁政协活动组、镇关工委、镇团委等组织成员、永宁边防、教委、中小学及各界代表。之后，每值“七·一六”惨案逢五、逢十（年），永宁各界均举行系列纪念活动、并到“纪念碑”敬献花圈，让爱国主义精神代代相传。

国防教育以中小学生为重点。20世纪90年代以来，驻永宁部队每年都派出人员，协助各中学进行军训。有的学校还邀请前来野营拉练的部队为师生上军史教育课。每年清明节组织学生祭扫革命烈士墓、请老干部为学生讲述烈士事迹。2008年董云阁烈士诞辰100周年、2010年李子芳烈士诞辰100周年，全镇均举行纪念活动，教育、激励学生。

泉州市、石狮市先后在永宁镇设立的爱国主义教育和国防教育基地有：李子芳烈士纪念馆，位于永宁镇子英村，以著名归侨烈士李子芳的英雄事迹为主要教育内容。董云阁烈士墓，位于永宁孝女姑。以归侨革命家董云阁为劳苦大众的解放而献身的光辉事迹为主要教育内容。永宁卫城遗址　以永宁军民不惧强敌、英勇抗击倭寇的历史为主要教育内容。拥军花圃，位于郭坑水库军营旁。以石狮市大妈拥军服务队事迹为主要教育内容。

三、军民关系

1950年初，人民解放军进驻永宁。部队执行“三大纪律八项注意”，受到广大群众的好评。西厝后营部卫生所刘军医，医德医术至今仍被附近群众所称道。早期农村文化生活贫乏，每次部队放映电影，都欢迎社员群众前往观看。

在加强海防的一线工作中，永宁军民互相支持，并肩作战，结下深厚情谊。1960年4月3—4日，驻军守备八师在外高村召开炮三连与三芳大队有74人参加的军民联防联建现场会议。由政治部主任李萍主持，听取炮三连副政治指导员刘宗贤和三芳大队大队长高铭钢分别介绍军民联防联建经验和3年规划；参观“军民联防联建成绩展览室”“军民图书室”“军民体育场”，以及民兵的新火炮操作射击、步枪实弹射击和军民业余文工队演出。

部队热情支援地方建设，每年开展“拥政爱民月”活动。20世纪80年代，承担永宁公路的拓宽修建和修筑桥梁涵洞任务。还派出人员，和沙堤村一道营造防风林带。每当地方发生台风险情，驻军部队接到求援信号，必立即赶赴现场，与正在和风浪搏斗中的干部群众会合，一起投入战斗。1984年，沙堤大队获福州军区“两省军民共建会”颁发的“先进单位”称号。

永宁镇新沙堤炮靶场，每年都有部队前来演习，为保障驻训部队圆满完成任务，镇武装部每次都提前做好准备，为部队提供饮用水、住房及用电保障。2009年7月，镇武装部长林积沪被中共福建省委、省人民政府、省军区评为“爱国拥军模范”。每年建军节及新春佳节，镇村单位都组织慰问部队活动。沙堤村被民政部、总政治部授予“拥军模范村”称号。

2000年初，泉州市举行双拥工作先进单位、先进个人表彰活动。永宁镇沙堤村委会被评为双拥工作先进单位、镇长朱贤被评为先进个人。

沙堤村拥军老妈妈李乌谅，直到2000年逝世，整整半个世纪坚持在拥军第一线。她把人民解放军当作自己的亲人，每逢部队野营训练驻村时，她便忙里忙外，帮助解决各种问题。她还组织一支10多人的妇女拥军小组，自带缝纫机、布料、针线等，到各地军营帮部队战士洗补数百万件军服。1983年3月，被评为“福建省拥军优属拥政爱民先进个人”；1990年6月被福建省委、省政府评为“双拥共建先进个人”。李乌谅逝世之后，其女儿龚秀训继承其传统，组成石狮市拥军服务队，继承她的事业。2005年，龚秀训被评为“福建省爱国拥军模范”，她的“拥军花圃”也被石狮市定为“国防教育基地”和“双拥实践基地”。

第三节　民兵建设

1950—1951年土改时期，第九区各乡镇即建立民兵组织，配合解放军开展历时近两年的剿匪斗争，歼灭宝盖山一带以惯匪蔡角为首的“五山纵队”和蔡乞为首的匪特组织。

1951年，实行联防，以部队为主，民兵按建制编入部队序列。1952年底，第九区梅港乡民兵对船只管理和港口管理建立严格制度。1953年下半年，实行普遍民兵制，把年满18～25岁、政治纯洁、身体强壮、家庭劳力充裕者，编为基干民兵，其余的编为普通民兵。1954年，永宁民兵队长陈焕江被评为全国民兵模范，出席在北京召开的全国民兵英模代表大会。1955年7月30日，《中华人民共和国兵役法》规定民兵制度与预备役制度合而为一。永宁境内各乡镇成立预备役登记机构，对一、二类预备役士兵和军官进行普遍登记。把年满18～30岁服一类预备役人员，全部编入基干民兵；31～40岁服二类预备役退伍军人、26～40岁二类预备役和18～25岁不符合基干民兵条件者编为普通民兵。

1957年，永宁渔民（民兵）在外海捕鱼时，发现可疑船只，即用斧头、铒刀为武器，机智地捕回企图下海投敌分子2起2人。

1958年，毛泽东发出“大办民兵师”的号召，永宁境内各大队及学校、企事业单位纷纷成立民兵营、连、排、班。炮击金门时，守备8师三连两个炮兵排到厦门前线参战，原驻地只剩下步兵排14人。三芳大队组织一个步兵排40人，和炮兵排24人，与驻军共同执勤。当部队发下新的火炮时，民兵经过7天4夜勤学苦练，学会新火炮的操作射击。

1959年2月20日，晋江县人民武装部组建民兵炮兵连，永宁境内组建永宁及联溪老虎咀两个轻机枪连。

1961 年 12 月，据国务院颁发的《民兵工作条例》进行整顿，永宁公社有民兵 339 人。

1962 年，永宁公社 100 人参加抢修德化至永泰支前公路，大部分是民兵。同年 11 月，25 人参加晋江县民兵代表大会，。

1964 年，永宁公社对民兵进行组织整顿，配备民兵骨干，加紧军事训练，提高民兵组织战斗力。6 月，全公社有基干民兵 728 人。国庆期间，举行民兵检阅比武大会，组织进行反小股登陆演练。是年，全公社有 582 人参加晋江县民兵训练。

永宁民兵参与反对敌人通过海漂、空飘所进行的“心战”。1972 年 8 月 14 日晚 10 时，港边大队渔业队李德能等 8 位渔民，在永宁东南 20 米深处海底用渔钩钩起一个约 100 公斤、长 2.1 米、宽 0.85 米的漂浮具，立即运到生产大队，后移交驻军处理。

1973 年 6 月下旬，永宁公社 33 人参加晋江县民兵、军烈属和复退、转业、残废军人积极分子代表大会。11 月，晋江县组建武装基建民兵独立团，永宁公社的民兵组建 1 个武装基干民兵连。

1979 年全国人大常委会发表《告台湾同胞书》，海峡两岸气氛逐渐缓和，民间往来骤增。1980 年夏天，一艘澎湖渔轮在海上作业时，把 20 多张渔网撒在暗礁上，渔网严重损坏。梅林大队民兵发现后，主动带他们进港，组织 26 名女民兵，为其修补破损的渔网。1984 年，有一艘台湾渔轮连续 3 次到梅林做生意，梅林大队民兵每次都热情接待。当他们又一次到梅林港停靠时，特地带来一面绣着“真情似海深”的锦旗，送给梅林大队民兵。有位当过国民党军排长的台湾渔民停靠后不敢上岸，后看到民兵那样热情，遂打消顾虑，并请求协助寻找在浙江的母亲和姐姐。经晋江县对台工作部门与浙江联系，终于使分别 30 多年的母子、姐弟得以团聚。至 1984 年，梅林对台接待站共接待台湾渔轮 74 艘、台胞 447 人。

20 世纪 80 年代初，沿海走私猖獗，永宁公社挑选 20 名民兵组建海上专业缉私队，配备 2 艘船，在划定海域范围内巡逻缉私，堵截走私分子的海上通道。1980 年 12 月 15 日，梅林大队民兵营缉私队抓获香港大得号走私船一艘，缴获走私物品价值 320 万元。至 1982 年 2 月，梅林大队民兵营共查获走私物品价值 900 万元，还有黄金 27 斤，白银 2000 枚。1982 年 4 月 19 日，中共福建省委、省政府、省军区授予梅林大队民兵营“模范民兵营”称号；总政治部授予其“海上堡垒、缉私尖兵”的奖旗。

1986 年，晋江县基干民兵进行组织调整，永宁公社计有基干民兵 1014 人（其中步兵 833 人、专业兵 181 人。

从 20 世纪 50 年代开始，根据海防对敌斗争的需要，晋江县境内陆续建立一批民兵海防哨所。永宁公社计建有沙堤、港边、外高、梅林、西岑等 5 个哨所，80 年代几次裁减，现石狮市境内仅保留梅林哨所。建市前，梅林哨所即已先后受各级党政领导机关表彰达 60 多次。如 1979 年、1980 年，在民兵工作“三落实”中，被晋江军分区司令部、政治部评为先进哨所，荣获一等奖；1982 年，原民兵营长兼哨长李正汉被评为“全国民兵模范”，晋京出席全军英模大会，并立二等功一次；1984 年梅林哨所在全省民兵哨所评比中，被省军区司令部评为优胜单位。建市后梅林哨所又于 1990 年、1995 年先后被省军区评为哨所正规化建设、军事训练先进单位和全面建设先进单位。1995 年参加省军区海防哨所军事比武获射击总分第一名。2002 年底，参加泉州军分区组织的考核取得第三名。

第四节　重要战事

一、抗击毗舍耶侵犯

南宋乾道七年（1171 年）四月，近千名毗舍耶国（今菲律宾群岛）海盗从水澳（今永宁）沿海登陆，恣行凶暴，残杀乡民。知州汪大猷遣兵围击，俘获 400 余人，余者被击毙。隔年，岛夷又以海舟入寇。朝廷遂于水澳置寨，称“永宁寨”。嘉定十二年（1218 年），知州真德秀又将永宁寨改“归本州（泉州）节制”，“储备军粮，葺理器甲”，整饬军纪，严令“每岁举行水教（海上操练），立诸寨巡海界分”，定期出海巡视，以备不虞。绍定二年（1229 年），真德秀再次“整促水军及添创大船，葺理诸寨……使贼不敢犯”。

二、抗元活动

元末朝政昏乱，贪污成风，民不聊生，官逼民反。永宁沙堤人董二，“天资豪迈人也，少好剑术，不事家人产，读古兵符，乃与意合。稍壮，喜交游，信然诺，好施泽，能与人均甘苦，见人之厄趋之，饥渴劳瘁弗辞也。以此得远近心而思附之”。时值泉州反元活动兴起，董二“于是散家财，集壮士，远近美少年，闻而附者且千人”。董二自称“元帅”，起兵抗元，并计划以海路进攻福州，“出不意而据上游”。不料消息泄露，被人告发，泉州万户孙廷礼率大军镇压。董二仓卒不及，率其部众、家眷航海而去，退据同安、潮州一带。

三、抗倭斗争

元末明初，日本处于混战时期，在国内战争中溃败的武士流亡海岛，勾结海商和失业流民，组成海盗集团，在中国沿海频繁进行武装掠夺和骚扰，史称“倭寇”。倭寇开始窜犯中国北部沿海，后渐次南移，至于浙闽，而且殃及泉州、永宁沿海一带。

弘治十五年（1502年），倭寇陷永宁前垒，围不克。复大举来攻，永宁卫镇抚尤天爵率军抵抗，"自造扭攻车、火炮、火鸡等器，挺身破围"。后因援军缓至，寡不敌众，卫城失守，尤天爵巷战阵亡，倭寇大肆劫掠而去。

嘉靖二十七年（1548年），倭寇复大举进攻永宁卫城，指挥同治杜钦爵奋勇当先，日夜固守，贼不得入。

嘉靖三十七年五月初，倭寇攻永宁不下，即退去。是年，复有倭寇与内地奸民勾结，窜扰广东及福建沿海，时任漳泉水陆参将的晋江人王麟，率兵抗倭。永宁卫与崇武所军民闻风应援，严阵以待。倭寇逃入海中，企图遁去，王麟率军乘弋船尾随，在祥芝附近海面将倭寇团团包围。祥芝巡检司军民同仇敌忾，石湖、南浔口（今晋江衙口）守军也"纵伏兵出击"。王麟所部擒获贼酋严山老和大批倭寇，凿沉倭寇大小船只数艘。

嘉靖四十年，倭寇攻陷永宁城，劫掠而去。

嘉靖四十一年二月，倭患复起，卫城百姓奋起自卫，梅林人黄澄，"集里中少年，划港以守"。倭寇攻城时，连永宁妇女也投身抗倭行列，如吴氏"督家丁拒之，躬为炊"。后因贼势猖獗，加上指挥佥事王国瑞偷安溺酒，城防松懈，寇从南门涌入，大掠数日而去。三月，倭寇再次攻陷永宁城，杀死军民无数。倭寇占据卫城后，四处劫掠妇女，遭到永宁人民的强烈抵抗，南澳总兵欧阳寨之妻郑氏"统婢出救，与其姑及夫弟俱陷贼……（郑氏）持刀黥面，骂贼不已，贼怒，焚之于火中"。同年，三月初八日，官兵计划反攻卫城，永宁港边人佘见海任千夫长，率众进攻，不克，佘见海等人阵亡。直至五月，参将黎鹏举等人方率官军击退盘踞在永宁卫城的倭寇。

在那腥风血雨的岁月中，抗倭名将戚继光曾多次驰援永宁，立下不朽功勋。嘉靖四十一年三月，倭寇再次攻占永宁城。朝廷急调正在浙江剿倭的戚继光率部入闽，驰援福建，先后取得横屿、牛田、林墩大捷，在窑魁斩获倭首960级，焚、溺倭寇数千人，解救被掳百姓2000多人，夺回被倭寇劫掠的永宁卫所官印5颗。

嘉靖四十三年三月廿五日，倭寇双桅大船一艘进犯永宁卫坑尾澳，戚继光指挥巡海水军阻击，倭寇望风南遁。四月廿五日，倭寇进犯深沪巡检司（隶属永宁卫），抢劫渔船，并突击乌浔，福全千户张兖椿逃遁。戚继光先后命兴泉把总金科和汛官林廷中督兵追击，击沉倭寇战船1艘，生擒1人。

嘉靖四十四年四月十二日，倭船1艘，运载150余人进攻永宁沙堤澳，登岸后直逼永宁卫城。官军轻敌战败，幸好，戚继光指挥部属驰援，水汛哨官陈逊玉率水军夹击，倭寇被迫撤退。次日，戚继光命令金科、冯焕、金守常率部追击，斩获倭首59级，生擒5人。

戚家军朱虎等 4 人阵亡。

嘉靖四十五年正月，倭寇 100 多人突袭永宁。由于事先得到消息，戚继光率部在城外截击，确保卫城的安全。

隆庆元年（1567 年）四月，戚继光率水师巡视永宁沿海，驻扎崇武所（隶属永宁卫），忽然接到报告，称倭船 4 艘，企图强行登陆。戚继光诱敌上岸，然后分兵夹击，把总胡世冲锋在前。崇武一战，歼敌 177 人，俘获人员、物资甚多。从此，永宁卫所辖沿海大规模倭寇侵扰事件基本平息。福建地方官在给朝廷的奏捷报告中，称赞戚继光“忠勇性成，才猷天赋，横戈转战，八闽悉赖以荡平，航海清戎，万众咸归于鼓舞”。

四、抗清活动

清顺治四年（1647 年）四月十九日，郑成功部将林顺、黄恺等人到永宁发动起义，招募兵员，筹集粮饷。廿二日，因走漏消息，清将韩岱率兵猝至。林顺措手不及，捐弃资粮，率所部排蜈蚣阵，手执短匕，官兵莫敢迫近，林顺等从南向北而去。官兵乘势劫杀，乡民死者计 2400 余人。其未死者，逃匿水关沟。不料廿三、廿四日，狂风暴雨涨入水关沟，淹死者又难蚁算。林顺招兵失利后，清军在永宁一带驻扎重兵，以防郑军。顺治八年，郑成功亲率部队，攻打永宁城，“所获颇多而去”。

在郑成功戎马倥偬的岁月中，许多永宁人追随郑成功左右，和清军不屈不挠的战斗，甚至血洒沙场。《永宁蔡氏族谱》记载，进士蔡在田，“官授巡海道，附郑成功麾下。丁亥（1647 年）八月，戊子（1648 年）三月，两度合攻泉州城，在田独率一阵，督师于臭涂，鏖战而亡。”《沙堤董氏西轩房分派宗谱》记载：董惟哲，字胄藻，号雅还。武举，勤王，亡于仙霞关。《霞泽陈氏族谱》记载：明末清初，郑成功举义旗于东南，群雄跃起。霞泽陈槐日，字为卿，曾任郑师熊山主将，顺治五年（1648 年），牺牲于抗清阵上。《沙堤董氏东城房永宁霞营柱家谱》载：“淑斋公（董雄，字胄英），年甫冠时，郑藩（郑成功）举义恢复，公激以义，募勇士赴之。屡以战功显，蒙超擢……”又同上家谱记载：“惟禄公，字胄飞，号述静，静淮公次子。公海上英豪也，服壮即从郑藩（郑成功）举义，累有功绩，故特蒙宠任焉……嗣后，藩主（郑成功）播迁岛屿，公亦在行间……”

五、抗击英舰入侵

鸦片战争前夕，梅林澳成为鸦片走私的集散地之一。据庄为玑《晋江新志》记载：“道光十八年（1838 年）十月，走私英船竟达 3 艘之多。鸦片即由泉州港外的梅林、大坠二处洋面分销到安溪、永春、南安、兴化各烟馆，并省城南台行店”。邓廷桢调任福建后，严禁鸦片，注重海防。道光二十年三月，4 艘英舰企图窜犯永宁，邓廷桢令水师提督程恩高主动出击，在梅林澳与英舰交战。沿海各炮台亦纷纷开炮轰击，首战告捷，英舰被击伤，仓惶逃窜。

六、抗击日本侵略者

民国26年（1937年）“七·七”事变后，永宁人民同仇敌忾，积极投入抗日救亡运动。永宁行实、崇本、涵鎔、豢龙和育元等小学，以100多名高年级学生为主组成“晨呼队”，每早沿街高唱抗日歌曲，呼喊抗日口号，发动民众奋起抗日。同年，王寄生（作家白刃）自菲律宾回国，领导成立永宁青年抗日救国会，公演自编自导的《金门沦陷》和《九·一八》《流亡三部曲》《放下你的鞭子》等剧目，发动群众捐献资银支援抗战。民国27年11月4日，成立“晋江妇女抗敌后援队永宁妇女军训队”（直属中队），成员30多人，每天破晓，在永宁城隍庙前进行军训，历经4个月，于民国28年（1939年）春，到泉州接受汇操检阅，获优胜奖旗一面。尔后，在此基础上，组织妇女救护队，成员24人，每逢日机空袭或敌舰炮击时，妇女救护队立即抬着抬架，背上救护药品和器材，赶赴现场进行抢救工作。永宁妇女军训队还开展教唱抗日歌曲、发动侨眷侨属捐献抗日基金、参加宣传拒用日货和焚烧日货等活动。

七、摧毁国民党地方政权斗争

民国38年（1949年）6月14日夜，根据中共泉州中心县委关于摧毁国民党地方政权和反动武装，开展抗丁、抗粮斗争的指示，中共晋江县工委隶属的塔山区委负责人施能初、施养宗带领武工队23人攻打永宁镇公所和经征处；另由施海滨带领10多人负责烧毁亭后桥和剪断电话线，切断永宁与外地的联系，以防敌人援兵到来。武工队打进永宁镇公所时，镇长、镇警及其他人员早已逃之夭夭。武工队当即烧毁镇公所的公文、簿册和办公器具。在此之前，武工队打进经征处，也烧毁其公文、税单等。

八、塔山剿匪

中华人民共和国成立之初，国民党反动派遗留下来的残兵散卒和各地匪特狼狈为奸，经常在晋江沿海一带进行骚扰，甚至暗杀基层干部。为了巩固新生政权，在中共第九区区委、区政府（驻永宁）领导下，部署一场声势浩大的剿匪斗争。

1950年6月，“五山纵队”匪首蔡角一伙在郭宅村掠劫财物。得到群众举报，区委书记温致富命令副区长施海滨带领熟悉地形的李德鑫、施能攀等区干部和区武装立即赶到蔡角落脚地梧园村，并实施包围。经过一番激烈战斗，匪首蔡角被擒。

1950年一个冬夜，塘后村农民发现附近一个古墓群有火光，疑有匪特藏匿，立即报告区干部。施能攀、施玉敦和区武装中队张风德、李德沐、蔡文聘等立即带领民兵包围古墓。匪徒拒不投降，妄图寻隙突围，区武装中队运用火力严密封锁，相持到天亮，驻地解放军闻讯赶来协剿。一匪徒绝望自杀于墓穴里，蔡角的同伙“黄猴矮”从墓穴中窜出企图突围，被解放军当场击毙，其余匪徒则弃枪投降。

1951 年 8 月，匪首蔡乞等五名匪特潜逃到祥芝山兜一带。第九区立即组织武装民兵进行围剿。厝上村民兵队长邱奕凯带领民兵布防，连续作战一天一夜，捕获匪特邱祖安。残匪蔡乞、林角、李渊土、林判等人逃窜。8 月 19 日，匪特林角、李渊土、林判相继被民兵击毙。双湖村民兵副队长卢竹、沙美村民兵队长卢谋贞在宝盖山附近牺牲。当天下午，匪首蔡乞被击毙，区武装干事李德沐、厝上村民兵队长邱奕凯在战斗中牺牲。

1952 年，匪首林化带领一支“反攻小分队”从蚶江海滩登陆。区委书记温致富、区长管峄等率领郭鸿奢等武装民兵进行围剿，击毙全部登陆匪特。战斗中，民兵亦多人伤亡。至此，历时两年的剿匪斗争宣告结束，基本根除匪患。

卷　四

文化篇

第十三章　学校教育

永宁教育，源自宋代。时有殷富人家，延师课授子弟而成材者，最早为南宋庆元五年（1199 年），永宁人傅烈中进士，为现石狮市境内第一位进士。宋代傅家出有进士 7 人。

明初兴卫学，为永宁造就一大批才俊。后科举成为定制，塾学渐兴，先后涌现进士 10 名、举人 8 名。到了清代，出进士 6 人、举人 12 人。

清末，新学兴起，永宁人林登宾于 1901 年率先创办行实小学堂，首开晋江新式学堂之先河。自行实小学堂创办至抗日战争爆发前（1901—1936 年），永宁镇先后创办小学 21 所。各村华侨，纷纷组成校董会，在经济上给予支持。太平洋战争爆发后，侨汇中断，学校难以为继，相继停学。1945 年，仅存小学 6 所。抗战胜利后，纷纷复办，至 1948 年，永宁镇在册小学达 20 所。

中华人民共和国成立初期，人民政府对私立小学进行整顿，永宁镇区五校合并为永宁中心小学，连同各村诸校均改为公办。1952 年，贯彻“教育为国家建设服务，向工农兵开门”的方针，大批工农子女入学，并开展扫除文盲运动，村村办起民校。1958 年，永宁大队首办第一所幼儿园，后多村相继设园。同年，创建永宁华侨中学（即永宁中学前身）。“文化大革命”开始后，教育事业惨遭破坏。1968 年中小学先后复课，但教育秩序混乱，教育质量严重下降。中共十一届三中全会以后，拨乱反正，教育事业走上正常发展的道路。1987 年石狮建市时，永宁有幼儿园 10 所，在园幼儿 1163 人；小学 18 所，学生 4923 人；中学 2 所（晋江水产职校初中部、子英附中），学生 913 人。2010 年，教育事业已有较大发展，有幼儿园 14 所，在园幼儿 2103 人；小学 8 所，学生 2932 人；中学 2 所：永宁中学学生 2553 人，银江华侨中学学生 364 人。

第一节 旧学与科举

一、卫学、书院

明成化年间（1465—1487 年），永宁卫知事陈用之有感于永宁文风不振，“卫中弦诵之声素稀，”乃创办“永宁卫学”，“访诸贵胄及戎籍子弟之秀者，悉劝使就学。”并礼聘兴化（今莆田）名儒陈愈到卫学执教。三年后，培养出张士昭、张寿等 30 多名优秀人才。陈用之又向泉州府推荐，要求将其送入府学，“以均教育，备选举。”因格于时制，所请未果。但“永宁文风日进”。嘉靖年间（1537—1566 年），泉州卫指挥佥事唐钰，移视永宁卫，经常到卫学“讲明圣训”，“日与文学才俊往来谈吐”。至明代后期，永宁卫屡遭倭寇侵扰，破坏严重，卫学也日渐萧条乃至停办。直至清乾隆二十八年（1763 年），永宁于卫学遗址重建文祠，并于祠中创办鳌水书院，属官倡民办性质。书院规模较为齐全，教学制度也比较严格。清代，官方加强对书院的控制，使之成为以考课为主的科举预备场所。

二、塾学

岑兜人李振仲于明永乐“二十年（1422 年），于乡间设塾馆，免费课授四邻乡民子侄”。嘉靖年间（1522—1567 年），官聘村杨氏延聘梅林黄文山立塾教读，万历年间（1573—1620 年），永宁东瀛刘氏家族集长老议事，商定各户参照资产，每年出资，购置田产，资助族中学子就读。

清代，永宁人刘廷简，于康熙年间（1662—1722 年）游学台湾，后回归祖家，“深淡诗酒，著《唱和诗集》存览，设教于乡。”

清末，港边人佘梓昆（1864—1936），于光绪九年（1883 年），考取泉州府第九名秀才，后以个人书房为教室，在村中办私塾。继之永宁人林登宾在西门外设塾授徒。20 世纪初，有龙湖瑶林村人杨世徽来永宁设馆教学。有李拔修在梅林村、施学良在永宁北门、董乃阳在永宁“四合成”药铺附设的私塾授教。其时还有后杆柄村聘请黄文元等人到村任教的塾馆和沙美村卢氏于“大宗”“小宗”两宗祠内设塾，分别由卢瑞玉和余东担任塾师。民国初年，下宅王姓、陈姓，以及沙堤村亦均办有私塾。另有杨文好先后在永宁、梅林、后杆柄等村创办女子私塾班。

塾学所授的课程一般是《三字经》《千字文》，辅以识字；后逐步课授《幼学琼林》《昔时贤文》《四书》《五经》及《古文观止》《千家诗》《尺牍》等。

三、科举

南宋庆元五年（1199 年），永宁人傅烈中进士，成为有史可稽的永宁第一位进士，也是今石狮市范围内的第一位进士，官至梅州知州。嗣后，傅家又有傅天骥、傅迈、傅应子、傅光、傅直方、傅坤厚等6人先后中进士，传为一时盛事。

元代开考的科次很少，科举制度时兴时废，且蒙古人带有种族歧视，汉人、南人的取额分配很少。永宁沙堤人龚名安才学渊博，“为时儒宗师”，仅以协助平定泉州“那兀纳之乱”，就上猷县尉之职。

明代，先后有张宏纲、黄道瞻、黄克缵、龚云致、龚廷宾、李范廉、周思兼、施显槼、李廷森、董飏先、黄道昶等11人中进士。又有余义、龚时应、蔡思雍、黄德渊、董国儒、龚耀、董文衡、黄兆秉、李振缨等9人中举人。进士中有历任兵部尚书（两任）、工部尚书、刑部尚书、吏部尚书、加太子太傅，受两帝顾命的一代名臣黄克缵；有民族英雄郑成功的岳丈，被赞为“风高五柳”、官至广东按察司副使的董飏先；有被誉为“叔侄名宦”的梅林人李范廉、李廷森，和享有“兄弟同榜”佳誉的沙堤人龚云致、龚廷宾。

清代，先后有龚锡瑗、黄觐光、董行、施琼芳、陈棨仁、施士洁6人中进士。又有张䌽美、朱宸、黄钺、董廷相、蔡庭芳、朱莲、佘维允、林廷适、李联芬、陈棨仪、蔡士棠、陈棨伦、蔡书林、龚显鹤、李希曾、李师曾、卢韬、陈端士等18人中举人。进士中有乡试亚魁、梅林人黄觐光，官至中部县令，著有《桥山诗文集》；有同治甲戌科进士，著名的金石学家、书法家、教育家永宁人陈棨仁。有出生于台南、祖籍西岑的施琼芳、施士洁父子，考中进士后，仍回台湾从事教育活动。施琼芳主讲“海东书院”，桃李满园。后施士洁接任“海东书院”山长（即院长），并曾主讲彰化“白沙书院”、“崇正书院”。甲午战争爆发后，施士洁积极参加反“割台”斗争，青史彪炳。举人中有蔡庭芳乃乾隆壬申恩科解元（在省一级会试中，考取第一名）。

第二节 幼儿教育

一、发展概况

1958年，永宁大队（村委会）首办幼儿园，于四个中队各设立分园。园舍大多借用宗祠、宫庙、民房，开设大、中、小班，幼儿总数400余名，园长和幼师待遇为记工分加补贴。随后沙堤、港边、金埭、沙美、子英等村也相继开设村办幼儿园。

1960—1962年，因国家遭遇三年暂时困难，部分村办幼儿园停办，1966年“文化大革命”开始，幼儿园基本停办。

1978年，沙堤、梅林、金埭等村幼儿园首先复办。

1980年，永宁学区开始配备专职幼教辅导员。

1981 年秋季起，全镇基本实现村村都有幼儿园，大部分依托小学办园。

1982 年秋季，永宁中心幼儿园复办，园址设在永宁北门原育元小学，由旅菲华侨陈增沛、董光溪负责常年经费。

部分年份永宁镇幼儿园概况一览表

表 4—1

年份	园数	班数	在园幼儿数	幼儿教师数
1988	10	22	1163	36
1990	14	30	1467	42
1995	18	48	2011	66
2000	14	34	999	70
2005	6	31	1110	54
2010	14	64	2103	151

2010 年永宁镇在册幼儿园一览表

表 4—2

园名	园址	园长	班数	幼儿数	教师数
中心园	永宁居委会	龚娇容	7	235	24
行实园	永宁居委会	林巧儿	11	448	36
梅林园	梅林村	李丽娜	3	101	7
陶青园	港边村	张少呤	2	36	2
沙堤园	沙堤村	李璇璇	3	83	10
霞泽园	下宅村	苏翠云	2	36	2
官聘园	后杆炳村	胡清清	3	81	6
美江园	沙美村	佘锦容	2	63	3
岑江园	西岑村	颜迎迎	2	42	2
银江园	岑兜村	高朗利	3	88	4
金宝贝	永宁居委会	黄冰茹	10	352	22
彩虹星	浯沙村	陈琳	6	206	12
艾贝园	西偏村	姚丽荣	7	270	15
爱心桥	金埭村	康丽明	3	62	6
合计 14 家			64	2103	151

二、部分幼儿园简介

永宁中心幼儿园　该园为石狮市最早的一所农村公办幼儿园，1958年，由永宁居委会创办。“文化大革命”期间停办，1982年复办，园址设在永宁北门原育元小学校舍内。1990年6月，经石狮市教育局检查合格予以注册颁证。1993年，旅菲华侨董松柏夫人茵笼为实现其夫遗愿，捐献78万元重新翻建幼儿园园舍。全园占地面积2870平方米，幼儿户外活动面积562平方米，室内幼儿活动面积335平方米，绿化面积188平方米，保教设施较为完善。1994年，石狮市人民政府批准转为公办幼儿园。历任园长：陈丽敏（1994.9—1995.8），卢雅凉（1995.9—2000.8），尤黎静（2000.9—2002.8），龚娇容（2002.9—2013.8），杨延缓（2013.9—）。

该园于1995年经验收被评为泉州市一级达标中心幼儿园。2006年12月被确认为“石狮市优质幼儿园”。2010年，在园幼儿235名，分7个班级，教职工24人。

1999年元月，永宁中心幼儿园提供泉州市农村中心幼儿园教育观摩研讨会现场。同年12月举行石狮市幼儿园档案观摩。

2010年,经永宁居委会牵头,会同校董会就中心幼儿园校安工程进行研讨,决定划拨文祠路原永宁中心小学校区东侧面积4495平方米为新园舍建设用地。此举获观音亭境民众的支持,高武典、蔡婉玉伉俪出资125万元捐建教学楼和围墙。在各级政府的关心重视和赞助下，广大家长和社会贤达慷慨解囊,共襄盛举,新园舍于2010年6月动工,2011年12月竣工并投入使用。建有活动室12间、建筑面积2937平方米。其余配套设施有小广场、运动场、沙地、水池等。

行实幼儿园　1988年，林登宾哲孙卢祖荫为弘扬先祖重教兴学之遗德，在菲律宾组建行实校董会，并在家乡借址永宁西门外林氏宗祠，创办该园。先后由郑淑清、陈安娜、卢美玲担任园长。

1998年，卢祖荫捐资兴建行实新园址。占地近0.75公顷，建筑面积6907平方米。至2010年，全园共有11个教学班，幼儿448多人，教职工36人，设有室外游泳池、沙池、种植区。教室设备齐全，班班都有多媒体设备。

1998年迁入新园址后，尤黎静任园长。2000年6月，由卢祖荫侄女林巧儿接任园长至今。其秉承“知行并重，意在务实”的百年校训，坚持“踏踏实实做教育，全心全意育孩子”的办学理念，提倡“健康教育，快乐教育，科学教育”的办学宗旨，向着“以德立园，优质强园”的办园目标发展。2001年，在石狮市民办学校中率先成立党支部。2002年，担任“泉州市教育学会社会力量办学工作委员会”理事单位。2003

年在石狮市率先尝试双语素质教育，并作为石狮市的英语教学课研单位。2006年被评为“石狮市课改先进单位”。2007年被评为“石狮市平安校园”，同年年底，被评为“石狮市优质幼儿园”。2008年，被评为“石狮市示范幼儿园”；2009年，被评为“泉州市示范幼儿园”。

第三节　初等教育

一、发展概况

清代末期，兴办新学之风渐起。光绪二十七年（1901年），永宁人林登宾，即在永宁创办行实小学堂，为石狮市创办新学之始。

清末永宁新式小学堂概况一览表

表4—3

校名	创办时间	创办者	校址	备注
行实小学堂	1901年	林登宾	永宁西门	后易名行实小学
梅林小学堂	1908年	李拔修	梅林村	后易名梅村小学
豢龙小学堂	1910年	永宁董氏旅菲宗亲会	永宁董氏宗祠	后易名永明小学

民国期间，永宁镇小学的发展经历三个阶段。

第一阶段：民国元年至抗日战争爆发前（1912—1936），为永宁镇小学发展的黄金时期，先后创办小学22所。

育元小学（1914）
塔石村宝塔毓新学校（1915）
永宁竞新女学（1916）
金埭村大声学校（1916）
下宅村霞泽小学（1918）
洋厝村洋山小学（1918）
岑兜村银江小学（1918）
永宁崇本小学（1921）
外高村雩江小学（1923）
永宁鳌峰小学（1925）
港边村陶青小学（1927）
沙美村美江小学（1927）
郭坑村汾阳小学（1927）
梅林村平民小学（1929）
西岑村岑江小学（1930）
永宁华侨小学（1930）
永宁西厝元科小学（1932）
永宁毓真小学（1933）
沙堤村益群小学（1933）
后杆柄村古山小学（1933）
前埔村前步小学（1935）
永宁涵镕小学（1935）

第二阶段：抗日战争时期（1937—1945）

太平洋战争爆发后，经济凋敝，侨汇中断，大部分学校的办学经费无着，纷纷停办或合并。1940 年 3 月，教育部颁布《国民教育实施纲领》，全面推行国民教育。要求每个乡镇都要设立一所中心学校，每个保设立一所国民学校。

1945 年春季永宁镇在册小学概况一览表

表 4—4

校名	校址	校长	教师数	班级数	学生数
永宁镇中心国民学校	永宁	李贤起	6	5	271
金沙保国民学校	沙堤村	卢谋南	2	2	112
梅港保国民学校	港边村	陈天应	3	3	125
联溪保国民学校	后杆柄村	王人标	2	3	155
私立梅村小学	梅林村	李萃明	5	3	181
私立岑江小学	西岑村	王志攀	5	4	182

第三阶段：抗日战争胜利后，侨汇复通，民众办学热情复萌。原停办的学校纷纷复办。1948 年，该镇在册小学 20 所。

1948 年秋季永宁镇在册小学概况一览表

表 4—5

校名	校址	校长	教师数	班级数
永宁镇中心国民学校	港边村	王爱超	7	5
联溪保国民学校	下宅村	佘文目	4	3
涵镕国民学校	永宁顶亭	张文坛	6	4
行实国民学校	永宁西门	陈清泉	8	5
私立朝霞小学	永宁下营	刘朝宗	6	4
私立永明小学	永宁大埔	杨邦芬	7	5
私立梅村小学	梅林村	李萃明	10	5
私立崇正小学	金埭村	郭丕权	4	3
私立霁江小学	外高村	苏添松	4	3
金沙保国民学校	沙堤村	龚宗贤	4	3
私立国卿小学	郭坑村	王俊兴	4	3
私立群峰小学	山边村	王人标	3	2

续表 4—5

校名	校址	校长	教师数	班级数
私立古山小学	官聘村	杨盛顿	5	4
私立宝塔小学	塔石村	李祖珍	5	4
私立萃英小学	西偏村	龚诗祥	3	3
私立洋山小学	洋厝村	姚启明	4	3
私立美江小学	沙美村	余天樾	5	4
私立银江小学	岑兜村	李孟饴	6	4
私立岑江小学	西岑村	王健	6	4
私立新民小学	浯沙村	吴文育	2	2

1948 年秋后育元小学复办、1949 年涵镕国民学校易名涵镕小学、新民小学易名培明小学。同年 10 月 1 日后港边村永宁中心国民学校易名梅港中心小学。

中华人民共和国成立后永宁镇在册小学

表 4—6

年份	所辖学校	备注
1950	永明、行实、育元、朝霞、涵镕、梅港中心小学、梅村、崇正、霁江、培明、鲸江、霞泽、国卿、群峰、联溪、美江、银江、岑江、洋山、萃英、宝塔、前步	1. 1952 年永宁五校合并为永宁小学 2. 1952 年郭坑村国卿小学改为鲸江分校 3. 1952 年洋山、萃英、宝塔小学合并为三育小学 4. 1956 年国卿分校全部并入鲸江小学 5. 1956 年梅港中心小学易名港边小学 6. 1956 年永宁小学易名永宁中心小学 7. 1958 年培明、霁江、崇正三校并为三芳小学
1960	港边、永宁中心小学、梅村、三芳、鲸江、下宅、联溪、美江、银江、岑江、三育、前步	1. 1963 年国卿小学复为独立校 2. 1964 年三芳小学分为金埭、朝阳两小学。三育小学分为洋山、萃英两小学 3. 1966 年银江小学易名子英小学 4. 1967 年国卿小学易名郭坑小学 5. 1968 年朝阳小学易名外高小学

续表 4—6

年份	所辖学校	备注
1970	永宁中心、港边、梅村、金埭、浯沙、外高、鲸江、郭坑、下宅、联溪、美江、子英、岑江、洋山、萃英、宝塔、前步	1. 1970 年浯沙独立办校，易名浯沙小学 2. 1972 年塔石独立办校，恢复宝塔小学 3. 1975 年外高小学复名霁江小学 4. 1976 年子英小学易名银江学校
1980	永宁中心、港边、梅村、金埭、浯沙、霁江、鲸江、郭坑、下宅、联溪、美江、银江、岑江、洋山、萃英、宝塔、前步	1. 1981 年山边独立办学，易名群星小学 2. 1982 年港边小学复名陶青小学 3. 1983 年鲸江小学易名沙堤小学 4. 1985 年梅村小学易名梅林小学 5. 1987 年郭坑小学复名国卿小学 6. 1988 年银江学校复名银江小学 7. 1988 年国卿小学易名郭坑回民小学 8. 1989 年联溪小学易名官聘小学
1990	永宁中心、陶青、梅林、金埭、浯沙、霁江、沙堤、国卿、下宅、联溪、群星、美江、银江、岑江、洋山、萃英、宝塔、前步	1. 1992 年院东村创办东平小学 2. 1995 年郭宅村创办郭宅小学
2000	永宁中心、陶青、梅林、金埭、霁江、浯沙、沙堤、国卿、下宅、官聘、群星、东平、郭宅、美江、银江、岑江洋山、萃英、宝塔、前步	1. 2001 年东平、群星并入官聘小学 2. 2001 年郭宅小学并入美江小学 3. 2002 年宝塔、洋山并入银江小学 4. 2003 年前步并入银江小学。浯沙、霁江、金埭并入永宁中心小学 5. 2004 年萃英小学并入银江小学 6. 2005 年国卿小学并入永宁中心小学 7. 2007 年银江小学与银江华侨中学合并为银江华侨学校
2010	永宁中心、陶青、梅林、沙堤、下宅、官聘、美江、岑江	2011 年，行实创办 110 周年，旅菲侨领卢祖荫独资复办行实小学

石狮建市后永宁镇小学概况一览表

表 4—7

年份	校数	班数	生数	教师数	年份	校数	班数	生数	教师数
1988	18	132	4851	204	2000	21	151	4649	220
1989	18	136	4715	201	2001	16	116	4574	204
1990	18	124	4442	193	2002	14	109	4185	209
1991	18	127	4484	193	2003	11	114	3675	181
1992	19	131	4680	199	2004	10	88	3707	188
1993	19	135	4847	210	2005	10	82	3331	184
1994	19	137	4827	201	2006	9	84	3504	182
1995	20	155	4929	218	2007	9	82	3358	177
1996	20	157	5143	212	2008	9	81	3401	172
1997	20	161	5244	219	2009	8	73	2927	151
1998	20	149	5247	219	2010	8	73	2932	150
1999	21	152	5058	225					

1998 年永宁镇在册小学一览表

表 4—8

学校名称	校址	校长	班级数	学生数	教师数
永宁中心小学	永宁居委会	李圣椿	24	1177	50
陶青小学	港边村	李清荣	10	374	16
梅林小学	梅林村	林振富	15	619	25
浯沙小学	浯沙村	董伦胜	5	129	6
霁江小学	外高村	高挺胜	5	179	6
金埭小学	金埭村	黄新民	5	150	6
沙堤小学	沙堤村	龚安速	13	592	25
霞泽小学	下宅村	董文煜	8	285	9
国卿小学	郭坑村	林星焕	5	83	4

续表 4—8

学校名称	校址	校长	班级数	学生数	教师数
官聘小学	后杆炳	陈奕博	5	149	7
东平小学	院东村	蒋炳顺	5	103	4
郭宅小学	郭宅村	杨专专	5	75	5
群星小学	山边村	邱月守	4	82	3
美江小学	沙美村	李自若	8	284	12
银江小学	子英村	黄子蕻	6	225	9
岑江小学	西岑村	王志升	9	301	12
萃英小学	西偏村	李贤灿	5	154	6
宝塔小学	塔石村	吴文进	4	80	4
洋山小学	洋厝村	王清柳	5	150	7
前步小学	前埔村	黄益峰	3	56	3

2010 年永宁镇在册小学一览表

表 4—9

学校名称	校址	校长	班级数	学生数	教师数
永宁中心小学	永宁居委会	应绍兴	28	1240	60
陶青小学	港边村	杨仰文	6	257	12
梅林小学	梅林村	黄新民	6	265	14
沙堤小学	沙堤村	龚安速	9	358	21
霞泽小学	下宅村	李炯煊	6	206	10
官聘小学	后杆柄村	陈奕博	6	222	9
美江小学	沙美村	黄益峰	6	199	11
岑江小学	西岑村	林星焕	6	185	13

二、中华人民共和国成立后，镇教育领导机构

1950—1955 年，梅港中心小学校长高积华。

1956—1957 年，永宁小学易名永宁中心小学，校长陈永祥。

1958—1961 年，学区校长林长溪。

1962—1964 年，学区党支部成立，书记朱世宗，校长林长溪。

1965—1970 年，学区党支部书记洪振华，校长林长溪。

1971—1976 年，永宁学区易名永宁教革组，党支部书记洪振华，教革组长吴文奕。

1977—1979 年，党支部书记许清标，教革组长卢文权。

1980—1987 年，永宁教革组复名永宁学区，党支部书记许清标，学区校长卢文权。

1988 年，永宁学区易名永宁镇教育委员会，下设办公室（简称教委办），教委办主任李永艺，支部书记董帝恭。

1990—2001 年，党支部书记兼教委办主任董帝恭。

2002—2009 年，教委办主任郑明宗，党支部书记陈培农。

2009—2012 年，永宁教委办易名永宁镇中心校，校长郑明宗，党支部书记陈培农。

2012 年 9 月至今，校长董莹莹，党支部书记郑明宗。

三、百年老校简介

永宁中心小学　永宁是石狮市较早办学的地区之一。自 1901 年行实小学堂创办至今，已历 100 余年。继行实之后，永宁先后创办永明小学（1910 年）、育元小学（1914 年）、朝霞小学（1921 年）、鳌峰小学（1925 年）、永宁华侨小学（1930 年）、元科小学（1932 年）、毓真小学（1933 年）、涵镕小学（1935 年）。1952 年，在晋江县教育局和永宁区人民政府主持下，将尚存的行实、育元、永明、朝霞、涵镕五所小学实行五校合一，命名永宁小学，同时设立最初校董会，董事长王庆祥。首任校长董清泉。当时，在原育元小学设总校，在原永明、朝霞小学设分校。1956 年正式易名永宁中心小学，陈永祥任校长。1958 年 8 月，林长溪继任校长。

1979 年，王庆祥当选永宁公社侨联会主席，着力推动永宁中心小学新校园建设工作。旅菲永宁同乡会永远名誉理事长陈增沛首捐独资兴建礼堂一座，同乡会理事长董光溪捐建整座围墙，暨 41 位侨亲捐建教学楼 2 座计 24 室。在陈渊谷等乡贤共同努力下，位于文祠范围的新校园于 1981 年 10 月竣工。新校建筑面积 3279 平方米，校园占地总面积 8668 平方米。1985 年，林长溪调任学区领导，董帝恭接任校长。1988 年，成立校董会，1—2 届董事长高文彬。1989 年后，董帝恭调任教委办领导，陈清波、李圣椿、应绍兴先接任校长。

2000 年开始，永宁镇实行教育布局调整，浯沙、金埭、外高、郭坑四村陆续并入永宁中心小学，办学规模进一步扩大。2004 年，在政府的牵头协调下，决定划拨莺山（旧永宁中学）区域 15482 平方米为永宁中心小学新校园建设用地。在卢祖荫、陈焕然、邱和平等 23 位旅菲侨亲、旅港乡亲和王平东、陈存义、高武典、姚嘉茂、张汉庭家族、董欣堆等 60 位乡贤的赞助下，2006 年 2 月，新校园首期工程竣工并投入使用，共建教学楼一幢 24 间、科技楼两幢 20 间，建筑面积 5345 平方米。2007 年，王平东任第三届董事长。2010 年，新校舍相应的配套设施校门、围墙、小广场、运动场等建成，时有教学班 28 个，学生 1240 人，教职员工 60 人。

多年来，学校多次承办各级各类教育教学研讨活动，学生在德、智、体、美、劳等方面得到全面发展。1997 年，学校被确定为福建省自然课教学实验学校。1998 年，学校被授予福建省自然先进教研组称号。

1972 年，学校女子篮球队连续获晋江县和晋江地区 13 次冠军，1973 年和 1974 年，蝉联全省小学女篮冠军。1982 年被确认为福建省篮球传统项目学校。2000 年，学校获石狮市实施素质教育工作合格校称号，同年，被授予《福建教育》《小学生优秀习作》协办学校；2003 年，学校被确立为“教育部课程教材研究所课程改革重点课题”与“福建省小学数学发展性教学实验与研究”实验基地校；2009 年，学校被评为福建省义务教育标准化学校。

2010 年，林惠挺任第四届董事长。2011 年 11 月 24 日，隆重举行建校 110 周年庆展。石狮市委书记张永宁等市四套班子领导、菲华各界联合会主席卢祖荫、福建省政协委员姚志远，以及菲律宾永宁同乡会、港澳永宁同乡会庆贺团等出席庆典大会。会上计筹资 600 多万元投建综合楼。该工程正在进行之中。2013 年，高武典任第五届董事长。同年秋季，应绍兴校长工作调动，杨仰文接任校长。

1987 年，学校被评为泉州市教育先进单位。1991 年，1998 年两度被评为泉州市文明学校。1993 年，被授予泉州市“热心教改、勇于探索教研单位”。1994 年，被评为“石狮市六项督导先进单位”。 2000 年，被评为石狮市学校体育工作先进单位。2001 年至 2010 年均被评为石狮市文明单位。2002 年，被授予泉州市少先队金奖学校。2010 年，被评为石狮市第十批“绿色学校”，同年，被授予泉州市关工委先进集体称号。

梅林小学　光绪三十四年（1908 年），原在村中设塾授徒的青年秀才李拔修以私宅作校舍，创办梅林初等小学堂，自任堂长。1930 年，学校具文呈省教育厅核准立案，更名“晋江县私立梅村完全小学校”，正式任命李拔修为校长。1933 年与实行免费入学的梅林平民学校（创办于 1927 年）合并。同时成立校董会，学校经费由校董会负责筹措。从此，梅村小学实行免费入学。1940 年 7 月 16 日，因日本侵略军入侵，梅村小学校舍（即李拔修私宅）遭焚毁，学校停办。翌年春季复办，校址设于李氏宗祠。1943 年李拔修不再主持校务，只担任尺牍课教学，由其长子李大钧接任校长。1945 年抗战胜利后，生源增加，设分班于黄氏宗祠和圣王公宫。

1949年，一度停课。新中国成立后，1950年秋季复课，由校董会李拔林主持，在李氏宗祠斜对面兴建第二校舍。1950年由政府接办，属民办公助小学，1956年转为公办。

自1950年至1957年，蔡先溪、杨积礼、杨月水先后出任校长。

1966年，旅菲梅林同乡会即募集资金，村民献工出力，启动建校工程。工程因“文化大革命”一度中断。1976年，重启建校工程。新校于1981年告竣。自1958年到1985年，杨国彬、蔡清江、佘延龄先后出任校长。

1985年，李清泽任校长，呈文晋江县教育局复名梅林小学，1986年发动乡侨筹建教师宿舍楼一座。1988年10月，梅林小学举行建校八十周年校庆。

1990年12月，石狮市教育局以该校为观摩现场，召开全市小学校长参加的校政建设现场会议，推广梅林经验。

随着生源不断增加， 1993年旅菲、港、台乡亲再度发动捐资扩建校舍，1995年1月竣工投入使用。同年林振富接任校长，先后建立梅林教育基金会、梅林教育促进会，不断完善学校配套设施。1999年，黄新民任校长。

梅林小学1991年至2010年连续获“石狮市文明单位”称号， 1997年被评为“泉州市文明学校”、 1998年获“石狮市示范小学”称号、1998年获“泉州市小学科技活动实验校”、2000年获“石狮市实施素质教育工作合格校”、 2002年获“泉州市中小学体育工作先进单位”、 2004年获“石狮市课改先进单位”、 2008年获“石狮市实施素质教育先进学校”、2009年获“福建省义务教育标准化学校”称号。

2008年春，校董会换届，邱丰收任新一届董事长。为迎接百周年校庆，共筹资金400余万元。校庆筹委会投入200多万元进行校园全面改造，教学楼、礼堂重新装修、校园地面铺砖、新建环形塑胶跑道。10月18日，隆重举行建校一百周年庆典。

2010年春，开始筹建校安工程。村两委和校董会决定以教育促进会基金存款180万元为启动资金。董事长邱丰收率先捐献20万元，且多渠道筹措建筑资金，海内外乡贤热情响应，踊跃认捐。校安工程于2010年冬开工，2012年夏竣工。建有4层教学楼、综合楼各一座，计大小38室和礼堂1座，建筑面积4410平方米。2013年秋，吴春明继任校长。

第四节 中等教育

1950年以前，永宁人上中学都到泉州，此后，大多上南侨中学或石光中学，少数上晋江第一中学。1958年后，少数被录取进晋江县重点中学，多数则在永宁中学就读。其时上高中仍须到外地，1970 秋季开始，部分进永宁中学高中部。现全镇有两所中学，其中永宁中学为省二级达标校，本镇高中生大多就近上学，还有大量镇外学生到此就读。

一、永宁中学

1957 年，永宁公社侨联小组李淑琼、林安朗等 20 位归侨、侨眷创办永宁华侨子弟补习学校，分别在永宁、前埔、下宅设三个补习班。1958 年，李淑琼、施鸳鸯、邱秀鸾等十多位热心家乡教育的侨属组成建校筹备组，在公社党委、政府支持下，将开办不久的三所补习班，整合创办了侨办公助性质的永宁华侨中学。晋江县教育局委任许书树为副校长，招聘热爱教育事业的知识青年任教。学校假美江小学及孝女姑军营为临时校舍，设 9 个教学班，学生 361 人，教职工 28 人。

1960 年 8 月，学校改为公办，易名晋江第十八中学，首届初中毕业生 80 名。1962 年 9 月，更名永宁中学。1963—1964 年，政府拨款投建新校舍，择永宁莺山下 1.73 公顷土地为新校址，建教室两座、办公室、厨房各 1 座，教师宿舍 7 间。1965 年元旦，学校乔迁新址。不久学生增至 500 多人，教职工 40 名。后图书馆、实验室相继竣工。学校初具规模。

1970 年该校开始办高中班。此期间，由蔡式电老师培育出来的永宁中学女子篮球队，多次参加县、市（地区）、省三级比赛，均获优异成绩，并作为福建省基层先进代表队参加国家级比赛，荣获华东赛区第三名。

“文化大革命”后，在恢复高考的五年中，学校为高等院校和中专学校输送许多人才，其中大学生近 50 名，中专生 120 多名。

1981 年，国家调整教育结构，学校停办普高，转办职业高中，初设渔船轮机专业班，招生 50 名，后增设海水养殖、制冷加工和电工等专业。1984 年 8 月，学校名更名晋江县水产职业中学，兼办初中部。十年职业教育，为国家培养 400 多名初级专业技术人员。石狮建市后，学校属市教育局主管。1988 年 10 月，举行建校 30 周年庆典，香港校友以卢温胜为团长一行 36 人回母校庆贺。1989 年 5 月，定校名为石狮市永宁中学。1990 年和 1991 年底，永宁中学香港校友会和旅菲永宁中学校友会相继成立，并邀请母校领导和老教师组团前往观礼，共商发展母校教育大计。旅菲校友会成立以来，每年捐赠 5 万元作为教师福利金，以提高教师的待遇。1993 年，香港校友会集资 36 万元，捐建尊师楼 1 幢。

1993 年 10 月，菲律宾永宁中学校董会在马尼拉成立，郑周扬出任首届董事长，董光溪任副董事长，卢祖荫任秘书长，永宁镇 21 个自然村 60 多位旅菲乡侨任董事。校董会与旅菲、旅港校友会携手合作，发动侨亲、校友为建新校园作奉献，择永宁西厝村西南侧86亩土地为永宁完全中学新址。1995年6月，新校舍举行奠基典礼。1996年春，校舍主体工程全面动工，一座座由侨亲校友捐建的教学大楼相继拔地而起。总建筑面积26882平方米，工程总投入超过2500多万元。

1996年，学校恢复完全中学建制，新校落成并投入使用，办学规模日渐扩大，教学质量不断提高。2001年11月，学校通过省三级达标中学验收。2006年，又通过省二级达标中学验收。2010年有教学班50多个，在校学生3000多人，为当前石狮市规模最大的学校之一。

2008年永宁中学成功地举办50周年校庆，同时成立永中教育促进会，教育基金达3050万，到2011年石狮市永中教育促进会第二届暨永宁中学石狮校友会第五届换届时，促进会基金已达4550万元。

2005年高考，该校首次突破120人上本科线，并有16人次在总分与单科上排在石狮市前十名。2009年，本科上线人数达145人，实现永宁中学历史性的突破。2010年高考再创佳绩，石狮市理科总分第一、文科总分第二、全省体育综合分第五名都出自该校。

至2010年，学校有地市级以上骨干教师10人，陈忠煜老师获福建省学科带头人称号及“五一”劳动奖章，2010年9月被评为特级老师。

近年来，永宁中学先后获泉州市文明学校、泉州市实施素质教育先进单位、泉州市交通安全校、泉州市创安先进单位、泉州市体育工作先进单位、泉州市“五·四”先进团委、福建省中等学校“迈好青春门，走好成人路”主题竞赛活动先进学校、石狮市教育系统先进党支部等称号。

附：

永宁中学历任校长、书记 许书树（校长、书记1978—1983）、卢谋蛟（校长、书记1983—1984）、卢维新（校长1984—1988；书记1984—1996）、李大腾（校长1988—1996；书记1996—1999）、吴辉琅（校长1996—2000；书记1999—2003）、吉同福（校长2000—2002）、黄金盾（校长2002—2007）、李毓达（书记2003—2012）、吴宣平（校长2007—2010）、陈冬凝（校长2010—2016）、李志鸿（书记2012—）、蔡晓华（2016—）。

永宁中学旅菲校董会 1991年10月20日成立，创始人董光溪。历届董事长：郑周扬（1—5届）、卢祖荫（6届）、施学坛（7届）、董伦意（8—10届）、李良灿（11届）。

旅菲永宁中学校友会 1991年10月20日成立，创始人蔡式电。历届理事长：林金安（1届）李建庭（2届）、李良灿（3届）、陈辉煌（4届）、王守财（5届）、陈清满（6届）、陈清祝（7届）、李天欣（8届）、蔡文生（9届）、董群建（10届）、陈增文（11届）。

永宁中学香港校友会　1990年12月20日成立。历届会长：卢温胜（1—2届）、佘祖忆（3届）、李圣典（4届）、李重欣（5届）、董伦拱（6届）、佘英杰（7届）、卢文明（8届）、王礼炳（9届）卢文锥（10届）卢清松（11届）。

永宁中学石狮市校友会　1998年6月成立。历届会长：龚诗建（1届）、施能享（2届）、龚诗康（3届）、陈存义（4—5届）、董再发（6届）。

二、银江华侨学校

1976年，银江小学附设初中部，易名银江学校。此初中部即为银江华侨中学前身。

1988年，银江学校70周年校庆期间，经乡侨李略向、李沧洲、陈著远、李贤沃、李贤佑、李逢清、李华龙（已故）、李德希、李贤达及乡贤李贤起等倡议，决定在村中兴办中学。后获晋江县人民政府批准，创办银江华侨中学。同时在菲律宾和家乡分别成立筹建委员会，具体负责建校事宜。

家乡群众闻讯后，积极响应。不少人无偿献出建校用地；旅菲乡侨与旅港同胞积极筹款；石狮市、永宁镇两级政府也拨款支持。在海内外人士群策群力，互相配合下，建校工作顺利进行。教学楼、办公楼、实验楼、体育馆、教师宿舍楼、学生宿舍楼、厨房、运动场、围墙等先后落成。学校占地约4.67公顷，总建筑面积7970平方米。在此过程中，银江华侨中学（即原初中部）于1992年正式从银江学校独立出来，搬迁到新校舍上课。

1993年，学校与省船政学校横向联合，创办福建省船政学校石狮港航专修班，培养初级海员及船政管理员。学生前两个学年在校中学习基础知识，后一学年到省船政学校学习具体操作技能。毕业后，部分学生继续深造，部分以劳务出口当海员以及在国内有关航运局担任管理工作。后专修班于1995年停办。

1996年4月，学校举行校舍建筑群落成庆典。

银江华侨中学自从创办以来，经吴文奕、许清标、许自帛、邱建欣、杨舒芃、李正间、陈长坪、黄赐峰8任校领导苦心经营，学校稳步发展。2010年，学校共有12个教学班、518名学生、42位教职工。先后获得福建省执行“锻标”先进单位、泉州市“交通安全校”、石狮市“体育工作先进单位”“素质教育合格校”“文明学校”“平安校园”“关工委先进单位”等称号，学校党支部也被评为石狮市“先进基层党组织”。

1988年，银江华侨中学建立初期，旅菲银江同乡会就设立每年12万元的中、小学教师生活补助金。2001年，旅港乡贤李贤义出资设立“银江李施红娘家族教育基金会”，每年拿出6万元用于奖励中、小学优秀教师和优秀学生。2007年，乡侨陈著远设立奖教奖学基金会。

银江华侨中学 2004 年中考，按时毕业率居石狮第一名；2006 年，跃居全市中考综合评估第四名；2007 年首次进入“中考综合质量优秀奖”行列。

2007 年，银江华侨中学和永宁第二中心小学整合成九年一贯制学校——银江华侨学校。

2012 年，陈晓强任银江华侨学校校长，着力推进学校发展行动及改进计划，围绕“质量、管理、建设”三大中心工作，开展“师资成长”“幸福工程”“学生发展”等一系列活动，学校工作取得长足进步。2012 年被评为“福建省义务教育标准化学校”，2014 年被评为全国青少年普法教育“零犯罪学校”，同年被评为石狮市“2013-2014 年中学教学常规管理先进学校”。

海内外乡亲关怀银江华侨学校的成长。2009 年，李沧洲、李贤册捐资翻建教师宿舍楼，2010 年，陈著远改建教学楼前广场，建塑胶运动场。2011 年旅菲、旅港银江同乡会、旅菲校友会及石狮市、永宁镇政府建“同心楼”，陈著远捐建新校门。2012 年李逢景、李清怀建小学教学楼—“至善楼”。2013 年，陈著远翻建龙远体育馆。2015 年，李贤义、李贤典建实验综合楼—“科学楼”。实现了银江华侨学校旧貌换新颜。

附：

银江华侨学校校董会历届董事长：

自 1918 年创办银江小学开始：李文矩（1 届）、李文秀（2 届）、李苍岩（3 届）、李孟饴（4 届）、黄红柿（5、6 届）、李贤欢（7、8 届）、李培程（9、10 届）。

旅菲银江华侨中学校友会：

2009 年 10 月 4 日在马尼拉大酒店成立，历届理事长：蔡文默（1 届）、李朝晖（2 届）、李文景（3 届）、李清秒（4 届）。

第五节 教育基金会

永宁历来重视教育，具有尊师重教的优良传统。明、清时期即有家族筹资聘师设塾以培养族中子弟的做法。到了清末民初，诸姓办学或乡里办学甚为普遍。办学经费主要来自地方筹资及侨亲捐助。抗战胜利后，几乎每所学校都建有校董会，负责在乡侨及本地商家中筹集常年经费。中华人民共和国成立后，各村华侨捐资助学、建设新校舍蔚然成风。

创办教育基金会是永宁尊师助学的一大特色。每年秋季，各基金会都会提取所存基金的年息，用于奖励各学校成绩优异的教师、品学兼优的学生，和向一些贫困生发放助学金。特别是帮助一些家庭困难的大学生完成学业。1992 年永宁成立高挺水、郑红箱教育基金会，基金总额达 100 万。1994 年西岑村成立王志炳教育基金会。1996 年永宁成立陈植星、施红珠慈善教育基金会。2001 年子英村成立银江李施红娘家族教育基金会，基金总额达 500 万元。2004 年成立永宁“三育”教育基金会。2007 年，旅菲侨亲卢祖荫先生专门成立福建省石狮市卢祖荫教育基金会，每年拨出专项资金用于资助永宁镇贫困“二女户”家庭大学生。

近年来，永宁镇教育基金组成形式通过整合，已迈上一个新的高度。2008 年永宁中学 50 周年校庆时，率先成立永宁中学教育促进会。该会由 20 个冠名教育基金会组成，共募集捐款 3050 万元，第一年就拿出来 413955 元，对 274 人次表现优异的教师进行奖励，并资助 13 名高考考上本科院校的贫困学生。2009 年 4 月又相继成立两个教育基金会，一为银江校董会冠名教育基金会，由 21 个冠名基金会组成，基金总额达 3350 万元；另一为美江教育促进会，由 8 个冠名教育基金会组成，基金总额 900 多万元。2013 年，成立永宁中心小学校董会冠名教育基金会，由 27 个冠名教育基金会组成，基金总额 3250 万元。

第十四章　文学艺术

自古以来，永宁人文荟萃，艺苑芳菲。明清两代，诗家艺人，人才辈出。20 世纪 20 年代中后期，永宁组建阅书报社，开始传播新文化，集中一大批文化人，创作不少文学作品。50 年代初期，境内民间戏剧活动空前活跃，各学校、各村文工团经常排演大幕剧或古装戏。1958 年永宁建文化站，还自办刊物，为文学青年提供发表园地。

“文化大革命”期间，许文学艺术活动都被当作“封、资、修”列为禁忌，群众文化生活空前匮乏。

中共十一届三中全会后，许多群众业余文艺团体相继成立，文学艺术创作出现新的繁荣，陆续有作品在各级报刊上发表或得奖。民间口头文学的搜集整理也全面开展，且取得丰硕成果。

第一节　文学创作

一、小说 、散文、诗歌等

永宁有著名军旅作家白刃，主要著作有长篇小说《战斗到明天》《南洋漂流记》和多幕剧《兵临城下》等。评论家李哲明，洋厝村人，著有孙犁文艺思想研究系列论文，先后获天津鲁迅文艺奖、全国解放区文学研究一等奖，出版论文集《春晖集》。

1962 年，永宁大队创办军民俱乐部，下设军民文艺创造组，发行油印刊物《创作园地》，有意识培养文学创作人才，郑天应、郭天从、李远芳、李显扬等人开始陆续在《泉州报》《福建侨乡报》和《厦门日报》上发表小小说、散文和诗歌等作品。“文化大革命”期间，文学创作陷入低潮。改革开放后，晋江县文化馆创办《新光》文学季刊，永宁郑天应相继发表《透视室的故事》《乡情》《小茉莉》等多篇小说。后有梅林李转生、永宁郑少白等年轻诗人陆续在《新光》发表诗作。1984 年，永宁人高永清创作的高甲现代小戏《晚成哥求婚》获文化部颁予的全国首届农村小戏创作二等奖。石狮建市以后，文学创作呈现出百花齐放的新局面。1998 年，石狮绿洲读书社推出《绿洲文丛》第一辑，出版有郑天应的《乡情》，李天锡的《石狮情结》和李国宏的《温陵杂识》等三本书。之后，又推出《海内外石狮人著述资料汇编》，其中有永宁人著作：《中国著名作家白刃卷》《政论家·学者陈世雄卷》《人文学者高铭群卷》《教授·学者李天锡卷》和李国宏的《石狮古代著述卷》等。

2003 年，高寒（高晶璟）的小说《三叔·女人·老屋》获“福建省最佳新人奖”，2009 年，长篇小说《大洋楼》获第五届“泉州刺桐文艺奖”一等奖。2003 年，石狮市庆祝建市十五周年，举办“柯顺杯”文学大奖赛，永宁镇有 9 人获奖。其中郑天应小说《归乡之路》获一等奖、高寒小说《不锈钢的床》、蔡白萍现代诗《挽歌》获二奖、李国宏散文《不废江河动地流》获三等奖。2004 年，《镇海石》乡土期刊出版永宁人文学作品专辑，计选载海内外永宁作者 50 人的作品。

十多年来，永宁文学工作者计出版长篇小说 5 部，即福建省作协会员高寒的《欣荣府》（延边出版社）、《大洋楼》（文化艺术出版社）；固贽（高云鹤）的《海》（作家出版社）；李文旭的《石乌篮》（文化艺术出版社），以及施能泽的《壮志凌云》（文华出版社）。散文集 3 本：高寒的《情字一身债》（作家出版社）、《心灵的守望者》（香港文学报出版社）；福建省作协会员蔡白萍的《另一种完美》（作家出版社）。诗集 3 本：蔡白萍的《我是你的天使》（华星出版社）、高志远的《留痕》（文华出版社）《为爱奔忙的人》（中国文化出版社）。永宁还出有一位手机短信诗人李永艺。他创作的短信诗歌，曾获全国性诗歌刊物《星星》的肯定与赞扬，于 2000 年结集出版《心花》一书，为中国第一本短信诗歌集。

2013 年，高寒的短篇小说《三叔·女人·老屋》被中国小说学会授予“中国当代小说奖”，中篇小说《田园月光》获《小说选刊》全国首届小说笔会三等奖，中篇小说《面朝大海　春暖花开》获《小说选刊》全国第二届小说笔会一等奖。同年，中国作家协会正式批准高寒加入中国作协，年底，出版小说集《清平乐》上下两卷。

永宁有乡土刊物《镇海石》，不定期出版。1992 年 4 月创刊，主办单位永宁居委会、永宁城隍庙管委会，主编高武铺。初期以传统诗词为主。1995 郑伯洋接任主编。2008 年郑伯洋逝世，由王振汉接任。《镇海石》于 2007 年 4 月着手调整版面，开辟桑梓之光、鳌城文苑、侨乡吟坛、掌故轶闻等栏目，逐渐形成一本具有乡土特色的地方文化刊物。2013 年《永宁乡土》创刊，主要栏目有乡土文学、永宁往事、鳌城掌故、侨乡诗苑、古卫论坛等，主编郑天应。

二、传统诗词

永宁古诗词最早见于元代，时龚名安经常与夏秦、王翰、陈弦、赵士淳等人唱和，结为至交。到了明代有诗人干宗亮，与晋江人陈鸥、朱汶、江一鲤、朱梧共同创立诗社，号称“晋江五子”。此后，虽明、清两代未再见有结社联吟的记载，但出现于族谱中的诗作却时有所见。另外，在清代活跃于其他地区诗坛者仍不乏永宁藉人士。例如，施琼芳在台湾受聘主讲于海东书院，“常与诸公结社，唱和短什长讴，有六朝及中晚唐风致”。其子施士洁受聘为台湾海东书院山长（院长），讲学之余，还参加崇正诗社、斐亭诗社活动，并被立为牡丹诗社的当事人。清同治、光绪年间，陈棨仁在泉州参与发起组织桐阴吟社，其弟陈棨仪、陈棨伦均为该社成员。进入 20 世纪后，永宁的诗词联吟活动又重新兴起。1912 年，晋南一带文人墨客在永宁组织“语冰吟社”，时常聚会，联吟唱和。每逢九月初九重阳节，天高气爽，虎岫寺举行一年一度的拜孔庙会，永宁一带诗人文友，均相约前往文昌祠，拜孔子像，登山眺海，观翠品茗，即兴作诗。

改革开放后，永宁的传统诗词创作活动甚为活跃。李苍岩、李贤起、李永鹃、郑衍荣、龚尚团、郑伯洋、郭天纵、王振汉、董伦贵、董拔萃等人曾先后在凤鸣诗社、石狮市中华诗词学会担任顾问、名誉社长、副社长、副会长、副秘书长职务。地方报刊《鳌城乡音》《镇海石》经常刊发永宁作者的诗词作品。1992 年元月，永宁文化站举办新春征联竞赛。永宁城隍庙曾多次举办元宵灯会征诗活动。2007 年，《镇海石》编委会与石狮市中华诗词学会共同举办永宁新春征联。这是自石狮建市之后继 1991 年石狮市中华诗词学会主办“醒狮杯”迎春征联大赛以来仅有的两次同类活动。

永宁历代风雅人士的作品结集行世者甚多，如明代黄克缵的《数马集》，清代施琼芳的《石兰山馆遗稿》，施士洁的《后苏庵诗抄》《后苏庵词草》，陈棨仁的《闽诗纪事》《藤花吟馆诗录》等。

至 20 世纪中后期，有旅菲诗人多人著有个人诗集。如岑兜人李古愚的《亦园吟草》、永宁人郑华民的《怡轩诗草》；洋厝人李淡逝世后，女儿李彬为其整理出版《李淡诗词钞》、《李淡诗词手稿》；下宅人王人杰逝世后，其子女为其出版《人杰诗词集》。又有旅台永宁女诗人郑衍蕃出版《春草吟笺》，2006年，其哲裔李显扬、李显仁为其出版《郑衍蕃诗文集》。

在本地，有子英村人李苍岩刊印《岩翁九秩唱酬集》。洋厝村人李影鹃有遗作《菊心吟草》《野草吟集》《诗余初学》《鹤雁留踪》，1993年，其哲裔李文旭曾为其选编出版《野草吟集》。后又于2012年，出版《李永鹃诗词对联集》（收入《闽南地方文献资料》第十二集）。2007年，华侨大学李天锡教授编著出版《银江古今诗联选》，2010年又编著出版《永宁百名先贤诗联选》，书中收录永宁已故传统诗词作者103人的作品。

石狮建市后，永宁传统诗词的创作队伍发展迅速，从发表的数量到质量都有进一步提高，不少作品在《人民日报》《福建日报》《世界日报》等国内外刊物发表。老诗人高城，其诗作被《全国诗社诗友作品选萃》所推介，在按语中称其："耽吟咏，工诗文，为诗崇尚神韵，言情使事，挥洒自如。"

永宁人在石狮传统诗词领域的活动颇为活跃，如郭天纵执编《姑嫂塔》诗刊（凤鸣诗社主办），并应邀任《福建诗词》特约编辑；郑伯洋执编《狮城吟坛》（石狮市诗词协会主办）；王振汉执编《宝盖山诗词选萃》（石狮市老人大学主办）；高清泽执编《苍松》（石狮市老年书画研究会主办）等刊物。中华诗词学会会员王振汉曾应邀出席"全国中华诗词研讨会"、"全国第三届庐山诗会"。

这一时期，个人出版的诗集有：永宁人王振汉著《心潮》《心潮续集》；永宁人高清泽著《淑园词话》《淑园词话续笺》《淑园词絮》《淑园诗稿》《淑园诗词拾遗》；永宁旅港诗人李远芳著《远芳吟草》、子英村李天钖著《无为斋吟稿》，港边村李圣传著《潮声浅吟》；前埔村施能泽著《泉源诗文稿》《泉源诗词续集》等。郑伯洋逝世之后，由其挚友何子晖编撰出版《郑伯洋诗词楹联作品选》（作家出版社）。

另有《乡土诗人王振汉卷》《菲华诗人・评论家董拔萃卷》诗词集（收入《海内外石狮人著述资料汇编》，香港人民出版社出版）。

三、民间文学

永宁流传有许多生动感人的民间故事和歌谣，以及富有地方特色的谚语。1990年，镇成立民间文学"三套集成领导组"，组织人员开展全面普查，经搜集记录后整理出民间故事 59篇，包括地方传说13篇、人物传说10篇、神话传说4篇、风俗传说3篇、生活故事11篇，机智人物故事4篇、革命斗争故事5篇，俗语故事9篇。这些传说故事被收入《中国民间故事集成・石狮市分卷》44 篇，收入《中国民间故事集成・福建卷》的有《姑嫂塔》（高德安口述，高永清整理）；《镇海石传奇》（郑衍荣口述，吴永胜、郑天应、李显扬整理）。

普查整理后有民间歌谣 62 首，包括抗日歌谣 4 首、侨乡歌谣 17 首、情歌 4 首、生活歌 6 首、儿歌 20 首，其他 11 首。

计记录永宁谚语三四千条，后挑选整理出较具地域特色的近二千条。包括事理类、修养类、生活类、社交类、时政类、农副类、工商类、乡土类、信仰类、自然类等。

1992 年 8 月，《中国民间文学三套集成·福建石狮永宁镇卷》结集出版，主编施能权。执行编辑郑天应、高永清。

第二节　书　法

永宁自明清以来，代有书法名人闻世。

张　寿　明成化年间人，《晋江县志》载："明张寿，工书法。承天'月臺'二字，寿所书也。"后人认为他"书学精深，当在晋、唐能品"。至今"月臺"二字仍留在泉州承天寺。

陈棨仁（1837—1903）　清代书法篆刻名家。他的一些手书题刻，至今仍留在永宁慈航庙中。其运笔抑扬雄健，篆刻浑朴而洒脱。他行遍八闽名山胜迹，访拓唐、宋、元碑刻，写成《闽中金石略》十五卷。

蔡梅舫（1878—1937）　其行书潇洒俊脱，透彻灵气，永宁许多洋楼的大门上，仍留有他的楹联手书遗迹。至今流传他的一首诗："华屋营来几十千，索诗勒石撰楹联。一声道谢随流水，吃饱换饥我岂仙？笔要钱兮墨要钱，临池磨练几经年，须知写字非容易，藉问诸君然不然？弄翰拈墨复擘牍，呕心运腕枉徒然。从今不把换鹅笔，虚写黄庭经一篇。"诗中活脱脱道出一位书法家的清贫抑郁之情。

郑伯洋（1952—2008）　擅长多种书法，作品俊雅雄浑，入古出新，豪迈大气，自成一格。曾数十次在全国获奖，并选送出国展出。自作诗书法勒石于国内当代十大碑林。1993 年他的书法篆刻双双入选《国际中国书画博览会》，获《国际中国书画大赛》优秀奖。他还擅长国画、诗词、楹联，工艺美术及摄影诸艺。

郭天助　其书法崇尚正统，规矩方正，古朴俊逸，潇洒活泼却不失凝重，字的间隔结构及章法技巧皆十分严谨妥贴，疏密得当，错落有致。出版有《郭天助书法作品》及《毛笔行书》二书。

洪全克　书法作品入选文化部艺术中心举办的纪念中国人民抗日战争胜利六十周年

《中华当代艺术家作品展获奖作品集》《纪念邓小平诞辰一百周年全国翰墨精品集》，纪念长征胜利 70 周年、中国共产党建党 85 周年的《红色中国》获奖精品集，以及郑成功纪念馆碑林等。

高武铺　字体饱满凝重、古朴端庄，永宁宗庙、祠堂、百姓家园多有他的笔墨。

董伦贵　擅长楷书、行书，循古而不泥；笔法、章法端庄而浑穆。永宁附近祠堂的楹联，甚多出其手笔。

第三节　灯　谜

清代以来，每逢节庆或庙会，永宁都经常举行灯谜活动。许多店铺乐于在门口贴出几条与店中商品有关的谜语吸引顾客，并以店中商品作为奖品。中华人民共和国成立后，每逢春节，各村大都举行灯谜活动。由镇文化站主办的新春谜会始于 1959 年，此后每年都有举行。1988—1990 年，在晋江县举行的连续三届侨乡谜会中，永宁先后赢得团体赛一、二、三名。1991 年 5 月，永宁夏威移凉垫厂董事长高云鹤出资 4 万多元举办首届夏威移杯灯谜大奖赛，公开向外挂猜，头奖本田 125C 摩托车一辆。1992 年 6 月，又独资举办石狮市第二届夏威移杯大奖赛，初赛函猜，有国内 300 多人参加，先选出 50 多名优秀选手，然后邀请前 11 名来石狮决赛，设特等奖一名，奖 20 寸遥控福日彩电一台。1995 年 10 月，“鳌城谜社”成立，首任社长苏荣灿。1997 年 2 月，谜社参加石狮市“兴业杯”灯谜擂台赛，获团体第二名。1998 年 6 月，参加石狮市“惠泉环保杯”灯谜擂台赛，获团体第一名。1999 年 5 月 22 曰，石狮市谜协换届，苏荣灿当选会长。同年 12 月，鳌城谜社换届，李德生继任社长。同月，由谜社苏荣灿、陈永康、曾少伟三人组成的永宁镇代表队，参加石狮市 “国税杯”灯谜邀请赛。参赛的有久负盛名的莆田、鲤城、晋江、惠安 4 个市（县）代表队，及石狮市凤里、永宁两个镇代表队。永宁代表队获第三名。2002—2004 年，永宁镇于城隍庙连续举行 3 届元宵灯谜邀请赛。

2004 年鳌城谜社新秀蔡隆猛、蔡冰冰兄妹被选入石狮市灯谜代表队赴新加坡参加“首届国际学生灯谜观摩赛”，获团体第四名。2006 年，蔡冰冰再次入选石狮市灯谜代表队参加在新加坡举行的“第二届国际学生灯谜观摩赛”，在决赛中石狮队勇夺团体冠军，蔡冰冰获“金箭奖”第一名。

2014 年，经福建省人民政府公布，苏荣灿列为福建省第三批非物质文化遗产项目（灯谜）代表性传承人。

第四节　戏剧演出

清代以来，永宁戏剧活动一直非常活跃。佘煌焕在《清末永宁概况》记载：当时“弦管（南音）设有传习所，经常演奏或清唱，或和套指。其声音清幽古雅，知音者颇多。北管（京音北调）学习者亦不少，演唱二黄、西皮等北方之曲。又有组织七子班，小梨园、布袋戏、傀儡戏，出演于各处。而各角落时常向外地请来各种戏班演出，如大梨园、永发上路老戏、玉兴下南老戏、泉州傀儡、高甲戏、七子班、掌中班、江西戏及其他，时常见面，诚足欣赏。”

民国初期，永宁有“三春”戏仔班、下宅高甲戏班，及李全司的布袋戏班。李全司（人称李仔全），不仅演技高超，而且善于补台。至今坊间尚流传他许多巧妙“救戏”的故事。之后较出名的有永宁董希的掌中班和水关街加礼尧（高武尧）的傀儡班。每当城隍庙佛事，均要连演六七天。

抗战初期，白刃在永宁组织 “青年抗日救国会”。他编写剧本《金门沦陷》，反映金门同胞在日本侵略者烧杀掠夺下的凄惨生活。该剧在大埔广场演出后，反应强烈，爱国热情空前高涨。之后，又到梅林、港边、沙堤、下宅、塔石等村演出。同时，还多次巡回演出“九·一八”“流亡三部曲”“放下你的鞭子”等剧目，在永宁一带掀起抗日救国高潮。

抗战胜利后，永宁涵溶小学与梅林小学合排五幕大型话剧《结婚进行曲》，分别在永宁、下宅和梅林演出。金埭小学与沙堤村的鲸江小学也联合排演大型话剧《火烛小心》。同时，许多小学还组织学生排演一些欢呼抗战胜利的中小型节目。

中华人民共和国成立后，最初是驻港边村的解放军部队，演出《兄妹开荒》等小节目。不久，又有部队剧团在永宁后山公演《白毛女》。之后，港边村排演了《小二黑结婚》，接着，永宁朝霞小学排演大型歌剧《大榆林》；永明小学也排练大型歌剧《十五的月亮》。这一时期，各村的演戏团体，基本上是以各小学为中心，由教师、校友及其他有文艺特长的人组成。后来，各村相继成立业余剧团。先后演出的节目，有小歌舞剧《鸭绿江边》，表演唱《解放桥》《清龙泉》等。20 世纪 50 年代，永宁地区业余上演的大型剧目，还有西岑村的《赤叶河》、沙美村的《王秀鸾》、沙堤村的《穷人恨》《红娘子》、港边村的《刘胡兰》《借红灯》《梁山伯与祝英台》《蝴蝶杯》、外高村的《三上轿》、下宅村的《九件衣》、永宁朝霞小学的《翻天覆地的人们》，以及永宁文工团的《云罗山》《白蛇传》和《激战前夜》等等。其中，尤以古装剧《白蛇传》取得较大成功。该剧本原由曹禺、徐进所编，永宁文工团聘请高武鹄主笔移植，将道白和唱词翻作方言、由导演兼主演高雄群配曲。首场献演，颇受观众喜爱。之后，又前往坑东、林边、前埔等地演出，受到各村群众热烈欢迎和赞誉。

“文化大革命”中，文化事业被摧残，梨园戏、高甲戏、木偶戏剧团被解散。后来，许多流散的民间戏曲艺人开始组合草台演出，被称为“黑戏”。当时晋江县 4 个戏班中，以“王金龙班”业务最好，经常到永宁沙堤、梅林、子英等地演出。

“黑戏”愈演愈烈。王金龙成为这“黑戏事件”的首要人物。公安部门立案追捕。1975 年 7 月中旬，王在永宁院东村被逮捕。后以“黑戏班头现刑反革命分子”罪名被枪决。粉碎“四人帮”后，晋江地区中级人民法院于 1980 年对王金龙一案重新审理，判决书称：“王金龙……所演的剧目，不能视为反动剧目，构不成反革命罪……原判以现行反革命罪判处王金龙死刑是属错杀……应予改正。”宣告“王金龙无罪”。终于，晋江迎来民间戏剧活动蓬勃发展的新局面，全县剧团多达 60 多个，成为一支活跃于侨乡文化生活的生力军。许多永宁人参加到这支队伍中。其中有高永清，他不但为多个剧团移植、改编剧本，也在这一时期，他所创作的高甲小戏《晚成哥求婚》，参加文化部举办的全国首届农村小戏比赛，获二等奖。石狮建市后，高永清任市戏剧曲艺协会副会长。

第五节　演艺　音乐

改革开放之后，永宁有多人在音乐和表演艺术领域取得佳绩。如沙堤村龚蓓苾，14 岁被导演米家山选中，开始从事影视事业，曾在 20 集青春偶像电视连续剧《走进阳光》中扮演女主角之一叶佳园，其演技得到影视界人士的好评。2001 年 9 月举办的第 58 届威尼斯电影节上，她主演的只有 11 分钟的电影短片《车四十四》获特别优秀奖。金埭村黄赛珠，中国音乐家协会会员、中国曲艺家协会会员。中国唱片总公司曾录制她的个人演唱专辑出版发行。福建省音乐家协会等部门曾联合主办《黄赛珠独唱音乐会》。郭坑村郭小青，2000 年旅居香港，为第一位考进中国音乐学院的香港籍学生，现为香港香江艺术团团长。子英村李仰圣，中国音乐家协会会员。多次获省音乐创作奖及全国《园丁心声》歌曲创作奖。1992 年，石狮市为其举办“李仰圣声乐作品音乐会”。1998 年被评为福建省优秀中学音乐教师。此外，在本地，传统民间音乐也有较大的发展。

一、南音

亦称“弦管”，是中国现存最古老的乐种之一。中华人民共和国成立后，永宁镇南音活动甚为普及，如永宁、沙美、梅林、沙堤、后杆柄、子英、西岑、前埔、下宅等村都有南音社，经常性开展活动。

永宁镇南音之传习，当溯之清末民初时期，永宁城内一些社会贤达自行筹资购买乐器，延聘邱柿先（锦尚村人）前来执教。参加者有林谋板、陈土、董旭先等 20 多人。后又聘安海高铭网继续任教。从此，永宁南音之风日盛。1939 年，蔡琼林（阿买）、许星煊、高武芬发起并在场口开馆，由惠安名师苏德兴任教，参加者 20 多人，馆名“陶名轩”。曾培养出高标助、林诗炮、林耀欣、高挺料、董光顺等不少高徒。这些人出馆后，均能独自执教授艺。1942 年，改聘菲律宾金兰社归侨杨荣钵任教，不久因经济拮据暂停。后又再聘大崙蔡春先续教。太平洋战争爆发，经济萧条，再度停馆。

中华人民共和国成立后，1956 年，在溪源董群栋、郑锦标、蔡国尚等倡导下，于水关街成立新馆，聘请北门林诗炮任教。后新旧馆合并，加聘高标助共同执教。逢年过节或庆祝活动，均搭台演奏，广获好评。始定名为永宁南音社，推选蔡敦玺、董群栋为负责人。“文化大革命”期间，南音被列为“封、资、修”，不准演唱，禁止传习。党的十一届三中全会之后，永宁南音社又恢复活动。1982 年春，聘泉南名师黄守万前来任教，并吸收新社员多人。在镇政府、居委会的重视下，拨出十字街口店面作为社址，并于 1989 年 4 月 25 日正式成立永宁南音社。

永宁镇各村南音社重视对下一代人才的培养，并取得显著成绩。2005 年 8 月，永宁南音社林冰儿、张佳源代表石狮市参加泉州市第十五届南音比赛，林冰儿获中学组二等奖、张佳源获小学组三等奖。沙美村卢少泳，初中毕业后进泉州艺校南音专业深造，多年来，不仅在石狮、泉州南音比赛中获奖，且多次赴北京、港澳演出。2006 年，卢少泳应邀参加央视三套《风华国乐》的录制。2007 年，还和艺校老师、同学往德国、新加坡等国家演出。

二、什音

什音有独特的演奏形式，以鼓指挥，唢呐主奏，箫、喉管衬托，三弦、月琴、双青等弹拨乐及瓢弦、壳子弦、京胡、板胡、二胡及四胡等弦乐配合。其风格在闽南独树一帜。民国时期最出名的什音社是永宁西门外什音社，共 13 人，大多是师傅级的人物。有一次去石狮迎城隍爷，与塘边什音社比拼乐器，一夜到天明，拼得难分难解。当时在永宁，几乎村村都有什音队。近年来，较活跃的有沙美海仙什音社和永宁鳌韵什音社。海仙什音社先后于 2005 年及 2008 年参加泉州市文化局主办的第一届和第三届泉州民间音乐邀请赛，并获一等奖。永宁人董伦彬现任石狮市闽南什音协会秘书长。石狮闽南什音被列为省级非物质文化遗产项目。2010 年，永宁王年强、沙美村卢远雄被列为石狮市首批非物质文化遗产项目（什音）代表性传承人。沙美村郭茂宣被列为泉州市首批非物质文化遗产项目（什音）代表性传承人。

三、龙虎斗

又称“龙虎罩”，是一种富有乡土特色的民间音乐形式，距今已有 100 多年历史。每逢盛事庆典、佛诞迎神或丧事出殡，都经常出场。“龙虎斗”一般是在行进中演出，由一位女子当主唱，其他人则用各种乐器进行伴奏。奏乐分为文乐和武乐两种，使用的乐器也分文武两类。文乐的乐器主要是二胡、三弦、横笛、唢呐，武乐则为锣、鼓、钹等。表演时，两个人抬着一根前头雕刻龙头、后面雕刻虎头的木杠，杠上悬挂着雕刻精美的鼓架，放着鼓和皮鼓。杠上还悬挂南锣，一般有 15 个人操作。永宁南门高德时于 1978 年组织的“永宁龙虎斗”，为石狮范围内的一支专业的“龙虎斗”乐队。2008 年，“龙虎斗”被列入石狮市第一批非物质文化遗产名录。

第六节　民间工艺

一、妆糕人

“妆糕人”以传统大米粉、糯米粉、调色素、蜡油等原料，通过水浸、微蒸后，配制成为五颜六色的糯米团，然后捏塑成各种栩栩如生的人物。“糕人”最高不过 10 厘米左右，为方便把玩和放置，艺人用竹签竖穿“糕人”躯体，插在担子上或泡沫盒上供人挑选。由于过去市场上儿童玩具比较贫乏，平时在大街上、或者庙会、佛诞时，“糕人”都大受孩子们的欢迎。居住在永宁三合境的老艺人雷远洲把此工艺传承至今。2010 年，“妆糕人”被列入石狮市第二批非物质文化遗产名录。

二、纸扎工艺

纸扎，是以竹、木为骨架，以线团缚部位，以糊彩纸做装饰的一种工艺。其作品主要有四类，一是神像，多指入葬时焚于墓前的大件纸扎制品；二是人像，以戏曲人物为主；三是建筑，如牌坊、塔楼等；四是明器，包括饮食器皿、吉祥用品等。不过，传统的手工纸扎也加入许多“时尚元素”。最常见的是老人去世“竖龛”，纸扎的高楼大厦中不但灯光闪烁，庭前还有推磨、打水的佣人，绕着圈子的汽车，演绎出的动态令人叹为观止。2014 年，永宁苏清锡纸扎制作工艺被列入石狮市第三批非物质文化遗产名录。

第七节　文化社团

一、石狮市太阳风文化促进会

1998 年秋天，董再发等 7 位青年在永宁创办全国第一个农村志愿者服务组织——石狮市太阳风青年志愿者服务队，2001 年发展成为太阳风文化促进会，首任会长董再发。十多年来，他们开展“五心”工程，志愿服务总时间超过 100 万小时，用于社会公益活动资金超过 100 万元。董再发曾获“中国青年志愿服务奖章”（两次）、“全国学习雷锋、志愿服务先进个人”“第六届福建省十大杰出青年”称号。2003 年 3 月，太阳风志愿者服务队被评为“福建省学雷锋、志愿服务先进集体”。该会于 2009 年换届，李宗伟任会长。

二、石狮市雅韵文艺协会

1996 年初，石狮市雅韵文艺协会在永宁成立，是一群由农民、商人、教师、干部、职工、学生等各行各业的业余文艺爱好者自发组成的文艺社团。成立后，会员自编自导、自筹资金，举办数百场义务演出，并受邀到北京、香港、菲律宾等地参加庆典演出。《中国文化报》《石狮日报》等媒体曾专题报道其事迹，并被称赞为“雅韵模式”，《人民日报》也以“侨乡有支乌兰牧骑”为题报道协会的发展历程。中央电视台派出摄制小组前来跟拍协会活动数天，录制长达十分钟的专题报道在央视播出。协会举办的慈善巡回义演《同在蓝天下·同唱一首歌》，被团中央评为“年度农村青年优秀推广项目”。雅韵文艺协会第一、二届会长林佳耀，第三、四届会长李逢奖。该协会常务副会长许飞龙被共青团中央授予“全国优秀社区青年志愿者”称号。2005 年 5 月，协会被授予“福建省十佳艺术团”称号。

三、绿洲读书社永宁分社

成立于 1995 年 11 月 18 日。社长李圣椿。该社以永宁中心小学为重要依托点，积极开展“读书有益·做文明人”的活动，许多青年教师教书育人，春风化雨，取得丰硕成果。例如：许萌萌荣获“泉州市 1998—1999 年度优秀德育工作者”称号；李贵云 1999 年参加省自然优质课比赛获二等奖；郭曼青 1999 年参加数学优质课比赛，获永宁教委第一名；李碧容 1999 年参加语文优质课比赛获永宁教委第一名；陈彬彬获 1999 年“石狮市优秀共青团员”称号。

第十五章　体育娱乐

永宁自明代以来，尚武之风甚盛，青年多以习武为进身之阶。据万历《泉州府志》载，从万历丙戌科（1586 年）至万历己酉科（1609 年）24 年间，永宁出武进士 3 人，武举人 29 人。其中癸卯科（1603 年）武举人陈有纲“捷武闱，联登进士，殿试第三人”，夺得武探花。斯时古城，每逢民俗节日或宗教礼典，舞龙斗狮等群众性体育娱乐活动十分活跃。

20 世纪 30—40 年代，由于受到华侨的影响，篮球开始在各村流行，几乎村村都有篮球队，赛事频繁不断。而羽毛球、排球、乒乓球等现代体育活动，也开始在知识青年中流行。

1951 年，第九区（永宁）举行第一届运动会，民间体育活动空前活跃。1953 年建立永宁镇文化站，有专职人员负责，每逢春节、中秋等传统节日，或劳动节、国庆节，各村均组织有形式多样的文化体育活动。

第一节　体　育

一、传统体育

据《西山杂志》记载：“明嘉靖年间倭乱，沿海村里大兴练场”，时有沙美村村民以演练狮阵习武练兵，操练“俞龙戚虎”首创的长短兵迭用的“鸳鸯阵法”。后狮阵作为沙美村村民强身健体的一种传统项目而传承下来。20 世纪 80 年代以来，永宁境内习武者甚多，或组织健身队、聘师授艺；或学习太极拳，青壮、老年、各有所学。2010 年 10 月 20 日，“沙美狮阵武术馆”正式成立。2011 年 2 月 6 日，石狮市非物质文化遗产展示暨首届狮阵武术大汇演在沙美村举行，卢厝和沙美两支狮阵的表演赢得全场上万观众的喝彩。《中国体育报》《中国文化报》《中国武术》等 10 家报刊电台报道这一盛况。2011 年 10 月 20 日，沙美狮阵舞龙队代表泉州市参加省第 7 届农民运动会，获舞龙项目第一名。2011 年 11 月 12 日，沙美狮阵武术馆组团参加泉州市传统武术锦标赛暨国际南少林武术邀请赛，来自美国、加拿大、澳大利亚、伊朗、新加坡、马来西亚、印尼、菲律宾等国家以及香港、台湾地区的近千名海内外武术界精英联袂献技。沙美狮阵武术馆摘取金牌 54 枚、银牌 65 枚、铜牌 69 枚。2012 年，参加全国传统武术比赛和全国农民武术比赛共获得金牌 16 枚、银牌 37 枚、铜牌 45 枚。

2010 年，沙美村卢远练、卢远献被列为泉州市第五批非物质文化遗产项目（舞狮）代表性传承人。同年 12 月，永宁第四社区王天生，在永宁三合境成立“绿洲拳道健身馆”。2012 年，他参加第六届南少林华夏武术大赛，获传统南拳金奖、长器械金奖，同时被授予优秀教练称号；同年，中华民间传统武术级（段）位评审工作委员会授其中华民间传统武术（五祖拳）七级（段）位称号。

2011 年，全国武术比赛在山东日照市举行，梅林人李秉东获太极拳银牌。

二、群众体育

球类　20 世纪 20 年代后，篮球、乒乓球、羽毛球等现代体育项目，在永宁逐渐普及。1930 年夏，金埭华侨黄念打等人回到故乡，在金埭小学修建篮球场，由华侨青年杨金土、黄念常、黄念山、黄昭亭、黄金龙与该村李炳山等十多人组成金星篮球队。不久，黄连打着手筹办“金鳌金盾杯”篮球赛。时报名参加比赛的有金埭金星队，永宁乐群队、沙堤鲸江队，和后杆柄华侨杨邦梭率领的良友队。但由于天气炎热，日间无法比赛，只好改在夜间。组委会事先备好 20 多盏汽灯，将其固定在一根根木棍顶端的圆盘上，并把这些汽灯安排在球场四周的各个角落。在辉煌的灯光下，进行夜间比赛。比赛结果，后杆柄良友队获冠军。《泉州市体育志》载：“民国 19 年（1930 年），今石狮市永宁镇金埭村就组织一次篮球赛，参加的四个球队的队员大部分是归侨，当时没有灯光球场，夜间比赛点汽油灯。”在泉州体育史上，算是一件新创举。

到 20 世纪 40 年代，永宁区域已有甚多出名的球队，如永宁“乐群队”“黑星队”；金埭“金星队”；梅林“梅友队”“归航队”；沙堤“鲸江队”；西偏“飞燕队”；港边“陶青队”，以及西岑、后杆柄、下宅和沙美村等球队。永宁城北的良青篮球场聚集了不少爱好篮球运动的青年，如西厝村郑延爽、郑延钗、郑延周及北门的董群概、董群业等。他们也成立了荣星队。1951年秋，梅林村篮球队聘请泉中（现泉州六中）体育教师黄世纯（晋江队主力队员）担任教练。荣星队闻讯，即早晚组织到梅林观看训练，并经常与梅林队比赛。黄教练与梅林队深感荣星球友学艺心切志诚，同意荣星队免费加入训练。荣星队每天清晨五点、下午三点都准时跑步到梅林参加训练。经几个月的刻苦训练，荣星队球艺迅速提高，打败永宁地区一个个出名球队。此后永宁小学的杨一峰、永宁的姚火车、蔡友声、许书华、港边的李桐也先后加入荣星队。荣星队在家乡崭露头角后，即主动走出去，和其他地区出名的球队进行友谊赛，交流球技。如与石狮和平鸽队、容卿容友队、清濛清余队、深沪队、驻军黄河队，还到泉州与泉中、培元、泉五中等学校进行比赛。尤其是在泉州公园体育场打败泉州著名的新桥队后声名大噪。

1953年至1955年是荣星篮球队鼎盛时期，该队在永和庄宅、罗山沙塘、永和坂头等地举办的每次均有几十支篮球队参赛的大型篮球锦标赛均获冠军。1952、1954年，该队先后代表第九区、第十五区参加晋江县第一届、第二届运动会篮球赛蝉联两届冠军。1956年，荣星队后卫郑延周入选晋江专区队。

20世纪70年代，永宁女篮开始兴起。1975年2月，永宁公社女子篮球队赴长汀参加福建省农村人民公社篮球赛，获女篮亚军。1984和1986年，永宁农民女子篮球队两次参加全国“丰收杯”篮球赛，均获得华东赛区第三名。

70—80年代，永宁镇被选送省体工队的优秀篮球运动员有塔石李猛猛和永宁的高克宁，曾代表省队参加全国联赛。李猛猛进省体工队前，曾为省青年队主力兼队长参加全国青年篮球赛。高克宁是“文化大革命”期间首批选送省体工队的队员。后两人均申请往港。李猛猛定居后取得香港篮球教练任职资格。高克宁曾任香港体育工作者协会会长。

在羽毛球运动方面，永宁也是人材济济，其中最突出者有现为国家队教练李志锋，于1980年获国家运动健将称号。2006年作为国家男单教练获第24届（日本）汤姆斯杯团体冠军、2008年作为国家女单教练带队获第22届（印尼）尤伯杯团体冠军、2008年北京第29届奥运会作为国家女单教练带队获羽毛球女单冠亚军和第四名。

海泳 2007年9月16日，永宁及各地游泳爱好者于永宁红塔湾浴场成立石狮市海泳协会，有会员400多名。该会于2009年成功举办全国第16届冬泳锦标赛，并先后举办两届《两岸共携手、冲浪红塔湾》3000米长泳活动。还于2011年12月于永宁西海湾举办第8届东南地区海峡两岸冬泳联谊赛。该会组建一支海上义务救生队。队长林谋国，(永宁人、市泳协副会长)。从2007年至2012年，该队在红塔湾和黄金海岸海域，救起160

多名在海上嬉戏、游泳溺水遇险的群众，获得市民群众的广泛赞誉，并获第二届石狮市道德模范“见义勇为集体”称号。2014 年 9 月，永宁人、市泳协副理事长李凯闽被泉州市人民政府授予“见义勇为模范”和“五一劳动奖章”；高祖炮、林文利被授予“见义勇为先进个人”荣誉称号。

体育舞蹈 2010 年 5 月 1 日，永宁镇成立石狮市体育舞蹈协会永宁分会，致力于推动体育舞蹈的普及和发展工作，并创办儿童舞蹈培训班，在少儿中培养舞蹈人才。会长高丽明及副会长陈良彬曾于 2007 年参加省第四届体育舞蹈锦标赛，获业余组拉丁舞第二名、2009 年元月赴香港参加“金紫荆花杯”国际标准舞蹈邀请赛，获业余组拉丁舞第二名。

三、老年人体育

1985 年，晋江县老年人体育协会永宁镇分会成立。1986、1988 年，该会先后组队参加两届晋江县老年人运动会。石狮建市后，改为石狮市老体协永宁镇分会。由于各村陆续建有健身活动场地，老年人体育普及面迅速扩大，主要活动项目有门球、汽排球、太极拳、太极剑、木兰拳及气功、慢跑等。该会曾先后五次获泉州市、石狮市达标单位、先进单位称号，和福建省老年人体育“95 年先进集体”，分会太极拳教练蔡秀惠被省老体协评为全民健身“95 年基层活动积极分子”。21 世纪后，老人体育活动又有新的发展，广场舞、腰鼓舞、太极健身球、健身秧歌，各种活动项目相继出现。2009 年，梅林妇女健身队参加石狮市首届铜管乐、腰鼓舞比赛，以“军营风采”腰鼓舞获一等奖。2011 年，泉州第一届广场舞石狮市海选工作在永宁镇举行。镇 21 个村居有 16 个参与，其中 4 个队赴泉州参赛。大赛中，梅林健身队获得最佳创作奖及二等奖。2012 年元宵节泉州举办“舞动泉州”广场舞大赛，梅林队又获一等奖，并代表泉州市参加第四届海峡巾帼健身大赛，获团体二等奖。

四、学校体育

永宁各村学校，历来有培养学生训练篮球的传统。1968 年，永宁中心小学开始在班级建立男女篮球队，经常开展篮球比赛活动。1970 年，在县中小学生运动会上女篮夺得亚军后，即组建女子篮球队，由高天理任教练。每天坚持训练两个半小时，从未间断。1972—1983 年，该校女篮获晋江县、晋江地区女篮冠军 13 次。1974 年，代表晋江地区参加省赛获冠军。1975 年，学校被评选为省群众体育先进单位、1980 年再获省基层小学篮球赛女篮冠军。该校于 1981 年被省体委、省教育厅命名为“体育传统项目学校”。1983 年 11 月，高天理被评为“全国体育传统项目先进工作者”。1984 年，女篮代表福建省参加全国小学生篮球比赛，获优秀奖。1988 年，该校被评为省体育达标先进学校。

1987 年和 1988 年，银江小学先后承办晋江县和福建省小学生篮球赛。1988 年，该校男女篮球队，双双夺得省基层小学篮球赛冠军。

永宁中学的女子篮球队组建于 1960 年，由蔡式电老师担任教练。曾先后获县级女篮赛冠军 7 次、地区级女篮赛冠军 8 次。1966 年参加省少年女篮赛（南平赛区）获第三名；1973 年获省中学生运动会女篮赛第二名；1977 年获省少年组女篮赛第二名、同年获省女子篮球赛第三名；1979 年获省少年女子篮球赛第二名；1981 年代表福建省参加华东地区各省市传统项目女子篮球赛获第三名。后来，晋江县少体校女篮班也因之设在永宁中学。

第二节　民间娱乐

一、化妆游行

明清以来，永宁每逢佛生日或迎神赛会，极为热闹。各铺份均有小孩打扮戏剧人物，沿街游行。常常是北门若扮“五虎平南”，南门则扮“狄青扫北”，以示旗鼓相当，互不相让。至今仍有老人引为趣谈。另外，还有小孩穿戏服骑马装马队，或由 24 个小女孩扮“廿四花神”坐在花团锦簇的交椅上，各由两人扛着游行。另外还有装阁、斗狮、舞龙、车鼓弄等。民国时期，永宁许经济、董希等人均置有全套服装，供人化妆游行租用。

下面是几个较有地方特色的阵头。

火鼎公火鼎婆　踩街时由一人扮火鼎公，口上挂八字胡须，身穿羊羔黑裘，下穿宽筒裤，裤脚束紧，脚着圆口软底布鞋，腰束长绸巾，一手执桔木长旱烟管，一手执芭蕉扇，属“破衣丑”打扮。另一人扮火鼎婆，脸上两颊涂红，身穿镶边大襟红衫，下着镶边宽筒大红裤，头顶盘起高高的发髻，脚穿厚底绣花大红布鞋，一手拿红手帕，一手摇着大圆蒲扇，属“家婆丑”打扮。两人抬着一口架在木框上的大铁鼎，鼎两侧贴上红对联，写着“扫去千灾，迎来百福”等字。铁鼎中柴火烧得通红。表演时，伴随着民间小调的节奏，三进三退，在“人巷”中或快步飞穿，或缓缓踯躅，舞姿神态随意变化，颠而不狂，醉而不痴，不时用蒲扇煽火，一路做出种种滑稽逗人的动作。

踢球舞　又称“碰球舞”，起源于 2000 多年前的“蹴鞠”。将蹴鞠与音乐、舞蹈相结合，而成为一种宫廷和民间共同喜爱的舞蹈。它于唐宋期间由中原仕民南迁传入泉州一带。“踢球舞”的演员有 6～10 人，“踢球女”由一名旦角扮演、4～6 名小旦伴舞，以及一名彩婆和一名男球手组成。“踢球女”表演保留古老的“蹴鞠”动作，以手、足、肘、臂、膝、肩，头等身体各部位碰击彩球而起舞，做出各种捧球、托球、踢球、颠球、碰球、点球、停球、绕球等技艺动作，持球者的持球动作则学习南方武术“飞叉”的套路，使“球”模仿“踢球”时飞行的轨道。踢球舞具有形式古老、优雅、欢快的特色。

格阁番 “格阁番”是永宁早年一种颇具特色的民间踩街阵式，表演的是昭君出塞和亲的故事。该阵式用十三块门板组成。门板两端，各钻一个小洞，供插上铁栓，使之首尾相连。其排列次序：执头旗小番二人、舞钱鼓小番二人、叩打四宝（俗称四块）的小番二人，然后是叩木鱼小调、叩响盏、打扁鼓、敲通锣和吹南嗳（唢呐）的小番各一人。继之为端坐的王昭君，后面跟着一个车夫，双手各执一面画有车轮图案的旗帜，并将车旗置于昭君座位两侧徐徐摆动，以示行车。末了由番王殿后，这些门板由二十八个壮汉扛着，走街串巷、游乡过里，沿路奏乐舞蹈。尤其是前头两个执旗的小番，在四块迭连的方凳上，一路翻筋斗、表演杂技，更是搏得观众阵阵彩声。游行队伍每过多层大砌（台阶）时，由于倾斜度太大，方凳自是随之倾斜，小番除了要让身子保持平衡外，还需在上面表演，实在让人为之捏一把汗。每过梅林单桥时，桥面仅有三四条石板，下面潮水汹涌，小番犹在多层方凳上频频起舞，极为扣人心弦。尤其是过梅林关前砌，斜坡高峻，一边是山头、一边是大深沟，沟底怪石嶙峋，更为惊险。

抉胸舞 古闽越人祭祀时，拍击（抉）其双掌、双臂、双肩及双腿等部位使之发出响亮的音响，并以此作为舞蹈的节奏。后来，这种舞蹈被宋元南戏《郑元和与李亚仙》的“莲花落”所吸收，而成为舞台上的“乞丐舞”和一种很流行的踩街阵头。表演拍胸舞人数不拘，但都是体魄强壮的男子汉，头上戴着圆形草箍，上身裸露，腰系彩带，随着《风打梨》《三千两金》等伴奏曲的慢、中、快三种节奏和舞步阵式沿路表演，自如不拘地颤头、投足、拍胸、扭腰；双手起落，有节奏地抉胸挟腋，偶而又投足拍腿、屈臂击肘。时而跪蹲、时而抬腿、时而踢腿，边歌边舞，豪迈矫健，情绪热烈，风趣浪漫。

踩高跷 俗称柴脚戏。因为表演者用一副两三尺甚至达七八尺的带搁板的木棍（高跷）扎在自己的小腿上而居高演出得名。柴脚戏多在广场上演出，以高跷作为脚的延伸，目的是高出人头，便于围观的人观看。柴脚戏经常化装成《郑元和》或《陈三五娘》戏剧中的人物，同时加上几个女角伴舞。其中装扮成《郑元和》剧中的李妈，手中拿着一支“钱鼓球”，即篾皮制成的球，内装一些铜钱，舞动时能发出响声，以增加演出效果。抗战期间，永宁下营曾有一队柴脚戏，驰名在石狮诸乡及衙口一带。

腰鼓队 中华人民共和国成立初期，腰鼓队非常普及、活跃。每次游行，各村、各学校都有腰鼓队参加，其鼓钹铿锵，动作矫捷，非常壮观。21 世纪后，腰鼓队又被赋以

“健身”的新内容，受到许多村居妇女的喜爱。其中以梅林腰鼓队最为突出，多次获奖。

二、说 书

俗称“讲古”。据传，明清年代，永宁街即有此行业。抗战胜利之后，永宁出了个有名的说书艺人董希。他原为永宁布袋戏班班主，惯于编演，曾于顶街“讲古”，讲演起来，绘声绘色，动作比划，惟妙惟肖，听众经常爆满。说书手本都是传统章回小说，如“水浒传”“三国演义”“薛仁贵征东”“七侠五义”等。中华人民共和国成立后，董希曾被聘往厦门中山路坐场说书。年老回乡，有时也到十字街口文化站坐场讲古。

第三节　电影放映

永宁之电影放映，始于抗日战争胜利后不久，王庆祥医师从西南公路工程局回故乡，在永宁北门王厝池前旷地请电影公司前来放映过一场电影，内容为盟军与日军作战的纪录片，当时永宁人尚不知电影为何物，附近村落群众闻讯都赶来观看，极为轰动。中华人民共和国成立后，在永宁放映的第一部影片是《抗美援朝卫国保家》，第二部影片是《南征北战》，都是驻军部队在城隍庙放映的，观众极为拥挤。1952 年，永宁发动群众清理大埔，把堆积如山的垃圾堆迁移干净，建成露天剧场。之后，县电影队经常来巡回放映，刚开始一张票 3 分钱，后来是 5 分钱。当时，秩序非常好。一次放映《上甘岭》，有几千观众，发电机坏了又修不好，最后只得宣布停映。黑灯瞎火，观众散场秩序井然。1960 年，成立石狮镇侨联电影队，主要负责石狮镇及永宁公社的电影巡回放映业务。1958 年梅林大队发动渔民、社员捐资献工建造梅林渔民俱乐部，为石狮第一个村办影剧院，后于 1961 年经改造扩建为“梅林影剧院”，观众厅座位由原来的 600 个增加到 1200 多个。既有舞台可以演戏，又可以放映电影。后来曾有一段时间与晋江县电影公司联办。

“文化大革命”期间，电影巡回放映断断续续。但西厝村后的部队营地每月基本上都有放映电影，附近群众一有消息，马上成群结队，前往观看。

粉碎“四人帮”后，先后成立永宁公社电影队（社办）和永宁侨联电影队，常年服务于永宁一带，很受群众欢迎。当时收费方式，一种是由公社统一调度安排到各生产大队，再由大队安排到生产队。每晚演两部电影 50 元。另一收费方式是售票。多在学校礼堂或村里有土台设围墙的地方，也有的以绳子设围。那时，一个电影队只有一台机，一个晚上只能演一个点。如果一晚要演两部片子，就得等第一个放映点演完，再跑片。

1987 年，沙堤学校经向晋江县电影公司申请，把该校礼堂作为对外开放影剧院，该影剧院有座位 996 个。在不影响学校教育的情况下，既演戏又放映电影。

1987 年 12 月，石狮建市后，永宁又相继成立下营队、沙堤队、梅林队、永宁队等电影队。随着市场经济逐步建立，电影业务也由原来生产大队、生产队集体出资为主，变成老百姓个人出资放映电影为主。农村的婚喜寿庆、佛生日，很多人都选择演电影。观众有本地人，更多的是外来工。1991 年永宁侨联电影队年发行收入达 24000 多元，与石狮电影一队同居泉州市榜首，受到省、市电影公司的表彰。梅林、沙堤影剧院的业务成绩也进入泉州地区 35 毫米放映单位的前列。不过，近年来，随着大文化市场的逐渐繁荣，观众文化消费的多样化，电影观众逐渐流失，电影市场开始趋向疲软萎缩。

第十六章　科技 新闻

永宁科技，始于明代。为适应保卫疆土的需要，卫城设军器局，专门研制各种兵器。据载，明弘治年间，永宁卫镇抚尤天爵曾“自造扭攻车、火炮、火鸡等器”烧毁敌人的云梯。到民国初期，永宁兴办电灯公司、毛巾织造厂、碾米厂，大开一代科技新风。

中华人民共和国成立后，政府从生产实际出发，致力于科技的推广、应用和新技术的发展。1996 年，永宁镇被省人民政府授予“全省第二批科技示范乡镇”称号。2008 年，石狮市实施“一镇一品、一村一场、一户一技”科技示范工程，优先发展具有地方特色和带动作用的产业，永宁镇经泉州市科技局组织专家评审论证，被评为泉州市新农村建设科技示范镇。

石狮建市以来，永宁有多家企业产业开发被列为国家级、省级、泉州市级科技项目。

从 20 世纪 60 年代起，永宁民间即启动对历史文化的研究与探索工作。特别是 21 世纪以来，举办了两次较大型的研讨会，邀请国内史学界专家就明代永宁卫的地位和作用及其永宁与台湾密切的关系作了深入的研讨与论证，取得丰硕成果。

改革开放以来，永宁出有多样乡土报刊，通报家乡建设情况，介绍文物古迹、风土民俗。刊物寄赠海外侨胞及港澳台同胞，藉以联络乡谊、增深乡情。

第一节 科学技术

一、科技示范镇建设

1962年，永宁公社设置农业技术推广站，负责向基层社队传播新技术，指导科学种田。1984年元月，永宁镇成立科学技术协会，在全镇范围内广泛开展科技宣传、普及、培训工作。石狮建市后，永宁镇党委、政府重视科技的开发与发展，1991年成立镇科技领导小组，并成立镇科委，镇科协，配备专职科技副镇长和2名专职科技助理员。各村（居）建立科普小组，由村（居）副主任或支部宣委兼任组长。制订《永宁镇科技示范发展规划》，掀起学科技、用科技的热潮。组织成立永宁镇种、养专业户协会，会员达110多人。至1992年，主要取得以下几方面成果：

1. 规范化日本巨峰葡萄栽培技术开发和龙眼（复眼）果园主体配套技术开发。巨峰葡萄栽培，从1989年开始，历经4年的风险和克服各种困难，取得较为丰富的技术管理经验。种植的3.34公顷果园，每亩产量30多担，总产值25万元左右，赢得多年来最好的收成。

2. 食用菌野草栽培灵芝及灵芝孢子粉的采集成功：经反复摸索与试验，采集孢子粉1公斤，市场价值4000元。经检验，证实有机锗含量多倍于人参，有很高的营养与药疗效用。

3. 淡海水名优鱼养殖开发研究：1992年，全镇有海水养鱼场4个，面积4公顷，总投资70.5万元，主要放养黄雕、石斑鱼、鲈鱼、苗种计11000条。淡水养鱼场9个，面积6.67公顷，主要放养胡子鲶、鲈鱼、单性罗非鱼，产值40多万。

4. 美国青蛙养殖试验：该项目由沙美村出资部份，村委卢联环承担开发。1992年6月引进厦门水产学院水产养殖场美国蝌蚪苗3000只，经细心饲养已成幼蛙80只，余者待过冬后可成蛙。

5. 永宁镇有卡拉胶、油脂精炼氧化油、消泡剂、空调鞋、弹力绷带、卫生巾等多项产品。这些产品有的已列为省、市级星火计划项目。1992年，全镇科技型企业总产值1200万元，税利300万元。

1995年，永宁镇京狮医药技术开发研究所和万事达橡胶电子有限公司分别获石狮市第二届科技进步奖和第二届科技推广奖。此外，京狮医药技术开发公司、消泡剂厂、百鑫科技发展有限公司、海藻加工厂、万事达橡胶电子有限公司还分别被评为石狮市第一批先导型企业。科技进步对经济增长的贡献率由1991年的7%上升到1995年的25%。

同时，在永宁居委会、沙堤村和前埔村建立3个科技示范村。全镇建立1112个科技示范户和15家科技先导型企业，引进中、高级专业技术和管理人才152人。经过3年多的努力，1996年，全镇工农业产值6.5亿元，比1992年的2.83亿元增加1.3倍，工农业产值中依靠科技进步因素占48%。1996年4月，经省科技领导小组组织有关专家验收，在验收总分500分中，永宁镇达到485分，被省政府授予全省第二批科技示范乡镇称号，并被省科委评为省先进科技示范乡镇。

1997年5月6日，石狮市科委和市水技站为提高各养殖场的养殖技术和经济效益，在永宁镇举办水产养殖培训班，市水技站技术员王清祥和省厦利研究所所长林朝钊分别为学员讲授《淡水网箱高密度养殖技术》《永宁镇科技示范发展规划》和《淡海水养殖及对虾养殖技术》课程。并到郭坑水库参观由沙堤村董欣暂创办的红采雕高密度网箱养殖场。

2008年，经泉州市科技局组织专家评审论证，永宁镇列为泉州市新农村建设科技示范镇，前埔、山边村列为科技示范村，新沙堤村龚书土、下宅村王庆良列为科技示范户。

二、高新技术产品的开发

21世纪以来，永宁镇鼓励企业建立行业技术中心，运用先进适用技术改造传统产业，实现技术创新，工艺创新和产品创新。2007—2010年，永宁镇新增国家级高新技术企业2家（大帝实业、飞通通讯公司）、省级星火行业技术创新中心、省级、市级企业工程技术中心6家（快克体育、正源水产、大帝实业、鹏程实业、非凡体育、大元化工），省高新技术企业4家（快克体育、飞通通讯、大帝实业、永前建材）。

多年来，永宁还有部分企业，已不再只做产业科技的“跟随者”，而是通过更高标准提升产品质量，利用技术创新拥有知识自主权，积极参与国家标准的制定，从而变身成为行业的“领导者”。

高新技术企业部分项目介绍

大帝实业　大帝实业有限公司为国内服装面料及鞋材行业规模最大、技术力量雄厚的生产基地。生产的人造革、PU仿真革(干湿法)、复合及功能型等服装面料在市场上处于领先地位。2001年开发的复合面料和2003年推出的“水洗皮”(PU仿真皮)属国内首创，这两项技术率先填补国内市场的空白，产品远销日本、法国、意大利、西班牙等国家。公司由省科技厅和泉州市科技局牵头成立“福建省服装暨面料行业技术研发中心”，担负着该地区服装行业产品的科研重任。拥有完全自主知识产权的三大产品——环保、高复合耐水解笔记本皮用革，中、高剥离运动鞋用革，水洗皮服装面料。2009年，集团公司和天津工业大学强强联手，共建服装与面料技术研发中心，深化“产、学、研”结合模式，为企业的腾飞奠定科研课题转化为科技生产力、进而培养和储备技术人才。近年来，大帝高分子复合面料工程技术研究中心先后承担年国家火炬计划项目“基于干式烙压工艺生产的耐水解变色合成革”、泉州重点科技计划项目 “复合型耐水解 W18-8 合成革服装面料开发”。2009 年，获福建省科技奖。

凯胜体育用品 凯胜生产第一款全碳素球拍系列，奠定了在国内羽毛球拍生产“领头人”的地位。其自主研发生产的铝碳一体羽毛球拍，成为国内最早自行研发生产的中国品牌，确立其在中国羽毛球界的领导地位。这些地位的确立，使凯胜被中国羽毛球协会吸纳为器材委员会副主任单位，参与领导中国羽毛球协会羽毛球器材生产标准的起草工作。该公司董事长王平东作为第二起草人、凯胜作为第三起草单位参与制定的 B/12770-2006《羽毛球拍》、B/12769-2006《羽毛球拍》行业标准，于 2006 年 12 月 11 日在全国实施，王平东及其企业分别成为石狮参与标准制定的第一人、第一家。

飞通通讯设备 2002 年，飞通通讯设备有限公司的船舶无线电通讯产品通过中国船级社（CCS）的产品认可。飞通 FT—805VHF 甚高频 DSC 无线电话（70 频道连续值守）、FT—808 双模双信道无线通讯电台等系列化的海洋船帕通讯设备，以其频道全、频段宽、功能多，具有选呼、群呼、海呼、定时报位、区域报位、船只航线回放等多种适应功能，赢得市场的青睐。飞通产品很快就占据海洋渔业通讯市场 70%以上的份额，美、日、韩产品在中国市场的份额迅速萎缩。2009 年，飞通通讯开发出船舶 GPS 动态防碰撞电子系统。世界贸易组织对全世界各国规定全面普及安装船舶自动识别系统（AIS）的时间表，国家交通运输部要求 2012 年 7 月 1 日前，全国所有的运输船舶都必须强制性安装自动识别系统（AIS）。飞通是 AIS 国家标准的起草单位之一，国家向飞通等 AIS 生产厂家免费提供中国沿海的电子海图和内河水域的电子航行示意图，飞通卫星导航船舶自动识别系统（AIS）在海洋渔业 AIS 通讯市场上的占有率已高达 80%左右，占货运船舶 AIS 通讯市场约 60%。美、日、韩的 AIS 设备很快在中国市场竞争中出局，飞通已打造成为中国自主的卫星导航海事通讯终端设备的民族品牌。2011 年 12 月 27 日，中国自主建设、独立运行的北斗卫星导航系统正式提供试运行服务，飞通通讯正与中国最重要的“北斗”系统核心芯片研究单位和最大的北斗芯片提供商远东华强合作开发北斗导航海事终端设备。飞通的 FT—8700 船载北斗卫星终端软件 V10，已经获得了国家版权局颁发的《计算机软件著作权登记证书》。由于 GPS 在应用上已非常普及，飞通卫星导航海事终端设备在设计上同时兼容美国 GPS，因此，既保留美国 GPS 原有功能，又增加中国北斗的新功能。

正源水产 2008 年，正源水产科技开发有限公司承担“海洋中上层红色低值鱼类冷冻鱼糜及其制品产业化”国家级技术项目，总投资 200 万元。项目重点解决冷冻鱼糜生产不同红肉低值鱼原料配比技术及红肉低值鱼抗蛋白质冷冻变性技术及脱除鱼肉着色物质技术和冷冻鱼糜蛋白质抗冷冻变性技术和脱色、脱腥技术。原料主要选用吧浪鱼、鲐鱼等大宗红肉低值鱼类，特别是吧浪鱼，通过模拟鱼糜生产工艺、优化设计，确立生产高质量鱼糜制品生产工艺及控制参数，解决生产过程中蛋白质和固形物过度损失关键技术。根据研究工艺技术，在消化吸收国外先进加工设备基础上，开发适宜于该厂低值鱼原料低值鱼冷冻鱼糜加工关键单机，组装较为理想、自动化的高冷冻鱼糜生产线。

鹏程实业　开发的防电磁波等特殊功能性系列高档面料，填补中国服装面料行业纳米技术攻关项目的科技空白。该公司先后投入 2 亿多元引进 10 来套意大利、韩国和中国台湾的高科技人造革、布料及后整理生产设备，构成完整的“先进工艺技术群”。该企业还长期与韩国和中国台湾工艺技术人员合作，不断研发面料新产品。其开发的湿式 pu 革和干式 pu 革以及其他布料产品各项指标参数均达到国际同类产品先进水平，成为新一代环保服装的首选面料。该公司水洗皮及 pu 成膜复合仿皮面料、超级防水等面料具有很高的品质和时尚性。

黎祥食品　石狮黎祥食品有限公司在硬果的生产上自行开发生产技术和生产设备，如陈皮糖果和脆皮奶球等小食品，工艺技术方面以科技创新完全体现自身特色，从而在硬果市场销售上独领风骚。2008—2012 年，该公司总工程师翁延俊作为全国糖果和巧克力标准化技术委员会委员参与制定硬质糖果九项行业标准、糖果和巧克力生产质量管理要求、糖果分类、巧克力及巧克力制品、糖果术语等 4 项国家标准。

快克体育用品　快克体育用品有限公司研发的钛合金羽毛球拍具有重量轻、拉线磅数高、塑体外观比一般羽毛球拍更美观等特点。2009—2011 年，快克把大部分科研力量投入到将克维拉纤维应用到球拍设计当中，该纤维不但能提高球拍的柔韧度，还能增加球拍的避震效果。

非凡运动器材　近年来，非凡运动器材公司在球拍的灵巧、耐用度、美观、避震等方面进行不断革新和提升，共得到 14 种专利证书。该公司用碳纤维复合材料制作的网球拍无论在重量、强度，还是在减震性和手感方面都有突出的优点，不仅质轻、钢度与韧度合适，而且便于提高挥杆速度。该公司研发的“应用航天刚性碳纤维生产网球拍”专利技术，填补国内残疾人专用网拍的空白，并获得 2010 年度泉州专利实施计划项目立项资助。该专利项目采用纳米技术、材料力学、结构设计等技术研究出一种残疾人专用网球拍，框形犹如一把砍刀，比传统球拍提高 30%控球效果，技术性能指标达到国内领先水平、达到欧洲同类产品的先进水平。

永前建材 2008年，永前建材有限公司研究开发“利用固体废弃物生产节能保温隔热砖技术”项目，总投资480万元。项目主要开发隔热砖制造成型技术，灰渣混凝土配制工艺，垃圾焚烧灰渣磁选、筛分、消毒处理技术，废弃陶瓷破碎筛分处理技术等。节能保温隔热砖原料采用垃圾发电后废弃物进行破碎，由磁性滚筒进行二次磁选，然后通过振动筛进行不同粒径筛分。产品自重轻、隔热效果明显、表面负重大，环保、防渗透功能强、美观大方，可节省二次装修费用。灰渣混凝土制备工艺流程和方法充分利用多种固体废物资源，可高效处理垃圾焚烧灰渣和陶瓷废料，进而减少土地占用和环境污染。产品采用的生产工艺流程、新材料配方及结构设计，获得国家知识产权局发明专利。

第二节 社科研究

一、专著

永宁有多人从事社会科学研究工作，而且成绩丰硕，出版数量可观的学术著作。例如：

陈世雄（下宅村人、中共石狮市委党校常务副校长），出版有《石狮之路》《机遇与挑战》《福建大趋势》《霞泽牧渔》《小康论》《中国之路》《中国私营经济》以及《文化立国评论集（第一辑）》《文化立国（第二辑）》等。

李天锡（子英村人、华侨大学教授），出版专著《泉州华侨华人研究》《晋华侨华人研究》《华侨华人民间信仰研究》《晋江华侨轶事》《晋江宗教文化概览》《海外与港澳台妈祖信仰研究》《泉州谱牒华侨史料与研究》（与人合作），《石狮华侨》《石狮文史散论》《石狮城隍庙》等。

李国宏（梅林村人、石狮博物馆馆长），出版专著《泉州民间信仰文化论集》《远古的家园》《明五部尚书黄克缵年谱》《晚明政治漩涡中的黄克缵》《海峡深处谁人家》等。

郑天应、李显扬（省民俗学会、民间文艺家协会会员）出版文史专著《鳌城稽古》。

高江水（中国民俗学会会员），出版作品集《江声水影》。

永宁老教师高武铺退休后受聘于晋江县党史办，参与党史资料的搜集整理工作，其多篇反映国内革命战争时期的永宁地方史料发表于各级刊物，有的获得国家级奖项。1999年逝世后，其三女高寒将其遗稿收集整理出版《怡园主人文稿》。

二、永宁乡土资料的搜集整理

1962年，郑天应、李显扬等小青年开始永宁乡土资料的搜集整理工作，后编成《永宁乡土志》初稿。这工作得到乡里许多有识之士的关心和支持，并引起晋江专署文化局的重视，由文化局出资印刷《永宁乡土志》油印本，是为永宁乡土资料的最早版本。

1980年，晋江县文化馆筹划编印一套《晋江乡土资料选辑》，永宁作为第一部分推出，由县文化馆出资印刷。那时，由于得到泉州海交馆刘志成的帮助，参照府志、县志、族谱等有关资料，对永宁历史作了进一步探讨论证，从而使永宁历史可追溯到南宋。

1986年春节，永宁居委会牵头成立永宁乡土志编筹组，同时出版油印小报《永宁乡土资料》。

1989年春节，为更好的总结经验，乡土资料编筹组于农历正月初五日假永宁镇侨联会举行《乡土资料》创刊三周年座谈会。与会者对《永宁乡土资料》创刊3年来取得的成绩给予充分肯定，并对今后工作提出许多宝贵意见。厦门大学地方史专家庄为玑教授说："像永宁这种靠群众义务采编征集地方史料、靠群众捐款办报的方式是全国少有的。永宁有一批如此有眼光、勇于献身乡土史的采编者，相信他们坚持下去，一部资料丰富、翔实的永宁镇志很快就可以编成付梓。"

1991年，永宁镇人民政府下文成立"永宁镇永宁乡土资料编委会"，编委会由原"永宁居委会乡土志编筹组"扩充组成。主任陈增成（永宁居委会支部书记），副主任郑天应、李显扬。

历时六年，《永宁乡土资料》出版55期，发表文章120多篇，共17万字，内容包括历史沿革、地方掌故、华侨史料、人物传记、文物古迹、风土人情、民间故事等。其中不少文章被省内外报刊采用。1995年3月，出版《永宁乡土资料汇编》（主编郑天应，副主编高永清、李显扬）。

三、永宁古卫城学术研讨会

2001年5月4日，第三届泉州旅游节期间，永宁镇邀请清华大学、北京师范大学、厦门大学、中国社会科学院等10多所名牌大学的明清史专家、学者20多人，汇聚闽南黄金海岸海洋宾馆，举行"永宁古卫城学术研讨会"。会上，专家学者就永宁古卫城的历史地位、历史作用以及保护与建设等问题展开热烈的论证和研讨。会后，由石狮市博物馆馆长李国宏执编出版《永宁古卫城文化研究》一书。

四、"鳌城"永宁历史文化研讨会

2012年7月21日，应邀出席首届永宁古卫城暨城隍文化节的15位文史、文博专家，在石狮市博物馆出席"鳌城永宁历史文化学术研讨会"，就永宁古卫城的历史文化进行研究讨论。15篇论文涉及永宁建立卫城、"陷城"洗街考证、涉台文化的资料整合等多方面内容，其中不少论文具有较高的学术价值。

第三节 报 纸

永宁人一向重视新闻出版工作。不论旅外或在乡，都有许多人从事这一行业。20 世纪 30—40 年代，菲律宾华文报界，如李秀峰、郑华民、郑衍蕃等一批永宁报人颇为活跃。在解放区，最著名的是白刃，1939 年即在八路军一一五师任报社主编，后又先后任安东（今丹东）广播电台台长、《反攻报》《后勤报》主编、新华社前线分社记者、第四野战军编辑科长等。中华人民共和国成立前夕，旅菲爱国华侨李淡的女儿李彬（笔名冰棱）自菲律宾回国参加“福建文化服务团”，后安排于福建日报社，任记者、主任编辑。中华人民共和国成立后，历届镇政府均设有报道组，负责采写本镇新闻。改革开放以来，在与海外联络、沟通讯息、增进乡谊的工作中，许多乡土刊物发挥了重要作用。

《侨音》 创办于 1981 年，为永宁侨联会主办的油印小报。执编郑天应。不定期出版。主要寄赠海外（包括港澳）10 多个国家和地区、20 多个同乡会、宗亲会以及旅外乡亲，用以介绍家乡建设新貌，联络乡谊。至 1991 年 8 月，共出版 26 期。每期发行 300 份。

《永宁镇讯》 创办于 1992 年 8 月。为中共永宁镇委办公室《永宁镇讯》编委会编。四开四版，月报。执编高云鹏。主要报导永宁新貌、经济建设进展情况及社会动态。至 1998 年 10 月共发行 65 期。

《鳌城乡音》 2000 年创刊，由市政协永宁委员活动组与永宁镇侨联会主办，永宁镇关工委、永宁居委会协办，四开四版。执编郑天应。2004 年改彩色电脑版，每三个月一期。第一版为本镇要闻，第二版设《育菁》专栏，介绍镇关心下一代工作委员会有关讯息。第三版报导政协活动组及侨联活动。第四版“乡土”版。每期印数 1000 份，发行对象主要为海外侨胞及外地乡亲。至 2016 年 6 月，已刊出 42 期。

第四节 广播电视

1958 年，镇政府利用电话线安装转换开关，按时直接传送音频电压，带动广播喇叭。时在永宁中街万通楼屋顶安装大喇叭，每天 1 次，每次 1 小时 30 分，向街区转播晋江县广播站节目。

1962 年，永宁人民公社创办广播站，在镇区安装几个喇叭，每天广播时间增至 2 小时 30 分。1964 年，公社广播站安置 1 台 275 瓦扩大器，先后开通永宁、港边、梅林、三芳、沙堤等大队有线广播网，每天广播 3 次，播音时间达 8 小时。1980 年后，有线广播网络扩展到各村，基本实现户户安装广播喇叭。其时永宁一带开始出现电视机。最早是港客返乡时带回家，大多是黑白电视。不久，电视机迅速普及，至1984年，大多家庭均置有电视机，其中彩电占75%。

1991年，镇成立有线广播电视站，转播中央台四套节目及福建台、泉州台、石狮有线电视台和其他电视台共12套节目。时镇有线广播电视站由林建全承包经营。该站曾于1995年被评为“福建省广播电视先进单位”，林建全创作的“青春在边防闪光”曾在全省第二届乡镇站优秀广播节目的评比中获一等奖。至2003年由市广播电视网络有限公司收回经营权时，有线用户已发展至4000多户。之后，网络公司对全镇有线网络进行改造。2005年，该站设址于永宁邮电新街。2006年，石狮有线电视网开始由模拟电视转换为数字电视服务，可收视中央台及各省节目达70多台。2008年7月，站址迁至信义开发区。同年，全镇开通宽带及数字电视互动点播业务。2009年，永宁镇实现建成“世纪之村”信息化服务平台，农村宽带入户率65%以上，广播电视覆盖率100%，数字电视转换率98%以上，永宁镇及前埔村、山边村分别获全省首批信息化乡镇与信息化示范村称号。

第五节　图书阅览

一、阅书报社

永宁“阅书报社”，筹建于民国16—18年（1927—1929年），旨在启迪民智、传播新知。主要发起人有热心新文化的侨眷和本镇学界、商界进步人士，如佘伯昭、林书概、林书汉、高挺关、李冠英、林谋板、林登宾、陈克庚、杨世徽、蔡梅舫等。经费主要由本乡绅士及商界赞助，并由侨属代向南洋募捐。社址设在永宁大埔保善堂前座。后又获许经济、张尚螺、郑尊泽、陈植添、李苍岩、李祖禁、黄铁鸣、许秋舫、高伯英、高玉山、黄念忆等人的支持赞助，并获泉州著名人士许卓然、秦望山的关心支持，因而创办后声名远播，颇具影响。

该社置有各种刊物和大量图书，供群众阅书读报，得以开拓眼界，了解国情。时值“五卅”惨案发生，上海掀起反帝斗争风暴，阅书报社也与全国各地爱国民众一道，在永宁提倡国货，抵制日货。“九·一八”事变后，阅书报社提供专题书报，为启发民众爱国热情、发动火烧日货，发挥了重要作用，好些青年出国后在菲律宾成为抗日救国组织的中坚。

1941年，太平洋战争爆发，隔年菲岛沦陷，南洋侨汇断绝。一些主持人出国或离乡，“阅书报社”不久便告关闭。

二、永宁文化站图书室

建于1962年，文化站址设于中街抽纱厂（即小万通布庄旧址）对面。楼下兼作新华书店代销处，楼上设报刊阅览室，有图书5000多册，供群众及军人借阅。“文化大革命”时，文化站解散，存下图书多被红卫兵籍口“封资修”收缴，余者尽皆散失。

三、农家书屋

石狮市于2008年启动农家书屋工程，截至2011年年底，永宁镇各行政村（居）已完成100%复盖。如郭坑村为完善农家书屋，添置书籍35000册、影带200余套，同时还开办信息化电脑服务培训班，结合开展农技培训课、法制宣传教育课，取得良好的收效。

第六节 民间收藏

一、集邮

1983年，永宁集邮小组成立，并举行首届邮展。时有集邮爱好者30多人。1987年1月10日，成立晋江县集邮协会永宁分会，分会会长陈增煌，会员60多人。1990年6月，石狮成立集邮协会，该分会隶属之。分会先后于1983年、1987年、1996年春节期间举办3次邮展，发行纪念信封6种。曾先后组织11部邮集参加晋江、石狮市举办的全省五县一市联展。

二、集报

李北九，永宁中学退休教师，是永宁镇集报爱好者。他收集报纸上百种，坚持几十年，成绩显著。曾获上海集报协会主办的1992年全国集报“白玉兰”评奖活动的“探索者奖”，是福建省众多集报爱好者的唯一获奖者。

三、古董的收藏与研究

永宁夏威移凉垫厂董事长高云鹤，一生热爱古玩收藏，尤其对古铜镜有深入的研究。著有《浅说铜镜》一书，是中国第一本关于古铜镜的彩印研究专著，其收藏的100多个铜镜曾被中央电视台寻宝专家评审团评为“十大优秀藏品”。港边村企业家张安东，长期致力于古陶瓷、书画、家具等的收藏工作。他创办的藏缘堂展览馆于2005年10月30日开馆，展出收藏品500多件，其中古家具40多件、古化石60多件，古陶瓷200多件。

第十七章　文物古迹

永宁历史悠久，留下许多珍贵的文物古迹，如建于宋代的石塔、古庙，元代的崖刻和明清古街。古卫城还存有不少见证永宁卫繁荣鼎盛的历史文物、“名人故居”“闽南古大厝”而欧陆风格的“华侨番仔楼”，具有中西合璧建筑的特色，是另一道独特的风景。

第一节　名胜古迹

一、全国重点文物保护单位—姑嫂塔

原名关锁塔，建于南宋绍兴年间，至今已有800多年。其塔身高22.86米，边长5.2米，外望5层，实为4层，全部石筑，成六角形，呈楼阁式仿木结构，中间虚空。塔之六面，似有设门，其实仅一门可通，游者从塔中石磴拾级而上，每登一层，便至另一层之外围，再进一道门，自门内石级而上，则又上另一层。如此旋转而上，即到塔巅。塔之第二层，门额上刻有“万寿宝塔”四字，是以该塔又称为“万寿塔”。

塔之末层内壁，有一方形神龛，雕刻佛像三尊，乃“三世尊佛”，但民间多讹传为姑嫂石像。《八闽通志》记载：“永宁有石塔，甚宏丽，商舶自海还者指为抵岸之期。”此塔为古代泉州湾的主航标，是宋元时期“东方第一大港”，泉州海外交通贸易繁荣发达的重要历史见证。中华人民共和国成立后，姑嫂塔屡经政府拨款修缮，并层层置围栏环护。2006年9月，该塔被列为第五批全国重点文物保护单位。

二、中国历史文化名街——永宁老街

建于明洪武年间。中开坊十字街口，为永宁城的中心点，有街道直通五个城门。中开

坊旁边有座“赵帅府”古庙，庙中有块拜石,为当年建城安放罗盘的地方。从十字街口向西直落到西门（永清门），原称西直街，府志载：“右千户所，营房八百四十间，在永清门西直街。”可见当时，原为驻军之处。清初重建后，称老街，又称“剖腹街”。当时这条街上，富甲一方的大商号就有六、七家。沿慈航庙下来就是霞源，还有荣兴、永进、日茂、宝藏等好几家商号，他们经营南北商埠的航运和对台贸易，事业极为发达，至今荣兴号商行犹保存有榨油的大油车（压榨机）和磨坊等各种工具。此街直至20世纪80年代，一直是永宁的商贸中心。2013年6月8日，文化部、国家文物局公布：永宁老街入选第五届“中国历史文化名街”，为该年度福建省唯一入选的古街。

三、永宁城隍庙

坐落在永宁南门与小东门之间。为永宁至今保留较完整的一座古寺庙。清道光二十三年（1843年）《重修永宁城隍庙序》称“吾永宁卫为郡要区，名锡鳌城，地连鲤廓。都人士创建庙宇，崇奉城隍。钦神灵之赫濯，侯封宪贲六龙；壮山海之观瞻，庙貌高临五虎。”永宁卫城隍主奉宋丞相文天祥，谥号忠佑侯。

《八闽通志》载：“永宁城隍庙在卫治东南。洪武年间指挥（佥事）洪海建。正统间，卫知事王廉修建。成化九年（1473年），千户陈宗重建。”清道光十五年（1835年），由乡贤蔡铭标发动各方善信，捐资扩建。清光绪年间，再由港边村乡贤佘马堆前往菲律宾，向乡侨筹募资金加以整修、挺高门楼，方成今日之大观。

永宁城隍庙座北朝南，建筑面积1407平方米，由门楼、前殿、戏台、拜亭、后殿和左右厢房组成。后殿面阔五间，进深三间。殿前有檐楼，抬梁式木结构。前后殿均为重檐歇山式屋顶，余为单檐歇山顶。永宁卫城隍庙规制完备，除主祀城隍神外，还模仿封建仪制，设置二十四司、四大将、三夫人、役吏差官等近百尊神像，是闽南地区少有的规模较大、保存较完整的一座城隍庙。其建筑艺术结构严整、精美。书法、联文、木雕、石雕、砖刻均出自明、清高手。门楼两侧“雷厉”“风行”四个石刻大字，书法遒劲、端庄大气。拜亭两侧的清代石雕狮子栩栩如生，雕工精湛。庙内尚保存道光年间重修碑记、碑序各一方。该庙于1996年2月，经福建省人民政府公布列为第四批省级文物保护单位。

第二节　宗教建筑

一、虎岫寺

位于宝盖山东麓，建于宋代，原名真武宫，主祀玄天上帝。明洪武廿四年（1391年）

改称虎岫寺。嘉靖年间（1522—1566 年）,住持云静法师募款修葺，筹建中枢大殿，奠定虎岫寺的主体建筑规模。后历代均有维修、增建。“文化大革命”期间被毁，1983 年重建。中间真武大殿高三丈二尺，威武气派。大殿东侧为聚星阁及禅房，聚星阁上下堂分别供奉如来佛祖、十八罗汉和三夫人妈。殿西设观世音菩萨佛堂。大殿埕前是“飞来塔”，塔临一池，名“半月池”。大埕东为关夫子殿，西为森罗宝殿。大殿后山腰建有祀奉文昌公、魁星爷的文昌祠。众多神祇供奉一处，掩映于绿荫翠峦之间，各得其所。

虎岫寺中存有南宋绍兴二十五年（1155 年）蔡梦良捐建石龛方碑 1 块和清同治八年（1869 年）“重修虎岫寺碑记”抹角首长方形碑一方。庙之西侧悬崖存有历代名家题写的崖刻五处。1990 年 5 月，经石狮市人民政府公布列为首批市级文物保护单位。

二、鳌南天妃宫

位于永宁卫城内南门境，祀妈祖，相传始建于宋代。至今庙中尚存有一妈祖浮雕石像（长 59 厘米、宽 31 厘米），头戴乌巾，与后来的妈祖塑像有很大不同。据专家考证，乃宋代石像。古时，商船可沿梅林港驶入南门装卸货物。今英国伦敦大英图书馆印度和东方写本部阅览室保存着一套清代闽南海澄、漳浦的民间道教科仪书，其中《安船酌献科》，记载沿途所经各海口、岛屿必须祭拜的宫庙及海神，并附有清代闽南民船往“西洋”“东洋”“下南”“上北”的航行路线。其中从海澄北行至浙江、江苏、天津的“上北”航线，到晋江必须祭拜“围头妈祖、永宁天妃、松系（祥芝）土地、大队（坠）妈祖”。可见当年鳌南天妃宫在南来北往航线上的重要位置。

三、永宁慈航庙

又称中亭观音宫，位于永宁观音亭境，占地 400 平方米，建筑面积 330 平方米。主庙分前后两部分，庙前左右有钟鼓楼。庙中石碑记载，相传始建于隋朝，历代有重修。该庙原奉祀一男相观音，文化大革命时被盗失。史学界普遍认为，男相观音系唐代之物。
该庙于 1998 年 2 月，经石狮市人民政府公布列为第二批文物保护单位。

四、徽国文公祠

俗称文祠。位于永宁观音亭境。殿宇一列三厅，中奉徽国文公（朱熹），东祀关圣帝君，通称文武两圣。墙外之东南角，原有一石亭，内立二碑，乃为纪念永宁教育先驱陈用之及陈愈在永宁启学所立。

文祠始于明代的鳌水书院，为永宁士子课读处。后历经倭患，仅余残迹，直至清乾隆年间重建。文祠中有魁星楼（今已无存），为永宁举子会文之所。楼上祀五文昌。东厅前埕角有一香桧树，今犹存。大门外有照墙，墙东壁下有一纸炉，供焚化城内废弃之字纸。

纸灰满炉，即集都中人士，鸣锣打鼓，执各种锡头木柄之兵器模型，曰七十二对，列队送到宫屿撒入海中，谓之送海龙王。

五、永宁梅福庵

俗称小街观音宫。该寺肇自清光绪六年（1880 年），普陀山僧人善修奉观音佛像入永宁，择于小街建庙，经乡贤蔡恢扬首倡，与善修两度赴菲募捐，历五年，于光绪十一年动工，光绪十四年竣工。继后并土地公宫建成大雄宝殿，塑佛像 28 尊，命名为“梅福庵”。庵内有《新建梅福庵碑记》一方，辉绿岩质，记述兴建梅福庵的经过。另有《新建梅福庵募捐小引》碑记，罗列捐款人和捐款额，其中记有菲律宾岷尼蚋（现马尼拉）、佳教鄢、怡朗的永宁侨亲 70 多个捐款人姓名，还记有当时永宁捐款商家的商号 24 个。20 世纪 70 年代该庙后梁倾圮，80 年代重修，1984 年翻建钟鼓楼、修建中亭。2004 年，将大雄宝殿及帝君公宫（保生大帝庙）合建为四层大厦，占地 550 平方米，建筑面积 850 平方米。底层供奉三世尊佛、保生大帝，二、三层为讲经堂及供奉诸佛。

六、梅林妈祖庙

又称安澜宫。相传始建于宋末元初。由避难于梅林村的赵宋皇族兴建，奉祀恩主大圣侯杨延平、恩主二圣侯杨延定及将军伯三尊神像，称圣侯宫。后于明初随着梅林港海上贸易和渔业的发展，为祈求妈祖娘娘的庇佑，改为主祀妈祖，附祀大圣侯等神明。1940 年永宁“七·一六”惨案，安澜宫遭日本侵略军炮舰轰击，夷为平地。1947 年重建，1975 年再修，2010 年扩建。2012 年 6 月，被列为泉州市闽南文化生态保护区展示点。

七、永宁礼拜堂

位于永宁北门街，建于 1922 年，为石狮早期一幢较有特色的哥特式建筑。2000 年重建，整座设计保持原有的造型及建筑风格，整个教堂华美壮观、宽敞明亮、功能齐全。

第三节　摩崖石刻

一、永宁卫石刻

永宁城内东北隅益辅山上，山岩宛伏，有崖刻多处，统称“永宁卫石刻”。1990 年 5 月，被列为石狮市级首批文物保护单位。这些崖刻包括“镇海石”及其背面“水端台”（楷书，竖刻，字径 61×47 厘米）、“骊龙珠”（楷书，竖刻，字径 37×48 厘米）、和附近“吟风弄月坛”（楷书，横刻，字径 28×38 厘米）、“渐入佳境”（楷书，横刻，字径 33×27 厘米）以及两幅诗匾。

镇海石崖刻系一长方形巨石，高 6 米、基底每边 3.3 米，贴迭在另一块大石上。其底部略呈椭圆状，有如风动石一般。字阴刻于巨石临海一面，竖向，阴刻楷书“镇海石”三字，笔力遒劲。字幅高 3.6 米、宽 1.4 米，单字径 60×50 厘米。

“镇海石”三字，乡间传说为明代抗倭名将俞大猷所题。只因年代已久，风化腐蚀严重，题款者姓名已剥落，难予稽考。近年来，查得清代著名学者陈棨仁曾于《闽中金石录》书中记载，实乃宋代泉州太守王十朋所书。

二、文祠岩刻

位于文祠东侧石岩上。刻有“尽瘁捐躯”四字，楷书，字幅高 0.9 米、宽 1.2 米，单字径 38×27 厘米。旁附题：“钦差大臣沈葆桢为奏请赐恤世袭云骑尉陈维礼立。光绪三年。民国十二年，男克庚泐石。”

此岩刻溯之同治十三年（1874 年）夏，日本借口台湾牡丹社蕃（土著）杀了日本人，军驻南鄙，一场战争迫在眉睫。清廷封福建巡抚沈葆桢为钦差大臣，赴台督办军务。时有陆路提督前营外委（五品顶戴）陈渊安（字维礼），永宁西门外人，随福建陆路提督唐定奎入台。其受命由台北苏澳带同勇丁护送艋舺盐局饷银前赴新城，至台北大石公岭下。盖时台湾治安混乱，不期途中逢社蕃抢劫，围攻者甚众，陈以其超群武艺力敌众蕃，掩护粮饷突围，自己则因势孤力乏，被重重困住，终投江自尽，以身殉职。粮饷平安抵达后，沈葆桢获悉，深为感动，为表其忠烈，特奏朝廷，钦赐世袭云骑尉，并赠巨匾一幅，上题“尽瘁捐躯”四字。云骑尉一职，则由长子陈植扶（字邦臣）袭之。后于民国 12 年（1923 年）由陈渊安次子，武秀才陈璧经（字克庚）将匾上“尽瘁捐躯”四字泐于文祠东侧之岩石上，以为纪念。

三、西山岩崖刻

位于永宁西厝村后西山岩，上刻有篆书大字“海天一色”，字幅高 2.2 米、宽 1 米，单字径 60×50 厘米，笔法圆润，颇有古意。上款：“云山许允宗立”、下款“灵武王用文”，乃出自元末书法家王翰手笔。

王翰，字用文，安徽庐州人，以才能超群闻名，袭千户爵，被举荐为庐州路治中，“政誉日盛”。又提升为潮州路总管，兼督循、梅、惠诸州（辖境在今广东一带）。后王翰卸任回乡。专程绕道寻访“泉州名士，时儒宗师”永宁乡贤龚名安（沙堤村人）。在沙堤期间，好友以诗文相娱，观山玩水，流连忘返，故留有此“海天一色”遗迹。

四、虎岫寺崖刻

位于塔石村虎岫寺，原有题刻 46 方，多为历代名人题咏，后因采石被毁，仅存民国

13 年（1924 年），大总统为褒奖晋江人杨元勋修泉州洛阳桥及捐资办学等善举而颁发的赠词石刻，和行书“好行其德”“里党观型”等题刻。

“大总统褒赠崖刻”字幅高 2.3 米、宽 2.2 米，单字径 15×13 厘米，楷法端正。

原文：“大总统褒曰：子产施乘舆之惠，东里流芳；士元延冠冕之誉，南州著望。急公好义，博爱为仁，兼而有之，不可及也。尔福建晋江杨元勋，乡评有素，物望所归。造蔡襄之桥，行人无忧乎灭顶；筑杜陵之厦，寒士大慰乎欢颜。儿童诵君实之名，好是耆英结社；弟子志康成之学，居然通德榜门。行谊如斯，褒扬允矣。于戏，纾楚国之难，不妨毁弃家财；闻伯夷之风，毕竟化除懦弱。作之坊表，光乃矩修。中华民国十三年三月。”下方有一方印：“荣典之玺”。

五、马鞍石崖刻

永宁城隍庙大门口右侧之马鞍石上，有崖刻“靖国保民”四字。楷书，横刻，字幅高 72 厘米，宽 275 厘米，单字径 60×46 厘米。旁附题“民国八年三月、靖国军司令官黄华秋先生率兵莅此，弥斗兴学、各界欢呼，爰是勒石纪念。绅商学界敬立。”字幅高 90 厘米，宽 106 厘米，楷书，竖刻，单字径 8×10 厘米。

据陈仲瑾遗作《靖国军之驻安海》记载：“靖国军为孙中山先生军队主力，成立于广东，交由方声涛统率，后因陈炯明叛变，广东立足不住，乃由方声涛率众退居福州。旋以张贞为旅长，以一团归其统领，许卓然、秦望山等起而为之辅……其后复设安海县，以陈世哲为县长……”当时永宁、石狮、深沪、青阳皆属安海县管辖，凡是民事纠纷、械斗冲突、治安缉盗、抓鸦片犯等等，皆由靖国军前来调停处理，对保持一方安定起了一定作用。另者。许卓然、秦望山还支持永宁设立“阅书报社”、创办“竞新女学”，影响甚佳。故永宁各界于城隍庙前勒石以为纪念。

第四节　古代遗址

一、永宁古卫城遗址

位于永宁小东门口，乃由一堆古城石砌成。上置有一作为标志的大石，上刻“永宁古卫城遗址”7 个篆字。

永宁古卫城建于明洪武二十年（1387 年）。后历经明嘉靖“陷城”和清初“迁界”二次浩劫，许多城墙已被破坏，不复旧观。清康熙年间，总督觉罗满保、巡抚陈瑸曾主持修复。“永宁卫城在清末光绪年间所遗之城墙，自北门经大东门至小东门，尚多完整。系用石块建筑，坚固而雄壮，而南门及西门，只存残缺之城基，城楼早废。新城在小东门城边，四方形，只一门，城墙完整。内有营房颓废之墙壁，土铸大炮十余门，大者二千余斤。”及至建国初期，永宁卫城北门段及小东门段尚保持较完整。在北门石将军庙之东西两个部分，城墙敦实，城壕深邃，犹觉壮观。在小东门一段，亦是城石层迭，雄伟竣立。1956年，尚存残墙162米，墙壁内外系花岗岩条石纵横间砌，中填以沙土，上铺条石，置城垛。后经历大跃进及农田水利建设，开大井、筑渠道，各取所需，城石被挖掘一空。如今，北门段已建满民房，小东门段则仅剩一丘黄土。近年来，在石狮市委、市政府的大力支持下，随着小城镇建设的深入开展，古卫城东瀛门（小东门）段城门城楼及两侧各一百米城墙的修复工程，于2013年11月6日动工，由福建省永春华夏建设有限公司承建，2014年9月27日竣工。

二、浔尾古盐场遗址

位于永宁镇南侧，离镇区1千米，南临深沪湾，北与沙美村接壤，东至永宁、港边边界，西与子英村相邻。据已故厦门大学庄为玑教授的《晋江新志》“晋江的海盐”篇中载：“晋江自建县开始，人民就懂得制盐，唐代盐场一个、元代有三个（浔尾、梧州、丙州）、明清继之。其中最主要的是岑兜乡的浔尾场……浔尾场合丙州场，共一万四千五百二十九坎。生产的盐分三等，一曰净白、一曰次白、一曰青花。净白约占五成。过去制盐，有煎法、晒法……”而浔尾场使用的是“漏法”翻晒的制盐技术，使之所产海盐，以其优质洁白驰名。由此可见永宁在元代，盐业已相当发达，并形成以岑兜浔尾盐场为中心的岑兜、沙美、西岑、杆柄、金埭、港边沿海盐场。今港边村后海边、完（湾）内、虎空口等地皆有古盐场遗址。1998年12月，浔尾古盐场遗址经石狮市人民政府公布列为石狮市第二批文物保护单位。

三、永宁闽海局关遗址

清乾隆年间，永宁港（包括梅林、外高、沙堤等港口）海上交通、港口贸易又趋繁荣。清政府即于永宁设立海关，属泉州法石口馆（法石海关）管辖，负责征收出入口税。道光廿三年（1843年），永宁重修城隍庙，其碑文就有永宁海关捐银四两七钱的记载。光绪七年（1881年），称“闽海局关”，其关址设于现永宁镇小街观音宫边。民国初年，改称“永宁海关”。1918年，永宁海关在梅林港设立派出机构，称水司馆，遗址在今梅林村西尾黄厝祠堂后面。永宁海关一直延续至1939年。

第五节　名人故居

一、李子芳烈士故居

位于永宁镇子英村。李子芳（1910—1942），岑兜村（今子英村）人。14 岁往菲律宾，1927 年回国参加革命，1932 年 5 月参加红军，1933 年 4 月加入中国共产党，1934 年参加万里长征。历任红一方面军政治部组织部长、新四军政治部组织部长。1941 年“皖南事变”爆发后被捕，1942 年 5 月在上饶集中营被害。

故居修建于民国初年，坐西朝东，用不规则的花岗岩石块砌筑成不足 3 米高的墙体，近年加以修葺。面积 67 平方米，房子有 2 道门，进西门是 2 间对向面积不足 10 平方米的小房间。进东门是 1 间小厨房，过道左侧是小厅堂，右侧是卧室。1910 年 5 月，李子芳就出生在这座房子里。

李子芳烈士故居近年加以修葺，1990 年 5 月，被石狮市人民政府公布列为首批市级文物保护单位。为石狮市爱国主义教育基地。

二、董云阁烈士故居

位于永宁社区后山境。董云阁（1908—1931）又名董光泰，永宁人，1920 年随母到菲律宾与父亲团聚，1925 年回国就读于集美学校，1926 年参加革命，1929 年任共青团福建省委书记，是当年中国共产党福建省领导核心 13 人之一。1931 年被捕，英勇不屈，慷慨就义。

故居建于 1930 年，坐北朝南，占地 334 平方米，是一座水泥框架结构、高两层的洋楼。最上层还有一座仿古风楼。进入大楼厅后，有一座回廊式楼梯通往二楼。楼房整体深受南洋建筑风格的影响。如一、二楼大门与骑楼的建造特点，尤其是拱门及半月形门窗、细部装饰更带有明显的南洋建筑特征，而洋楼内部结构及布局却充满闽南传统文化气息，一些细部装饰，采用凤凰、牡丹、蝙蝠等吉祥图案，生动活泼，整幢楼房呈现出中西建筑文化互相交融的特色。

故居于 1998 年 2 月，被石狮市人民政府公布列为第二批市级文物保护单位。董云阁烈士衣冠墓与夫人高秀真墓同穴葬于永宁孝女姑庙附近石永公路与黄金大道交界处，为石狮市爱国主义教育基地。

三、白刃故居

著名军旅作家白刃故居，位于永宁北门街后“下新厝”，系民国初年建的古大厝。其布局为二进五开间带单侧护廊，坐东北、面西南，建筑面积约 700 平方米。房屋结构为穿斗式木构架，悬山式屋顶，燕尾形屋脊。其厅堂甚为宽敞，古香古色，厅中供奉王氏先祖牌位，两边大木柱，颇为壮观，只是对联均已剥落，柱上字迹亦已模糊难辨。大厝有围墙，高 1.8 米，底部用条石砌成，上竖一长列石窗棂，形成一个个格窗，整齐而美观。围墙内有花岗岩石铺成的大石埕，墙外有池塘，曰“下新厝池”。

第六节 闽南古屋

永宁“皇宫起”大厝，大门都有“同字壳”凹入的“凹岫”，大多是二进或三进，中有天井，采用中国传统民居对称、严谨、封闭的格局，红砖赤瓦、燕尾山墙，镶嵌精美的木石雕刻。永宁古大厝又可分为清初和清末民国初两种风格。前者多为郊商大户所建，其结构恢宏，颇为壮观，且有“金包银”（也称“出砖入石”）的墙壁，如日茂、东源、霞源，多已倾颓。至于后者，多为华侨所建，规模略小，但雕梁画栋，精雕细镂，名人书画，琳琅满目，注重装饰与色彩纹样，如莺山书舍、贻谋堂等。

一、霞源古大厝

该大厝是一座富有闽南特色的皇宫式建筑。结构为三进三开间带双护廊，附石埕及围墙，面积约 1000 多平方米。北边护廊屋前设典当，后作书房。南边护廊屋前辟小花园，后建厨房。屋宇外墙下砌条石，上叠褐色方砖。其凹岫大门则与两边角门构成“同”字状。凹岫双侧，下有浮雕底座，中为粉垛，上饰砖雕，所刻花鸟梅兰，俊逸生动。其石埕，系用花岗岩石板平铺。石埕南边建一石舂屋，备以节日舂米之用。围墙底部，皆用角石平砌，上部则以红砖堆叠。围墙北侧置大门，面对大路。

二、莺山书舍

在永宁社区西门，又称“大书房”。建于清代，为永宁林氏子弟的课读处。其建筑规模至 20 世纪 60 年代保存尚好。大门外，一大片石埕，点缀着盆景假山，花木争妍；书院中，窗屏上名人书画流金溢彩；墙壁上，泥塑木雕工艺精湛，内容包括花鸟鱼虫、四季吉庆、八仙祝寿、二十四孝等，形象栩栩如生，线条清晰流畅。书院左侧有一片桃花园林，配以书轩楼阁，甚为幽雅。

三、大夫第

位于永宁社区西门外林厝祠堂边，为一座二进古式官邸。主人林元品（1757—826 年），幼年居住永宁，成人后赴台湾经商，乃台湾著名郊商。曾因军功授职州同知加二级，诰授奉直大夫。大夫第坐北朝南，右有护廊，后有轩房，前有石埕，占地面积 500 多平方米。

宅内双边厢房回向，井然有序。宽敞的厅堂前，一式木刻窗屏，工艺甚为别致，花格上配有四季花草的浮雕，颇为古雅。原挂有许多匾额，现仅存一个“圣旨盒”，盒面阳刻“奉天诰命”四个金字，盒内有两卷用汉、满两种文字书写的诰封圣旨，系嘉庆皇帝因林元品“克襄王事”，封赠其父亲及祖父为“奉直大夫”的两通制诰。

四、岑兜贻谋堂

位于永宁镇子英村。系旅菲华侨李祖堦建于1890年。为一座皇宫体古民居建筑，铺石埕，砌有围墙，建有花厅、书房、碓间及小花园。李祖堦把它命名为“贻谋堂”，取之古文“贻厥孙谋，以燕翼子”之意。贻谋堂的石雕大门门框的样式，乃李祖堦亲自设计，一直被工匠称为“堦框”，至今仍在流传。贻谋堂所有门窗，及内部房间的杉木，原计划全部油漆。可是由于李祖堦的去世，至今所有门窗等均没上过油漆，但这并不影响贻谋堂的建筑风格及艺术魅力。其大厅正门两边儿副木雕花窗的镂空篆字对联，至今没有一人能认全上面所有的字句，哪怕是慕名而来的文人学者。贻谋堂的木雕石刻，不仅内容寓意高雅，而且图案形象生动，其所有匾额的题字及大门两边的粉墙字画，都是泉州南门外的书画名家和文人雅士的墨迹。故被某杂志称之为泉州南门外古厝建筑中的精品之一。

五、黄念忆古大厝

光绪三十三年（1907年），爱国华侨黄念忆偕胞弟黄念潭、堂弟黄念杰在故乡金埭村兴建三座毗邻的闽南古大厝，规模恢弘。古厝还建有梳妆楼，书房、后花园，功能齐全。材料系主人精细挑选，千里迢迢从南洋运回，而后重金聘请工匠雕刻，故而石雕木刻等做工精细，线条流畅。当时泉州名儒张勉仿刘禹锡《陋室铭》撰文一篇，以贺新居落成：“山川钟毓，金鳌其名。高堂大厦，人杰地灵。仿彼荆室，江夏余馨。竹苞当阶绿，松茂入帘青。彝伦敦乐事，岐嶷喜添丁。可以爰居处，守常经，有前人之创始，免后起之劳形。我亦爱吾庐，物表喜亭亭。善居室，无殊荆有。”

六、永宁故事会馆

位于永宁南门街，俗称黄厝，为华侨黄际吝于光绪三十一年（1905年）所建，是聚木雕、石雕、漆画等精细工艺的五间张二进古大厝。门前两侧红砖墙上有两幅錾堵方篆，一边是“存忠孝心”，另一边是“行仁义事”。2013年第二届永宁古卫城暨城隍文化节期间，在镇政府支持下，此处开设为“永宁故事会馆”。每逢传统节日，常有老人、学生来这儿听“讲古”或举行民俗活动。

第七节 华侨番仔楼

永宁的番仔楼建设可分为两个阶段，第一阶段建于二十世纪二三十年代，为水泥钢筋结构，乃纯西洋式的风格，常常是华侨在菲律宾请人画好图纸，所有水泥钢筋、五金配件均由菲律宾海运过来，有的番仔楼还装有发电、照明、抽水等设施。第二阶段为抗战前后至解放初期，是中西合璧的产物。屋前仍保留西式“露脚架”（骑楼），主屋则采用传统的格局，有厅堂、双侧大房、边房、回向房等。建筑材料则以砖瓦、杉木、石料等为主。楼顶正面有拱台，旁围栏杆。

一、宁东楼

坐落在永宁观音亭境，建于20世纪20年代，为永宁旅菲同乡会第三届会长陈植鱼所建。规格结构高大宽敞，外观为精工细琢的花岗岩石砌成。前有宽广的庭院，二、三层有雕花的阳台、欧陆风格的立柱、中国古典风味的石刻门楹。1940年7月16日，日本侵略者登陆永宁，该楼被占为临时指挥部。中华人民共和国成立后，宁东楼成为永宁农民协会、永宁民兵营等团体组织的活动中心。1954年，台海局势紧张，部队在该楼及附近一带建设军事工地，设置“警戒区”。于是，宁东楼成为监察台海动态的一个前哨了望站。1962年，随着警戒区的撤除，宁东楼终于回归古镇的宁静。

二、贻庆楼

位于外高村，系旅菲华侨高祖希建于20世纪30年代。贻庆楼共三层，为钢筋混凝土结构，有40多个房间，并有花园、发电房、抽水、围墙等配套设施。该楼是一座典型南洋风格的花园式建筑，占地1300多平方米。1940年7月16日，日本侵略者登陆永宁前夜，敌人开来战舰停留在深沪湾，拂晓时分开始向海边的村庄开炮。其二、三楼及一些设施均遭炸毁。至今大楼仍留有断垣残壁，为石狮市爱国主义教育基地。

三、六也亭杨家大院

位于后杆柄村，俗称“九十九间大厝”。大厝以六也亭为主体，包括副楼、走马楼、新旧下向，连同三栋“五间张”古大厝、高围墙、大山门，组成一个规模恢宏、中西并列、相映成趣的建筑群。古厝群始建于清代，2003年，村里集资50余万元翻修，仍保留五开间两进双护廊的古建筑特色。

六也亭大楼为旅菲华侨杨邦梭所建。于1929年动工，1933年竣工。建筑面积约2万平方米，是一栋规模宏大、气势磅礴的中西合璧建筑。当年曾被誉为泉州规模最大的华侨民居之一。石柱、石门、窗栏，随处可见精美的雕刻花纹。顶楼为石亭，犹如皇冠，给六也亭增添了几分高雅的气质。大楼是以天井为中心的四栋楼房所组成的联合体，前门楼与后厅楼各三层，两侧边楼只有两层，相互对称。随处是走廊、过道、栏杆，房间多不胜数。主楼东侧，建有一座副楼，建筑风格与主楼相似，规格略小，三个大门均朝西，虽是单一的楼房，但长度却有普通民房的三倍。大楼三楼东西两侧建有守更楼，副楼建有钟楼，钟楼悬挂青铜大钟，负责鸣报开饭时间。其时六也亭四世同堂，人丁兴旺，有 200 多人之众，另有仆人丫鬟老妈子一二百人，真可谓“钟鸣鼎食之家”。

四、汉林楼

位于永宁小街，俗称“小街大楼”，系旅菲华侨蔡泽洽建于 1947 年，1949 年峻工。该楼占地 1000 多平方米，为三层大洋楼，气势恢弘、线条简练，房子结构独特，采用前七间、后七间的格局。一层和二层各 14 个房间，再加上第三层两间，共有 30 间房。除二、三楼拱台上有彩色瓷片剪贴的“江山多娇”“汉林楼”等匾额及花饰外，其余门窗、柱子均用白色石料雕成，鲜有花草，颇显朴素大方。1952 年，十五区人民政府从北门迁到汉林楼办公，一直到 1962 年，永宁人民公社管委会才从汉林楼迁到西门外新址。

五、平粜会旧址

位于永宁溪源境。由旅菲华侨郑尊良建于 1934 年，1936 年落成。它是一座中西合璧的二层洋楼。一层条石构建，二层为红砖壁。楼前部分，为双层水泥五脚架，后部格局为三开间二榉头的中国式民居。正中为大厅，两旁各有大房一间，厅前有横廊，廊前则为石天井。二楼的天井口装有围栏，颇有当今楼中楼的味道。二楼天井上，还建有大玻璃窗，以加强整座房子的采光。抗战爆发后，这座房子刚落成不久。由于日军的封锁，外地粮食难以运入，时旅菲华侨为舒解家乡断粮之危，立即发动各地华侨踊跃捐款，并联系福建救济会协助，接运大米到永宁平粜。同时通知在乡热心人士组成平粜会，遣人往泉州接米返乡。因该洋楼宽敞亮堂，且厅廊、天井均用石板铺成，易于打扫，故借为平粜会发售场所。时来买平价米的人争先恐后、络绎不绝。不久，华侨倡办平粜会善举被晋江各地竞相仿效。

六、立璇楼

位于西岑村，由爱国华侨王立璇建于 1937 年。立璇楼与闽南侨乡的诸多八角楼有所区别，它将三塌岫两端的龟头，由半个六角形改成四方形，门前五脚基相连，类似于传统五开间举头之风格。三楼砖埕后落另建数间，两侧设置中式凉亭，飞檐翘脊，在此可俯瞰四周景色。2014 年 10 月，该楼由王立璇后人捐赠给永宁镇政府作为文化旅游设施。

七、万芳楼

位于子英村，由旅菲侨领李木铎建于 1933 年。该楼既有西洋的建筑风格，又有闽南地区传统民居或官式大厝的构局。“万芳”乃李木铎创办的侨批馆商号，故名“万芳楼”。主体洋楼为两层三开间，中间出龟，正面墙呈曲线弧状。洋楼左侧建有一排红砖护厝，与主楼间设置天井采光排水，镜面墙模印红砖上有“圹边成兴瓦窑”字样的吉祥图案装饰，煞是美观。护厝与主楼红灰对比，反差明显，不失为一道特别而且亮丽的风景。1940 年 7 月 16 日，日本侵略军登陆永宁，攻进万芳楼，砸破房门，翻箱倒箧，大肆抢劫，后又纵火烧楼。因这楼房建筑材料均以钢筋水泥为主，幸无大碍，得以保存。

八、万安楼

沙美村卢谋乞、卢谋尚兄弟，早年前往菲律宾谋生，主要经营烟草、百货生意，后被誉为“烟草大王”。兄弟俩事业有成后，回乡建成三开间四榉头的两层万安楼。后来，卢谋尚的儿子卢永兴，曾任菲律宾 ABBA 省副省长。洋楼精雕细刻，富丽堂皇，极寓文化内涵。

第八节　历史纪念物

一、“七·一六”蒙难纪念碑

位于永宁西门外“孝女姑”庙前，立于 1941 年 1 月 16 日。时值日本侵略军登陆永宁制造 “七·一六”惨案半周年，永宁各界人士举行追悼殉国军民大会，并在永宁西门外“孝女姑”庙前泐石建立一座四棱台形、高 1.9 米的纪念碑。碑座正面蔡秉禄题词：誓灭仇雠；碑座背面庄澄波题词：雪耻复仇；碑座左侧吕尘心题词：新仇旧恨；碑座右侧李振贯题词：血泪洒鳌城。

1990 年 5 月，经石狮市人民政府公布为首批市级文物保护单位。1995 年，被定为石狮市爱国主义教育基地。

附：永宁“七·一六”蒙难纪念碑碑文

呜呼，日寇之仇不共戴天矣！其侵略我国也，所到州县悉逞暴戾淫威，真世界上最无人道者也。民国廿九年七·一六侵晓，金厦寇以楼船飞艇掩护台之伪军，偷越海滩，焚毁劫杀，一时烽火熏天，肝脑涂地。吾守土军民悬强弱拒不支，而各乡扶老携幼之难民哀震数里，惨不忍闻。当寇之攻入我镇公所也，警卫士或殉职，或受伤，终以枪弹不继而假座鳌城王氏宗祠之公所亦因是殉焉。午后，吾军冲至而寇遁矣。呜呼，数小时间遭蹂躏者十有三乡。军民死者八十余人，市屋数十座，渔舟悉灰烬，财物货品为劫者则更仆难数矣。痛乎不痛，回忆明季吾卫城罹倭祸之惨，所谓城廓丘墟者，至今犹有痛沉，旧仇未报，新仇增创。此日寇之仇，真不共戴天矣！愿我人励尝胆漆身之志，以歼此木履儿也。今者已半周年，吾人痛定思痛，追念我守土军民为国殉难壮烈凛然。开大会追悼，以起吾民族精神，坚节操，乘时而雪此重耻，完抗建之鉅功。泐立斯碑，示不忘也。

本镇七·一六惨遭倭祸纪略

民国三十年七·一六永宁镇各界泐石

二、李子芳烈士纪念馆

位于永宁镇子英村村两委办公楼西侧。纪念馆建于2002年，占地5000平方米，建筑面积88平方米，为纪念著名归国华侨、红军战士、抗日将领李子芳而建。纪念馆主建筑大门口前面正中位置，竖立李子芳全身石雕像，底座雕有原全国人大常委会副委员长叶飞1985年的题词“纪念李子芳烈士”。纪念馆内墙上依次悬挂着50多幅珍贵照片，并配以文字说明，概括介绍李子芳短暂而光辉的一生。该馆被列为“泉州市爱国主义教育基地”和“石狮市青少年教育基地”。

三、黄念打烈士纪念公园

位于金埭村，2000年10月建。公园占地0.13公顷，乃金埭村旅菲乡贤、烈士黄念打之堂侄黄昭注独资捐建。公园中竖有“金埭烈士纪念碑”，碑高5米，呈四棱台形，碑座高1.17米，四围每边长2.6米。碑座正面题刻旅菲抗日烈士黄念打生平简介；左侧题刻为群众救火牺牲的时任金埭支部副书记刘德凹英勇事迹；右侧题刻在对越自卫还击战中壮烈牺牲的战士李国超立下的战功。

四、李德沐烈士纪念碑

位于洋厝村与岑兜村交界处，2002年建。碑高6米左右。为纪念在1951年8月19日祥芝奈厝前村剿匪中牺牲的晋江县第九区武装干事李德沐而建。

五、高积山烈士纪念碑

位于永宁西门外孝女姑庙北侧风炉山上，2013年8月建。碑高7.5米，为纪念1979年2月17日在对越自卫还击战中英勇牺牲的中国人民解放军53562部队战士高积山而建。

第九节　古墓葬

一、明代武探花陈有纲墓

俗称“探花墓”，位于永宁下陈埔，圆形封土结构。

陈有纲，字用谦，号豫庭，永宁人，于明万历三十年（1604年）中武进士，殿试第三名，探花及第。1996年，该墓由国内外陈有纲后人重修。1998年2月被石狮市人民政府公布为第二批市级文物保护单位。

二、永宁粘氏始祖墓

位于永宁镇信义开发区。永宁粘氏始祖完颜·粘博温察尔（1303—1369），满族，金源郡王之八世孙，官至河中知府。元至正年间（1341—1368），因避乱举家入闽，留居永宁洋丹，后迁居晋江衙口。粘博温察尔卒后葬于洋丹。墓向西，占地240平方米，呈“凤”字形。墓碑“凸”字形，长2.6米，高0.75米，楷书阴刻“始祖粘公墓”。1989年修葺，同年4月，晋江县文物管理委员会在墓左侧竖立保护石碑。

三、郭坑郭氏祖墓

位于郭坑回族村西山，俗称“月亮墓”。郭坑郭氏自惠安县白崎分支石湖，再从石湖分支郭坑，该墓主人为郭坑郭氏三世祖。墓地长约4米，宽3.2米，墓穴皆由条石砌成，上面用石板加盖。墓碑高1.09米，宽0.9米。碑顶部圆形如满月，正面刻有莲花瓣及云纹图案。正上方有汉字“三世祖”，下刻阿拉伯文，字迹风化，模糊难认。

第十八章 旅 游

永宁钟灵毓秀，文化积淀深厚，散发着浓郁的侨乡风情。永宁着力培育以黄金海岸为龙头的滨海旅游业，以“旅游+”跨界发展模式，融入海滨休闲、老街访古、爱国教育、乡土寻趣等特色体验游。

第一节 黄金旅游度假村

永宁旅游业的开发始于1993年，香港友邦国际集团杨孙西、卢文端、许荣茂联合投资近3亿元，在永宁滨海湾区兴建“闽南黄金海岸旅游度假村”，总规划400公顷。首期开发132公顷，建成的项目有金沙游乐园、海洋世界、滨海休闲广场、海滨浴场、游艇俱乐部、露天夜总会、黄金海岸大酒店（大观园）、以及金沙别墅、度假公寓、金沙花苑等房产配套设施。区内的宗教旅游项目，有沿海岸边的观音雕像，还有海岸东北半岛的海天佛国洛伽寺。洛伽寺占地1.34公顷，2000年3月开工，2001年5月1日举行正殿圆通殿落成庆典。寺庙规模宏大，古朴庄严，雕饰精美，寺内亭榭映辉，海面烟波浩渺。

黄金海岸度假村里的“海洋世界”，建于2000年，是福建省重点旅游项目之一。里面有海洋世界馆、海豚表演馆、潜水俱乐部三大旅游项目，还有海洋宾馆、听涛酒楼、观海茶座、购物商场、观海游泳池、雅艺博览馆、奇石博览馆等配套项目。

1995年9月21—24日，在永宁黄金海岸度假村举行“首届闽台民间艺术节”。由福建省文化厅、闽台经济文化交流促进会、泉州市文化局、石狮市人民政府主办，闽南黄金海岸度假村有限公司作为主办单位之一，独资承办。此次艺术节共邀请海峡两岸32支民间艺术团联袂献艺，其中有高甲戏、梨园戏、莆仙戏、歌仔戏、木偶等闽台地方特色戏种，有南音、什音、北管、大鼓吹、车鼓弄、女子排子吹、铜管乐吹奏等民间音乐，有舞狮、舞龙、妆糕人等民间技艺活动，有客家、畲族、闽中、闽南等民间歌舞，有民间艺术踩街、灯谜竞猜等活动，真可谓群星灿烂、好戏连台。据统计，2000 年黄金海岸接待国内外游客 60 多万人次。

黄金海岸度假村自动工以来，先后获得福建省省级旅游度假区、省级开发区、省旅游精品工程、首届泉州十佳景点等称号，并被列为福建省旅游业九五计划和 2010 年远景规划重点发展的大型旅游骨干项目。

2008 年 8 月，黄金海岸项目由中国房地产百强企业“中骏置业”接手开发运营，2009 年进驻。“中骏”黄金海岸以世界级湾区的高度，集合美国道林、香港贝尔高林和美国葛乔治等国际一流设计团队，进行长达 3 年的规划论证和实施。

黄金海岸续建改造项目于 2011 年初开工建设。首批动工的占地 10.67 公顷的景观示范区及运动会所、滨海广场、香湖公园等项目于 2012 年 3 月完工，总建筑面积 24 万平方米的一期度假、居住组团，于 2013 年 5 月开始陆续交付使用。一期海岸线整治项目已动工，将建成 2.5 千米长的滨海景观公园。

第二节　古卫城保护性规划

2010 年，永宁镇被列入泉州市小城镇建设试点镇，编制完成《石狮中心城区永宁分区规划》《永宁镇中心镇区控制性详细规划》，形成以休闲旅游、商务服务等功能为主的城镇功能定位。为确保永宁历史文化及古建筑得以保护，2012 年永宁镇特聘请同济历史文化名城保护中心为永宁编制《永宁古卫城重点地段保护与发展规划》《永宁城隍民俗文化街区控制性详细规划》《永宁古卫城控制性详细规划》，涉及面积达 100.12 公顷，形成“一圈、两轴、四区、四片、五路径”的布局形态，对老镇区的整体格局和重点地段加以保护，不允许随意改变原状、面貌及环境。确需进行修缮的，必须在专家指导下按原样修复，做到“修旧如旧”，并严格按审批手续进行报批。2012 年 6 月 20 日，举行古卫城重点地段保护性设计与发展规划评审会。石狮市市领导李丽月、张桂森、陈贤明、庄宝玲，中国历史文化名城保护专家委员会首席专家、同济大学国家历史文化名城研究中心主任阮仪三，有关专家，以及市有关部门负责人、永宁镇政府有关领导、永宁四个社区居委会成员等参加会议。设计方案认为，永宁古卫城作为明代闽南沿海海防要塞，其历史悠久，是一笔独特的文化遗产，是中华文化的重要财富。根据规划设计，永宁古卫城重点地段保护设计主题为“滨海千年古镇、东南第一卫城”；保护呈“一带、两段、四区、多节点”的框架结构。“一带”为古卫风情带；“两段”为休闲旅游娱乐段、闽南传统街市段；“四区”为东瀛卫城体验区、城隍文化活动区、侨乡思情感恩区、台海经贸展示区；“多节点”则由境内的文化古迹、南洋风格建筑、旅游景点等构成。设计构思则由节点将分散的点联系成为一个整体，最大限度地彰显永宁古卫城的特色。

2013年永宁镇再次被列入泉州市强镇扩权及连片建设示范镇，并以其浓厚的历史底蕴和独特的生态优势确定了历史文化及生态旅游特色型小城镇建设目标和定位。

为使永宁的历史人文优势能与既有的生态环境相结合,服务于全镇的文化旅游产业发展大局，2013年市委市政府重金聘请美国AECOM深圳公司对永宁镇进行全方位的考察论证，制定《石狮永宁镇发展战略及城市旅游规划》，形成“自在永宁、历史永宁、商务永宁、活力永宁”四大片区发展战略及旅游资源分布格局。同年率先在此基础上先行启动“历史永宁”保护修缮项目，2014年完成了古卫城城门城楼及广场修复工程，2016年继续开展永宁老街管线改造与修缮整治项目、城隍庙片区拓展工程及文祠的修缮项目。

为形成系统性的历史资料考证及宣传展示，2013年永宁镇启动《永宁镇志》初稿的修订工作，并聘请厦门大学教授就永宁的相关历史进行收集考证，形成永宁镇华侨史、卫城史、革命史及对台关系论证等相关史料的整编，后期将建设相应展馆。

2014年12月20日，为加快推进永宁古镇的保护开发，进一步强化永宁古建筑的修缮整治与合理利用，经研究决定成立古镇保护开发领导小组。组长：王文挺（镇长），副组长；丁思洪（副镇长）、蔡清墩（副镇长）。领导小组下设办公室，挂靠镇党政办公室，主任：施旭红，同时颁发文件《永宁镇古卫城保护及管理办法(试行)》。

第三节 重建永宁卫城东瀛门

2013年11月6日，永宁小东门（东瀛门）段工程动工兴建，永宁镇人民政府投资1700万元在小东门原址按旧制重建了部分城墙和城楼，另投入900万元建城门前广场。2014年9月，第三届永宁古卫城暨城隍文化节，举行了隆重的竣工揭牌仪式。新建城墙高6.6米，北边长101.74米，南边长99.2米，底宽6.45米，上宽4.05米。城楼墙高8.4米，底宽25.6米，上宽22.84米。城楼一层占地面积191.52平方米，二层115.92平方米，楼层盖结构最高点24.95米。《重建永宁卫城记》碑志：

永宁屏山临海，宋代以降，即为通商港岸，边防要地。明代洪武间，乃设卫建城，以扼东南。卫辖福全、崇武、中左、金门、高浦五所，城有金鳌、玉泉、海宁、东瀛、永清五门。舟车络绎，人烟稠密。奈时至嘉靖年间，朝廷危机，边防废弛，致两度遭倭寇陷城，杀戮殆尽。及清初禁海，居民内迁，城石拆运，卫城残垣无复存者。迨抗战之际，日军登陆烧杀，为记忆犹新之又一浩劫也。回顾历史，国势动摇则永宁罹难者屡矣，是以吾人欣逢盛世，尤须思危，前事勿忘，宜留其迹，故有重建部分卫城之举。乃辟旧址，按古制，于去岁动工，经年而竣。城垣长二百余米，城楼高二十五米。斯城者，非唯重现雄姿以壮观瞻，诚为盛衰之见证、安危之警钟；非唯砖石土木宏施杰构，诚为人之城、心之城，众志成城之城也。

永宁镇人民政府　立

第四节　永宁古卫城暨城隍文化节

2010 年，永宁城隍信俗被列入泉州市第三批非物质文化遗产名录。

2012 年 7 月 20 日，首届永宁古卫城暨城隍文化节开幕。文化节以“弘扬古卫城隍文化、促进两岸三地交流”为主题，举行“祈福永宁”城隍会香祭典、“鳌城”永宁历史文化学术研讨会、民俗大踩街、“印象永宁”摄影展等具有浓厚闽台特色的民俗活动和两岸经贸交流活动，共有来自台湾、香港、澳门等地以及东南亚等国家的十多个参访团、敬贺团参加盛会。

2013 年 3 月 29 日，在黄金海岸举办“沙雕艺术展”作为第二届永宁古卫城暨城隍文化节的开头戏，展示了国内外享誉盛名的沙雕艺术家精心创作的十多座沙雕作品。6 月，永宁老街入选第五届“中国历史文化名街”。7—8 月举办“黄金海岸·永宁印象”导游之星电视大赛。9 月 12 日，举办第二届永宁古卫城暨城隍文化节，这些独具特色的文化活动共接纳游客上百万人次，吸引国内外 100 多家媒体、网站、微博宣传报道。11 月 6 日永宁古卫城小东门修复工程动工，由福建省永春华夏建设有限公司承建。

2014 年 7 月 24 日，永宁镇召开普查老街重要建筑工作部署会议，确定普查范围由永宁车头沿老街至城隍庙，重点普查车头至宁东楼南侧的所有房屋及两侧纵深部分的重点文物、房屋。为老街下一年度的整体修缮做好先期的准备工作。

同年 9 月 27 日，第三届永宁古卫城暨城隍文化节在永宁古卫城广场隆重开幕，由永宁古卫城文化促进会、台湾鹿港文教基金会联合主办，有海内外各地 1000 多名嘉宾出席。文化节有首届两岸热气球嘉年华活动，“永葆安宁”城隍会香祭典，“微笑永宁”征集照片文化墙揭幕，永宁古卫城城门城楼复建工程竣工揭牌，“书话永宁”两岸书画家笔会，“永宁印记”图片资料展，地方戏曲表演，妆糕人、剪纸、糖画、木偶等非遗文创活动展示及两岸书画摄影作品联展等。

第四届永宁古卫城暨城隍文化节于2015年9月26日在永宁古卫城广场开幕。本届文化节由永宁古卫城文化促进会、台湾鹿港文教基金会、永宁城隍庙联合主办，文化节主要有“炫彩非遗，祈福同祥”城隍民俗活动、“畅游永宁”两岸自行车骑行活动、“童话永宁”小记者采风活动、“邂逅永宁”景观艺术摄影图片展、“童心永宁”文艺汇演等。文化节恰逢中秋，主办单位特地筹备了主题为“中秋梦圆·情聚永宁”两岸中秋灯会，近千盏形式多样、缤纷多彩的花灯，环绕在古卫城周围，把古卫城装扮成一片绚烂的花灯海洋，让游人边赏花灯，边穿梭在老街古巷，边聆听南音管弦之乐，享受到一场历史文化、古卫文化、民俗文化交融共生的盛宴。

开幕式上，还举行永宁鹿港两岸古镇民俗文化传承青少年交流项目、正阳直升机空中旅游项目、天农良谷农业休闲园项目等三个经贸项目的签约仪式。本届文化节有旅游局、广播电视台、台联等部门、国内一些知名企业负责人、世界道教总会、台湾漳化县鹿港相关机构代表负责人和来自新加坡、菲律宾、马来西亚、泰国以及台湾、香港、澳门等地近1000名嘉宾出席活动。

第五节 旅游线路

一、山海揽胜线

姑嫂塔——朝天寺——虎岫寺——红塔湾——观音山——黄金海岸——洛伽寺——海洋世界

宝盖山“姑嫂塔”为泉州海外交通史的见证。登上山顶，拾级登高，临风远眺泉州湾，烟波浩淼，视野开阔，岛礁出没于巨浪的壮观，令人荡气回肠。宝盖山南麓的“朝天寺”，号称“江南第一朝天寺”，以其建筑规模之宏大，宗教文化的多元，吸引多方游客。宝盖山南麓有千年古刹“虎岫寺”，主殿供奉北极玄天上帝，另有众多庙宇，掩映于绿荫翠峦之间。西侧悬崖，有多处历代名家题刻。岩间清泉，流水潺潺。登临禅院，自得此间山水妙趣；极目海天，让人顿觉心旷神怡。

永宁有漫长的海岸线，其中“红塔湾”“黄金海岸”极具魅力。最令人难忘的是滨海湾区明媚的阳光、蔚蓝的海水、闪光的细沙，以及山海交融，水天一色，岛礁棋布的独特景观。尤其在夏秋季，这里的海滨浴场人气最旺，是海泳、沙滩日光浴、沙滩烧烤、篝火晚会的极佳去处。“观音山”上怪石嶙峋，或为珍禽猛兽，或为鱼鳖，异彩纷呈。全新升级的“中骏·黄金海岸”，则是以日本东京湾、澳州双水湾和夏威夷等为范本结合本地地理环境与生态气候特点，打造的高端休闲平台。“洛伽寺”在宫屿岛上，潮来波涛汹涌，如叩拜观音；潮落礁石嶙峋，似拱揖菩萨。寺中木鱼笃笃，钟磬悠悠，香烟缭绕，妙境清净，令人尘虑悉除。“海洋世界”在黄金海岸度假村内，主体一层为海底世界，由生态自然馆、珊瑚礁鱼馆和海底隧道组成，是一座较具规模特色的海洋主题乐园。

二、卫城访古线

永宁古卫城——镇海石公园——永宁城隍庙——文祠——慈航庙——霞源古厝——永宁老街——大夫第——古卫城文化驿馆

永宁古卫城小东门段，现已按古城原有规格，重建“东瀛门”城楼，并在城楼两侧恢复一段城墙。广场北侧有“镇海石公园”，古代“永宁十八景”其中六景就在此公园内，又以镇海石最为闻名。巨石旁还有许多摩崖石刻和碑刻见证着古城当年的金戈铁马和沧桑岁月。“永宁城隍庙”始建于明朝洪武年间，是闽南地区少有的规模较大、保存较完整的一座城隍庙。600 多年来，永宁城隍传播于海内外 100 多个城镇，较著名的有石狮城隍庙、台湾鹿港城隍庙等。每年都有大批分香庙宇组团前来进香谒祖。“文祠”奉祀徽国文公（朱熹），为明代卫学旧址，故又称鳌水书院，为永宁教育文化的发祥地。“永宁慈航庙”又称中亭观音宫，始建于隋朝，是永宁最早的一所庙宇。该庙奉祀男相观音，史学家普遍认为，男相观音系隋唐文物，中唐之后，观音则为女相。“霞源”是永宁街最富传奇色彩的古商号，其“母猪推倒咸鲑瓮”的传说脍炙人口。陈孤发家后，开创“霞源陈”，从事海上贸易，成为扬名闽台两岸的大郊商。“永宁老街” 建于明洪武年间。中开坊十字街口，为永宁城的中心点，有街道直通五个城门。中开坊旁边有座“赵帅府”古庙，庙中有块拜石，为当年建城安放罗盘的地方。从十字街口向西直落到西门（永清门），原称西直街，清初重建后，俗称“剖腹街”。此街至 20 世纪 80 年代，一直都是永宁的商贸中心。至今两侧保留着明清时期风格的古商铺和老建筑，向世人讲述着 600 多年来古镇老街上的商业传奇。“大夫第”为清代台湾著名郊商林元品故居。他所经营的“日茂行”不但执鹿港商界之牛耳，且为鹿港、彰化地方公益做出重大贡献。大夫第厅中存有一“圣旨盒”，盒内有两卷用汉、满两种文字书写的诰封圣旨。古卫城文化驿馆则以丰富的艺术形式，再现闽南海隅小镇的自然风光和人文景观。

为给游人增强记忆，提供方便，特制订“永宁古卫城数字导览”：

一条街 中国历史文化名街——永宁老街。

二书院 鳌水书院（文祠）、莺山书舍。

三寺庙 城隍庙、慈航庙、梅福寺。

四商行 日茂商行、永进商行、霞源商行、荣兴商行。

五城门海宁门（大东门）、东瀛门（小东门）、永清门（西门）、金鳌门（南门）、玉泉门（北门）。

六洋楼 宁东楼、养浩楼、云阁楼、汉林楼、尊良楼（平粜会旧址）、迎薰楼。

七景观 镇海石、骊龙珠、观日台、浸月池、丹凤朝阳、犀牛望月、海天一色。

八小吃 阿潭水煎包、梅港芋圆、西门外面线糊、松碧肉粽、郑氏壶仔饭、陈氏牛肉羹、西厝薯粉粿、十字街口糯米肠。

九古大厝 大夫第、日茂古厝、永进古厝、霞源古厝、陈氏古厝、黄氏古厝（永宁故事会馆）、东源古厝、干氏祖厝、白刃故居。

十老店号 万通布庄、建昌布庄、合益米行、益通信局、黎明像馆、万兴馆花生行、永芳珍糖品、同化酱园、和安堂药店、达生医馆。

三、爱国教育观光线

永宁古卫城（东瀛门）——外高贻庆楼——永宁宁东楼——董云阁烈士故居——“七·一六”蒙难纪念碑——后杆柄六也亭——李子芳烈士故居。

永宁为历史文化底蕴深厚的古城，自古以来就因其优越的地理位置被作为军事要塞。不论是明清时期还是抗战时期，都留有战争的痕迹。虽然那一段峥嵘岁月已渐渐淡去，但散落在各处的古厝却成了一段段历史的最佳见证。外高村贻庆楼曾于“七·一六”遭日寇军舰的炮击，留下余垣残壁、弹痕累累。永宁宁东楼曾被日本侵略军占为指挥部，它与“七·一六”蒙难纪念碑，记录日寇从海上登陆，兵分两路进攻梅林、永宁，一路血腥杀戮的罪恶行径；后杆柄杨家六也亭大楼，当年遭受日寇战机投弹，屋顶留下一个大窟窿；而子英村李子芳烈士纪念馆，展示烈士生前用品，图文并茂地展示烈士在上饶集中营的坚贞不屈；永宁后山董云阁烈士故居，则讲述着一位归侨青年为革命献身的爱国传奇。

四、美丽乡村旅游观光线

前埔村——郭坑村

前埔村 位于永宁镇西南部。通过改旧建新，房前屋后和道路两侧广种大叶榕、白兰树、橡皮树、大王椰等名贵树种，将村道、住宅环绕起一道道绿色“屏风”。其中一条村道完全是“林荫大道”，道路两侧树冠交错，形成一道长长的绿意盎然的“绿色拱门”。该村有一个很有特色的生态公园——“和合园”，园中池亭水阁，小桥流水，绿树掩映，内设置道德文化教育漫画壁，配备各种休闲健身器材，让村民在休闲娱乐中受到社会主义道德文化熏陶。2006 年 5 月 22 日，中共中央政治局委员、国务院副总理回良玉来到前埔村考察，对前埔村的新农村建设给予高度的肯定和赞扬。

郭坑村 位于永宁东北部，是永宁唯一的少数民族村。一进村，一座具有回族风情的建筑便映入眼帘，绿色的屋顶、雪白的墙体、伊斯兰教的建筑风格，还有回族文字，都显示着这个村子与众不同的文化气息。纵横交错的水泥路、错落有致的房屋，井然有序的园林式建筑，让人眼目一新。该村还有一座休闲公园，四周种植有香樟树、榕树、盆架子、刺桐等乔木、灌木和花卉，一年四季常绿、三季有花，生机盎然。

郭坑村有一座颇值得一游的慧源寺。寺中天王殿、大悲宝殿、大雄宝殿、藏经阁、讲经堂、佛塔及功德堂、斋堂、福田桥、锄云楼等依山而建、宏伟壮观，很有特色。

慧源寺后方山上，有一绿色生态休闲农庄，占地 400 余亩，现 CS 野战、登山栈道、户外烧烤、农耕体验等旅游项目已建成投入使用。2016 年 1 月郭坑村成功入选省级乡村旅游特色村。

第六节　旅游景点诗联选抄

咏宝盖山

明·詹仰庇

宝盖峰孤控海东，西来金马远争雄。
手摩霄汉千山尽，眼入沧溟百岛通。
虎豹风生幽涧底，鱼龙云起大波中。
天涯恍有神仙气，一啸冷然若御空。

詹仰庇，安溪人。嘉靖进士，累官左佥都御史，刑部右侍郎。

登宝盖山

明·黄克晦

乱嶂边江出，大孤山最孤。
鲛宫依断石，僧路入平湖。
急雪飘难聚，飞禽过自呼，
青天憎独立，谁复插浮图。

黄克晦，字孔昭，号吾野，惠安县崇武人，明朝诗人。

八月登孤山即兴

张长逊

直至孤山最上头，西风瑟瑟已惊秋。
阵随云去声声雁，帆趋潮来叶叶舟。
身世百年嬴一笑，沧溟万顷豁双眸。
老僧知我未阑意，煮茗焚香扫榻迎。

（说明：宝盖山又名大孤山）

登姑嫂塔

明·朱梧

千寻碧玉削芙蓉，碍日含风四五重。
海入扶桑惊浪涌，山回葱岭翠微浓。
擎天八柱空驱石，绝世三维见此峰。
薄暮茫茫秋雨急，愁云何处隐飞龙。

朱梧，字子琴，晋江人。嘉靖丁酉举人，孝感县令。

题姑嫂塔

明·苏浚

古刹倚嶒霄，乘风独听潮。
千杯迎海市，万里借扶摇。

琼树当空出，飞帆带月遥。

二妃环珮冷，秋色正萧萧。

苏浚，号紫溪。晋江人，万历丁丑科进士，广西参政，著《易经儿说》。

吟姑嫂塔

明·黄克晦

绝顶芙蓉塔，空怜结构劳。

影孤悬碧汉，风落壮寒涛。

元气苍苍润，冥心杳杳高。

时闻环珮响，二女出游遨。

游宝盖山虎岫寺

清·李应时

直上层楼眼界宽，天云光彩亦奇观。

先贤古德同恭处，造极登峰道不难。

李应时，字世业，清光绪间贡生，永宁人，著《莲花忏联》等。

题虎岫岩

宋·赵永嘉

青山吐出白龙开，我是地仙赵秀才。

嘉善无鱼餐得去，永嘉有虎唤能来。

赵永嘉，南宋绍兴年间著名道士，修道于双髻山，此诗原刻于虎岫岩。

题虎岫寺（二首）

明·庄一俊

一

天风吹落海云关，岩穴虚明渐可攀。

时见凌空诸鹤下，更闻说法一僧闲。

鳌城吞吐中秋月，虎岫逍遥落日山。

释子若逢相借问，近来俯仰在人间。

二

远近寒山暮不同，洞门时失海南峰。
孤城鸟外人烟断，数屋潮边野村重。
遂有渔郎下击鼓，始参释子出鸣钟。
十年蓟北关心地，此日登临理病悰。

庄一俊，字君斐，晋江人。嘉靖已丑科进士，浙江参政，著《八石山堂诗稿》28卷。

游虎岫寺

明·蔡彦问

好奇老去真成癖，选胜病来未厌劳。
沧海为盘宜洗耳，秋空张练好挥毫。
七闽地到金鞍尽，一郡山推宝盖高。
力量请君看醉后，百壶犹自继香醪。

蔡彦问字显宣，晋江仓山（今石狮）人，著有《诗文集》二卷。

题虎岫寺

明·苏浚

落日倚层岑，清樽度石阴。
啸风岩谷应。驱石海云深。
野旷迷芳径，帘踈出远林。
问僧无一语，古木啸鸣禽。

题虎岫寺（二首）

明·黄克晦

一

瞑色投孤寺，问人山路分。
磴危霜草滑，村静桔槔闻。
落雁盘秋塔，归龙戏海云。

回看昏黑尽，空翠正氤氲。

二

力尽千峰外，心飞积水东。
阴森通客路，窈窕入禅宫。
石涌狮鸣坐，林翻虎啸风。
相将凌绝顶，引手割鸿濛。

题虎岫寺

明·朱梧

幽径石阴清，含辉两度迎。
松关秋更寂，佛月夜增明。
叶落迷僧迹，林深换鸟声。
金仙六如偈，焚颂答高情。

由湄洲扬帆至永宁登观海亭

明·丁一中

一

千里扬帆一瞬过，海天漠漠思如何。
频年涉险心无敛，此日乘涛兴益多。
岂以疏狂轻浩渺，祗缘忠信失风波。
苍山历历舟前渡，独倚高牙击楫歌。

二

群峰尽处一亭孤，振袂登临眼界殊。
华表风清来鹤驾，沧江波净见骊珠。
云中楼阁如图画，烟外帆樯似有无。
六载遐方双鬓改，侧身北望独踌躕。

丁一中，明代泉州府同知。（此诗刻于镇海石左侧摩崖上）

由深沪过永宁城

明·何乔远

巨舟飐高浪，远势欲惊沉。
自惬青山意，何知碧海深。
低云结小雨，朦月罩远岑。
不倦谢公兴，惟因片石寻。

何乔远，泉州东街人，杰出方志史学家，纂《闽书》150卷。

题永宁庵

宋·丘葵

路入永宁方午阴，禅师聊复坐沉吟。
欲将门外葫芦水，倒作田间三日霖。

丘葵，号钓矶。宋元间同安小嶝岛人。入元隐于海岛，沉吟山水，坚不仕元。（注：永宁慈航庙宋称“永宁庵”）

咏鲸江

明·李廷机

鲸江美景胜天台，澳如洞庭石似阶。
百只鱼舟梁上燕，采捕朝出暮归来。

李廷机，泉州新门外浮桥人，明代礼部尚书兼东阁大学士。

咏沙堤

元·夏一秦

为访名流偶出关，沙堤曲折好怡颜。
迷茫四顾青千顷，翡翠盈时碧一湾。
别浦只余三五艇，隔江又有几重山。
藜杖拄处多佳景，喜与高人日往返。

姑嫂塔联

胜地有缘方可进；名山无福不能游。

虎岫寺联

帝建隆基通北极；龙钟虎岫镇南关。

——清·晋江翰林庄俊元撰、书

据虎岫，挹龙波，一剑英威天地泰；
望鳌城，罗雁塔，三清镇定重古今春。

——清·晋江状元吴鲁撰、书

幽明第一关，关节不到；阴阳无二理，理屈难逃。

客至莫嫌茶味淡；僧居不比世情浓。

石径有尘日自扫；禅门无锁月常来。

临深谨凛传衣训；济世全凭波罗心。

眺银江水天一色；仰宝盖寺塔双辉。

虎啸龙吟，风景这边无限好；河清海晏，禅门今日得重开。

虎岫寺百字长联

名山合有神栖，念吾邑背负清源，胸临紫帽，一百里崇冈枕带，地尽灵凭。况是处崖悬石翠，巢壑林荫，面泽国而辟洞天，试观前埔回潮，孤钟响彻波浪壮；

环境总资宇庇，忆昔日北争辽蓟，南割台澎，数十万沿海生灵，创深倭变。惟此地浪少鲸翻，极长鳌城，仗神功以绥民命，若论南洲开封，一剑威加节钺雄。

——清末·晋江玉山举人许衡简题

仙人山（观音山）题联

浪有千层皆白练；石无一片不莲花。

——明·黄克缵，永宁梅林村人。

永宁城隍庙联

人海大千界；神机第一关。

尔曹勿待森罗殿去；此地如入酆都城来。

庙貌巍峨聿求多福；声灵赫濯有感斯通。

神所凭依在德；人之祸福无门。

勿欺也善恶簿上；其严乎人鬼关头。

毋许机械变诈；难瞒聪明正直。

任凭你无法无天，今还有胆否；
须知我能宽能恕，且回转头来。

手辣竞定鹹，祇道世间无苦海；
金黄起心黑，那知头上有青天。

鳌卫固金汤，民赖御灾捍患；
城隍勋忠佑，职司理幽察明。

踞滨疆，背虎山，观落霞孤鹜；
侍卫尉，襟鳌海，喜秋水长天。

永宁文祠联

登峰造极尚贤路，入室开堂近圣居。

风声雨声读书声声声响亮，家事国事天下事事事关心。

永宁中亭慈航庙联

亭以中名，挂汉平分塔影；音从观悟，倚栏来看潮声。

——清·进士陈棨仁撰

第七节　旅游配套设施

永宁镇的旅游业起步较晚，一些配套设施正在逐步完善之中。

东旭观光大酒店　位于黄金海岸度假村对面，建于 2011 年。以餐饮为主，附有 KTV，住宿部设有 60 套（间）。

永宁卫青年旅舍　位于永宁菜市场旁边，属于民宿，由永宁青年蔡世力创建，为第一家推广闽南文化、保护闽南古建筑及承接民间旅游平台的旅舍。该旅舍被石狮市团市委授予“大学生创业实践基地”称号。

波斯湾商务宾馆　位于黄金大道与古卫城路交叉路口。住房部有 21 套（间）附设 KTV。

冰岛海鲜楼　位于邮电新街与永码路交界处。以餐饮为主。

丰盛海鲜楼　位于永码路中段，以餐饮为主。另又置有 KTV 及住宿部。二楼为接待大厅，三楼为 KTV 包厢。住宿部设有 20 套（间）。

涛园海鲜楼　位于黄金海岸。以餐饮为主。

金海岸食府　位于黄金海岸。以餐饮为主。

阿宗海鲜楼　位于永码路东段，以餐饮为主。

第八节　风味小吃与伴手礼

一、风味小吃

阿潭水煎包　该店开设于 1935 年，水煎包底色金黄，一面焦脆，三面软嫩，且呈弹性，肉馅分“咸”和“半甜咸”两种，鲜美无腥味，馅中有些肉汁，食之满口生津。2014 年，其制作技艺列入第三批石狮市非物质文化遗产名录。

陈氏牛肉羹 将上等牛肉切成薄片，木槌反复舂打，加入番薯粉拌打成馅，捻成一个个小块放于煮开的水中，再将冷芡汁、盐、醋等依次加入，稍停即可食用。如再加些水姜丝、蒜茸，味道更佳。

西门外面线糊 面线须冷水下锅，再用虾、蚝、蛏等海产品熬汤调理，佐以猪肠、炒蛋、炸葱花等，再配上一根油条，犹觉香脆而清甜可口。

梅港芋圆 先将芋头切丝拌入番薯粉，搅拌均匀，以此作皮，包上香菇、虾仁、五花肉等合成的馅料，制成一颗颗芋圆，然后放在蒸笼里慢火蒸熟。食时配以蒜茸、辣酱、花生末，再佐以一碗猪尾龙骨汤，更是另有一番滋味。

郑氏壶仔饭 以上等糯米加少量酱油，然后炒油。装罐前须先将五花肉、虾米、香菇、蛋片等配料入罐，然后把炒米装入罐蒸制。食时加上调料，再请店家配上一碗独家肉燕汤，自是十分爽口。

松碧肉粽 以糯米为主，配上猪肉、虾米、香菇、蛋片等原料，用粽叶包成菱角状，用细咸草绑好，置于锅中蒸熟。食用时配以辣椒酱、蒜茸、香醋、芫荽等，再配上一碗肉羹汤，食之胃口大增。

西厝薯粉粿 将番薯削皮煮熟，调番薯粉置石杵舂中杵嫩，即可贴制成粿皮。馅则用炒花生，将其杵细，调白糖包于粿皮中，然后置于油锅炸熟，即可食用。此粿甘甜可口，最具侨乡农家风味。

十字街口糯米肠 分为猪大肠灌糯米和猪大肠灌猪血两种，蒸熟后有加骨汤或加花生酱两样吃法。为闽南古早味的一种特色小吃。

二、伴手礼

金埭北记糕点 源自古卫城古早味，一个礼盒能装下四小盒闽南传统小吃，分别有绿豆酥饼、五仁酥饼、贵妃饼等六种口味可供游客挑选。

古卫城虾米 来自纯净无污染的永宁海域的特级野生纯虾米，渔家传统方法煮制晒干，为营养丰富的高钙食品，可做汤、炒菜、做馅料或即食。

北门全兴花生 选用本地优良花生品种，加工时，先配盐蒸煮，然后曝晒，至干湿适度，即密封贮存。全兴花生具有香、咸、酥、甜诸特点。

黎祥糖果 精选九制陈皮颗粒，添加话梅果酱，为全国首创的陈皮梅软糖，有“酸酸甜甜、妙不可言”之誉。另有黑糖话梅、果泥软糕均各具特色。

长阳海鲜食品 精选深海鱼为原料，含有高蛋白、低脂肪及人体所需多种微量元素，为四季皆宜的健康休闲食品。

卷　五

社会篇

第十九章　人　口

永宁，是个人口稠密的移民城镇。自明初建城，辟为海防要塞，复杂的姓氏即源于来自各地的驻防军队。因当时实施世兵制，绝大部分驻守边关的将士及其家属一来到永宁便落地生根，成为永久居民。永宁人有很强的包容性和凝聚力，虽然来自各地，带来各自不同的文化、语言和生活方式，但大家和睦相处，繁衍生息，共同打造一个缤纷繁荣的新城埠。

永宁是一个著名侨乡。从明朝开始，就陆续有人渡海到东南亚各国开发、定居。

中华人民共和国成立后，人口由基层政府及公安机关管理。1964年开始推行计划生育，控制人口增长。20世纪90年代以来，镇、村均设立机构，对外来暂住人口实行办证管理。

第一节　人口源流

唐代，永宁滨海岑兜一带已有人居住，并以晒海盐为业。而在宝盖山下的塔石村，则有陈、丁、蔡、林、黄、徐、周诸姓居住，从事农耕及开山采石。

北宋时，即有蔡、李、黄等姓氏在沙堤聚居。时永宁至深沪之间海域称佛堂澳，其渡口（现新沙堤）已形成村落，有李氏居住。

及至南宋孝宗年间（1163—1174年），有陈氏肇基永宁。乾道八年（1172年），于水澳建永宁寨，开始驻扎水军，并附有随军家属。嘉定年间（1206—1225年），龚氏从晋江荆山村迁入沙堤。

元初，董氏自晋江青阳迁居沙堤。元大德年间（1297—1307年）佘氏迁居港边。梅林则居有赵、陈两姓，赵姓居村中“井围”，陈姓居村东海埭边。元末明初施氏自钱江、浔海，王氏自福州迁入西岑。还有杨氏聚居于杨山堡（今洋厝）。时完颜·粘博温察尔为避战乱，从华北南渡，经扬州，其后裔一部分流寓永宁洋丹。

明洪武元年（1368年），卢氏肇基沙美。

洪武二十年（1387年），置永宁卫。在永宁卫城内有左、右、中、前、后五个千户所，兵力配备6900多名，加上从全国各地调入的官兵携带家口，永宁人口空前大增。据《永宁卫志》记载，时“丁户二十余万，封家不下三万，官印七十二颗。弁目紟绅、士吏不下千百。烟火相辏，舟车络绎，古名都大郡，何以过哉。”

《晋江县志》载，时阙义（和州人）首任永宁卫指挥使，其后，又有干姓（通州人）及杨姓继任。属下各级官员则有张、刘、钟、王、杜、钱、蔡、邱、李、吴、佘、沈、赵、袁、潘、施、崔、马、郭、周、洪、邵、翟、黎、熊、龚、孟、贲、阮、金、陶、范、黄、姜、梁、柳、蒋、阎、吉、路、翁、伍、段、傅、林、穆、徐、朱、臧、宋、薛、陈、姚、马、丁、孙、岳、高、花、周、吕等60余姓，加上卫所军户及其家属，和城中民户、匠户、盐户等居民，故永宁古来即有“百家姓、万人烟”之称。

关于永宁古代人口的变动，至今尚无具体记载可考，惟乾隆版《泉州府志·笃行·黄潮传》记载：“黄潮，字梅川，晋江（永宁梅林村）人……居家孝友，与物无忤。（嘉靖中）岁浸，大疫……（梅林）乡四百家，死者十五，而潮家无恙。”从中得知，嘉靖中期（1536—1551年），梅林有400户，约1500～2000人，后遭受一场大疫，户口减少一半。嘉靖四十一年（1562年），倭寇陷永宁卫城，沿海居民惨遭荼毒，走散、迁徙者更是难以统计。如上引《黄潮传》云“方永宁城破，姻戚逃入郡相依者以百计。”

第二节　人口数量

中华人民共和国成立后，政治稳定，生活水平提高，人口一直呈稳步增长趋势。1953年第一次人口普查，十五区（永宁）总户数7600户，人口32959人（其范围除现永宁镇外，还包括现蚶江、祥芝、鸿山、锦尚等14个乡）。1964年第二次人口普查，永宁公社（现永宁镇范围）总户数5730户，人口27082人。1982年第三次人口普查时，永宁公社总户数7931户，人口37741人。1990年第四次人口普查，永宁镇总户数8981户，人口43956人。

2000年，第五次人口普查，永宁镇总户数11776户，人口49732人。之后10多年来，由于计划生育工作的深入开展，履行计生国策逐渐成为民众的自觉行动。人口数一直较平稳地保持在4.5万人左右。2010年，第六次人口普查，永宁镇户籍人口45302人，全镇常住人口59484人（包括：人户一致的人口35352人；居住该镇，户口在外，离开户口登记地半年以上者21554人；居住该镇，户口待定者520人；户籍在该镇，现在国外工作学习者2058人）。

密度　1987 年石狮建市时，永宁镇人口密度为每平方千米 1476 人。1997 年人口密度每平方千米 1591 人。2007 年人口密度为每平方千米 1518 人。

分布　沿海一带较为集中。古来即形成永宁、沙堤、梅林、港边等人口较为密集的乡村，并逐步向内陆发展。据 2010 年户籍统计，永宁镇共有 12874 户，人口 45155 人。各行政村（居）人口分布情况如下：

永宁居委会2959户9677人；
沙堤村1474户5717人；
梅林村1495户4583人；
港边村1016户3268人；
西岑村699户2595人；
沙美村700户2562人；
下宅村652户2437人；
子英村616户2214人；
后杆柄村392户1459人；
外高村325户1177人；
洋厝村333户1137人；
西偏村280户1077人；
浯沙村258户1006人；
金埭村293户980人；
院东村257户998人；
郭坑村232户860人；
前埔村228户849人；
郭宅村190户730人；
山边村211户800人；
塔石村186户711人；
新沙堤村78户318人。

第三节　人口变动

宋元时代，永宁沿海开始有村落分布，人口增长较快。明初建卫城时，为高峰期。及至明朝中叶“倭患”陷城之役、清初战乱及“迁界”，沿海人口大量死亡与逃亡。民国时期，因抓丁、瘟疫等原因，人口自然变动幅度较大。中华人民共和国成立后，政治稳定，生活水平提高，人口一直呈稳步增长趋势。

1987 年，永宁镇人口 41177 人，出生人数 875 人，出生率 21.25‰；死亡 176 人，死亡率 4. 27‰，自然增长人口 699 人，自然增长率 16. 98‰。此后，人口增长逐步得到控制。1997 年人口出生率由 1987 年 21. 25‰降为 6. 15‰，自然增长率由 1987 年 16. 98‰降为 0. 02‰。2007 年，人口出生率由 1997 年的 6. 15‰略升为 10. 26‰，自然增长率由 1997 年的 0. 02‰略升为 3. 52‰。

一、人口迁移

永宁于明朝洪武二十年建卫，因所有将士，均由各地征召而来，且当时实行的是世兵制，来时挈家携眷，人口暴增。在城外，村落紧凑相依，如今已废村的洋丹、路角、澳仔、城角、薛厝、满山红、阮厝，以及至今尚存的西厝、沙美、梅林、港边、金埭、外高、浯沙、沙堤诸村，人烟密集。据《永宁卫志》载，"丁户二十余万"。后历经几次劫难，人口几度锐减。一是明朝嘉靖年间（1522—1566 年），倭寇二次"陷城"，军民死伤几尽，即使幸存者也只能选择逃亡，以求生路。如城东澳仔村许姓，村被废后，村民尽逃往厦门。永宁溪源郑氏族谱记载，其族人流落永春、南安等地。还有何、高、尤、吴等姓氏逃往石狮。二是清顺治四年（1647 年），"洗街"血案，乡民死难者达 2400 多人。继之是清顺治十八年（1661 年），清政府为切断民众与台湾郑成功政权的联系，实行"迁界"政策，将沿海居民内迁三十里，设界防守。据载，当时由永宁迁往石狮一带的就有高、田、林、邓、曾、商、陈、王、朱、卞、黄、李、郑等 14 个姓。尚有从港边迁往石狮的姜、商、林、何、田 5 姓。乾隆四十九年（1784 年），清政府开放蚶江港与台湾鹿港对渡，永宁境内林、高、蔡、李、龚、董、施等姓氏居民开始迁台，自光绪年间之后，永宁镇有大量居民旅居海外。据 2010 年最新调查统计，全镇 21 个村（居）现有在海外华侨、华人 22400 人，其中新移民 1421 人，另有港澳台同胞 17800 人。这些海内外华侨华人主要分布在菲律宾、美国、加拿大、澳大利亚、新西兰、泰国、马来西亚、新加坡、日本、法国、印度、缅甸等国家和地区。

二、流动人口

石狮建市后，乡镇企业兴起，永宁外来务工人员日益增多。这些人大部分来自江西、四川、重庆、安徽等四个省市。大多在工厂做工，或为建筑工人、或在渔村搬运渔货，或从事饮食等服务行业。据统计，2003 年有流动人口 8662 人，2005 年 9515 人，2007 年 22488 人，2010 年 22824 人。永宁镇于 2007 年 5 月 29 日，在前埔村龙山工业区创建"新永宁人之家"，总面积 800 平方米，内设有"一站式"流动人口管理服务站、"生育关怀"基地、图书阅览室、电脑技能培训室、多功能厅、综合信息发布栏等硬件设施。服务中心内设立专门窗口为外来务工人员提供办理暂住证、协会会员证、审验流动人口婚育证、进行劳动就业登记、房屋租赁登记、税收征管备案等多项服务，确保流入人员一次性办结所有务工证件。服务中心还成立流动党员联系点，切实为党员解决实际问题。

1987—2010 年永宁镇人口变动情况表

表 5—1

年份	总人口	出生		死亡		自然增长		迁入		迁出	
		人数	出生率‰	人数	死亡率‰	人数	自然增长率‰	省内	外省	省内	外省
1987	41177	875	21.25	176	4.27	699	16.98	208	43	269	176
1997	45502	280	6.15	279	6.13	1	0.02	412	67	588	158
1998	45563	582	12.77	228	5.00	354	7.77	305	75	552	119
1999	45412	626	13.78	272	5.99	356	7.84	349	71	480	98
2000	44795	619	13.82	291	6.50	328	7.32	392	75	429	118
2001	44652	432	9.67	287	6.43	145	3.25	304	74	512	118
2002	44340	361	8.14	276	6.22	85	1.92	188	70	276	155
2003	44356	375	8.45	239	5.39	136	3.07	333	62	400	130
2004	44514	422	9.48	276	6.20	146	3.28	394	141	353	166
2005	44477	414	9.31	302	6.79	112	2.52	334	68	353	189
2006	44551	385	8.64	306	6.87	79	1.77	271	107	147	190
2007	44836	460	10.26	302	6.74	158	3.52	157	163	124	103
2008	45046	493	10.94	313	6.95	180	4.00	373	112	340	122
2009	44968	398	8.85	317	7.05	85	1.89	349	115	387	236
2010	45155	630	13.95	347	7.68	283	6.27	465	100	344	317

第四节　人口构成

一、性别构成

1953 年全国第一次人口普查，十五区（永宁）人口为 32959 人，其中：男 15041 人，占 45.64%；女 17918 人，占 54.36，性别比 83.9。

1964 年全国第二次人口普查，永宁公社人口为 27082 人，其中：男 13035 人，占 48.13%；女 14047 人，占 51.87%，性别比 92.8。

1982 年全国第三次人口普查，永宁公社人口为 37741 人，其中：男 18794 人，占 49.8%；女 18947 人，占 50.2%，性别比 99.2。

2000 年全国第五次人口普查，永宁镇人口为 49732 人，其中：男 25787 人，占 51. 85%；女 23945 人，占 48.15%。性别比 107.7，男性明显多于女性。

2010 年全国第六次人口普查，永宁镇户籍人口为 45302 人，其中：男 22774 人，占 50.3 %；女 22528 人，占 49.7%。性别比 101.1。

二、年龄构成

据2000年全国第五次人口普查，全镇人口49732人（含外来常驻人口），其中：0～5岁2310人，占总人口4.64%；6～14岁8104人，占16.3%；15～64岁35846人，占72.08%；65岁及以上3472人，占6.98%。

2010年全国第6次人口普查，全镇人口59484人（含外来常驻人口），其中：0～4岁2762人，占总人口4.64%；5～14岁4564人，占7.67%；15～64岁48240人，占81.1%；65岁及以上3918人，占6.59%。

附：永宁镇 2015 年尚在世的百岁寿星

郭　雀，女，西岑村南区 70 号，生于 1910 年 12 月 26 日。

郑乌英，女，港边西区 123 号，生于 1911 年 10 月 30 日。

施淑仑，女，港边村人，生于 1911 年 11 月 23 日。

黄乌葱，女，子英村人，生于 1914 年 3 月 10 日。

已故百岁寿星统计表

表 5—2

姓名	性别	出生时间	逝世时间	享年	生前家庭住址
尤景元	男	明成化年间	明万历年间	102 岁	永宁
李菜梗	女	1879 年 7 月 3 日	1984 年 12 月 9 日	106 岁	永宁三公巷
施阿淡	女	1895 年 3 月 11 日	1997 年 3 月 14 日	102 岁	西岑村
林乌垂	女	1899 年 10 月 25 日	2000 年 1 月 22 日	101 岁	港边西区 138 号
卢乌夸	女	1901 年 10 月 22 日	2001 年 2 月 5 日	100 岁	沙堤五区 75 号
龚乌线	女	1901 年 12 月 19 日	2001 年 1 月 21 日	100 岁	沙美村后店区 57 号
施乌线	女	1904 年 3 月 13 日	2006 年 7 月 1 日	102 岁	梅林东三区 184 号
龚乌好	女	1904 年 12 月 8 日	2005 年 4 月 17 日	101 岁	永宁城外永新街 128 号
董光赤	男	1904 年 8 月 28 日	2006 年 12 月 13 日	102 岁	沙堤三区 138 号
柳乌梅	女	1905 年 11 月 16 日	2005 年 5 月 2 日	100 岁	永宁南门
佘惠英	女	1906 年 10 月 26 日	2010 年 4 月 21 日	104 岁	梅林村西二区 31 号
邱红料	女	1908 年 8 月 9 日	2008 年 2 月 29 日	100 岁	下宅村六区 38 号
郑乌体	女	1909 年 1 月 2 日	2008 年 4 月 11 日	100 岁	永宁西偏一区 2 号
董乌须	女	1910 年 8 月 26 日	2010 年 5 月	100 岁	浯沙村

续表 5—2

姓名	性别	出生时间	逝世时间	享年	生前家庭住址
施明卿	女	1912 年 1 月 26 日	2013 年 1 月	101 岁	港边东区 124 号
张乌革	女	1913 年 1 月	2014 年	101 岁	沙堤村
蔡金恋	女	1913 年 12 月 25 日	2015 年 2 月	102 岁	永宁中街

三、文化构成

2000 年全国第五次人口普查，永宁镇六周岁及以上人口 47422 人，各种受教育程度情况如下：大专及以上 401 人，占 6 岁以上人口比重 0.85%；高中和中专 3500 人，占 6 岁以上人口比重 7.38%；初中 16837 人，占 35.57%；小学 24661 人，占 52%；扫盲班 788 人，占 1.66%；未上过学 1235 人，占 2.6%。

2010 年全国第六次人口普查，永宁镇六周岁及以上人口 56213 人，各种受教育程度情况如下：大专及以上 1687 人，占 6 岁以上人口比重 3.00%；高中和中专 6187 人，占 6 岁以上人口比重 11.01%；初中 26946 人，占 47.94%；小学 20174 人，占 35.89%；未上过学 1219 人，占 2.17%。

四、职业构成

历代以来，永宁沿海一带居民以渔户居多，亦有部分从事滩涂养殖或晒盐者；而内地则大多为农户，并有一部分从事石料开采或运输；镇区经营商业或小手工业者较多。在各村人口中，侨眷均占有相当比例。

2000 年第五次人口普查抽样调查 1300 户 4810 人（男 2508 人、女 2302 人），人口职业构成情况如下：

15 岁及以上有工作人口 2109 人。

1. 分行业人口：农林牧渔业 231 人；采掘业 95 人；制造业 960 人；电力、煤气及水的生产和供应业 6 人；建筑业 131 人；地质勘查业、水利管理业 1 人；交通运输、仓储及邮电、通信业 175 人；批发和零售贸易、餐饮业 301 人；金融、保险 5 人；房地产业 4 人；社会服务业 104 人；卫生、体育和社会福利业 12 人；教育、文化艺术及广播电影、电视业 45 人；国家机关、政党机关和社会团体 22 人；其他行业 17 人。

2. 分职业人口情况：国家机关、党群组织、企业事单位负责人 39 人；专业技术人员 75 人；办事人员和有关人员 93 人；商业、服务业人员 387 人；农林牧渔水利业生产人员 284 人；生产运输设备操作人员及有关人员 1207 人。

2010 年第六次人口普查抽样调查 1764 户 5142 人（男 2652 人、女 2490 人），人口职业构成情况如下：

16 岁及以上有工作人口 3034 人。

1. 分行业人口：农林牧渔业 149 人；采掘业 68 人；制造业 1582 人；电力、煤气及水的生产和供应业 16 人；建筑业 104 人；地质勘查业、水利管理业 4 人；交通运输、仓储及邮电、通信业 60 人；批发和零售贸易、餐饮业 652 人；金融、保险 11 人；房地产业 6 人；社会服务业 225 人；卫生、体育和社会福利业 23 人；教育、文化艺术及广播电影、电视业 80 人；国家机关、政党机关和社会团体 54 人。

2. 分职业人口情况：国家机关、党群组织、企事业单位负责人 65 人；专业技术人员 161 人；办事人员和有关人员 260 人；商业、服务业人员 696 人；农林牧渔水利业生产人员 198 人；生产运输设备操作人员及有关人员 1654 人。

五、少数民族

至 2010 年，永宁镇有回（郭氏）、蒙（干氏）、满（粘氏）等 3 个少数民族，人口共 903 人，约占全镇居民总人口的 2%。其中回族郭姓 860 人、蒙古族干姓 27 人、满族粘姓 16 人，其生活习惯与风俗均已汉化。郭坑村于 1987 年 10 月 27 日经泉州市人民政府颁文（泉政民字第 052 号文件），正式恢复回族成份。

第五节　计划生育

一、计生政策

1963 年永宁开始宣传计划生育。主要避孕方法是：安全期避孕法，以后逐步推广使用节育环、避孕套及使用口服、针剂等药物避孕。

1964 年计生重点为积极提倡晚婚、节育。结婚年龄最适宜是城镇男 30 岁、女 25 岁；农村男 28 岁、女 23 岁。开始有县计划生育手术队下到镇保健院作计生手术。

1966 年“文化大革命”开始，计划生育工作被搁置。从 1966—1971 年，永宁公社其中有 4 个年份人口自然增长率在 29‰以上。

1972 年，鼓励晚婚晚育，优生少生，城镇提倡男 25 岁结婚、女 23 岁。

1973 年 9 月，提出一对夫妇只生育二胎。

1977 年提倡“晚、稀、少”。规定一对夫妇生两个孩子。第一胎和第二胎要间隔 4～5 年。

1979 年提倡和推行城镇男 26 周岁、女 24 周岁、农村男 25 周岁、女 23 周岁以后结婚。当年，还提倡一对夫妇生育孩子，最好 1 个，最多 2 个。

1980 年 2 月，提出“晚婚、晚育、少生、优生”“一对夫妇只生一个孩子”。规定：“从 1980 年起，干部、职工、城镇居民要带头落实一胎化。”“农村要积极扩大一胎，严格限制两胎，坚决刹住三胎。”

1982 年 6 月，规定按法定婚龄推迟 3 年以上结婚的为晚婚，妇女 24 岁以上生育第一个孩子者为晚育。

二、机构队伍

早年永宁计生工作，各村妇代会发挥了重要作用。由于手术对象绝大部分是妇女，妇女代表不但挨家挨户做思想动员工作，还要陪同计生对象到卫生院做手术，煮鸡蛋给结扎者吃。回家后，还得帮助她们洗衣做饭，做几天家务，给予多方关怀。1966 年“文化大革命”开始，计生工作被搁置，一连几年，人口自然增长率在 29‰以上。1972 年恢复计划生育，开始有计生手术队下乡。1974 年，永宁公社人口自然增长率控制在 16‰以下，居晋江县计划生育之首。为推广永宁经验，县委宣传部在永宁创办“永宁公社计划生育展览会”，其内容包括计划生育的重要意义；永宁公社发动群众的经验和取得的成绩；传播科学节育知识和加强妇幼保健工作等。通过照片、图表、实物和讲解，给参观者留下深刻印象。不到一个月，有省、地、县及兄弟公社、驻军部队等 40 多个单位先后前来参观。

1990 年，成立石狮市计划生育领导小组。随之，永宁镇计生领导小组成立。同年 3 月，成立永宁镇计划生育协会。1992 年 4 月，永宁镇建立计划生育服务所。1993 年 10 月，成立计划生育办公室。同时，在 21 个村（居）建立计划生育服务室。

2007 年，永宁镇响应中共中央、国务院《关于加强人口和计划生育统筹解决人口问题的决定》和中宣部等 10 部门《关于广泛开展“生育关怀行动”的通知》精神，广泛发动社会各界开展捐资活动，并于 5 月 30 日率全市之先，成立首个镇级“生育关怀”基金会。基金数额达 5649.31 万元，居全市前列。同年，永宁镇被定为福建省“生育关怀行动示范镇”。2009 年 6 月 10 日，永宁镇“生育关怀”基金会依托两年多的经验，结合各村实际，成立 10 个村（社区）基金会，再次筹得现金 166.62 万元，冠名基金 5050 万元，为开展“生育关怀”行动奠定了资金基础。

三、生育关怀行动

永宁镇生育关怀行动启动后，紧紧地与“5+2”工程、“关爱女孩行动”等项目结合起来，发挥“生育关怀行动”在人口计生工作中的利益导向作用，初步探索出“紧急救助、生产帮扶、解决住房、子女成才、亲情牵手、社会保障、法律援助”等多个生育关怀项目，有效地对计划生育困难家庭实施关怀。至 2010 年，“安居工程”投入资金 162 万元，扶持帮助 72 户二女困难户住进新房；“成才工程”平均每年为全镇二女户女儿补助学费近 29 万元；“致富工程”共帮助 46 户计生家庭免费读农函大；“亲情工程”为病灾及贫困二女户、计生困难户、基层计生工作者 179 人发放救助金、慰问金 79 万多元；“保障工程”为 300 多户二女户办理法律援助证，为计生三户（独生子女户、农村二女结扎户、计生困难户）全部免费办理农村医保。对各村低保对象补助金额每年达 10 万多元。2008 年，成立卢祖荫、陈月华伉俪“关爱学子工程”基金会，每年资助 4 名计生困难户子女上大学，每人每年 8000 元直至完成学业，资助对象逐年累加，至 2010 年，共帮助 12 名学子就读大学，补助金额达 19.2 万元。

四、工作成果

2005 年，国家十部委联合授予永宁镇人民政府“2001—2005 年度全国婚育新风进万家活动先进单位”称号。2007 年，永宁镇获“福建省生育关怀行动示范镇”称号。

实施计划生育前，全镇人口自然增长率每年都在 20‰以上。1987 年降至 16.98‰。此后人口增长逐步得到控制。1997 年下降为 0.02‰，2000 年为 7.32‰，至 2009 年为 1.89‰。全镇妇女生育孩次比重，2003 年：一胎率 76%，二胎率 23.7%，多胎率 0.3%；2006 年：一胎率 81.6%，二胎率 18.4%；2009 年：一胎率 76%，二胎率 24%。

据统计，永宁镇 2004 年育龄妇女共 14132 人、占总人口的 31.8%。其中已婚 9732 人，占总人口的 21.9%。已婚育龄妇女中，未生育的 680 人，占 7%；生一个孩子的 3083 人，占 31.7%；生二个孩子的 4059 人，占 41.7%，生三个孩子及以上的 1910 人，占 19.6%。领取独生子女证的 1688 对夫妇。2009 年育龄妇女共 14753 人，占总人口的 32.8%。其中已婚育龄妇女 9799 人，占总人口 21.8%。已婚育妇女中未生育的 648 人，占 6.6%；生一个孩子的 4039 人，占 41.2%；生二个孩子的 3920 人，占 40%；生三个孩子及以上的 1192 人，占 12.2%，领取独生子女证的 1919 人。

五、计生协会

1990 年，永宁镇计生协会成立。此后，各村（居）均建立由党支部书记任会长的村级计生协会。该协会广泛深入开展宣传计生国策，创造良好的社会舆论氛围。2005 年，永宁镇计生协会常务副会长洪全克获“全国计生协会先进志愿者”称号。

2007 年，镇计生协会为“五关怀”计生对象解决大量的生育、生产和生活方面的困难问题。同年，获“全国计划生育协会乡级先进集体”称号。2009 年 4 月，该协会举办“生育关怀”捐助义演活动，共筹集 22 万余元，帮助郭坑村二女困难户郭钦荣进行换肾手术，引起社会广泛反响。

第二十章　姓　氏

永宁古称“百家姓、万人烟”。缘于明代建城时，卫城官兵，来自全国各地。当地有句俗谚叫“十路九姓”，讲的就是当时永宁各路人马汇集，从而形成人口稠密、姓氏繁多的独特景象。然而，永宁的人口、姓氏，历经明朝“陷城”、清初“迁界”等几次大变迁后，已不复旧观。例如明代永宁卫城内，原有章、袁、吴、郭、郑，称“五大姓”，现已变为小姓，可见沧海桑田之变化。

永宁镇计有人口 45155 人，132 个姓氏，分布在 24 个村（居）。

一、李氏

李姓为永宁镇大姓，总人口 7849 人，其中分布于永宁镇区 569 人、洋厝 798 人、子英 1556 人、梅林 2376 人、港边 1009 人、塔石 420 人、金埭 378 人、沙堤 187 人。郡望：“陇西衍派”。

1．梅林李氏：唐高宗总章二年（669年），闽南发生骚乱，朝廷命陈政、陈元兴父子入闽平叛。李伯瑶随军出征，后任漳州参军，宋时追封“威武辅胜上将军”，其后裔定居闽南各地。三子李董尔，别号威正，授泉州水兵都统。其裔孙中一支迁住晋江佛堂澳（今永宁镇新沙堤），明代永乐年间，李建滨由佛堂澳迁入梅林，被奉为梅李始祖。

梅李分堂号：沙堤传芳

昭穆：维昌鸿植忠君意，正大功勋报国恩。

明良合德太平日，万民讴歌振乾坤。

梅林李氏家庙：清康熙年间始建，民国年间重修。二进三开间，建筑面积300平方米。

2．永宁镇区李氏：奉泉州水军都统李董尔为始祖，明初，佛明将军李颜贞由佛堂澳迁入永宁，为永宁李氏开基祖。现永宁镇区李氏，主要有五个支系：

（1）鳌城端轩派：李端轩于明朝中叶开基永宁南门境。

昭穆：朝为田舍郎，旋登天子堂。凤麟本有种，奕世庆其昌。

（2）鳌南端参派：奉李端参为一世祖。

昭穆：端行庭，士志成。纯绵延，祖德荣。

（后续）康庄道，尚贤能。振家声，庆升平。敦孝友，霄汉鹏。

（3）东瀛愧吾派：据家谱载，昔我始祖愧吾以武功仕宦入闽，，授职永宁卫，因占籍东瀛，择地建居，号曰中李。

昭穆：祖德流光远，孙枝庆泽长。

（4）港前二房支派：港前村二房的后裔分支永宁镇区（迁入时间不详）。

（5）惠安东下坑支派：惠安东下坑的后裔分支永宁镇区（迁入时间不详）。

永宁李氏大宗祠，亦称“下五李”李氏大宗祠，为包括永宁、梅林、港边、塔石、洋厝、岑兜、港前、东店、内坑等村李氏族裔共同祭祀先祖的宗庙。清乾隆年间始建，光绪年间重修，1985年再修，1991年重建，二进三开间，面积400平方米。

3．银江（岑兜）李氏：元至正廿五年（1365年），曾在永宁巡检司任职的泉州人李振仲娶岑兜王氏女，明洪武二年（1369年），振仲入居岑兜村。后王氏随父回原籍金陵，银江产业尽归之，故李振仲为银江李氏肇基祖。

李振仲生四子，分四房：长房君雍，传上房与直街份；二房君侍，传树下份，三房君玉移居广东；四房荣寿，传店下份。

银江李氏各房份昭穆：

长房：向兆国家尚武略，兹逢贤圣重诗书。敦修懿德垂孙子，教育英才显名誉。

二房：庚象昌兴应挺秀，懋昭孙子庆呈祥。求新济美恢弘志，顺适时申信义彰。

四房：天恩勤眷顾，祖德永垂芳。绳武追来孝，传家卜世昌。

诗书今踵起，甲第尚绵长。有志胥如是，规模自孔彰。

银江李氏宗祠：清康熙五十七年（1718年）始建。乾隆十五年（1750年）、道光十四年（1834年）、同治十一年（1872年）、民国十一年（1922年）、民国三十七年（1948年、1987年）6次重修。为二进三开间双厢房，木石结构，占地面积约500平方米。

4．洋厝李氏：于清康熙年间，由银江（岑兜）李心泉长子景山、次子兴山迁入。昭穆与银李长房同。另一支系，清乾隆年间，李恪斋由南安迁居前埔，再由前埔迁入。昭穆与银李四房同。

5．港边李氏：

（1）蒲蓉支系：溯之凤山池店大松树脚三房。其三十六世李致政之子由池店迁入晋江龙湖蒲蓉村定居，清初移居永宁南门。清嘉庆二十五年（1820年），其后裔李起斋再迁入港边。

昭穆：顶房：龙凤锦光，祖德俾昌。　　　下房：龙凤启祥，圣德俾昌。

(后同）嘉兆盛美，陇西倍隆。先型模范，永思景仰。相承接引，合志开张。

港边蒲李宗祠建于19世纪20年代，1987年重修。二进三开间，建筑面积350平方米。

（2）港边银李：自清末民初分别从银江、洋山、塔石、梅林等地迁入经商定居。

其上房派，昭穆与银江长房同；店下及洋山派，昭穆与银江四房同。

港边银李宗祠建于1996年。混凝土结构，二层三开间二进，上层为宗庙，下层为活动场所，面积360平方米。

6．金埭李氏：

明隆庆年间，梅林李建滨后裔、银江李振仲后裔、鳌南李颜贞后裔相继移居金埭村。

金埭李氏家庙于2001年正月兴建，2003年二月竣工。

7．塔石李氏：清代起，陆续从各地迁入。

（1）李家默从银江（岑兜）直街迁入。昭穆与银李长房同。

（2）李吉祥从银江直街迁入，昭穆与银李长房同。

（3）李基奇从银江李氏长房大滨李敦山派下迁入。昭穆与银李长房同。

（4）银江树下二房李君侍派下西路自岑兜迁入。昭穆与银李二房同。

（5）洋山（今洋厝村）李天永派下长房从洋厝迁入。昭穆与银李四房同。

（6）李天陈派下五房李顾元、李顾绵、李顾传从洋厝迁入。昭穆与银李四房同。

（7）1956年，李和从港边村移居塔石村。

二、龚氏

沙堤村龚氏先祖龚忠，于五代南唐时自浙江钱塘迁入福建莆阳（莆田），为闽南龚氏始祖。南宋孝宗绍兴八年，其七世裔孙资政殿学士龚茂良迁居泉州，为龚氏入泉一世祖。其三子龚源荫补上舍郎，卜居龙山，为安平肇基祖。后传至十三世龚庄，到晋江荆山开垦定居，为沙堤、西偏、梧园、南塘之始祖（亦称十三公）。元代中叶，龚庄次子龚悌入赘沙堤蔡家，传至四世，复为龚氏，奉龚悌为一世祖。明永乐年间，四世祖龚名安之孙龚培由沙堤迁入西偏，为西偏龚氏一世祖。新沙堤村龚氏，则是龚丕古、龚显钧、龚诗正三户于1949年由沙堤村迁居该地。

永宁镇龚氏人口计4430人。主要分布于沙堤2832人、西偏790人、永宁镇区195人、新沙堤133人。龚氏堂号：武陵衍派，分堂号：六桂传芳。

昭穆：周文太存迪，思见必善希。志大成丕显，

诗书万象亨。观光咸利用，忠厚保元贞。

沙堤龚氏宗祠：明初始建。1940年7月16日，被日军烧毁。抗战胜利后重建。1990年再修，石木结构，二进三开间，建筑面积232平方米。

西偏龚氏家庙：明初始建，清光绪年间重建，民国年间重修。1998年重建，石木水泥结构，二进三开间，建筑面积231平方米。。

三、王氏

唐末光启元年（885年），河南光州固始县佐王潮偕审邽、审知三兄弟，随义军入闽，后诸将拥戴王潮主帅。在王氏三兄弟率领下，先后攻克汀州、泉州、福州，一统福建。乾宁四年（897年）王潮去世，朝廷授审知为节度使，加封“琅琊郡王”，后梁太祖于开平三年（909年）晋封王审知为闽王，授二兄审邽为泉州刺史。王审知定居刺桐城船峰巷，俗称上邦巷王氏，后王审邽一裔孙分支晋江青阳型厝。永宁王氏即来之青阳。

永宁镇王氏计有人口3705人，分布于永宁、下宅、西岑等11个村（居）。其中永宁镇区559人、下宅1202人、西岑1121人、浯沙151人、金埭67人。郡望：太原衍派。分堂号：开闽传芳（永宁）；忠懿传芳（霞泽）；衣锦传芳（西岑）。

1．永宁镇区王氏：为王审邽后裔，其二十世孙王通和之子时庵、和庵、利庵三兄弟，于明洪武三年（1370年）自晋江青阳型厝迁居永宁，为鳌城王氏三个房份肇基始祖。

昭穆：祖宗支派衍，树德蕙兰馨。世代传君子，千年显善良。

文章能富有，功绩庆祯祥，奕祀钦忠孝，簪缨爵禄昌。

永宁王氏宗祠：明代始建。1940年7月16日，遭日寇焚毁。1988年重建，二进三开间，占地面积429平方米。

2．下宅王氏：于明代自晋江青阳型厝移居永和玉溪（古称庚星里），明永乐年间，玉溪三世王敦轩七子王志美再迁至下宅村。

昭穆：立本得经权纪，纲万启胤锡嘉，天时地利人和，

礼义节廉绍承先，诗书孝友垂世贤。

霞泽王氏宗祠：始建时间不详，清宣统三年（1911年）重修，20世纪80年代再修，1994年重建，一进三开间，占地375平方米。

3．西岑王氏：始祖王鲟，系福州后街依锦坊探花王孟祥之后人，据谱载，王鲟为当

地航运商，常年往返东南沿海。明宣德年间，商船避风于永宁梅林港，泊于西岑海边，后举家定居西岑，迄今已历600多年，传24世。

昭穆：庆质普德道，敷锡世时日。尚贤惟立志，守正可传家。

荣华长富裕，昌胜永康宁。（14世起）

岑江王氏宗祠：建于明正德十六年（1521年），1988年重建。二进三开间。2001年重修，加建护厝，2003年落成。总面积340平方米。

四、陈氏

永宁镇陈氏计有人口3266人。其中分布于永宁镇区1308人、下宅585人、港边520人、子英187人、浯沙146人、梅林98人。

郡望：颍川衍派。

1．永宁镇区陈氏：

堂号：孝德堂（孝德流徽）。分堂号：东陈传芳、滕山传芳、象山传芳、鳌城传芳。

（1）成庵支系：源自河南光州固始县，始祖陈成庵，于南宋孝宗年间（1163－1174年）肇基永宁。传六子：尚德、敦仁、敦义、荣公、世禄、振爵，是为六房。

昭穆：铭洵楷辉墀，锦渊植焕增。锡沼材炳垣，钟瀛桂析培。

钏淳栋焜基，铄泽柏炜坤。钜浩彬炯堉，鑫涵朴烶坚。（12世起）

永宁陈氏大宗：始建时间不详，清嘉庆十九年（1814年）重修，民国初期再修。1985年重建，1986年竣工。为二进三开间，总面积300平方米。

（2）永宁霞滴陈氏支系：

明洪武二十七年（1394年），陈滴江从福州下滴江迁居永宁卫（今永宁镇区）。

永宁霞滴陈氏宗祠（小宗）：始建于清嘉庆九年（1804年）。嘉庆十一年（1806年），台湾宗亲明玉回乡出资重修，面积388平方米。

2．下宅陈氏：溯之颖川陈文范派下，陈福禄于明永乐十二年（1414年）调御永宁，居于西庵，传三子，长明临、次明深、三明渊。陈明临（号泽隐）隐居霞泽传衍，为下宅陈氏一世祖。次子明深，为昭信将军，授千户镇守永宁，后随郑和第五次下西洋，定居印尼，系印尼第五任总统瓦希德的先祖。三子明渊，为武略将军，授职于金陵，定居南京。

昭穆：贻谋培德厚，奕世振家声。宗泽传芳远，祖功赞誉尊。（16世起）

霞泽陈氏宗祠：明代始建，清初动乱遭毁，乾隆年间重建。清嘉庆十七年（1812年）十二世陈恒德再建。1986年重修，1998年重建，二进三开间，建筑面积360平方米。

3．港边陈氏：陈荣遥于明中叶从江州义门（今江西九江）迁居鳌江村（港边）。

昭穆：仁义长发祥，忠和永垂芳。亦思贻孙谋 ，为克扬世德。（12世起）

鳌江陈氏宗祠：明天启年间始建，1997年重建，二进三开间，总面积355平方米。

4．银江陈氏：明正德年间，陈宝盖从上宅移居岑兜村。

昭穆：天修道德，贤才著美，甲第传芳 ，箕裘踵起。

文章永焕 ，丕振家声 ，前承祖武，后贻孙荣。（12世起）

银江陈氏宗祠：清康熙五十三年（1171年）始建，乾隆三十八年（1773年）重修，光绪年间再修，1993年重建。二进三开间，面积350平方米。

五、董氏

沙堤与永宁董氏，溯之前唐五代董思安由河南光州固始县随王审知入闽，后晋开运二年（公元945年）建州勤王，封镇国将军、漳州刺史。其子董兴，北宋庆历年间因战功，封银青光禄大夫上柱国太尉，分镇于闽，立籍泉南登贤里，为闽南董氏肇基祖。后董子道因战功奏补三班殿直，晋封平凉郡开国伯，世袭至八世。此后二百余年，多人入仕封官。在青阳家庙前立“下马碑”，文官路过下轿，武官下马。元初至元十一年（1274年），有武营（泉州）知州过家庙前，不下轿，族人不满异族入侵，便叫孩子抛石袭击轿窗，恰有一块尖锐石头刺入知州的太阳穴，知州流血不止而亡。此事奏报朝廷，乃下旨派兵围剿,董氏族人连夜遁奔福州、浙江、漳州、金门等地海隅或深山。有十四世董善顺，号倚鹿，迁居永宁沙堤。善顺生三子，传五房，即长盛房、东城房、祥芝房、中瑸房、西轩房。嘉靖中叶，永宁倭患陷城，居民纷纷遁逃。沙堤董氏相继移居永宁。

郡望：陇西衍派、广川衍派。

堂号：豢龙世泽、三策堂、陇西堂。分堂号：沙堤衍派　玉笋传芳

永宁镇董氏人口2837人，主要分布于永宁镇区1356人、沙堤1205人。

昭穆：恭维道明德，日旭焕春光。群伦欣帝贶，

孙曹敦孝友。垂裕泽方长，奕世振家声。(从5世起)

沙堤董氏宗祠：清康熙年间始建，嘉庆十年（1805年）扩建，民国19年（1930年）重修，1989年再修，二进三开间，占地面积360平方米。祠堂东护廊天井中耸立一天然石笋，故称“玉笋传芳”。

永宁董氏家庙：清康熙年间始建，道光十八年（1838年）重修，光绪十一年（1885年）重修护厝，1982年再修，2002年重新扩建，二进二开间带西护廊，建筑面积275平方米。

六、高氏

高氏入闽始祖名钢，字一清，原居河南光州固始，唐末因战乱携眷随众入闽，初寓福唐（今福清），后临漳浦，复迁欧冶（今福州冶山）。唐天佑二年（905年），卜居福州凤岗。后梁开平年间，闽王王审知求贤，奏举为从政郎。

高钢五世孙高璺，官正议大夫，后周显德四年，奉檄守泉州，御寇殉节。高璺有二子，长子高镔（朝奉大夫），次子高镒（宣奉大夫），为守父茔，定居安平（安海）。后七世高惠连官至兵部尚书。其相继擢第者，四十八科，五十八进士，成泉南望族。

元末，兵荒马乱。高镔之后裔高佑（高钢之十九世孙）自安海移居永宁霁江（外高）。永宁高氏奉入闽始祖高钢十七世孙高蔷（任永宁寨军镇抚，左副翊）为肇基祖，奉高佑为一世祖。后再分支永宁、梅林等地。

郡望：渤海传芳。分堂号：霁江衍派。

永宁镇高氏人口2524人，其中分布于永宁镇区1147人、外高880人、梅林118人。

昭穆：志鼎泓植熙，耳东君仲安。兆际元世启，扬名绳祖武，积德燕孙谋。

有继家声振，荣华孰与俦。

霁江永宁高氏宗祠两座，均坐落于永宁下营。

1. 霁江高氏大宗祠（崇本堂）：清乾隆二十九年（1764年）始建，同治元年（1862年）重修。1992年重建，二进三开间带护厝，建筑面积394平方米。

2. 霁江高氏祖祠（朝霞堂）：始建于清同治元年（1862年）。1996年重建。二进三开间，石木结构，建筑面积298平方米。2015年再翻建。

七、蔡氏

永宁蔡氏先祖蔡用元、蔡用明兄弟于唐末，自河南济阳郡入闽，初居泉城，后卜居仙游赤湖蕉溪，蔡用元为莆阳蔡氏一世祖，蔡用明后徙居青阳（五店市），为青阳蔡氏一世祖。蔡用元之五世孙蔡襄，宋仁宗天圣八年（1030年）以农家子举进士，初授漳州军事判官，后拜端明殿大学士，为圆建造洛阳桥之夙愿，乃请旨调任泉州太守，治平四年（1067年），卒于任上，赐谥忠惠。其裔孙分支晋江各地。据谱载，永宁镇蔡氏各支系，大多为蔡襄后裔。

郡望：济阳衍派、莆阳衍派、青阳衍派。

分堂号：忠惠传芳、荔谱传芳。

永宁镇蔡氏人口3222人。其中分布于永宁镇区823人、前埔358人、梅林414人、郭宅265人、浯沙290人、港边141人、下宅176人、沙堤153人、金埭76人、山边59人、后杆柄

76人。

1．永宁镇区蔡氏

（1）永宁宝峰派：蔡襄十四世孙宝峰，原居晋江朋山，以二子袭荫驻永宁卫，因海氛不定，返居朋山。后宝峰七世孙止宁，于康熙三十二年（1693年）携族还居鳌城，称永宁房。已历22世。

昭穆：庭修由孝友　国治尚文章　鸣凤开周道　呈麟启世昌（29世起）

永宁蔡氏宗祠：位于永宁小街，约于清道光年间至同治初年始建，1948年重修，1993年重建。二进三开间，土木结构，建筑面积300平方米。

（2）鳌江（港边）三泰派：蔡襄四世孙蔡昌，居晋江龟湖，六传至蔡日臯，徙居龙津（莲埭），日臯七传至应明，入赘港边。奉蔡三泰为鳌江一世祖，其后裔于清嘉庆五年（1800年）移居鳌城，俗称港边房。（至于蔡应明与蔡三泰之间关系，无据可考。）

昭穆：世代源泉远，宗支派泽长。北基桂馥茂，南国兰腾芳。燕翼贻谋裕，
诗礼启秀贤。历朝文武盛，致仕赞忠良。科学光华夏，政绩显万安。（15世起）

（3）梅林起迁派：蔡襄十六世孙纶墀由古东肇基梅林。梅林蔡氏十世起迁之子名春、名棉于乾隆年间（1736－1795年）移居鳌城，俗称梅林房。已历9世。

昭穆：鸿猷德泽，奕世联科。孙支挺秀，玉树交珂。
麟振载泳，椒衍重诃。上天降福，受禄孔多。(12世起)

（4）紫塘派（青阳衍派）：奉蔡日辉为一世祖。其十世谋琢于清嘉庆十七年（1812年）移居鳌城，为永宁蔡氏紫塘派肇基祖。已历7世。

昭穆：诒谋垂裕，笃庆锡光。景耀崇昌，云汉昭彰。（从9世起）

（5）古东（坑东）派：奉蔡襄十一世孙蔡农隐为一世祖。其十一世蔡恪斋于明崇祯年间（1628－1631年）肇基鳌城。已历12世。

昭穆：讳行：道德仁义昭先型，水木千年悠远。
字行：忠厚传家恢旧业，簪缨奕世维新。（15世起）

（6）东石西霞德山派：西霞蔡氏肇自莆阳，后分派于桐城西隅，奉九郎为一世祖，其十九世孙蔡尤池于民国23年（1934年）移居鳌城。已历3世。

昭穆：贻书芳自远，树德世尤长。崇尚斯承志，创垂冀克昌。
簪缨遗燕翼，继述绍仪容。万派朝宗委，千秋裕后祥。（11世起）

（7）浯沙允滨派：溯自龙坡（前埔）蔡氏一世祖蔡忠宪之九世孙允滨肇基浯沙，其后裔于清光绪三十年（1904年）再移居鳌城。已历7世。

昭穆：明昭恩德，锡章经纶。焜 宗耀国，奕世光昌。(17世起)

（8）金埭世朕派：金山蔡氏一世祖蔡福盛，其八世孙实峰分支金埭，为金埭蔡氏一世祖。至十四世蔡世朕于清嘉庆年间再移居鳌城。已历7世。

昭穆：应道国家，君开士选。文章衍绍，

奕禩辉煌。丹墀献策，丕承大谟。(11世起)

（9）郭宅先隆派：溯自郭宅蔡氏二十世蔡先隆于民国初年移居鳌城。已历8世

昭穆：道德仁义昭先型，水木千年悠远。（15世起）

（10）丰山（莲塘）咸恩派：溯之坑东蔡隐斋派下，十八世咸恩之长子怀深、次子怀额于民国20年（1931年）从莲塘村移居鳌城。已历4世。

昭穆：肇钦元雅一所兴，可期奕世光祖德。咸怀忠良扶朝廷，簪缨百世称燕翼。

（11）梅林东兴派：蔡襄十六世孙纶墀由古东肇基梅林，为东蔡房始祖，后有蔡东兴裔孙蔡猷剡移居永宁，迁入时间不详。后又有蔡东兴另一裔孙蔡德贡于民国初年移居永宁，已历五世。

昭穆：与梅林蔡氏起迁派同。

（12）屏山（钞坑）房派：泉郡蔡巷蔡历山卜居晋江屏山里（今钞坑村），传至三世蔡怀答之后裔，于道光年间迁入永宁溪源境。已历7世。

昭穆：芳亨福宏，侯隆肇成。昭宣丕德，忠厚家声。（16世起）

（13）龙渊世沛派：龙渊（塘边）蔡氏一世祖念三，其派下徙居沪江（深沪），至十九世世沛，于清嘉庆年间从沪江迁居永宁。已历8世。

昭穆：洪德奕世种，孝友敦宗本。修业绵祖泽，公侯伯卿士。（16世起）

（14）屏山（彭田）派：（迁入时间不详）

昭穆：迁肇文维，怀应丹成。富贵荣华，万世传嘉。

金榜登云，转居载兴。千年光彩，国修安乐。（12世起）

（15）惠安螺阳三蔡隐和派：蔡襄十六世孙蔡隐和，于明初由惠北山腰移居蔡厝，为惠安螺阳三蔡一世祖，隐和十九世孙蔡火成于民国年间移居永宁。已历3世。

（16）芝山（祥芝）派：清末，芝山蔡氏开基祖蔡茂彬之十五世孙贞珍、十七世孙久安于民国初年先后由祥芝移居永宁。

昭穆：元享贞继久，志懋嘉芳延。业守儒书在，

家承道学传。慎修勤宝善，一德勉希贤。（13世起）

2．前埔蔡氏：始祖蔡肇乃宋端明殿大学士蔡襄之十一世孙，出生于仙游县官岭里牛

肚坡。南宋景炎元年（1276年），宋幼主端宗入泉，蔡肇引数十人前往拜接，帝封其为护驾将军。不久宋亡，乃隐于泉州行春门外南一巷讲学，自号蔡巷居士。元主闻其贤，屡征其为翰林学士，不受。复迁居大孤山（宝盖山）前之南五里许。前埔蔡氏奉其为肇基祖。至三世乐意，因祠堂被元兵所废，迁居龙坡（今前埔村）。

郡望：济阳衍派　　分堂号：莆阳衍派

昭穆：（讳行）明昭恩德式彰经纶千载泽。

（字行）焜宗耀国奕世光昌万年春。（18世起）

前埔蔡氏家庙：始建于元末，后遭焚，明初复建，清道光二十年（1840年）、民国年间和1984年三次重修，1989年重建。二进三开间，建筑面积441平方米。2002年再修。

3．梅林蔡氏 ：溯之古东（坑东）蔡农隐派下。六世蔡近山后裔蔡纶墀于明代自古东移居梅林。

郡望：济阳衍派；分堂号：忠惠传芳

昭穆：鸿猷德泽，奕世联科。孙支挺秀，玉树交珂。

麟振载咏，椒衍重欢。天上降福，受禄孔多。

4．郭宅蔡氏：

（1）古东硕泉支系：开基祖蔡硕泉，为古东（坑东）蔡氏始祖蔡农稳之八世孙。于明崇靖年间迁入。

昭穆：道德仁义修先型，水木千年悠远。

（2）惠安坑下支系：开基祖蔡凸伯，于民国九年（1920年）从惠安山霞镇坑下村移居郭宅。

郡望：济阳衍派；分堂号：忠惠传芳。

（3）容卿支系：肇基祖蔡本浪于清光绪二十年（1894年）从石狮容卿村移居郭宅。

昭穆：宏叔宜弘元景甫鸿桓奕迪洪本然培维尔荣华尊贤育才。（从4世起）

5．浯沙蔡氏：有二个支系。

（1）古东蔡氏始祖蔡农隐之十五世孙，于清康熙年间从坑东村迁入。

堂号：济阳衍派。

昭穆：志思恩科第，昭明上致君。家传惟孝友，华国大文章。

（2）龙坡(今前埔村)蔡氏始祖蔡肇派下，十六世移居浯沙。昭穆与前埔蔡氏同。

6．鳌江（港边）蔡氏：龙津（莲埭）蔡氏始祖蔡日皋派下，七世蔡应明于元末移居港边，奉蔡三泰为一世祖，清嘉庆五年（1800年），举族外迁。现居住于港边的蔡氏族人乃后从梅林蔡氏东头房或浯沙迁入，也有从惠安、科任迁入者。

港边蔡氏家庙：始建于明初，明末倭乱被毁。嘉庆末期重修。上世纪30年代再修、1948年大修。1991年重建。二进三开间，双护廊，占地面积700多平方米。

7．下宅蔡氏：溯之莆阳蔡氏，从晋江塔头村迁入（迁入时间及肇基始祖不详）。另有四户乃抗战前自梅林迁入。

昭穆：文嘉明维仲、秉登青云时、经纶同启展、业迹永昌宏。

下宅蔡氏宗祠：始建时间不详，1976年重修，1986年再修。2008年重建，二进三开间，面积220平方米。

8．山边蔡氏：肇基祖蔡三，从石狮钞坑村迁入（迁入时间不详）。

郡望：青阳衍派；分堂号：忠惠传芳。

八、卢氏

宋末，卢念一为避战乱，由河南光州固始县入闽。及明初，五世卢报美生有五子。次子子仁、三子子明肇基沙美，是为沙美卢氏肇基祖。另有四子子信，肇基港据（即今锦尚镇卢厝村）。

永宁镇卢氏人口2319人。其中分布于沙美1786人、郭宅53人、永宁99人、塔石23人、下宅34人。

1．沙美卢氏：郡望：“范阳衍派”。

昭穆：（从9世起）

讳行：世奕祥锡延，元鸣忠顺心，凤毛皆济美，福佑庆连绵。

字行：尔仁惟其时，崇德为谋远，文章明世道，荣耀振家声。

续：承宗怀祖志，敦品立丹心，静修思庭训，养皓意长青。

沙美美江宗祠：明代始建。清乾隆年间重修，2005年重建，二进三开间、单护廊，总面723平方米。

2．塔石卢氏：1934年，卢祖盾自卢厝村移居塔石村。

3．下宅卢氏：1943年卢远送由沙美村移居下宅村。

九、施氏

唐秘书丞施典，于唐末随王潮入闽，肇基晋江钱江（龙湖前港村）。西岑西沙施氏，来自钱江施氏始祖施典派下。西岑灰窑施氏则来自南浔（衙口）施氏始祖施炳派下。前埔村施氏与西岑村施氏属同一远祖。

永宁镇施氏人口计2471人，其中分布于西岑897人、前埔286人、永宁镇区241人、浯沙75人、塔石77人。

1. 西沙施氏：施典之十四世孙菊斋，洪武九年（1376年），娶室西岑李氏，遂定居西岑。传20多世。 堂号：临濮衍派；分堂号：菊斋传芳。

昭穆：洪德仕国，文明光宗。奕起振拔，上衍元方。(从9世起)

西岑施氏宗祠：清康熙五十九年（1719年）始建，嘉庆十三年（1808年）与咸丰四年二次重修。光绪廿四年（1898年）再修。1987年，旅菲西岑施氏联谊会倡议，由西沙、灰窑、钞厝三方联合筹款重建。1988年落成，为二进三开间，面积400平方米。

2. 西岑灰窑施氏：系浔江始祖施炳之十八世孙士社来西岑开基。

堂号：临濮衍派；分堂号：浔海传芳。

昭穆：卿仕际应侯，文章慧业修。至性能纯养，正心得自由。

3. 前埔施氏：，溯自浔江施氏始祖施炳入闽后，其四世菊逸由福清至浔海、后分支诸乡蕃衍，几经辗转。清乾隆嘉庆年间，复由钞坑、、衙口、沙岗寮等地聚居前埔村。

堂号：承德堂。昭穆：至性能纯养，正心得自由。

承德堂家庙：1943年始建，1988年重修，2002年再修。二进三开间，建筑面积400平方米。

十、杨氏

入闽始祖杨安隐，世居河南光州固始县传庆乡海下里。生杨逸、杨肃二子。杨逸之子杨明珠，唐僖宗已丑科进士，任吏部左侍郎。唐光启年间，族人杨行密为淮南节度使，僭号吴王。杨明珠恐为所累，举家偕威武军节度使王审知南迁入闽。后杨逸择居泉郡南门外芙蓉里（晋江后洋），为芙蓉杨氏一世祖。永宁镇杨氏大多从芙蓉迁入。

郡望：弘农四知；分堂号：芙蓉衍派。

永宁镇杨氏人口1472人，其中分布于后杆柄971人、山边164人。

1. 官聘杨氏：明正德元年（1506年），杨逸派下十四世杨蔚墀从芙蓉迁居永宁杨山堡（洋厝）。20多年后再迁到“官东”（今后杆柄村）定居。历600多年，传22世。

昭穆：启元明士必，廷国家邦荣。祖德传神远，

朝宗庆有成。维时诗礼继，爵禄尉公卿。

官聘杨氏宗祠：位于后杆柄村西南隅，明嘉靖年间始建，历清乾隆廿三年（1758年）、道光十四年（1834年）、民国廿年（1931年）三年重建。2008年新建，2009年告竣。为二进三开间，砖石木结构，建筑面积280平方米。

2. 山边杨氏：

（1）杨蔚墀肇基后杆柄后，明正德年间（1506—1521年），官聘杨氏三世杨智轩之三子杨坑义再从后杆柄迁居山边村。昭穆与官聘杨氏同。

（2）曾坑蓉园村杨奖，清末移居惠安，20世纪初，其裔孙杨荣欠、杨荣智迁居山边村。昭穆与官聘杨氏同。

（3）青石（卢厝）杨氏沈轩房杨人镇、杨人赤于20世纪30年代迁居山边村。

昭穆沿用青石排序：神轩园斋山，华孚庆侯尔。宗孙世文人，思昔为元公。

山边杨氏宗祠：建于2004年。二进三开间，面积280平方米。

十一、吴氏

吴氏肇基始祖周太王，居西岐。其长子泰伯，为让位于三弟季历（周文王），乃避居荆蛮（今江苏无锡一带），当地民众感其德，拥戴而建立吴国。后世子孙遂以国为姓。传至十八世孙寿梦，吴国大兴，寿梦欲以国授与四子季扎，季扎固辞，隐居延陵，后封为延陵季子，为延陵肇基始祖。其子孙称延陵为郡望。

永宁镇吴姓基本属于“延陵衍派”。分堂号：三让传芳。

全镇吴氏有人口1303人，其中分布于院东667人、山边364人、永宁77人。据考，院东吴氏、山边吴氏，与宝盖镇塘头村吴氏同属一个渊源。

1．院东吴氏：属晋江象畔始祖吴阕派下，原籍河南光州固始，晚唐随王审知入闽。明洪武年间，蔡庭（号钦福）从泉州崇福岭迁居古山（今坑东村），其次子蔡秀赘居院东村承吴氏，现传至25世。

昭穆：振登士仲，昆季联芳。绵奕孙支，绍绳祖武。

院东（东平）吴氏宗祠：清道光十年（1830年）始建。1917年、1973年、2004年均有重修。2007年重建。二进三开间，面积230平方米。

2．山边吴氏：有两个支系。一为圹头（新厅）吴阕派下，于清代中期从山雅霞楼迁入。另一则由晋江社坛分支坑尾，十三世吴万忠再迁居山边，奉吴龙渊为一世祖。

昭穆：经纬万端自，当九亲敦睦。协和邦家重，
　　　庆五伦照明。朝廷邦国家，修身赞圣明。（11世起）

3.永宁镇区吴氏：较早迁入者，有清光绪十年（1884年）山雅霞楼吴氏，迁居永宁北门，和同属山雅的吴比狮相继迁入。

分堂号：岱阳传芳。昭穆：朝廷邦国家，修承世泽长。

其后有1946年吴乞发从惠安大吴村迁入，1954年吴鸿熙从晋江内坑村迁入，1956年吴天台从晋江龙湖古湖村迁入。

4．梅林吴氏：吴起智于清同治年间自泉州城内涂门街移居梅林行医。

十二、黄氏

晋永嘉年间，五胡乱华，晋室南渡。黄元方从河南光州固始随晋元帝南迁，入闽守晋安（今福州），封闽国公，据乌石山。居福州侯官黄巷。

黄元方入闽后，传至十二世，有裔孙黄崖、黄岸两人，崖入泉州，生守恭，传闽南紫云黄氏一派；黄岸入莆田，传莆阳黄氏一派。永宁镇黄氏多数属紫云派。另有少数属莆阳派、金墩派、和燕山派。

永宁镇黄氏人口1311人，分布于永宁金埭、梅林等8个村。其中金埭233人、梅林260人、永宁353人、沙堤133人、港边155人。

黄氏迁入永宁镇较早的有沙堤、梅林、永宁、金埭等4个房系。

1．锦瀛（新沙堤）黄氏：

锦瀛黄氏溯自唐初泉州紫云派始祖黄守恭。北宋初期，紫云锦田（今惠安张坂后边村）黄氏七世裔孙黄琼，自惠安迁入锦瀛（位于沙堤北一公里）定居，至明初锦瀛已有五千人、家士七百，有宗祠，分路上、路下二个境份。后由于海啸、倭患、瘟疫，族人陆续迁往沙堤、永宁北门、梅林及蚶江前头、林边、晋江永和及泉州鲤城等地。

昭穆：勤仰淳近启，曰素起世元，维章昭高景，登应光泰端。

忠孝我家本，人和致哲名。才嘉敦毅性，奕世克昌宏。（11世起）

锦瀛黄氏宗祠：明永乐年间，因山海涨潮被毁，遗址在沙堤董厝境内。

2．永宁镇区黄氏：

（1）锦瀛房系：为锦瀛（沙堤）派下，开基祖黄昭雪。清初顺治十八年（1661年），朝廷下达迁界令，沿海居民一概内迁，锦瀛黄氏由沙堤迁山根（虎岫边一村落，已废），再于道光年间迁永宁北门。昭穆：与锦瀛黄氏同。

（2）石狮塘后房系（属桃源派）：黄孔信于清道光甲辰（1844年）自塘后迁入。

昭穆：世子德谦秉，奇汝载恒卿。甫夫伯侯元，仲叔季礼则，奕记种书田。

文章昭国瑞，忠孝本家传。行达明新学，修崇得性坚。安份跻仁寿，

和光乐太平。多福其自取，丕承乃后贤。以斯善继述，振绳亿万年。

（3）惠安前垵房系：清道光十六年（1836年）黄日严从惠安前垵迁入。

昭穆：应世崇存振，皇朝启元仕。廷光享佳日，际会奉清时。

先仁贻礼则，奕例种书田。文章昭国瑞，孝友本家传。

（4）小东门黄氏：有3户称“坑尾黄”。乃从永宁海边坑尾村（已废）迁入。

（5）清末，黄昭林由泉州石头街迁入永宁。

（5）另有1918年，黄佛水由惠安崇武迁入、1930年，黄助朝由惠安蟳埔迁入、1950年，黄文彩从南安罗东迁入、1954年，黄宝川从惠安山霞镇田边村迁入，1962年黄衍前从南安新溪迁入。

3．梅林黄氏：现梅林黄氏有两支系：

（1）紫云派：始祖黄岩斋，系黄克缵之高祖，明永乐年间，自沙堤村迁入梅林。昭穆：与新沙堤锦瀛黄氏同。

梅林黄氏宗祠：建于明末清初，二进三开间，占地面积700平方米。曾多次修缮。1999年重建，宗祠俗称“五部公祠”。

（2）金墩派：始祖黄滨泉，于明嘉靖年间，从晋江潘湖迁居梅林。

昭穆：明嘉迁梅，居籍数代。昭厥孙谋，千支万派。

4．金埭黄氏：黄启运于明永乐年间肇基金埭。族谱“文革”被焚，何处迁入无考。

昭穆：渊泉当永念，昭穆奕须明。传世承家纯孝友，建功立业显文章。

金埭黄氏家庙：清雍正年间始建，乾隆六十年（1795年）、道光年间、民国廿二年（1933年）三次重修。1986年遭火灾，1996年重建,为二进三开间，双护厝，面积600平方米。

5．港边黄氏：民国元年（1911年），黄明饴由梅林（金墩派）迁入。

十三、张氏

永宁镇张氏，主要有永宁、梅林二个支系。永宁支系乃明初建卫城时迁入。梅林支系则于明正统年间自金门青屿迁入。另有儒林、曲江二个支系，为清同治年间迁入。

永宁镇张氏人口1103人。分布于永宁281人、梅林241人、港边307人、沙堤60人、下宅49人。

1．永宁镇区张氏：

（1）永宁支系:肇基祖张祥，原籍河南，于明洪武年间从宿州调任永宁卫指挥同知，举家迁住永宁。自一世张祥之后，一连七代世袭永宁卫指挥同知职务。

昭穆：士志必远，克振家声。国佐蔚起，人万挺生。孝友心怀，贞忠砺砥。

永宁张氏宗祠：始建于明代，1997年重建，二进三间开，建筑面积320平方米。

（2）儒林支系：肇基始祖张泽厚，清同治年间由晋江张林迁居永宁。

昭穆：仕朝于一庭孟颜，启光元永建乃家。孙子贻谋以克世，君卿侯伯大其宗。

(3)曲江支系：一世祖张忠懿，清同治年间由惠安张坑迁居永宁。

昭穆：登文武庭，聚上齐升。祖宗德泽，燕贻相承。

(4)惠安山腰支系：惠安山腰前曾村张土星一家于1930年迁居永宁。

2．梅林张氏（张林金门支系）：

东晋末年，张氏始祖郎中令张伟于刘裕篡晋时殉国（420年），其子孙入闽，于泉南沿江而居。唐光启二年（886年），张延鲁率耆老往沙县迎王潮入泉，后闽王王审知赠他“护卫将军”、“御史大夫”等荣衔。延鲁子孙开儒林、鉴湖二派，故被闽南张氏奉为肇基祖。延鲁之子镜斋，居晋江张林乡，为“儒林”派始祖。其七子张敬，居泉州大寺后。传至十一世孙张均正时，宋亡（1280年），避居金门青屿。明代正统年间（1449年），均正长房六世复进自金门青屿徙居永宁。后复进之孙张铭肇基梅林。

3．港边张氏：大多从梅林迁入，至今已有200多年。

梅港张氏昭穆：登文武廷，聚上齐升，祖宗德泽，燕贻相承。

梅港张氏宗祠：位于港边村，始建年代失考。1998年重建，占地面积288平方米。

十四、佘氏

始祖佘安裕，累官翰林院龙图阁学士，于宋咸淳年间入闽，再回上江（安徽）。之后，中兴祖佘能舜，居建康（南京）上元县，元武宗至大四年（1311年）平章政事李孟奏举天下老儒为官，遂擢能舜为福建莆田令，居莆田佘埔。佘能舜之孙肃斋，字任元，别号黑烈，登元提举官，分居港边乡鳌江里，为鳌江佘氏始祖，世称泉州派。佘氏自元肇基鳌江至今，历600余年，传25世。

永宁镇佘氏人口870人，其中分布于港边693人，永宁54人、梅林47人。

郡望：雁门衍派。

昭穆：龙维锡世，光衍辉煌。文明日盛，永昭书芳。

立心忠孝，作述孔彰。吉士喜起，长发其祥。（13世起）

佘氏宗祠：始建于清康熙五十三年（1714年），清光绪年间重修，1984年再修，1991年重建，二进三开间，占地面积500多平方米。

十五、郭氏

郭坑村郭氏系阿拉伯人后裔。南宋时，大批穆斯林蜂拥进入泉州从事贸易。元末，发生“亦思巴奚”十年战乱，回教徒死伤甚多。及至明初，排斥异族之风甚盛，泉州回民难于立足。甚多穆斯林商贾纷纷航海而去。剩下的多为中外通婚者的后裔，即回族。为避不测，均改名换姓，隐匿于穷乡僻壤。据考，丁姓迁徙于晋江陈埭，郭氏则转移到惠安白崎。

大约 500 年前，白崎郭仕敏之第八子郭廷魁迁居石湖，其子郭言路裔孙迁居石狮前坑，另一迁居永宁郭坑。故郭坑族谱有“汾阳衍派家声远，石湖分支世泽长”及“前坑胞兄郭坑弟”等语。郭坑郭氏开基公俗称“山仔墓公”。

堂号：汾阳衍派； 分堂号：石湖衍派。

昭穆：弘基光世守，鸿烈永丕承。文章昭祖德，忠孝信义谋。

永宁镇郭氏人口计1046人，其中居于郭坑696人、永宁80人、沙堤76人。又梅林郭氏一支17人，开基祖郭典梓，乃清道光年间从惠安白崎迁入。

郭坑郭氏宗祠，始建于清道光十七年（1837年），1921年重修，1990年再修。2005年重建，2006年告竣，三开间二进，面积200平方米。

十六、林氏

林氏始祖林坚之四十七世孙林禄，居下邳梓桐乡，晋惠帝时，任安东琅琊王府参军，后迁招远将军，散骑常侍。晋明帝泰宁三年（325年），奉旨守晋安郡，封晋安郡王，居晋安（今南安丰州），为林氏入闽始祖。

永宁林氏始祖林济孙，系林禄21世孙，世居仙游仁德里，元惠宗至元六年(1269年)庚辰科第一甲第一名状元及第。钦点翰林院修撰六府通议。其长孙林赐高，于明洪武二十七年（1394年）奉命调守永宁卫，肇基鳌城。赐高二弟赐峰、三弟逢源也先后到永宁定居。嗣后，又有林赐振从龙溪赤岭移居梅林、港边，之后子孙迁入永宁秀山铺，总称为鳌城林氏。后联宗合谱，共建宗祠，奉林济逊为始祖。

永宁镇林氏人口1093人，其中分布于永宁镇区724人，梅林53人、沙堤49人。

郡望：西河衍派 分堂号：九牧传芳

昭穆：必攀仕元廷，逊允登朝贵，英才入学高。

显荣光祖德，全赖尔孙曹。（从9世起）

永宁林氏宗祠：始建于年代失考，清乾隆五十六年重建。民国廿四年（1935年）、1977年二次重修，1998年再重建。为二进三开间，建筑面积250平方米。

十七、郑氏

永宁镇郑氏人口581人，其中分布于永宁镇区(包括西厝)476人。

郡望：荥阳衍派 分堂号：大义传芳 书带传芳

永宁镇区郑氏有四个支系：

1.溪源郑氏：明洪武年间永宁建卫城，开基祖郑敬斋从北京大义派驻永宁卫。

昭穆：守元日国鍾，起基士天宗，学业尊孔孟，承豫达帝京。

2．西厝郑氏：于明建文元年（1399年）由福清县迁入永宁定居，开基祖郑元科。20

世纪初，有郑矮一家由西厝移居沙美村。

穆昭：国子维邦日，尊亲绵延年。

3．北门郑氏：溯自郑氏四十世。晋朝开闽使郑昭入闽督泉郡九州，郑昭十六世孙郑露、郑庄、郑淑三兄弟于唐初结伴过莆田，爱其风土，迁祖坟于莆之南山，于南湖世居，构庐讲学，称“南湖三先生”。后郑淑徙仙游巩桥，其裔孙郑腮（钦叟）再由巩桥开基龟湖，后于清光绪年间，郑芳两偕同从兄弟五人从龟湖长房（十五世）分支永宁。

昭穆：通德芳声，长标国胜。文艺趋圣贤，子孙福寿延。

4．大东房郑氏：因族谱损缺，仅知明宣德年间迁居永宁。始迁者及一至五世失考。

昭穆：……日厚申敦贤文明金玉……

永宁郑氏于清末在西厝村重建宗祠，即将原有永宁镇区溪源、北门、大东与西厝郑氏各支系昭穆统一为：列爵周勋伯，传经汉大儒，文章功世德，忠孝有良谟。

新昭穆之“周”，即原有溪源郑氏之“孔”、西厝郑氏之“绵”、北门郑氏之“声”、大东房郑氏之“玉”。今永宁郑氏已行至“大”字辈。

永宁郑氏家庙：明洪武年间，郑氏即于城内溪源境建宗祠。嘉靖年间陷城时，被倭寇焚毁。后于清光绪二十年（1894年）于西厝建新宗祠，称“谦益堂”。1990年重建，二进三开间，占地面积380平方米。

十八、洪氏

永宁镇洪氏人口503人，其中分布于郭宅219人、新沙堤100人，永宁镇区48人。

1.郭宅洪氏：溯之晋江英林南社洪朝奉派下。洪何养因守五世祖念七评事墓，从晋江英林陈山徙居宝盖山下金谷村，后再迁到郭宅村。至今已近300年。1950年，有洪光田等分支新沙堤村。

郡望：敦煌衍派。　分堂号：六桂传芳。

昭穆：禀兹孙子，尔玉汝球。溯源我祖，肇于光州。瞻斯英里，乃奠厥攸。
诗书礼乐，燕翼贻谋。分居析派，近远一俦。掇科取第，文采风流。
忠孝廉节，令闻长悠。谟烈昭垂，亿万春秋。后昆踵武，仪式作逑。
日昌载炽，克绍箕裘。敬勖来许，交勉家修。名题麟阁，身登瀛洲。
为国祯干，德业炳彪。永似从继，弗愧前猷。（19世起）

郭宅洪氏宗祠：名“特简黄堂”。始建年代失考，曾历三修，1994年6月重修。二进三开间，总面积250平方米。

2．永宁镇区洪氏：1927年，洪金木由台湾基隆迁厦门，1932年再迁居永宁。

十九、邱氏

永宁镇邱氏人口1029人，其中分布于梅林259人，永宁镇区209人，山边73人。

1. 永宁镇区邱氏：溯之厝上邱德阳派下，明嘉靖年间，其七世迁居深埕村。1933年，邱允汉再从深埕迁居永宁镇区。郡望：河南衍派。分堂号：忠实传芳。

昭穆：德观孟茂，伯万兆再，君子彦苗尚，赞成我仲季，

允奕于宗功，致治先孝友，学道定邦家。

2. 梅林邱氏：明初，由锦尚（厝上）四世迁入，肇基祖邱茂祥。

（昭穆同永宁镇区邱氏）

3. 山边邱氏：

港东支系：邱中透于抗战前从港东迁入。

洋下支系：清末由石狮洋下迁入。

东埔支系：邱靠于抗战前从东埔迁入。

二十、刘氏

永宁镇刘氏人口310人，其中分布于镇区107人、金埭108人。

堂号：彭城衍派 分堂号：武穆传芳

1. 永宁镇区刘氏

(1)东瀛刘氏：永宁小东门刘氏始祖刘瑛，字怀璧，号心省，原籍福州府闽县式贰坊岳临境（今属福州市）。明洪武二十八年（1395年），刘瑛入镇永宁卫，“随挈嫡妣赵氏、庶黄氏来鳌卜居”。刘瑛任上，尽心职守，朝廷“擢膺大用”，委以永宁右所镇抚，授明威将军衔。

昭穆：（讳行）克绍尧宗，惟贤与德，永世其家。

（字行）尚得科第，以耀公族，敦本垂昆。

(2)北门鳌山刘氏：溯之大堡（芝山）刘錡派下。明初，七世刘叔恒字允恭，自祥芝澳（大堡里）迁居南浔山前，传至十五世刘尧瓶，于清咸丰六年（1856年）挈眷从南浔衙口山前移居永宁北门，传20世。

(3)其他支系：1937年，刘祥顺从福州迁居永宁，传4世。

2. 金埭刘氏：溯之大堡（芝山）刘錡派下，明初，九世刘敏从大堡村迁居金埭村。

昭穆：（讳行）仕世延芳，肇祖发祥，簪缨朱紫，华粤咸臧，

云祈裔胄，黻黼辉煌，炽昌亿万，山阜陵岗。

（字行）大光汉胤，克绍尧宗，惟贤与德，永世其家。

庭敦诗礼，国用孝忠。交修绵远，百禄攸从。

二十一、何氏

永宁镇何氏入闽先祖何衍（号安抚），唐光启元年（885年），自河南光州固始县随王审知兄弟入闽，居惠安，传闽南何氏。南宋淳祐年间，何衍十四世孙何载梧次子何逊基由螺阳迁居温陵浔江，后隐居泉州清源洞，生有五子，传衍泉南一带。

永宁镇何氏人口178人，聚居于浯沙172人，另有小数居于镇区。

郡望：庐江衍派

1．浯沙何氏：溯自清源郡城何逊基派下，明正统后期，何荣德入赘银江胡家。生五子，除三子法仁世居银江，余者分布于泉州及广东潮州等地。法仁之六世孙何意于清康熙二年（1663年）迁居晋江大埔。其后裔一支迁居浯沙，今传至20世。

昭穆：天君鼎立成名有兆奕，世永克昌扬显常垂光。（从8世起）

2.永宁镇区何氏：始祖何逊基，其裔孙何可大于明洪武初从桐城东隅（今泉州市区）入赘于永宁鳌江（港边村）菜宅黄家，传衍鳌江吴氏。清顺治十八年（1661年）禁海迁界，何氏族人徙居券内（今石狮宽仁）。清末，宽仁北何房何金贞移居永宁西门外。

分堂号：鳌江传芳

昭穆：大宗维翰朝，学克明恭敬。作则封典叠，赉显祖著声。（自9世起）

二十二、柳氏

柳氏始祖柳崇七，元朝至正年间自浙江景宁县英川村迁居莆田，明代，其裔孙柳高溪从莆田迁居福全（今英林柳山），再从福全移居磁灶坝头，二世柳淡斋再迁居梅林村，为梅林肇基祖，至今已传24世。1949年，柳步川从梅林迁居港边村，传3世

永宁镇柳氏人口164人，其中分布于梅林116人，港边13人。

郡望：河东衍派、笔杆传芳。

昭穆：廷明元正，世步青云。大振家声，孙支挺秀。祖武克绳，相继奋兴。

二十三、许氏

唐僖宗中和年间，金吾大将军许爱，自河南光州固始县入闽，镇守漳泉二州。先居瑶林，后迁石龟，为瑶林许氏始祖。永宁许氏三个支系均为许爱派下。

郡望：太岳传芳。

永宁镇许氏人口591人，其中分播于镇区233人、梅林48人、港边47人、沙堤人44人。

1.永宁镇区瑶林黄墩支系：溯之许爱三子许泮派下。据《安平皋恩许氏族谱》载：“黄墩许氏三房十六致政于明洪武十四年（1381年），为江夏侯抽充军事，开基永宁。”

2．永宁金埭瑶林支系：许逊企于清道光庚戌年（1850年），由瑶林迁居金埭。至第三代许经济、许经柿迁入永宁经商，开设“双顺”、“宝耀”金行。今传至7代。今尚有许经鉴一家在金埭居住。

昭穆：（讳行）逊志经书自有文章功世德，太岳发祥祖立宏基欣永固。

（字行）存心孝友居然仁让振家声，高阳承绪宗昭伟绩太长春。

3.永宁霞泽满山红支系：溯之石龟许厝许爰三子许泮派下，十二世许应昌于元代迁居霞泽村，后迁永宁青山东麓的满山红从事农垦。因水土流失，难以耕种，再度迁永宁城内。

昭穆：（讳行）志公应世仕，学博自成名。（字行）子孙其迪吉，昆季必懋昭。

二十四、曾氏

永宁镇曾氏人口125人，其中分布于镇区25人、梅林44人，港边19人。

1．永宁镇区曾氏；清末，曾人鄙从泉州龙头山迁居永宁。

郡望：龙山衍派。

昭穆：奎璧呈云瑞，人文焕国华。台衡思继武，鼎甲励成家。

一贯书绅永，千秋锡福遐。贻谋资燕翼，世业仰清嘉。

2．梅林曾氏：1940年曾瑞成由惠安迁入。

分堂号：武城传芳，昭穆与镇区曾氏同。

2．港边曾氏　20世纪50年代由泉州迁入。

3．分堂号：三省传芳。

二十五、朱氏

明洪武二十七年（1394年），常州府江阴县朱贵（号南京）以武功钦命镇守永宁卫右所，赐昭信将军。次子亮功同年以武功钦命镇守永宁卫后所，赐昭远将军，三子朱枋、四子朱顺、五子朱藻、六子朱芳、七子朱权俱于洪武年间征役永宁卫。建衙于卫城洛阳铺，后移居永宁场口街。

永宁镇朱氏人口109人，聚居于镇区。

郡望：昭信衍派　。分堂号：沛国传芳。

昭穆：旭日光麟趾，春风振凤毛。家传多福德，宗支世泽长。

二十六、姚氏

永宁姚氏先祖姚惠临，于明永乐年间迁居坑园（内坑）桔里。十二世姚乾美由桔里移居青阳。清乾隆初年，姚以信由青阳迁居永宁，为永宁姚氏肇基祖。

永宁镇姚氏人口65人,居于镇区36人。

昭穆：子孙世永思，继志以述事。端望贻嘉庆，道孚焕学滋。

文章新景运，忠孝辅昌期。在尔仁恩协，于斯典则垂。

二十七、尤氏

明洪武十八年（1385年），尤震以军功自鉴江拨调永宁卫，肇基象山铺。至明嘉靖四十一年（1562年）卫城被倭寇攻陷，居屋被焚，祠堂被烧毁。

永宁镇尤氏人口56人，聚居于梅林22人，镇区13人。

郡望：鉴江衍派

二十八、魏氏

永宁魏氏系于明朝嘉靖年间自泉州西福迁入。一世祖(名讳不详)，二世祖魏次轩。生于嘉靖十五年（1536年）。

永宁镇魏氏人口56人，大多居于镇区。

郡望：矩鹿衍派

昭穆：士起重程，奕世家声。群芳再振，永萃精兴 。

诗书济美，黼黻昇平。经邦华国，咸渥恩荣。

子孙克绳，学道惟恒。光前裕后。典则丕承。

贻谋燕翼，矩矱高曾。昭肃来许。长衍云礽。

二十九、赵氏

永宁镇赵氏人口63人，分布于镇区33人、梅林15人。

1.永宁镇区赵氏：宋太祖赵匡胤五弟魏王赵光美十八世孙赵古礼，随明太祖开国有功，于明洪武十八年（1385年），授铁券自南京寿州分封永宁卫千户侯，钦赠威略武德将军，世袭罔替。

郡望：天水衍派

昭穆：德守世令子伯，师希与孟由宜顺。

2. 梅林赵氏：明初定居梅林，曾一度人丁藩衍。万历年间，举族迁徙他乡。1988年，旅日侨胞赵炎得一家前来寻根，三访梅林，找到赵氏宗祠遗址，特捐资扩建梅林幼儿园，并建纪念亭一座。现居住梅林赵秀春一家，系部队转业军人，原籍山东，于1959年定居梅林。

三十、干氏

永宁干氏肇基祖干八秃帖木儿，蒙古族，通州宝坻人，信奉伊斯教。明朝洪武年间调任永宁卫指挥使，从第二代起改姓干，曾六代世袭永宁卫指挥使。

郡望：颖川衍派

永宁镇干氏人口34人，大多聚居于永宁镇区。

昭穆：士呈光祖德，垂裕耀后昆，作述能继志，千古作功勋。

三十一、粘氏

闽台粘姓系女真族完颜氏后裔。其先祖完颜阿骨打，于北宋政和五年（1115 年）自立称帝，号大金国。南宋绍定六年（1233 年，金天兴二年）被元兵所灭。元末，反元烽火四起，原大金国将军粘罕的八世孙博温察儿，举家南迁避祸，先由海路流寓泉州，后流落永宁阳丹村。隐去真姓完颜，取先祖粘字为姓。博温察儿生三子，后徙居衙口等地。

永宁镇粘氏人口 33 人，其中梅林粘氏 13 人,乃民国年间自衙口迁入；另有沙美粘氏一户 4 人，原籍泉州，1952 年因到永宁任教师，定居沙美。

昭穆：敦承祖德，奕世传芳，忠孝为本，诗礼克家。

第二十一章 华侨

永宁是泉州南门外著名侨乡。宋元时期，随着泉州港对外贸易的发展，永宁人出国谋生、居留国外者渐多。明代，倭寇频频骚扰掠夺；清初，实行海禁；辛亥革命后，军阀混战，盗匪为患，永宁惨遭其害；加上国民党拉夫拉丁，至中华人民共和国成立前夕，先后掀起 3 次出国潮，大批永宁人背井离乡。据不完全统计：至 2010 年，永宁镇华侨、华裔 22400 多人，其中以菲律宾人数居多。全镇有归侨、侨眷 31608 人，约占总人口的 70%。

永宁侨胞，心系祖国和家乡。辛亥革命时期，他们支持中国的民主革命。抗日战争爆发，他们捐钱捐物，为民族救亡事业奉献力量，有的在侨居地参加抗日斗争。中华人民共和国成立后，特别是改革开放以来，许多旅外侨胞和港澳同胞返回故乡，捐资兴学，修桥铺路，改善设施，为家乡的经济建设和社会发展做出贡献。

第一节 永宁人之出洋

元末的战乱，导致泉州港的衰落。素来依赖港口、海洋维生的永宁人被迫向外拓展。永宁《温陵董氏沙堤分派永宁宗谱》即有十四世董柳轩开族吕宋“大明街”的记载。明初，永宁卫指挥使干八秃帖木儿曾率永宁部分官兵随郑和下西洋，也有一些人留居海外。嘉靖三十四年（1555 年）起，倭寇屡次进犯永宁一带，数以千亩的农田沦为草莽，许多人被迫涉洋外迁。据 1989 年回梅林谒祖的旅日侨胞赵炎得介绍，其家谱记载，他家先祖于明万历三十六年（1608 年）举族由梅林迁出，先辗转至台南，后再迁日本。《银江陈氏三房家乘》载，陈朝嘉生于明崇祯癸酉年（1633 年），清康熙年间移居交趾（越南）。

清初，郑成功据闽粤沿海抗清。清政府于顺治十八年（1661 年），在福建沿海实施“迁界”政策，规定沿海村镇内迁 30 里，很多民众被迫离开家乡。一些人相率辗转流寓南洋，以谋生路。

康熙二十三年（1684 年）解除海禁，允许百姓出海贸易，一些永宁人开始远渡重洋谋生。据《金埭村黄氏族谱》载：人们纷纷乘木船跨海往菲律宾，从乙老哥登岸，驻足于岷里拉（马尼拉）、怡朗、宿务等地。康熙五十六年后，虽受清政府的“南洋禁航令”影响，永宁出国谋生的人数仍然不少。《梅林李氏后房街路硕泉公派下分谱》记载：清雍正年间（1723—1735 年），李维密远涉重洋，侨居安南国（今越南），专营双边贸易。又《西偏西房龚氏家乘》载：约于清乾隆五十五年（1790 年），即有志摄前往菲律宾。同治年间，由于菲律宾华侨处境改善，促使以各种形式前往菲律宾的永宁人大量增加。金埭村的黄永摺、黄念忆、黄念潭父子和西岑村的施光铭等人，以及他们的数十名堂亲均在这一时期往菲律宾。现存“新建梅福庵募捐小引”碑志上刻有光绪年间，筹建永宁小街梅福庵时，曾向菲律宾几个地区的乡亲募资。碑文记载岷依纳（马尼拉）捐资者 40 人，佳教鄢捐资者 2 人，怡朗捐资者 46 人、商号 2 家。

民国初年，泉州地区战乱、灾荒频仍，波及石狮永宁境域。当时，菲律宾政府允许 14 岁以下的华侨子女申请往菲律宾团聚。为此，许多华侨子女便少小离家移居菲律宾。民国 23—28 年（1934—1939 年），由于国内大肆抓丁派夫及南洋各国急需劳力，又出现短期间的出国潮。至民国 31 年 12 月，太平洋战争爆发，才完全停止。第二次世界大战后，大量因战乱回国的华侨纷纷返回侨居地。民国 36—38 年，更多的人以游客、学生和探亲者身份往菲律宾，大多滞留不归。

1950—1952 年，永宁每年仅有极少数人出国。1953 年后逐渐增多，但大多系经由香港、澳门出国的移民。1953—1960 年，出国者，仅半数以上进入菲律宾。1967—1971 年，国家对出入国境严格控制，只有个别人出国。1971 年 9 月至 1972 年 1 月，晋江地区贯彻国务院颁发的《关于华侨工作的若干意见》《关于华侨、侨眷出入境审批工作的规定》，又有人获准出国。1972—1983 年，有数百永宁人经批准往菲律宾，同期还有部分永宁人非法进入菲律宾居留。后经菲律宾政府两次特赦，全部成为合法居留的新一代华侨。

据2010年调查统计，全镇21个村（居）有在海外华侨、华人22400人，其中新移民1421人。这些海外乡亲以旅居菲律宾居多，有22092人，占98.6%。此外新西兰77人，美国48

人,澳大利亚43人，泰国36人，加拿大31人，新加坡29人，日本25人，印度8人，法国6人，迪拜5人。

第二节　在侨居地的经济活动

永宁华侨出国，大都是困苦家庭出身，鉴于国内处境之坎坷，是以“双手捏两拳”出去打拼，均抱有建家立业、荣宗耀祖之宏志，颇善克苦经营。19世纪初，多数为小商贩和手工匠，后开始经营零售商业和手工作坊。零售商业以小货店（菜仔店）、叫卖商贩和摊档商贩为主。至19世纪后期，岷尼拉已出现有金埭人的多家工厂、商行及企业，如木材商刘甚竹的柴寮（大型杉行），黄当鉴的土产商行。清光绪七年（1881年），金埭黄氏在岷尼拉大桥头的商业区中十占其九，俗称黄家街，其中黄当邦、黄当为、黄当篮更是财力雄厚。又有黄永揩与其弟黄永遮创办的铁业黄联兴公司、四正电器商行等，均称冠一时。至第一次世界大战前后，永宁华侨的经济事业有较大的发展。在进出口、航运业方面，西岑人施光铭创设的泉益轮船公司就拥“捷益号”“万益号”“同益号”“莱特号”“千里世示号”等多艘轮船。清光绪二十四年（1898），港边人詹孟杉创办铁业商行，历十余年经营，成为菲律宾铁业界一流巨商。清光绪二十九年（1903），永宁人李正坎创立万安堂药店，广罗中国各省道地药材，批零兼营，成为菲律宾药业界著名药商。20世纪初，后杆柄村人杨邦梭开办的源馨烟厂，投资76万比索，拥有机器36台、工人300人。其时，开始出现华侨金融业。1920年，由李清泉（晋江金井人）、施光铭（西岑人）、黄念忆（金埭人）等6人为主，联合李文秀（岑兜人）等多位著名华侨富商，发起创办总资产974万比索的中兴银行。至1931年，中兴银行已发展为占菲律宾各银行总资产9.96%的大银行。第二次世界大战菲律宾沦陷期间，华侨经济受到日本侵略者毁灭性破坏，华商几乎全部破产或半破产。

战后，菲律宾华侨经济开始复苏，并迅速发展。时有西厝村人郑周敏创办6家纺织厂，1963年建立农工商发展公司，1971年到台湾投资房地产业、金融业，创立亚洲信托公司，逐渐形成横跨台湾、菲律宾的亚洲世界集团。原为周旭东等旅美华人于1972年在洛杉矶创办的美国加洲银行，亦为郑周敏家族接办。20世纪60年代，岑兜人李逢梧经营的唱片公司，基本上控制60%的本土曲目市场，跃为菲律宾第二大唱片公司。李逢梧先后担任菲律宾唱片协会主席、东南亚音乐工业协会会长。西偏村人龚诗贮，1974年开始经营汽车旅社，不多年，在大马尼拉发展至17家，被誉为菲律宾“车房旅社大王”。下宅村人蔡登鍊产业涉及起重机、国际贸易、仓储、地产等，尤其是起重机业，菲律宾的大小码头，大多采用他的大型起重机，计有1500多部，一度被称为菲律宾吊车大王。沙堤村人董尚真为菲律宾亚美士戈集团有限公司董事长，其经营的事业在亚洲、欧洲、北美，涉足电子通讯、家用电器、房地产开发等行业，成为菲律宾大型跨国公司。岑兜村人陈著远1967年开始经营塑胶工业，后又进军包装业，其生产工艺先进、产品极具竞争力，1980年菲律宾塑胶公会成立，任首届会长。后倡议组织东南亚（新加坡、马来西亚、菲律宾、泰国、印度尼西亚）塑胶联合会，成立后，为该会五常务理事之一。1993年，他转回上海投资房地产，并相继创办油墨厂和包装薄膜厂，事业蒸蒸日上。沙美村人卢祖荫，20世纪70年代创办“亚洲印刷包装工业公司”，接着又创办苎麻麻纱加工厂，同时进军卫生用品行业。1993年，又在福建南安水头投资创办“永顺纺织实业有限公司”，生产晴纶纱、棉纱等产品，事业一路飞腾。

第三节 对侨居地文教卫生事业的贡献

一、兴办教育

民国 3 年（1914 年）12 月，菲律宾华侨教育会在马尼拉成立。西岑人施光铭任副会长，倡议征收华侨教育附捐，推动华侨教育事业的发展。港边村人詹孟杉、金埭村人黄念忆先后出任董事，参与筹款、聘请师资，支持创办菲律宾各地多所华侨学校。该会于民国 4 年筹资支持宿务市创办宿务中华学校（东方书院前身）。

20 世纪初，西岑人施光裘创办南甘马仁华侨公立华英学校，并任南甘马仁华侨教育会临时会长。30 年代，港边村人佘伯昭，曾任菲律宾怡朗华商中学校长；洋厝村人李淡先后创办并主持乃乙中华学校、黎牙实备中华学校和美骨中学。50 年代，永宁人龚天泰任描尼律市大同学校常务理事，为该校扩建为中学出资出力。对菲律宾华侨教育贡献较大的还有纳卯中华中学校长岑兜村人李贤起等。60 年代，菲华商联总会呼吁菲华富商为贫穷的菲国农村地区捐建校舍，郑周敏家族积极响应，与董尚真、龚诗贮、李沧洲、董光溪等永宁乡贤在菲律宾贫困农村捐建上百所学校。“郑龚抱月国际基金会”还每年为 60 个大城市、1560 个城镇提供教学基金，并为华文学校捐赠教育慈善基金。

二、创办华文报刊、从事新闻工作

1938 年，岑兜人李秀峰在岷尼拉创办《群声壁报》。日本侵略军侵占菲律宾后，继续主持创办地下抗日刊物《战讯》《解放报》等。抗战胜利后，永宁郑华民参与创办《公理报》《大华日报》《华侨商报》，兼任编辑、记者，主编《艺风》《艺林》等专刊；其妹郑衍蕃曾任《中正日报》记者、《大中华日报》《公理报》编辑和《联合报》小说编辑。岑兜人李贤达（笔名亚达子），1945 年开始在菲律宾《华侨商报》任职，后又兼任《公理报》《联合日报》及《环球晚报》国际版、经济版编辑。1986 年后，港边人佘明培以主要股东身份代管《菲华时报》。后该报于 1989 年由永宁华侨郑周敏家族出资购下。20 世纪 90 年代，港边陈淳淳（笔名雨柔），任菲律宾商报文艺副刊编辑，出版有诗集《心之韵》、散文集《心灵的原乡》。21 世纪初开始，永宁董拔萃一直在菲律宾中国和平统一促进会从事文宣工作，笔耕不辍，连续在《商报》《海峡纵横论坛》《统一论坛》等报刊发表数百篇文章抨击台独，先后结集出版《点击台海》（反独促统文集）1—3 卷。

三、从事法律、科研、文体工作

民国 6 年（1917 年），永宁人郑孔珍于菲律宾法学院毕业后，考取律师资格，成为菲华社会第二名律师。他长期出任中国驻菲总领署法律顾问及不少菲华社团顾问，为申张法理，他不唯利，对公共讼事或贫苦侨胞遭受的冤屈据理力争。在文化界，有永宁人李标，民国 18 年毕业于菲律宾大学，为菲律宾第一位牙医，20 世纪 20 年代初期即在报刊发表游记和诗文。稍后，又有岑兜人李略向，以汉学渊博，诗文、书法驰誉菲律宾。抗日战争胜利后，永宁人郑华民、下宅人王人杰、王映青等多人在马尼拉创建“南薰诗社”，后又再组“籁社”，先后创作传统诗词数千首，内容大多表达爱国爱乡情怀，寄意深远。郑华民曾获世界传统诗人节诗歌比赛银杯奖。

20 世纪 60 年代后，岑兜人李逢梧经营的唱片业，占有本地曲目市场的 60%，他注重菲律宾本土曲目唱片的制作，培养不少华语、英语、他加禄语歌手。被人称为“吹萨克管的侨领”“音乐教父”，位居菲律宾音乐界“四大天王”之首，曾任东协（盟）音乐协会主席。他还是菲律宾文艺社团梅园总会的创办人，并长期任会长。该会曾举办梅花艺术展、书艺和综艺演唱、诗会，对弘扬中华文化、促进文化交流起了不可忽视的作用。

20 世纪初期至 40 年代，官聘村人烟草商杨邦梭在菲律宾创建良友篮球队，用以推销“良友”牌香烟。该队球员由杨家子侄组成，并聘请名教练严格训练，精心指导，参加各地赛事，经常夺得冠军，其高超球艺在菲律宾非常有名，一段时间，年青人抽良友牌香烟、看良友队球赛成为一大时尚。

40 年代后期，永宁西厝村人郑周敏曾为菲律宾篮球国家代表队队员，后改打乒乓球。1951 年出任菲华体育协会理事长。

岑兜人陈著远，不但在商界颇有建树，且对体育情有独钟，1989 年着手组建菲律宾华人体育总会，任首届理事长，蝉联二届。在他推动下，华人社会原来缺少的体育项目，如排球和健身锻炼等群众性的体育活动逐渐活跃起来。

西偏村华人企业家龚书贮在制造业、贸易、金融、房地产和旅社业的创新均取得成就，后成为一位专职的社会发展工作者。曾获菲律宾诗里曼大学颁发的最高荣誉诗里曼奖及名誉人文学博士学位。此外，又捐献巨资给中国学者编撰12卷本的《华侨华人百科全书》，还在北京大学设立龚书贮研究基金，资助国内学者从事华侨华人和东南亚问题的研究。曾获北京大学名誉博士学位。

20世纪后期，永宁人在国外学术界取得成就的有吴华程、吴雅玲、陈仲照等。吴华程，1967年出生于永宁镇下宅村，1990年获美国爱莎华大学生物化学博士学位、加拿大女皇大学生物系博士后。1991—1994年任加拿大国家技术研究所副所长，发明多种重组蛋白及基因工程，拥有美国及欧洲多个国家多项药物专利发明权。吴雅玲，加拿大蒙佛里泽大学分子生物学硕士。1993年获加拿大女皇大学生物化学博士学位，在加拿大纽芬兰海洋科学研究中心从事博士后研究，后于加拿大抗冻蛋白公司任高级研究员。2000年赴美，于人类基因科学集团公司从事对人体自身免疫疾病能抗癌药物研究开发工作，任高级研究员。永宁人陈仲照，1990年赴美，1997年于俄亥俄州立大学植物保护系取得博士学位，任教授。后在美国明尼苏达州农业厅工作，任病虫数字库管理员及州联邦政府病虫调查总协调。1999年起于明尼苏达州从事研发工作。谢少静，西偏村人，博士，先后担任美国哥伦比亚大学医学院外科系助理教授；美国纽约洛克菲勒大学基因工程主任、研究副教授；曾获格林沃尔基金会每年6.5万美元的经费预算、斯塔尔基金会干细胞研究津贴等荣誉。

第四节　创设慈善公益事业

清光绪三年（1877年），菲律宾华侨善举公所成立，第一届理事中即有金埭村华侨黄当邦。光绪三十二年（1906年），善举公所改组，脱离中国驻菲领事馆，成为独立组织。时24名董事中，有西岑人施光铭。翌年，施光铭出任改组后的善举公所首届（总30届）总理（蝉联三届）。时占领菲律宾的美国殖民当局，突然宣布要没收民间公产，善举公所辖下的华侨义山被划入没收范围，施光铭在中国驻菲领事支持下上诉交涉，据理力争，使善举公所辖下的华侨义山免被殖民当局没收。并向菲律宾政府注册立案。

民国8年（1919年），菲律宾出现严重粮荒。美菲当局颁布《禁米条例》，严重损害华侨粮食入口商、批发商、零售商和当地种植水稻的农民的利益。时任马尼拉中华商会副会长的邱允衡和董事施光铭（西岑人）、李文秀（岑兜人）辅助会长李清泉（金井人）投入米案抗争，积极疏通交涉，获各产米省国会议员支持，终于促使菲美政府于翌年让步，维护华商和当地农民的权益。

民国10年初，菲美政府颁布《西文簿记法》。1.5万家无力聘请西文记账员的华侨菜仔店将被迫停业。时马尼拉中华商会成立干事部和经济部，李清泉为干事部主任，岑兜人李文秀为经济部主任，负责筹措抗争经费。永宁人郑孔珍、金埭村人黄念忆为交涉委员；抗争活动历时6年，终获胜利。1912年永宁人郑尊崨出任善举公所总理。数年期间李文秀、黄念忆亦数任善举公所董事，他们于任内出钱出力，对菲华慈善公益事业均有建树。同期，永宁人李标亦曾服务于善举公所属下崇仁医院。他所设牙医馆，对学生只收半费，星期日对贫苦华侨施诊免收诊金。李文秀对族亲穷苦者尽心培植，对故旧纠葛尽力排解。

1945年2月，侵占菲律宾的日本侵略军溃退前火焚马尼拉市。胜利后，前任中华总商会副主席岑兜人李焕彩被推为该会代主席，领导华社复兴工作达半年之久，同时派出代表敦请薛芬士（厦门人）主席返回马尼拉，使会务得以正常进行。

李逢梧于1990年出任善举公所董事长兼行政主任。1998年，“善举公所”改名“善举总会”。20年来，在他领导下，华侨善举总会把服务对象从单纯的华人转向整个菲律宾社会，其属下之中华崇仁总医院亦向菲律宾政府工作人员、军警、救火员等提供优惠医药费用，使菲律宾人和华人一样，都可以享受到高质量的医疗服务。每当水灾、火灾、台风、地震、火山等灾害爆发时，他都亲自带领善举总会董事赶往现场救灾赈灾。

20世纪50年代以来，永宁人在菲律宾兴办慈善公益已不限于华侨、华人社会。郑周扬、郑周敏的母亲龚抱月，每逢寿辰必到各慈善机构分发善款，赈贫济病。1970年还命其子拨款设立慈善基金会，利息用于捐助慈善福利事业，并将取消寿庆宴会节约的资金捐献给菲律宾遭受水灾、风灾的群众，曾获五任菲律宾总统颁给“菲国最伟大的模范慈善母亲”的称号。1989年，其后裔拨款25亿菲币，扩充郑龚抱月国际基金会，创立郑龚抱月纪念医院。该基金会每年捐助菲律宾慈善、福利、教育的金额均在数百万元菲币以上。

第五节　“抗战”时期的永宁华侨

在中国反击日本侵略的艰苦历程中，海外华侨秉承“国家兴亡，匹夫有责”的古训，同仇敌忾，万众一心，纷纷成立各种救亡团体。1931年“九·一八”事变后，永宁洋厝村华侨李淡担任北甘马仁省乃乙华侨救国会主席，并负责编印抗日刊物《血弹》，揭露日寇侵华罪恶阴谋。同年 11 月 26 日，菲律宾首届华侨救国代表大会在马尼拉召开，全菲律宾 63 个华侨团体代表（其中包括 91 个救国会代表 303 人），加上马尼拉侨众共 3000 多人参加。李淡当选为五人主席团成员，成为菲律宾华侨抗日救亡运动的领导人之一。在此期间，塔石村华侨李逢耀被推选为南甘马仁省抗敌后援会主席。西偏村华侨龚丕给被推选为北甘马仁省抗敌后援会主席。他们积极号召抵制日货，打击奸商活动，努力筹募款项、药品，支援祖国人民的抗日救亡运动。除以巨大的财力、物力支援祖国抗战之外，许多青年还毅然回国，走上抗击日本侵略者的第一线。1932 年，“一·二八”淞沪战起时，洋厝村人李中敬在那牙市组织华侨抗日义勇队，并率队奔赴上海，然抵达时，战事已结束，遂各自返菲。同年，“菲律宾华侨店员救亡协会”（简称“店救会”）成立，岑兜村李秀峰（又名李贤萍）被选为第一届执委。中路区分会成立后，他又被选为秘书长，并和另一同事负责创办《群星壁报》，揭露日寇罪行，宣传抗日救国。1939 年，“店救会”改名“店救总会”，秀峰仍任执委兼文书及沓模拉商场分会负责人。

1937 年 7 月 16 日，“菲律宾华侨援助抗敌委员会”（简称“抗敌会”）成立，主席李清泉。该会 26 名委员中，有西岑村王立璇、港边村詹孟杉和岑兜村李焕彩。抗日战争爆发后，他们四处奔波，号召侨胞募捐筹款、抗日救国。1942 年 1 月 2 日，日本侵略军占领马尼拉。1 月 8 日，王立璇、詹孟杉与其他 40 名爱国侨领一起被拘捕。他们受尽严刑拷打，始终坚贞不屈，直至抗战胜利后方获得自由。

与王立璇、詹孟杉一起被捕的还有“抗敌会”抵制组（即抵制日货委员会）的黄念打等 5 人。黄念打，金埭村人。祖国全面抗战爆发后，他积极号召侨胞抵制日货甚力，故被选为抵制组成员，被捕后，虽遭酷刑利诱，但不为所动。最后，与其他 8 位侨领被日军秘密杀害。抗日战争胜利后，才在华侨义山找到黄念打等九位烈士的遗骸，并把他们供奉在“华侨烈士纪念堂”中。

日本侵略军占领马尼拉后，从黎牙实备分兵进驻那牙市，洋厝村华侨李中敬即参加菲律宾人民游击队。1942 年 5 月 1 日，他在华侨前辈李逢耀协助下，带领游击队攻夺那牙市美侨集中营，歼敌颇多，并救出不少美侨。不久，李逢耀被日本侵略军逮捕。日寇千方百计劝诱他投降，但他大义凛然，坚贞不屈。后来，其子李贤华前往探望，也被拘捕。同年农历四月五日，父子双双殉难。10 月 5 日，李中敬也不幸被捕。1944 年 12 月底，美军开始在菲登陆时，李中敬惨遭日寇杀害。

永宁华侨，还积极参加当地抗日活动。1939 年，永宁华侨高山（芒星）在怡朗建立华侨职工会，开展抗日救亡活动。菲律宾沦陷后，高山转移到马尼拉搞地下抗日组织工作。初期被派从事经商营利为组织筹措经费，租用小船行驶于马尼拉与南岛之间，既做生意，也担负马尼拉与南岛的交通任务。1945 年，洪门组织建立“抗日锄奸义勇军”（简称“抗锄”），高山担任参谋长，与“华支”并肩作战，曾带领战士与驻菲美军配合，消灭残敌。

1939 年，港边村李清泳参加菲律宾华侨救亡协会、菲律宾华侨各劳工团体联合会等爱国劳工抗日救亡团体，曾任宣传干事、代理宣传部长。菲岛沦陷后，他随劳联会撤退至菲律宾群岛南端的古达描岛，还组织“拓荒团”“友谊社”，团结一批爱国人士、华侨青年，开展抗日活动。

1942 年 3 月，永宁西门外华侨陈植育于美骨领导地下抗日组织“抗日反奸大同盟”，后任“菲律宾华侨抗日游击支队（华支）美骨大队”大队长。下宅华侨王子华（又名王和柴）任指导员。又洋厝村李棋楠（李克）在马尼拉参加菲律宾华侨青年抗日反奸大同盟，为“青抗”别动队队员，负责搞武工，兼保管武器。后因执行枪杀敌人的一个特工头目，暴露身份，转移到中吕宋岛华侨抗日支队（华支）。继续与日寇战斗。又有下宅村华侨王和江，为地亚拔省上五社抗敌后援会骨干，后参加菲律宾十七抗战军，菲岛沦陷后被捕，受尽严刑拷打，1942 年 4 月 3 日于地亚拔省之亚镇文安社英勇就义。

永宁华侨在南洋坚持抗日活动，打击和牵制大批日本侵略军，不但保护侨居国，更是对祖国抗战的有力支援。

第六节 华侨团体

一、经济团体

旅菲永宁人最早参与创办的经济团体有五谷商（米商）、糖业、木业、铁业、烟业 5 大行业公会。金埭人黄念潭、黄念忆弟兄在 20 世纪初期曾先后出任铁业公会总理。西偏人龚诗贮曾任国际青年商会菲律宾分会主席。

小吕宋中华商务局 清光绪三十年（1904 年），旅菲祥芝华侨邱允衡倡议，由马尼拉地区商界成立小吕宋中华商务局。21 名发起人中有西岑人施光铭。清光绪三十二年，该会易称小吕宋中华商务总会；民国十六年（1927 年）改称菲律宾中华总商会。民国 20 年更名为马尼拉中华商会。该会是菲律宾华侨社会的核心领导机构之一。先后任该会会长的永宁人有施光铭任第四至第八届（1906—1911 年）、第 10—13 届（1913—1916 年）

会长，李焕彩1945年出任代主席。历任该会副会长、副主席、副理事长的永宁人有施光铭、黄念忆、李焕彩、詹孟杉等。后李逢梧、卢祖荫先后任该会理事长。

菲律宾华商联合总会　1954年3月底，菲华各界联合召开第一次全菲律宾中华商会暨各商会理事长大会，成立菲华社会最高机构菲律宾华商联合总会（后易称菲华商联总会，简称商总）。旅菲永宁乡侨李焕彩、董群康等多人参与筹备，董群康任副理事长。董尚真任第20—21届（1993—1997年）理事长和第22届名誉理事长，任内，为推动中菲两国的友好合作，做出重大贡献。

二、同乡团体

菲律宾石狮市同乡总会　前身为成立于1991年3月的菲华石狮市各乡联合会，驻地马尼拉。2000年2月易现称。永宁镇先后任理事长的乡亲有第三届施学坛（1996.3—1998.5）、第四届董伦意（1998.5—2000.2）、第五届卢祖荫（2000.2—2002.3）、第十二届李良灿（2014.3—）。

菲律宾晋江同乡总会　1993年旅菲石狮藉乡亲还与晋江、鲤城籍乡亲共同组建菲律宾晋江同乡总会。永宁乡亲董光溪曾先后任执行副理事长、理事长，沙堤人董尚真曾任常务顾问，西厝村郑周扬曾任指导员。

另在马来西亚，永宁乡亲参与组织的同乡社团，主要有民国11年成立的峇株巴辖晋江会馆和1976年成立的马来西亚晋江社团联合会（简称大马晋联会）。永宁人龚忠庆历任峇株巴辖晋江会馆青年团团长、峇株巴辖晋江会馆副会长，大马晋联会青年团团长、顾问。

又有永宁子英村人李农，于1990年移居新西兰，1994年创办新西兰隆利有限公司，主要从事进出口业务。1955年参与创建新西兰福建同乡会，任新西兰福建同乡会名誉会长、新西兰中国和平统一促进会副会长，新西兰福建商会会长、

永宁镇各村同乡会历届负责人如下：

菲律宾永宁同乡会　1934年成立，驻地马尼拉。历届理事长：李文彬（1届）、李德衡（2届）、陈植鱼（3届）、陈增沛（4届）、董清耀（5届）、蔡泽洽（6届）、董春松（7—8届）、高武祥（9—10届）、林孙沛（10—12届）、陈清浚（13—14届）、李国俊（15—16届）、董光溪（17—20届）、陈植格（21—22届）、董伦意（23—24届）、林比立（25—26届）、蔡建南（27—28届）、董松柏（29届）、卢祖荫（31—32届）、陈焕熙（33—34届）、董永洲（35—36届）、陈焕郁（37—38届）、林金安（39—40届）、林英杰（41—42届）、蔡奕棋（43—44届）、陈清满（45—46届）、何良顺（47—48届）、董群建（49

—50 届）、陈增文（51—52 届），董伦润（53—54 届）。

旅菲永宁同乡会宿务分会　1980 年成立，驻地宿务市，历届理事长：陈植藻、王善顺。

旅菲港边同乡会　1941 年成立，驻地马尼拉，创始人佘文水，历任会长：佘明培、陈培聪、李远航、李德鑫、李良灿。

旅菲西岑同乡会　创建于 1966 年，驻地马尼拉，历任会长：王志胜（1—4 届）、王立奇（5—6 届）、王守仁（7—10 届）、王志炳（11—12 届）、王志滔（13—14 届）、王立同（15—16 届）、王志远（17—18 届）、王庆长（19—20 届）、王守赞（21—22 届）、王立锦（23—24 届）、王守锦（25—26 届）、王志泉（27—28 届）、王正程（29—30 届）王守财（31—32 届）、王志良（33—34）、王招群（35—36 届）、王栋梁（37—38 届）、王正仪（39—40 届）、王民寿（41—42 届）、王志伟（43—44 届）、王文礼（45—46 届）、王守端（47—48 届）。

旅菲银江同乡会　1946 年成立，驻地马尼拉。早期历任会长有李龙泉、李金土、李逢铎等，从 1959 年后依次是李沦海（30—31 届）、李逢厚（32—33 届）、李逢玺（34—37 届）、李逢转（38—41 届）、李远东（42—43 届）、李逢梧（44—45 届）、李华龙（46—47 届）、陈著远（48—49 届）、李略向（50—51 届）、李贤沃（52—53 届）、李沧洲（54—55 届）、李逢清（56—57 届）、李志谦（58—59 届）、李贤谋（60—62 届）、李贤册（63—65 届）、李逢彬（66—68 届）、李逢培（69—72 届）、李沧源（73—74 届）、李贤荣（75—76 届）、李祖添（77— 78 届）、李隆华（79— 80 届）。

旅菲官聘同乡会　1947 年成立，驻地马尼拉。历届理事长：杨玉润（1 届）、杨荣石（2 届）、杨祖旭（3 届）、杨贵吉（4 届）、杨祖慨（5 届）、杨荣栋（6 届）、杨祖挺（7 届）、杨祖密（8 届）、杨振扬（9 届）、杨辉煌（10 届）、杨祖慈（11 届）。

旅菲沙堤同乡会　1937 年成立，驻地马尼拉南棉沙示街，历届会长：龚大元（1 届）、龚承头（2 届）、龚承求（3 届）龚东升（4 届）、龚承畔（5 届）、龚丕和（6 届）、龚诗尧（7 届）、龚显奢（8 届）、龚文安（9 届）、龚诗榜（10 届）、、龚诗钗（11 届）、龚佛然（12 届）、龚诗岩（13 届）、何良平（14 届）、龚世凯（15 届）、龚书龙（16 届）、龚强强（17 届）。

旅菲梅林同乡会　1948 年成立，驻地马尼拉，历届会长（前 34 届名单失详）：35—36 届李邦华（1982—1986 年）、37—40 届李意树（1986—1990 年）、41—42 届李大珍（1990—1992 年）、43—44 届黄迁树（1992—1994 年）、45—46 届李玉仁（1994—1996 年）、47—50 届李正明（1996—2002 年）、51—58 届李正忠（2002—2010 年）、59—62 届高德泰（2010—2015）、63—64 届李辉俊（2015 年——）。

旅菲西偏同乡会 1945年成立，驻地马尼拉，历任会长：龚显蚵、龚显坦、龚顺兴、龚贻深、龚诗瑜、龚荣华、龚荣杰、龚展衡、龚显石、龚光华、龚丕钦、龚诗育等。

旅菲洋山宝塔同乡会 1960年成立，驻地马尼拉，创始人李德榜。历任会长：李渡江、李平洲、李华亭、李毓彬、李聪敏、李垂基、李天球、李国铨等。

旅菲前埔同乡会 1968年成立，驻地马尼拉，创始人施性造。历任会长：蔡式荣（7—8届）、蔡式必（15—16届）、施育仁（17—18届）、蔡式追（19—20届）、施能忠（21—22届）、蔡彰平（23—24届）蔡彰辉（31—32届）、蔡文生（33—34届）、施育仁（35—36届）。

旅菲沙美同乡会 1947年成立，驻地马尼拉，创始人卢远绥。历届会长：卢谋设（1届）、卢远辉（2届）、卢谋尚（3届）、卢谋乞（4届）、卢谋颂（5届）、卢祖荫（6届）。

旅菲金埭同乡会 1932年成立，驻地马尼拉，创始人黄念忆。历届理事长：（前25届失详）26—29届李正九（1972—1975年）、30—33届李意赐（1976—1979年）、34—37届黄念鏕（1980—1983年）、38—39届王仁寿（1984—1985年）、40—41届黄念榜（1986—1987年）、42—43届黄昭恢（1988—1989年）、44—47届黄昭议（1990—1993年）、48—51届刘贤棣（1994—1997年）、52—55届李清江（1998—2001年）、56—57届黄瑞金（2002—2003年）、58—61届黄穆泰（2004—2007年）、62—65届黄奕澎（2008—2011年）、66—69届黄鹏辉（2012—2015年）、70—71届蔡永栈（2015年——）。

旅菲霞泽同乡会 1951年成立，驻地马尼拉，历任理事长：首任蔡联发（1951—1956年）、2任王利良（1956—1960年）、3任王人坑（1960—1963年）、4任王伯兴（1963—1966年）、5任蔡登鍊（1966—1977年）、6任王映青（1977—1983年）、7任王春阳（1983—1987年）、8任王和胜（1987—1990年）、9任王人吉（1990—1992年）、10任蔡仲源（1992—1995年）、11任王永泉（1995—1997年）、12任王国煊（1997—1999年）、13任王香生（1999—2001年）、14任王志琛（2001—2003年）、15任王礼乐（2003—2005年）、16任王志敏（2005—2007年）、17任蔡树根（2007—2009年）、18任王廷伦（2009—2011）、19任王利团（2011—2013年）、20任王清涵（2013—2016年）。

旅菲霁江同乡会 1985年成立，驻地马尼拉，历任会长：高火狮（1985—1988年）、高标默（1989—1995年）、高清水（1995—1998）、高挺冲（1998—2004）、高明锭（2004——）

旅菲纳卯官聘同乡会 驻地菲律宾纳卯市，会长：杨荣石。

永宁宿务市狮子会 驻地宿务市，会长：陈植藻。

菲律宾永宁镇联乡总会 成立于2015年5月17日，驻地马尼拉，首届理事长董伦意。

三、宗亲团体

在菲律宾，永宁的一些同乡会具有宗亲会和同乡会双重性质。另有一些则宗亲会色彩较浓，如旅菲沙堤董氏同乡会、旅菲钱江同乡会、旅菲永宁陈氏宗亲会等。

1958年，由28个宗亲总会联合发起成立的菲华各宗亲联合会理事会，由各宗亲总会派代表组成。董培基、董尚真、李沧洲等人曾先后出任宗联常务理事。

李逢梧、李沧洲曾先后荣任世界李氏宗亲总会理事长。

永宁乡亲参与领导菲华宗亲总会情况：

旅菲临濮堂 宣统三年（1911年）成立，西岑乡华侨施光铭曾任理事长。

菲律宾江夏黄氏宗亲总会 民国19年（1930年）成立，金埭乡华侨黄念榜曾任副董事长。

菲律宾太原王氏宗亲总会 西岑乡华侨王守逸曾于1987—1989年任理事长。

菲律宾六桂堂宗亲总会 民国19年(1930年）成立，沙堤乡华侨龚显投任副主席。龚承头、龚大元曾任第二届、第六届主席；龚显畔于1953年任理事长。龚诗尧（1967年）、龚兆民（1969年）、龚显奢（1977年）、龚诗榜（1997年）任理事长。2010年2月8日，沙堤乡华侨龚诗岩任第81届理事长。

菲律宾陇西李氏宗亲总会 民国22年成立，岑兜乡华侨李略向、李逢梧、李贤沛、李沧洲曾先后任理事长。2011年5月7日，岑兜乡华侨李贤荣任第78—79届理事长。

菲律宾董杨宗亲总会 1950年成立，董培基、董尚真、董光溪、董永洲、董伦意、董欣唐，杨祖慨等曾任董事长。

旅菲永宁陈氏宗亲会 1988年成立,驻地岷尼拉,历任会长：陈增拔、陈锡镖、陈清振、陈辉煌、陈清森、陈焕然、陈清波、陈清浚、陈清满、陈贤平。

旅菲西岑钱江同乡会 驻地马尼拉，会长：施玉麟。

旅菲沙堤董氏同乡会 驻地马尼拉。

旅菲西岑施氏联谊会 1981年成立,驻地马尼拉，创始人施学钗。历届理事长：施清海、施清泽、施清标、施学坛。

第七节 华侨与家乡

一、支援祖国革命

辛亥革命时，永宁华侨纷纷响应孙中山号召，踊跃捐输，积极支持民主革命。1912

年4月底，孙中山致电菲律宾侨社，请代销国债。时任华侨善举公所总理的永宁乡侨郑尊蝫，立即与诸董事商议，决定由善举公所出面支持办理。尊蝫带头购买，积极倡导，在众侨商的支持下，顺利完成国债代销工作。沙美村华侨卢谦，早在辛亥革命之初就积极参加海外筹饷活动，得到孙中山的赞赏。1917年被孙中山任命为小吕宋（马尼拉）筹饷委员。他四处奔走，募集革命经费，并亲自携带巨款前往广州，交给孙中山。西岑施光铭，思想开明，支持孙中山革命活动。1912年10月，与施乾代表菲律宾中华商务总会出席在北京召开的全国工商会议。

抗日战争时期，永宁华侨与广大海外侨胞一样，纷纷组织各种救亡团体，捐输财物，开展抗日救国运动，甚至回国参战，直接投身于抗日战争。1938年2月，永宁旅菲华侨青年高明轩、王寄生（作家白刃）回国，前往延安参加抗日军政大学、陕北公学学习，后继续参加革命斗争。1939年4月，怡朗华侨救亡协会组织第四批7名华侨随“菲律宾华侨各劳工团体联合会慰劳团”回国，其中有永宁人高天雄即投奔延安，参加新四军。

在国内革命战争时期，永宁华侨也做出很大贡献。永宁旅菲华侨董云阁（又名董光泰），于1925年回国就读于厦门集美学校，投身革命活动。翌年6月加入共产主义青年团，不久转为中国共产党员，并受组织派遣回永宁开展反帝反封建斗争，传播革命思想。1929年起，先后担任团福建省委代书记、书记，中共漳州特委副书记，中共厦门中心市委常委、组织部长。1931年为中共福建省委临时负责人之一，1932年5月，在厦门被捕，同年10月壮烈牺牲。岑兜村华侨李子芳，1927年秋由菲律宾回国求学，随后参加闽南地下斗争，1932年4月在漳州石码参加中国工农红军，任军团领导干部，后参加二万五千里长征，1937年奉命组织南方新四军，担任政治部组织部长，“皖南事变”突围时被捕，囚禁于上饶集中营。在狱中秘密组织党支部，任支部书记，坚持正义斗争，挫败国民党顽固派的利诱逼降。1942年5月遭杀害。在第三次国内革命战争时期，还有一批归侨、侨眷参加石狮一带的地下斗争。如高汉朝，1944年加入菲律宾共产党。后回国参加中共闽粤赣边区闽西南泉州解放同盟地下组织。1949年8至9月任中国人民解放军闽粤赣纵队闽西南联合司令部泉州武装工作团团长。侨属妇女林贵攀、卢嫦娥、陈碧娥等人积极参加地下革命斗争。林贵攀用自已的住宅掩护地下党伤员，把丈夫海外寄回的侨汇、衣服无偿供给地下党。卢嫦娥卖掉黄金首饰购买一支“曲七枪”支持地下武装斗争，革命同志亲切地称她为“曲七嫂”。

二、对家乡公益事业的贡献

华侨身居海外，心系家园，对家乡公益事业，耿耿于怀，诸如修桥造路，创办学校、济困善举，无不悉力以赴。如金埭村华侨，“五四运动”前夕，就建立旅菲同乡会，同时创办金埭学堂，让学生免费入学，并设有优等学生奖学金。又因该村地势低洼，常受久雨水涝之患，于是由华侨集资开凿一条贯通南北、两岸砌石的大沟，引水入海。抗日战争期间，金门厦门沦陷，闽南交通阻塞，永宁粮食输源中断，民众陷入断炊之虞。时旅菲宿务永宁同乡会，立即组成救济委员会，分赴各界劝募，筹备资金，然后在永宁设立平粜会，向群众出售平价粮，以解家乡燃眉之急。1946 年 8 月，永宁鼠疫流行，永宁旅菲同乡会特组织救灾会，捐赠救济药品一批，寄归侨郑周同带回，并聘请周美锦等十余人施赈，同时发动普遍预防注射，使疫情迅速得以控制。又如西岑村侨领王立璇，抗日战争结束时,故乡群众生活困难,他即汇来巨款分发乡人,每户 500 元（旧币）。

新中国成立后，海外侨胞热情支持家乡建设。20 世纪 50 年代初，下宅村旅菲华侨即汇款前来村中兴建“霞泽小学”新校舍，该工程于 1956 年竣工。1957 年，侨属李淑琼、施鸳鸯、邱秀鸾、林安朗、曾金花等人，为解决华侨子女上中学难的问题，发动海外华侨及归侨、侨属筹集资金，在永宁、前埔、下宅创办三所华侨子女补习学校。翌年，在永宁公社党委、政府的支持下，把三所补习学校合并，创办侨办公助性质的永宁华侨中学。1959 年，李淑琼又发动洋厝村附近 7 个自然村的侨属捐资 8 万元建子英医院。工程于 1962 年竣工投入使用。

改革开放以来，海外侨亲捐资兴办家乡公益事业热情倍增，他们兴学助教,架电线、筑道路,改造镇容村貌,为家乡各项建设作出巨大贡献。石狮建市后，华侨捐资家乡建设成绩显著，据统计，从1981—2010年，华侨(包括港澳同胞)捐资全镇各项公益事业达25853.4万元。其中用于教育15328.04万元、道路1158.02万元、文化卫生531.7万元、公共设施3983.28万元、宗祠1794.65万元、其他公益捐款3057.71万元。

兴教办学　永宁华侨历来非常重视教育，自清光绪二十七年（1901 年）林登滨创办“行实小学”之后，至抗战初期 30 多年间，永宁地区先后创办 20 多所小学。这些学校，不论是姓氏办学、乡村办学或者教会办学，经费大部分都由华侨捐款资助。此期间较突出的有西岑村王立璇，于 1930 年与王立螺、王惟杭捐资创办岑江小学,1931 年,他组织旅菲校董会,募集教育基金,以作常年经费。1937 年,独资建小学校舍,并自己支持全部办学经费,让学生免费入学。港边村詹孟杉，1934 年,他捐款给家乡陶青小学建校舍,并在校中兴建一座詹孟杉纪念楼。

抗日战争期间，侨汇断绝，许多学校因经费缺乏而停办。1945 年，抗战胜利后，永宁华侨纷纷回国，或组织复校，或捐资助学，非常踊跃。这阶段，有 1947 年旅菲官聘同乡会发起募建“官聘小学”新校舍一座；1949 年，沙美旅菲同乡会理事长卢远绥独资捐建“美江小学”校舍一座。

1979 年,王庆祥当选永宁公社侨联会主席,着力推动永宁中心小学新校园建设工作。此举获旅菲永宁乡侨热烈响应,旅菲永宁同乡会永远名誉理事长陈增沛首捐兴建礼堂一座,同乡会理事长董光溪捐建整座围墙,暨 41 位侨亲捐建教学楼 2 座计 24 室。在侨属陈渊谷等乡贤共同努力下,位于文祠范围的新校园于 1981 年 10 月竣工。这一阶段,华侨捐资兴建的新校舍还有:银江小学（1979 年）、沙堤小学（1981 年）、梅林小学（1981 年）、郭坑小学（1981 年）、霞泽小学(1984 年)、美江小学(1986 年)陶青小学（1988 年）和官聘小学(1989 年)。其中有官聘村旅菲同乡会理事长杨荣石捐建“荣石楼”一座、下宅华侨蔡登錬捐建霞泽小学教学楼一座。此外，沙堤村旅菲老华侨龚文安及旅港侨胞龚承侨早在 1985 年就以其父龚丕甘、龚大元之名捐建“沙堤小学大礼堂”一座，又 1994 年龚文安又与龚显奢、龚涛榜三位老华侨捐建沙堤小学“尊师楼”。

石狮建市后，华侨捐资办学的热情空前高涨。1993 年 10 月，菲律宾永宁中学校董会在马尼拉成立。校董会在郑周扬、董光溪、卢祖荫的带领下，广泛发动海内外乡亲、校友兴建永宁完中新校园。其中：郑周扬、周敏兄弟和蔡登錬捐建校门东西两侧综合大楼各一幢,董光溪捐建食堂餐厅一幢,卢祖荫捐建教师宿舍楼一幢,施淑好捐建室内体育馆一幢等。永宁完全中学新校园总建筑面积 26882 平方米，学校设施设备全部按国家教委颁布的二级达标要求配套。

1992 年，旅菲银江同乡会集资投建银江学校教学楼一座，同年，沙堤董尚真捐建沙堤幼儿园一座；西岑村旅菲同乡会集资改建旧校舍。

1993年，永宁旅菲同乡会第29届理事长董松柏夫人茵笼女士捐建永宁中心幼儿园一座；前埔村旅菲、旅港同乡会乡亲集资重建前步小学。同年，旅菲银江同乡会捐建的银江中学教学大楼交付使用。其中有李贤义（旅港）捐建的办公大楼；还有陈著远捐建的体育馆，和李逢清、李贤沃昆仲合建的科学楼。1995年，杨荣石捐建官聘幼儿园一座。1998年，卢祖荫创建行实幼儿园，后又创建行实小学。

由于原有许多校舍乃是采用花岗岩石建筑，未能达到抗震要求。2004 年，石狮市全面启动“校安”工程建设。镇政府及各村（居）广泛发动捐资建校，华侨一如既往给予支持，他们配合港澳乡亲和在乡企业家慷慨捐输，为建成“校安”工程做出重大贡献。先后建成永宁中心小学、梅林小学、港边小学、沙堤小学、霞泽小学、官聘小学、美江小学、西岑小学等具有较强抗震度的钢筋水泥新校舍。其中蔡登錬捐建霞泽小学教学楼一座，龚诗岩捐建沙堤小学教学楼一座，菲华各界联合会主席卢祖荫捐建永宁中心小学科技楼一座，后又于2012年重新翻建沙美村卢远绥纪念楼。

华侨不但在建设校址及学校各项设备方面竭尽全力，且为日后教育的发展深谋远虑。几乎每个学校都设有教育基金会和奖教奖学金。用以奖励表现优异的教师、成绩优秀的学生，和资助高考考上本科院校的贫困学子完成学业。

捐建村路及公共设施 石狮建市的最初几年中，永宁镇各村华侨为改变家乡面貌，纷纷支持修建村路。截至1993年年底，华侨与“三胞”捐建的水泥、方块石、板石等路面的道路就达35千米长，相当永宁至石狮公路的4倍。仅1993年前埔村侨胞施性造捐建的环村路、蔡式荣捐建的村间道路、霞泽村旅菲同乡会等捐建的环村大道就达7千米。其中下宅村环村水泥公路石砌防洪溪堤由旅菲侨胞王人吉等人共同筹资捐建。1994年，下宅村华侨蔡登錬支持家乡供电设施，将原有50千伏安变电器增容至315千伏安，并更新输电线路、新竖水泥杆34根。前埔村华侨蔡式尧为家乡捐资建变电站，装备电力照明设施、独资捐建前埔通往内坑的大溪桥。沙堤村老华侨龚金世、蔡琼琼夫妇，家里经济并不富裕，生活十分俭朴，却慷慨地将祖先遗留的200万元人民币全部捐建石狮市社会福利中心“大博（祖父）康复楼”，蔡琼琼女士还动员其妹蔡婷婷捐建“婷婷孤儿院”。

在公共设施方面，还包括捐建永宁镇侨联会址、村委会、老人会、文化活动中心、菜市场等。

1988年以来，永宁多位侨亲获福建省人民政府金质奖章、银质奖章。其中卢祖荫、姚志胜捐资办学赞助公益贡献突出，福建省人民政府给予树碑表彰。

第八节 归国华侨联合会

永宁镇侨联前身为永宁侨联小组，隶属于原晋江县石狮镇侨联。该小组创建于1951年，址设永宁顶街。主要成员有蔡奕明、高火炮、林安朗、李淑琼等归侨侨眷。后迁址于永宁小街汉林楼。侨联小组积极参与县侨联发起的捐赠“晋江华侨号飞机”活动，支援抗美援朝。

1961年，晋江县侨联永宁办事处成立。办事处积极动员侨属妇女走出家门，参加社会主义建设，在国家困难时期，鼓励海外侨亲进口化肥支援农业生产。

1979年，永宁公社侨联会正式成立（后公社改制为镇，改称永宁镇侨联），首届主席王庆祥，址设西门外原公社行政大院内。

1984 年 2 月，永宁镇侨联主席王庆祥赴菲律宾募建永宁侨联会址，历时一年多。获旅菲永宁同乡会宿务分会鼎力支持，捐资人民币 15 万元，并获永宁大队第 11、12 生产队无偿献地 0.23 公顷，遂兴建侨联大厦。该工程于 1986 年 12 月破土动工，1987 年初竣工，为三层石混建筑。

1987 年，王庆祥年事已高，镇侨联换届，由高积华担任第二届主席。

2005 年，永宁建设农贸市场及局部旧城改造，侨联大厦被拆除，在附近永梅路农贸市场重建，工程于 2006 年竣工。为四层水泥框架建筑，底层为店面，二层为侨联办公场所，三至四层作为宾馆。 2007 年基层侨联换届，永宁镇侨联于 9 月 28 日召开第三届归侨侨眷代表大会，选举洪全克任主席。2012 年 11 月 25 日召开第四次归侨侨眷代表大会，洪全克蝉联第四届主席。

多年来，永宁侨联落实侨务政策，先后为归侨侨眷落实历史遗留房产权 57 宗（件）。侨联积极为遇事的归侨、侨眷排忧解难，帮贫困归侨走生产脱贫的道路。同时，动员和引导海外三胞参与家乡新农村建设和各项公益事业建设，为家乡的繁荣与发展做出贡献。据统计，侨联自 2008 年以来，参与组织和动员海外华侨与三胞捐资兴办各项公益事业达 1.2814 亿元。其中用于教育事业 9545.13 万元，文体卫生事业 158.5 万元，其他公益事业 3110.55 万元。

2002 年 9 月，永宁镇侨联被中共泉州市委、市政府评为“泉州市侨联工作先进集体”。2004 年 11 月，又被省侨联授予“福建省基层侨联组织建设先进单位”。

2012 年 9 月，被福建省公务员局、省人力资源开发办公室，省侨联联合授予“2008—2012 年度福建省侨联系统先进集体”以及被福建省侨联授予“侨友之家”荣誉称号。

第二十二章　港澳台同胞

永宁与香港、澳门地理位置相近，中华人民共和国成立后，因华侨关系，经政府批准，永宁人开始陆续有人到港澳定居。起初，大多从打零杂工干起，经过努力拼搏、艰苦奋斗，许多人已成为事业有成的企业精英，为香港、澳门的经济建设、社会繁荣和政治稳定，做出积极贡献。据统计，至 2010 年全镇旅港人数 6465 人、旅澳人数 818 人。

永宁与台湾一水之隔，骨肉相亲、习俗相同，语言相通。明代以来，永宁很多人渡海赴台谋生。清乾隆四十九年（1784 年），清政府开放泉州蚶江港与台湾鹿港为对渡口岸。此后，永宁百姓移居台湾者更众，成为开发台湾中部彰化地区的主要力量之一。

第一节　旅居香港、澳门

中华人民共和国成立之前，永宁人徙居香港、澳门者不多。1950 年，政府开始批准小数侨眷出国会亲。部分人则滞留香港，主要依靠侨居南洋的亲人汇款维持生活，有的侨眷则在当地工厂做工。之后，也有部分侨眷、侨属在政治上受歧视，其在内地的子女就学、参军、工作受限制，经申请，政府批准前往香港。也有偷渡去香港的，并先后安定下来。1960—1972 年，人民政府为解决侨眷妇女因长期与海外亲人分居造成的生活困难，批准大部分侨眷妇女到香港与亲人团聚、定居。这个时期以 1960—1962 年移居香港、澳门人数较多。

1973—1977 年，香港当局正式放宽国内华侨赴港定居条件。这个时期去香港的主要是年青人，其父母在南洋或香港，经向公安部门申请，获准后则移居香港。1978年，因菲律宾政府移民局允许中国国内侨眷子女往菲旅游探亲，不少人凭菲律宾政府的入境许可证，向公安部门申请往菲律宾旅游、探亲，一些人中途滞留香港，后港方当局不得不给予办理居留证，居住满7年后即成为正式港人。1978年以后，居住香港者因婚姻关系很多为家乡亲人申请到港定居。其中，仅1989年—1997年批准往港、澳定居人数达1326人。

二十世纪五六十年代，永宁人在香港，大多从事地盘工、酒楼杂役、纺织工、成衣工、塑料装配工等工作。早期移居澳门的永宁人数量甚少，大多打工或务农，后来稍有积蓄，才有人开设店铺或创办工厂。

一、业绩

1. 创业　20世纪70年代以后，永宁移居港澳的大多是中青年人，他们抓住香港、澳门经济腾飞和祖国改革开放的大好时机，创办企业，发展经济，为香港、澳门的经济建设和繁荣做出贡献。许多人事业有成，成为闻名海内外的企业家。如施展熊、卢文端、李贤义、卢温胜等，大多是华侨子女。他们初到港、澳，一般先从打零杂工开始，胼手胝足，一步一个脚印。西岑人施展熊（1944年出生），1955年随母定居香港。1973年开始经营自行车贸易业务，后创办香港大寰自行车有限公司。20世纪80年代初，深圳特区成立，施展熊成为特区的首批港商。1983年，中华自行车公司一厂在深圳建成投产，仅用5年时间，成为世界最大的自行车出口基地。沙美村人卢文端（1948年出生），1954年旅居香港。长大后，初当杂工。1974年创办贸易公司，后生产卡式录音带。1983年转产录影带，经数年努力，成为香港“录影带大王”。他还涉足金融、房地产、制造业等，现任香港荣利集团董事局主席，在国内外有十多家企业。子英村人李贤义（1952年出生），20世纪80年代初定居香港，初办小汽配公司。于1989年开始在香港和深圳投资，创办信义集团。经10多年艰苦创业，至2010年，集团公司生产汽车、建筑、家具、电子、防弹等安全玻璃及其配套产品，成为全球第三大“玻璃王国”。沙美人卢温胜（1947年出生），1962年随母定居香港。1977年进入其家族创建的宝源珠宝有限公司，开始经营珠宝首饰。随后创建足金有限公司和国昌水晶表面制品有限公司。1988年，与友人在泉州组建运通世纪集团有限公司，投巨资在泉州开发成片土地。永宁人姚志胜（1963年出生），创办香港嘉祥国际集团，嘉祥高速公路集团股份有限公司、嘉祥交通（亚洲）集团有限公司、新加坡腾川有限公司、台湾数码软件有限公司。在国内，他的投资涉及高速公路、路桥建设、文化教育、金融投资、旅游渡假酒店、城市综合体开发经营等领域。港边人蔡淑好（1938年出生），1974年携带6个子女空手去香港，靠打工谋生。她瞄准当时尚未形成气候的打火机市场，从最初的小本生意开始经营，逐步发展，在短短数年间，被列为全球第三、亚洲第一的打火机供应商。港边村人佘英杰（1956 年出生），1978 年旅居香港，创办世运线路板有限公司，从事电子业，并在深圳、鹤山等地创建电子厂，兼任香港福建希望工程基金会副主席、香港福建同乡会副监事长等职。子英村人李圣典（1948 年出生），1978 年旅居香港，先后合资创办信义集团香港有限公司、香港信义发展公司等，其汽车配件、汽车玻璃生产业务遍及全国各地，房地产开发稳步发展。曾担任石狮市旅港同乡会顾问、香港晋江同乡会董事。港边人佘祖忆（1946 年出生），1978 年旅居香港，投资创办泉发武夷山房地产开发有限公司，继而创办明旺发展有限公司、厦门盘古软件开发有限公司。曾任香港福建同乡会、香港泉州同乡会、石狮旅港同乡会永远名誉会长。

在文化界，永宁人蔡世山，1986 年移居香港，任香港文汇报、文汇出版社高级编辑，《神州大地》主编，与其夫人庄法治著有《三匝居文选》一书。

在澳门，永宁人努力奋斗，也颇有成就。港边人李圣汉，于 1981 年举家移居澳门。他到制鞋厂打过工，到中药店当过店员，卖过发菜，销售过瓷器。1998 年他与朋友创办“澳门中南地产置业公司”开始经营起房地产。1990 年，又与朋友组建“澳门大中南（集团）出入口投资公司”，事业逐渐发展，现任澳门石狮同乡会秘书长。外高村人高永快（1963 年出生），1984 年移居澳门，经不断努力，事业有成，现于江西省从事食品加工生产和房地产开发，其兄高永乐（生于 1957 年），1985 年移居澳门，1991 年创立永乐扎铁工程公司，后又涉足旅游业，现任澳门泉州同乡总会常务副会长、石狮同乡会常务副会长。兄弟两人均积极支持家乡教育及公益事业。西岑人施碧溪（1959 年出生），在澳门创办奥捷公司，生产相机、电视机等机壳，现公司分别在江苏昆山、福建厦门、石狮等地设立企业。同时，还在家乡设立扶贫济困和教育基金。

旅居港澳的永宁人，在科技界同样也做出贡献。外高村人高云集于 1980 年到澳门，1984 年，应聘到远东水翼船务有限公司担任机电工程师，负责公司从美国进口的喷射船夜航导航系统维护及科研创新工作。后远东公司成立红外线夜视监察系统（英文缩写 VAS）攻关小组，高云集成功地解读西方人奉若至宝的 VAS 技术关键，使远东公司成为港澳地区唯一能够维修同类夜视产品的公司。在梁家灏博士的指导下，1989 年高云集成功制造出新一代 VAS 系统的关键器件，即第二代微光夜视摄影机。新产品质量达到美国同类产品水平，香港海事处正式批准在航运上使用，全面取代美国 ISO—VAS 产品在喷射船上的使用。1991 年，高云集负责研制的微光夜视摄影机获香港工业奖。

2. 参政议政 旅居港澳的永宁人热心社会，关心祖国和家乡的建设。许多人不顾事业繁忙，不计较个人得失，身兼10多个甚至数十个社会团体职务，为香港、澳门的繁荣与稳定而积极工作，如发动乡亲登记做选民，参加议员选举，参加公民教育日活动；讨论香港、澳门的政治方案，拥护平稳过渡，表明立场。许多社团领导人不仅付出精力和时间，还捐资赞助各种活动。施展熊担任全国政协委员、福建省政协委员、深圳市政协委员、全国工商联常委、全国外商投资企业协会常务理事，同时担任的社会公职还有：香港特别行政区首届行政官推选委员会委员、香港中华总商会常务会董、香港太平绅士、香港政府策略发展委员会委员。全国政协委员卢温胜，1993年出任香港晋江同乡会第五届会长。1994年他带领香港晋江同乡会代表团赴台湾访问，开辟闽台民间社团交往的先河，为海峡两岸架起桥梁。他积极参与香港福建社团联会的筹组工作、发动乡亲参与区议会和立法会选举，凝聚乡亲爱国爱港、爱乡力量。2008年，卢温胜任香港福建同乡会第二十届理事长，他还出任香港各界庆祝香港回归祖国委员会执行委员等职。卢文端任全国政协委员、中国科学院开发咨询委员会副主任委员、中国和平统一基金会荣誉会长、中华海外联谊会常务理事、全港各区工商联会会长、香港中华厂商联合会副会长、香港各界文化促进会副会长、香港福建社团联会永远名誉主席、旅港福建商会理事长、亚太21世纪学会荣誉会长等诸多社会职务。李贤义为全国政协委员，还担任公安部中华见义勇为基金会顾问、中华海外联谊会理事、李贤义现为信义集团董事局主席。姚志胜曾任第九届政协委员；现为中国侨联常委、中国海外交流协会常务理事、中国侨商会常务副会长、中国华侨经济文化基金会副理事长、中国和平统一促进会香港总会常务副会长、香港太平绅士、香港中华文化总会副会长、香港友好协进会永远名誉会长、香港侨界社团联会永远名誉会长，香港华侨华人总会名誉主席、华侨大学副董事长及福建、河北、四川、陕西等省诸多社会职务。

3. 捐资兴办公益　永宁旅居港澳乡亲，有一批颇具财力的企业家。他们热爱祖国、热爱家乡、热心慈善公益事业，或救灾济困，或为港澳及家乡和祖国各地兴办教育、体育、卫生、妇女儿童、老人福利事业而积极捐款。卢文端捐资1000余万元给香港的文教和慈善事业；捐资3000余万元用于国内文化教育和市政建设，其中220万元帮助河北唐山丰润县建第三中学教学楼，被唐山市政府授予“唐山市荣誉市民”称号；捐资100万元援助长江流域水灾。1992年，他捐资500万港元在石狮兴建鸳鸯池公园；2002年12月，捐资石狮市中华慈善总会；他还在永宁沙美村捐资设立“纪念卢远怀、邱玉霜伉俪教育基金会”，以及捐资铺路、安装全村照明等。

李贤义，为人热情慈善，乐于助人，他盼望社会有个良好的治安环境，希望下一代能得到最好的教育。他分别在福建和深圳等地设立见义勇为基金会，为“中华见义勇为基金会”捐赠350万元。1993年，李贤义捐资400万创立“李贤义教育基金会”。2001年，他给家乡捐赠300万元，创立“银江李施红娘家族基金会”。2004年捐赠50万元给永宁镇济困助学基金会。2007年，给永宁镇的慈善事业捐资110万元。2009年再次给“银江李施红娘家族基金会”注入资金200万元。1982年至2010年，已累计向全国各省市和港、澳地区的文化、交通、卫生、教育、治安、社会公共设施及赈灾等捐献1.5亿多元。

卢温胜，事业有成后，不忘故乡的养育之恩，先后捐建（或合作捐建）子英医院、石狮体育中心、晋江机场、武夷山机场、永宁中学教育基金会等项目，后又与卢文端等合资250万元兴建永宁中学新校舍。

姚志胜，在大力兴办实业的同时，对社会公益贡献突出，捐资2000万元设立泉州慈善总会姚嘉茂基金会，援建四川北川中学1500万元、捐资国立华侨大学1100万元、泉州东海湾实验学校1000万元、全国第六届农民运动会100万元、福建省残疾人福利基金会400万元、福建省见义勇为基金300万元、福建省福安市红十字会100万元、泉州东海社区老人会110万元、泉州见义勇为基金会50万元、石狮永宁中学礼堂60万元、九八长江抗洪救灾50万元……姚志胜累计在国内捐款近亿元。多次被福建省人民政府授予“福建省捐赠公益事业突出贡献奖”金质奖章等，福建省人民政府为其立碑表彰。从2012年开始，每年中秋节姚嘉茂基金会向永宁四个社区70岁以上高龄老人颁发慰问金，至2014年已两次计拨出400万元，可供慰问活动延续至2018年。

蔡淑好，为联络乡谊、服务社会、造福桑梓积极活动，还独资捐献90万港币购买香港石狮同乡会会所。她为山东济南市师范学校捐资50万元，在西安创办华侨医院，在福建等地为教育、文体事业及见义勇为基金捐资数百万元；北京举办亚运会、华东地区赈灾她也慷慨解囊。多年来，累计捐资逾1000万元。

卢章煌，旅港石狮同乡公会第六届会长，多年来捐资家乡公益建设达1100多万元。其中，1996年捐资200多万元，建造以纪念其父的石狮文林图书馆。

沙堤人龚清海，2008年旅居香港，从事金融投资、房地产开发等行业，他热爱家乡慈善事业，现任泉州中华慈善总会永远名誉会长。2013年，被福建省人民政府授予“福建省捐赠公益事业突出贡献奖”。

永宁人董欣跃，20世纪90年代中期赴港发展，现任港澳永宁同乡会永远荣誉会长。多年来共捐资250多万元兴建老人会址、铺建新车路等。永宁中心小学110周年校庆时，他捐资110万元，投建中心小学综合楼。

沙堤村龚承侨，在香港辞世前交代子女将其骨灰带回家乡撒在“红塔湾”海上，他夫人施建治在汶川大地震重建时，毅然卖掉香港房子，捐出200万元为灾区建设“希望幼儿园”。

二、同乡团体

1985年8月，在香港的晋江籍乡亲联合成立香港晋江县同乡会，永宁沙美村人卢温胜曾任第二届会长。1990年7月28日，石狮市旅港同乡公会正式成立。永宁港边人佘德聪任第四届会长、岑兜人李贤义任第五届会长、沙美人卢章煌任第六届会长。

香港永宁同乡会　2000年12月31日成立。创会会长杨怀青。历任会长：许祖泽（1届）、董栋梁（2届）、郑培庆（3届）、蔡宗挺（4届）、郑和平（5届）。

旅港银江同乡会　1967年成立，历任会长：李贤平（1届）、李哲奋（2届）、李贤义（3届）、李圣典（4—5届）、李清怀（6届）、李文演（7届）、李清凉（8届）、李瑞彬（9届）、李玉腾（10届）。

旅港沙美同乡会　1989年成立。历任会长：卢永远（1届），卢海涵（2—4届）、卢文锥（5—10届）、卢福生（11届）。

旅港梅林同乡会　2006年5月1日成立。历任会长：邱伟铭（1—2届）、李松雄（3届）、李清凉（4届）。

旅港港边同乡会　2009年2月15日成立，历任会长：李圣传（首届）、佘明伟（2届）。

港澳沙堤同乡会　2008年11月8日成立，历任会长：董清波（首届）、龚清海（2届）。

港澳西岑同乡会　2012年12月2日成立，创会会长施展熊，历任会长：王天祝（首届）、施碧溪（2届）。

旅澳沙美同乡会　2001年1月6日成立，首届会长卢国仰。

澳门霞泽同乡会　2004年1月6日成立，首届会长陈明君。

第二节　与台湾关系

一、永宁人移居台湾

宋乾道七年（1171年）之后，台澎隶属晋江县管辖，永宁即有人徙居台湾。而最早移居金门者，为梅林村人李体仁。据《梅林李氏海下派家谱》载，李体仁约在明代成化、弘治年间（1465—1505年）“派居金门”。

明末至清初，永宁人大量往台湾定居。明天启至崇靖年间，郑芝龙据台湾，曾多次到福建招募沿海居民到台湾开荒种地,不少永宁人前往,大多集中在台南一带。《永宁霁霞高氏家谱》记载：高题“生万历丁亥年（1587 年），卒顺治壬辰年（1652 年），葬台湾演武场”。又“九世印柱，生崇祯戊寅年（1638 年），卒康熙辛巳年（1701 年）殁于番邦。娶陈氏，生崇祯癸未年（1643 年），卒在台湾。”

清顺治十八年（1661 年）,郑成功收复台湾后,首批入台人数达 2500 多人，其中就有永宁人。因郑成功夫人董友是沙堤村人,也随军赴台。《沙堤董氏东城房永宁霞营柱家谱》载，“惟禄公，字胄飞，号述静，静淮公次子。公海上英豪也，服壮即从郑藩（郑成功）举义，累有功绩，故特蒙宠任焉……嗣后，藩主（郑成功）播迁岛屿，公亦在行间……”又“沙堤村董学梁长子道孚派下相率移居台湾”。

《永宁霁霞高氏家谱》记载：“九世公裕，生崇祯甲申年（1644 年），卒庚寅年（1710 年），娶蔡氏，生男一。甲辰年（1664 年）搬往台湾。”据《鳌城鳌江蔡氏三泰公派族谱》载，永宁蔡氏自明末至清初，往台者就有 43 户，其中较早的有三泰公之五世孙蔡肇满。继之有三泰公之十世孙蔡惠远，生明崇祯甲戌年（1634 年），卒康熙壬午年（1702 年），于明末随郑成功入台，初居台南，生子四：邦俊、邦彦、邦昌、邦杰。再移居番仔埔，后子孙定居云林县元长乡五块寮村。清初高、蔡两姓移居台湾近 200 余人,分散在台北、淡水、笨港。

康熙二十二年（1683 年），清政府平定台湾后，尽管尚未开放海禁，但已有不少永宁人凭藉地缘之利相继往鹿港等地谋生。据《鳌城东瀛刘氏族谱》载，康熙末年（1700—1722 年），永宁刘廷奎往台湾。又“刘奇耀，生于康熙辛丑（1721 年），游台湾，葬城外”。此一阶段，有永宁尤氏十一世尤铨连“葬于台湾上居”，十二世尤洵元“分居台湾大埔林。”林日茂的创始人林振嵩，也于乾隆二十五年（1760 年）自永宁赴台湾鹿港从事食盐买卖与船头行生意。后来，西岑村施氏第十三世施文睿于乾隆三十九年（1774 年）到鹿港。继之第十五世施光赐也到鹿港定居。据《沙堤董氏东城房谱》统计，该房系这段期间往台者有董明趋等 25 人。

清乾隆四十九年（1784 年），清政府开放蚶江与台湾鹿港对渡之后,永宁、祥芝也成为对台开放支港。永宁等地居民竞率渡台,还出现兄弟相携、夫妻同往、举家迁徙的现象。《鳌西林氏长房二家谱》统计，这一时期往台人数达 80 人左右，集中居住于鹿港、彰化、大甲、西螺、凤山。乾隆年间，霞泽陈姓开始移居嘉义、琅娇、台北、台南、凤山、彰化等地。嘉庆十七年（1812 年）移居台湾府城的族人陈文芳，以贡生、布政司经历的身份携带移居台湾族裔的资料，来霞泽认祖归宗，纂修族谱。

据《银江李氏族谱》载,振仲公十四世孙李金灿分支彰化县支厅城内东门街 454 番地。

嘉庆七年（1802 年），长房十五世孙李锡金分支台湾新竹南区。另有永宁霞滴陈氏《新建霞陈小宗祠序》载，清嘉庆九年（1804 年）旅居台湾的陈明玉回永宁谒祖，捐出所有积蓄，兴建霞滴陈氏宗祠。

民国之后，也经常有人迁居台湾。据资料记载，从抗日战争胜利至中华人民共和国成立之前计有 40 余人徙台。1949 年，国民党撤离大陆退踞台湾，在沿海抓走不少渔民，仅梅林村就有 10 多艘渔船 100 多人被抓往金门当兵。据统计，2010 年永宁镇有在台同胞 1314 人。

二、台胞移居永宁

清光绪二十年（1894 年）后，日本占领台湾，强迫台胞加入日籍，不少台胞不愿入日籍而移居大陆，有的回永宁定居。鹿港郊商谦和号许志湖父子于 1895 年 8 月 25 日，于日本侵略者尚未攻占鹿港之前回外高村租房子居住，并将谦和号迁来外高开张新和益号。永宁钱江施幼云等回西岑村，往来于厦门、福州等地经商。20 世纪 40 年代初，还有一些台籍医生回永宁开业，如西医高墀显、牙医李国明等。抗日战争期间，1938 年金门、厦门相继失陷后，所有台籍人士全家被遣散到崇安，后多人到浙江金华参加台湾义勇队，从事抗日救护工作。1945 年，抗战胜利后，他们大多回永宁执业。

据统计，1988 年全镇有台胞 26 户、107 人。1997 年有 30 户、159 人。

三、台胞业绩

1. 建设台湾

早期入台的永宁人，胼手胝足，和台湾各族人民一道开拓垦殖。台湾新竹李氏开基祖李锡金，祖籍岑兜，清嘉庆七年（1802 年）往新竹，初当杂工，后经商致富，购地达 20 多平方公里拓垦种植，改造成万顷良田。还有不少人发展手工业、工商业。乾隆年间，西岑村施氏第十三世施文睿、第十五世施光赐先后渡海赴台，在台湾鹿港开设施锦玉、施金玉、施美玉香铺，生产“奇楠香”，薪传家族传统的制香技术，至今亨有盛誉。两百多年来，施家人才辈出。譬如清末台湾著名诗人施士洁、当代台湾宏碁电脑集团创办人施振荣等。施振荣所创办的宏碁电脑公司，为世界十大个人电脑公司，他本人于 1996 年被美国《商业周刊》评为“全球 25 位最杰出的企业管理者”之一。

清代鹿港郊商林振嵩，为永宁西门外人，于乾隆二十五年（1760 年）渡海赴台，在彰化鹿港经营船头行及食盐生意，创立“日茂行”商号，经林振嵩及其子林文浚、孙子林廷璋三代人的苦心经营，成为当地首屈一指的郊行。其后人林诚湖曾任马绍尔共和国副总统。

20 世纪 70 年代，西厝村人郑周敏，在台湾创办亚洲信托公司，以低廉价格大量收购地皮建居民住宅，在高雄市兴建拥有 3000 套住宅的亚洲商业城；在台北兴建亚洲游乐园；

在台北火车站前建环亚大饭店。郑氏在台湾还拥有40多家公司。1986年，郑周敏之女郑绵绵继任亚世集团董事长，被誉为“世界企业皇后”。1987年，郑绵绵荣登“台湾最成功女性”榜首。

2. 热心公益

永宁人热心住居地与家乡的公益事业。林振嵩经常接济贫民，他曾多次返祖居地，捐资修葺姑嫂塔、虎岫寺和泉州顺济桥。其子林元品于清嘉庆六年（1801年）诰授奉直大夫，在台湾捐银重修府学文庙、倡造彰化县城、监造定军山寨、带头重修鹿港圣母宫、率郊商殷户平粜施粥救济饥民，“全活者以万计”，深受民众爱戴。岑兜村人李锡金，曾于清咸丰年间平息民间械斗，还捐款办理平粜、赈济贫民。清光绪六年（1880年），福建巡抚为他题请旌表，入祀孝悌祠。

清代永宁梅林村蔡名标赴台经商致富后，曾多次参与修桥造路。

四、经贸往来

唐宋时期，永宁即辟有航线，可达台湾。明代初期，虽遭“海禁”，但商船走私航运往来两岸一直没有停止。明中叶开放海禁后，梅林港与台岛通航往来频繁。清初又实行严厉的“迁界”政策，永宁诸港口，一度成为死港。到乾隆四十九年（1784年），清政府开放蚶江港与台湾鹿港对渡永宁海上交通贸易逐渐复苏，对台贸易商行才日渐增多。不少商行，如日茂、霞源、永进、荣兴、东源、东益等，皆因经营对台贸易而致富。清乾隆年间，永宁荣兴号商行，经营乌槽船运输、榨油、磨坊和线面生意。荣兴号乌槽船来往于永宁与台湾之间，将自家作坊生产的面线、豆饼、花生油及闽南的瓷器、纸张、香菇、笋干、茶叶等土特产运输到台湾，尤其该商行自己生产的线面，因细韧洁白，在台湾各埠深受欢迎。乌槽船返回时，从台湾运回大米、白糖、干贝、柴鱼巴、香蕉、菠萝等货物。

第二次世界大战期间，永宁对台贸易中断。抗战胜利后，梅林村有近百艘大渔船转为商运，台湾也有许多商船直接抵梅林港或停靠外高港，每天约有二三十艘商船进出，货物则以大米、食糖为大宗。

1949年9月至1978年，两岸贸易中断。1979年后，两岸关系逐渐缓和，民间贸易日益增多。1981年梅林港设立台胞接待站、台轮停泊点，台湾渔民因补充渔需物资，开始以货换货或以外币购买大陆物资。1987年，台湾当局允许海峡两岸开展间接民间贸易。1988年11月，台湾“经贸部”公布“大陆产品间接处理原则”，允许间接进口大陆50项产品。此后两地贸易关系日趋明朗化。同年12月，梅林码头作为对台小额贸易的台轮停靠点，凤里贸易公司经营对台小额贸易。输入的台货主要有涤纶线原料、化工产品、家用电器；输出的物资主要有烟、酒、海产品、药材、食用菌等土特产。1990年，梅林码头共接待台轮36艘次，贸易额41万美元，1994年增至65万美元。1995年，梅林港进行对台贸易试验点的建设。同年省广宇集团公司、泉丰贸易公司和石狮市人民政府、永宁镇人民政府有关单位联合创办宁宇开发建设有限公司，从事对台贸易试验点业务。当年宁宇对台贸易公司等单位参与海峡两岸商品博览会，成交金额达520万美元。据统计，2006年梅林港对台小额贸易370艘次，货值378.8万美元；2010年710艘次、货值2704.31万美元，连续四年保持两位数增长。

五、文化交融

1.教育往来

清康熙二十二年(1683年)，清廷统一台湾后，台湾始立府县学，岁科试以取生员。永宁刘廷简等往台求学，在台取得秀才资格后，再返原籍参加乡试。清乾隆年间徙台林氏家族在台入学致仕者就有8人。其中林廷梯，道光年间中举人；林元科，台郡庠生；林廷珪，凤山县岁贡生；林逊淑、林逊貌为彰化县武庠生。担任官职者有林元品，授中宪大夫；林逊举，例授文林郎，拣选县正堂兼内阁中书舍人；林元品长子林廷捷，为福建延平府沙县儒学正堂。清道光年间，西岑籍施琼芳生于台南，于道光二十五年（1845年）中进士即补江苏知县，铨选六部主事，但他未就职，归台南受聘于“海东书院”讲学授徒。清嘉庆年间，岑兜李锡金之孙李祖琛在新竹设立私塾，侄孙李祖训任台湾府学训导，均从事教育工作。光绪二十一年（1895年），李锡金的裔孙李舜臣中举人，内渡返岑兜故里从事文教事业，并于1918年3月与岑兜华侨李文矩集资创办“银江小学”。

永宁西门外林朝素之子李亦园在台湾大学毕业，留学美国，曾任台北“清华大学”人文社会学院院长、台湾“中央研究院”院士。

1959年，永宁籍旅菲华侨郑衍蕃寓居台湾，曾任多家报刊记者或编辑，著有《春草吟笺》，收集300多首诗词。

2.民间信仰

永宁城隍于清道光十九年（1839年）“分灵”鹿港，后再由鹿港分支台中、彰化、台南各地。台湾奉祀永宁城隍的庙宇达数十座。台南忠泽堂城隍，即由永宁分炉于石狮的“石狮城隍”分香到台湾，后再分灵到台北等地。又如外高“英济庙”的关帝爷也是清代由徙居台湾的永宁移民分香到台湾建庙奉祀的。

1979年以后，海峡两岸关系缓和，分香台湾的庙宇相继组团到大陆祖庙进香谒祖。1989年3月26日，台中灵兴宫董事会首次组团到永宁城隍祖庙进香。至2010年，台湾各地城隍庙先后 20 多次组团到永宁进香谒祖。永宁城隍庙也多次组团到台湾联谊。

3.演艺及武术活动

1995 年 9 月 23—24 日，在永宁黄金海岸度假村举办“1995 闽台民间文化节”。参加演出的有台北汉唐乐府、台湾亦宛然掌中剧团、福建省梨园剧团等全国各地 22 个表演团体，包括梨园戏、掌中戏、南音、歌仔戏、高甲戏、车鼓、舞龙、排子吹、拍胸舞、北管、舞狮、什音、木偶戏、畲族歌舞等，观众达 9 万多人。

2012 年，永宁举办首届古卫城暨城隍文化节，来自新加坡、菲律宾、马来西亚和中国台湾、香港以及大陆各地共 1000 多名嘉宾出席。在“ 踩街”活动中，台湾有鹿港的电音三太子、台北的狮阵、嘉义的跳鼓阵以及金门的十二婆姐等。

2012 年 1 月 28 日，海峡两岸狮阵武术大汇演暨石狮市沙美狮阵武术理事会成立庆典在沙美村举行，参加表演的有台湾台南大学、台东大学金狮阵、宋江阵与石狮市卢厝狮阵武术馆、沙美狮阵武术馆等，海峡两岸共有 300 多名运动员同台献技，观摩交流。

六、联络 接待

1949 年后，虽然海峡两岸对峙，国民党当局实行“不接触、不谈判、不妥协”的三不政策，对两岸进行严密控制，但数十年来，去台人员眷念故土亲人，千方百计通过关系与亲人联络。1979 年元旦，全国人大常委会发表《告台湾同胞书》，两岸关系逐渐缓和。不少永宁台胞利用各种机会，绕道香港回家乡与亲人团聚。

1981 年梅林港被辟为台轮停靠点，并成立台胞接待站，开始正式接待到梅林港避风、修理的台湾渔轮。1986 年 6 月，台轮“晋海春号”与“财富国胜号”因台风警报驶靠梅林港要求避风，受到热情接待。船员陈先生还被接送到晋江深沪科任村探亲。1997 年，梅林码头经国务院批准为台湾渔船停泊点，2006 年正式开通对台小额贸易服务。永宁边防工作站建立以来，已先后接待来靠台轮 2900 余艘次，接待台湾渔船员 15700 余人次。贸易额超过 8500 万美元。先后接待来靠补给的船只 605 艘次，修理故障船只 120 艘次，救助患病台胞 48 人次，为台胞挽回经济损失近 800 万元。永宁边防工作站主动加强横向沟通协调，与海关、商检等地方部门协同合作，设立码头临时监护点、高倍聚光灯等设施，开通“对台服务绿色通道”，为来靠台轮创造一个良好的经济贸易环境。

1987 年年初，台湾当局允许台胞申请回大陆探亲。许多台胞陆续组团返祖籍寻根访祖。1988 年 5 月 15 日，台湾粘氏宗亲 2 人到永宁祖地祭祖扫墓。嗣后，台湾粘氏宗亲会会长粘火营率谒祖团一行 13 人到永宁拜谒祖先。永宁有关部门也多渠道做好与台湾的基层民间交流。2009 年 5 月，永宁镇侨联会组织侨联委员 34 人到台湾考察旅游，先后参观日茂行、鹿港城隍庙、台中城隍庙、台南忠泽堂城隍庙、台南唐明殿城隍庙，并与相关人员交流座谈。2012 年 2 月 5 日，台湾国民党云林县第六区党部书记郭侑谚偕夫人龚丽凤及家族成员一行受父辈之托到永宁寻根，经认真细致核对沙堤村龚氏族谱、家谱，后确认沙堤村田头三房为寓台乡亲龚意展、龚丽凤的堂亲。

第二十三章 人民生活

永宁，历代兵灾不断，人民难得有个平静安祥的日子。今从有关族谱及文史资料中摘下个别段落，留予后人有个较为具体的认识，以志不忘。衣食住行，当今堪称是甚好时期，宜鉴古而知今、多加珍惜。永宁的家庭结构，历来为男主外、女主内的传统格局。而宗族在历代社会生活中，有相当影响。新中国成立后，在政府引导下，其消极因素有明显的减弱，而较多在联系宗谊，关心老人，济困扶贫、排解纠纷方面发挥积极作用。

第一节 历代兵灾

明季之后，永宁三度遭受外患或兵灾，百姓生活苦不堪言，今仅摘录数则文史资料及族谱记载，以见其一斑。

一、明代

陷城浩劫翔实惨情，见于明万历年间施黎爰在《临濮堂施氏族谱》载:“嘉靖戊午（1558年），倭寇入闽，初犯蚶江，人不安生，辽望烟火惊惧。巳未、庚申岁（1559、1560年）则屡侵吾地。然犹遁逃边城，性命多获保全。至辛酉岁（1561年），倭寇住寨海滨，蟠结不散。九月念九，破深沪司，而杀虏过半。壬戌（1562年）二月初八日，攻陷永宁卫，而举族少遗，呼号梃刃之下，宛转刀剑之间。生者赎命，死者赎尸，尸骸盈野，房屋煨烬。……苟能幸脱于剧贼之手者，朝夕相继沦没。斯时也，子孙数十，而一旦遽绝者，或至亲骨肉身死他乡，而莫知死所者。或幼冲无依，亲尸在庭而莫移， 反饥餐其亲之腐肉者。为父子、兄弟、夫妇者，处此呼天则不应，入地则无门。为宗族亲戚故旧者，处此目击流涕，耳闻酸臭。……予陷在鳌城（永宁）家属十人，仅遗其二。亲弟四人，仅遗其一。童仆数十，曾无遗类。长房只有六十余人，二房只有五十余人。”

三、清代

明末清初，战乱迭起，永宁人民生活之艰苦，从《鳌城分支清溪张氏家谱序》记载中可得到印证：“丙戌（1646 年）鳌城起义（指永宁公开支持郑成功，反对满人政权）、丁亥（1647 年）春，虏（清）兵入鳌城，剿灭二千四百余人。祖屋在平浪祠者，亦延火烧毁，兵戈叠起，累年不息，虏剿义（郑军）、义剿虏，城中阴磷，道途不通，遇虏为虏所戮，遇义为义所劫，缩身跬步内，坟墓不扫，亲戚不闻……”顺治十八年（1661 年），清廷实行残酷的“辛丑播迁”政策。强迫沿海居民内迁三十里，设界防守，片板不得下海，违者处死。永宁卫城被拆毁，沿海一带房屋被烧毁，人民流离失所，夷为废墟，张氏族人被迫流寓清溪（安溪）。

四、民国

民国 29 年（1940 年）7 月 14 日，日本侵略军 2 艘防空母舰入侵梅林海域，开炮轰击永宁、外高、后杆柄、下宅和郭坑等村庄。次日黄昏，又有 10 余艘登陆艇进逼海滩，虎视眈眈。7 月 16 日（农历六月十二日）凌晨，日本侵略军从停泊于深沪湾至外高垵海面的战舰上，调出 200 名侵略军，换乘 4 艘登陆艇和数十只橡皮艇，在 4 架飞机和舰炮掩护下，分别从外高垵和坑尾垵登陆进犯永宁。其中一路奔袭梅林澳，将停泊在梅林西澳仔大艟渔船 45 艘、商船 63 艘、连同货运船舶总共 200 多艘，悉数喷泼汽油，纵火焚烧。另一路冲进梅林村，纵火烧毁梅林小学和李联灯的两进古大厝。梅林村有李阿渊等 7 人蒙难，多人因逃避不及被枪杀于单桥下。

敌人进入港边村，包围协美号商行，枪杀老板李本、李穆兄弟。随后把新街仔 20 多间商行、栈房、连同各仓库中的布匹、棉纱、大米、面粉、豆饼、猪油、西药、腊灼一并放火焚烧。日本侵略军在港边村惨杀村民 7 人。旧街仔 10 多间商店和裕美杉行放置在海滩上的数百支杉木，以及崇隆行大厝 4 幢、余辉岸二进大厝两座，尽被日本侵略军放火烧毁。

沿外高到金埭村的战壕中，有 20 多个海防武装队员坚守在阵地上，全部壮烈牺牲，还有战斗队员蔡国庆、高武正、高武洗等在靠近梅林沪尾及港边路边，均被敌人杀害。

日本侵略军继则入侵永宁城，在观音亭宁东楼设临时指挥部，派兵沿街砸店门，抓人为其扛子弹贴传单。有南门街郑孔钗老夫妇，不愿为其带路，被惨杀于街对面的大深沟。日本侵略军放火烧王厝祠堂、兢新女校、石埕头饭店。西门外农民林乌番，一出门口，就被日本侵略军用军刀当胸劈去，倒在血泊之中。大街头有位木匠，被日寇乱刀所戳，血肉模糊，挂在大隘门上，惨不忍睹。时有老华侨王连翘被枪杀于西厝村。敌人又放火烧毁西厝村郑文滔的二进大厝。有一旅菲归侨郑延寿被日寇马刀劈昏，被丢在火里。

除梅港永宁受殃至剧，沙堤村损失也非常惨重，被烧房屋 19 座。另有港边、金埭和西门外芦苇丛及田青园中被日寇机关枪扫射死亡的外来商贩甚多。

“7·16”日本侵略军占领永宁，大肆烧杀抢掠，计有永宁，梅林、港边、沙美、岑兜、外高、浯沙、金埭、西厝、沙堤等 10 个村庄惨遭其害。又有郭坑、下宅、后杆柄 3 村遭轰炸。村民被杀 84 人，军士 11 人，重伤 24 人，妇女多人被奸淫。被烧毁大小渔船、商船、舢舨、货舶 200 余艘，洋楼大厝货栈 36 座，商铺店屋 40 多间，学校 3 所，大量货物被烧毁。

第二节 衣食住行

一、穿戴

清代，永宁境内平民百姓，穿的是自家缝制的粗布衣。有钱人才可能穿绸缎。平时一般打赤脚或穿木屐，逢年过节或做客时才舍得穿自纳的布底鞋。当挑夫一般穿草鞋。民国后，穿土洋布及机织布的人渐多，但大多数人生活都很困难，一件衣服要穿三、五年。穿脏了，没有衣衫换，只好利用晚上洗，第二天再穿，当时称为“竹竿衫、被内裤”。抗日战争时期，侨乡生活极为艰辛，为了糊口，侨眷将家中衣饰多作估衣售卖。成年人的衣服，很少没见补丁。孩子的衣服，则常常是几个兄弟轮流穿。童谣称之为“新阿大、旧阿二、破阿三、补阿四”。抗战胜利后，侨汇畅通，侨家妇女佩带金戒指、金耳环、金项链等饰品，甚为盛行。中华人民共和国成立后，提倡艰苦朴素，披金戴玉者极为鲜见。当时流行干部服、列宁装，几乎全是灰蓝色。“文化大革命”期间，青少年时髦绿军装，鞋帽衣衫一片绿。20 世纪 70 年代后期，与香港往来频繁，或包裹邮递、或旅港亲友回乡馈赠，港式服装风靡一时。改革开放以后，逐渐流行起喇叭裤、T 恤衫、茄克衣、牛仔服、西装领带及各式皮鞋。女青年喜穿套装、袜裤、短裙和短袖敞领的上衣等。年青人追求时尚鲜亮，许多衣衫常常是一年一换。妇女戴金手镯、钻石戒指等华贵饰品渐成风尚。随着生活水平的提高，年青人讲究款式、名牌者日多，其服装面料也渐趋高档。

二、饮食

永宁农民三餐历来以地瓜、地瓜干等为主食，青黄不接时用大小麦(麦糊)代替或吃外地贩来的“北纤”(地瓜丝)等杂粮。只有逢年过节或生病时才偶尔吃大米饭和稀粥。菜肴多数是自家腌制的酱瓜、豆豉、咸菜、萝卜干之类。沿海居民则以小鱼虾等佐餐，或于冬天晒虾皮、腌带鱼，以备逢年过节之用。普通人家平时都很节俭，年节或公妈忌辰才有鱼肉干饭，大嚼一餐。抗战时期，侨汇断绝，许多侨眷甚至以地瓜渣、地瓜叶果腹。中华人民共和国成立后，政府供应一定数量的回销粮，细粮配搭量在农村三餐中日渐增多。改革开放以后，各家三餐渐转为以细粮为主，且大多每日两稀一干、鸡鸭鱼肉蛋品开始来到寻常百姓家的餐桌上。节庆之时，已从单纯求“吃饱”向“吃巧”过渡。讲究烹饪几盘色、香、味俱佳的莱肴换换口味。过去饮酒多用地产的番薯酒或米酒，如今各式瓶装酒如名牌白酒、啤酒、葡萄酒甚至洋酒，已在宴会或小酌中盛行。各式饮料，在筵席中很普遍。

三、家居

清末民初，永宁境内家居多为土木结构的古屋，除殷富大户建有“皇宫起”古大厝外，普通民宅一般比较简陋。20 世纪 20 年代以后，华侨返乡建新居，多为双层钢筋水泥洋楼，由于受西方建筑风格的影响，房间布局宽敞，门窗高大，并置有铁门，窗户且备有铁围栏。抗战胜利后至新中国成立初期，侨建民房中西合璧，多为砖石木结构的两层楼。主屋前有“五脚架”，上有拱台。屋内结构则类同三开间或五开间大厝。

20 世纪 60 年代，由于花岗岩的大量开采，石料价廉质坚，外观光洁，开始风行建“石枋厝”。 屋外墙及内间隔均用条石垒砌，上覆以石板为顶盖，因可断断续续地建，不必一次性完成，很多农家及资力不足者纷纷筹资投建。其后，由于石材工业兴起，石料表面的加工也由手工雕琢逐渐发展到机器切割磨光，许多居屋采用此独具特色的刨光石料尤为精美。石狮建市后，随着经济的崛起，新建的许多高楼大厦均为钢筋水泥框架结构，其设计新颖、建筑华美，有会客厅、厨房、卫生间等配套设施。

四、行乘

清末，永宁境内皆为村间小道，一般居民出门都得步行。唯极少数缙绅富户出门骑马或乘轿。民国之后，人力车（黄包车）和自行车开始出现。石永蚶公路开通后，有了汽车，到石狮、蚶江、泉州等地，自是方便了不少。

20 世纪 50 年代开始，人民政府大力开拓乡间公路，到石狮有班车可乘。汽车还可经石狮转往泉州、厦门、福州等地。而马车、自行车、三轮车载客亦应运而生。20 世纪 80 年代，两轮摩托、三轮摩托、港田车等机动车载客开始兴起，逐渐成为居民出门的主要交通工具。石狮建市后，公交车每 5 分钟一趟频繁往来，深受群众欢迎。同时，“的士”出租车营运也渐渐普及。20 世纪 90 年代后，摩托车已成为普通家庭常备的交通工具，进入21世纪之后，私人拥有的小轿车日渐增多。如今，永宁人出外旅游已不在小数，乘坐火车、轮船、飞机等现代化交通工具，已为平常事。

五、器用

20世纪60年代前，各家煮饭，皆用“风炉灶”或“烟囱灶”。烧的是草禾或蕃薯藤。只有极少数富裕家庭才烧木柴。那年代，好些家庭都是靠捡杂草来当燃料，碰上大雨，特别是“四十九日乌”梅雨季节那就更加难熬，一旦没草烧，家里就煮不成饭。1961年开始推广烧煤球，但用的人不多。70年代改进为蜂窝煤，烧煤才逐渐普及，但多数仍烧煤烧草两者兼用。80年代末开始引进石油液化气为燃料，煮饭改用液化气灶，同时，高压锅也迅速普及。不过，多数仍保存煤炭炉，配合使用。进入21世纪之后，电磁炉、微波炉、电饭煲等进入厨房，那是家庭生活器用的一次大变革，由于用电省钱，使用方便，又干净又安全，受到普遍欢迎。

早年家中摆设，大多是木制家具，富裕人家，厅中才有中案桌、八仙桌，一般家庭则仅备有方桌、长椅、椅头、短凳等。21世纪以来，中等以上家庭均设有客厅，备有组合沙发、电视桌或音响等设备。

永宁风俗，凡男孩到适婚年龄，家中都会攒钱订购婚用“房内”家具。当时，永宁街有多家“眠床店”，专门打制整套“房内”，包括眠床、衣厨、柜台、梳妆桌、面盆架、联椅等。特别是眠床，制工极为讲究，初为“十八垛”、后做到“廿四垛”、甚至“三十六垛”，各垛山水人物、花草鸟兽，精雕细刻，非常精致。且安上纯金薄箔，甚为华丽。不过，有些经济拮据者，常常临时用上辈旧眠床，重新油漆，聊以应付。亦有多子家庭，一套“房内”一连娶多个媳妇。改革开放后，青年人结婚时兴新式“房内”，小俩口只要去家具店跑一趟，选择中意的，买来新式全套组合家具，既方便又洋气。

20世纪70年代，一般家庭女儿出嫁时陪嫁的三大件是自行车、缝纫机、三五时钟；80年代是黑白电视机、录音机、自行车。90年代是彩色电视机、电冰箱、洗衣机；21世纪以来，除以上三大件外还加上摩托车、沙发、餐椅餐桌等。近年来，以小轿车、套房作嫁妆者也有所闻。

第三节　婚姻制度

一、婚姻观念的变化

过去婚嫁，全凭父母之命、媒妁之言，双方家庭，都讲究门当户对。20世纪初，永宁读书人渐多，受新文化的熏陶，看重人才、看重知识，渐成风气。同时，自主婚姻在年青人中，开始有较大影响。

1951 年，国家颁布《中华人民共和国婚姻法》，实行自由恋爱，男女之间只要两情相许，到区（镇）政府办理结婚登记手续，便是合法婚姻。然而大多数婚姻，还是先征得父母同意，然后谈恋爱。

自古以来，同姓通婚，被认为与血缘相关，视为禁忌。至今，同姓结婚者仍不多。

过去，总认为女儿不远嫁为好，因为回一趟娘家不容易，且万一有事，娘家没法照应。如今，外地人到本地打工者非常多，本地人到外地工作的也不少。所以娶外地人、嫁外地人一年比一年多。何妨，年青人喜欢上网、网聊，聊出个知音，千里姻缘一线牵，也并非稀罕事。

从前结婚，双方都认定是件终身大事，非常慎重，离婚现象极少。但现代年青人，结婚后不久就离婚者也屡有所闻。

从前，未婚先孕被认为是不光彩的事，称为“未注册先上课”。20 世纪 90 年代后，这种现象屡有发生，甚至有的到生了孩子，再补办结婚登记手续和举行婚礼。后经政府采取措施制止，已较为少见。

二、婚姻形式

永宁传统婚姻为一夫一妻制，即使清朝或民国年间，也只有极少数富家男子纳妾。1951 年婚姻法公布后，此现象即已杜绝。过去华侨出洋，因上有公婆，下有子女，妻室大多都留在家中照管老幼，故而许多侨客，在侨居地“交番婆”。这是侨乡的一种特殊生态，得到乡族的认可。20 世纪 80 年代后，出入侨居地已甚为方便，新客下南洋或夫妻一道走，或丈夫先走，再回乡带妻室前往，“交番婆”现象已自行消失。90 年代后，开始出现个别“养二奶”现象，但法律不予承认，在伦理道德上也常被人指责，故一般“二奶”都不敢公开露面，这种婚姻大多不能长久。

男女婚娶，还有自古流传的一些礼俗，诸如行冠礼（俗称“上头”）、拜公、笄礼、封轿门、新娘哭嫁、挑灯、踢轿门、请出轿、牵新妇，以及新娘与夫家亲人的种种见面礼、拜天地、挑乌巾、合卺交杯等。而成亲之后还有闹洞房、扛水（围新娘）、拜祖厅、换花、送灯、会亲（双人返）等，都很繁琐，中华人民共和国成立后已有不同程度的简化。现新式结婚已渐普及，如集体婚礼，旅行结婚，还是到酒家“联婚”，或取其从容脱俗、或取其豪华隆重，各见优点。基督教信徒则多在礼拜堂举行结婚仪式。

此外，还有一些婚姻形式，属封建制度的残余，中华人民共和国成立后已被淘汰。

童养媳　过去一般劳动人民，恐怕儿子将来结婚的费用负担不起，故而先抱个小媳妇。有的则因儿子生理有缺陷，如兔唇、眇目，怕日后婚娶有困难；也有的是家里没生女孩，抱个童养媳，当个“脚手”使唤；有的却为耽心将来娶媳妇难“落家甲”（不受家教），因而抱个童养媳，来个“青松自小屈”。不过，童养媳多数自小被婆婆虐待，男女双方亦缺乏感情，甚至互不称意，可是当家长的，却不管他们感情如何，女到瓜期，男到弱冠，便迫他们举行“上头”仪式（即“合房”）。此现象自《中华人民共和国婚姻法》公布后，即已废止。

进赘　有的家庭只生女儿，没生男丁，为延续香火，招个男的入家结婚。一般男方要改姓（多为外地人），婚后长居女家，变为女家的儿子，但结婚费用甚至个人结婚衣服均由女家支付。也有的不改姓（多为本地人），双方在结婚前讲好条件，写成“合约字”，共约将来女家父母，由男方养老送终，财产则由男方继承，日后生男头胎归女方，以女姓为姓。次胎男孩则以男方之姓为姓。1950年后，入赘婚已极为少见。实行计划生育后，提倡男到女家，已有一些人实施。

表亲婚　过去农村还有个古俗，即有的家里穷，找不到媳妇，便找个表亲（姑表或姨表）的女儿，认为一来有个亲戚关系比较同心，二来也算是亲戚之间互相扶持。不过后来，因近亲结婚，对下一代健康确有不良影响，现已明令禁止。

二婚亲　即男人续弦或女人改嫁 。大多不象初次结婚那么排场，只在结婚当天于男家办一两席酒菜便算了事。女方不能坐花轿，仅能坐“黑轿”，而且要在途中或媒婆家上轿。不过，如男方续弦，女方是“在室女”（处女），往往还是“红灯四轿”，照行婚姻大礼。当今社会，寡妇改嫁或男女离婚后各自再婚，已是极平常的事，再没有那么多禁忌。

第四节　社会结构

一、家　庭

结构形态　清代，总以大家族聚居为荣。20世纪初，大多是家中儿子都结婚后才分家，如个别长子结婚后即脱家自立，常常被人骂为“没良心”。后来，儿子婚后即一个个自立门户者渐多，许多家庭由父母和未婚子女组成核心家庭。据2000年第五次全国人口普查统计，全镇总户数11776户，其中一人户1046户；二人户1639户；三人户2212户；四人户3309户；五人户2076户；六人户932户；七人户342户；八人户138户；九人户138户；十人及十人以上者39户。家庭代数规模：一代户2437户；二代户6731户；

三代户 2499 户；四代户 108 户；五代以上者 1 户。

管理方式　永宁侨眷，在全镇家庭中占有相当大的比例。早期，由于华侨长年出国，回家时间短，因而对家庭的管理、对长辈的奉养和对下一辈的教育，这些责任都落在母亲或妻子肩上。女姓对于家族的稳定，起着关键的作用。故在挑选新媳妇时，都非常看重家庭教养，俗语“买牛要先看牛厩”即是这个意思。多数华侨，都是“年兜七月”，每年两度寄钱回家。这些钱，既要安排全年的食用，还要应付人情世事，有时还得帮助族亲戚友。多数华侨，除家中婚丧喜庆或进主、普渡、佛生日等有汇来专款外，平常日子很少有额外侨汇，所以多数“番客婶”当家并不充裕。

早年，境内除一些商户及书香门第由男人当家掌钱外，一般劳动家庭则男人只管赚钱，家庭花费及“人情世事”大都由女人掌持。后来，也有不少家庭采用男人掌大钱，女人管小钱的办法。即如建房子、家庭红白大事的资金累积及支付由男人做主，日常开支则按月或按日交由妻子处理。改革开放之后，妇女走出家门做工的机会大增，家庭收入呈多元化，掌家的形式也随之变得多样化。

分家　过去分家，家产少的家庭比较简单。届时，父母买点厨房用具，如锅灶碗碟筷子，即可让儿子自立门户。但家产（包括田地、房屋）多的家庭较为麻烦，为分家兄弟反目的事屡有发生。分家一般由父母主持，解决不了，就得请房族长老来解决。分家的原则，基本上是按几个儿子分成几份，有的还要再加上长房长孙一份，俗称“大孙顶细子”，另外还要给双亲留一份“善老”（即养老的保障，大多是指可收租金的田地或房子）。分家后，祖父母及父母的赡养，或兄弟轮值，或由一人负责，余者按月交钱，或兄弟俩，各自赡养一个。也有的老人身体尚健，喜欢独自过日子，诸儿子则按月给父母交赡养费。

二、宗 族

永宁有深厚的宗族文化传统，不论走到哪个角落，都能在门楣上看到诸如“陇西衍派”“太原衍派”“济阳衍派”等石刻扁额，藉以表明家族的渊源。由此可见，姓氏在永宁居民生活中影响之深。古来有关宗族的事务都由族中有名望的耆老主持操办，成为一种地方势力。民国时期，虽然有时族姓之间发生纠纷，但由于主持者，大多是知识界开明人士，由他们出面斡旋，一般都能平息。中华人民共和国成立后，许多房族长，被称为“封建头”，“宗族”很少再提及，只是在婚庆或丧事时，族亲都会自动前来帮忙。“文化大革命”时，许多族谱被没收或被烧毁。20 世纪 80 年代，开始有修建祠堂、重修族谱、祭祖等活动。90 年代开始出现公开的宗族组织，多与省市的姓氏机构挂钩，得到政府有关部门承认。此种组织均以开展文史研究，兴办福利事业、进行宗亲联谊为宗旨，如石狮市尧舜研究会鳌城分会，林比干学术研究会永宁分会、福建省董仲舒、杨震研究会石狮永宁分会、福建省蔡襄学术研究会济阳柯蔡委员会石狮东片分会等。

祠堂　永宁镇各村（居），大多建有祠堂或祖厝，尤其城内特别多。不但建筑宏伟壮观，而且装饰得金碧辉煌。其可分为几种类型。一是祖祠，如永宁李氏家庙，乃“下五李”李氏大宗祠，包括永宁、梅林、港边、塔石、洋厝、岑兜、港前、东店、内坑等村李氏族裔。凡冬春两祭，各村族亲都要派代表前来参加祭祖。另一是村祠，只局限于某村某姓，如永宁的林姓、蔡姓、董姓、高氏、王姓等。还有一种是一个村由于渊源不同，分有二个祠堂，如永宁陈氏由于入鳌时间的先后及支系的不同，又分为大宗、小宗两个祠堂；港边村也分有银李、蒲李两个宗祠。

祭祖　每年元宵节及冬至，各宗祠均举行“春冬两祭”。近年来，很多宗族已简化为每年冬至前后一次冬祭。届时，宗族长老要召集族人“开祠堂门”（祠堂大门平时一般关闭，需逢宗族大事方可开放），准备祭祖程序。“春冬两祭”礼仪繁多，一般由宗族各房份轮流承办“主筵”和数席“全筵”，依照次序摆放在祠堂中。“主筵”居中两侧摆放全猪、全羊。祭祀时，由族中一名德高望重的长老身着礼服担任主祭、数人陪祭。由数名“礼生”站立东西两侧（俗称“东西班”）担任司仪。一般先由主祭行献礼（即将主筵摆放的各种祭品逐一敬献先人）。其次，由“读祝生”启读祝文（敬献先祖的疏文）。最后，族人行献礼。其间，还配以相应的音乐伴奏。祭祖仪式结束后由读祝生启读“祝告而成”（表示仪式顺利完成），焚化“金帛”“禹门”、燃放鞭炮，并邀请各房份及宗亲、乡邻代表入席。

修谱　族谱，又称宗谱、家谱、世牒、房谱、家乘，是一种专门记载家族历史及世系繁衍的文献资料。主要内容包括：一、谱序，一般是邀请名人或由家族代表人物撰写，介绍家族的由来、迁徙以及修谱的经过等。二、家族世系图表，这是族谱中最主要的内容，它详细记载族人的名讳、字号、派衍、生卒年月、配偶、葬地、子嗣等。三、族规、家规、昭穆（字辈排行）等。四、祠堂、祖墓、族产的位置及变更情况，有的还绘制较为详细的地图。五、重要历史人物的资料、墓志铭、文艺作品等。族谱的编修一种是由宗族中的“读书人”或官宦担任，一般组成编撰机构，制定编辑方案，并根据宗族的成年男丁按人头收取费用，俗称“收丁钱”。另一种是聘请较为专业的人士担任主笔，旧时永宁经常聘请惠安、南安等地的许多落第秀才前来修谱。

合谱与进主　族谱编修完毕后，要在新落成的祠堂内举行“合谱”仪式，拜祭祖先，告知修谱经过。所谓合谱，即把已重新增修好的房谱和总谱一齐拿到宗祠中，同新增将进入总龛的众多神主牌并列放在长案桌上，待举行祭谱、朱笔点谱仪式之后，总谱放入谱匣，用红绸布包裹，插上“金花”，系上红线，放置于祠堂神龛前。房谱则由各房份取回保管。

“进主”，即将族中各户已故的家长神主，经“点主”仪式后，统一进入宗祠的大神龛中，这些神主精工雕制，刻上名讳，油漆安金箔，摆列在大神龛中，永享祭祀。进主乃进亡故者之主牌。此外，尚有进长生禄位入神龛者，仪式同进主一并举行，只是刻上某某长生禄位。这是为一些尚在世而想永享祭祀者而设，对于其家族成员而言，乃是一种荣誉。

第二十四章 卫生保健

民国以前，永宁群众治病，多采用中医中药。西医西药之传入永宁，始于清光绪四年（1878 年），厦门基督教会长老兼传道徐天锡到永宁北门街开设医馆，一边行医施药，一边传道，为永宁第一位西医。之后，直到 20 世纪 20 年代，才陆续有人开办西医诊所，但广大人民群众仍然生活在恶劣的卫生环境中。中华人民共和国成立后，人民政府贯彻“预防为主、团结中西医”“卫生工作与群众运动相结合”的方针，增加卫生人员和医疗防治设备，不断提高医疗技术水平。同时，发动群众大搞爱国卫生运动，根除严重危害人民生命的鼠疫、天花、霍乱等烈性传染病。随着计划免疫工作的广泛开展，许多传染病已基本得到控制。妇幼保健等方面，也取得可喜成绩。

第一节 医疗设施

一、诊所、药铺

明清时期，中医均以家居作诊病场所，兼备药房者较少。至民国期间，永宁街有中药铺 7 所。最早的是蔡泽远创办的和安堂，之后为陈克卿的太和春、高祖泮的永安堂、高祖专的泰安药房、郑春茂的杏春药铺、陈植楷的祥德药铺，和郑清涵创建的中西药房。其中有些药铺配有中医坐诊。

民国初，永宁开始有西医郑汉庭在永宁顶街干厝巷口、黄邦德在石盘街开设诊所。1920 年王琼梅在北门开设惠泉诊所、周永渊在中街开设达生医馆。后有高墀显在中街开设东莱诊所、张皆敬在洋厝开设个人诊所，李国明在永宁街开设牙科诊所。1947 年 2 月，王庆祥、关丽倩夫妇在永宁北门开设配备有内儿科、外科、妇产科等较成规模的医馆。

1951 年 8 月，永宁梅港乡成立全晋江县第一个联合诊所——梅港联合诊所，负责人曾沧海。后在县卫生局推动下，至 1956 年，全县发展到 56 个联合诊所。其中有 1953 年 11 月成立的永宁联合诊所，负责人高墀显；同年成立的洋沙联合诊所，负责人谢鼎烈；1956 年 3 月成立的双岑联合诊所，负责人王志泰；1956 年 4 月成立的梅港第二联合诊所，负责人徐泽厚；1956 年 10 月成立的永宁中医联合诊所，负责人高标枫。

二、永宁镇卫生院

永宁镇卫生院前身为永宁联合诊所。1958 年 9 月成立石狮人民公社，永宁隶属石狮人民公社。经晋江县卫生局调整组合，由永宁联合诊所会同梅港、双岑、洋沙等 7 家联合诊所，组成了石狮医院永宁分院，院址设于原永宁联合诊所（惠泉诊所）。下设永宁门诊部和沙郭、联溪、梅港、西岑、子英、杆东等 6 个保健室。1961 年 4 月，永宁从石狮人民公社析出，建立永宁人民公社，永宁分院划归公社建制，改称永宁公社保健院，下设梅林、港边、外高、沙堤、下宅、后杆柄、西岑、岑兜 8 个保健站。1966 年，该院在永宁后山（莺山）建门诊楼与病房各一座，占地 1800 平方米，建筑面积 1150 平方米。1969 年，永宁保健院并入子英医院，原保健院仅留下一个门诊部，各保健站所有财产无偿拨给所在大队合作医疗站，原驻站人员大多留在原地协助赤脚医生工作。1974 年 8 月，永宁院从子英医院析出，恢复永宁公社卫生院建制。原分散在子英医院及各合作医疗站的人员全部召回。

1987 年，永宁镇卫生院与漳平市医院开展横向联合。时有医务人员 19 人，设病床 24 张。2004 年由石狮市卫生局投资 400 万元在永宁永梅路动工兴建新院，2007 年 2 月竣工投入使用。新院占地 1053 平方米、建筑面积 2218 平方米。设有预防保健科、内科、外科、妇产科、皮肤科、口腔科、检验科、B 超室、心电图室、放射科及住院部等。拥有 300 毫安 X 光机、B 超机、心电图机等设备。

2010 年年底，全院职工 28 人，其中卫技人员 24 人，非卫技人员 4 人。有中级职称 2 人、初级职称 10 人，未定级 3 人。（主治医师 2 人、执业医师 7 人、药剂士 2 人、检验士 1 人），编制床位 20 张。

附：永宁镇卫生院历任院长名录

李德雄（行政院长 1961.04—1969）、关丽倩（业务院长 1961.7—1969）、苏振声（革导组负责人 1969—1977.6）、李德雄（院长 1977.6—1986.7）、肖惠人（副院长 1978.2

—1986.7)、高清泽(院长 1986.8—1999.8)、郑天应(副院长 1986.8—1999.8)、郑天应(副院长主持工作 1999.8—2002.12)、吴金塔(副院长主持工作 2002.12—2005.6)、吴金塔(院长 2005.6—2008.9)、蔡双印(院长 2008.9—)。

三、子英华侨医院

1953 年,永宁镇个体开业医师谢鼎烈等 6 人在洋厝村组建洋沙联合诊所。1958 年 9 月,合并入石狮医院永宁分院,为子英保健室。1959 年 11 月,子英乡侨委主任李淑琼发动附近 7 个自然村的侨属捐资 8 万元,在子英保健室基础上创建子英华侨医院,院址择于西偏村。建院工程于 1962 年 2 月竣工投入使用。1969 年,永宁公社保健院并入子英医院,子英医院改称为永宁公社保健院。1974 年 1 月,由晋江地区革命委员会命名为永宁公社中心卫生院。1974 年 8 月,永宁公社保健院从子英医院析出,恢复公社卫生院建制,子英医院同时恢复原称。

1994 年 6 月,旅港乡亲李贤义捐资 50 万元为该院兴建康复楼(病房楼),1996 年旅港乡亲施鸳鸯、邱棉棉各捐资 30 万元兴建沙美楼(门诊楼),合计建筑面积 4700 平方米,子英医院初具规模。1997 年年底,全院医务人员 51 人。设有内科、儿科、外科、妇产科、放射科、B 超、心电图、化验、中药、西药、理疗等科室。病床 120 张。

2000 年 8 月,经市政府批准,子英医院进行办医体制改革,由公办转为公办民营,由香港华煌实业公司承包经营。该公司投资 2000 余万元对医院进行重新装修,并负责经营管理。承包期为 20 年。

2001 年 1 月,子英医院与福州市第二医院建立协作关系,2006 年 6 月与泉州市第一医院建立协作关系。

该院占地 8666 平方米,建筑面积 9150 平方米。开设内儿科、妇产科、外科、皮肤科、急诊科、检验科、影像科等科室。拥有螺旋 CT、电子胃镜、500 毫安 X 光机、全自动生化仪、B 超机等设备。设有床位 109 张。至 2007 年年底全院工作人员 120 人,其中卫技人员 89 人,具有高级职称 9 人,中级职称 14 人。

附:子英医院历任院长名录

李淑琼(院长 1960.2—1969.7)、吴芳芬(革导组负责人 1969.7—1978.2)、李宁博(院长 1978.2—1980.3)、李淑琼(副院长 1978.2—1980.3)、洪源华(副院长 1979.9—1979.12)、洪源华(院长 1979.12—1980)、姜鼎铭(副院长 1979.9—1986.8)、谢鼎烈(名誉院长 1985.3—1985.12)、姜鼎铭(院长 1986.8—1988.1)、谢瑞程(副院长 1987.4—1989.11)李德良(副院长 1989.12—1997)、杨土生(院长 1997—1998)、洪振鑫(院

长 1998—1999）、李树仁（院长 1999—2000.8）、尤传坤（院长 2001.1—2002.8）、陈才复（院长 2002.8—2004.9）、龚诗建（院长 2004.9—2007.12）、姚照华（院长 2007.12—2010.12）、龚诗建（2015.3—）。

四、村级卫生所（室）

永宁镇村级卫生所（室）源于 20 世纪 60 年代后期农村生产大队普遍办起的合作医疗站，各站都配有经过训练的赤脚医生和卫生员，在利用简易方法医治农村常见病、多发病的同时，也承担一定的卫生防疫任务，尤其是各种生物制品的预防接种工作。至 20 世纪 80 年代，合作医疗站基本都转为村卫生所（室），赤脚医生改称乡村医生，由卫生主管部门进行业务管理。1998 年，全镇共有村级卫生所（室）15 家，计卫生人员 51 人。2009 年 1 月，石狮市卫生系统召开表彰大会，对 2008 年度村级卫生所（室）规范化建设取得优秀成绩的 7 个单位进行表彰，永宁镇有港边卫生所、后杆柄卫生所、永宁居委会西厝卫生室等 3 个单位获得“示范卫生所（室）”称号。2010 年年底，全镇共有村级卫生所（室）30 家，其中卫生所 17 家，卫生室 13 家，已验收合格 29 家。各村卫生所（室）计有乡村医生 35 人，其中具备执业医生资格 3 人、执业助理医生资格 9 人。

第二节　医务人员

一、中医

永宁何时有专业中医已无考。唯见于梅林李氏族谱中记载：明万历年间，南京礼部员外郎李范廉之兄李范春，弃举子业而习医，有妙手回春之称，著述《医案》数部，散佚。

清末，有杨世徽、林登宾、王子章在永宁，佘梓昆在港边，吴起智（泉州涂门街人）在梅林悬壶开诊。民国初，有董观祥、王登钰、董春前、陈世秩；后有徐泽厚、高标枫、郑春茂、杨文好等人在永宁开诊行医。其时，均为个体行医，其职业形式：有的是设铺行医，兼营药材，有的是寄砚药铺，坐堂开诊；也有的游乡郎中，行走江湖，更有兼业行医者，大多为半农半医。当时，尚无正规中医院校毕业生，其医术有的是来之家传，有的是拜师传承，或自学成才，也有的是药铺人员，久而久之学成中医的。

中华人民共和国成立后，永宁个体中医曾于中街成立中医联合诊所，其余各村中医大多自行结合，参加到当地的联合诊所中。1958 年冬，他们由晋江县医药管理办公室统一安排到石狮医院永宁分院（后改称永宁保健院）或下属各保健站，成为当时农村基层卫生工作人员。1961 年 10 月，晋江县卫生局推选 26 名县管名老中医，永宁徐泽厚以精于内科名列其中。20 世纪 80 年代后期，这些老中医大多退休或去世，县卫生局虽曾安排一些中医院校毕业生充实中医队伍，但大多几年后又调走。1987 年石狮建市时，永宁卫生院计有中医 2 人（主治医师 1 人、中医师 1 人）；子英医院有中医 5 人（主治医师 1 人、中医师 2 人、中医士 2 人）。1988 年永宁卫生院中医主治医师高清泽晋升为中西医结合副主任医师。

二、西医

20 世纪初，永宁西医有郑汉庭、黄邦德、周永渊等人，大多是通过基督教会推荐到教会医院培训后前来开业的。1920 年，王琼梅自泉州惠世女医院毕业后在永宁北门开设惠泉诊所。30 年代，达生医馆周永渊的女儿周美锦从广东妇孺医学院毕业归来，开设妇产科。其时，又有高墀显、李国明（牙科）等台籍医生来永宁街开业行医。抗战胜利后，1947 年 2 月，王庆祥、关丽倩夫妇从滇缅铁路工程处医院归来，在永宁北门创办医馆。两人均为广东光华医学院毕业生。王曾任国民党一五八师中校军医。中华人民共和国成立后，先后任晋江专区第一医院、第二医院外科医生。1964 年晋升外科副主任医师。关丽倩任永宁保健院首任业务院长。1978 年 2 月—1986 年 7 月，肖惠人任永宁卫生院副院长，1982 年获福建省卫生系统先进工作者称号。

20 世纪 60 年代后期，子英医院在谢鼎烈医师的主持下，开始迅速发展。在外科方面颇有成绩，1972 年 9 月，已有开胸手术，对食道癌患者行癌瘤切除术。1985 年，开展肺叶切除术，对食道贲门癌患者应用肠吻合术 6 例获得成功。

姜鼎铭，1961 年医校毕业后分配到子英医院工作。在外科专业有较深的造诣。为晋江县第一位开展胸外科手术和石狮市第一位开展肿瘤外科手术的医师。1982 年被福建省人民政府评为“省卫生系统先进工作者”；1984 年获省“五一劳动奖章”；1985 年被福建省政府评为“省计划生育先进工作者”。

三、乡村医务人员

1950 年以来，通过组织培训，涌现出一大批乡村医疗卫生人员。

接生员 1955—1958 年，永宁公社培训接生员 6 人，1960—1965 年培训 8 人。1971—1976 年培训 6 人（均为赤脚医生）。她们分布在各村医疗站，从事新法接生工作。至 90 年代，妇女生育都进医院，农村接生员使命即告结束。

卫生员 20 世纪 60 年代初，永宁公社曾吸收一些知识青年进行卫生知识培训，主要任务是配合开展各村卫生防疫工作。由村（大队）给予一定工分作为报酬。

赤脚医生 1967 年，永宁公社保健院在下宅大队举办赤脚医生培训班，培训出赤脚医生 25 人，充当各村合作医疗站医务人员。至 20 世纪 80 年代，除一部分往港或转业外，大多归入村卫生所，改称乡村医生。1997 年，梅林村卫生所负责人、乡村医生李文芳被卫生部医政司、中国农村卫生协会评为“全国优秀乡村医生”。

个体执业医生　20 世纪 60 年代，永宁公社有个体执业医生 6 人，分别从事中医、针灸、牙科等。2010 年，尚有牙科医生 4 人属个体执业。

四、永宁镇卫生工作者协会

1951 年晋江县卫生工作者协会永宁分会成立，会长高墀显。1987 年晋江县成立农村卫生协会，5 月，成立永宁卫协分会，会长高清泽。1989 年 9 月，石狮市卫生工作者协会成立，永宁卫协分会隶属之。2010 年 7 月 16 日，永宁卫协分会召开第三届理监事就职庆典暨会员大会。会长蔡双印。

第三节　疾病防治

中华人民共和国成立前，永宁境内卫生环境差，疾病流行不断。其中以天花、鼠疫、霍乱为害最深。光绪三十年（1904 年），西偏村附近有一自然村叫竹篙厝，全村 80 多户，因鼠疫流行，死亡甚多而废乡。又《泉州日报》1938 年 5 月 10 日报道：“永宁四天来天花患者达数百人，死亡 80 多人。”1946 年农历二月，梅林村发生鼠疫，死亡 100 多人，神棍大肆活动，烧通金、扛佛轿和滚烫的油锅，挨家逐户驱邪，沿村沿巷“宰鬼”，整个村子既凄惨又恐怖。幸而各村华侨对家乡疫情极为关心，纷纷捐资购药回乡施赈。1946 年 8 月，永宁发生鼠疫，旅菲永宁同乡会组织救灾会，捐赠救灾药品，寄归侨郑周同带回，并聘请周美锦等十余人施赈，同时发动清理环境卫生，普遍预防注射。同年，岑兜村鼠疫流行，村中有 70 多人染疾死亡。旅菲银江义济同乡会寄来大量药品，供村人使用，并组织全村大扫除，喷射消毒药液，使疫情得以迅速控制下来。

中华人民共和国成立后，区人民政府发动群众，集中力量，防治严重危害人民健康的流行性疾病。1950 年 4 月，成立晋江县人民政府防疫委员会第九区分会，连续 2 年开展普种牛痘，后又多年于春秋两季进行复种，消灭天花。此后防疫委员会改为爱国卫生运动委员会，同时采取预防接种，开展“除四害、讲卫生”、灭鼠灭蚤等工作。1952 年消灭鼠疫。之后，真性霍乱亦告绝迹。1963 年，沿海渔民因往外地渔场作业归来，带有副霍乱菌，有零星病例发生，为制止副霍乱继续蔓延，永宁公社连续多年发动全民预防副霍乱，当时，防疫队的同志都是步行，一村走过一村，挨家挨户为群众打预防针，为了达到完成95%以上的任务，社员在山上出工，都要跟着遍山跑，为农民兄弟打针，做到一个不漏。全民检查血丝虫的时候，常常是两人一组，大半夜，等到村民入睡后，才提着小油灯，挨家挨户去敲门采血。随着计划免疫工作的广泛开展，副霍乱，血丝虫病已不再发现，脊髓灰质炎、麻疹、百日咳、白喉、乙型脑炎、流行性脑膜炎、结核病等也大幅度下降，人民健康水平不断提高。

石狮建市后，1989年成立石狮市爱国卫生运动委员会（简称爱卫会），永宁镇及下属各村（居）相应建立爱国卫生机构，由分管副镇长任镇爱卫会主任，并于卫生院设办公室， 1990年开始，石狮市开展创建卫生城市、卫生镇、卫生村活动。永宁镇爱卫会配合镇政府开展创卫工作，结合社会主义新农村建设，把改水改厕、改善生活环境、灭四害作为新时期爱国卫生工作重点，同时深入村居指导开展健康教育，发放各种健教宣传材料，以培养城乡居民健康文明的生活习惯、提高全民自我保健意识。1994年，永宁镇被评为“省级卫生镇”，1999年10月通过“省级卫生镇”复查验收。1995年11月前埔村、1996年12月子英村先后被评为“省级卫生村”。2000年，前埔村进入泉州市14个“卫生示范村”行列。2004年10月，永宁镇通过泉州市爱卫会专家组对“省级卫生乡镇”的复查验收。

永宁镇2010年防保工作开展情况:

1．计划免疫：（1）一类疫苗接种：全年儿童常住人口预防接种共8005人次，其中卡介苗接种378人次、脊髓灰质炎疫苗服种1596人次、百白破疫苗接种1616人次、麻疹疫苗接种665人次、乙肝疫苗接种1109人次、乙脑疫苗接种769人次、流脑疫苗接种1451人次、减毒甲肝疫苗接种421人次。流动人口接种共6168人次，其中卡介苗接种103人次、脊髓灰质炎疫苗服种1338人次、百白破疫苗接种1260人次、麻疹疫苗接种542人次、乙肝疫苗接种757人次、乙脑疫苗接种710人次、流脑疫苗接种1080人次、减毒甲肝疫苗接种378人次。以上一类各单苗基础免疫接种率达到93%。（2）小麻糖丸强化：共完成3013人。其中常住儿童1449人，服种率达97%；流动儿童1564人，服种率达96%。（3）麻疹疫苗强化接种：共完成2857人，其中常住儿童1499人，流动儿童1358人。总接种率97%。（4）小学乙肝防治筛查：继续2009年对全镇九所小学4252名学生进行乙肝筛查防治和强化免疫接种工作，于5月进行第三轮乙肝疫苗强化接种，接种率93%。

2．食品卫生工作：发放食品卫生宣传材料15000张，配合主管部门开展食品安全整治工作。对辖区工作进行拉网式的摸底检查，杜绝食品安全隐患。食品卫生许可证年审批78家；办证率96%，从业人员体检7019人次。

3. 建立健全居民健康档案：以妇女、儿童、老年人、残疾人、慢性病人等人群为重点，在自愿的基础上，为辖区常住人口建立统一、规范的居民健康档案 35416 份，建档率 59.6%，其中孕产妇 441 份、0～3 周岁儿童 1276 份、4～7 岁儿童 2020 份、老年人 3058 份、慢性病人 3124 份（高血压病人 2567 份、糖尿病人 557 份）、重性精神病人 258 份，健康档案主要信息包括居民基本信息、主要健康问题及卫生服务记录等。健康档案由镇村二级卫技人员共同协作管理。

第四节　妇幼保健

一、新法接生

中华人民共和国成立以前，孕妇分娩大多坐在“高脚桶”（木盆）上，由产婆或有经验的妇女接生。新生儿断脐多用家庭裁衣剪刀或碗片，没有消毒，以致新生儿破伤风、脐炎和产妇产褥热等疾病屡见不鲜。新生儿、产妇死亡之事时有发生。

中华人民共和国成立后，推广新法接生，50—60 年代永宁有 14 人参加晋江县卫生部门举办的新法接生员培训班，卫生院、子英医院均配备助产士。产妇分娩大多由新法接生员接生，部分到医院分娩。卫生院负责接生员的培训和管理工作，每两个月召开一次接生员例会，汇报新法接生和“两个系统保健”（即孕产妇系统和儿童系统）管理情况。

1991 年开始，根据省卫生厅制定的接生员分级标准，对接生员逐年考核。对于考核不合格、年老体弱的老接生员，进行更换。同时，每年进行一次接生器械全面检查，及时更换或添置，保证接生质量。医院、卫生院对孕妇住院分娩做到科学接生，按爱婴医院的要求，门诊孕妇建孕管卡，设立高危孕妇专案管理，住院分娩有完整的病历书写和产程记录。为做好高危孕妇的管理，从 1996 年 9 月起取消接生员家庭接生，产妇一律到镇卫生院或医院住院分娩。

二、妇女保健

20 世纪 50 年代开始，永宁镇利用各种形式，广泛开展妇女“四期”（经期、孕期、产期、哺乳期）卫生保健宣传。1958 年“人民公社化”，农村妇女普遍参加农业生产劳动，农业社全面实行妇女“三调三不调”，即经期调干不调湿（不下水田），孕期调轻不调重（不做重活），哺乳期调近不调远（不到远处干活）。机关、企事业单位的妇女，享受国家规定的产假。1978 年国务院将妇女“两病”（子宫脱垂、尿瘘）列入免费治疗范围，次年开春，晋江县组织医务人员在永宁公社全面开展妇女病普查普治。1996 年 4 月，经省农村初级卫生保健及阶段目标审评验收组审评验收，评审结果：孕妇产前检查率 99.7%，产后访视率 99.9%，未发现孕产妇死亡。

2010 年全镇总产妇数 411 人，活产数 415 人；产前检查人数 407 人，产前检查率 98.07%；产后访视人数 393 人，产后访视率 94.69%；住院分娩 415 人，住院分娩率 100%；高危孕产妇人数 198 人，高危检出率 47.71%，高危住院分娩人数 198 人，分娩率 100%；没有孕产妇死亡病例。

三、儿童保健

20 世纪 50 年代开始，永宁镇（公社）即组织医务人员，每年给 15 周岁以下儿童接种卡介苗。70 年代，10 岁以下儿童全面受到免疫接种。1979 年，所有学龄儿童接受免费驱蛔。1980—1987 年，每年对学龄儿童进行健康检查。1991 年起，永宁各幼儿园开始实行建立健康档案和体检制度，坚持入园新生全面体检，旧生每年健康检查 1 次。

1990 年初，石狮市在永宁镇进行儿童保偿管理试点，从 1992 年起在全市推行。1994—1996 年开展“创建爱婴医院，促进母乳喂养”活动，子英医院、永宁卫生院先后被联合国儿童基金会、世界卫生组织和国家卫生部授予“爱婴医院”称号。

第五节 新型农村合作医疗

为减轻农民医疗负担，解决农村“因病致贫、因病返贫”问题，2004 年 12 月，石狮市新型全民医疗保险试点工作在永宁镇下宅村、郭坑村、山边村正式实施。保险期限自 2004 年 12 月 10 日至 2005 年 12 月 9 日，筹资标准每人每年 60 元（其中参保人个人出资 10 元、市财政补助 40 元、镇财政补助 10 元）。试点工作受到群众普遍的欢迎，取得初步成效，积累一定经验。2006 年石狮市新型农村医疗保险更名“石狮市新型农村合作医疗”。9 月，“新农合”正式向全市各个村（社区）铺开。2008 年筹资标准提高至每人每年 80 元（其中参合人个人出资 20 元）。新方案降低本市卫生院补偿起付线，简化补偿结算办法和定点医疗机构分类方法，新增高血压、糖尿病和恶性肿瘤门诊化疗等 8 个特殊病种门诊医疗费用补偿，为参合群众增加更多的方便和优惠。2010 年，永宁镇参合人数 38142 人（占参合对象之 92.71%），该年筹资标准每人每年 180 元，其中个人出资 30 元，各级财政补助每人每年 150 元。住院补偿封顶线每人每年 10 万元。特殊门诊扩大到 15 种，补偿比例提高到 40%，补偿封顶线达到每人每年 3 万元。

第二十五章　宗教信仰

永宁宗教文化历史悠久。道教、佛教于隋唐时期传入，基督教于1878年传入。永宁民间信仰遍布各村居，其神统庞杂、影响广泛。石狮建市以来，政府加大对宗教政策、法规的宣传力度，加强对民间信仰活动的管理。同时，引导各宗教团体从事有益于社会发展的公益事业，为社会主义现代化建设做贡献。

第一节　佛　教

佛教传入永宁境内始于隋代。时东西洋人开始通过海上丝绸之路，与中国往来，泉州为中外交通要港，不少番人相继于泉州附近寻地立足。时有印度佛门僧侣于永宁建中亭观音庙（今称慈航庙），此为永宁最早的佛教建筑。宋绍兴年间（1131—1163年）僧介殊建“关锁塔”。该塔为泉州港的“航标”，塔内有三世尊佛的石刻雕像。清光绪年间兴建梅福庵。

民国以来，多次兴起破除封建迷信活动，佛教受到较大的影响。但由于佛教的世俗化，其信仰活动与乡村民众的生产、生活习俗联系密切，而侨乡社会经济也比较活跃，海外华侨也热衷于参与佛教寺院的修缮等活动，在一定程度上推动佛教的持续发展。

中华人民共和国成立后，提倡文明新风、破除迷信活动，佛教活动处于低迷状态。1979年后，一些寺院开始重修，并先后新建紫树林寺、洛伽寺、慧源寺。

一、寺院

2010年，永宁参加石狮市佛教协会的寺庙有慈航寺（永宁第一社区）、灵源寺（永宁第二社区）、梅福寺（永宁第三社区）、紫树林寺（永宁第四社区）、洛伽寺（黄金海岸）、福海寺（港边村）、观音阁（沙堤村）、普门寺（后杆柄村）、镇安寺（下宅村）、慧源寺（郭坑村）、三源寺（西偏村）等。

慈航寺　位于永宁观音亭境。又称中亭观音宫。供奉观音菩萨。庙中石碑记载，始建于隋朝，历代有重修，庙中楹联系清代金石学家陈棨仁手迹。该庙1988年被石狮市人民政府公布为第二批文物保护单位。慈航庙占地400平方米，建筑面积330平方米。主庙分前后两部分，庙前左右有钟、鼓楼。

梅福寺　位于永宁小街，俗称小街观音宫。清光绪六年（1880年），普陀山僧人善修迎奉观音佛像入永宁，择于小街建庙。经蔡恢扬首倡，先后与善修两度赴菲募捐，历五年，于光绪十一年动工，十五年竣工。继后并土地公宫建成大雄宝殿，塑佛像28尊，命名为“梅福庵”。20世纪70年代后梁倾圮，80年代重修。1984年翻建钟鼓楼、修建中亭。2004年将大雄宝殿及帝君公宫（保生大帝庙）合建为现代化建筑，屋顶采用仿歇山式，底层供奉三世尊佛、保生大帝，二、三层为讲经堂及供奉诸佛。占地550平方米，建筑面积850平方米。

紫树林寺　位于城隍庙左侧，原为武圣殿旧址，1996年永宁居士林信众集资兴建。紫树林为两进七开间硬山顶宫殿式建筑，斗拱翘脊、琉璃垂珠，雕龙绘凤，流光溢彩。前殿中供弥勒佛，大殿两侧为神僧和济公塑像。后殿为大雄宝殿，正中为三世尊佛：释迦牟尼佛、阿弥陀佛和消灾延寿药师佛，左边为玄天上帝、观世音菩萨，右边为关圣帝君、地藏王菩萨，两壁厢有十八罗汉。前后殿之间为天井、拜亭（凌霄亭），奉祀玉皇大帝。殿东有禅房、书轩、斋堂九间。

洛伽寺　位于黄金海岸东畔宫屿岛，面对台湾海峡，占地1.33公顷，系由香港友邦集团捐献。该寺于1997年3月奠基建设， 2001年5月举行正殿圆通宝殿落成庆典。此后，天王殿、念佛堂、藏经阁、钟鼓楼、五观堂以及牌坊、金桥、山门等配套建筑相继建成。洛伽寺规模宏大、布局谨密，其殿宇雄伟壮观、庄严古朴，石木雕刻工艺精湛，雕饰精美。

慧源寺　慧源寺在郭坑村西观音山上，建于20世纪90年代。发起人为郭坑村旅菲华侨郭国祥、郭宝琴夫妇。在旅菲侨领董尚真及海外诸侨亲的热心支持下，投入上千万元，现已完成天王殿、大悲宝殿、大雄宝殿、藏经阁、讲经堂、佛塔及功德堂、斋堂、福田桥、锄云楼等工程。2009 年 3 月 7 日，举行慧源寺落成暨佛像开光典礼。

此外有院东村观音宫、港边村福海寺，永宁灵源寺、沙堤村观音阁、后杆柄普门寺、下宅村镇海寺、西偏村三源寺均奉祀观音菩萨。

二、佛教徒

佛教团体由比丘、比丘尼、沙弥、沙弥尼、优婆塞、优婆夷、居士组成。比丘、比丘尼、沙弥、沙弥尼系出家住寺庙孤身持斋者；优婆塞是指受戒的男居士；优婆夷是指受戒的女居士；闽南早期的菜姑(清修女)也是孤身持斋；居士是指在家修行及扶持寺庙者。1988 年，永宁镇有住寺僧尼 5 人(朝天寺僧 2 人、慈航庙菜姑 1 人，梅福寺菜姑 2 人)。2010 年，永宁镇有出家男众 18 人、出家女众 5 人、菜姑 3 人；三宝弟子 1000 多人。

三、活动

佛教徒必须坚持早暮二课诵，出家比丘、比丘尼主持寺庙宗教活动，持戒弘法利生；优婆塞、优婆夷每月要持六斋或十斋；居士随意。佛教最大的节日是每年除夕寺庙要做“四圣”，即供奉天王、佛菩萨、祖师、监斋。另七月十五日是佛欢喜日，每个寺庙要举行盂兰盆大斋法会。还有寺庙举办释迦牟尼、文殊、普贤、地藏等佛生日庆典，有条件的寺庙举行“打七”（念佛七日：观音七、弥陀七、地藏七）。各寺庙自设念佛期。

佛教会经常开展弘法、布施、放生、助学等活动。每年 9 月 23—30 日，为法定慈善周。多年来，每值 5 月全国助残日，佛教协会均与永宁政协活动组联合举行慰问残疾人活动，并向残疾人发放慰问金。2008 年 5 月，石狮市佛教协会会长、洛伽寺住持吴教盛捐出多年积蓄 5.5 万元，为四川汶川大地震灾区捐款、救济病困及慰问残疾人和低保户。郭坑慧源寺 2010 年捐资 50 万元用于社会慈善事业；2011 年捐慈善款 30 万元，其中 10 万元捐给永宁镇 773 户困难群众作为慈善基金，惠及约 500 户残疾贫困户，另向古浮老人院、永宁孤儿院以及下宅一位患有白血病小女孩各捐款 1 万元。

第二节　道　教

据传，唐朝贞观年间（627—650 年），永宁一带即有玄天上帝信仰传播。宋绍兴年间，始在虎岫岩建石龛供奉玄天上帝。赵永嘉即于此一阶段隐居于金鞍山（双髻山），传说能唤虎守室。后来，虎岫寺既奉祀玄天上帝，又供奉如来佛祖、地府阎君、千手观音、十八罗汉、孔夫子、关夫子等。“五四”运动以后，由于新文化的影响，20 世纪 20—30 年代，出现破除迷信活动，道观荒废，道士改行，但民间的迎神赛会、消灾祈福、做敬诵经拜谶等宗教活动仍甚为活跃。

中华人民共和国成立初期，破除迷信，道教活动不多。“文化大革命”中，道教的神像、符箓、经书、法器和刻印工具，或被收缴焚毁，或被藏匿失踪，虎岫寺等道观大部分改为他用，宗教活动停止。1979 年后，才先后重建、扩建虎岫寺，修葺永宁城隍庙，新建宝盖山朝天寺等，恢复道教活动。

一、道观

虎岫寺 位于宝盖山麓，原名真武宫，祀北极玄天上帝。南宋绍兴二十五年（1155 年）建“真圣石龛”，供奉玄天上帝。明洪武二十四年（1391 年）改称虎岫寺，成为佛、道合一的寺宇。嘉靖年间（1522—1566 年），住持云静法师募款修葺，筹建中枢大殿，奠定虎岫寺的主体建筑规模。云静法师曾 3 次云游京师讲经，故嘉靖皇帝敕封该寺为“虎岫禅寺”。清乾隆、道光、咸丰、同治年间曾四次重修。民国 22 年，经全面整修、增建，规模日渐扩大，而融儒、道、释于一堂。“文化大革命”中，遭严重破坏。1983 年，经募款重修扩建。现有真武宫、中枢大殿、观音堂、文昌祠、森罗殿、祈嗣妈堂、双塔、半月池、山门、幸福院、老君祠等建筑，蔚为大观。

永宁城隍庙 坐落在古卫城内南门与小东门之间。洪武年间，指挥佥事洪海建。主奉宋丞相文天祥，谥号忠佑侯。正统年间，卫知事王廉修。成化九年（1473 年），千户陈宗重建。正德元年（1506 年），指挥佥事童骥募捐重修。嘉靖四十一年（1562 年），倭寇陷城，城隍暂移石狮，迄隆庆三年（1569 年）指挥佥事唐熙首倡修庙，越年迎城隍诣庙。天启四年（1624 年），指挥佥事孙捧天鸠资全拆卸鼎新。迄清顺治十八年（1661 年）辛丑迁界，庙宇遭毁，城隍避难于石狮，康熙三十六年（1697 年）重修，再迎回祖庭祀奉，且亦于石狮立庙，分炉奉祀。乾隆四十八年（1783 年），乡绅耆董鸠资再修。清道光十五年（1835 年），乡绅蔡名标发动善信捐款扩建，至道光二十三年竣工。清光绪年间，再由港边村佘马堆前往菲律宾募款整修、挺高门楼，方成今日之大观。后年久失修，风雨侵蚀，破损严重。1990 年，热心人士捐资再予维修。庙宇为三进格局，由门楼、前殿、戏台、拜亭、主殿、左右厢房组成。除供奉城隍外，尚有二十四司、四大将、三夫人、吏官差役近百尊神像。

永宁城隍庙先后分灵于石狮、台湾鹿港等地，及晋江安海的青石、山仔、桥头(万宝殿)、陈埭的塘头；石狮市的锦尚（厝上）；惠安的东园、崇武溪底；南安的水头郑厝，以及台湾的台南、台中、嘉义、金门等地。随着华侨远居海外而分灵国外者，有泰国的未卡城、新加坡柏城街，及菲律宾、马来西亚、印尼、缅甸等。

朝天寺 1981 年建。位于宝盖山脊、姑嫂塔畔。占地 200 多亩，建筑面积数万平方米，规模宏大，有“江南第一朝天寺”之称。依次为土地庙、山门、天王殿、中殿、后殿、关帝庙、三圣殿、真武殿、玉皇阁。寺宇中神像众多，佛道兼有。

此外，又有后杆柄村蟠龙殿、永宁北门真武殿、子英村慈济宫主祀玄天上帝。永宁南门天妃宫、梅林村安澜宫奉祀妈祖。永宁西门吴真人宫、浯沙村保生大帝宫、金埭村保生大帝宫、西岑村真人宫奉祀吴真人。外高村英济宫奉祀关羽。

二、教徒

永宁境内道教徒均为正一派，崇神鬼，尚符箓。道士未居观堂，亦无所谓修身养性，仅以画符念咒和诵经作功德，在民间“驱鬼降妖”，祈福禳灾做法事。道教徒多为世袭，道士在家设坛，父亡子继，世代相传。西偏村龚诗树家族世袭道士7代。道士有中尊和一般徒众之分（今立尊制度废除）。西偏村龚丕打在世时是晋江3位名中尊之一。

三、活动

当地民间节日、迎神赛会或谒祖、丧葬时，每有道士参与祀典或诵经、引魂、做功德超度等活动。虎岫寺每年正月初九“天公生”，有规模盛大的庙会活动。善男信女向玄天上帝献金叩拜，祈求万事如意。每年农历七月廿九日，该寺又有由观内女住持主持的“祈嗣妈生”活动。每年五月廿八日“永宁城隍公生（日）”，即在庙前搭台连日公演大班戏。善男信女焚香、祈祷、观戏，络绎不绝。石狮城隍经常来祖庙举行谒祖活动。民国期间，极为隆盛，南洋各埠华侨经常返乡参与。

20世纪80年代以来，永宁道教活动以民间祭祖诵经、丧事引魂、亡灵超度“做公德”为主。

2010年，永宁城隍信俗列入泉州市第三批非物质文化遗产名录。

2012年 7月20日（农历六月初二日），首届永宁古卫城暨城隍文化节期间，在城隍庙举办了“祈福永宁”会香祭典、“民俗大踩街”等活动，吸引来自新加坡、菲律宾、马来西亚和中国台湾、香港等地共1000多名嘉宾出席。

第三节　基督教

永宁是近代基督教传入泉州地区较早的一个地方，仅迟于晋江的安海（1856年）和石狮市的祥芝（1865年）。

一、教会

永宁堂会　清朝光绪四年至五年（1878—1879年），厦门基督教会长老兼传道徐天锡到永宁北门租屋设医馆，一边行医，一边传道。其时，英国传教师佟显理·越约翰亦曾以旅行布道的方式到永宁传道。光绪十年（1884 年），安海堂会牧师陈甘泉与祥芝支会传道吕逢时等人又到永宁传道，并在永宁北门街租屋，设立宣道堂。因信徒逐渐增加，遂建立教会。

光绪十七年后（1891 年），永宁礼拜堂与祥芝礼拜堂联合，组成祥芝堂会。光绪二十四年，永宁建造第一座礼拜堂。光绪二十八年，永宁从祥芝堂会分出，另与石狮礼拜堂组成永宁堂会，聘高萃芳为牧师。1914 年，改聘许锡慧为牧师。

1917 年，永宁、石狮分开，各自成立堂会。许锡慧续任永宁堂牧师，许牧师娘吴贞洁任传道。1922 年重建永宁礼拜堂。

1932 年，祥芝堂会因会务不振，合并于永宁，为永祥堂会，并把厝上支会也移归永宁管理。斯时，永宁在西岑建立支会，建筑小教堂。永祥堂会仍聘许锡慧为牧师，兼理西岑支会教务。1941 年改聘黄葆真为牧师。1942 年，祥芝从永宁堂会分出，恢复自立。

1944 年黄牧师离任，聘陈大茂为传道。1949 年，改聘孙迪生牧师驻堂牧会。1953 年，孙因参加聚会处，被中华基督教会停职，孙则转任于石狮基督教徒聚会处。

1955 年，聘连新民为传道。同年，永宁建军事工地，教会暂移到西岑，1956 年再迁往坑东村，同年连新民按立牧师。1958 年，永宁堂停止聚会，合并于石狮堂会。

1983 年，永宁基督教会为晋江县第二批开放的六个教堂之一。礼拜堂收回后，经修缮恢复原貌，于 1984 年举行复堂感恩典礼暨建立教会 100 周年庆典。同年，聘林纯静为传道。1988 年改聘梅淑聪传道驻堂牧会。同年成立永宁堂执事会，高金品任主任。1989 年，永宁堂重新翻修，并建感恩楼一座。1996 年聘邱文直传道牧会，翌年离任。1998 年聘史南享牧师牧会。1999 年堂会成立圣殿翻建基建组，陈子灿任组长，决定将旧礼拜堂拆除重建。在姚嘉茂老执事积极倡导下，海内外会友踊跃奉献。工程于 2000 年 10 月奠基，2001 年 10 月竣工。2002 年 7 月执事会换届，选举陈子灿任主任。2003 年 9 月史牧师离任，聘邱建传道牧会。2006 年 6 月，邱建离任，聘石狮市基督教协会会长吕启明牧师驻堂牧会。2008 年执事会换届，选举陈增煌任主任。2013 年换届，陈增煌蝉联新一届主任。2015 年 12 月，吕启明牧师被评为福建省基督教会十佳牧者。永宁堂会现有执事 11 人、信徒 295 人、慕道友 552 人。

西岑支会 基督教永宁堂会西岑支会，位于永宁镇西岑村。创立于 1941 年，同时建小教堂。首任传道何和平。1942 年后姚林、陈安慰、施素纯、陈钦德、庄美珍等传道先后继任。

1955 年，永宁堂会暂迁至西岑支会聚会。教会由连新民、庄美珍两位传道共同主持。1958 年，永宁教堂及西岑支会被裁减停止聚会，合并于石狮堂聚会。

1994 年，旅台会友岑兜人施碧玉回家探亲，看到西岑礼拜堂破烂不堪，故将其子女准备为她做七十大寿的资款中拨出人民币 26 万元，奉献给永宁堂会翻建西岑礼拜堂。新教堂于 1995 年年底竣工，1996 年举行新堂落成庆典。2001 年获主管部门批准登记注册为永宁堂会西岑聚会点，王正思执事为负责人，先后聘吕以勒、黄金书、黄小培、肖宝璇等传道牧会。

2015 年西岑教会有传道 1 人、执事 7 人、信徒 80 人、慕道友 155 人。

二、信徒

基督教信徒入教须举行入教仪式——洗礼，一般由牧师主持。未洗礼者称慕道友。基督教的教规有“十诫”等，信徒均需遵守。每“主日”举行礼拜，由牧师或传道主礼，内容包括祈祷、读经、吟诗、讲道等。

基督教崇信神爱世人，倡导以爱心待人处世，甚至舍己为人。1917 年，永宁传道吴贞洁女士前往各村，一边传教，一边访贫问苦，照顾重病患者或疯子，尽心尽意，日久不懈，吸引当时不少人信教。1946 年，基督徒王庆祥携眷回到永宁开业行医。时晋南一带鼠疫肆虐，王庆祥夫妇不顾个人安危，积极除疫灭病，抢救人民生命。

中华人民共和国成立后，永宁基督教信徒遵循“爱国爱教、关心社会、造福人群”的宗旨，为支援灾区、关心儿童成长和社会公益做出贡献。1976 年，王庆祥从福建医学院附属二院退休后，他坚持义务行医，为群众服务，曾多次被选为晋江县人大代表和县政协常委。1979 年当选为永宁镇侨联主席。基督徒郑天应 1994 年和 1996 年两次被评为石狮市卫生系统“白求恩杯”十佳医务人员，2004 年被评为石狮市政协第三届优秀政协委员，2008 年被泉州市委、市政府授予“关心下一代先进工作者”称号。2009 年，基督徒施建治在汶川大地震重建时，毅然卖掉香港房子，捐资 200 万元为灾区兴建“希望幼儿园”，体现其爱国爱乡关爱下一代的无私情怀。

三、活动

永宁教会会务由信徒选举的执事会管理，下设青年团契、妇女团契、青年唱诗班、主日学等组织，定期举行查经、祈祷会、巡家探访等属灵活动。

基督教会每年三大节日（圣诞节、受难节、复活节）均举行纪念活动，尤其是圣诞节最为隆重。圣诞前夜，信徒聚集，举行“平安夜”晚会。圣诞当日黎明时分，“报佳音”的队伍即到各信徒家中分发圣诞礼品，沿途教会西乐队演奏圣诞乐曲，鞭炮声绵延不绝。上午，各家各户信徒扶老携幼涌入教堂，举行隆重的圣诞崇拜仪式。下午，举行圣诞赞美会，唱诗、歌舞、上演圣剧等。

永宁基督教会自初期建立，即以播扬基督耶稣救世福音为宗旨，经常开展救助孤寡、贫困等爱心关怀活动，且在地方办学校、开医馆、办工厂。当时，晋江县流行女子缠脚的陋俗，教会倡导妇女“放脚”、女孩不再缠脚，基督徒家庭首先实行。民国三年（1914年），教会创办育元小学，面向社会招生，还兼办女学。1933年，周永年创办毓真小学。20世纪初，基督徒郑汉庭、黄邦德、周永渊等人首先在永宁开办西医诊所。1920年王琼梅开设惠泉医馆，首先采用新法接生。二十世纪三四十年代,教会先后创办面粉厂、毛巾织造厂、电（铁）船捞鱼等事业,较社会上早先采用现代医疗技术和生产技术。

近年来，陈增煌任永宁基督教会执事会主任，对家乡教育及公益颇为关注。2010年，教会共募集10万元，支持永宁中心幼儿园新校园建设。2013年，教会任永宁中心小学第五届校董会董事单位。2015年在育元小学旧址建停车场。2016年为永宁中心小学捐建新型图书馆——“心天地”多媒体图书馆。

第四节　民间信仰

永宁民间信仰颇为芜杂，除了比较传统的城隍、妈祖、关帝外，各村还有乡里佛、挡境神或角头佛，而且各行各业均有各自的神祇。且上敬天公，下祀土地。每年正月初九“天公生（日）”，各家各户一大早即呈香案，诚心敬祀。六月初七“天妈生（日）”，中午也必敬祀。每逢婚喜吉庆均要“酬天敬神”。每月初二、十六“土地公生（日）”，还须祭祀“福德正神”。对大道的“路头公”、冢堆的“万阴公”、宅院的“地主”、灶台的“灶君”、天井口的“檐口妈”、猪栏的“猪朝（厩）公”、床头的“床母”等，于年节之时，均需祭祀一番。中华人民共和国成立后，解放思想，破除迷信，民间信仰中的糟粕逐渐消除，有的则删繁就简，移风易俗取得显著成效。

永宁古城中民间信仰宫庙甚多，主要有东西庵、五大庙及三十二铺神庙。

东西庵　相传明朝建城后，不久即建了东西庵。东庵即泰山夫人宫、于娘妈台旁，面海，原有三进，于明代陷城时被倭寇焚毁，尚存石塔一座。西庵乃莺山妈庙，在莺山下，曾为五进，亦废于倭患。曾有人在今莺山妈宫后掘到空字房等遗迹。

五大庙　永宁卫城设五大城门，并于各门建一庙以镇邪。据传，因永宁乃滨海边城，故五大庙奉祀的均是水神。如大东门临水宫，奉祀临水夫人陈靖姑；西门平浪侯祠，奉祀晏公爷；南门天妃宫，奉祀妈祖；北门真武殿，奉祀北极玄天上帝。另有小东门玄坛宫，奉祀的赵公明，虽为财神，据称，却也能驱雷役电。

永宁三十二铺境神祇　铺境制度是“明清时期，闽南地区的泉州府实行的一套完整的城市社会空间分类体系”。负责管理户籍、征调赋役，传递政令，孰促农商，并向地方政府提供一定信息，以资行政。之后，民间在各铺境兴建神庙，作为地缘社区的主体象征祀神。据《晋江县志》记载，明代永宁建城后划分为三十二铺，每个铺境都有各自的控制范围，并拥有各自的境庙和神祇。

大东

海宁铺，辖域大东，境庙临水宫，奉祀临水夫人陈靖姑。

开封铺，辖域大街头，境庙中开坊赵帅府，奉祀赵公明。

隘隆铺，辖域白厝街，境庙杏仔爷馆，奉祀杏仔爷。

行化铺，辖域仓顶，境庙泰山夫人宫。奉祀泰山老母碧霞元君。

樟脑铺，辖域樟脑街、大寮口，境庙观音宫。奉祀观音菩萨。

小东

东瀛铺，辖域小东门，境庙小东门土地庙。奉祀土地神。

启宁铺，辖域后衙、东街，境庙慈航庙，奉祀观音菩萨。

营东铺，辖域小东门尾，境庙玄坛宫。奉祀赵公明。

象山铺，辖域城隍庙后，境庙象山土地庙，奉祀土地神。

西门

永清铺，辖域西门土地宫口，境庙西门土地庙，奉祀土地神。

忠义铺，辖域磨内，境庙金甲代巡庙，奉祀金甲代巡。

龙顺铺，辖域石盘街，境庙伍显庙。奉祀伍显大帝。

秀山铺，辖域西门外，境庙保生大帝宫，奉祀吴真人。

莺山铺，辖域后山、十三架，境庙莺山妈宫，奉祀莺山妈。

宣化铺，辖域石埕头至三板桥，境庙平浪侯祠，奉祀晏公爷。

杏花铺，辖域小街，境庙萧王府，奉祀萧王爷（汉，萧望之）。

龙泉铺，辖域梅福寺一带，境庙梅福寺，奉祀观音菩萨。

龙海铺，辖域场口，境庙火神爷馆，奉祀火神爷。

龙水铺，辖域石泌水，境庙霁霞池王府，主祀黄仔爷。

洛阳铺，辖域下营，境庙土地庙，奉祀土地神。

桔花铺，辖域秤锤池一带，境庙土地庙，奉祀土地神。

埔尾铺，辖域下营城脚，境庙土地庙，奉祀土地神。

南门

金鳌铺，辖域南门，境庙南门土地庙，奉祀土地神

宣花铺，辖域三合境，境庙包公馆，奉祀宋包拯。

英西铺，辖域英西巷，境庙章帅府，主祀南宗武德英侯章成武，也称“章三相公”。

端花铺，辖域三合境，境庙圣母宫。奉祀天上圣母。

双鲤铺，辖域南门尾，境庙天妃宫，奉祀妈祖。

北门

玉泉铺，辖域北门街，境庙真武殿，主祀玄天上帝。

顺风铺，辖域北门城脚，境庙石将军庙。奉祀石将军。

康熙铺，辖域所内，境庙四王府，奉祀四王爷。

溪源铺，辖域水关、东源，境庙伍盟府（俗称白马公宫），奉祀伍子胥。

功义铺，辖域三公巷，境庙三清宫，奉祀道教之玉清元始天尊、上清灵宝天尊、太清道德天尊（太上老君）。

此外，尚有沙堤村三王府宫、宫屿六仔爷宫，郭坑六代巡宫，后杆柄王妈宫，院东马代巡宫，前埔万仔爷宫，沙美祖师公宫，港边村大太保宫，浯沙村四王府宫，山边镇海宫，以及梅林村广泽尊王宫和安溪城隍宫等。

第二十六章　民俗 方言

永宁民间习俗，沿袭汉唐古制，尤其是婚嫁及丧葬礼仪，甚为典型。如婚嫁有从纳采至迎亲之“六礼”程序，丧礼则有从搬铺至出殡等七大环节，颇具古中原之遗风。中华人民共和国成立后，多次开展移风易俗、一些节俗删繁就简或有所变通。改革开放以来，由于生产方式的变化、生活节奏的加快、文化水平的提高，传统民俗正在现代文明的潮流中赋予新的内容。

永宁的方言，直接来源于古汉语，属闽南方言的泉州次方言。不论语音系统，还是词汇、语法，都保留着古汉语的特征；而某些词语，也残存着古闽越语的痕迹。

第一节　岁时习俗

一、春节

正月初一凌晨，各家各户燃放烟花爆竹，争先“开正”。家庭主妇备下糖茶，供家人起床后饮用，先尝一年之甜头。早餐合家吃线面，兆福寿绵长。亲友邻里之间互相拜年，互道“恭喜”，以甜茶、糖果、蜜饯相款待，寓示一年甜蜜如意。20 世纪 50 年代后，还举行新春茶话会，开展拥军优属、拥政爱民团拜活动，各村组织灯谜、南音演唱，及象棋赛、篮球赛等赛事。20 世纪 90 年代后，时兴互赠贺年卡、打电话拜年，21 世纪后，采用手机发短信贺年甚为普遍。

正月初一还有一些禁忌。如：忌向人索债；忌与人吵架、忌打骂小孩；忌扫地、倒垃圾，意即新年纳福，恐财气一扫而空。忌汲井水，恐钱水流失；忌打破碗碟、杯盏等器物，恐招致破家、破财之灾。除夕及正月初一夜，都不熄灯。此外，春节期间，还有“初二请女婿”，即女婿带着妻儿往岳家向岳父母拜年；“初四神落天”，妇人备好三牲果盒上宫庙敬祀，迎接诸神下降；以及“初七众人生（日）”（亦称“七元”），每家都要煮线面、敬奉灶君等习俗。

二、虎岫庙会

正月初九，俗称“天公生（日）”。是日，宝盖山方圆数十里村民，破晓前供奉天公之后，便成群结队赴虎岫寺参加“游春”庙会。妇人们提着供品，男人们带着酒食，小孩们打着彩旗，还有民间乐队，纷纷到寺中汇集。老人、妇女分别向玄天上帝献金叩拜，祈求新春如意。殿堂前的大埕上有鼓乐队、舞狮队、彩球队、高跷戏竞技献演。弦管、什音、龙虎调，交响不绝。商贩摆摊叫卖，供售玩具、糕点小食。孩子们吹气球、放鞭炮、看猴戏、钻虎洞、攀崖登峰、登塔望海，玩得比过年还畅快。

三、元宵节

正月十五为元宵节，又称“上元节”，有吃“上元丸”的习俗。节前，娘家得给嫁出后尚未生育男婴的女儿家送莲花灯，寓意“多生贵子”。元宵之夜，家家门口，花灯灿烂。20世纪90年代，永宁城隍庙多年举办花灯展览、侨乡谜会，有时还举行攻炮城、南音坐灯、文艺踩街等活动。儿童手提花灯，成群结队，走街串巷，到处“游灯”。

四、清明节

永宁古来即有“清明不返家‘无祖’”之乡谚。外出做工者和港、澳、台“三胞”多在清明时赶回家祭扫祖墓。是日，家家户户吃“润饼”。有的还在节期（清明前后10日内）为亡故的亲人拾骸迁葬。清明日，漫山遍野尽是红男绿女，牵儿携孙，络绎不绝；鞭炮声此起彼伏。其扫墓过程，即先把墓地杂草、泥沙清理干净，继而培土加固，再用红漆填描墓碑文字，接着在墓区四周压上五色纸钱、供祭品、点香，最后焚烧冥纸，燃放鞭炮。礼毕全家踏青赏景，尽兴而归。近年“献纸”，有的已不压纸钱，而是改用贴纸花，更有人以鲜花敬献于祖先坟前。

清明节前后，各学校少先队员，在老师带领下，到革命烈士陵墓祭扫、献花圈、悼念先烈，接受爱国主义教育，给节日赋予新的意义。

五、夏至

是日有吃夏面的习俗。时夏收完毕，新麦上市，因此寓有尝新的意思。

六、端午节

五月初五为端阳节，俗称“五月节”。 明朝，永宁卫城军士盛行“赛龙舟”。到了清代，衍化为“扛龙船”乡俗。即由4人扛一泥塑黑虎神像在前引路，鼓乐紧跟，后由数人扛一木制龙船，到各家各户驱邪。各户人家则包“五月节粽”，门插蒲艾、松枝。亦有人将雄黄酒抹在小孩的耳朵、鼻子和手心等处，藉以驱瘴除邪。且因时属黄梅季节，常连日阴雨，人们盼望天晴，故又有“煎堆（饼）补天”的习俗。即用麦粉煎成一片片的饼来食用，意为以此“堆（饼)”来补不断“漏雨”的天。当午，还要曝“五龙蒲（袍)”，意谓此日，连皇帝也要把五龙袍拿出来曝晒。天刚放晴，将发霉的衣物搬出一晒，消灭细菌，实乃有益的卫生习惯。家家户户还要熏蒸苍术、蝉蜕，以驱邪杀菌。有的还于节日当午取茶叶和盐，加入薄荷等药物，入锅热炒，谓之“午时茶”。每逢盛暑肠胃不适，取此药茶冲泡饮服，颇能见效。

七、七夕

即农历七月初七，俗称“七娘妈生（日)”。相传，七娘妈乃“牛郎织女”故事中的七仙女。此日，要在厅堂口摆桌子，供祭品，桌后还摆上一座纸“花亭”（七娘妈亭)。有的还备有七件胭脂花粉、七色丝线、七种甘味、水果、花卉和七双筷子，把七娘妈的六位姐姐都请来。敬奉时，先烧香点烛，并把挂在屋檐口的画有董永抱子送七仙女升天的“七娘妈灯”点亮，再焚烧金箔花亭，燃放鞭炮，欢送“七娘妈”上天与牛郎相会。

过去，还有“七夕乞巧”的民俗，一些少女悄悄缝制一双小绣花鞋，鞋里装上甜冬瓜、红枣、瓜子、糖果等，到厕所边拜祭东丝娘，谓之“乞巧”。即祈求东丝娘教给好手艺、好女红。现在，除敬七娘妈外，其他习俗已渐少见。也有青年男女将“七夕”当作中华民族的“情人节”，男士于此日向女友送玫瑰花。

八、普度

为道教的中元节，又称鬼节。佛教于此日举行盂兰盆会。盂兰是梵语，意谓解救倒悬之苦。“普度”由此衍生，而且成为道释两教的共同节日。泉州南门外的普度，始自农历七月初一夜，家家户户都要点“路灯”，为鬼魂照路，俗称“起灯脚”。此灯一直点到七月廿九日，才备些荤菜碗祀神，然后把路灯取下，连同金箔一起焚化，称“倒灯脚”。

“普度”日，各家各户在自家大门口设供品祭拜普度公及无主孤魂。永宁城内“普度”，乃按“五门城头”，即北门、大东、南门、小东、西门依次逐年轮流，轮流到的角落要竖幡立旗，摆设“大士爷”坛，演戏宴客。其他四个门头则要“陪普”。至于城外诸乡，普度日期有所不同，如沙美为初五，西岑为廿二，梅林、港边、岑兜则为廿九或三十日。

早时，由于普度各家各户都要大摆酒筵宴客，许多人为了“输人不输阵”，致负债累累，因此，有人称“普度”为“苦度”“卖子度”。20世纪50年代后，“普度”旧俗渐废，惟祭神习俗仍存。

九、中秋节

八月十五日中秋节，永宁一带除赏月、吃月饼、亲友互赠“中秋饼”外，还有烧塔仔、博中秋饼、听香等活动。每近中秋，姑嫂塔下各村儿童便在门前以瓦片堆砌小塔仔，塔仔高3至4层。中秋夜，即在塔仔各层点上小红烛，儿童成群结队互相嬉戏。此晚，还有“听香”古俗，姑娘或少妇先于菩萨前焚香祷告，然后躲在僻静处，把窃听到的第一句话当作“香语”，等待日后应验，以此卜问有关择婿、生子或南洋亲人归期等隐私。

十、重阳节

九月初九重阳节。民国时期，虎岫寺常常举行拜孔庙会，参加者大多是文人，他们朝“文昌祠”、拜孔子神像，登山眺海，观翠品茗，即兴作诗。至午，由寺内特设素宴招待，而他们则留赠给寺内诗文书画，以作答谢。如今，重阳节已定为老人节。各机关团体常于此日组织对老人进行慰问。

十一、立　冬

古来于是日有“补冬”的习惯。往往提前数月，各家就要饲养好些鸡、鸭、鹅、兔等禽畜，以备立冬食用。是日，家家热气蒸腾，杀鸡宰鸭。亦有一些家庭养有羊、狗者，屠宰后即分赠一些给亲友，被视为“立冬”大补珍品。

十二、冬　至

亦称“冬节”，俗语“冬节小年兜”。节前，各户人家舂粞做粿，搓米丸子，并用米粞捏制十二生肖等小动物，以兆六畜兴旺。当日清早，先祀祖先，后合家吃汤圆；中午，另备丰盛供品再次敬神祀祖。诸姓祠堂在冬至前后，择日“祭冬”，礼仪颇为隆重。

十三、除　夕

俗称“年兜”。腊月廿三“送神”之后，过年气氛日渐见浓。在外地的亲人纷纷返乡过节；家家户户趁天气暖和，提前掸尘（大扫除），家长忙着置办年货。岁除中午，各家备办菜肴到祖厅敬祀祖先。下午贴春联，还要“挑水过年”，即把家中的水缸装满水，并于缸中放4颗红枣、4枚银币，以示财物满盈。

晚上，合家团圆吃年饭。饭后，长辈给孩子分发过年钱（压岁钱），也有业已长大能做工挣钱的年青人送“红包”给老人，以示孝敬。饭后，各家在大门口点燃火堆“跳火群”，家中所有男人在火堆上跳来跳去。边跳边念：“跳入来，大发财，跳出去，好财气；跳过东，五谷吃袂（不会）空；跳过西，钱银满厝内。” “跳火群”之后，由主妇在火堆中取一些灰烬置于烘炉里，然后放在房中，俗称“叱火乌”，表示火红兴旺之气绵延不断。

入夜，主妇点燃“通宵烛”，准备过年饭，内装有米饭、芋艿、红桔和 4 枚银币，上插“饭春”，在房门后放置 2 株甘蔗，以示日子甘甜，财富充盈，年年有余。是夜，合家老少围坐畅谈，直至通宵达旦，谓之为老人家添寿。20 世纪 80 年代后，家家户户坐在电视机前观看中央电视台播出的春节联欢晚会节目。午夜的钟声响过，各家各户即忙在门前燃放鞭炮烟花，迎接新年。

第二节　人生礼仪习俗

一、婚嫁

永宁男女婚嫁，历来有一套繁琐礼仪。首先是提亲，由媒人或亲友介绍男女双方情况，经父母同意，确定议婚意向。提亲后，媒人把女方用红纸写有生辰年月的庚帖送到男家。男方将其压在厅堂神龛香炉底下。三天内，如家事顺遂，即为“三日圆”，适于缔亲。后男女双方择日央请婶姆、长辈到对方家中察看仪表，了解人品及家况，谓之“相亲”。

相亲后，如双方都感满意，男方堂亲长辈即由媒人陪同，带礼物到女家行聘，确定姻亲关系。女方则以礼回谢，以示婚事笃定。迎娶之前，男家将择定婚娶的良辰吉日托媒人告知女家（俗称“念日”）。尔后，男方提前数日送给女家预先商定的聘金，然后“担盘”。女方一般都设“担盘桌”接待男方担盘者。同日，女方将嫁妆送到男家。因华侨长年累月出洋在外，女儿在家乡出生后难尽抚养之责，女儿出嫁时，往往不惜花费巨资为女儿备办嫁妆，因此，侨家女儿出嫁时嫁妆特别丰厚。

结婚当天清晨，男方安排花轿前往女家迎娶。同时由一男童乘帘轿到女家“挑灯”。

新娘要提前一天“开面”（绞净面毛）。上轿之前，要先“上头”（行笄礼），由兄弟为其罩乌巾。新娘上轿，挥泪哭别，然后“封轿门”。花轿一到男家，即由新郎揭去封条、“踢轿门”，然后由一男孩“请出轿”。新娘在两位好命相的婶姆牵扶下，上遮竹笠，跨越“烘炉火”，步经厅堂进入洞房。进洞房后，由新郎用厘秤挑去新娘罩头的乌巾，新夫妇共吃“相见圆”（红色糯米丸）。是夜，新郎新娘在厅堂跪拜天地。然后双双进洞房。

次日，新娘在婆婆、女眷及送嫁娘陪同下，到祖厅“启公”拜祖先。新娘家里的弟弟或侄辈来“换花”，后新郎伴新娘回娘家“做女婿”。岳家办酒席接待。傍晚，新郎偕新娘回家。是夜，开始闹洞房，俗称“绞糖”。亲眷邻居欢聚一堂，尽情逗乐。

中华人民共和国成立后，实行自由婚姻，一夫一妻制。童婚、纳妾、嫁木主等婚姻劣俗被废除。未婚男女两相情愿，符合结婚年龄，到区政府办理结婚登记，开个茶会或“旅行结婚”，即宣告婚礼完成。“提亲”“送庚帖”“相亲”等旧俗大多自行消失。

20世纪50年代，新娘出嫁乘挂红布的乌帘轿，后改乘坐装饰喜气色彩的三轮车。80年代后，新娘出嫁乘小轿车。90年代，婚事大操大办、铺张浪费之风日盛。跨入21世纪，政府大力倡导婚事简办，多次举办集体婚礼，由镇长或村委会主任主婚，各家亲友欢聚一堂，举行茶话会，分送喜糖，简朴隆重，深受群众欢迎。近年来，开始时兴到酒家举行“联婚宴”，双方亲友，聚集庆贺。酒家则备有司仪主持，新郎新娘出场亮相、祝酒均有一定程序，甚为隆重，且可省去“担盘”“做女婿”等许多旧礼节。

二、生育

中华人民共和国成立以前，永宁农村和沿海渔村普遍采取土法接生，产妇和婴儿死亡率高，致使境内有许多愚昧落后的地方生育风俗。

产妇临盆，家人煮甜鸡蛋让其吃下“压肚”。产后一个月间，一日多餐，要吃姜油煎炸的鸡蛋、线面，以及鸡鸭等滋补品，为其祛除风寒，恢复体质。产妇忌吹冷风和冷水浸洗，外人不得进入“月内房”。

婴儿出生，初哺以甘草汤，后喂母乳。出生9日，长辈为其安置摇篮。出生14日，给产妇娘家送去香油饭，俗称“报生饭”。娘家则回赠鸡、鸭、鱼、蛋等食品给产妇“补月内”，同时送给婴儿四衫、四裘及被裙等物，称“送庚”。到了满月(弥月)，生男婴者要给娘家及堂亲邻居赠送“糖豆”，娘家得备办“满月红”(婴儿穿的红衣衫)、虎仔帽及布料送到婿家，并蒸“满月丸”和相当数量的鸡蛋，供婴儿“剃头”之后分赠亲友。男家则回赠粿粽、“三牲”等物。满月前一天，请理发匠为婴儿“剃头”，在婴儿后脑勺留一小撮羊尾巴，俗称“寿毛”，寓意长寿百岁。“四月日”（四周月)开始让婴儿坐轿车。婴儿的姑母当赠予“涎围兜”。外婆家则赠予裘衫、金银手链、帽子、布料及面制的“四月日桃”。男家则以粿、粽回赠。

孩子周岁，俗称“度晬”。除隆重敬奉神明外，有的还设宴招待亲友。外婆家则置办金银首饰、鞋帽、衣料及“四脚龟”(面制品）给外孙。“度晬”筵席之后，民间还有“趓龟”仪俗。即在地上放置一张新草席，草席四个角落各置一个“四脚龟”。席上放有厘戥、算盘、书笔、白银诸物，然后让孩子在席上爬动，看其伸手首先拿什么东西，藉以卜知孩子来日从事士农工商的趋向。

十六岁，男称“成丁”，女称“及笄”，意即长大成人，于是大办酒席，隆重庆贺。外婆家赠送毛巾、扇子、布料、服装、金首饰、自行车以至彩电、摩托车等丰厚礼物。其他亲友也有比较贵重的馈赠。十六岁是最后一次祀敬床母、檐口妈和七娘妈等神明，故俗称“洗契”，意为对其脱离结契的关系，所以供品特别丰盛。有的还把亲友赠送的首饰、衣物、电器等礼品一并陈列敬神，让人参观，藉以炫耀孩子的贵气。

20 世纪 50 年代后，随着科学的普及、社会的进步和卫生事业的发展，生育上的一些陈规陋俗已渐被废除，但有些健康合理的习俗仍被沿袭。

三、寿庆

永宁人做生日，均以农历出生年月为依据。逢十，即五十、六十、七十、八十岁，称“大生日”，但也有提前一年做大生日的，即七十九做八十岁生日。因方言“九”与“久”谐音，寓有长寿之意。不逢十则为“闲生日”。从前，由于人口平均寿命较短，一般娶了儿媳、嫁了女儿，有了孙儿，五十岁便开始做“大生日”。“闲生日”较为简单，一家人(包括已嫁出的女儿)团聚，早晨吃吃鸡蛋线面，中午加加菜即可。做“大生日”则颇为隆重。寿庆前夕，在外地的儿孙辈都要提前回家，女儿则要和女婿、外孙回娘家，同时送来猪腿、线面、金首饰等寿礼。永宁境内从前还有在做“大生日”时为长辈做寿衣、置寿板以示孝道的风俗。做寿衣称为“张老衣裳”；置寿板，即预备老人百年后收殓的棺木(有的只备木料)。运寿板时，要请“红甲吹”迎送。寿板以红漆为底色，绘有二十四孝图案，并用新草席包扎，挂上红布，再插以金花，然后竖放在祖厅旁。

中华人民共和国成立后，人民生活和卫生保健条件大为改善，人生七十不算稀，故大多数到七十岁才开始做“大生日”。做大寿前一天要“惠面”，均用熟面分赠族亲邻居，（后为方便起见，则以快熟面和猪肉罐头代之）。改革开放以来，时兴送生日蛋糕。寿诞当天，天未亮时，有的人家还摆香案敬天公，叩谢上苍保佑老人健康长寿。旭日东升时，儿媳妇到祖厅焚香点灼，敬五果、放鞭炮，为长辈祝寿。早餐，合家吃寿面，各加两个太平蛋。中午，则在家里或到酒家大摆寿筵，宴请亲友邻居。来宾多以大红烛、喜炮作贺。今则时兴送花篮、放充气拱门或电子门。也有过从甚密且家庭殷富的亲友，赠送电视机、电冰箱或沙发等贵重器具。20 世纪 90 年代，有的还在有线电视台点歌，或放映电影以示祝贺。祝寿礼毕，让已婚女儿、孙女等至亲带回寿龟、寿桃（面制品）等物以分送邻里，俗称“压筐”，意为“内外欢喜”。

近年来，政府号召移风易俗，各村老人会纷纷响应。常常有人自觉简办寿庆，把节约的资金支持教育事业或赞助公益。

四、丧葬

永宁境内历来葬礼隆重，葬仪繁琐。凡年上半百或已身为祖辈的老人临终前，必先将其抬到祖厝厅堂内，置于用 4 块床板搭就的简易床铺上，为其更换寿衣，俗称“上厅边”。老人辞世后，即用被单将其盖紧，并在尸体胸部放置一面铜镜。

丧家门口悬挂白布，门上贴白色挽联，全家披白戴孝举哀，并分派堂亲到亲戚家报丧。被报亲戚，应给报丧者一杯清水，让其嗽上一口，余者倒掉以示添“彩气”。

大多守遗体一夜，即可入殓。时在唢呐声中，先把死者扶在交椅上“辞老”，然后放入棺中，同时有老者在门外“印斗”、随口唱诵吉祥句子：“一斗兴旺，二斗满堂，三斗生贵子，四斗四代两公孙……”倘若妇女丧亡，应待其娘家亲眷在场观看，方可入殓。

入殓后，即将死者用过的衣服、草席、药罐等物送到村外荒郊焚烧，俗称“送草”。

“送草”后设置灵堂，堂上立置纸龛和死者遗像，灵柩停放堂中，四壁列置亲友送来的花圈、挽幛。守灵期间，每早媳妇、女儿在龛前哀哭“请吃茶、洗面”，三餐“叫食”。亲友邻里送赙仪，俗称“金银礼”，一般由族亲专人签收。排场较大的丧礼还就近另设“丁忧所”，接待亲朋故友及有关人士前来吊唁。

亦有崇佛信道者，于守灵期间“做功德”。少者一昼夜，多者三至七天，请僧道摆神坛做法事。每天三、五次，孝男孝孙一大串随道士走街串巷“朝灵”，并于出殡前一日“牵缯”，超度亡魂。“功德”结束之日下午，由道士或和尚表演“抛锣钹”。晚上，道士在龛前“解愿”，有的还演“打城戏”。

出殡时，棺夫把灵柩转至宅外开阔处，孝男孝孙跪列两旁。行过“棺前祭”，送葬队伍徐徐行进，锣鼓阵阵，哀乐齐鸣，哭声凄切。其次序以红白彩、子孙球为前导，后出殡仪式牌、姓氏灯、大鼓吹、花圈、西乐、主亭、魂轿，甚而舞狮、舞龙、高跷、拍胸舞、轻音乐，浩浩荡荡十数阵，有如踩街游行一般。灵柩于队伍后方。棺后左右牵连二条大白布，由孝眷执持而成长列，俗称“拔龙须”。有的还特制一面“灵旌”，由族中命相最好的年轻人骑马执旌于队列之中，同时，聘请一位曾任武官者乘骑殿后，称为“督旌”。

灵柩抵达墓地，先祀“后土”，后行墓前祭。由礼生唱诵，并请一德高望重者主祭，上诸供品，再由孝男读哀章，后请主祭“点主”。诸礼完毕，棺木即可落土，孝眷以丧服掬土一抔，依次绕墓地一周，徐徐将土撒入墓中，俗称“帕土”。此后即由送葬族亲邻里合力封盖墓穴。（自实行火葬后，“墓前祭”诸仪俗，均改在出殡前进行。）

尔后，送葬队伍以红灯为前导“归虞”，俗称“返主”。抵家后，如立龛已满七日，即行“倒龛”，把大厅中之纸龛移到户外旷地焚烧。境内原有“返主”后设宴飨客的习俗。丧事之后，丧家还要以咸煎、粽子(后改为糕子及饮料)答谢亲友邻里。近年来，好些地方老人会提倡改革丧葬陋俗，禁止出丧办酒席，并对送赙仪者，仅以一纸“谢笺”鸣谢，不另购物酬答。

1997 年 1 月，永宁镇实行殡葬改革，改土葬为火葬。

附：基督教徒丧葬礼俗

基督教徒丧葬礼俗较为简单。入殓时，由牧师或传道主持祈祷仪式。守灵之夜，信徒聚集吟唱哀悼圣诗，忆念死者生平，或讲述教义。出殡前，举行“追思礼拜”，由牧师介绍死者一生经历并作安息祷告，同时对遗属作一番慰勉。出殡仪式讲求庄严、肃穆，亲眷大多穿黑衫，戴“头乌”。除西乐鸣奏、吟唱哀悼圣诗外，禁止鼓乐喧杂。到墓地，棺木落土前，由主丧牧师再作一次祈祷，称“落土礼拜”。实行火葬后，则改于火化之前作“火化礼拜”。至此，丧事即告结束。

第三节　侨胞习俗

一、拜别祖先

“新客”（初次出洋者）出国，均要到祖厅点香，虔诚祷告，向祖先辞行，表示不忘家乡列祖列宗，也祈求保佑一路平安。

二、送顺风

华侨出洋之前，要到亲友家辞别，亲友有的赠送鸡蛋、面线，有的赠予鱼、肉、鸡、鸭或猪腿，亦有的送万兴馆花生、泉苑茶饼、铁观音、水仙种或党参、当归等药材，俗称“送顺风”。更为盛情者，则设宴饯行。宴席上如逢全鱼，最忌翻食，否则会被视为不吉（翻船）之兆。“新客”出洋，家里要煮“红枣鸡蛋”为其送行。并备好一小瓶家乡的井水和一小包泥土让其随身带去，使之出洋后能适应侨居地“水土”，不忘乡井故土。

三、脱草鞋

过去人们远行，都穿草鞋，回家时即脱去草鞋，洗掉一路风尘。民间沿用此义，把为番客接风洗尘称为“脱草鞋”。华侨回归故里，亲朋好友或送猪脚、美酒，或送鸡、鸭、糕饼等物，甚至设宴为其接风。番客则回赠布料、衣物或包洋银作为酬谢。不少归侨还准备一些毛巾、番纱（纱线）、香皂之类日常用品，广惠邻居、堂亲。

四、寄房

旅居国外的未婚华侨，故乡亲人通过媒妁之言为其订亲，择日让其返乡迎娶。新郎因路途遥远、或它故未能如期抵家者，为不错过吉时良辰，当新娘花轿入门时，由送嫁娘揣来一只公鸡到轿前，以象征新郎将其迎入堂中，行礼如仪，然后连同公鸡一起送入洞房，与新娘作伴，俗称“寄房”。一旦新郎返乡，即可正式与新娘过夫妻生活。中华人民共和国成立后，婚姻自主，此“公鸡娶亲”旧俗即予废止。

五、嗣子

华侨长年出洋在外，忙于生计，难得归乡，常有多年尚未能得子。父母抱孙心切，许多家庭，便为其抱养男孩，以传宗接代。一般抱养外地的孩子，但也有同村同宗过继。孩子抱养后，不能再与生身父母、同胞兄弟往来。孩子长大后即被接往海外继承祖业。

六、引水魂

旅居国外华侨，每到暮年均有叶落归根、回归故里安度晚年的心愿。对客死他邦、骨埋异乡者，为实现其生前夙愿，即由亲人或朋友带一些墓地泥土，和一件死者的衣服回归故乡。归途中，每到一处，不管上船或转车，均要低声呼唤死者的名字，并告以旅途情景。抵家后，即将墓土放在厅桌上的香炉中，然后择日引水魂。

是日，死者家属必于大清早海水退潮时到海边放纸船（离海较远者，则到溪边）。候涨潮时再到该处迎接。其时，道士在海边舞动死者衣物，口中念念有词，孝男孝孙跪在沙滩上哀号死者的名字，然后祭海龙王、土地公，再由点主官点木主，招魂队伍方整队归回，将死者灵魂引入祖厅。后来，随着交通工具的发展，华侨出洋或归国，均已乘搭汽车、轮船或飞机，且有些乡村离海甚远，多有不便，则于大清早到村口旷地放置纸糊的汽车或飞机，中午再到是处招魂。

七、祭扫祖坟

华侨出国，短则两三年、长则十年八年，难得回家一趟，故每次归家，必至祖宗坟前祭扫，以示不忘上辈恩德。更有父母亡故时没能回家奔丧者，一旦归来，必至墓前祭奠，悲之所至，涕泪纵横，至为感人。

第四节 行业习俗

一、 农耕习俗

永宁农民，在长期生产实践中，形成一些习俗，以实用性居多。

敬田头公 过去境内农户，要于五月初五到地里敬“田头公”。祀品为过端午节的粽子、馒头、包子、发馃等物，藉以祈求新一年获更好收成。

守更 农作物快成熟时，为防止被盗窃或野兽损害，农民在地里搭个临时帐蓬（俗称草寮），以供守夜，通常要到天大亮时才回家，这种习俗称为“守更”。

扎草人 收获季节，农民常扎稻草人于地里田间。稻草人手足俱全，头上挂一串冥纸，手摇一把扇子，随风飘动，甚为可怕，意在吓鸟驱鼠，防止庄稼被损。

二、出海习俗

海上行船，凡事都讲究吉利，不吉利的语言或行动都属忌讳。

船上忌讲漏、倒、翻、破。如“破柴”应说“攻柴”，“漏桶”应说“赵桶”，“倒水”应说“看察”，上下锚叫“雇斗”。

在船上吃饭时，装饭不能用饭勺装，要用碗直接在饭桶中盛。盛饭后不得在人面前经过，应走人背后。挟菜只能挟各人面前的菜，更不能把碗底的菜往上翻，碗只能迭三块，忌迭四块。

在船上站立忌双手反剪背后，坐不能足垂船舱，更不能来回摆动。在船上不能吹口哨，不能在水仙门口（后舱门）小便，忌问本流水要驶到什么地方，或明天要到什么地方等。农历正月忌逢七，二月忌逢八，七日是“凶煞日”，八日是“兵消日”，均不宜出海。

船行在海上，遇到溺水尸体，呼为“好兄弟”，要把尸体捞上船，用草席或麻袋包装好，待船入澳后，焚烧金楮冥钱，后把尸体埋葬。航行中，若逢孕妇在船上分娩，视为吉兆，船上添丁，是特大喜事，要披红、送“红包”、放鞭炮祝贺。

在船上发生口角打架，一方跳过绞车后，另一方就不能再追，以此平局。

货船要启程之前，务先酬谢“天公”和“妈祖”，后取若干供品倒入海中犒祀“好兄弟”。事毕，在“满载，顺风”的呐喊声中扬帆启程。渔船沿外海捕捞，船头要插一把绣有龙图案的黑旗，告示诸海神，将开“杀生”之戒，以祈保佑。

二、 建宅习俗

建宅造房历来均是大事，整个过程既讲究且庄重。

择地 建宅之前，通常请风水先生选择地址，再由其“牵庚”（罗盘定向），依龙脉

（即地形山势）确定住宅朝向。民居座向忌正南正北，或正东正西，多取兼字。

动土　择定宅址后，请“日师”根据业主的“八字”（即生辰日月）择定动工日期及时辰。破土前，须先酬敬“土地公”，然后用铁锥在宅址四个角落挖开表土，俗称“动土”，后即可兴工。每逢初二、十六，均得奉敬“土地公”，直至住宅落成。

施工　从前建古式大厝，一般先在厅正中置一磉石，为全屋建筑测量轴线与水准的依据。整座建筑规制与格局，通常统一于一根标画尺寸的“高尺”上。各开间的长、宽、高规格均要符合“天父地母”寸白俗套。施工中，凡下砱、置门、上梁、合脊时，均要“看日”，即选择吉日良辰。同时，要在门底埋“五谷”，门柱上压红布，中梁系“八卦”等。

谢土　新居落成，须备办三牲和丰馔祭谢土地神，并宴请工匠，俗称“谢土”。有的还演“嘉礼”（木偶）戏，以示庆贺。“谢土”后，屋内忌放赤土，因“赤”色有火患之嫌。

乔迁　迁入新居之前须“择日”，并将新居打扫干净，贴上对联，张灯结彩，喜气盈门。族亲和邻居赠烛炮相贺，至亲好友则赠送镜屏、家具，以及电器等贵重物品。媳妇家除赠红灯、彩幛等礼品外，尚须送一个装有母鸡和小鸡的“鸡笼”，寓意兴旺昌盛。乔迁多择在拂晓之时，沿途鸣放喜炮。家人搬携摇篮、轿车（竹制婴儿坐具）、鸡笼和各式家具。其中要有一人手提畚斗，内置金锭、银锭，以兆搬迁大吉、金玉满堂、子孙兴旺。当天中午，宴请前来庆贺的亲友和邻居。中华人民共和国成立后，许多陈规陋俗已被简化或消除。

四、叫卖风情

永宁城乡，历来商贩甚多，各种叫卖之声，朝暮不息。贩者或以叫唱、或以击器代声招揽生意，世代相沿。挑货郎担卖小百货的摇小手鼓，当当作响，俗称“摇鼓仔”；挑卖蜜饯担的吹唢呐，俗称“卖咸酸甜吹嗳仔的”；修理小五金器皿、削刀磨剪的碰击铜片串，声声咧咧，称之“咧咧仔”；卖豆腐花、鱼丸等小吃的肩挑摊贩，以汤匙击碗，叮叮声脆；阉牲口的吹短笛；相命、啄鸟卦的敲牛角；卖冰棒雪糕、石花糕、凉水的摇小铜铃；还有一些走江湖打拳卖膏药的，常敲锣打鼓，以吸引四邻光顾。

第五节　地方殊俗

一、陷城洗街

明代倭患，永宁两次“陷城”，军民被杀伤几尽。又清顺治四年（1647 年）四月廿二日，郑成功部将林顺到永宁招兵，遭清军镇压。城中被屠杀者2400余人。嗣后两天，狂风暴雨大作，满街血污随大水冲入水关沟，致逃匿于沟中避难者尽皆溺死，酿成“洗街”血案。此后，每年是日乡人设奠祭祀。据历史记载，“陷城”与“洗街”是两回事。但后来，人们将此日作为永宁历次陷城、遭受外寇侵略的纪念日，统称“陷城洗街”。每逢四月廿二至廿四日，乡民必依照卫城各角落沦陷的先后，备办草人纸马祭奠。时值雨季，相传每至此日，天必下雨。若未雨，乡民必挑水洗街，以示雪耻复仇。该民俗于2008年由石狮市人民政府列入第二批市级非物质文化遗产名录。

二、相掼

据佘煌焕《清末永宁概况》一文记载，永宁有“相掼”古俗。每逢农历正月初至上元节，各处儿童群集城隍庙口之广场，北自城隍庙，南至龙舌山为界。以永宁、外高、沙堤等村之人为一队，港边、梅林、埭头、浯沙之人为一队，南北对立。人数既齐，起初由儿童列成阵势，各自争先恐后，手拾石头互相投掷。斗至胜负不分之时，石块如雨，横飞空际，而双方壮年者，亦各落阵参战。或带有“掼狗烟炊”（竹头短棍制成之烟具），大肆殴打，虽头破血流，全无怨悔，至死不悟。观战者人山人海，喊声助战，人声鼎沸，犹如天崩地裂。相传，此古俗意在驱邪除瘴，以保一方平安。到民国后期，规模已渐缩小。后来，由于科学知识的普及，遂告停止。

三、董氏做节做十四

闽南各姓氏，均于七月十五日做“七月半节”敬奉祖先，惟独永宁董姓必提前一日，于七月十四日做过节。其源自一段掌故。

相传永宁董姓原祖青阳（今青阳董厝崎），因历代封官，家祠门前竖有“下马碑”。文武官员经过都得下马或下轿步行。后来，有个泉州知府不下轿，族人便叫孩子抛石袭击，恰有一石头击入轿中，知府当场死亡。官府遣兵来剿，董氏族人至七月十四日才知道，遂提前祭祀祖先，后举族出逃。

董氏族裔之中有兄弟二人，一逃往金门，一逃往永宁沙堤。从此，永宁的董姓就沿袭此例，把七月半节提前在十四日举行祭祀。

四、十月初一祭祀海神

福建沿海渔民，大多信仰妈祖，但永宁沙堤渔村，祭祀的却是男性海神碧魂爷。因而自成一种风俗。据说，此俗源于古代祭祀海神。每年农历十月初一，沙堤村各户都要蒸制薯粉粿祭祀碧魂爷（亦称海头公），并请道师举行祭海仪式，祈求海上平安，渔业丰收，随后进行牵“水状”，超度落水亡魂等迷信活动。

祭祀完毕，当日各户即将奉敬的薯粉粿分赠给邻村亲朋戚友。不过，还有两件事颇特别：一、祭祀活动不能演戏；二、道士不得收钱，只能收些祭海神的薯粉粿或芋圆作酬礼。据悉，永宁附近个别村落亦有十月蒸制薯粉粿的风俗，不过日子不同。如永宁镇山边村于十月初十，祥芝镇伍堡村则在十月十一日。

第六节 方 言

一、源流

永宁的方言，属闽南方言的泉州次方言，源于中原古汉语，跟晋、唐时期中原汉人大批南下入闽有密切的关系。如倩（请人代劳）即雇、下晡（午后三时至五时）即下午，天普光即天将明（黑浅色为普色），这些均在字典中可以查知。如今，我们还可在古书中找出极多的佐证，如《世说新语》中用得最普遍的三个单数人称代词“我”“汝”“伊”；以“饭”表示“干饭”，以“糜”表示“稀饭”；以“箸”表示“筷子”；以“暝”表示“晚上”；称“胖”为“肥”；称“难”为“恶”；等等。

同时，永宁方言也与吴语有较为密切的关系。因福建部分汉人是东汉末、三国时期从江浙一带迁入的，他们的语言经与当地闽越族语言交融后，逐渐形成今日的闽语。下面摘录《简明吴方言词典》一些词语，从词形到词义与今日永宁方言完全一样。

永宁特色方言摘录一览表

表 5—3

普通话	本地话	普通话	本地话	普通话	本地话
早晨	早起	中午	日昼	油条	油炸鬼
去年	旧年	后天	后日	雾	雾露
旁边	边头	手绢儿	手巾	年轻男子	后生家
别处	别搭	木炭	火炭	媳妇	新妇
标志	记认	毛巾	面巾	身材	身坯
开水	滚水	睡衣	困衫	阴囊	卵脬
太阳	日头				

永宁镇是侨乡，侨客非常多，与南洋往来频繁，因而在方言中引进许多外来词。

永宁方言中源于国外的外来词汇摘录一览表

表 5—4

普通话	本地话	普通话	本地话	普通话	本地话
源自菲律宾他加禄语的外来词		街廊	五脚架	出界、糟	奥塞
钱	帕叟	吻	斟	商标	目头
西红柿	甘仔得	木棉	加暴棉	扳手	拾八
吕宋雪茄烟	达马哥	源自近代及现代英语的外来词		随便	滥糁
源自印尼、马来西亚语的外来词		缝纫机	马劲	巧克力	烛龟蜡
肥皂	雪文	再见	拜	客车	巴
阴沟	隆沟	仙令，法币	仙	衬衫	恤衫
咖啡	糕啤	零星	阑珊	不可理喻	韵钝
手杖	洞葛	局、盘	锦	出租汽车	的士
铜币	镭	球拍	杯	舞厅	迪吧

二、特点

文白异读　永宁方言中文白异读现象十分普遍，文白对应类型也很多种。

文白异读对照表一览表

表 5—5

本字	白读	文读	本字	白读	文读
行	行路	行军	解	解劝	解释
节	年节	气节	草	草地	草写
桐	桐油	梧桐	水	水井	风水
学	大学	学习	家	大家	专家

末声迭字　永宁方言中还保存古汉语中许多末声迭字的特点，如形容女人粗犷为“赤马马”；男人凶气为“霸狮狮”“恶爬爬”或“雄壁壁”。形容胖子为“肥滋滋”，瘦子为“瘦枝枝”。极度贫穷为“穷秃秃”，富贵钱多为“富老老”。形容全身无力为“软糊糊”，毫无办法为“直寥寥”。还有形容光色的“白悉悉”“光帕帕”“红叫叫”“黑茫茫”“金煞

煞”，不但加强语气，而且更加生动。

精僻的形容词　房子大，就称像“开封府”；形容长即说是“连天长”；时间久，称“万代久”；袋子大形容为“乾坤袋”；站不稳就说是“鹭鹚脚”；形容人消瘦，则称是“洞箫脚腿，笔塞颔规（脖子）”。

双音词颠倒　在方言中，经常听到一些颠倒的双音词。如“母鸡”叫“鸡母”、“热闹”叫“闹热”、“拖鞋”叫“鞋拖”、“客人”叫“人客”、“唆使”叫“使唆”等。

方言与普通话趣对　永宁民间艺人李天增曾经编写一本《方言与普通话趣对》小册子，供人对照学习，颇为生动：

起头叫开端，好看叫雅观；　帮忙叫支援，相披（欺）叫侵犯；
接礼叫欢迎，相好叫感情；　样瓣叫模型，人巧叫聪明；
勤作叫积极，实说叫坦白；　观光叫游历，拍拼叫努力；
工夫叫技术，鬼祟叫狡猾；　抵触叫唐突，拳头叫国术；
通透叫开窍，举荐叫介绍；　欠用叫需要，嫌疑叫尧绍；
人死叫逝世，疏通叫联系；　子孙叫后裔，记账叫会计；
起动叫拜托，快活叫幸福；　相甲叫合作，尽忠叫爱国；
好处叫有益，守法叫道德；　赶紧叫突击，宿困叫休息；
落涂叫埋葬，捏话叫诽谤；　有瞈叫希望，番邦叫吕宋；
痖疷叫疲倦，佘增叫肴钴；　祖家叫籍贯，号脉叫诊断；
粕实叫朴素，关心叫照顾；　歹心叫怨妒，相告叫起诉；
少岁叫年幼，糁说叫荒谬；　双爿叫左右，打算叫研究；
白贼叫欺骗，薛啦叫闪电；　食饭叫开膳，办桌叫设筵；
周围叫环境，洗浴叫游泳；　呣甘叫节省，翕像叫摄影；
天下叫世界，对拼叫竞赛；　挡伤叫阻碍，吞忍叫忍耐；
拖拉叫散漫，要作叫肯干；　量少叫有限，量约叫简单；
凭证叫根据，烦恼叫顾虑；　佚佗叫游戏，欠安叫染病；
看轻叫藐视，欢喜叫满意；　真水叫标致，僻藏叫逃避；
伐落叫准备，细腻叫客气；　合心叫一致，挂心叫注意；
大路叫康庄，打扮叫化装；　勇壮叫健康，乾官叫家翁；
搬家叫迁移，临伊叫随时；　有倖叫剩余，囝仔叫小儿；
洗身叫沐浴，在伍叫沉着；　相接叫连续，搬戏叫演剧；

相叫叫招呼，砍气叫自高； 受气叫愤怒，性地叫态度；
乾哺叫男子，查某叫妇女； 拚扫叫清理，畅腹叫欢喜；
冤家叫纠纷，少年叫青春； 男女叫乾坤，嫁娶叫结婚；
无够叫尚缺，乱做叫违法； 举手叫表决，剪头叫理发；
咤郑叫清洁，创业叫建设； 到底叫透彻，降价叫打折；
认错叫道歉，拼命叫冒险； 所在叫地点，相导叫传染；
蹒跚叫拖拉，反省叫检查； 吵闹叫喧哗，蕃薯叫地瓜；
听嘴叫服从，钱银叫金融； 好汉叫英雄，呵斯叫表扬。

三、五色话

五色话泛指借景喻义、通俗浅显的短语，含俚语、俗谚和歇后语等，主要有：

1. 生产生活体验： 如“好江山呣值（不如）好下继（后裔）”，喻教育后辈至关重要；“千银买厝万银买厝边”，喻居必择邻；“情理跌倒泰山”，喻有理无惧；“修心较好吃素”，喻实践重于形式；“瘦瘦马有一步踢”，喻人各有一技之长；“圣佛不论大小仙”，喻不该以年龄或资历取人；“吃果子着（要）拜树头”，喻饮水必须思源；“牛仔出世十八跌”，喻人之成长，难免各种波折；“落水才知长脚人”，喻临事才能辩高手、识真情；“拳头放在手袖里”，喻越是高人，越不张扬。

2. 自然风物比喻： 如“老马展鬃”，喻晚景发达；“挽瓜揪藤”，喻追根查底；“有蚶无肉”，喻有名无实；“跑王爷马”，喻侵吞人财；“捉龟走鳖”，喻顾此失彼；“老瓜熟蒂”，喻人已成熟；“老鼠哭猫”，喻虚情假意；“捉风搓丸”，喻无中生有；“天落红雨”，喻不可思议。

3. 民俗风情概括： 如“死死六工×”，喻老调重弹；“婊子给契兄带孝”，喻勉强应付；“满面钱杆痕”，讥人贪财；“一文打十八结”，喻极度吝啬；“凤梨面桂花腹”，喻外拙内秀；“锄头嘴粪箕耳”，喻口拙迟钝；“笊篱告输鲎靴”，喻不该失败；“敢吃姜，不怕辣”，喻敢作敢当；“土地公听正音（京戏）”，喻不知所云；“放刁拳比”，喻虚张声势；“洞葛（手杖）多于鸟枪”，喻管事的比干事的多。

4. 歇后语： 如“皇金（骨骸瓮）进水——激骨”，喻言行乖张；“竹竿尾缚尿燥布——大曳”，喻过分张扬；“鸡仔飞上树——假鸟”，叽人多言多语；“猴骑羊哥——不成人马”；嘲欠缺人才；“脱裤放臭屁——圭（多）工”，喻多此一举；“棺木头放枪——惊鬼”，喻故意吓人；“柴佛仔浸水——彦神”，讥人弱智；“饮烧酒配番薯——饱兼醉”，喻毫无兴致。

5.通俗故事演绎： 如“捉贼赔千金”，典出高甲戏《金魁星》，喻双重损失；“魏延推倒七星灯”，典出《三国演义》，喻冒失生事；“白马不骑换镜担”，典出梨园戏《陈三五娘》，喻好日子不过，弃优从劣；“六出祈山拖老命”，典出《三国演义》，喻竭尽心力；“八仙过海各显神通”，源自民间传说，喻各展技能；“无锣无鼓抢卢俊义”，典出《水浒传》，喻空手从事；“死老爷无人扛，死奶奶娘踏破砖”，源自民间传说，喻世态炎凉。

卷 六

人 物 篇

第二十七章　名人与永宁

永宁名流荟萃，宋代即为“朱子过化”之邦。宋元之后，相继在此立寨建城，抗倭御敌，文治武功，德政流芳。时至今日，幸喜有“名城卫士”，为抢救古卫城历史文化遗产、保存古镇文脉奔走呼吁，功德无量。

朱熹预言永宁之崛起

朱熹（1130—1200）字元晦，又字仲晦，号晦庵，晚称晦翁，谥文，世称朱文公。祖籍徽州府婺源县（今江西省婺源），出生于南剑州尤溪（今属福建省尤溪县）。宋朝著名理学家、思想家、哲学家、教育家、诗人，闽学派的代表人物，儒学集大成者，世尊称为朱子。曾任江西南康知府、福建漳州知府、浙东巡抚，做官清正有为，振举书院建设。官拜焕章阁侍制兼侍讲，为宋宁宗皇帝讲学。朱熹著述甚多，有，《四书章句集注》《太极图说解》《通书解说》《周易读本》《楚词集注》后人辑有《朱子大全》《朱子集语象》等。绍兴十八年（1148 年）春，朱熹入都科举，中王佐榜第五甲第九十名，准敕赐同进士出身。绍兴二十一年（1151 年），授泉州同安县主簿。在同安期间，与同僚赵永嘉交情甚厚。后永嘉弃职习道，来到永宁金鞍山（双髻山）养性修真。一天，遇到过去在同安的老同事，特拜托其邀请朱熹来永宁一游。朱熹如约，一起畅游永宁山水胜景，曾预言此地五百年后必为商贾云集繁华之地。恰好五百年后，值清初康乾盛世，永宁“太平日久，民生不见外事，而安于亩畎之自乐。君子弦歌，小人负米，鵾腾鹊起，甲于此都之盛。贾陶商贩，推我邑之多。”，故卫志记载：“前大贤云，此地五百年后，有车马往来之言，其兆诸此乎？”民间一致认为朱子的圣言，极为应验，是以乾隆二十八年（1763年），永宁建文武两祠，武祠祀关夫子（关羽），文祠则祀徽国文公，即朱熹。

真德秀展拓永宁寨

真德秀（1178—1235） 字希元，号西山。本姓慎，因避孝宗讳改姓真。福建浦城（今浦城县仙阳镇）人。南宋后期著名理学家，学者称其为“西山先生”。 庆元五年（1199年），真德秀进士及第，开禧元年（1205年）中博学宏词科。理宗时擢礼部侍郎、直学士院。史弥远惮之，被劾落职。起知泉州、福州。端平元年（1234年），入朝为户部尚书，改翰林学士、知制诰。次年拜参知政事，旋卒，赠银青光禄大夫，谥文忠。

真德秀任泉州知府时，“永宁寨”乃为省辖。由设于泉州的“殿下前司左翼军统制厅”统领。嘉定十二年（1219年），福建沿海“海盗不时出没，米商舶贾，间遭劫掠”，而左翼军不受州郡统摄，出现“守臣亲出救援，将士偃然，不肯用命，必邀重赏，而后肯前”之弊。真德秀立即申报枢密院，后朝廷令左翼军“各随所在，听州、县守令节制，本寨事并申取州县指挥”。

改归泉州节制后，沿海防务有较大发展。为加强永宁寨水军追击海寇的作战实力，真德秀把永宁寨由原来步兵百人、水军50人，改为水军百人，步兵50人，又招募梢工、碇手40名，皆“海滨强壮轻捷、习熟风涛之人”。为鼓励士兵携同家属安居海隅、捍卫边塞，真德秀又对原有旧军舍进行展拓，每3间并作2间。即将150间并作100间，另新造20间。可使军人“子孙生长其间”，从小培养成“惯使舟楫之人”。从而开创军屯和移民戍守永宁寨的新方式，亦即以后明代永宁卫城的世袭兵制度之初始。此外，真德秀又添造将官房舍及寨屋40间，以改善官兵及其家属的居住条件。从而大大加强永宁寨在海防上的重要地位。

周德兴启建永宁卫

周德兴（生年不详—1392）， 濠州（今安徽凤阳）人，明初将领。曾任左翼大元帅，后升指挥使、湖广行省左丞。洪武三年（1370年）封江夏侯，后出征湖南、四川及广西。洪武二十年（1387 年）三月，朱元璋令周德兴到福建，委以防倭重任，筑东南十六城。永宁卫志记载：“迨至明洪武二十年，江夏候周德兴提镇于此，升高以望屯军之所，上按星躔，下观陵脉，喟然叹曰：此福地也。于是屯扎西隅，军不疾病，民皆殷富。有郭神师之良鉴焉，因奏请建城。旨下，筑周围八百五十丈，基广一丈五尺，高二丈一尺。分铺三十二。门五：南曰金鳌，北曰玉泉，大东曰海宁，小东曰东瀛，西曰永清，各建城楼。城壕一丈六尺。”又乾隆《泉州府志·海防》载：“洪武二十年，命江夏侯周德兴入福建，抽三丁之一为沿海戍兵防倭，移置卫所于要害处，时泉设卫一，曰永宁。守御所五……”相传周德兴是一位堪舆家，整个永宁城的规划和图纸均由他一手笃定，现永宁大街头有个赵帅府，庙中有块拜石，为永宁城的中心点，乃当年周德兴置放罗盘的地方。

陈用之重文兴卫学

陈用之（生卒年不详） 原籍福建仙游。明成化年间(1465—1487 年)任永宁卫知事。他有感于永宁文风不振，“卫中弦诵之声素稀”，遂设永宁卫学，“访诸贵胄及戎籍子弟之秀者，劝使就学”，曰：“古人虽在军旅，不废诗书道艺，人间唯此一味最不可少也!”又亲往兴化礼聘当时的鸿儒陈愈任卫学教谕。经三年努力，培养出 30 多名可造之才。遂向泉州府推荐，要求把这批优秀生送入泉州府学深造，“以均教育，以劝来者”。从此，永宁卫“文风日进，学者德之，立祠祀焉”（《福建通志》）。永宁文祠外之石亭内原有二碑，即为纪念陈用之和陈愈而立。后陈用之秩满升调，永宁诸生“各赋一诗以写其不忍别之情”，永宁张士昭还请蔡清撰写《永宁卫送别序》一文，见于《钦定四库全书》。

唐钰仁孝教化民风

唐钰（生卒年不详）字延贵，号泮滨，原籍江苏六合。其三世祖唐海任泉州卫指挥佥事，遂迁居晋江。唐钰身材魁伟，聪颖能干，有极好的声望。嘉靖年间（1522—1567 年），他从泉州卫调任永宁卫指挥佥事。他一方面积极巡视海防，整肃号令，严管了望敌情的哨堡，他还选用忠勇之士，驻守于要害处，多年倭寇不敢来犯。另一方面他重视扶持永宁文教。唐钰经常利用时间，向民众讲明圣训，又言传身教，教人以仁、孝礼相待。他本人事父至孝，对其弟亦甚为关爱，一家和睦，长幼有序。对于卫城中，若有“孝子顺孙，必致而礼之”，以培养良好之民风。唐钰又平易近人，奖掖后进，“雅尚儒术，日与文学才俊往来谈吐”（乾隆《泉州府志·武迹》）。

戚继光永宁歼倭寇

戚继光（1528～1588）字元敬，号南塘，晚号孟诸，山东蓬莱人。出身于将门世家，年仅十七岁即担任登州卫佥事，是明代抗倭名将，杰出的军事家、伟大的民族英雄，与泉州人俞大猷齐名，称“俞龙戚虎”。

明嘉靖四十一年（1562 年）二月，倭寇攻陷永宁卫城，大肆劫掠数日而去。三月，卷土重来，再次攻占永宁城，百姓又遭残杀，惨不忍睹。由于福建战局形势严重，朝廷急调正在浙江剿倭的戚继光率部入闽，驰援福建。先后取得横屿、牛田、林墩大捷，在窑兜斩获倭首九百六十级，焚、溺倭寇数千人，解救被掳百姓二千多人，夺回被倭寇劫掠的永宁卫所官印五颗。

据《戚少保年谱耆编》记载，嘉靖四十三年（1564 年）三月廿五日，倭寇双桅大船一艘进犯永宁卫坑尾澳，戚继光指挥巡海水军阻击，倭寇望风南遁。四月廿五日，倭寇进犯深沪巡检司（隶属永宁卫），抢劫渔船，并突击乌浔，福全（隶属永宁卫）千户张究椿逃遁。戚继光先后命兴泉把总金科和汛官林廷中督兵追击，击沉倭寇战船一艘，生擒一人。

嘉靖四十四年（1565 年）四月十二日，倭船一艘，运载一百五十余人进攻永宁卫沙堤澳，登岸后直逼永宁卫城。官军轻敌战败，幸好戚继光指挥部属驰援，水汛哨官陈逊玉率水军夹击，倭寇被迫撤退。次日，戚继光命令金科、冯焕、金守常率部追击，斩获倭首五十九级，生擒五人。戚家军朱虎等 4 人阵亡。

嘉靖四十五年（1566 年）正月，倭寇一百多人突袭永宁。由于事先得到消息，戚继光率部在城外截击，确保卫城的安全。

隆庆元年（1567 年）四月，戚继光率水师巡视永宁沿海，驻扎崇武所（隶属永宁卫）。忽然接到报告，称倭船四艘，企图强行登陆。戚继光诱敌上岸，然后分兵夹击，把总胡世冲锋在前。崇武一战，歼敌一百七十七人，俘获人员、物资甚多。从此，永宁卫所辖沿海大规模倭寇侵扰事件基本平息。福建地方官在给朝廷的奏捷报告中，称赞戚继光“忠勇性成，才猷天赋，横戈转战，八闽悉赖以荡平，航海清戎，万众咸归于鼓舞”。

阮仪三慧眼识永宁

阮仪三（1934—　）苏州人，同济大学建筑与城市规划学院教授、博士生导师、国家历史文化名城研究中心主任。20 世纪 80 年代以来，努力促成平遥、周庄、丽江等众多古城古镇的保护，因而享有“古城卫士”“古城保护神”等美誉。曾获联合国教科文组织遗产保护委员会颁发的 2003 年亚太地区文化遗产保护杰出成就奖。

2011 年上半年，永宁小城镇建设正在轰轰烈烈进行之中，原计划把永宁古卫城西片（包括老街中心区）全部拆迁建设现代化新城区。但群众中反对呼声甚高。当年 6 月镇党委换届。决定对永宁的历史文化旅游资源进行规划保护性开发。后聘请同济大学国家历史文化名城研究中心，对永宁古卫城遗址、城隍庙、老街等重点地段研制保护性规划。经阮唯三高足张杰带队前来永宁作了一段考察并提出具体规划后，2012 年 6 月，他来到永宁，对永宁古卫城作出了中肯的评价，他认为：“卫城是中国明朝时期特有的防御体系，卫城下设千户所、巡检司等军事机构，用于屯兵驻守，以防倭寇，在海疆防御上起到极其重要的作用，具有很高的历史文化价值。北方的一些卫所大多已被破坏，逐渐消失在人们的视野中，而永宁的古卫城却保留明朝卫城的典型特征，而且保存得较为完整，尤其是城中还存有不少见证永宁卫繁荣鼎盛的历史文物。具有很高的历史文化价值。”6 月 20 日，举行古卫城重点地段保护性设计与发展规划评审会，阮教授在会上，对永宁在打造古卫城旅游过程中如何保护历史文物、如何避免旅游资源同质化等问题提出了建议，强调对古卫城保护一定要遵循整体性、原真性、可读性、永续性四个原则。他还在石狮市政府大厦专门举行了一次大型讲座，阮教授指出：古城保护要有明确的理念，是为了保护国家的优秀文化遗产，接下来才是旅游开发，不是简单地复制，再造一个古镇。

在他的指导下，永宁古卫城的保护工作步步推进，不断取得新成绩。2012 年 7 月，成功举办首届“永宁古卫城暨城隍文化节”。2013 年 6 月，永宁老街被评为第五届“中国历史文化名街”。2013 年 9 月，永宁古卫城东瀛门段恢复工程举行竣工揭牌仪式。

第二十八章 历代乡贤

永宁地据要津，面对强敌的挑战，历代不乏慷慨壮烈之士。卫城鼎盛时期，教化昌盛，英才辈出。明清以来，许多富有开拓精神的华侨在海外艰苦奋斗、业绩卓著，且爱国爱乡，热心公益，为家乡做出巨大贡献。

龚名安

龚名安(1306—1385) 字俊卿，号西斋。元末永宁沙堤村人。

名安素习儒学，文武双全，与泉州人陈弦意气相投，结为挚友，时称两人“皆泉名士，为时儒宗师”。元至正初年，名安以才名被召用为宣慰司差。因到京师奏事，得丞相赏识，被擢升为上田县尉，继而调任晋江浔美场盐官管勾，再迁为丙洲场司令。浔美场在晋江十七、八都，丙 洲场在晋江十一都(今石狮市、晋江市东南沿海一带)。盐场司令负责管辖盐户，督办盐运。官职为从七品。虽大才小用，名安却能恪守职责，尽力减轻盐民负担，以廉明赢得民望。

元顺帝时，朝政腐败，时局动荡，至正十七年(1357 年)，泉州义兵万户西域人赛甫丁·阿迷里丁趁机发动叛乱，祸及泉州、兴化、福州等地。至正二十六年(1366 年)，赛甫丁进踞福州路，被福建行省平章政事燕只不花击败，余部由原来总管诸番互市的西域人那兀纳带领，航海还踞泉州，变本加厉，“炮烙泉人，杀戳惨酷”“虐取货财，不得者多置于死。”当时任行省护军参谋军事的陈弦，通过间道与名安取得联系，让其在沿海募集义兵讨叛。名安积极配合 ，秘密联络海滨百姓接应行省军队。那兀纳为抗御行省军队，在泉州大肆扩充兵力，将胁迫来的百姓、船只集中在泉州南门外东山渡。名安将计就计，表面上答应为那兀纳招兵，暗地却令其子、泉州学正龚炳及任行省理问的女婿张仁等领滨海百姓组织的舟师往泊东山渡。一夜之间，东山渡所有舟师全部竖起行省旗帜。那兀纳本想依仗水师背水一战，及见水师易帜，进退失踞，只得退守泉州城中。陈弦、名安部队又劝说泉州千户金吉反正，攻取了泉州，擒获那兀纳，槛送福建行省处置。泉州延续十年的外族兵乱方告平定。平定泉州回回人叛乱之后，名安有一段时间仍掌管水师，“一时海上赖其保障”。后又升上猷县尉。

元亡后，名安遁迹海上。1385 年卒于家，墓葬仕林村牛眠山。明清两朝将其祀于泉州乡贤名宦祠。

干八秃帖木儿

干八秃帖木儿（生卒年不详） 蒙古人，原籍顺天府通州宝坻。信奉伊斯兰教。于洪武年间授永宁卫指挥使。明永乐十五年（1417 年）郑和第五次下西洋，“从苏州刘家港入海，至泉州寄泊”，干八秃受命带领卫城部分官兵随郑和出洋。任务完成后，仍返卫城任职。据北京故宫一部明朝《卫所武职选簿》记载，郑和奏请为沿海卫所将军参加下西洋立功者授爵，其中就有永宁卫干八秃帖木儿等 8 人。干八秃家自第二代即改姓干。至今，永宁尚存干厝巷、干氏祖厝等遗迹。

张　寿

张寿（生卒年不详） 字乐静，明初永宁卫人。曾祖张祥，洪武年间任永宁卫指挥同知，从宿州迁居永宁。张寿擅长书法，远近闻名。“永乐初，寿以世职袭荫入京师”。途中盘缠不足，向人借来纸笔，挥毫作“春”字数张，悬挂闹市中求售，片刻便被抢购一空。

泉州名刹“承天寺”，又名“月台寺”。一日，张寿路过该寺，住持闻讯，邀入寺中，盛情款待，并要求张寿留下墨宝。张寿欣然应允，酒酣之际，挥就“月台”二字，笔力遒劲，端庄大方。寺中僧众，拍手称绝，遂制成金匾，悬挂于山门，成为寺中一宝。后人认为“（张寿）书学精深，当在晋唐能品”。

张寿除擅长书法外，文学上也颇有造诣。乾隆《泉州府志·艺术》记载，张寿袭职卫城指挥同知后，因受逃兵连累入狱。恰巧某抚军新筑亭榭、公署，请了多位文人书写碑记，没料到这些人，数易其稿，抚军均不满意。张寿在狱中听了这件事，便向狱卒取来纸笔，洋洋洒洒，写了一篇，托人将文章呈上。抚军读后，大为赞赏，认为辞藻甚工。借此机会，抚军代张寿了结官司，让他官复原职。

杨　晟

杨晟（生卒年不详）　明成化年间（1465—1487）任永宁卫指挥使，任内对卫城基础设施建设多有贡献。成化六年（1470 年），重建圮毁之城楼。成化十二年（1476 年）在卫前直街建同仁坊。翌年，与巡按监察御史戴用令创设收料库。原军器局岁久圮坏，杨晟移于卫城西廊重建。成化十七年（1481 年），于西门外教场增建左右翼房，绕以周垣。杨晟爱兵如子，体恤民艰，珍惜民力，军民立碑颂其德。

尤天爵

尤天爵(生年不详—1502)　祖籍福清，其父尤美发因军功任永宁卫镇抚.举家移居永宁。天爵自幼聪颖，好学不倦，写文章不仅文采斐然，而且富于哲理。少年应试时，考官对他的文章大为称奇，说他是“今之颜常山”(唐安史之乱时壮烈殉国的颜杲卿)。成年后天爵袭父职，任永宁卫镇抚。

明弘治年间(1488—1505 年)，倭寇不时窜扰东南沿海，所至焚掠甚惨。永宁卫素为倭寇所窥伺。天爵与其同僚协力防守，精练部队，修备军械，积储粮饷，联络属下的崇武、福全、金门、中左、高浦 5 个所城，各设置烟墩，派人瞭望，贼来则以旗帜、炮声、烟火传报，互相接应。同时采用坚壁清野策略，倭寇来犯，则负城坚守，寇退则分兵截杀。倭寇屡遭重挫，恨之切齿，互相告诫：“叮咛叮咛，莫犯永宁！”

弘治十五年(1502 年)，倭寇纠集大批人马来犯永宁。天爵督率将士，悉力捍御，安排兵士昼夜轮班防守，并亲自带领数百精锐巡视四门，一方有警，则飞驰救之。倭寇造云梯攻城，尤天爵亲自和部下造出扭攻车、火炮、火鸡等守城兵器御敌，又率兵出城破围，将倭寇击溃。数日后，倭寇又大肆增兵，再度围城，官兵得不到援军，形势严峻。天爵一面令将士坚守，一面组织民众疏散避难。经众人劝说，他让自己的一个儿子缒城出走。他对儿子说；“竭力死守者忠，全存祀者孝。吾愿为忠臣，亦愿尔为孝子，勿俾吾有遗憾。”次日，永宁城因敌众我寡而失陷，倭寇入城大肆烧杀。天爵激昂骂贼，浴血奋战，为国捐躯。除一子脱难外，其余家人与他一起殉难。

干宗亮

于宗亮（生卒年不详）　其先祖干八秃帖木儿，原籍河北通州，洪武年间授永宁卫指挥使，“世袭其职，由家焉”。干宗亮生于明正德年间，活动年代约在明嘉靖至隆庆年间（1522 年～1573 年）。他“工为诗”，与晋江人陈鸥、朱汶、江一鲤、朱梧结立“诗社”，号称“晋江五子”。其诗歌艺术特色在于“格调清越，音节铿锵，而无矫举匡拂之意”。他不受传统思想束缚，追求自我意识；不热衷科举，不为时俗所累，洒脱自在，“跌宕自豪，嗜酒不羁”。干宗亮的创作不被一些囿于正统观念的文人所接受，“旁观者笑为狂谬，甚或加指斥”，但他执著于自己的艺术观点，不流于时俗，“独喜自得”。“晋江五子”曾刊有《五子诗集》（晋江人参政王慎中作序）。干宗亮的诗因年久散失，存世有《送派上人移栖巢云》等篇。

王世实

王世实(1520—1568)　字德孚，号宝峰。生于明正德十五年（1520 年），因先祖宜兴人王荣于明朝永乐中任永宁卫镇抚，遂籍晋江，世居鳌城。

世实自小师承家传武艺，且喜读诗书，师事著名文学家晋江人王慎中，深受教益。嘉靖十七年(1538 年)，世实袭祖父王纪之职，任永宁卫指挥使司镇抚。自感责任重大，立志“振家声、巩国祚”，以“扫尽妖蜮酬国家，攘除贼寇慰平生”自励。军事驰骛之余，仍不辍习文，并告诫部下：“军旅不废诗书道艺。”

嘉靖四十年(1561 年)，倭寇从江浙窜入福建，永宁卫城首当其冲。世实指挥卫城军民，奋勇抗击来犯之敌。有一次，倭寇集中战船，蜂涌而至，世实退守高地，占据上风，发炮击沉倭船 30 余艘，迫使倭寇遁逃。世实又亲率舟师追寇于海上，勇擒贼帅。此役官兵射杀倭寇 180 名，获贼妇 5 名、兵器 301 件。

隆庆元年(1567 年)，起自广东海丰、惠来的海贼曾一本大肆攻掠广东、福建沿海。时任两广总兵都督同知的俞大猷特调世实往广东会剿，并以其骁勇授为前锋。世实向俞大猷献策，建议多造闽式大海船以制敌，并作《拙速解》以说服持有异议的两浙总督张瀚。俞大猷采纳他的建议后，屡战屡胜。隆庆二年(1568 年)，官军于潮漳附近的龙眼沙海围攻曾一本，任前锋的世实身先士卒，奋勇冲阵，“旬日三捷”，是役获贼首百余级，并生擒曾一本。世实却在血战中身受铳伤，殁于战阵，年 49 岁。

俞大猷在《呈两广军门吴公书》中道：“猷先成天下之事得遇知己士者，受委托尽心力以任之，生死利害，付之不顾，又能忠以成谋，智以集事，世实与泰山争重。”

王世实殁后，墓葬永宁北门外北山。明廷追谥“忠勇”，加升二级世袭指挥佥事，下旨为他立祠。永宁百姓为其建“昭忠祠”于卫城关帝庙旁，春秋祭祀。

黄克缵

黄克缵(1549—1634) 字绍夫，号钟梅。生于明嘉靖二十八年十二月二十七日。梅林村人。曾任兵部尚书、刑部尚书、工部尚书、吏部尚书(其中两任兵部尚书)，故民间称之“黄五部”。克缵自小聪明机智，胆识过人。嘉靖四十年倭寇入侵永宁，其兄被擒，他临危不惧，“慷慨对贼，请代兄死。贼奇而释之”。为避倭患，举家迁居入城。

万历四年(1576 年)，克缵乡试中举，万历八年(1580 年)进士及第。初授寿州知州，爱民礼士，不避权要。任满擢升刑部员外郎。万历十四、十五年间，奉使三晋。不久出任赣州知府。岁值灾荒，克缵主张开仓赈济饥民。有人认为国库的粮食不能动用。克缵正辞驳斥：“积谷以待乏也，不发何待!”并采用以工代赈的形式，召集饥民修葺学宫。灾民闻讯纷纷参加，不到一个月，疏浚泮池，池上架桥，学宫修饰一新。万历二十二年(1594 年)，奉使入蜀参与四川武试选举。万历二十六年(1598 年)，升山东布政使。

克缵在山东任职 15 年(任布政使 3 年，巡抚 12 年)，正值黄河多事，灾害连绵，“河大决者再，霖雨为灾者再，大旱、蝗者五。”克缵目睹灾民流离失所、饥寒交迫惨状，“未法不痛哭流涕”。他积极主动支持、配合总河治理黄河，亲自参与踏勘考察，举荐总河人选，提出治理意见。济宁、金乡沿河 15 州县水灾，请拨漕粟降价粜卖灾民。万历三十二年（1604 年），河决苏家庄，河道北徙，济宁及鱼台、单县民田淹没无数，岁赋 10 万两银无法缴纳，克缵苦心筹划，暂挪其他财赋充填，公私并济。万历二十四年以后，神宗为修复三殿，派遣大批宦官到各地横索民财，其中以矿税为最。万历三十三年，虽下诏停课，但矿监依旧勒索无度。克缵上书弹劾税监宦官陈增、马堂横征暴敛，中饱私囊，贪污不法，其爪牙杀人劫财，奸淫妇女，无恶不作。建议没收其财产以佐河工。又以干旱，岁比不登，疏请免除额外税银 10 多万两，虽然未获批准，克缵仍采取各种措施，限制宦官无理索求，裁减各种苛捐杂税，尽量减轻民众负担。

克缵为官清廉，巡抚山东 12 年，家无厚资。后以多次平盗有功，擢升兵部尚书。万历四十年，诏以右副都御史参赞南京机务。时朝廷内外，朋党角立。克缵无端被御史李若星、魏云中参劾，回乡家居候命。至万历四十三年才正式上任。万历四十四年冬，隆德殿发生火灾。克缵抓住时机，上疏力陈弊政，痛述 20 多年来种种弊端，呼吁朝廷“一更旧辙，收罗人才，以济时艰，罢税停织，与民休息，大涣居积，以安边疆”，语极痛切。

万历四十七年，朝廷召克缵以兵部尚书主持大政。不久，改任刑部尚书。受神宗顾命，褒为“安邦固本大臣”。复受光宗顾命。这一时期，朝野上下围绕谋杀太子的“梃击案”、光宗暴崩的“红丸案”和光宗死后的“移宫案”(史称“三案”)，争斗纷起，对立双方互相攻讦。克缵清强有执，两不依附，保持中立，持议与争“三案”者异，结果遭到两派的攻击。熹宗皇帝也不满，责备克缵“偏听”“逞词偏执”“轻肆无忌，不谙忠孝”。克缵认为“受职自有定分，名节千古不灭”，始终坚持自己的见解。

天启元年(1621 年)冬，加太子太保。翌年，复以兵部尚书协理朝廷大政。时东林党势力强盛，以“三案“意见相左，极力攻击、排斥克缵。是年秋，诏加太子太傅，乘驿传回归故里。天启四年十二月，召克缵为工部尚书。此时宦官魏忠贤当政，权倾朝野，炙手可热。履任方数月，值兴工复建三殿，克缵裁革魏忠贤工程计划中的紫阶石费 30 万。魏忠贤又取南畿旧殿铜器，克缵出面反对：“留都定鼎之所，谁敢萌不臣之心，迁其重器者!”声色俱厉。事后引疾返乡。三殿落成，加太子太师。克缵不受。

崇祯元年(1628 年)，魏忠贤垮台后，克缵又被起用为南京吏部尚书。他以年老体衰，不就。崇祯七年，克缵卒于泉州城内大门埔(今泉州市区灶仔巷)家中，寿终正寝，谥襄惠。墓葬南安二十三都深坑上坝山。里人在泉州城仁风门外为其建“忠猷懋著，齿德并茂”坊。

克缵雅善声律，书法遒媚多致，作文通达驯正，为诗温柔敦厚。平生著作有《数马集》《杞忧疏稿》《百氏绳愆》《性理集解》《春秋辑要》《古今疏治黄河全书》《全唐风雅》《鉴井吟》和《独奕篇》等。

陈有纲

陈友纲(1564—1611) 字用谦，号豫庭，明代后期永宁卫人。自幼聪慧，“五岁能作斗大字”，青年时代，勤奋好学，曾与当时泉州名士苏石水（刑部尚书）、李叔元（刑部侍郎）结为“莲社”，拜杨剑塘为师，名噪一时。但他不热衷科举，因而“长为诸生，屡蹶屋场”。遂弃文习武，以求立足于乱世。经多年潜心磨练，终武艺高超，且精通韬略。万历年间，有纲参加武举，“捷武闱，联登进士，殿试第三人”。

陈有纲中武探花后，授职南直荻港守备。荻港地理位置极为重要，“上距池州(治所设在今安徽贵池)；下据庐州(今安徽合肥)、太平(今当涂)”。到任时，该地“群盗出没，私盐巧脱”。陈有纲克已奉公，为整顿治安日夜操劳。经一番整治，荻港一带政通人和。

万历末年，陈有纲以政绩显著，“改任广东督标都司，委署南头副总兵官”。上任后，发现广东沿海积患已久，海防松驰。便尽心竭力，整治军纪，操练士卒，增置器械，修葺工事，是以海防为之一振。曾有一次，倭寇纠集百多艘船只“突入内洋”，气势汹汹。有纲一接警报，立率所部开赴前线。并身冒矢石，冲杀在前，“发炮先登”。士卒以一当十，奋勇杀敌。经一番激战，“斩（敌）首级百颗，东南一路倭寇荡平。”

后来，陈有纲以家中双亲年老无依为由，辞官归永宁故里奉侍。友纲处世谦恭、为人随和，“迎养伯父母，俸余悉分二弟”。1611 年，有纲于家中逝世，葬永宁岗内山。

李廷森

李廷森(1571—1624) 字维灿，又字登元，号芳琼。永宁镇梅林村人。生于明隆庆五年（1571 年）。万历二十五年(1597 年)举人，四十七年进士。授刑部山东司主事。

万历后期，金兵经常骚扰北方边界，时局混乱，出现大量官员将士叛逃案件，监狱里关满叛卒、败将、罪珰、逃宦以及涉嫌人犯。廷森秉公执法，明察秋毫，选取其中证据确凿，罪责难逃者，绳之以法；对可判可不判者，尽量不判；对蒙冤受屈者，大胆为之开脱，平反昭雪，做到人无枉死，狱无冤抑。一时人心大快，呼之为“李青天”，连一些不属于他管辖范围之内的案件，都请求廷森审理，以求公允。

天启二年(1622 年)廷森受外派主持河西榷务。时值地方不靖，他募集壮丁，分派防守，轮番巡逻，维护社会治安，保持水路通畅。又奏请减免一部分不合理的税收。

廷森为人质朴厚重，襟怀博大，敦友孝悌，情深意挚。他经常说：“治国难，齐家也不易；而治国齐家，关键还在自身修养。”平生嗜好古文辞，所到之处，以作文、陶经、鎔史，娱情养性，排除忧闷，以此与万历会元、同安才子许獬志趣相投，私交密切。

廷森在任内以丁忧回家守制。因过度哀伤，天启四年逝世。以政绩显著入祀乡贤祠。墓葬惠安虎窟山。

李范廉

李范廉（生卒年不详） 字狷卿，梅林村人。出身寒门，自幼勤读诗书，素有大志。明万历二十二年（1594 年），中举人，翌年中进士，首开梅林文运。初授“南太常博士”，改授“南（京）吏部（主事）”。李范廉手中掌握一方官吏的考核、升迁大权，但奉公守纪，赏罚分明，为国选才，为民除害。后任“礼部司祭员外郎”，依然保持廉洁作风，即使日常生活，也严以律己，从不讲排场，甚至有时连厨房烧饭的仆人，想在府中找一条好鱼、一种好菜也找不到,此事一时被传为佳话。他曾曰：“做人不可存有贪心，不可奢侈浪费。否则，近则败家，远则丧国”。李范廉一生好学，手不释卷，“官暇，闭户读书，恬介自守。”在范廉的影响下，梅林李氏文运昌盛。清康熙年间，列位于泉州乡贤祠。

董飏先

董飏先（1591—1656） 号沙筑，又号沙河子。明代万历十九年（1591 年）七月初六生于沙堤村。兄弟三人，飏先居次。少时，其父次桥即为其兄弟延师课读，希望他们博取功名，光宗耀祖，但飏先八次应试，均名落孙山，弄得“家徒四壁”。于是更加发奋苦读。崇祯六年（1633 年）飏先以儒科捷乡闱，乡试四十二名。崇祯十年（1637 年）登进士，会试二百二十一名，殿试二甲二十名。初选江南泰州知州。因他性格刚强，“忤权贵”，再调通州。丁艰服阕，补广东化州，升刑部员外，转礼部郎中，又外调广东按察司副使，分守雷濂海北道。飏先居官以无为为宗，以静为用，在官时并无赫赫之名，但在其离去之后，百姓甚怀念之。故鲁王曾赠其匾曰：“风高五柳”。

飏先共有四男四女。长女名友，配郑成功为夫人。董飏先为分居永宁祥芝房派。后因宦海生涯，最后定居于同安县。清代顺治十三年（1656 年）九月廿八日逝世，享年六十有六，葬于同安县十九都许坑乡湖南。墓碑上书“沙河子归真处”。

董　友

董友(1623—1681) 一作董酉，或作董酉姑，女，郑成功元配夫人。明天启三年（1623 年）九月廿四日生，沙堤村人。

董友出身书香门第，从小知书达礼。崇祯十五年(1642 年)春，与郑成功结为夫妻，相敬如宾。郑氏是一个大家族，董友治家有方，孝顺翁姑，友待叔侄，任劳任怨，贤淑贞惠，为郑成功的贤内助。

清顺治三年(1646 年)，郑成功奉明隆武帝之命镇守仙霞关，董友随侍军中。为应付军需之急，每日亲自领姬妾婢妇纺织布匹，缝纫军服，制作甲胄，支援前线将士。战事紧急时，为稳定军心，主动捐出金银首饰，以应军饷。一日，郑成功入卧室，见董友布裙竹钗，深为夫人识大体、顾大局的举动所感动。

顺治七年十月，郑成功奉永历帝之命南下经略粤东，董友与世子郑经坚守中左所(今厦门)，郑成功叔郑芝莞管理地方事务。翌年春，清将马得功乘虚偷袭中左所，守将阮引、何德不敌败退。郑芝莞临危载珍宝遁逃。董友尽弃辎重，只奉姑翁氏(田川氏)神主牌出逃，步行海滨。郑芝莞以战船不便居止为由，劝请董友另移他船。董友识破其船满载珍宝，芝莞贪财怯敌。后来，郑芝莞以贪赃、贻误战机等罪论斩。

顺治十四年(1657 年)元月，董友在府第设宴招待出征及留守各文武将领之父母、夫人、子女，并颁赐金钱布帛；对阵亡将士遗孀、遗孤尤加礼待，亲自敬酒，加赐重金，体恤安抚。顺治十五年(1658 年)，郑军北伐，董友与各将领眷属全部随征。羊山遇风。家属损失不少，她日夜奔波，安抚体恤。北伐失利，退守厦门。翌年，清将达素进犯厦门，董友率文武官员眷属迁移金门，半年后东渡台湾。

郑成功逝世后，郑经嗣位。董友由“国母”升为“国太”。藩府内外事务，她都过问，并经常告诫郑经等人要“抚恤百姓，厚待百姓”。晚年，台湾郑氏政治逐渐衰落，郑经西征无功，董友十分气愤，当面斥责郑经：“七府速败，两岛亦丧，皆你无权略果断，不能任人，致左右各树其党耳!”

清康熙二十年(1681 年)，郑经病逝。郑氏集团发生内讧，大将冯锡范(郑克塽岳父)、刘国轩杀监国郑经长子郑克𡒉，立年仅 13 岁的郑克塽为延平郡王。董友大权旁落，力不能及，无可奈何，涕泪沾襟。因愤懑交加，一病不起，于是年六月十六日在台湾安平古城去世。

林元品

林元品（1757—1826）又名文浚，字金伯，号渊岩。永宁人。生于清乾隆廿二年（1757年）。清代台湾鹿港著名郊商，对当时台湾政治、经济、地方公益作出重大贡献，在台湾商业史上居有重要地位。

元品之父林振嵩于清乾隆三十年移居鹿港，初从事零售食盐，后创建“日茂行”，至乾隆四十二年，已成富商。林元品幼年一直随母亲在永宁祖家，成年后才赴台。乾隆四十九年，清政府开放鹿港与蚶江对渡，泉台贸易往来骤然频繁，“日茂行”生意蒸蒸日上。乾隆五十一年，台湾爆发林爽文事件，鹿港、彰化首当其冲，全台震动。数月后，清政府命提督任承恩率兵渡台。林振嵩父子关心时局，“时振嵩率男文会、文浚及侄文凑，已倡议恢复鹿港。任公虑军需未继，振嵩即倾赀助饷，共白金伍千。又自备糗粮，招募义勇，随军前导”。平息后论功封赏，“振嵩父子三人皆以监生加六品职，惟侄文凑愿就武职，以千总实缺用”。

乾隆五十三年，林振嵩回家养老，由林元品接掌日茂行。他精于商贸，在经营上作了大规模的调整和开拓，并与官方保持密切关系，对地方公益则慷慨捐输，在鹿港、彰化一带颇得官府支持和群众拥护。乾隆六十年春，台湾爆发陈周全事件，鹿港理番同知署被攻破。日茂行因与同知衙门贴近，受其波及。因此，他一度回永宁家中避难。经福州将军魁伦传进署中面询，他据实报告事件经过，后又随提督郛兰保赴台参理军务。平息后，因军功授职州同知加二级。嘉庆六年（1801 年），嘉庆皇帝颁旨封赠其父林振嵩、祖父林攀芝为奉直大夫。其后，他对地方公益更是不遗余力。如捐银参与重修府学文庙，主持重修鹿港天后宫（新祖宫）。嘉庆十四年，海盗蔡牵剽掠沿海，他“救治难民以万计”，清廷特颁旨“加四品职衔”。嘉庆十五年至二十年，他倡议造彰化县城，单独负责东门，与此同时，捐建彰化县仓北段，并监造定军山寨。嘉庆十九至二十年，他带头捐银重修鹿港圣母宫（旧祖宫）。嘉庆十九至二十一年，参加重修台南魁星楼。嘉庆二十一年，率郊商殷户平粜施粥，救济饥民，“全活者以万计”；同年，负责建造彰化县东门文昌帝君祠。嘉庆二十三年，捐建彰化县教谕署，同年又捐银参加重兴鹿港敬义园。

嘉庆三年，其父林振嵩在祖家亡故，元品回乡“奔丧哭泣、葬祭竭尽礼诚。丧事毕，仍渡东经略”。“时母（蔡氏）太恭人在堂，遇贾舶西棹，必致意请安，附物味资腆邮书”，且“为祖宗置祀田，为母党置祀田，申约族中寡妇，不可改适，按月支给，延师课其孤儿”。在他的关心和提携之下，林氏家族人才辈出，或读书成名、或赴台经商。嘉庆廿二年，林元品派人往仙游重修祖坟，二月间，他亲率子侄 20 余人返乡祭祖，仅《祭文》中列出的有功名士绅就达 15 人，一时官盖云集，从而形成了“日茂”家族的鼎盛时期。

道光六年（1826 年）林元品逝世后，归葬永宁故里。

李锡金

李锡金（1785—1865）又名尚鎏，清代岑兜村人。十四岁即前往台湾新竹谋生。初受佣于某商家，因其父母俱殁，岁时乏祀，每当风雨之时，甚感凄苦，便泣告主人，请预给五年之薪金，为双亲修坟，甚得主人赞许。他节衣缩食，待有点积蓄后，便自己经营起小杂货店，由于经营有方，不久又经营起九八行。李锡金为人厚道，很多人都愿意与他交往。有一次，有人把一船货寄存他处，许久没来取回，李锡金一直为他保存着。两三年后，尚不见来领，才将其启开，方知尽是鸦片，李锡金将其出售之后，暴富。他便大量购买土地，共二十多平方公里，并定居于新竹北门八十八号李陵茂。是以子孙繁衍，成为当地望族。李锡金发家之后，不忘昔日艰辛，把当年使用的扁担和绳索悬挂于厅堂之中，以为传家之宝。李锡金热心公益事业，咸丰年间，艋舺械斗，将波及新竹，他与郑用锡前往各村劝导，乃得平息。某年粮食歉收，百姓生活困苦，他捐款办理平粜，以予赈济。道光十四年（1834 年），李锡金回乡时看见祠堂破损，便独资修建。同治四年（1865 年），李锡金逝世于新竹，享年八十有余。光绪六年（1880 年），福建巡抚敕方锜题请旌表，入祀孝悌祠。光绪八年，建坊于新竹北门外之楠仔庄。

施琼芳

施琼芳（1815—1868）讳龙文，字星阶。西岑村人，生于清嘉庆二十年七月初四日。其父施泰岩举家移居台湾省台南县垦殖开发。琼芳自幼“恬淡好学，早夜弗懈，自坟典经史，以及诸子百家，靡不谅贯，尤精纯诗歌古文辞赋，卓然名家，每为时贤所推许。”道光十七年（1837 年）中举人，道光二十五年（1845 年）恩科，中三甲第 84 名进士，即补江苏知县，铨选六部主事。但他“未就职，乞养回籍”，住台南。后来，琼芳接受“海东书院”聘请，课学授徒。他不蹈旧规，而是开明应变，对教学进行改革，增设赋诗杂作之课，以开拓学生视野。同时，还把自己对宋明理学的研究心得编辑成《春秋节要》一书，作为启迪后进的教学精义，效果甚佳。除教学外，琼芳还“常与诸公结社，唱和短什长讴，有六朝及中晚唐风致。”他热爱祖国，对 19 世纪初英帝国主义把鸦片输入中国，毒害中国人民身心的罪行无比愤慨。他写下不少诗词，寄托他对故土家园的深切怀念，表达自己虽身居台湾，但时刻不忘故国的浓郁情怀。琼芳“博学鸿词，著作盈箧。”除《春秋节要》外，还有《石兰山馆遗稿》（诗文集 22 卷）。施琼芳后因次子士洁登第，被赐赠奉直大夫，钦点内阁中书加一级，故有“父子两进士”之誉。

清同治七年（1868 年）九月十三日，琼芳逝世于台南。

陈棨仁

陈棨仁（1837—1903） 字铁香，又字戟门。清道光十七年（1837 年）生于永宁观音亭（霞源）。父陈大源，擅经商，家道殷实，曾官通判。

棨仁自幼随父迁居泉州城厢三朝铺(今泉州市区象峰巷)，天资聪颖，有神童之誉。15 岁中秀才。主考官在其试卷上批云：“纵横排宕，一往情深。”弱冠与内弟龚显曾(同治翰林)拜致仕御史陈庆镛为师。同治六年(1867 年)，棨仁乡试中举；同治十三年，进士及第，初授翰林院庶吉士，后改任刑部主事。奉命募赈直奉水灾有绩，又为朝廷治理台湾献策，得到朝廷及同僚的好评。上司叙劳呈报，诰授中宪大夫并花翎知府衔。棨仁当京官，过了几年“恩许金銮窥院竹，时随仙杖傍宫槐”的生活，但他厌倦宦海浮沉，不愿随时趋势，不久即以其父年高为由辞官回乡，遂不复出。

棨仁回乡后，在泉、漳一带主持书院，如泉州清源书院、南安石井鹏南书院、同安双溪书院、厦门玉屏书院和紫阳书院、漳州丹霞书院、龙溪霞文书院等。棨仁治学师承陈庆镛，上溯诸子百家、汉儒经学，旁及文字训诂、金石考据，且工于籀篆。讲学授徒，前后二十余载，“门下著籍累千，掇高科，举方闻”，桃李芳菲，遍及闽南各地，金门与台湾亦有不少士子倾慕其名，不畏风涛，浮海来归。

棨仁博览群书，致力搜集、校订和收藏历代珍本、善本书籍，尤其注意征集、研究泉州地方文献，其“绾绰堂”及“读我书斋”藏书之质量与数量居晚清泉州藏书家之冠，他并将所藏书籍分门别类，编成《绰绾堂书目》12 卷。

棨仁诗文雅丽宏瞻，卓识独具，为时人称道。同治初，与同邑许祖涝、洪显曾、黄梧阳等人组织“桐阴吟社”，经常雅会联咏，并将诗作结为《桐阴吟社甲乙编诗集》行世。其诗作丰富。早期倾向王渔洋，以嘲风弄月，应酬赠答，流连山川，咏怀古迹居多、以神韵风致见长。晚期经历甲午中日海战、戊戌变法、义和团运动、八国联军入侵等重大历史事件，诗作感愤世变，苍凉激楚，有杜甫、陆游之余风。如在《哀台阳》《送林子佩回台阳》《秋感八首》诗篇中，对国家备受列强侵凌，清廷腐败无能，割地求和，民生凋零，国势垂危，深感痛心疾首，抒发爱国忧国之忱。可惜身后遗稿星散，存世无几。

枈仁一生致力于著述，著有《闽中金石略》15 卷、《藤花吟馆诗录》6 卷、《说文丛义》4 卷、《闽诗纪事》10 卷、《海纪辑要》2 卷、《绾绰堂遗稿》《温陵诗纪·文纪》《铜鼓考》《岑嘉州诗注》《绾绰书目》等。其中《闽中金石略》为其倾注毕生心血之力作。枈仁经历 20 余年，行遍八闽名山胜迹，访拓唐、宋、元碑刻，收录自古至元代福建境内的碑铭崖刻，并著录清末保存在福建的钟鼎、牺尊、镜脰、印信等商、周、秦、汉古物，皆摹其形状，附以考订，记述赅博，为福建金石学权威著作，书成未梓。直至民国 24 年方由中华书局整理出版。

枈仁除讲学著述之外，凡裨益乡党之事皆踊跃参与，如管理义仓、监督城工、总理乡团，无不身体力行。就在他去世前不久，还参与筹办泉州府官立中学堂(今泉州第五中学前身)，任学堂总办。

光绪廿九年（1903 年）七月，卒于家，葬泉州东门外新田万安山。太傅陈宝琛为其撰写墓铭志。

施士洁

施士洁(1855—1922)　琼芳次子，字云舫，讳应嘉，号耐公，晚年署“定惠老人”。祖籍西岑村，咸丰五年（1855 年）生于台湾台南县。“六岁能属对，有触类旁通之妙”，未冠之时便举秀才。光绪元年(1875 年)，赴省参加秋试中举人。翌年，上京都参加春试，中三甲进士，钦点内阁中书。但他无意仕途，不久辞官返台。

此时，正值唐景崧巡抚台湾道，对文教事业颇为重视。士洁便受聘在“海东书院”任山长(即院长)，丘逢甲、汪春源等人皆入院就读。士洁思想开明，勇于创新，“于制义试帖外，倡为诗古文辞之学”，进行教学改革，使书院学风焕然一新。同时，他还主讲于彰化的“白沙书院”和“崇文书院”，谆谆善诱，诲人不倦，培养和造就了大批人才。除教学外，士洁还参加“崇正诗社”“斐亭吟社”。光绪十九年(1893 年)，唐景崧再创“牡丹诗社”，士洁被立为当事人。对台湾文化教育事业的发展起了一定的推动作用。

甲午战争前夕，士洁应台湾巡抚刘铭传之聘，入幕参赞政事。光绪二十年，甲午战争爆发，他与台南团练局统领许南英积极招募义勇，进行抵抗。同时，还发挥诗的战斗作用，写下了《同许蕴白(即许南英，近代著名作家许地山之父)兵部募军感迭前韵》等诗篇，号召军民前仆后继，浴血奋战，保家卫国。士洁的诗题材广泛，意味深长，幽婉沉郁，充满爱国主义激情。他与许南英、丘逢甲被誉为其时台湾诗坛三巨擘。

光绪二十一年，清廷与日本签订了丧权辱国的《马关条约》。他义愤填膺，写下了“尚方愿赐微臣剑，先斩和戎老桧头”的激昂诗句。由于形势急转直下，士洁他们“势单力薄守不住，乃携眷离台往大陆故里西岑村。”后来，他移居厦门鼓浪屿林菽臧家，把自己住的地方取名为“洞天寄庐”，并参加组织“菽庄吟社”。 不久，又参加了“福建晋江商会”。

宣统三年(1911 年)，士洁出任福建同安马巷厅长。1917 年，受聘福建通志局任编辑员，参与编撰《福建通志》。

1922 年 5 月，士洁病逝于厦门鼓浪屿，终年 68 岁。他一生著有《后苏庵诗抄》11 册，《后苏庵词草》1 册，《后苏庵文稿》2 册；还有与唐景崧、丘逢甲、罗大佑酬唱的《四进士同咏集》传世。

郑尊蝩

郑尊蝩（1859—1929） 字清华，永宁人。生于清咸丰九年（1859 年）。父亲业炳，儿女众多，尊蝩居次。因家境贫困，从小即上山佐父耕作，以供生计。胼手胝足，孝友过人。尊蝩性好学，闲时即研读陶朱计术，贷殖之道。成年后南渡菲岛，初供职于南甘马仁省某商店作店员，渐露头角。继迁马尼拉，自创杂货店，后又与人合资经营数家公司，任总经理。

尊蝩生性豪爽，见义勇为，且乐善好施。1911 年，被推选为菲律宾华侨善举公所董事。他与诸董事积极维护华侨正当权益。委托律师抗争，要求美国当局准许关于华人商家未成年子弟申请出口证手续放宽施行，并向美国政府民政司要求领回华侨义山及崇仁医院产业契据。

1912 年，华侨善举公所换届，尊蝩被推选为总理，他更是尽心竭力地率领诸董事开展活动。4 月底，孙中山致电菲律宾侨界，请侨胞代销国债。尊蝩经与全体董事讨论，决定接受侨界公意，出面主持办理。他带头购买，大力倡导，获得佳绩。5 月间，由厦门前往马尼拉的华人数十人被禁锢，声言要由防疫医生验疫，广大侨胞义愤填膺。华侨善举公所顺从民意，由郑尊蝩等联合我国领事馆，致函美国总医局，提出抗议，终使华人得以释放。11 月间，俄国与外蒙古签定“俄蒙协约”，策动外蒙独立，激起全国人民强烈反对。消息传到海外，郑尊蝩即以华侨善举公所名义，通告召开华侨大会，商议成立战俄筹饷局，筹集款项，支持祖国，与之抗争。在此期间，尊𧏙还与全体董事为崇仁医院、华侨义山添置各种设施，方便侨胞。

1929 年 5 月，郑尊𧏙逝世于马尼拉寓所，享寿七十岁。当时中国驻菲总领事邝煦堃钦其德望，挽诗云："天以后乐报先忧，桂馥兰馨环座周。古稀一届不少留，哀荣消息播南洲。岷江之原奠厥幽，何必泥古正首邱。令威化鹤魂自由，千秋万岁看松楸。"

施光铭

施光铭（1866—1923）又名光从，字昭庆。生于清同治五年（1866 年），西岑村人。弱冠之时，因其兄在菲律宾经商失败，负债累累，施光铭乃毅然南渡，为兄撑持商务。他一边经商，一边求学，几年之后不仅偿还全部债务，而且学业有成，并熟悉侨居地风土民情，积累一套经营管理经验和专业知识。初时，施光铭在马尼拉市仙道忌里示道开设晋益号罐头厂和酒店，虽然资本并不雄厚，但因经营有方，忠实厚道，甚得当地华侨和菲人的信任，生意兴隆，业务逐渐扩大，分厂、分店遍及南北甘马仁省等地。后又在马尼拉增设泉益九八行，并在南甘马仁省哪呀及乃乙两地设立分行，专营杂货及椰干土特产。其时菲律宾航运业大部分控制在西方人手中，华商货物运输受人制约，诸多不便。于是，施光铭下决心组织轮船公司。先后购置"万益号""同益号""捷益号""莱特号""千里世示号"等轮船，航运哪呀、乃乙等地。又在甲万那端开办碾米厂，在台也咨示创办木材厂，同时积极参与发起组织"益同人"保险公司及中兴银行等。

光绪三十一年(1905 年)，施光铭开始担任华侨善举公所董事，连任三届。光绪三十三年被推举为总理。其时，占领菲律宾的美国殖民政府突然宣布要没收民间公产。施光铭与清政府驻菲总领事钟文耀和善举公所全体董事筹商对策，提出交涉，据理力争，方使华侨义山得以保存。后来他为华侨义山办理立案注册手续，进行管理制度改革，以方便华侨。同时，改组华侨善举公所，使之与领事馆分离独立，促进华侨慈善事业的发展。当年，光铭出任马尼拉中华商会第四届会长，蝉联 5 届，后又蝉联第十至第十三届会长。在担任商会会长期间，他积极维护华侨的正当权益。1912 年 10 月，与施至华代表马尼拉中华商会应南京国民政府工商部的邀请，出席全国工商会议。会上，他就海内外人士普遍关注的美国政府于光绪二十一年提出的无理限制华工入境问题，提请政府向美国交涉，准予华工自由入美，并形成议案。议案为会议接受，转交外交部，由外交部向美国政府正式提出交涉。

宣统二年(1910 年)，光铭与侨亲施能宗、施至泵等人发起成立“旅菲临濮堂”，联合旅菲钱江、浔江施氏侨亲，同心协力，支持家乡建设。他独资修建西岑至衙口的三通桥。

1914 年，光铭被推选为华侨教育会副会长，倡议在侨胞中征收华侨教育附捐，为发展菲律宾华侨教育事业做出重大贡献。同年 4 月 28 日，《马尼拉时报》发表社论，鼓吹实行西文簿记法。5 月 7 日，光铭以中华商会会长名义在同一时报上发表文章。据理辩驳，引起强烈反响。对制止这一旨在限制华商发展法案的实施起了一定的作用。1919 年，泉州华侨女子公学前往菲律宾募捐，光铭以公司的名义捐助 150 元银元。他经常接引乡亲往菲，并将大部分乡亲安置在自己企业中做工。对生活困难的乡亲，他更是多方接济。

光铭在厦门鼓浪屿建置楼房一幢，晚年经常往返于菲律宾、鼓浪浪屿之间。1923 年逝世于菲律宾。

林登宾

林登宾(1868—1939)　字行恕，前清贡生。早年设帐于永宁故里，门徒鼎盛。后至福州，受业于著名民主主义思想家林纾，思想趋于开明，感封建旧学之弊病，遂弃乡塾而于 1901 年创办行实小学堂，自任校长。命名“行实”，寓“知行并重，意在务实”之意。小学堂课程除国文外，增设常识、算学等内容。此外，学堂还兼收女生，以示男女平等。1916 年，与长女林朝素创办永宁竞新女学。后又于龟湖后泽创办崇义小学。林登宾数十年孜孜不倦地致力于桑梓教育事业，培植英才不下千百。

林登宾精于医理，抱范文正公济世活人之志，救治乡人无数，乡望久孚，人所共钦。晋江一带林姓族人爰举为族长。倘若诸乡，衅起细微，甚或酿成械斗，其必竭力排难解纷，亲善团结。由是令誉远播，信义昭彰，至今父老犹怀其德。

其长女林朝素，受其熏陶，自幼热心教育事业，被誉为“晋江女子教育的先行者”。男朝猷、媳卢文理，一生执掌教鞭。孙辈祖荫、祖望均为家乡教育事业之有心人。

李文秀

李文秀（1873—1936）岑兜村（现为子英村）人。幼年失怙，稍长即为母分担劬劳，以孝闻名于乡党戚里。后于清末南渡菲律宾，在舅父茂丰行中供职。因其勤奋进取，深得舅父赞赏，便提拔他为茂丰行经理。工作之余，他认真研习西菲语言，以所学而富其才，以所事而尽其职，持筹握算，买卖出入，无不应弦合拍，丝丝入扣，因而事业勃兴，文秀也分获不少利润。经几年积蓄之后，便辞去经理职务，自创新合美公司。十余年后，发展成为规模巨大的“新合美总公司”。总公司设在马尼拉，而怡朗、宿务、麻戈律、纳卯等地均设有分公司。该公司主要经营进出口大米、面粉、罐头等业务。1906 年，文秀被推举为华侨善举公所董事。任内曾在崇仁医院创设免费部，方便贫苦侨胞。每当年底，还给住院病人馈赠银钱或物品。他还多次给崇仁医院、崇仁护士学校赠送铁床和教学器具。1933 年，他在马尼拉北郊建文秀亭一座，作为行人休憩之所。

文秀积极维护华侨权益，抗议美菲当局无理截检返菲华人，并筹款赈济美国旧金山华侨。1921 年，在反对“西文簿记法”斗争中，文秀任中华商会经济部主任，负责筹措抗争经费。他呕心沥血，四处奔波，在五年多时间内，筹措 17 万比索，为反西文簿记法的斗争取得最后胜利做出了重要贡献。

文秀热爱祖国，关怀桑梓，对当时国内政治之腐败，河山之破碎甚感痛心。1920 年，他同吴克诚、郑焕彩等人发起，于鼓浪屿叶寿堂别墅召开“华侨谈话会”，共商救乡事宜。翌月，成立福建自治会筹备处，闽侨救乡会自此发端。闽侨救乡会成立后，他捐献巨款予以赞助。1926 年 7 月，广东国民政府决定出师北伐。文秀与李清泉帮助筹款 14 万元，代募短期救国公债 100 多万元，有力地支援了北伐战争。

1920 年华北旱灾，文秀积极捐款赈济。1923 年，鉴于家乡交通闭塞，商旅不便，即与李清泉等人集资前来创办泉（州）围（头）汽车公司。1930 年，又捐资 500 比索，帮助泉州重建新桥溪导水矶头。此外，他还在厦门建造别墅，经营房地产业，为厦门市政建设做出贡献。

文秀积极支持家乡创办银江学校，曾任该校董事会主任。他还捐资赞助佩实学校。1919 年，晋江县第一区私立第一女子国民职业学校（后改泉州华侨女子公学）因经费困难，前往菲律宾募捐，文秀慨捐 500 元予以支持，并担任该校旅菲董事会董事。福建省政府特赠予“乐善好施”匾额，以示表彰。

1936 年，李文秀不幸因中风逝世于菲律宾。

黄念忆

黄念忆（1877—1970）　清光绪三年(1877年)生，金埭村人。父黄永摺与叔父黄永遮于19世纪60年代旅居菲律宾，并于光绪七年创办黄联兴铁业有限公司。

念忆7岁入私塾读书，刻苦勤奋。光绪十三年，应父命前往菲律宾，在店中学习商务。他年纪虽小，但勤恳好学，且生性聪明，举一反三，很快就熟悉店中业务。后来，其父、叔先后回国，念忆便自任经理，主持黄联兴铁业有限公司。他刻苦经营，精打细算，薄利多销，业务蒸蒸日上。在基础扎实之后，又在各地设立分店，至20世纪初叶已成为马尼拉铁业巨子。1914年，黄联兴公司建造1座七层商业大厦，在菲律宾称冠一时。旋又在马尼拉州仔岸设置店面50多间，不断谋求拓展。数年之后，他又创办大规模的碾米厂，并参与发起创办中兴银行。嗣后，又相继在美国投资锌板厂，在厦门投资电厂、自来水厂，并在鼓浪屿建置房产多幢。

1921年，菲律宾华侨开展反对“西文簿记法”的斗争。念忆担任交涉委员。他认真履行职责，四处奔波，不畏强权，据理力争，努力捍卫华侨权益。

念忆乐善好施，积极为华侨社会谋福利。他担任华侨善举公所、华侨教育会、中兴银行董事及马尼拉中华商会第25届副会长、金埭小学校董会董事长等职务。他十分关心桑梓教育事业，发动华侨捐款，支持家乡办学。

第二次世界大战结束后，他把黄联兴公司交由长子主持，自己移居香港九龙，创办石矿厂，建置房产等。1970年春，逝世于九龙。

李逢耀

李逢耀（1878—1942） 生于清光绪四年（1878），塔石村人。幼年丧父，稍长即当肩挑小贩以维持家计。16 岁东渡菲岛，居南甘马仁省那牙埠，初当店员，后与人合办万发杂货店（批零兼营）。继则发展为万发兄弟股份有限公司。

逢耀热心社会公益事业，连任南甘马仁省华侨教育会会长十余届。华英学校创办时，他四处奔波，宣传鼓动，募捐筹款，使该校得以顺利开学，故又任该校董事多届。1917年，他回故乡创办毓新小学（后改名宝塔学校），并长期负责一半办学经费。

逢耀热爱祖国，曾于马尼拉加入同盟会，支持孙中山先生的革命活动。1932 年，“一•二八”淞沪抗战爆发，海外华侨纷纷成立各种抗日救国团体，逢耀被推选为南甘马仁省华侨救国会委员，参与领导侨胞募款助战。1937 年，抗日战争全面爆发后，南甘马仁省华侨抗敌后援会成立，公推逢耀兼任该会财政，后又任主席。于是，他更加积极号召抵制日货，打击奸商活动，并努力筹募款项与药品，支援祖国的抗日救亡运动。

1941 年，逢耀任国民党驻菲律宾总支部吕宋支部那牙分部常务委员，不久擢升为支部监委。是年 12 月，太平洋战争爆发后，日本侵略者在黎牙实备登陆，继又进入那牙市。逢耀协助华侨青年李忠敬等人联合菲律宾人民游击队，攻夺该市美侨集中营，营救出不少美国侨胞。岂料不久日寇援兵大至，重新占领了该市，开始搜捕抗战分子。逢耀不及躲避，遂被捕。日寇初以利诱，劝其投降，后又严刑拷打，逼其屈服，但他大义凛然，坚贞不屈。后其子李贤华前往探望，也被拘捕。1942 年 5 月 19 日（农历四月初五日），父子双双殉难。

王立璇

王立璇(1879—1948) 清光绪五年四月廿七日出生于西岑村。年轻时当过轿夫，扛过大鼓。30 岁时由其堂兄带往菲律宾。初在堂兄店中当学徒，后自己创办石灰厂、经营铁业，继而接洽与美国进出口业务。不久即成为菲律宾著名铁商。

他急公好施，受到菲华社会的拥戴。曾任菲律宾华侨铁商会名誉主席、溪仔婆中华商会名誉董事长、菲律宾华侨善举公所董事、菲律宾太原王氏宗亲总会名誉主席，并在多所华侨学校的董事会中担任董事、董事长、名誉董事长等职。

1930 年，他与王立螺、王惟杭等捐献巨款在家乡创办岑江小学，并组织旅菲校董会。1936 年春季起，他独力负担该校全部办学经费，让学生免费入学。翌年又独资捐建校舍。教育部据《捐资兴学褒奖条例》授予他一等褒章。

1937 年，祖国抗日战争爆发。是年 7 月 16 日，菲律宾华侨援助抗敌委员会成立，王立璇被选为委员。他四处奔波，宣传抗日救国，并带头捐款捐物，支援祖国的抗日救亡运动。太平洋战争爆发后，他被入侵菲岛的日本侵略者逮捕，财产也被抄封。但他始终不屈不挠，拒绝与侵略者合作。抗日战争胜利后，他获得自由。当他的企业在其亲朋戚友的鼎力帮助下刚刚恢复的时候，他便立即恢复对岑江小学的支持，并汇巨款给家乡，按每户 500 元(旧币)分发给乡人。1948 年 8 月 7 日，王立璇因患脑溢血逝世于菲律宾。菲华各界为他举行公祭。

李逢铎

李逢铎（1881—1952） 岑兜村（现为子英村）人。早年远渡菲律宾，后与亲友合作经营土产，甚有成就。1932 年 4 月接任菲律宾华侨善举公所总理。其时，美菲当局有意限制华人入境，作出种种苛刻规定。李逢铎乃邀请移民公会全体成员讨论抗争办法，对延缓或制止那些不合理条例的实施起了一定的作用。1934 年换届选举时，李逢铎荣膺 57 届善举公会董事长。他又率领诸董事努力拓展会务，购置树日街 222 号 3 层大厦为会所。1934 年夏，闽南一带发生特大水灾，他即邀中华总商会召开会议，负责筹款 35 万元，救济沿海灾民。1937 年 10 月，李逢铎被聘为中华总领事馆顾问。他关心家乡教育，1946 年岑兜旅菲乡侨成立义济同乡会，李逢铎出任理事长。他热心推动故乡银江小学的复校工作，并积极为学校筹募经费。

詹孟杉

詹孟杉（1891—1945）　清光绪十七年（1891 年）出生于港边村，家境贫困，14 岁始进私塾读书，后因经济拮据，中途辍学。19 岁随乡人南渡菲岛，谋求生计。初在商店当学徒，后自营肩挑小贩，走街串巷，四处销售。经数年之积蓄，于马尼拉中路布市设置布厨贩售布匹。四年后回乡娶亲。返菲则转营杂货。由于他熟悉市场行情，胸有成竹，每料必中，获利甚丰。美人治菲后，他抓紧时机，转营铁业，开办“詹成发铁业商行”。不久即在铁业界独树一帜，曾连任三届华侨铁业公会会长及数届马尼拉中华商会董事。

孟杉致富之后，不忘昔日艰辛，仍简衣素食，从不以阔绰示人。但对社会公益慈善事业及国内外各种募捐，则热情赞助。1927 年，他被推选为华侨善举公会第 47 届董事。其时，菲律宾立法议会提出一项移民法案，甚不利于华侨生存发展。孟杉偕诸董事代表全体侨胞向美菲当局提出交涉。后又会同中华商会、广东会馆代表进行抗争，使该法案未能付之实施。1927—1931 年，孟杉又连任华侨善举公所 50～54 届董事。前四届任公所主任，最后一届任义山主任。他厥尽其职，服务侨胞，促进了华侨慈善事业的发展。他对中华崇仁医院也做出很大贡献。至今，该院尚建有詹孟杉室，并悬挂其画像。

早年失学之痛，令孟杉不能释怀。故一贯来，他对教育非常重视。1934 年，他捐资给家乡陶青小学建筑校舍，并在校中建有詹孟杉纪念楼。此外，他还曾任菲律宾华侨教育会董事二年、永宁竞新女学旅菲董事会主席四年，对于两地教育事业贡献良多。

抗日战争爆发后，孟杉积极投入抗日救亡运动。他捐款捐物，奔走呼号，在华侨中有很大影响。1937 年 7 月 16 日，“菲律宾华侨援助抗敌委员会”成立，他被选为委员。

于是，他更是斗志昂扬地率领广大侨胞从财力、物力等方面支援祖国人民的抗日战争。1942 年，日本侵略者占领菲律宾，孟杉被逮捕，囚禁数载，直至 1945 年抗日战争胜利后方获释。但由于在狱中受尽折磨，身体虚弱，出牢不久即逝世于菲律宾寓所。

李 柏

李柏(1892—1983年) 号苍岩居士，岑兜村人，出生于书香门第，从小励志苦学，勤奋进取。辛亥革命后，他深知“愚为国民诸病之根”，立志终生献身教育事业。年十八，即任村中塾师。后又先后在石圳、塔石、洋厝、永宁等地小学任教。

1927年，李柏应旅菲乡侨之邀，往菲律宾筹募银江学校建校基金。1929年接任银江小学校长后，遍求教育界名流来校执教，制定“忠毅勤朴”的校训，学校面貌焕然一新。后因太平洋战争爆发，侨汇中断，不但建校受阻，学校经费也发生困难。他即发动村中盐民支持办学经费，自己则与家乡教员义务任教。

中华人民共和国成立后，李柏激情满怀，继续致力于银江学校新校舍的筹建工作。除了配合旅菲同乡会四出劝募外，还亲嘱旅居菲律宾的三子李贤佑带头捐款。1976年，银江学校新校舍落成，已届85岁高龄的李柏被推选为校董会名誉董事长。

受其熏陶，李柏的儿孙辈中有多人从事教育工作，且成绩卓然。据粗略统计，其内外儿孙中有20多人在海内外从事教科文卫工作。1982年，《人民日报》曾以《侨乡教育世家》为题，载文介绍李柏及其后代奉献教育事业的事迹。《福建日报》、香港《文汇报》和菲律宾《世界日报》相继转载。李柏平素酷爱诗文，谙练韵律，吟作颇丰。惜于“文化大革命”中多有散失，未能如愿汇编成集。

李柏一生耿直清廉，德高望重。主持公益事业，不贪不取，来清去明，深为族人、乡亲赞颂。值其九秩寿庆之时，旅菲银江同乡会特地组团回乡祝寿。家乡吟坛文朋诗友竞相为之唱和，后荟萃成《苍岩先生九十唱酬集》一书出版。

1983年8月11日，李柏因病去世，享年91岁。

龚抱月

龚抱月(1894—1986) 女，永宁西厝村人。民国 25 年(1936 年)，随丈夫郑焕章携带儿女往菲律宾谋生。初居于贫瘠偏僻的米骨地区，生活十分艰苦。第二次世界大战后，丈夫不幸逝世，抱月毅然挑起抚育3个孩子的重担，在北甘马仁省乃乙社以卖薯粉粿、豆芽、面包维持生计。她教子有方，注重培养孩子们的坚强意志和毅力，激发他们对事业的开拓精神。当地华侨都称她有孟母之风。在她培育下，其子郑周扬、周敏均成为商界巨擘，并形成实力雄厚的“郑氏集团”。

抱月对事业、人生、金钱有很多自己的看法。她经常告诫儿孙：一、金钱的价值不在保有，而在致用；不用的钱是死钱，无用的物是废物。二、多不是富，能用为富；用其当用，省其当省。三、人非生而富，富须靠自我的努力和智慧、勤劳来获得。四、俭朴是美德，但吝啬不是俭朴；消费是生活所必须，但消费不是浪费。五、如何用钱?自我生活要力求俭朴，社会公益应慷慨解囊，踊跃捐输。六、财聚则人散，财散则人聚。七、郑氏事业，取之社会，用之社会。她认为，一个人要获得成功，需要三大因素：高超的智力、幸运和慷慨。因而在选择郑氏集团接班人时，她认为郑周敏的次女郑绵绵最具有这三大因素，由郑绵绵接班最为理想。果然，在郑绵绵的主持经营下，亚洲信托公司一连数年盈利均领台湾300家大公司之冠。

抱月自身生活非常俭朴，但却乐善好施。她经常教导后辈：家族应对所得的祝福感恩，通过仁爱回报社会。每逢其诞辰，她必亲自到养老院、弧儿院、崇仁医院免费部及其他收容所分发慈善款。她赈贫济病，对贫苦无依的老人和孤儿充满爱心。菲律宾有五任总统先后颁予她“菲国最伟大的模范慈善母亲”称号。

抱月非常关心教育事业。1968年，为乃乙中华中学捐建抱月大厦，同时还每年捐献数百万元作为学校及华人社团各种慈善活动经费。

1972年，抱月寿辰前夕，适逢菲律宾中南吕宋岛遭受水灾，她即令儿子取消寿庆宴会，谢绝亲朋应酬，把所节约的资金全部捐献给灾民。同时，还命郑周扬、郑周敏昆仲，拨出菲币30万元，设立郑龚抱月慈善基金会。1977年，该基金会资金增至菲币200万元，并定名为郑龚抱月国际基金会，除每年所提利息全部作为慈善福利捐款外，并逐年增加基本数额，以利长远资助教育、文化、体育和各种社会福利事业。

80年代初，菲华商联总会呼吁菲华富商捐献公校校舍给贫穷的农村地区，郑龚抱月际基金会积极响应，并为原居住地北甘马仁省捐建多座校舍。

每值菲律宾出现灾情，她都特别关注，并给予有力支持，1985年，菲律宾遭大台风袭击，该基金会捐款菲币数以百万计。

历年圣诞节至新年这段期间，该基金会即在菲开展全国性济贫活动。基金会人员不分假日节日，辗转于穷乡僻壤分赠礼品，为贫困的民众提供帮助，备受议员、群众欢迎，并受地方官员的赞扬。

1986年，抱月逝世于菲律宾。守灵期间，前往吊唁致哀者累计1万多人，备极哀荣。

李焕彩

李焕彩（1896—1961年） 岑兜村（现为子英村）人。1937年祖国抗日战争爆发后，即积极投入抗日救国运动，菲岛沦陷后被日本侵略者逮捕。1943年获释后仍继续进行斗争，直到马尼拉光复。1951年当选菲律宾华侨善举公所董事长。任职期间，带领诸董事积极工作，拓展会务，使公所不断发展。尤其是担任第80届董事长时，刚好善举公所50年注册期满，他认真研究、慎重办理，使公所继续延期50年，为华侨善举公所的发展做出重大贡献。对于国内慈善救济事业，焕彩与诸董事都尽力予以赞助。

黄念打

黄念打（1900—1942） 金埭村人，14岁往菲律宾谋生，初受聘于“黄联兴铁业有限公司”，后担任詹成发商行业务员。任职期间，兢兢业业，深受好评。

1937年，“七七”芦沟桥事变，菲律宾华侨掀起抗日救国活动。他响应菲律宾中华商会的倡议，积极参加抵制日货活动。因工作认真，被推选为“抗敌会抵制小组”委员。他忠诚报国，多方奔走，竭力支持祖国的神圣抗战事业。

1942年，日本侵略者占领菲律宾。黄念打与抵制日货委员蔡派恭、颜文初、施教锯等侨领共42人不幸被捕。日本侵略者企图利用侨领来压制菲岛的抗日活动。日本宪兵部采取各种威胁利诱手段，要求黄念打等侨领：一、通电劝重庆政府和日本议和，承认汪伪政权；二、在三个月内为日军募集菲币2400万比索；三、由日军指挥组成伪华侨协会。如答应上述条件则立刻释放，财产退回。黄念打等人坚守民族气节，严正拒绝日军所提条件。3月19日，黄念打等28人被囚禁于比里毕大监狱。在狱中，备受敌人摧残，始终守口如瓶，坚贞不屈。4月9日，日本侵略者以“以钱财支持抗日”罪，判处黄念打等9名侨领死刑，没收财产。4月15日，黄念打等人被日本侵略者秘密杀害于华侨义山。

1945年9月2日日本投降后，黄念打等被害侨领的忠骸被找出，供奉在菲律宾“华侨烈士纪念堂”中，让后人凭吊瞻仰。

刘瑜璧

刘瑜璧(1900—1977) 女，乳名瓜治，字琼琚，金埭村人。清光绪二十六年(1900年)生。1919年，五四运动反帝反封建的思潮传播到闽南，后瑜璧先后于安海培淑女学、永宁竞新女学和梅林小学任教，与挚友林朝素(女)等组织师生演文明戏，号召、鼓励妇女从封建礼教束缚下解脱出来。1920年。瑜璧不顾家庭阻挠与港边陶青小学教师陈石溪恋爱结婚，并率先举行文明婚礼。1926年11月，国民革命军东路军进驻泉州。瑜璧踊跃参加组织晋江妇女解放协会，积极宣传男女平等、平权。她和晋江临时县党部妇女部长余佩皋等筹办妇女工读学校，并兼任教员。

1928 年，菲律宾华侨第一女校教师林朝素回国，邀请瑜璧同往代课。在菲律宾任教期间，积极参加当地妇女运动。翌年，华侨教育会正式聘其为教员。瑜璧回国办理签证，却在临行时改变主意，决心留在家乡继续从事妇女运动。

1932 年秋，瑜璧与陈兆英开办妇女收容所，引进织布机 4 台，组织无家可归的妇女生产自救。1934 年 5 月，泉州平民医院女护士黄彬彬因反对封建包办婚姻，被县长吴石仙受贿逼婚惨死。以青年女学生为主体的各界人士成立“晋江青年援助黄彬彬惨案大会”，瑜璧被选为执委。会后举行游行，请愿控诉，最后轰走吴石仙。

1935 年，刘瑜璧等人重新组织妇女会，开展妇女扫盲工作，同时创办明伦妇女民众学校，开办 3 年，脱盲妇女 400 多人，后因日军飞机轰炸停办。妇女会开展多种活动，如帮助安置从厦门敌占区来泉州的妇女工作；发动妇女界献资购买飞机救国；发动妇女义卖，得款赠给开元慈儿院的孤儿和救济院的难童作教育费。

1937 年，抗日战争全面爆发。瑜璧即修男发，着中山装，随时准备投笔从戎。她说：“参加抗日，巾帼不应让须眉。”是年，参加“晋南惠妇女军训教导队”。翌年，任教导队上尉书记。结训后留任福建省抗日自卫团闽南区司令部军需室上尉书记。

1941 年，受聘为晋江崇义小学校长。翌年春，晋江县妇女会正式成立。瑜璧被选为常务理事。未几，任民众教育馆干事，后专司妇女会会务。

中华人民共和国成立后，她应邀参加泉州民主妇联筹备会工作。1952 年后，瑜璧调泉州幼儿师范学校当职员，同时参加“中国国民党革命委员会”泉州支部委员会，负责“民革”的社会联络和成员家属工作。她除做好学校本职工作外，还组织老人合唱队上街宣传，为政协文史研究会撰写资料等。1977 年，瑜璧因病逝世。

林朝素

林朝素(1900—1993) 女，永宁人。1910年开始就读于其父林登宾创办的行实小学堂，受新思想的熏陶，从小萌发追求男女平等的民主主义思想。16岁即协助父亲创办永宁竞新女学。“五四”运动之后，林朝素更是致力于把女校办成宣传妇女解放的中心。她聘请勇于反封建、向往新生活的女青年刘瑜璧等来校任教；借竞新女学五周年校庆之机举办学生成绩展览，公演反封建礼教的“文明戏”，以显示女生才能，提倡女性解放，震动了闽南侨乡。

1922年，林朝素考入集美女师。在学校里，她不仅学到了先进教育思想，也树立了新的人生观。1925年，“五卅”惨案发生，具有爱国传统的集美校园迅速掀起反帝爱国浪潮。她与好友卢文理等组成“晋江宣传队”奔回故乡，连续七夜在永宁、沙美、外高、岑兜、港边、郭坑、梅林等村演讲。在她们爱国激情的感染下，各村听众“同情愤激，至有太息垂泪者”，“大有敌忾之表示”，梅林村“各船户当场誓不运载仇货”。

1927年，林朝素毕业后留集美小学任教。但为了家乡的教育事业，她谢绝母校续聘，回到陷于经济困境的竞新女学。她不顾世俗议论，毅然赴菲募捐，重建濒于倒闭的女校。

1940年，竞新女学因校舍被日寇烧毁而停办，学生并入行实小学。此后，林朝素仍然坚持在偏僻农村或沿海小学任教，默默地将心血献给农村教育事业。

林朝素还是一位妇女活动家。她在任教的乡村义务办起妇女夜校，开展扫盲、歌咏活动。她宣传抗日，演活报剧，举行讲演会，发动师生为“购机救国”献金献米。

中华人民共和国成立后，她又以满腔热情投入筹建泉州民主妇联的工作，为保障妇女正当权益、为替妇女群众排忧解难而奔波。1980年后，林朝素连续被聘为泉州市政协委员，为促进两岸交流和祖国的和平统一大业而倾注全力。1991年，泉州市人民政府授予林朝素一家“教育世家”的光荣匾，表彰其对教育事业的贡献。

林朝素教子有方，三个子女都成为高等学校的教授、副教授。长子李亦园教授更是国际知名学者，曾任台湾中央研究院院士、台湾清华大学人文社会学院院长。

1993年7月24日，林朝素与世长辞，享年93岁。

李　淡

李淡（1905—1968） 号明我，洋厝村人。早年就读厦门大学，积极从事学生运动，在五卅运动中因进行反英、反日宣传而被捕。20世纪20年代，他乘槎浮海往菲律宾。先后在中西学校、南洋公学等多所华校任教，并创办主持乃乙中华学校、黎牙实备中华学校和美骨中学，传播爱国思想。“九一八”事变后，菲岛各地华侨纷纷组织抗日救国会，李淡担任北甘马仁省乃乙华侨救国会主席，并负责编印刊物《血弹》，揭露日寇侵华的阴谋。同年十一月，菲华首届华侨救国会代表大会召开，李淡当选为五人主席团成员，成为菲华救亡运动的领导人之一。

李淡热爱祖国，热爱家乡。1932年他回乡为母亲治病，期间曾帮助家乡聘请师资，创办洋山小学，积极发动侨胞捐资重建小学校舍。他还写了不少诗歌表达对故乡的深厚感情。暮年之际，李淡思亲之情更加炽热。他感慨万千地写道：“异乡长作客，故国永乡思，天际无垂幕，燕迟归。”当他束装待归之时，不幸身染重病，1968年9月28日在菲律宾逝世。

李淡擅于诗草词章。其作品经其长女李彬（原名冰凌，《福建日报》主任编辑）整理编辑，于1994年由海峡文艺出版社出版了《李淡诗词钞》一书。2009年，又经李彬编辑，由爱达出版机构出版了《李淡诗词手书》。

董云阁

董云阁（1908—1932）又名董光泰，永宁后山人。其父早年往菲律宾经商，家境颇宽裕。云阁 12 岁往菲律宾，在马尼拉继续就学。

1925 年回国，就读于厦门集美学校。云阁性格内向，沉默寡言，从小喜欢读报、看书。入集美学校不久，即秘密参加革命活动，化名董奕象、董光华，颇受同学尊敬，称之为“老董”。是年，上海发生“五卅”惨案。厦门大学和集美学校的师生纷纷集会示威、罢课。厦门工人罢工，声援上海工人反帝爱国斗争。云阁在斗争中受到深刻的教育。

1926 年 10 月，北伐军入闽，各地学生运动、工人运动蓬勃兴起。云阁积极参加革命活动。是年，加入共产主义青年团，不久，担任学校团支部书记。寒假期间，党组织安排云阁回永宁开展革命宣传，建立农民协会。

1927 年年初，云阁返回厦门参与领导学生运动，不久加入中国共产党。由于云阁积极开展革命宣传和领导学生运动，引起当局的注意并受到监视，被迫改变身份入厦门大学当旁听生，继续从事革命活动。

1928 年年底，任共青团福建省委委员，与苏效泉共同负责厦门团市委工作。1929 年

7月，云阁代理团省委书记。是年，共产党领导厦门海员、牛车工人举行抗议国民政府逮捕工人的罢工，大中学生争取集会结社自由和保障人权，以及中小学教员反对政府裁减教育经费，要求发清欠薪的罢课等一系列政治斗争。云阁始终站在斗争最前列。1930年，云阁任共青团福建省委书记。是年春夏间，云阁遵母命回乡和高秀真结婚，婚后才5天就返回厦门。9～10月，云阁任福建省总行动委员会常委，负责青年工作。11月，省总行动委员会撤销，云阁仍任团省委书记。是年冬，中共福建省委派云阁、陶铸到漳州重建被破坏的闽南党组织。12月，中共闽南特别委员会重新建立，特委机关设在漳州南山寺，陶铸任书记，云阁任副书记，继续领导漳属地区的革命斗争。他们组织武装游击队，实行土地改革，并着手筹建苏维埃政权。

1931年3月，中共福建省委设在厦门鼓浪屿的秘书处、宣传部被敌人破坏，省委常委兼秘书长杨适、省委宣传部长李国珍被捕，先后牺牲。在此严峻时刻，云阁挺身而出，在代理书记王海萍和互济会党团书记黄剑津到上海汇报福建省委受破坏情况和请示工作期间，和蔡协民、曾志临时负责省委工作，主动担负领导全省革命斗争的重任。因形势险峻，云阁母亲担心儿子的安危，多次劝他到菲律宾去，都被断然拒绝。他说，“没有国，哪有家!”中共福建省委遭破坏后，根据中共中央指示，暂不恢复省委组织，分别设立福州、厦门两个中心市委。1931年7月，中共厦门中心市委成立。1932年2月，云阁任中共厦门中心市委常委、组织部长，并受中心市委派遣，以党的巡视员身份到仙游指导仙游县委成立抗捐委员会，在北区发动群众100多人反对鸦片捐，包围收捐军队，开展游击战争。再到莆田笏石、黄石等地区开展抗鸦片捐的斗争。在云阁具体指导下，莆田党、团县委组织进一步健全，农会、革命互济会、妇女救国会等组织也有一定发展。

1932年4月20日，中国工农红军攻克漳州，中共厦门中心市委领导人先后到达漳州配合红军工作。云阁负责中心市委的领导工作。在此期间，他组织发动一批进步青年到漳州参加红军。5月25日，云阁不幸被捕。在狱中，他正气凛然，坚贞不屈，严守党的机密，始终保持共产党人的崇高气节。10月23日，被杀害于厦门禾山海军司令部。牺牲时，年仅24岁。

王庆祥

王庆祥（1908—1988年） 字景云，永宁北门人，出生于信奉基督教的侨属家庭，就读于教会创办的育元小学。1928年于泉州高中毕业后考进广东光华医学院。1932年“一

•二八”日本进攻上海闸北时，随医学院救护队，奔赴上海支援坚持淞沪抗日的十九路军。1936 年毕业后，先后于光华医学院和广东增城县医院任医师。1937 年,抗日战争全面爆发，翌年 1 月，他满怀救国热情，赴国民政府陆军一五八师军医处任中校军医。1939 年,又转到交通部军委工委会，先后在所属滇缅铁路工程处、西祥公路工程局和中印公路工程局任主任医师。时日机经常轰炸西南各地，他坚持为抢修铁路、公路的民工医伤治病。

1947 年 2 月，他回到家乡永宁开设诊所，适值晋江南部一带鼠疫大流行，他和夫人关丽倩（广东光华医学院毕业生），马上投入抢救患者的工作中。他关心家乡教育事业，在他倡导下，因抗战停办的育元小学重新恢复，王庆祥被选为董事长。1952 年 10 月，任晋江县卫生院医师兼医政组主任。1953 年 3 月，调晋江专区第一医院任外科医师。1954 年 7 月调晋江专区第二医院任外科医师。1955 年先后参加四五八二(晋江)与七九六二(龙岩)国防建设，在工地医务处任医师，荣立三等功和一次集体二等功。1956 年完成支前任务，被评为三等功臣，返回原晋江专区第二医院，当年 12 月晋升为主治医生。1964 年 4 月，晋升外科副主任医师。

王庆祥为人热情、开朗，乐于助人。1949 年解放前夕，他积极协助地下党筹备粮食。有一次，中共地下党员施能攀等人到王家布置借粮任务时，遇上驻军营长及其护兵，在这危急之际，他巧妙地和国民党驻军营长周旋，让地下党人从容脱险。

20 世纪 60 年代初期，他已对胃肠道手术，胃、脾切除，椎柱减压固定术，病灶清除，乳腺癌根治，骨折内固定术等有较深造诣。他能阅读英文专刊。1958 年撰写的《自发性右侧腰三角疝》在《中华医学杂志》发表。之后，又整理发表《食道癌综合问题探讨》《国产癌敌和癌得平治疗恶性肿瘤的观察》《巨块型原发性肝癌右半肝切除昏迷治疗一例报告》《治疗广泛复杂性创伤的若干问题》等数篇论文。

1976 年，王庆祥从福建医学院附属二院退休返回故乡永宁。他仍热情为群众排忧解难，永宁卫生院遇有疑难病症或危重病人，经常邀请他会诊指导。他在侨眷与华侨中享有崇高声望，1979 年被推选为永宁镇侨联主席，并先后被选为晋江县侨联会常委，晋江县第一、二届和第七、八、九届人民代表大会代表；政协晋江县第四、五届常务委员。1988 年 3 月 16 日，王庆祥医师在永宁家中逝世，享年 80 岁。

李子芳

李子芳(1910—1942）乳名清心，岑兜村（现为子英村）人。

子芳8岁入银江小学读书，因父母早逝，家境日蹙，中途辍学。1923年，随乡亲旅居菲律宾马尼拉，先在店铺当学徒，后入中西学校半工半读。时值国内大革命蓬勃发展，子芳阅读许多进步书报，萌生报国救国大志。

1927年，子芳毅然回归祖国，一面继续求学，一面寻找革命道路，先后入县城(今泉州市区)培元、晋中和黎明高中读书。在校期间，经常与同学评论时事，批判社会腐败现象，参加学生运动，传阅革命书刊，被学校当局视为“过激派”，被“劝退”出校门。

1930年，子芳离开黎明高中，到泉州东郊法江小学任教。他利用课余时间，指导学生开展各种形式的有益活动，出版不定期小刊物《竹芽》宣传革命道理，揭露黑暗社会，同时指导学生成立自治会。其进步活动引起地方当局的注意，行动受监视而被迫离开泉州。子芳一度到南京大学当旁听生，课余大量阅读革命书刊。不久，返回福建，在厦门鼓浪屿参加中共地下活动，并加入革命互济会和反帝大同盟。

1932年4月，中央红军东路军攻克漳州城。5月，经厦门互济会介绍，子芳赶至漳州石码参加红军。6月，随东路军进入中央苏区。他先后被分配在红四军组织部和红一军团组织部担任干事。翌年4月，加入中国共产党。1934年10月，中央红军实行战略大转移，子芳跟随大军，参加举世闻名的二万五千里长征。征途中，他尽力帮助战友克服各种困难，还时常利用空隙时间给战友讲解天文、地理、历史、航海等知识，被同志们雅称为“大学生”。中央红军抵达陕北后，子芳先后被提升为红一军团政治部组织部副部长、部长等职，并当选为军团党委候补委员。

抗日战争爆发后，南方8省游击队奉命整编为新四军，子芳任新四军政治部组织部长。1937年冬，他带领一批干部从延安到达武汉，参与组建新四军，着重担负筹组政治部及其所属各部的一切事宜。他知人善任，关心爱护同志，特别重视发挥知识分子的作用。

1938年冬，全国抗战形势有新的发展，许多爱国青年、工人和学生纷纷投奔新四军。他又认真配合教导队各级干部，对新入伍的爱国青年进行培训。

1941年1日，国民党顽固派制造震惊中外的“皖南事变”。事发前，子芳因阑尾炎手术不久，且患有较严重的肺病，军部领导曾两次决定让他与其他体弱的同志先行过江，但他坚持要与部队一起行动。当时，新四军军部及直属部队9000余人，遭到国民党8万重兵的包围阻击，形势极其严竣。在7天7夜的恶战中，子芳始终强扶病体，与部队一起冲杀。当战斗到最后关头，叶挺军长下令分散突围，子芳指示战斗人员“要杀出一条血路来，夺血路而走。”1月13日，子芳与部下10多人，从被围困的石井坑向外突围。

但他身体虚弱，步履维艰，未能逃出虎口，与几个警卫人员不幸被俘。他初与叶挺军长等新四军数百名指战员被囚禁于江西上饶集中营，后又与军政治部秘书处处长黄诚等 10 余位干部被转押至石底监狱。

在石底监狱，子芳组织狱中党支部，被推选为支部书记，领导难友开展不屈不挠的狱中斗争。是年深秋，党支部组织 3 位同难战友先行越狱失败后，敌人管制更紧。子芳与黄诚及廖振文、胡宗德均被钉上脚镣。敌人为了切断子芳、黄诚与狱中难友的联系，将其他被俘人员转押至“周田训练班”。1942 年 5 月，日军大举进逼浙赣线，国民党顽固派决定将上饶集中营迁往福建。大转移前，顽固派采用食物下毒的卑鄙手段，将子芳和黄诚等人残杀狱中。牺牲时，年 32 岁。

龚诗长

龚诗长（1910—1981） 沙堤村人。年轻时赴台，定居台北市，后成家立业。抗日战争期间，台湾沦陷，龚诗长在工厂做机修工，同时参加抗日组织，曾参与烧日寇运输船、炸日军弹药库等活动。日本投降后，龚诗长参加共产党地下组织，在工人中积极开展反内战反贪官污吏宣传，后被台湾国民党政府逮捕入狱。在地下党帮助下，他顺利越狱，并携家眷返回大陆。回乡后，他以讨海捕鱼为生，并参加中共塔石区工委领导的区中队地下组织，继续和国民党反动派进行斗争。1949 年 9 月 2 日，石狮解放。人民政府号召沿海渔民船工支援前线解放厦门。龚诗长带领家乡渔民船工踊跃报名，参加船工队，协助解放军进行紧张的战前训练。他和船工们认真向解放军战士传授航海知识，帮助熟悉水性，掌握潮汐规律，陪同战士们日夜苦练。1949 年 10 月 15 日夜，龚诗长随同解放军登船渡海，参加解放厦门的战斗。他临危不惧，镇定执舵掌船。在离岸只有几百米时，船篷绳被炸断，船被炸漏，木船在巨浪中颠簸，许多战士纷纷落水，他凭着一身好水性，抢救溺水战士 16 人，在敌人的枪林弹雨中，他左腿中弹负伤，但还是坚持参加战斗，直至成功登陆厦门岛。战斗结束后，龚诗长被福建省军区评为战斗英雄，并于 1950 年 9 月 6 日赴福州，出席省人民政府和省军区联合召开的“福建省首届战斗英雄、劳动模范代表大会”。

解放初期，龚诗长回到沙堤村，投入土地改革、镇压反革命、保卫胜利果实斗争中，先后被选为沙郭村农会主任和沙郭村村长。龚诗长于 1981 年农历八月十九日逝世。1996 年，中共石狮市委、市人民政府发给龚诗长家“五老”荣誉牌匾及证书。

李中敬

李中敬（1911—1944） 又名涵清，洋厝村人。1911 年农历八月初六出生于菲律宾，幼年时父母双亡，由叔父抚养。1925 年回国，就读于厦门十三中学。1928 年返菲，经营杂货店，并在华英小学任教。

1932 年“一·二八”淞沪战起，中敬在菲律宾那牙市组织华侨抗日义勇队，并率队回国参战。不料抵达上海时，战事已经结束，义勇队遂自动解散，各自返菲。中敬顺道回家乡，与厦门十三中的同学孙美云结婚。后来，夫妻一同返回菲律宾那牙市，在华英中学任教。

1937 年“七七”芦沟桥事变，全面抗战爆发。中敬参与筹募捐款，四处奔波，发动爱国侨胞积极支援祖国的抗日战争。

1941 年，入侵菲律宾的日本侵略者进驻那牙市，中敬毅然参加菲律宾人民游击队。1942 年 5 月 1 日，中敬在老华侨李逢耀的协助下，带领游击队攻夺那牙市美侨集中营，歼敌颇多，并救出不少美侨。事后，日本侵略者大批援军进入，大举搜捕抗日分子，中敬于 10 月 5 日不幸被捕。在囚车上，他乘敌不备，纵身跳入河中，无奈镣铐在身而未能逃遁。复被逮捕后，被囚禁于皇城内山爹屯监牢中。中敬在狱中经受 6 个月的严刑拷打，始终坚贞不屈，后被转移到百灵也计文地愈巴大监狱囚禁。

1944 年 12 月底，美军在菲登陆，日本侵略者溃退前疯狂屠杀抗日志士，中敬惨遭杀害，年 33 岁。

李乌谅

李乌谅（1912－2000 年） 出生于永宁镇梅林村，16 岁出嫁到沙堤村一贫农家庭，一日三餐无着，常年过着贫苦生活。中华人民共和国成立后，先后担任村妇女会主任、公社（镇）妇联会委员，多次出席省、市、县妇代会。50 多年来，她调解过数十对感情破裂的夫妇，使之重归于好。为宣传贯彻计划生育政策，她一边挨家挨户做动员，一边帮助计生对象洗衣做饭、料理家务。乌谅还多方关心、照顾生活困难的孤寡老人。当沙堤小学经费困难、以至 1978 年沙堤村复办幼儿园无课桌椅时，她多次发动侨属捐资解决。1979 年，沙堤村开始重建“四人帮”时期毁掉的沿海防风林带，她不顾年老，顶着大雨，让社员背着她涉过腰深的下宅溪水，加入造林大军，为根治风沙、绿化家乡立下汗马功劳。50 多年来，她始终把人民解放军当作自己的亲人，坚持奋战在拥军第一线。每逢部队野营训练驻村时，她便忙里忙外，帮助借房、架床、打扫卫生。守驻部队的菜地缺牛耕作、缺欠种子肥料时，只要找她，她都一一解决。解放军战士摔伤、烫伤，她心急如焚，帮忙找药、包扎伤口。她还组织一个 10 多人的妇女拥军小组，自带缝纫机、布料、针线等，活跃在各地驻军军营，为部队战士洗补数百万件军服，为石狮市荣获全国双拥模范城市做出贡献。1963 年，李乌谅被授予“福建省劳动模范”。1983 年被全国妇联命名为“全国三八红旗手”。1981、1984、1985 年三次被福建省委、省政府评为“计划生育先进工作者”。1983 年 3 月被评为“福建省拥军优属拥政爱民先进个人”。1990 年 6 月被福建省委、省政府评为“双拥共建先进个人”。她还曾当选为福建省人大代表、晋江县人大代表。

李乌谅于 2000 年 3 月 19 日逝世。

林贵攀

林贵攀(1915—1995)　女，1915 年 5 月出生于永宁西门外。五四运动后，贵攀带头剪短发，入女校读书，积极参加妇女界社会活动。1930 年，贵攀与晋江龙湖埔头村施学日结婚。婚后，丈夫赴菲律宾谋生。1944 年 9 月，她认识王经贤、施西等地下党员，经常向她讲授革命道理，激发她的革命热情。她经常冒着生命危险，千方百计掩护地下党员。一批地下工作人员曾经在她家中隐蔽，一些伤病员得到她尽心的照顾，她的夫家和娘家都成为地下党的联络站。1949 年，为配合解放大军南下，她发动和组织群众欢迎解放军。1950 年，组织石狮妇女联合会。在抗美援朝中，带头发动群众和侨眷，募捐购买飞机大炮，保家卫国。新中国成立初期，侨汇断绝，又组织石狮镇侨眷开办缝纫社、文具店，以解决一些侨眷的生活困难。多年来致力于侨务工作，成绩显著。1956 年 10 月，她应邀参加首次全国侨联代表大会，受到毛泽东、朱德、周恩来等国家领导人的接见。她热心教育事业。1954 年，带头筹资创办晋江华侨中学，并担任该校董会董事长。为办好华侨中学，她多方奔走，联络旅外乡亲，并自费往香港、菲律宾募捐数百万元，兴建学生宿舍楼、音乐大楼和 2 座教学大楼，总建筑面积达 7000 余平方米。她先后担任过晋江县第 1—3 届人大代表、泉州市第一届人大代表、晋江县妇联副主任、省妇联执委、石狮镇侨联主席、晋江县侨联常委、晋江县政协第 2—5 届委员及第 5 届常委、省政协委员。荣获“全国侨联积极分子”称号。1995 年 2 月 10 日，贵攀于石狮逝世。

郑华民

郑华民（1916—1987）又名衍庆，字怡轩，永宁西厝村人。幼年随母亲南渡菲岛与父亲团聚，由父母课以识字、书法。十岁时父亲去世，又随母亲回国。抗战前夕再度往菲律宾，在中西学校任教务长，培养大批侨界知识分子，桃李遍及菲岛各地。菲岛光复后，参加复办《公理报》《大华日报》《华侨商报》，兼任编辑、记者。1949年返国，以《公理报》特派驻闽记者身份，写下许多家乡抗战时期及抗战胜利后的可歌可泣事迹，发表不少揭露官僚腐败之报导。返菲后，仍在中西学校供职并兼任《公理报》《联合日报》编辑、记者，主编《艺风》《艺林》等专刊。与著名华侨诗人王人杰、王映青、陈文华、陈炳勋组建“南薰吟社”“岷江诗社”。先后创作传统诗词数千首，功力精湛，曾获世界传统诗人节诗歌比赛银杯奖，著有个人诗集《怡轩诗草》。郑华民于1986年12月回国养老，翌年2月逝世。

李秀峰

李秀峰(1917—1972）又名贤萍。岑兜村（现为子英村）人。1932年12月，往菲律宾谋生。

抗日战争爆发以后，秀峰奔走呼号，征募寒衣，发动捐款，号召抵制日货，调查揭发奸商活动。1938年4月，他参加“菲律宾华侨店员救亡协会”(简称“店救会”)，被选为第一届执行委员会委员。中路分区成立后，又被选为秘书长并和另一同志负责创办《群声壁报》，发动侨胞抗日救国。1939年，“店救会”改名为“店救总会”，仍担任执行委员会委员兼文书及沓模拉商场分会负责人。太平洋战争爆发后，他毅然辞去工作，专门从事地下革命斗争，不久加入“菲律宾华侨店员抗日反奸大同盟”。

1943年年底，他任亚眉省黎牙实备市华侨委员会美骨区特别支部委员，创办油印小报《战讯》。次年10月，为配合美军光复美骨区，秀峰千方百计筹集枪支，组建美骨区华侨抗日游击中队。后来，又和许青云等人南下，在那牙市重建区委。许青云任书记，秀峰仍任宣教委员，并主持创办区委机关报《解放报》。除出版中文版外，还不定期刊印英文版，颇有影响。

第二次世界大战结束后，秀峰被选为菲律宾华侨店员联合会执委会常委，负责复办《店友》会刊。1946年，又被选为菲律宾华侨劳工联合会执委会常委，并任宣传部长。同年6月。担任《华侨导报》社广告部主任。1953年6月中旬，秀峰和许青云等3人经印尼回国。

由于在艰苦复杂的斗争中，秀峰经常风餐露宿，身体染有多种疾病，返国后，先后在广州市韶关政干专科医院和东莞稍潭军干专科医院住院治疗。1970年2月出院，返回家乡疗养。1972年4月10日(农历二月二十七日)因心脏病突发逝世。

白刃

白刃（1918—2016） 原名王年送，又名王寄生，笔名王爽、蓝默。1918年古历九月初八日出生于永宁。1932年往菲律宾谋生，当过学徒、店员。在马尼拉半工半读。1936年在菲参加抗日救国会。1937年春回国，1938年秋去延安，进入抗日军政大学学习，参加八路军。1939年参加中国共产党。历任八路军155师参谋、干事、连指导员、报社主编。安东（今丹东）广播电台台长，西满军区、东北后勤宣传科长、教育科长并兼《反攻报》《后勤报》主编，新华社前线分社记者，第四野战军编辑科长等职。参加过辽沈、平津两大战役。1952年起专事文学创作。1985年离休。

自1936年开始在菲律宾华文报刊上发表作品起，60多年来，出版小说、剧作、诗歌、散文30余部。著有长篇小说《战斗到天明》《南洋漂流记》等。话剧剧本《糖衣炮弹》曾获1950年中南军区汇演优秀剧本奖、电影文学剧本《兵临城下》获长影制片厂奖。2002年出版《白刃文集》、共分为七卷（第一、二卷，长篇小说；第三卷，中短篇小说；第四卷，话剧；第五卷，剧本、唱词、诗歌；第六卷，纪实文学、故事；第七卷，散文）。

曾获中国人民解放军二级红星功勋荣誉章、享受国务院政府特别津贴。曾任中国作家协会名誉会员，中国南音学会顾问，中国电影基金会名誉理事、菲律宾华侨归国联谊会顾问、菲律宾菲华文联顾问、澳门福建同乡会总会名誉顾问、北京集美校友会副理事长。2015年9月2日，获中共中央总书记、国家主席、中央军委主席习近平颁发抗战胜利70周年纪念章。

白刃于2016年5月15日在北京逝世。

郑衍蕃

郑衍蕃（1918—1989 年） 女，又名碧梧，永宁人，幼承家训，天资聪慧，尤擅传统古典诗词。1937 年 11 月，郑衍蕃参加“晋江妇女抗敌后援队永宁妇女军训队”，积极参加抗日救亡宣传活动。1940 年 7 月 16 日，日本侵略者登陆永宁，烧杀抢劫，制造“七·一六”惨案，军民伤亡 90 余人。郑衍蕃目睹这场惨剧，写下《永宁镇沦陷一日》：“春眠一枕梦魂惊，何处隆隆重炮声。忽见碧空云黯淡，摇摇心思若悬旌。满地横飞血肉腥，男儿为国愿牺牲。精魂应向苍穹诉，未扫妖氛气不平。鳌城浩劫破天荒，瓦砾堆中痛国殇。固我金汤严守土，同心戮力保家乡”。诗中揭露日寇罪行，并表达自己报效祖国的赤子情怀。后衍蕃南渡菲律宾，服务于报界，撰写大量散文、杂文、评论文章。1942 年 5 月，菲律宾沦陷，广大华侨自觉组织起来，开展各种形式抗日活动。“菲律宾华侨抗日游击支队”成立，郑衍蕃写了《倭寇侵菲华侨组织游击队》歌颂揭竿而起的抗日健儿，表达同仇敌忾的凛然大义。1959 年，郑衍蕃从菲律宾移居台湾，任《公理报》编辑、《联合报》小说编辑。由于形势影响，衍蕃有家难回，其故国情绪愈老愈深。“乡愁”和“亲情”一直成为诗人挥之不去的吟叹。1969 年，郑衍蕃著《春草吟笺》收录诗词三百余首，由台湾海外出版社出版。于右任先生为之题词：情真词雅。1989 年 8 月 14 日，郑衍蕃逝于台北。

高明轩

高明轩（1919—1993） 外高村人。1935 年毕业于泉州培元中学，1936 年赴菲律宾谋生。曾参加怡朗华侨救亡会，1938 年初，回国参加抗日战争，先后到延安陕北公学和马列学院学习，同年加入中国共产党。结业后，在中共中央海外工作委员会任资料组组长、陕甘宁边区归国华侨联谊会执行委员。1945 年赴东北，先后担任沈阳《东北日报》资料研究室主任、《通化日报》社长、长春广播电台台长等职。1947 年到香港中共香港工委工作。1948 年在闽粤赣边区担任《大众报》社社长。中华人民共和国成立后，先后担任中共福建省漳州地委委员、宣传部长、福建省政府华侨事务委员会副主任、主任，中国新闻社福建分社社长，中央华侨事务委员会委员，中共福建省委政策研究室主任、副秘书长，福建省归国华侨联合会第一副主席和中国侨联第一届委员会副主席等职。

1993 年，高明轩病逝于福州。

王人杰

王人杰（1919—1979 年） 下宅村人，其父王利庆早年旅居菲律宾，曾参加过菲律宾人民反抗西班牙殖民统治的革命斗争。

王人杰于 1931 年渡菲谋生，初在岷尼拉华东国货商场任职，后自谋发展，办贸易行。1946 年回国完婚，返回岷尼拉后任守记商业公司及其他公司要职，后又自创纺织厂及王氏贸易公司。20 世纪 70 年代前后，他和四家管道公司联合组成幸运管道公司，被推为总经理，为各方所瞩目。王人杰自幼聪颖过人，工诗能文，渡菲后“治货殖学，余事兼治诗”。抗日战争胜利后，他与黄宜秋等人在岷尼拉创建“南薰诗社”，后又再组“籁社”。他笔耕勤奋，谦虚好学。1959 年，南海女史张纫诗南游菲律宾，他不以其“为过客，溪山游赏外，诗文研讨，凡三阅月，几乏虚日”，并请张纫诗为其《吟草》作序。1965 年 7 月，人杰改名王一仕，偕夫人绕道澳门回国。返菲时带走毛泽东、周恩来、朱德、陈毅等人的诗词手抄本，认真学习研究，因而诗艺日进，诗作颇丰。他还“疏财仗义，敢做敢为，每能急人之急，受其惠者不知凡几。至若敦宗睦族，敬恭桑梓，尤为人所称道。”1979 年 10 月，他与诸乡侨在菲律宾组织“旅菲霞泽同乡会”，并发动捐款，建造霞泽小学校舍，种植环村林、防风林等。

20 世纪 40 年代太平洋战争中，王人杰积极掩护在“华支”中的友人进行革命活动，为世界人民反法西斯侵略战争做出一定贡献。1966 年间，香港人民举行反英暴动，王人杰长子不幸被捕，其家乡亲友要他设法营救，他回信拒绝，其子于一年半后获释。1979 年 7 月 2 日，王人杰在菲律宾岷尼拉逝世。留下《吟草》手稿一卷。

高天雄

高天雄（1921—2003）　永宁人，10 岁随堂叔往菲律宾谋生。1936～1939 年在菲律宾怡朗市参加抗日救亡协会工作。1939 年 4 月，他参加菲律宾华侨回国慰劳团赴延安，并于当年 8 月参加新四军，同年加入中国共产党。先后在新四军任排长、连长、营长等职。抗日战争胜利后，又参加解放战争，先后参加辽沈、淮海、平津三大战役，后又渡江南下。中华人民共和国成立后，在中国空军第十六师任参谋长、副师长等职。朝鲜战争爆发后，又赴朝参加抗美援朝，带兵参战。朝鲜战争结束后，回国任沈阳军区空军副政委。1964 年转业地方，任民航广州管理局副局长。1981 年离休。2003 年 4 月 12 日于广州逝世。

李贤起

李贤起（1921—2009） 子英村人。1947 年往菲律宾，在马尼拉中西学校任教，后进修于岷答那莪学院，获学士学位。1949 年应梁士杰之聘，任纳卯中华中学训导主任，1951 年 5 月升任校长。曾先后指导师生剧团演出曹禺名著《原野》《雷雨》和俄国名作家果戈里名著《钦差大臣》，歌咏团演唱《黄河大合唱》等大量抗日歌曲，在菲岛侨校中有较大的影响。1953 年年底，他从菲律宾返回家乡，参与筹建晋江华侨子女补习学校，任副校长。后学校升格为晋江华侨中学（1988 年改为石狮市华侨中学）。出任历届校董会常务董事，奔波于香港、菲律宾，先后筹建旅菲侨中校友会、旅菲侨中董事会和旅港侨中校友会，积极筹集资金改善学校办学条件。曾任中国致公党中央委员、全国侨联委员、福建省人大代表，致公党泉州市委员会主委和晋江县人大常委会副主任。1964 年 4 月，福建省人民政府授予他“乐育英才”的牌匾。1999 年，泉州市人民政府为其家庭颁发“教育世家”牌匾以褒奖。2009 年 1 月 14 日，李贤起因病逝世。

郑周扬

郑周扬（1925—2002） 生于 1925 年，永宁西厝村人，抗战前随父母到菲律宾。成人后与其弟周敏到马尼拉寻求发展，从事纺织与服装业。60 年代所经营的纺织业迅速发展，兄弟俩成为商界巨擘，并形成实业雄厚的“郑氏集团”。1972 年，与胞弟郑周敏受母亲命，积极回报社会，设立“郑龚抱月国际慈善基金会”，先后出任董事长、名誉董事长。该基金会除每年所提利息全部作为慈善福利捐款外，并逐年增加资金数额，以长期资助教育、文化、体育和社会福利事业。每逢菲国出现灾情，该基金会必慷慨解囊，给予大力支援，同时率领基金会成员到灾区慰问，为灾民发放救灾物资。

1980 年，郑周扬热情参予捐建永宁中心小学校舍及铺建村中石路。后在家乡捐建郑龚抱月水泥大道。1993 年 10 月，他出任永宁中学旅菲校董会首届董事长，积极倡议永宁中学复办高中，并发动永宁旅菲侨亲集资建设永宁中学新校园，同时与其弟周敏捐建“郑焕章抱月纪念楼”。

1981 年，郑周扬应中国政府邀请，前来北京参加国庆观礼，顺道回到阔别 40 多年的故乡西厝村，于村中建了一座“郑焕章抱月楼”，作为纪念。

2002 年 6 月 29 日，郑周扬于菲律宾岷尼拉市逝世。

郑周敏

郑周敏（1927—2002）　永宁西厝村人，9 岁时随父母移居菲律宾。因父早逝，少时半工半读。他为人精明、善于捕捉商机，以其母创建的椰肉干公司为基础，逐步涉足纺织业、地产业，事业蒸蒸日上。20 世纪 70 年代他以敏锐的目光和非凡的胆识进入台湾，投资地产和金融业，取得巨大的成功。80 年代，以他为首组成的亚洲世界集团的触角遍及菲律宾、美国、日本、加拿大等国家和中国香港、台湾地区，成为集房地产、金融、工业、贸易、旅游等多种行业于一身的庞大工商王国。他还创建总资产达 429 亿元台币的亚洲信托投资有限公司，名列台湾十大私人企业榜首。20 世纪 90 年代，他创建的亚洲世界集团在菲律宾、美国、加拿大等国家和中国香港、台湾等地拥有 30 余家分公司，总资产高达 50 亿美元，成为菲律宾华人首富。

他发达不忘贫寒，积极回报社会，与其兄周扬成立郑龚抱月国际慈善基金会。基金达到 1.17 亿美元，超过美国洛克菲勒基金会 1 亿美元的数目。其常年发放基金，对菲律宾教育、文化、体育和各种社会福利事业予以大力资助。他关心家乡公益建设，1994 年，与其兄郑周扬捐建永宁中学“郑焕章抱月纪念楼”，铺建“焕章抱月水泥大道”、重建永宁西厝郑氏宗祠。1991 年，中国发生特大水灾，郑龚抱月国际基金会即拨出 100 万元人民币支援大陆灾区。

2002 年，郑周敏逝世。同年 6 月 19 日，在菲律宾第一届“扶西·黎刹博士杰出华裔菲人奖”颁奖典礼上，他被追勋“杰出成就奖”称号。

蔡登鍊

蔡登鍊（1927—2012）　下宅村人。早年往菲，凭着勤奋刻苦和过人的魄力开始经商，几经翻滚，事业不断壮大，其生意渐渐遍及东南亚和祖国内地。创办菲律宾 GUZENT LNC 公司，并任董事长。其产业涉及起重机、国际贸易、仓储、地产等，尤其是起重机业，菲律宾的大小码头大多采用其大型起重机，计有 1500 多部，一度被誉为菲律宾吊车大王。

蔡登鍊身居海外，心系祖国家乡。曾先后捐资为家乡霞泽小学、锦尚镇西坑小学建教学楼。1994 年，为永宁中学捐建“卢祖团、蔡君省纪念楼”。2008 年，为下宅村兴建公德堂。2010 年，又捐资支持霞泽学校校安工程的建设。

2012 年 3 月 28 日，蔡登鍊于菲律宾逝世。2013 年 6 月，被福建省人民政府追授予“捐赠公益事业突出贡献奖”。

佘明培

佘明培（1933—1988） 出生于菲律宾马尼拉，祖籍港边村。其父佘文闪在菲经营小杂货店，生活清苦。明培兄弟姐妹七人，他自小勤奋好学，一直坚持读完中学，后就读中正学院。为帮助维持家计，只进修理科一年而弃学经商。1962 年，他在父亲和叔父佘文钞支持下，筹集一笔资金，建了一家经营电器、建材的“佘明培商行”。到 70 年代，事业已甚兴旺。他还与人合资开办了“菲立电线厂”，任总经理。另合资经营“菲律宾长城影业有限公司”，任董事长，且与台商经营养虾业。20 年间，凭其经营才干和诚挚敦厚的人品，事业蒸蒸日上。

佘明培一生致力于发展中菲友好关系。中菲建交前夕，他与一群志同道合的青年创组了菲华青年友好协会，并任第三届会长。商总在中菲建交后发生了震荡华社的“挂旗事件”。为了使菲华社会遵奉菲律宾“一中”的国策，菲华青年友好协会公开发表声明表态声援。为了促成台湾大专院校菲律宾校友“破冰”访问中国内地，他还殚精竭虑地做穿针引线和搭桥工作。为促进菲中文化的交流，菲律宾长城影业有限公司代理输入中国电影，并将菲律宾电影输送中国。

他深感自小家贫失学的痛楚和教育对国家民族的重要，一生热心教育事业，大力捐资建造校舍，创设菲律宾宗亲会教师奖励金，成立资助贫寒学子基金会。他曾受旅菲港边同乡会建筑陶青校舍筹委会委托回乡视察，并独资捐建陶青小学礼堂。他于 20 世纪 50 年代毕业于厦门大学中文系函授班。1986 年回国参加厦门大学 65 周年校庆，捐资 30 万美元，为厦门大学助建一座可供国家级比赛使用的现代化体育馆。

1986 年，《菲华时报》面临在马科斯倒台后何去何从的问题，佘明培与李南文毅然入主《菲华时报》。由李南文任社长，自任总编辑，继续坚持创刊宗旨，并力求做“热心维护自己自由的人民精神的千呼万唤的喉舌”。因旗帜鲜明，李南文先遭暗杀，明培亦因谴责杀害李南文暴行，不幸于 1988 年 5 月 9 日在其寓所附近遭暗杀。他的不幸逝世，是菲华社会及乡梓的巨大损失，菲诸报刊及国内多家报纸均登载这一消息，谴责杀人者的暴行。

佘明培不幸离世，其家人继承遗愿，成立“佘明培纪念基金会”，继续拨款回馈社会，捐助教育设施。

第二十九章　人物简介

永宁于近现代出现了很多值得秉笔直书的人物，他们在我国社会主义建设及国内外经济建设中，为国内或侨居国做出杰出贡献，现遴选出 19 名加以简介，以窥其貌。

龚诗贮

龚诗贮，菲律宾华人企业家、慈善家。祖籍永宁镇西偏村， 1926 年 11 月 11 日出生于菲律宾马尼拉市华人区岷伦洛。

1949 年，他在菲律宾开办玻璃店，还创办和经营过财务公司、贸易公司、银行、保险、旅行社、地产及人力资源开发等多种行业。他所创办的阿尼托车房旅社以成功经营汽车酒店（亦称车房旅社）业著称，被誉为“菲律宾汽车酒店大王”。龚氏并以总资产 2 亿美元荣登富比斯《1994 世界华人富豪榜》。

1961 年，龚诗贮发起组织首都青年商会，并于 1965 年成为出任国际青年商会菲律宾分会全国主席的第一个华人。

1978 年 8 月 19 日，龚书贮创办龚诗贮基金会，对菲律宾教育、宗教与精神发展、改善贫苦农民及妇女的生产与生活条件等方面取得令人称道的成绩。他还独资赞助《华侨华人百科全书》出版，并创立北京大学龚书贮基金。1996 年，北京大学为表彰龚书贮对华人与东南亚学术研究的贡献，授于龚书贮博士“北京大学名誉顾问”。2002 年 6 月，菲律宾“扶西·黎刹博士杰出华裔菲人奖”在马尼拉市罗哈斯大道举行颁奖典礼，阿罗约总统授予龚诗贮“终身成就奖”。

董光溪

董光溪，永宁南门人，生于1927年。22岁往菲，在菲律宾正规高等学校深造。大学毕业后，以所学专业知识，驾轻就熟，开设铁器铸造类工厂，事业蒸蒸日上，不久被推选为菲律宾铁器商会理事长。曾任菲律宾董杨宗亲总会第44～45届理事长、菲华商联总会董事兼常务理事、菲律宾晋江同乡会理事长。1979年任永宁同乡会理事长期间，发动并参予捐建永宁中心小学（文祠校区）。又向泉州地区捐了一笔资金设立助学金，支持扶助110多名贫困家庭的子弟上大学。1994年，积极发动海外乡亲协力捐资，兴建永宁中学新校区。

董伦意

董伦意，永宁北门人，生于1930年。青年时期随父亲往菲律宾谋生，先在铁窗店打工，1962年开始经营自己的铁业生意，稳扎稳打，不断发展，最终占有马尼拉华人区的一半市场。他急公好义，曾任菲律宾石狮市同乡总会第四届理事长。1982年，首次还乡参与捐建永宁中心小学校舍，同年又捐资铺设长300多米的北门街石板路，还与几位侨胞共同捐资修建西门外大桥。和乡亲一道集资支持建设永宁镇侨联大厦。并数次给鳌朔老年协会捐赠活动经费。2015年5月荣任菲律宾永宁镇联乡总会首届会长。

李逢梧

李逢梧，岑兜村（现子英村）人。生于1931年，3岁随母移居菲律宾。他大学毕业后创办音乐公司，生产经营唱片。经多年努力，该公司成为菲律宾第二大唱片公司，一度控制菲律宾60%的本土曲目市场，曾任菲律宾唱片业协会主席、东南亚音乐工业协会会长。2000年以来，李逢梧先后获得菲律宾“杰出社会服务奖”“卓越服务总统奖”、全菲“杰出菲律宾人”奖、“第三届扶西黎刹博士杰出华裔菲人终身成就奖”。李逢梧后又涉足房地产、电器、机械制造和旅游酒店等行业，成就斐然。1990年，李逢梧担任华侨善举公所董事长。1998年，善举公所改名“善举总会”。20多年来，他把总会的服务对象从单纯的华人扩大到整个菲律宾社会。每当灾害发生，他都亲率总会董事赶往灾区救灾赈灾。1989 年，李逢梧出任菲律宾中华总商会理事长。由于李逢梧在医学界（中华崇仁总医院暨医疗中心）及旅游界（太平洋旅游公司）之非凡表现，菲律宾阿罗约总统，于 2010 年 1 月 13 日在总统府英雄厅为“医学旅游大使”李逢梧博士举行宣誓就职仪式。同年，经外交部审核，李逢梧入选中央电视台推出的《百名世界华人》。

高 音

高音，原名高武思，祖籍外高村。1931 年生于菲律宾班乃岛怡朗市一个华侨商人家庭。1944 年参加菲律宾华侨抗日反奸大同盟，当小交通员。1948 年回国，1949 年受命到华北解放区天津。后又到北京中南海学习电台报务技术，1950 年分配在总参四部工作。1978 年被派到中国旅行社工作，历任副处长、中旅总社副社长、社长和中旅社总经理。

李沧洲

李沧洲，祖籍岑兜村（现子英村）。1934 年出生于菲律宾马尼拉。1958 年毕业于菲律宾远程工程学院机械系，获学士学位。他学以致用，锐意进取，创办万芳铁业公司，任总经理，经营建筑五金器材。1988 年荣膺菲律宾铁业公会理事长。还经营房地产，房地产投资遍及美国、加拿大等地。李沧洲且为著名社会活动家，历任菲律宾商联总会副理事长，菲华工商总会副理事长、理事长，菲律宾陇西李氏宗亲总会理事长，现任世界李氏宗亲总会理事长。

董尚真

董尚真，祖籍沙堤村。1935 年 10 月出生于菲律宾马尼拉。大学就读于马波亚工程学院。毕业后即全力投入其父创办的亚美士戈有限公司的经营管理工作。20 世纪 70 年代起，接任公司董事长，他引进国际先进技术和设备，扩大规模，拓展领域，与北美、欧州及亚洲的一些国家和地区建立业务往来，使“亚美士戈”集团有限公司成为菲律宾的综合型跨国公司。自 1976 年始，董尚真实际成为菲华商联总会的重要决策人和中坚之一，对商总事业的发展及菲律宾华人华侨境遇的改善发挥了杰出的作用。1993 年～1997 年，他蝉联两届菲华商联总会理事长，任内毅然打破以往40年对华关系的藩篱，推动菲华商联总会与台海两岸关系的决策转变，促成菲华商联总会首次访问中国。实现了“一迎江总（当时的中共中央总书记江泽民）、两访中国”的愿望，极大推动了中菲两国传统友好合作关系的发展，加强了菲华社会与祖籍国血浓于水的关系。

1988年以来，他捐资支持沙堤村兴建小学、幼儿园，修建村路，为老人会设立福利基金等，为造福家乡不遗余力。

卢祖荫

卢祖荫，1935年6月出生于永宁。20岁往菲律宾深造，大学毕业后，在马尼拉一家具有相当规模的造纸印刷厂从事企业管理。20世纪70年代，自己创办了“亚洲印刷包装工业公司”。取得令人瞩目的成就。此后，又涉足苎麻麻纱加工、卫生用品和纺织等行业，均取得巨大成功。中国大陆改革开放后，他联合台湾、香港三位好友在泉州市南安水头镇投资创办了永顺轻工实业有限公司，创设占地200亩的纺纱厂，首期生产晴纶纱、棉纱和再生棉，年产量6000吨，其产品质量、产量和销量在福建省名列前茅。

卢祖荫曾任菲律宾中国和平统一促进会会长，菲律宾中华总商会副董事长，菲律宾石狮同乡总会理事长、石狮市中华慈善总会荣誉副会长、旅菲石狮永宁中学校董会董事长等职务，现任菲华各界联合会主席，菲律宾中国和平统一促进会会长。他热爱祖国，为发展家乡教育事业做出巨大贡献：在永宁创建行实幼儿园、行实学校，捐资建设永宁中学教师宿舍楼、永宁中心小学科技楼、修建美江幼儿园、捐建永宁镇人民广场。在多个学校设立奖教奖学金。1998年，福建省人民政府为卢祖荫颁发“乐育英才”证书、金匾。2007年12月，福建省人民政府为他立碑表彰。

陈著远

陈著远，1935年生于岑兜村（今子英村）。1949年赴菲律宾读书，后随父亲经营咖啡厂。1967年涉足塑胶工业。次年投资包装业。1998年，他被推举为菲律宾塑胶公会首届会长，倡议组织东南亚（新、马、菲、泰、印尼）塑胶工业联合会，陈著远为该会五位常务理事之一。20世纪90年代到上海投资房地产，创办油墨厂、包装薄膜厂等企业，事业更上一层楼。他对家乡的教育事业慷慨支持：捐资建设银江华侨中学体育馆、运动场、校门等设施，捐资参与永宁中学教学楼建设，在银江华侨中学、永宁中学设立奖教奖学金，福建省人民政为他颁发“福建省捐赠公益事业突出贡献奖”金质奖章、奖匾和荣誉证书。陈著远且热心菲华体育事业，倡导组建菲华体育总会，亲任理事长。后又担任菲律宾武术协会会长，为提高华人素质和形象做出突出贡献。

李爱珍

李爱珍，女，1936年5月出生于永宁镇港边村。1958年毕业于复旦大学，为中国科学院上海冶金研究所研究员、博士生导师，中国第一代化合物半导体科学家。1995年以来，李爱珍曾先后荣获国家科技进步奖、国家发明奖和国家自然科学奖等共6项，获中国科学院科技进步奖，上海市科技进步奖等共13项。20世纪60年代，李爱珍主要研究单晶材料；70年代，主要研究薄膜材料（液相外延和气相外延）；80年代，到美国工作2年，师从国际半导体权威米尔纳斯教授（曾2次获国际奖），转入研究用分子束外延高新技术生长超晶格、量子阱、异质结人工合成超薄层纳米材料。分子束外延是极其重要的高新技术和前沿学科领域，因为它在国防上的重要性，被巴黎统筹委员会列为向社会主义制度国家禁运的高新技术。爱珍在很短的时间内完成第一代的改造，又用近3年时间研制成功中国第二代分子束外延设备。至1990年，中国第一次进入国际分子束外延会议委员会。李爱珍为该国际会议程序委员会委员，为打破巴黎统筹委员会对中国外延高科技的禁运做出卓越的贡献。1996年，在美国召开的分子束外延国际会议期间，国际顾问委员会通过李爱珍的申请——2000年分子束外延国际会议在中国北京召开，这是李爱珍为祖国在国际高科技领域争得一席之地所做出的又一重要贡献。1988年～1995年，李爱珍任国家高技术新材料领域半导体光电子材料专题负责人。1995年为全国分子束外延会议主席、全国砷化镓会议主席。1996年～1997年，被聘为德国马普学会荣誉访问教授，与柏林Paul—Drude研究院合作研究。曾先后多次到美国、英国、德国、日本等国家和中国香港地区参加国际学术会议，在国内外学术会议发表论文160多篇。

1987年～1997年，李爱珍连续5次被评为上海“三八”红旗手。1989年被国务院侨办、全国侨联授予“优秀全国归侨、侨眷知识分子”称号。1992年享受国家特殊津贴。1994年被国家科委评为“发展我国高科技先进个人”。1955年被英国剑桥国际传记中心列入国际名人录。1996年被美国传记研究院列为“成就金牌记录”人物。1997

年被全国妇联命名为“全国城镇妇女巾帼建功标兵”“全国‘三八’红旗手”，被上海市委、市政府评为“上海市劳动模范”。2007 年 5 月 1 日，当选为美国科学院外籍院士。

蔡淑好

蔡淑好，港边村人。1938 年 8 月出生于越南堤岸，6 岁时父亲病故。1948 年，随母回故乡石狮。20 岁进入石狮医院工作，不久，调到晋江湖中医院。1974 年，携带 6 个子女到香港。1978 年，蔡淑好瞄准当时尚未形成气候的打火机市场，从最初的小本生意开始经营，逐步发展。1983 年，她以孩子的名字创办“德辉国际洋行”，年营业额从几十万元起，直至上亿元，业务拓展到海内外 10 多个国家和地区。在短短的时间内，列为全球第二、亚洲第一的打火机制造销售商。1988 年底，她首次在厦门湖里投资开发“滨海苑”房地产。1991 年，她回石狮组建石狮德辉开发建设有限公司，兴建了德辉广场及商业小区，首期工程投入近 3 亿元。现该集团已拓展到北京、西安、上海、江苏、山东、安徽、广东、辽宁、吉林等省市。至今，德辉国际集团在国内投资累计数十亿元。

蔡女士事业有成，不忘关心社会公益事业。1997 年，香港回归前夕，她为祖国的统一大业积极奔走。她还在西安创办华侨医院、在福建等地为教育、文体事业及见义勇为基金捐资数百万元；她为北京举办亚运会、华东地区赈灾慷慨解囊。蔡淑好女士现为香港德辉国际（集团）有限公司董事局主席、现任或曾任香港东区各界协会永远荣誉会长、香港福建同乡会永远名誉会长、新华社香港分社香港地区事务顾问、全国妇联世界妇女博览理事会常务理事、石狮市旅港同乡公会永远名誉会长等。1997 年 7 月 1 日香港回归祖国，她应国务院邀请参加中英交接仪式。多年来，她受到过胡锦涛、江泽民、荣毅仁、李瑞环、迟浩田、王光英、王兆国等党和国家领导人的称赞和接见；2007 年，她被全国妇联评为“爱心大使”，光荣地走上全国妇联举办的“母亲与构建和谐社会论坛”。

施展熊

施展熊，1944 年出生于西岑村。父亲为旅菲侨商，1955 年随母定居香港。1973 年开始经营自行车贸易业务，后在其父帮助下创办了香港大寰自行车有限公司。20 世纪 80

年代初，施展熊成为深圳的首批港商。在深圳投资建立中华自行车公司，至 1988 年发展成为世界最大的自行车出口基地之一。如今，其公司在内地的投资发展到上海、江苏、湖南和辽宁等地，并从单一的制造业拓展到房地产和其他业务，并在美国、法国、马来西亚拥有分公司，集团年营业数达 10 亿元。他历任八、九、十、十一届全国政协委员、福建省政协委员、深圳市政协常委、全国工商联常委、中国外商投资企业协会常务理事、深圳市总商会副会长、香港特别行政区首届行政长官推选委员会委员、香港政府策略发展委员会委员 、香港中华总商会常务董事等职。他秉持“产业报国”的初衷，以慈善为怀，热心公益，倡导设立“中华育人振兴基础教育工程基金”。1993 年，他为中国“希望工程”捐资 300 万元，还捐款上千万元在国内较落后地区兴建 10 余所“中华小学”，并决定每年厂庆时捐建 10 所小学，10 年内将在全国建立 100 所“中华小学”。1995 年，出资与国家体委联合举办国际自行车比赛；为中国备战奥运会，出资与国家体委合作组建国家山地自行车队。历年赈灾累计数百万元。在家乡永宁，捐款支持村委会、道路、水闸、池塘等设施的修缮建设。

卢温胜

卢温胜，1947 年出生于沙美村。1962 年旅居香港，学校毕业后曾于银行就职，1977 年开始经营珠宝生意。先后创办足金有限公司、宝源珠宝有限公司、国昌水晶表面制品有限公司。上世纪九十年代，他把业务扩展至内地，在石狮首先开设金行，并与友人合作，在泉州组建运通世纪集团有限公司，担任董事长、总经理，从事房地产开发，其经营范围广泛，业务多元。历任第十届、十一届、十二届全国政协委员，福建省第七届政协委员，第八届、九届、十届政协常委。香港民建联监察委员、中华海外联谊会理事、香港福建社团联会秘书长、香港福建商会常务理事、香港福建同乡公会理事长等职。他不忘故乡的养育之恩，积极回馈奉献，捐资建沙美村道路和照明工程，兴建美江小学和永宁中学校舍，并在两校设立教育基金会，捐建子英医院门诊大楼，捐资支持石狮市体育中心、晋江机场、武夷山机场和武夷山兴田中学的建设等。

卢文端

卢文端，1948 年出生于沙美村。1954 年随母移居香港，60 年代回家乡永宁读书。

20 世纪 70 年代初，再次赴港定居及创业，以生产录音带、录影带为主业。两年后，到广东东莞设厂，发展成为全球规模最大的光、磁记录产品生产商之一。他创办的荣利集团，在马来西亚、新加坡、美国、英国等地经营制造业、国际贸易、房地产和金融业等，是一个以高科技为龙头，以国际化经营为目标的大型企业。他历任第九届、十届、十一届、十二届全国政协委员，第十一届、十二届全国政协外事委员会副主任，香港特别行政区第一届推选委员会委员、香港城市规划委员会委员、香港中华总商会副会长、全港各工业区工商联会会长、旅港福建商会理事长、中国和平统一促进会理事香港总会会长、中国和平统一基金会荣誉会长等诸职务。事业成功之后，卢文端致力于公益慈善事业。他捐资兴建石狮鸳鸯池公园和永宁中学校舍，设立教育基金会，向石狮中华慈善总会捐款，为沙美村铺建道路、安装照明，捐资支持北京奥运会游泳馆水立方的建设，向长江流域洪水灾区、四川地震灾区捐款，在辽宁省及唐山等地也都留下他慈善的美誉。2006 年，卢文端获“2006 年世界杰出华人奖”和美国哈姆斯顿大学荣誉博士学位。2007 年荣获福建省政府颁发的“捐赠公益事业突出贡献”金质奖章。

李欲晞

李欲晞，祖籍洋厝村。1948 年 11 月出生于菲律宾那牙市的一个华侨世家。1956 年全家迁至马尼拉，小学就读于马尼拉光森华文学校。1956 年，其父带着刚满 10 岁的李欲晞和家人回国，居住在泉州鲤城的一个华侨家里。

1969 年 1 月，李欲晞参加泉州第一批知青赴德化县雷锋公社插队，当一名农民。1970 年，德化县成立文艺宣传队，他成了文宣队的多面手，既是乐团的小提琴手，又是剧组里的重要角色，还是作词填曲的编导。

1984 年，欲晞回到泉州，在鲤城区侨办从事侨务工作，1986 年任泉州人大华侨委员会副主任，1995 年调至福建省侨联，任两年副主席。1997 年后，连任三届福建省侨联主席，今已退休。他还曾任第九届、第十届全国政协委员、中国侨联副主席和十一届全国人大代表、华侨委员会委员等职。

李欲晞在福建省侨联主席任内，始终把服务经济发展作为第一要务，发挥归侨侨眷“海外关系众多”的优势，协助党委政府招商引资、招贤引智，积极服务侨资侨属企业，走在对外开放的最前沿，在推进福建又好又快发展和服务海峡两岸经济区建设中发挥了独特作用。

李贤义

李贤义，1952 年出生，永宁子英村人。20 世纪 80 年代初移居香港，从事汽车配件生意。1989 年在深圳成立信义集团，2003 年 1 月投资 3 亿元，建成全国最大、档次最高、最具现代化的专业生产普通玻璃和 OEW 汽车公司玻璃的基地。在内地设有十多家销售分公司和办事处，生产汽车、建筑、家具、电子、防弹安全玻璃及其配套产品。2005 年 2 月，信义控股（玻璃）有限公司的股票在香港挂牌上市，生产规模不断发展，成为全球第三大“玻璃王国”、中国最大的汽车玻璃出口商，产品远销北美、欧洲、非洲、日本等 60 多个国家和地区。后又从事房地产开发，事业蒸蒸日上。他热心社会工作，历任第十届、第十一届、十二届全国政协委员，福建省政协常委、中华见义勇为基金会顾问、中华海外联谊会理事、深圳市总商会名誉会长、香港福建同乡会永远名誉会长等职。他热爱祖国和家乡，乐于奉献，在福建和深圳等地设立“见义勇为基金会”，向“中华见义勇为基金会”捐献巨款，在家乡设立“家族基金会”“李贤义教育基金会”，捐资建设子英医院住院楼、银江华侨中学办公楼、银江大道，支持古卫城复建工程等。从 1982 年至今，李贤义累计向全国各地各界捐献 1.5 亿多元，有“杰出爱国港商”之称。广东省政府授予他“为广东省社会经济发展做出突出贡献的企业家”荣誉称号。2008 年 12 月，在第二届中华慈善大会暨 2008 年度中华慈善奖颁奖仪式上，李贤义被授予“最具爱心慈善捐赠个人”称号。

蔡英挺

蔡英挺，前埔村人。1954 年 4 月出生于青阳镇。自晋江第一中学毕业后，于 1970 年 12 月应征入伍。历任战士、班长、排长、连副指导员，师炮兵参谋、省军区作训处处长、作战处处长等职。1989 年 5 月起任师参谋长、军区作战部副部长、总参谋部作战部战略研究室副主任。1996 年后，蔡英挺任张万年秘书、中央军委办公厅副主任等职务。1997 年入国防大学指挥员班学习。2000 年 7 月被授予少将军衔。

2003 年 1 月起任南京军区副参谋长、驻福建某集团军军长；2007 年 9 月任南京军区参谋长。并当选中国共产党第 17 届中央候补委员。2009 年 7 月被授予中将军衔。2011 年 6 月，任副总参谋长，成为当时总参谋部最年轻的副总长。2012 年 8 月 20 日，在南海和钓鱼岛争端升级的情况下，蔡英挺率团出访美国。其间，与美国国防部常务副部长卡特举行会晤时，他明确表示，中国坚决反对美国把钓鱼岛作为《日美安保条约》的适用对象，日本非法侵占钓鱼岛改变不了中国对钓鱼岛的主权，同时敦促美国在促进亚太地区和平、维护中美友好关系上多做努力。2012 年 10 月，蔡英挺重返南京军区，任军区司令员、党委副书记。2012 年 11 月 14 日，蔡英挺当选中国共产党第十八届中央委员会委员。2013 年晋升上将军衔。2016 年，任中国人民解放军军事科学院院长。

郑绵绵

郑绵绵，祖籍永宁西厝村。1958 年出生于菲律宾，是菲律宾著名富商郑周敏的次女。周敏教育子女有独特见解。他不注重子女的学历，而注重培养子女的吃苦耐劳精神和实践经验。郑绵绵 15 岁中学毕业后，父亲就安排她到属下的农工商发展公司做事，从练习生、打字员、业务员做起，父亲严师般地言传身教。郑绵绵白天做工，晚上还坚持到菲律宾女子大学夜间部念商业会计专业，后获该校经济博士学位。 郑绵绵返菲接受博士学位时，阿基诺总统接见了她。郑绵绵向阿基诺总统提出了 10 项促进菲律宾经济建设的治国良策，受到阿基诺总统的高度赞赏。1981 年，24 岁的郑绵绵赴台协助父亲经营，出任亚洲开发公司董事长。她独当一面，负责兴建投资 100 亿台币、拥有 1070 个房间的环亚饭店和环亚商业大楼。1984 年郑绵绵接任环亚集团总裁，经多方努力，于 1988 年 9 月恢复了郑氏家族对亚洲信托投资公司的控制权，并亲任董事长。从 9 月份至年底短短 3 个月间，盈利达到 80 亿元台币，在台湾 300 家最大企业利润排名中高居榜首，郑绵绵也因此被台湾报界誉为“最会赚钱的企业家”。1989 年，郑绵绵实施两大举措：一是继台湾最高的“亚洲广场”竣工后，又在台湾黄金海岸贡寮观光风景区兴建台湾最大的游乐场所——“迪士尼乐园”；二是在菲律宾马尼拉海湾填海兴建“亚洲世界新城市”。

1989 年 9 月 10 日，在纪念龚太夫人九五冥寿会上，郑绵绵宣布：郑氏家族再捐菲币 25 亿元（折合 1.17 亿美元），用于扩充其祖母郑龚抱月国际基金会。近些年来，每当菲律宾发生自然灾害，郑绵绵都慷慨解囊，赈灾济贫，奉献爱心。

美国合众国际社推选“世界十大最热门单身女”， 郑绵绵作为亚洲唯一的女性入选。台湾报刊两度推选“最受崇敬的女性”， 郑绵绵都高居榜首。

姚志胜

姚志胜，永宁人，1963 年 10 月出生。第九届全国政协委员。新加坡华侨。旅居香港20多年。现任中国侨联常委、中国海外交流协会常务理事、中国侨商联合会常务副会长、中国华侨经济文化基金会副理事长、中国和平统一促进会香港总会常务副会长、香港中华文化总会副会长、福建省海外联谊会副会长、华侨大学副董事长等。姚志胜先后创办新加坡腾川集团、香港嘉祥国际集团，以及中国内地的多家公司，投资涉及高速公路、路桥建设、文化教育、金融、数码软件投资、旅游渡假酒店和城市综合体开发经营等领域。他秉持取之社会、回报社会之宗旨，对慈善事业踊跃捐献，向四川北川中学、福建省残疾人福利基金会、泉州慈善总会、福建省及泉州市见义勇为基金会、福安市红十字会、华侨大学和泉州东海湾实验学校等单位捐献巨款，对家乡的永宁中学、永宁中心小学的建设也予以慷慨支持，在国内捐款累计上亿元，曾获“2010中国年度慈善人物”“2011中国捐赠百杰”、中国侨联“捐赠公益事业突出贡献奖”和“八闽慈善之星”等荣誉。福建省人民政府特为其立碑表彰，2013年又获福建省人民政府颁发的“华侨捐献公益事业突出贡献奖”金质奖章。

第三十章　人物表

第一节　进士、举人名表

南宋至清代永宁进士一览表

表 6—1

科　　年	姓　名	字　号	乡贯	最高职务	附　注
南宋庆元五年（1199 年）	傅　烈	字承仲	永宁		见《晋江市人物志》
嘉定四年（1211 年）	傅天骥	字君遇	永宁	福州通判	傅烈子，移居南安
绍定五年（1232 年）	傅　迈		永宁	中书舍人	傅天骥从侄
端平二年（1235 年）	傅应子		永宁		傅迈从叔
	傅　光		永宁		傅迈父。特奏名
嘉熙二年（1238 年）	傅直方		永宁		傅应子从弟
	傅坤厚		永宁		傅直方兄
隆庆辛未科（1571 年）	张宏纲		永宁	未仕	张寿孙
万历甲戌科（1574 年）	黄道瞻	字汝临	永宁	吏部主事	黄克缵侄

续表 6—1

科　　年	姓　名	字　号	乡贯	最高职务	附　注
万历庚辰科（1580 年）	黄克缵	字绍夫	梅林	兵刑工吏四部尚书	
万历癸未科（1583 年）	龚云致	字润寰	沙堤	云南按察副使	龚时应子，移居塘市
	龚廷宾	字可贤	沙堤	庐州知府	龚云致从弟
万历丙戌科（1586 年）	欧阳寨		永宁	南澳总兵	武进士
万历乙未科（1595 年）	李范廉	字狷卿	梅林	礼部员外郎	廷森叔，入祀乡贤祠
万历辛丑科（1601 年）	施显槩		西岑	湖南把总	武进士，著《虎岫续集
万历甲辰科（1604 年）	林　璧		永宁	万安守备	武进士
	陈有纲	号豫庭	永宁	广东南头副总兵	殿试第三，武探花
万历丙辰科（1616 年）	周思兼		永宁	衮州知府	
万历己未科（1619 年）	李廷森	字维灿	梅林	刑部主事	李范廉侄，移居金埭
崇祯丁丑科（1637 年）	董飏先	号沙筑	沙堤	广东按察副使	郑成功岳父
崇祯癸未科（1643 年）	黄道昶	字明汝	梅林	未仕	黄克缵侄，　隐居泉州
隆武丙戌科（1646 年）	蔡珍江		永宁	巡海中军	第十一名武进士
隆武丙戌科（1646 年）	蔡在田		永宁	巡海道	第十五名武进士
清顺治辛丑科（1661 年）	龚锡瑗		沙堤	宁远知县	龚云致曾孙
康熙甲戌科（1694 年）	黄觐光	字涵伯	梅林	中部知县	克缵曾孙，康熙 33 年亚魁
康熙庚辰科（1700 年）	董晋轰		沙堤	御前侍卫	武进士
雍正庚戌科（1730 年）	董　行		沙堤	定陶知县	改名董衡
道光乙巳科（1845 年）	施琼芳	字星阶	西岑	未仕	生于台南，恩科善诗词
同治甲戌科（1874 年）	陈棨仁	字戟门	永宁	广东知府	
光绪丙子科（1876 年）	施士洁	号耐公	西岑	内阁中书	参加“反割台”斗争，内渡寄居厦门

明清时期永宁举人一览表

表 6—2

科　　年	姓　名	字　号	乡贯	最高职务	附　注
明弘治甲子科（1504 年）	佘　义	号贤孝	港边	宿松知县	
嘉靖辛卯科（1531 年）	龚时应		沙堤	郎中	入祀乡贤祠
嘉靖壬子科（1552 年）	薛廷用		永宁	永宁卫军余	武举人
嘉靖乙卯科（1555 年）	朱　宽		永宁	永宁卫右所百户	武举人
嘉靖乙卯科（1555 年）	洪　太		永宁	永宁卫余丁	武举人
隆庆丁卯科（1567 年）	蔡思雍	字圭恒	永宁	龙泉知县	
隆庆庚午科（1570 年）	黄德渊		沙堤	儒学教授	黄德洋弟，移居山前
隆庆庚午科（1570 年）	穆廷仪		永宁	永宁卫中所千户	武举人
万历辛卯科（1591 年）	周　焕		永宁	永宁卫前所军生	武举人
	黄思益		永宁	永宁卫后所舍人	武举人
	高　翔		永宁	永宁卫后所千户	武举人
万历丁酉科（1597 年）	董国儒		沙堤		
	林茂桂		永宁	永宁卫右所舍人	武举人
	陈茂节		永宁	永宁卫中所千户	武举人
	王尚忠		永宁	永宁卫中所舍人	武举人
万历庚子科（1600 年）	张凤起		永宁	永宁卫后所舍人	武举人
	潘会瀛		永宁	永宁卫后所军生	武举人
	郑　鸾		永宁	永宁卫左所军生	武举人
万历癸卯科（1603 年）	王尚儒		永宁	永宁卫指挥佥事	武举人
	刘　森		永宁	永宁卫中所军生	武举人
	陈有纲	号豫庭	永宁	永宁卫左所舍人	武举人，后联登进士，中武探花
	王严之		永宁	永宁卫武生	武举人
万历丙午科（1606 年）	徐诞勇		永宁	永宁卫武生	武举人
	王任选		永宁	永宁前所副千户	武举人
万历己酉科（1609 年）	陈应举		永宁	永宁卫武生	武举人

续表 6—2

科　　年	姓　名	字　号	乡贯	最高职务	附　注
万历己酉科（1609 年）	杨宪禄		永宁	永宁卫右所军生	武举人
	王以中		永宁	永宁卫舍人	武举人
	李廷柱		金埭	永宁卫舍人	李廷森弟，武举人
	陈有譋		永宁	永宁卫中所军生	武举人
万历戊午科（1618 年）	龚　耀		沙堤	鄞县知县	应天（南京）中式
	董文衡		沙堤		
天启丁卯科（1627 年）	黄兆秉		梅林	河源知县	黄克缵孙，副举人
崇祯丙子科（1636 年）	李振缨	号景先	梅林	湖北枝江知县	
	董惟哲		沙堤		武举人，勤王亡于仙霞关
隆武丙戌科（1646 年）	董惟卿		沙堤		武举人
清顺治庚子科（1660 年）	张緦美		永宁	灵璧知县	张寿裔孙，海澄学中式
雍正癸卯恩科（1723 年）	朱　宸		永宁		
雍正甲辰科（1724 年）	黄　鉞		梅林		黄道祀子，善诗文
雍正壬子科（1732 年）	董廷相		沙堤		
乾隆壬申科（1752 年）	蔡庭芳	字君垂	永宁	松溪教谕	为当科闽省解元
	朱　莲		永宁	漳州府学训导	朱宸侄
	佘维允		港边		副榜
嘉庆戊辰科（1808 年）	林廷适	字子韬	永宁西门		林元品侄，移居鹿港，副榜
道光癸卯科（1843 年）	李联芬		永宁		
同治丁卯科（1867 年）	陈棨仪	字仪门	永宁		陈棨仁弟
同治癸酉科（1873 年）	蔡士棠		永宁	候选训导	副举人
光绪乙亥科（1875 年）	陈棨伦	字剑门	永宁		陈棨仁弟
光绪戊子科（1888 年）	蔡书林		永宁	大挑试用知县	
光绪辛卯科（1891 年）	龚显鹤	号云史	沙堤	中宪大夫	民国任泉州商会会长
	李希曾		岑兜		李锡金孙。移居台湾新竹
光绪癸巳科（1893 年）	李师曾		岑兜		

续表 6—2

科　　年	姓　名	字　号	乡贯	最高职务	附　注
科年不详	卢　韬		沙美		
	陈端士		永宁		

说明：明代武举考试于每年十月举行，乡举必历中三科，方得听用，会举高第即授都司守备，如陈有纲即授获港守备，余者皆授所镇抚，以次遇缺推用

第二节 职官表

元代永宁籍职官一览表

表 6—3

姓　名	乡贯	最高职务	任职年代	附　注
龚名安	沙堤	上猷县尉	元至正年间	以平定“那兀纳之乱”功升
龚　炳	沙堤	泉州学正	元统年间	龚名安子

表 6—4　**明洪武至万历年间永宁卫历任指挥使**

姓　名	任职年代	备　注
阚　义	洪　武	和州（今属安徽）人
干八秃帖木儿	洪武至永乐	通州宝坻县人
阚　俊	永　乐	阚义之子
干　勇	永　乐	干八秃帖木儿之子
阚　玉	宣　德	阚俊之子
杨　春	正　统	
干　殷	正　统	干勇之子
杨　兴	天　顺	杨春之子
阚　瑄	成　化	阚玉之子
杨　晟	成　化	杨兴之子
阚　珍	成　化	阚瑄之子

续表 6—4

姓　名	任职年代	备　注
干　泰	成　化	干殷之子
干　辅	弘　治	干泰之子
干　伟	正　德	干辅之子
阙　钺	嘉　靖	阙珍之子
阙　锺	嘉　靖	阙珍之子，阙钺之弟
干以临	万　历	干伟之孙
阙怀韬	万　历	阙锺之子

（道光《晋江县志》附记：按城池志载，永乐十五年，都指挥谷祥、正统八年，都指挥刘亮，俱前后增修永宁城，必系永宁卫指挥使。但籍无明文，未敢臆断，姑附记云）

明清时期永宁籍职官一览表

表 6—5

姓　名	乡贯	最高职务	任职年代	附　注
李君玉	岑兜	随州教谕	明永乐年间	
董　瑢	沙堤	肇庆同知	宣德年间	宣德三年岁贡
陈俊彦	永宁	武德将军	正统年间	武职
董　信	沙堤	龙泉主簿	景泰年间	岁贡
蔡黄卷	永宁	唐王府教授	嘉靖年间	嘉靖二十年岁贡，精通《易经》
王世实	永宁	都指挥佥事	嘉靖年间	武职。从俞大猷往广东剿倭阵亡
龚一濂	沙堤	将乐教授	隆庆年间	龚时应弟，岁贡，入祀将乐名宦祠
刘月波	永宁	守　备	隆庆年间	武职。以往江西剿倭功授
刘鼎策	永宁	昭信将军	隆庆年间	武职。以往江西剿倭功授
龚道馨	沙堤	王府教授	万历年间	岁贡
黄道爵	梅林	楚雄知府	万历年间	黄克缵子，以父荫补
黄兆穰	梅林	韶州知府	万历年间	黄克缵孙，以祖荫补
黄道敬	梅林	户部郎中	万历年间	黄克缵子，以父荫补

续表 6—5

姓　名	乡贯	最高职务	任职年代	附　注
詹　鹏	永宁	都督同知	万历年间	武职
黄兆镶	梅林	广岭西道布政参　议	天启年间	黄克缵孙，辛酉恩贡
刘应汉	永宁	藩前将军	永历年间	武职。郑成功部将
董胄飞	永宁	藩前将军	永历年间	武职。郑成功部将，从征复台
董胄英	永宁	延平总兵	清康熙年间	武职
朱　文	永宁	金门水陆提督	康熙年间	武职。行伍出身
佘海宗	港边	都　司	乾隆年间	武职
林元品	永宁	中宪大夫	嘉庆年间	捐封，经商鹿港，林振嵩子
林元考	永宁	布政司理问	嘉庆年间	林元品弟
林元业	永宁	瓯宁教授	嘉庆年间	林元品弟
林廷应	永宁	户部司务	嘉庆年间	林元品侄
林廷捷	永宁	沙县教谕	嘉庆年间	台湾府岁贡，林元品子
林逊举	永宁	内阁中书舍人	嘉庆年间	台湾府学生员，林廷捷子
李德铨	岑兜	海宁知县	嘉庆年间	
佘昭伯	港边	都督同知	嘉庆年间	武职
林逊登	永宁	直隶州同知	道光年间	林廷捷侄
陈大勋	永宁	刑部员外郎	道光年间	
佘尚义	港边	温州千总	道光年间	武职
陈大源	永宁	通　判	咸丰年间	椽吏，陈棨仁父
陈维礼	永宁	千　总	同治年间	武职。往台从征阵亡,世袭云骑尉

新民主主义革命时期中国共产党组织及其武装永宁籍领导人一览表

表 6—6

姓　名	乡贯	最高职务	任职时间	附　注
董云阁	永宁	中共厦门中心市委常委、组织部长	1932. 2	1932. 10 牺牲
李子芳	岑兜	新四军政治部组织部长	1937	1942. 5 牺牲
高汉朝	永宁	中国人民解放军闽粤赣纵队闽西南联合司令部泉州武装工作团团长	1949. 8	1951 病故

民国时期国民党及军政永宁籍副处级以上人物一览表

表6—7

姓　名	乡贯	最 高 职 务	任职时间	附　注
王庆祥	永宁	国民党革命军陆军一五八师中校军医	1938	
李逢耀	塔石	国民党驻菲律宾吕宋支部监委	1941	1942年在马尼拉被日军杀害
高伯英	永宁	福建省财政厅专员	1949	

中华人民共和国成立后副处级以上人物一览表

表6—8

姓　名	乡贯	最 高 职 务	附　注
高明轩	外高	全国侨联第一届委员会副主席	
李欲晞	洋厝	全国侨联副主席	
高　音	外高	中国旅行社总经理	现定居新加坡
王子华	下宅	广东惠阳军区司令员、国务院侨办外司主任	又名王和柴、王和英
佘振忠	港边	中国华侨旅行社经理兼党委书记	
王天生	西岑	福建省建材厅厅长	
佘日荣	港边	上海烟草公司纪委书记	
佘日杰	港边	石狮市副市长、市政协副主席	
李昌泽	港边	福建省地矿局副局长兼总工程师	
施海滨	前埔	中共南安县委书记	
刘佩香	前埔	泉州市中级法院副院长	
许书华	永宁	崇安县政协副主席	
杨丽影	永宁	泉州市侨联副调研员	
王志程	西岑	福建省工商局副局长	
施纯流	西岑	厦门市侨办副主任	
李清泳	港边	中共广东省委统战部副部长	
李定国	塔石	中国华侨华人研究所副所长	

续表 6—8

姓　名	乡贯	最 高 职 务	附　注
李贤超	子英	林业部宁波林业专科学校校长兼党委副书记	
李丽月	子英	石狮市政协主席	
李肇圣	子英	昆明市人民政府秘书长	
李炯炀	子英	中国策划协会常务副会长、党组书记	
李永木	洋厝	晋江市公安局局长	
李炳均	洋厝	厦门市人民政府二办副主任	
李文元	洋厝	厦门市公安局科长、队长、一级警督	
李永锡	洋厝	漳浦县政协副主席	
李贤民	洋厝	厦门市环保局办公室主任、污控处处长	
李清洗	洋厝	泉州市出入境管理支队支队长	
李远志	洋厝	福建省电信公司纪检监察室主任	
李清景	洋厝	泉州市发改委副主任	
李雨明	洋厝	泉州市城乡规划局总工室主任	
李奕亭	梅林	福建省公安厅反恐总队副总队长	
李孙忠	子英	华侨大学纪委书记兼校工会主席	
李天祝	梅林	中国驻美国纽约总领事馆副领事	2012 年 3 月回国台办
李转生	梅林	福建省人民政府信访局局长	
李辉跃	梅林	厦门市集美区区委书记	
李育杯	梅林	惠安县公安局政委	
高天雄	永宁	中国人民解放军沈阳军区空军副政委	师级
王庆芬	永宁	晋江市副市长、市政协副主席	
王巧丽	下宅	泉州市侨联副主席	
王年送	永宁	中国人民解放军总政治部作家（副师级）	笔名“白刃”
蔡英挺	前埔	中国人民解放军军事科学院院长	上将军衔、中共十八届中央委员
于　筠	前埔	原厦门市驻京办副主任	
施琦婷	前埔	南京军区福州总院政治部主任	
高鸿基	永宁	湖南省侨联主席	高级工程师
高铭群	外高	石狮市政协副主席	

续表 6—8

姓 名	乡贯	最 高 职 务	附 注
高挺鸿	外高	泉州市档案局局长	
黄木鹏	金埭	福州教委书记	
卢阳阳	沙美	福建省预备役师参谋长	
何敬锡	永宁	中共泉州市委政法委副书记、610 办主任	
郑志忠	永宁	泉州市环保局局长	
柳清祝	梅林	宁德市蕉城区政协副主席	
王志阶	西岑	广东省侨办主任	
孙婷婷	后杆柄	省财政厅副厅长	
王志泉	西岑	晋江市副市长	
李灿东	洋厝	福建中医药大学副校长	
施汉杰	西岑	石狮高新技术产业开发区主任	
刘维忠	永宁	福建省委编委办公室调研员	

第三节 高级专业技术人员名表

永宁镇已知高级专业技术人员一览表

表 6—9

姓 名	乡贯	出生年月	技术职称	评定时间	工作单位、职务
李爱珍	港边	1936.5	研究员	1988.5	中国科学院上海冶金研究所博士生导师,2007 年当选美国科学院外籍院士
李定国	塔石	1933.4	研究员	1991.8	中国华侨华人研究所副所长
高铭新	永宁		研究员		中国铁道科学研究院车辆所
郭铁轮	郭坑	1940	教授	1991	华南理工大学社会科学系系主任
李哲明	洋厝	1933.2	编审	1992.10	天津市文联理论研究室
黄木贞	金埭		副教授		上海交通大学
蔡慧明	永宁	1942	副教授	1986	广州华南理工大学体育部副主任
林嘉声	永宁	1940.10	副教授	1996.6	福建师范大学教育系

续表 6—9

姓　名	乡贯	出生年月	技术职称	评定时间	工作单位、职务
林沧浪	永宁	1939.9	副教授	1992.3	福建农业大学机电系
王金镖	西岑	1929.3	副教授	1987.11	中共福建省委党校
李天锡	子英	1948.11	研究员	2001.12	华侨大学华侨华人研究所
李奇民	洋厝	1939.9	主任记者	1988.10	中共福建省委《支部生活》杂志社
李冰凌	洋厝		主任编辑		《福建日报》社
李逢智	洋厝		教授		厦门市鹭江大学
李垂拱	洋厝		高级工程师		航空部南昌飞机制造公司设计所主任
王庆祥	永宁	1908.7	副主任医师	1964.4	福建医学院附属第二医院外科
佘耀远	港边	1933.6	副主任医师	1988.8	福建医学院附属协和医院
刘杏华	金埭	1936.3	副主任护士	1988.10	福建省心血管病研究所总护士长
赵月华	永宁	1942.12	副主任医师	1996.11	石狮市医院
洪秀彩	郭宅	1948.9	副主任医师	1995.5	子英医院
高清泽	永宁	1940.10	副主任医师	1996.11	永宁卫生院
谢瑞程	港边	1951.4	副主任医师	1998	石狮卫生院
李希圣	子英	1954.6	主任医师、硕士研究生导师		福建医科大学附属第二医院内一科主任
李德良	港边	1958.9	副主任医师	2003	石狮卫生院
施锦锦	港边	1956.2	副主任医师	2003	石狮市妇幼保健院
李灿东	洋厝	1964.6	医学博士、教授、博士研究生导师		福建中医药大学副校长兼中华中医药学会中医诊断分会主任委员、省中医药学会副会长
李灿新	洋厝	1968.5	副主任医师	2007.12	石狮市医院院长助理
李文旭	洋厝	1941	副主任医师		泉州市医药研究所
李逢渊	港边	1930.11	高级会计师		中国建设银行泉州市支行会计科科长
王天生	西岑	1936.1	高级经济师	1988.9	福建省建材工业总公司副总经理
邱天来	港边	1937.12	高级农艺师		晋江市农业局
黄振华	金埭		高级工程师		晋江市电力公司
吴德君	院东	1942.8	高级工程师	1988.8	厦门海关技术处处长

续表 6—9

姓　名	乡贯	出生年月	技术职称	评定时间	工作单位、职务
李汉良	洋厝	1941.3	高级工程师		深圳市广东发展银行金融电子化工作室主任
李正坦	金埭		高级工程师		福建省第五建筑公司
李永德	洋厝		高级工程师		福建省石油化工设计院
李金泉	金埭		高级工程师		广州黄埔造船厂
王玎余	西岑	1940	高级工程师	1980	广州铁路分局水电段
蔡玉奎	永宁	1938.6	高级工程师	1986.5	中国科学院福建物质结构研究所
高鸿基	永宁	1943	高级工程师		湖南株洲化工集团总公司总经理，党委书记
董伦彬	永宁	1938	高级工程师		湖南农学院
董群冶	永宁	1935	高级工程师		福州大学电工研究所
陈焕东	永宁	1931.7	高级工程师	1964	福建省水电厅
陈植汉	永宁	1935.8	高级工程师	1965	原厦门市副市长
林英向	永宁	1940	高级工程师		北京石油化工设计院
林朝昌	永宁	1943	高级工程师		北京气象台
董光炳	永宁	1935.5	高级工程师	1990.10	上海铁路局福州勘测设计院
王显华	永宁	1934.5	高级工程师		漳州市建筑设计院副院长
高铭芬	永宁	1935.7	高级工程师	1992.9	福建省公路管理局
郑文箴	永宁	1936	高级工程师	1989	深圳市金鹰建筑公司顾问
陈焕溪	永宁	1937	高级工程师		福建省第四建筑工程公司
李昌泽	港边	1948.8	高级工程师		福建省地矿局副局长兼总工程师、全国地质勘查技术指导专家
李永钦	港边	1936.10	高级工程师		福建省林业勘测设计院
李德贞	港边		高级工程师		江苏省江阴市造船厂
陈忠江	港边	1949.5	高级工程师		云南易文县汽车修配厂厂长
蔡迦勒	永宁	1936.	高级工程师	1986	上海乳品培训研究中心主任
李逢谋	子英		高级工程师		电子工业局华东计算机研究所
李晓耕	子英	1971.6	高级工程师		泉州黎明大学土木建筑系
龚月华	西偏	1943.12	中学高级教师	1997.5	石光中学

续表 6—9

姓　名	乡贯	出生年月	技术职称	评定时间	工作单位、职务
王连传	下宅	1935.12	中学高级教师	1995.6	石光中学
高清溪	外高	1960.7	中学高级教师	2000.1	石光中学
高铭群	外高	1932.6	中学高级教师	1987.12	石狮华侨中学
李光盾	梅林	1946.12	中学高级教师	1996.3	石狮华侨中学
施天锡	西岑	1938.5	中学高级教师	1995.6	石狮华侨中学
李仰圣	子英	1944.12	中学高级教师	1988.8	石狮华侨中学
吴修鉴	山边	1937.3	中学高级教师	1988.9	石狮华侨中学
李毓达	梅林	1969.9	中学高级教师	2002.3	永宁中学
陈增德	永宁	1970.1	中学高级教师	2009.3	石狮三中
蔡水源	山边	1936.9	中学高级教师	1993	南侨中学
蔡荣盛	山边	1963	中学高级教师	1998.2	厦门第十中学
杨银珠	后杆柄	1961.8	中学高级教师	1997.5	石狮一中
郭天助	郭坑	1939.1	中学高级教师	1988.5	石狮一中
杨祖涛	后杆柄	1938.10	中学高级教师	1996.5	石狮二中
董群基	沙堤	1933.1	中学高级教师	1988.9	石狮二中
高晶璟	永宁	1966.4	中学高级教师	2004.6	凤里中学
李荣美	子英	1938.8	中学高级教师	1997.5	永宁中学
李志鸿	金埭	1968.5	中学高级教师	2006.5	鹏山工贸学校
蔡玉华	下宅	1942.5	中学高级教师	1997.5	永宁中学
李大腾	金埭	1937.2	中学高级教师	1996.3	永宁中学
李临门	港边	1940.10	中学高级教师	1996.3	永宁中学
陈忠利	港边	1933.10	中学高级教师	1988.8	永宁中学
卢维新	沙美	1935.11	中学高级教师	1994.7	永宁中学
王金良	西岑	1943.7	中学高级教师	1995.6	永宁中学
何世塔	浯沙	1938.1	中学高级教师	1995.6	永宁中学
李正间	金埭	1936.12	中学高级教师	1995.6	银江华侨中学
高奕明	永宁	1945.3	中学高级教师	2002.3	银江华侨中学
李金阶	永宁	1946.7	中学高级教师	1995.6	石狮市教师进修学校

续表 6—9

姓　名	乡贯	出生年月	技术职称	评定时间	工作单位、职务
洪淑庆	郭宅	1939.11	中学高级教师	1992.8	福州市第十八中学
李德丁	港边	1928.11	中学高级教师	1988.2	泉州市第五中学
杨秀货	永宁	1943.5	中学高级教师	1988.2	泉州市第五中学
施能章	西岑	1933.6	中学高级教师	1988.2	晋江南侨中学
黄穆鹏	金埭	1936.12	中学高级教师	1994.9	福州市教育学院院长、获“中学特级教师”称号
李西渠	梅林	1940.10	中学高级教师	1987.6	福州一中、获“中学特级教师称号”
卢远征	沙美	1944.12	中学高级教师	1998	石狮市教育局
张祖慈	港边	1942.01	中学高级教师	2001.2	永宁中学
李启明	洋厝	1948.1	中学高级教师	1999.3	永宁中学
董智勇	永宁	1962.7	中学高级教师	2002.3	永宁中学
李一峰	前埔	1963.1	中学高级教师	2005.1	永宁中学
洪茜棱	永宁	1967.10	中学高级教师	2006.4	永宁中学
陈章维	永宁	1974.10	中学高级教师	2014.4	永宁中学
李建华	梅林	1967.3	中学高级教师	2008.9	永宁中学
林贵哲	永宁	1962.12	中学高级教师	2009.7	永宁中学
李劲松	金埭	1972.8	中学高级教师	2010.4	永宁中学
李圣军	子英	1963	中学高级教师	2002.3	华侨中学
蔡丽影	梅林	1960	中学高级教师	2003.3	华侨中学
王志盛	永宁	1960	中学高级教师	2004.5	石狮市教育局督导室
龚清小	西偏	1968	中学高级教师	2006.6	银江华侨中学
董志明	沙堤	1970	中学高级教师	2007.6	石狮一中
龚冰冰	沙堤	1968	中学高级教师	2007.6	凤里中学
陈冰玉	港边	1969	中学高级教师	2007.6	凤里中学
李莘莘	洋厝	1973	中学高级教师	2008.9	凤里中学
董永贵	沙堤	1968.9	小学中学高级教师	2008.2	石狮市第三实验小学
李艺艺	金埭	1970.1	小学中学高级教师	2008.2	石狮市第二实验小学
郭小青	郭坑	1968.2	小学中学高级教师	2012.12	宝盖镇中心校
李正广	梅林		大学教授		江西农业大学

续表 6—9

姓　名	乡贯	出生年月	技术职称	评定时间	工作单位、职务
陈仲照	永宁		植物保护系博士		美国明尼苏达州农业厅
谢少静	西偏		副教授		美国纽约洛克菲勒大学基因工程主任
吴华程	永宁		生物系博士后		加拿大国家技术研究所副所长
吴雅玲	永宁		高级研究员		美国人类基因集团公司

第四节　先进人物表

永宁受省部级表彰的先进人物一览表

表 6—10

姓 名	乡贯	荣誉称号（时间、授予单位）
龚诗长	沙堤	1950 年，福建省军区评为战斗英雄，厦门支前司令部授予一等功臣，同年 9 月 6 日出席省人民政府和省军区联合召开的“福建省首届战斗英雄、劳动模范代表大会”
陈焕江	永宁	1954 年被评为全国民兵模范，出席在首都北京召开的全国民兵英模代表大会
杨金益	梅林	工作单位：梅林农业社。1957 年，中共福建省委、省人民委员会授予“福建省农、林、渔业和水利劳动模范”称号
李乌谅（女）	沙堤	1963 年，中共福建省委、省人民委员会授予“福建省劳动模范”称号。1983 年被全国妇联评为“全国三八红旗手”，1983 年被评为“福建省拥军优属拥政爱民先进个人。1990 年 6 月被福建省委、省政府评为“双拥共建先进个人”
黄福清	永宁	时任教于永宁中心小学。1978 年，中共福建省委、省革命委员会授予“福建省教育战线先进工作者”称号
李正汉	梅林	时任梅林民兵营营长，1982 年，中共福建省委、省政府、省军区授予“模范民兵营长”称号，并记二等功一次
黄清泉	梅林	时任职于永宁镇梅林村侨务组。1982 年评为全国侨务先进工作者，出席全国归侨、侨眷侨务工作者先进分子、先进集体表彰大会
高天理	永宁	时任教于永宁中心小学。1983 年 11 月，国家体委、教育部授予“全国体育传统项目学校先进工作者”称号
蔡先溪	永宁	时任教于大仑中心小学。 1983 年，中华全国总工会授予“全国工会积极分子”称号

续表 6—10

姓 名	乡贯	荣誉称号（时间、授予单位）
郑胜利	永宁西厝	时任职于永宁镇政府计生办公室。 1988 年、1989 年、1991 年连续三次获“福建省计划生育先进工作者”称号，享受省级劳动模范待遇
蔡迦勒	永宁	任职于上海乳品研究所。曾获“上海农垦精英和建设标兵”称号。1989 年被中纪委和中国科协评为全国“讲理想、比贡献”先进个人
李爱珍（女）	港边	任职于中国科学院上海冶金研究所。 1989 年、1994 年，国务院侨办、全国侨联联合授予“全国归侨、侨眷优秀知识子”称号；1994 年,国家科学技术委员会授予“发展中国高科技先进个人”称号；1987、1989、1991、1992 年，上海市妇联授予“上海市三八红旗手”称号。1997 年，被上海市妇联评为“上海市十大‘三八红旗手’之一”；被全国妇联评为“全国城镇妇女巾帼建功标兵”、“全国三八红旗手”；被中共上海市委、市政府、市总工会授予“上海市劳动模范”称号
龚春燕（女）	沙堤	时任职于石狮市公安局湖滨派出所。1991 年 10 月，被公安部授予“全国颁发居民身份证先进工作者”称号
李荣棋	金埭	时任职于石狮市公安局祥芝派出所。1991 年 10 月，公安部授予“全国颁发居民身份证先进工作者”称号
郑志明（女）	永宁西厝	时任职于石狮市公安局户政科。 1991 年 10 月，公安部授予“全国颁发居民身份证先进工作者”称号
董永贵	沙堤	时任职于永宁中心小学。 1995 年，国家教委、人事部授予“全国优秀教师”称号
李永木	洋厝	时任职于石狮市公安局。公安部授予“1996 年度全国特级优秀人民警察”称号
龚诗建	沙堤	时任职于石狮市科卫文体局。1996 年 12 月，卫生部授予“全国妇幼卫生先进工作者”称号
王天生	西岑	时任职于福建省水泥厂。1988 年福建省人民政府曾授予“劳动模范”称号。1989 年被评为全国侨眷优秀企业家
郭丽雅（女）	永宁	时任职于漳州汽车站。全国红十字会曾授予“先进工作者”称号
李贤领	前埔	1997 年福建省人民政府授予“福建省劳动模范”称号
何敬锡	永宁	时任职于中共石狮市委员会。2000 年，宁夏自治区人民政府授予“广电村村通先进工作者”称号； 2001 年，宁夏自治区人民政府授予“扶贫社会帮扶先进个人”称号
李丽月（女）	子英	时任职于石狮市委宣传部。2000 年 12 月，福建省委、省政府授予“第七届省精神文明建设先进工作者”称号

续表 6—10

姓 名	乡贯	荣誉称号（时间、授予单位）
佘日杰	港边	时任职于石狮市人民政府。福建省政府、省军区授予“2002 年优秀预任军官”称号
董再发	永宁	石狮市太阳风青年志愿者服务队队长。2000 年 1 月，获团中央、中国青年志愿者协会颁发的“中国青年志愿服务奖奖章”；2003 年 3 月被中宣部、中央文明委、团中央、解放军政治部四部委评为全国“学雷锋”志愿先进个人。2009 年获省总工会授予“福建省五一劳动奖章”
黄梅前	梅林	时任职于石狮市侨联。2009 年 7 月，全国侨联授予“全国侨联系统先进个人”称号
蔡文聘	前埔	前埔村党支部书记、村委会主任。2008 年省委、省人民政府授予“福建省劳动模范”称号
李圣军	子英	时任职于石狮石光侨中联合中学。2009 年获省教育厅授予“福建省中小学优秀校长”称号
杨丽影（女）	永宁	时任职于石狮侨台外事局。2009 年，国务院侨务办公室、人力资源和社会保障部授予“全国侨办系统先进工作者”称号
苏荣灿	永宁	石狮市灯谜协会会长。2003 年，被共青团中央授予第六届“全国乡村青年文化名人”称号
许飞龙	永宁	石狮市雅韵文艺协会常务副会长。2005 年，被共青团中央授予“全国优秀社区青年志愿者”称号
高德友	外高	石狮海星食品有限公司董事长。2010 年获“第十届福建省杰出青年农民”称号。同年，共青团中央、农业部授予“第七届全国农村青年致富带头人”称号
郭自力	郭坑	永宁郭坑回族村党支部书记，2013 年 5 月，被评为“福建省劳动模范”，2014 年 10 月，国务院授予“全国民族团结进步模范个人”称号

第五节　永宁革命烈士一览表

表 6—11

姓 名	出生年月	乡贯	事 迹 简 介
董云阁	1908.5	永宁后山	生前任共青团福建省委书记，中共厦门中心市委常委和组织部长。1932 年 5 月 23 日，在厦门被捕，10 月 23 日，被杀害于厦门禾山海军司令部
李子芳	1910.5	岑兜	生前任新四军政治部组织部长，1942 年 5 月，在上饶集中营被杀害
卢谋贞	1929.1	沙美	生前任沙美村民兵队长。1951 年 9 月 19 日（农历八月十九日），在宝盖山剿匪中不幸中弹牺牲。时 22 岁

续表 6—11

姓 名	出生年月	乡贯	事 迹 简 介
李德沐	1917.8	洋厝	生前任晋江县第九区武装干事。1951 年农历八月十九日，在追剿武装残匪时，于祥芝奈厝前不幸腹部中弹牺牲，时 21 岁
刘德凹	1921.12	金埭	生前任中共永宁公社金埭大队支部副书记。1964 年 2 月 23 日，因抢救村中楼房失火的群众而牺牲
高积山	1958.5	永宁下营	生前为中国人民解放军 53562 部队战士。1979 年 2 月 17 日，在对越自卫还击战中牺牲
李国超	1954.3	金埭	生前为中国人民解放军 53562 部队战士。1979 年 3 月 4 日，在对越自卫还击战中牺牲

附 录

永宁卫志[1]

永宁固泉郡东南之重镇也，发源自关锁宝盖。左转而东出，绵延七八里，岗陵起伏，直至北都。背五虎而面金狮[2]，襟东海而挹西紫。内藏十景，俊雅巨观。一曰“浸月池”，月未出其影先升其际；次曰“观日台”，阳未起而光先呈其中。台之拱有石，当中则曰“镇海石”，其后则“骊龙珠”也。俯视横空，遥瞻侧翅，则“玉带桥”与“丹凤朝阳”。出没隐见，为高起，为特出，则“犀牛望月”与“双鲤浴滩”。侧行而西，有汪然仰出，化浊澄清，则“石迫水”“玉泉沟”也。此数者，极鬼斧，擅神工。矧有花柳阴翳，鸣声上下。宜昔贤赋诗于其上，游而返忘。遂有咏之佳句也。外有八景，俱皆幽奥。东望沙堤，“玉笋”有参天之势。而其下，则“鲸江钓艇”，暮云鼓枻也。西盼“关锁宝盖”，有凌霄之致。而其侧，则“圣泉”澄清，“虎岫鸣钟”也。南睇霁江，“石鼓”有通潮之声。而其右，则梅林兢爽，“半月沉江”。北顾双髻[3]，峰峦有夹洞之妙。而其中，则有永嘉落发修真之“石室”也。此数者，恍若天造，宛如地设，与内景不甚低昂。昔人评之详矣，而为永宁助奇观，增壮丽。故事俱载府志，今犹津津人口。迨至明洪武二十年，江夏候周德兴提镇于此[4]，升高以望屯军之所，上按星躔，下观陵脉，喟然叹曰：此福地也。于是屯扎西隅，军不疾病，民皆殷富。有郭神师之良鉴焉，因奏请建城。旨下，筑周围八百五十丈，基广一丈五尺，高二丈一尺。分铺三十二。门五：南曰金鳌，北曰玉泉，大东曰海宁，小东曰东瀛，西曰永清，各建城楼。城壕一丈六尺。永乐十五年，都指挥王国祥等增广三尺。正统英宗八年，都指挥刘亮，同知钱辂，又增月城。成化六年，门楼圮，指挥杨晟重修。当此之时，固若金汤，坚似磐石。丁户二十余万，封家不下三万，官印七十二颗。弁目紟绅、士吏不下千百。烟火相辏，舟车络绎，古名都大郡，何以过哉。讫嘉靖二十七年，突有日本土番攻城，其势甚雄，城外居民望风逃遁。指挥使杜钦爵奋勇先登，日夜固守，贼不得入，因即退去。四十一年，复举大攻。指挥王国瑞偷安溺酒，南隅失守，城陷，大掠数日，军民遁奔。郡城守备不顾民瘼，悉遣还城。贼寻来攻，城再陷，杀伤几尽，鸡犬不留⑤。向时之二十余万，今存无二三矣。风潇雨晦之间，徒见魂啼鬼哭。日暮云阴之下，仅见毒虺愁猿。闻者声咽，见者气短。此方之厄，一至于此乎。历五十余载，军民生聚复集九分之一。至清顺治二年乙酉⑥四月十九日，林顺在永招募，结党未成，廿二日官兵猝到，顺措手不及，捐资粮，率所部凶恶，排蜈蚣阵，二十七人，口皆咬两剑，手执短匕，官军莫敢迫近，从南向北而去，不知所之。逆党既去之后，官军乘势劫杀，乡民死者，不计其数。其未死者，逃匿水关沟。谁料廿三、廿四日，狂风暴雨涨入水关沟，渰死者又难蚁算。既鲸鱿于万劫，复鱼鳖于淫霖。鸟无声兮山寂寂，日方长兮风飒飒。凄凄切切，不能言之。故父老每念及此，未尝不饮泣吞声。以为李华古战场文所云“尸填巨港之岸，血满长城之窟”，诚不诬也。自是内境萧条，自是外境铲削，自是城廓空虚。又至清顺治十八年，海寇相侵。旨迁卫城及沿海居民，以绝接济⑦，即将城石移拆十里内建寨。嗣而城坏矣，嗣而雉崩矣。虽东偏遗址，亦不过数千丈。欲为仿佛，而破瓦颓垣，化为丘墟荆棘，安得更寻十景之奇观，八景之幽奥，而穷耳目以为快哉。兹幸太平日久，民生不见外事，而安于亩畎之自乐。君子弦歌，小人负米，鸥腾鹊起，甲于此都之盛。贾陶商贩，推我邑之多。天衷忽牖，义举同心，以为非立文武两庙，无以壮升平之观。固于乾隆二十八年，阖都人士，议建立关圣帝君与徽国文公两祠，于卫所之东。厥土燥刚，厥立面阳。文运灿然复兴矣。前大贤云：此地五百年后，有车马往来之言，其兆诸此乎？爰志。并城兴坏始末，庶后君子得览观焉。

附：

见凄凉景追怀永宁卫（调寄满江红）

举目东宁，尽都是，凄凉之色。回忆当年盘垣里，有何残阙。花树翳翳迎外景，印绶累累行乎中。今侍侧，叹风波突至，陷於贼。而今歇，兵火结，繁华灭，这些事，那堪说。听渔沟魂魄，声声是啼血。弹铗谁怀于柳浪，萧条犹挂皇宗月。愿容延，跂冀旧时盛烈。

注①：即民间所传之《永宁卫志》，系根据徐泽厚老先生所存之手抄本，并对照施教琴、陈仲赏诸先辈之抄本校订标点而成。

注②：指永宁地势，背靠五虎山，而面对深沪港（狮山）。

注③：指宝盖山侧之双髻山。

注④：《泉州府志》海防志载：洪武二十年命江夏侯周德兴入福建，抽三丁之一为沿海戍兵防倭。移置卫所于要害处。时泉设卫一，曰永宁，所御五所：曰福全，曰崇武，曰中左，曰金门，曰高浦。并设巡检司于祥芝、深沪、围头。

注⑤：《泉州府志》载："四十一年二月，倭寇永宁城，指挥王国瑞失守。城陷，贼大掠数日而去，卫中军民遁奔郡城者，分巡佥事万民英悉遣还卫。三月倭复来攻，城再陷。军民杀伤几尽。永宁之东有澳仔村许姓，为当时倭祸废，其遗民今在厦门。"

注⑥：应为顺治四年丁亥之误。

注⑦：即1662年，清朝统治者为了切断郑成功与沿海人民之联系，实行迁海政策。将山东、江、浙、闽、广之海滨居民尽迁于内地，设界防守，片板不许下水，粒货不许越疆（见《闽海纪要》）。于是离海三十里村庄田宅，悉皆焚弃。上至辽东，下至广东，皆迁徙。筑短墙，立界碑，拨兵戍守，出界者死。百姓失业流离……（见《海上见闻录》）。

明清诗人咏永宁十八景

明清两代诗人咏永宁十八景诗，原附于《永宁镇志》后面，许多手抄本均有抄录。以下系根据施修沪老先生所存之手抄本，校对刊印。每一景观，各有二首，上为明代诗作，下为清代诗作。至于作者，因已失传，无从稽考。

浸月池　（益辅山）

皓魄当空窈窕姿，不须彩笔画蛾眉。
缘何尘垢难消却，竞说鳌城浸月池。

一泓细浪那称奇，兔魄未升影已垂。
何处溶溶浮瑞色，海宁沟里浸蛾眉。

观日台　（益辅山）

鳌东片石似高台，结伴登临曙色开。
瞥眼朱霞辉一角，金乌滚滚海东来。

高台瑞拱峙东宁，漏尽登临爽气清。
借问停眸何不住，晴光隐隐透沧溟。

镇海石　（益辅山）

印石嶙峋镇海滨，题词三字泐贞珉。
行人此地频来往，几个重临墨渖新。

峭壁当空向海挺，千秋坐镇锡嘉名。
任从倒海移山力，难转擎天塞北倾。

骊龙珠　（益辅山）

云龙角逐出名区，东海遨游曾戏珠。
卷石骊黄疑得似，可能化雨济时需。

端台盘曲骊龙身，斜挂颔珠匣出尘。
任待投渊难力取，长悬峭壁瑞皇仁。

丹凤朝阳　（益辅山）

冲霄一举喜翱翔，凤翼翩翩五彩彰。
履正不随尘世变，飞来鳌卫每朝阳。

东宁岂是昔西岐，丹凤何来此地仪。
有翼不飞云路去，回头惟向朝阳垂。

玉带桥　（益辅山）

虹腰隐约在山中，玉带成桥一路通。
游客穿云经此地，尘襟摇曳挹清风。

山尽危桥出绿苔，绵延曲转透高台。
千秋倒挂玉钩在，岂似舆梁人力裁。

犀牛望月　（象山）

逡巡碣石似犀牛，高卧东皋几度秋。
不管春来冬又到，年年常见月当头。

遨游何地不翩然，独向犀牛石上眠。
猛气难喘秋夜月，雄威只顾海东蝉。

石迫水　（下营）

天然生来绝点埃，涟漪滚滚石中来。
问渠那得清如许，源在山中不用猜。

湛然喷出水何鲜，石迫清流记异泉。
灵地自然多胜概，鳌城信似小湖巅。

玉泉沟　（场口）

玉泉清冽水盈沟，涤尽红尘不惹愁。

太息年溼川已竭，更从何处觅清流。

玉泉岂是蓝田浆，注入沟中味转香。
漫道江淘难化洁，浊流到此映波光。

双鲤浴滩　（南门口）

双鲤活泼善吹嘘，安得迢迢一纸书。
客自远方还未寄，任他化石跃清渠。

东瀛双鲤浴深滩，隐约端宜带水看。
万顷波涛任泛滥，安閒游泳喷迴澜。

石鼓通潮　（外高村）

悦闻石磬振金声，潮水生时婉转鸣。
竞说霁江留浩气，轩轩伐鼓向东征。

钟山自昔志奇鸣，复见通潮石鼓声。
不是灵锺地气盛，焉闻习坎水中生。

半月沉江　（梅林村）

梅林桂魄两朦胧，钓罢归来月正中。
疑是嫦娥厌拘束，半腾沧海半腾空。

梅林地势入长川，如月半沉深水渊。
自古姮娥钩覆盖，而今忽落海澜边。

海天一色　（西厝村后）

北出鳌峰山叠连，堪从绝顶俯平川。
水天一色无双样，月映澄波恍两妍。

玉笏朝天　（沙堤村）

沙堤毓秀挺奇英，玉笏森严耸地生。
为有章明通奏殿，干霄直欲上三清。

鲸江归棹（沙堤村）

鲸江一望钓鱼舟，远浦渔歌互唱酬。
举纲得鳞天色暮，片帆回下速于邮。

孤峰峙立鳌城东，渺渺长江返钓篷。
如问此间何胜景，舟人回指是鲸中。

关锁宝盖　（宝盖山）

巍峨宝盖镇南川，关锁澮州弥漫流。
阅尽沧桑经几代，依然石塔踞山头。

巍巍宝盖出长空，地脉直奔鳌城东。
帝座呼闻天柱上，星辰指摘汉河中。

圣泉古井　（关锁塔前）

泉名称圣几经秋，源自清清水自流。
疑是孔林分玉液，也曾清彻此山陬。

水井蓝田尽洁清，圣泉流涎视转明。
若非地脉锺灵秀，那得甘香志府评。

虎岫鸣钟　（虎岫寺）

山君畴昔啸岩河，一剑威加帝力多。
从此馨香流万古，钟鸣夜静壮山河。

磊石嵯峨岩洞开，高楼拱峙水萦洄。
行人游憩闻钟韵，疑是声从天上来。

永嘉石室　（双髻山）

艳羡地仙赵秀才，修真石室比蓬莱。
永嘉遗址今犹在，剩有空门锁绿苔。

双阳挺秀挹鳌城，石洞高深鬼斧成。
昔日嘉王落发地，于今遗迹尚留声。

虎岫题刻

塔石保弟子蔡梦良、汝霖，为先妣施二十九娘追资生界，捨钱造真圣石龛一所，永充供养。

时绍兴乙亥八月望日题。

石匠林弟、都匠郑成。

按：此记见于永宁虎岫寺崖石。

重修虎岫寺记

虎岫者，西接宝盖之崔嵬，恍乎剑峰之顶；南环沧海之浩瀚，宛乎莲洲之波。至夫石之竮险灵奇，则礧礧层层焉，若悬钟，若累卵，又若鼠伏狮眠，僧礼神而魚吸露也。至夫松之怪异秀郁，则干挺九霄，阴垂数晦，或根盘乎石，石凌其枝，而枝麗丽乎水也。至于林喧鸟雀，风送泉声，又若唧唧嘘嘘然不絕其韵，而愈增松石之奇也。故余因登览而寄神焉，拂石題詩，猗苍松而長啸；穿林听鸟，乘長风以观泉。则其所以頻游乎此者，又何逊于莲洲剑峰诸胜哉！然是胜也，始创於貞观，嗣辟于绍兴。越景定二年，吾主翁西桥公又缘金五百鏹，募远迩而鼎新之。巍巍煌煌，真清源十二景之一也。是为記。

岁甲午年，三山林兴祖记。

按：此碑未见。碑文见于《芝山刘氏宗谱》《温陵刘氏宗谱》。

重修虎岫禅寺碑辞

虎岫，泉南一大胜概也。屏山环海，巨石雄奇，佛影流輝，鵠立西峙，中建寺宇，崇奉上帝。為稽其始，肇自大唐贞观之世。粤宋绍兴，蔡君梦良护以石亭。及明嘉靖，云靜禅師养性修真，道心入妙，募化修葺者三。尝云游京师，施大法力，始勅封為“虎岫禅寺”。至国朝乾隆间林君振嵩，道光间蔡君名标，相继增修。奈寺宇傍山，榱桷易蚀。同治壬戌，适高君蔚文、显文，自行兴修森罗宝殿及聚星東楼，住持善观殷殷以概各重修請，昆季欣然首倡題捐，領袖其事。乃请陳君承烈為作捐序，付住持往处募捐，都人士莫不互为鳩集，共成斯举。西偏缺处，增建观音堂以配之。寺以东去其土之高压者，寺之中開牖凿池以通氣。向之迫蝕堪虞者，今且六通四辟，玲珑八面矣。始癸亥兴工，迄今落成。所捐资用，另勒石於左，庶后有考征也。余观夫庙貌之尊严，神灵之赫濯，近而市井乡闾咸资保护，远而外洋海国共沐神光。以故鳩资易集，功成不日。窃為喜栋宇之新，而乐纪其盛。若夫山岩之秀丽，景物之澄幽；辟松浓荫，石泉清流；羡海天之一色，识天际之归舟；此中之妙，在乎登临者騁怀娱目，領其趣而各适其遊焉耳。是為記。

溫陵郡廩生高攀撰。

里人邑庠生高汝霖書。

募捐：郡增生黄人，举人陈承烈，举人蔡景云，邑庠生高汝霖，职員高鵬輝、王超观，凤监生陈玉壶、郑亲坚，职员高鸿建、黄欢观，里人董焕摺、高洗观仝立。

同治八年岁次己巳臈月上浣，董事：监生高蔚文、显文立。

按：此碑尚存永宁虎岫寺。

重修塔峰记

关锁塔者，泉南形胜也。位主离宫，焕文明之象；高出海甸，表堤岸之观。自辛卯秋震击去芦尖，越戊戌重修，两都倡义。自兴工迄落成，費百有十員。既属一时义举，爰志都人盛事。至踵起為全堷之修者，不能无厚望焉。

十九都陈元老、廷新、王世懋、陈仕貴、商世楠；二十都高志绍、董俊金、卢其珊、林振嵩、李恩寮。

大清乾隆戊戌孟冬，董事黄山、郭仲山、许陳彪鐫、

按：此碑尚存永宁姑嫂塔底层门侧。

重修鰲東观音庙记

鰲之東旧有庙，崇祀观音菩萨，而保生大帝及三夫人並祀焉。第庙宇建立多年，风雨飘搖，损坏殊甚。及今不修，勢將就圮。年与季弟勋，顾而愀然曰："凡庙有其举之，即莫敢废。而神之血食於斯土者，要必有所以自安，而后能安民恤福，庇群生於不替。"爰于拾年花月鳩工營缮，刻期告竣，规模如旧，楹桷一新。都人士欢欣鼓舞，以为是余昆若季能宏施显力力，与菩萨好善之心必有所合。余不敢承，爰志数语，以存有举不废之意焉。是為记。

道光拾壹年瓜月谷旦，陳大年、陳大勋敬立。

按：此碑尚存永宁鳌东观音庙前。

重修永宁城隍庙序

蓋闻：神光普照，声灵显赫濯之施；茀祿是康，远近式凭依之德。惟馨香之永洁，宜保护于无穷。吾永宁卫為郡要区，名锡鰲城，地连鯉郭，都人士创建庙宇，崇奉城隍。钦神灵之赫奕；侯封宠賁六龙；壯山海之观瞻，庙貌高临五虎。顾自岁月既多，遂觉今昔异致。曩时庭楹丕焕，奚啻苞茂竹松；迩日宫殿就傾，無非飘搖风雨。若不乘此早图，恐致后成剥落，为費愈巨，为力弥艰矣。谟等附城而处，入庙是瞻，念神鉴于在兹，感宫墙之渐圮，千秋爼豆于以辅依，一瓣心香，共襄舉，欢欣雀跃，齐傾葵藿之私；筮卜龙飛飞，

敢忘木石之助？但计規模宏远，需用殷繁，虽以将伯助余，共肩不少同志；究竟程工浩大，重任尤待众擎。诸公慷慨存心，乐善有素，声施懋著，大焕桑梓之光；禔履考祥，与有圣神之护。伏愿各勉鼎力，不吝題捐。種果因心，成多无妨于积少；為田以福，和汝端賴於倡予。雅分狐腋之裘，俾得鳩工多藉。行見美轮美奂，数百载宮宇重新；安神安人，万斯年灵威广被。将來芳名勒石，闾里藉以增榮；即看盛业日隆，升恒符其頌祝也。谨佈雌黄，用申告示。是為序。

董事：乡饮宾蔡名标　乡饮宾李椿元　监生高希显
监生陳嘉谟、　乡饮宾黄仁美　监生高日升
职员高毓俊　皇赏陈榮德　军功蔡由水　龚大鼎
议叙职員高锺竹　乡饮宾龚希攀　皇恩蔡名清

道光二十三年十一月□日，董事仝立碑记。

按：此碑尚存永宁城隍庙。

重修永宁城隍庙碑记

勑封忠祐侯庙宇，自道光乙未夏兴工，至癸卯冬完成。庙貌焕然更新，丹雘辉煌，及诸神像塑新，雕金缕彩，倍有威灵矣。今既竣事，谨将捐题姓名逐一声明，开列於左：

永宁汛官陈長升捐银壹拾大元，重陆两柒钱陆分。永宁汛官張朝升捐银肆大元，重貳两伍錢玖分。乡饮宾蔡名标捐银捌佰大元，重伍佰伍拾貳两。监生高希显捐银陸佰伍拾大元，重肆佰肆拾捌两伍钱。乡耆龚大鼎捐银陸佰貳拾大元，重肆佰貳拾柒两肆錢玖分。乡饮宾龚希攀捐银伍佰伍拾大元，重叁佰柒拾玖两壹钱陆分。监生陳嘉谟捐银伍佰零伍大元，重叁佰肆拾捌两肆钱伍分。刑部主事钦加員外郎陈大勋捐银伍佰大元，重叁佰肆拾伍两。乡饮宾李椿元捐银叁佰玖拾伍大元，重貳佰柒拾貳两伍钱叁分。施振美号捐银叁佰陆拾柒大元，重貳佰伍拾叁两貳钱。军功议叙职銜高锺竹捐银叁佰伍拾大元，重貳佰肆拾壹两伍錢。監生高日升捐银叁佰貳拾柒大元，重貳佰貳拾伍两伍錢玖分。监生蔡振升捐银叁佰貳拾大元，重貳佰貳拾两零柒錢玖分。职员高毓俊捐银貳佰柒拾貳大元，重壹佰捌拾捌两零貳分。监生陳清藻捐銀貳佰零叁大元，重壹佰肆拾两。训导陈盈科捐银貳佰大元，重壹佰叁拾捌两。陳丰茂号捐银貳佰大元，重壹佰叁拾捌两。蔡鴻糍捐银貳佰大元，重壹佰叁拾捌两。监生陳东阳捐银貳佰大元，重壹佰叁拾柒两叁錢捌分。高沛打捐银壹佰捌拾大元，重壹佰貳拾肆两壹錢捌分。鄭圓良捐银壹佰陸拾柒大元，重壹佰壹拾伍两貳錢。同知林世亮捐银壹佰陸拾伍大元，重壹佰壹拾叁两捌錢伍分。施明坊捐银壹佰伍拾陆大元，重壹佰零柒两柒錢伍分。吴泉兴捐银壹佰貳拾伍大元，重捌拾陸两叁錢叁分。监生高毓奇捐银壹佰貳拾叁大元，重捌拾肆两捌錢柒分。乡饮宾黄仁美捐银壹佰貳拾大元，重捌拾貳两玖錢壹分。蔡名清捐银壹佰壹拾陸大元，重捌拾两零叁錢捌分。监生施云祥捐銀壹佰壹拾貳大元，重柒拾柒两叁錢肆分。高領兴捐银壹佰零捌大元，重柒拾肆两伍錢柒分。振裕号捐银壹佰零伍大元，重柒拾貳两肆錢肆分。职员陈济时捐银壹佰零肆大元，重柒拾貳兩。監生陈学起捐银壹佰零肆大元，重柒拾貳两。监生陳学诗捐银壹佰大元，重陸拾玖两。监生陳演卿捐银壹佰大元，重陆拾玖两。监生陳貽书捐銀壹佰大元，重陸拾玖两。高揚泰捐银壹佰大元，重陆拾捌两玖錢捌分。刘尧苏捐银壹佰大元，重陆拾捌两玖钱柒分。监生陈奕轩捐壹佰大元，重陆拾捌两捌錢柒分。邱合茂捐银壹佰大元，重陆拾捌两柒钱捌分。黄万发捐银玖拾大元，重陆拾壹两玖錢貳分。陈荣彬捐银捌拾大元，重伍拾伍两貳錢。王光爱捐银陆拾伍元，重肆拾肆两捌钱叁分。举人李联芳捐银伍拾玖大元，重肆拾两零捌钱捌分。乡饮宾陈騰霄捐银伍拾大元，重叁拾肆两伍钱。陳两全捐银伍拾大元，重叁拾肆两伍钱。高启将捐银伍拾大元，重叁拾肆两壹錢玖分。張聚森捐银肆拾捌元，重叁拾两叁钱壹分捌厘。王时祉捐银肆拾柒元，重叁拾貳两壹钱柒分。邱祥荷捐銀银肆拾大元，重貳拾柒两柒钱玖分。李植经捐银肆拾大元，重貳拾柒两陆钱。王集成捐银叁拾玖元，重貳拾陸两玖钱柒分。蔡应梅捐银叁拾肆元，重貳拾叁两肆钱捌分。林树滋捐银叁拾叁元，重貳拾貳两捌钱柒分。黄文科捐银叁拾貳元，重貳拾貳两壹钱捌分。林锦泰捐银叁拾壹元，重貳拾壹两肆钱捌分。黄东茂捐银叁拾大元，重貳拾两陆钱柒分。龚志石卯捐银叁拾大元，重貳拾两陆钱柒分。高啓湛捐银叁拾大元，重貳拾两叁钱貳分。监生高龙阁捐银貳拾陸元，重壹拾捌两。资源号捐银貳拾伍元，重壹拾柒两貳钱捌分。泉洽号捐银重壹拾肆两肆钱。金顺号捐银重壹拾肆两肆钱。陳套良捐银重壹拾肆两肆钱。卢自兴捐银重壹拾肆两肆錢。集源号捐银重壹拾肆两肆钱。錦順号捐銀重壹拾肆两肆钱。蔡协兴捐银重壹拾肆两叁钱貳分。尤捷兴捐银重壹拾肆两叁钱壹分。蔡宝成、蔡宝隆捐银重壹拾肆两壹钱陆分。高以篆捐銀重壹拾肆两壹钱壹分。以上各捐银貳拾壹大元。王尚因捐银重壹拾叁两捌钱。振瑞兴捐银重壹拾叁两捌钱。王尚田捐银重壹拾叁两捌钱。高锺荣捐银重壹拾叁两捌钱。陳輝升捐银重壹拾叁两捌钱。陈輝允捐银重壹拾叁两捌钱。源益杉行捐银重壹拾叁两捌钱。高启沃捐银重壹拾叁两陸钱捌分。卢崇咔捐银重壹拾叁两陆钱貳分。以上各捐银貳拾大元。李植愿捐银壹拾玖元，重壹拾叁两壹钱捌分。黄营良捐银壹拾柒元，重壹拾壹两伍钱壹分。振成号捐銀拾陸元，重壹拾壹两肆分。陈墀信捐银壹拾陸元，重壹拾两柒钱叁分。施及时捐银壹拾陆元，重壹拾两柒錢钱壹分。佘俊盈捐银壹拾陸元，重壹拾两柒錢壹分。黄尔嘉捐银壹拾肆元，重玖兩玖錢肆分。郭樧良捐银壹拾肆元，重玖两捌钱叁分。尤子耀捐银壹拾肆元，重玖两陆钱陆分。高源鰲捐银壹拾肆元，重玖兩陆伍分。陳民良捐银重捌两陆钱肆分，陳记良捐银重捌两陆钱肆分，黄妈传捐银重捌两陆钱肆分，李鉋良捐银重捌两陆钱肆分，以上各捐银壹拾叁大元。黄泉孙捐银重捌两肆钱陆分，蔡由水捐银重捌两肆钱，黄天蟯捐银重捌两貳钱捌分，董日桓捐银重捌两貳钱柒分，朱光琴捐银重捌两壹钱，以上各捐银壹拾貳大元。隆发号捐银重柒兩貳钱，振芳茂捐银重柒两貳钱，蔡維货捐银重柒两貳钱，邓树海捐银重柒两貳钱，王仕浮捐银重柒两貳钱，蔡代魏捐银重柒两貳钱，洽源号捐银重柒两貳钱，王尚汪捐银重柒两貳钱，王会良捐银重柒两壹钱柒分，謝光潭捐银重柒两壹钱肆分，蔡合茂号捐银重柒两壹钱貳分，蔡世城捐银重柒两壹钱貳分，蔡灿良捐银重柒两壹钱貳分，林泉利号捐银重柒两壹钱壹分，陳孝廷捐银重柒两壹钱，黄泉佛捐银重陆兩玖钱，蔡名荫捐银重陆兩玖钱，高名城捐银重陆两玖钱，高名乃捐银重陆两玖钱，陳輝平捐银重陆兩玖钱，龚大烧捐银重陆两玖钱，龚大注捐银重陆两玖钱，李尚戏捐银重陆两玖钱，陳墀朱捐银重陆两玖钱，高锺唱捐银重陆两玖钱，郑虞良捐银重陆两玖钱，高名周捐银重陆兩玖钱，柳斗良捐银重陆两玖钱，何朝护捐银重陆两捌钱捌分，王寅良捐银重陆两捌钱柒分，黄世赤捐银重陆兩捌伍分，長珍号捐银重陸两捌钱肆分，紹成典舖捐银重陆两捌钱叁分，龚大郡捐银重陆两捌錢叁分，龔双笨捐银重陆两捌钱叁分，陳植鴻捐银重陆两捌钱壹分，蔡汝搏、陳伯谦、朱鼎华合捐银重貳拾两壹钱，林朝栋捐银重陆两两柒钱，蔡文鉴捐银重陆两伍钱貳分，龔志记捐银重陆两玖錢，以上各捐银壹拾大元。高启青捐银玖元，重陆两壹钱玖分。李八良捐银重伍两柒钱陸分，卢隆成号捐银重伍两柒钱貳分，李尚哲捐银重伍两伍钱貳分，龚希碖捐银重伍两伍钱貳分，佘光扶捐银重伍两肆钱捌分，黄扬枕捐银重伍两貳钱壹分，高河良捐银重伍两貳钱，以上各捐银捌大元。李植餡捐银重肆兩玖钱肆分，蔡鴻請捐银重肆两捌钱叁分，柳华良捐银重肆两捌钱叁分，顺兴号捐银重肆兩捌钱貳分，董旭恳捐银重肆两柒钱柒分，永宁海关捐银重肆两柒錢，以上各捐银柒大元。黄泉权捐银重肆两两叁钱貳分，谢从良捐银重肆两叁钱貳分，黄当花捐银重肆两叁钱貳分，佘办良捐银重肆两叁钱貳分，佘衍甲捐银重肆两壹钱肆分，陳墀屋捐银重肆两壹钱肆分，林协胜捐银重肆两壹钱肆分，龚志厚捐银重肆两壹钱肆分，龚志兜捐銀重肆两壹钱肆分，蔡長拔捐银重肆两壹钱肆分，李虎若捐银重肆两壹钱肆分，李桃良捐银重肆两壹钱肆分，邱仲瞻捐银重肆两壹钱肆分，李炏良捐银重肆两壹钱肆分，周店良捐银重肆两壹钱肆分，李勤赶捐银重叁两捌钱柒分，以上各捐银陆大元。瑞兴号捐银重叁两陸钱，泰源、源德号捐银重柒两貳钱，董日次捐银重叁两陆钱，梅茂号捐銀银重叁两肆钱伍分，高锺奇捐银重叁两肆钱伍分，

龚志杂捐银重叁两肆钱伍分，李栋良捐银重叁两肆钱肆分，王直良捐银重叁两肆钱肆分，許炎良捐银重叁两叁钱捌分，姚文章捐银重叁两叁钱柒分，以上各捐银五大元。青阳号捐银重贰两捌钱柒分，黄当荣捐银重贰两捌钱柒分，苏裕良捐银重贰两捌钱捌分，施查良捐银重贰两捌钱捌分，王排良捐银重贰两捌钱捌分，李光前捐银重贰两捌钱柒分，陈鉗良捐银重贰两捌钱捌分，王揀良捐银重贰两捌钱捌分，吴�良捐银重贰两捌钱捌分，杨安良捐银重贰两捌钱捌分，郑齐良捐银重贰两捌钱捌分，陳拚良捐银重贰两捌钱捌分，陈城良捐银重贰两捌钱捌分，施�良捐银重贰两捌錢，尤�良捐银重贰两柒钱陆分，李允良捐银重贰两柒钱陸分，林创良捐银重贰两柒钱陆分，董渐良捐银重贰两柒钱陆分，朱芳良捐银重贰两柒钱陆分，意奇斋捐银重贰两柒钱陆分，陳墀芋捐银重贰两柒钱陆分，茂源典舖捐银重贰两柒钱伍分，李武泡捐银重贰两柒钱肆分，高廷明捐银重贰两柒钱肆分，陳墀拈捐银重贰两柒钱肆分，黄泉荐捐银重贰两柒钱肆分，施玺良捐银重贰两柒钱叁分，合順号捐银重贰两柒钱叁分，龚大泉捐银重贰两陆钱贰分，高沛約捐银重贰两柒钱贰分，黄历良捐银重贰两柒钱贰分，李潛良捐银重贰两柒钱贰分，高窓良捐银重贰两柒钱，董代良捐银重贰两柒钱，董炭良捐银重贰两陆钱柒分，合裕号捐银重贰两陆钱柒分，李棚良捐银重贰两陆钱肆分，王椗良捐银重贰两陆钱贰分，陈师渊捐银重贰两陆钱，李秤良捐银重贰两伍钱捌分，李植玺捐银重贰两伍钱壹分，高启墙捐银重贰两伍钱肆分，邱对良捐银重贰两伍钱，以上各捐银肆大元。黄泉福捐银重贰两壹钱陆分，李柿良捐银重贰两壹钱陆分，李緘良捐银重贰两柒分，李乌梅捐银重贰两柒分，龚偶遇捐银重贰两陆分，張世保捐银重壹两玖钱柒分，以上各捐银叁大元。谢敦琦、林朝樑合捐银重叁两肆钱伍分，林金楨捐银重壹两肆钱肆分，林麟夏捐银重壹两肆钱肆分，郭媽元捐银重壹两肆钱肆分，李成良捐银重壹兩肆钱肆分，陳赤良捐银重壹两肆钱肆分，李埭宗捐银重壹两肆钱肆分，李俊良捐银重壹两肆钱肆分，黄当蓄捐银重壹两肆钱肆分，王恩良捐银重壹两肆钱肆分，李砳良捐银重壹两肆钱肆分，林塔良捐银重壹两肆钱肆分，施梭宁捐银重壹两肆钱肆分，侯益良捐银重壹两肆钱叁分，蔡源隆捐银重壹两肆钱贰分，陈錦檻 、恒济堂、陳福良、董春涛、高及良、德裕号、郑朝紀、陈墀让、合吉号、高樜良、陈明钦、董怀良、林岩良、卢欧良、蔡源响、姚文谔、邱匆良、何魁葶、宝兴号、李包良、李栋良、蔡鋸良、蔡章良、李蜡良、李深归、張溥良、李頗良、邵哖良、邵帆良、蔡曹良、李添良、佘心良、李定良、李提良、邱驾良、郭鸿义、龚冉良、蔡柒良、龚勛良、李豹良，以上各捐银重壹两叁钱捌分；陈墀笼捐银重壹两叁钱柒分，陈锦旋捐银重壹两叁钱柒分，陳寬良捐银重壹两叁钱柒分，林謙良捐银重壹两叁钱陆分，李涼良捐银重壹两叁錢柒分，李拴 良捐银重壹两叁钱贰分，董随良捐银重壹两叁钱伍分，張万良捐银重壹两叁钱肆分，龚参良捐银重壹两叁钱肆分，鄭杂良捐银重壹两叁钱貳分，佘业良捐银重壹两叁钱貳分，李尧良捐银重壹两叁錢，李遣良捐银重壹两貳钱陸分，蔡世宅捐银重壹两貳钱伍分，吴碧良捐银重壹两貳钱肆分，卓成渊捐银重壹两貳钱肆分，蔡郎良捐银重壹两貳钱肆分，李树良捐银重壹两貳钱，李塔良、李座良捐银重貳兩柒分，以上各捐银貳大元。王接良、王意良、李墙良、李潘良、黄泉灿、黄替成、黄泉來、黄光祉、高晉良、邱才良、謝潭良，以上各捐银重柒钱貳分，李彭良、李抄良捐银重壹两肆分，高墨良捐银重柒錢，吴坪良捐银重柒錢，祥源号、陳福來、蔡帝良、郑合良、黄一良、邱培植、賴頂良、□□□，以上各捐银壹大元，各重陆钱玖分。蔡森良捐银陆钱捌分，邱□□捐银□□，邱緘良捐银陆钱捌分，□□□捐银□錢，林联良捐银陆钱柒分，李若良捐銀□錢，王得意捐银陆钱肆分，蔡代兜捐银陆钱叁分，李赏良捐银陆钱貳分，龚俨良捐银□钱，李塔良、李坂良捐银壹两貳钱貳分，以上各捐銀壹大元。南安王参良、王苗良、王斗良合捐银壹两叁钱肆分，李柳良捐□钱□分，卢芮良捐银叁钱陆分，李欢良、李尔良捐银□钱□分，邱培良捐银叁钱肆分，以上各捐银壹中元。金長順船商對对乍浦公鳩，捐來銀叁仟叁佰捌拾柒大元，重貳仟叁佰叁拾柒兩。

計叁佰肆拾肆條，总合共捐收來银重壹万零肆佰零伍兩陆钱伍分。

训导陈大年，一捐城隍公大轿全頂費銀壹拾貳元，一捐虎皮褥全領費银肆大元，一捐金銀鐦大牌並架費银肆拾元，一捐将军帳全領棹裙全块費銀壹拾元，一捐簧壳扇全枝、凉伞全枝費银陆拾元，一捐城隍公袍帽靴彩裤角帶費银貳拾元，合共捐物件費银貳佰伍拾肆大元，重壹佰柒拾伍两貳钱陆分。

谨将费用条目开列于左：

一、买杉料并载、扛工，合結共去银重貳仟叁佰捌拾貳两柒錢壹分。

一、买樟料并扛工，合結共去银重貳佰叁拾玖两柒钱柒分。

一、买石料并打、载、扛工，合結共去银重叁仟壹佰叁拾貳两陆錢。

一、买砖瓦并载、挑工，合結共去银重肆佰捌拾叁两貳钱伍分。

一、买广东龙尹及綠掩木，合結共去银重壹佰陆拾壹兩玖钱玖分。

一、买灰粉并挑工，合結共去银重壹佰貳拾柒两伍钱壹分。

一、还应闽司作木工，合結共去银重陆佰柒拾捌两玖钱玖分。

一、还通检司鋸木工，合結共去银重壹佰陆拾伍两肆钱柒分。

一、还保办扳司、成新司作涂工合結共去银重叁佰陆拾壹两叁钱柒分。

一、还连冬司、占志司凿花工，合結共去银重柒佰肆拾捌两肆钱肆分。

一、还小工，合結共去银重叁佰零玖两陆钱捌分。

一、还存忠朝福司油漆并色料，合結共去银重伍佰玖拾叁两柒钱肆分。

一、还定楼司妆佛，合結共去银重貳佰貳拾玖两柒钱。

一、还竖梁费用，合結共去银重捌拾捌两捌钱玖分。

一、还铁钉、犁鉎、簾、蔴，合結共去银重肆拾捌两伍钱伍分。

一、还磬地、园地，合結共去银重貳拾玖两。

一、还堪舆礼及涂木、锯花、油漆等司阜插花饭食，合結共去銀重伍拾两伍钱柒分。

一、还杂費等項，合結共去银重貳佰叁拾肆两玖钱肆分。

一、开勋猴司打石除外，結侵去银重壹拾玖两捌钱貳分。

一、开盘司打石除外，結侵去银重肆拾捌两伍钱肆分。

一、开器司打石除外，結侵去银重伍拾柒两零伍分。

一、开被陈埭金益源船载广东磁料，侵欠去银重貳拾柒两伍钱玖分。

一、又还妆佛及贴庆成等費，共去银重壹佰叁拾肆两零玖分。

一、买碚 牌陆块并刻字工资礼，合共去银重壹拾伍两捌钱柒分。

一、还洗司、修理辇貳項，結共去银重伍两伍钱貳分。

计貳拾伍条，总合共費用去银重壹万零肆佰零伍两陸钱伍分。

道光癸卯年腊月日，董事：乡饮宾蔡名标、监生陈嘉谟、职员高毓俊、军功诚叙职衔高锺竹、乡饮宾李椿元、乡饮宾黄仁美、皇恩陈荣德、乡饮宾龚希攀、监生高布显、监生高日升、军功蔡由水、龚大鼎、蔡名清，仝勒石。蔡其檀盥手敬书。泉郡观东巷石室居刻。

按：此碑尚存永宁卫城隍庙。原文数字多为苏州码，现已转换为汉字，以便排版。

新建梅福庵募捐小引

窃维南海普陀，水势环腰、风光扑面，洵清凉之法界，实灵应之道场焉。然犹僻处南方，高居绝顶，虽士庶莫不尊亲，究非士庶所易得至，幸而有僧善修者奉佛下山，由南海而入沪，由沪江以进永，为募兴梅福之举，逗遛鳌水之西，即卜地于斯，而枏灵永护，借非善信之福地，地脉之灵，何以叨神眷之有如是也。抑又闻之羽葆来临。亦信凭依在德，而灵祠卜建，畴非山水钟奇，是地也，跨鳌城，拱雁塔，四水归堂，五虎入脉，门迎宝盖，频临紫帽双峰，座负钮山，还鞭青狮一带。拜堂则官星掛印，锁水则双鲤跃涧，固其棲神祀神无不宜也。第土木将兴，既在经始塗丹欲布，尤赖乐成，凡诸善信，各宜捐赀成美，勿令一木叹支厦之难，就使勉力同登，要知一腋亦成裘之助。果其首倡乐捐，尚义挥金，则鸠工集事，不日

告成矣，岂不懿欤，岂不盛欤

弟子蔡耀奎監董敬撰

光绪乙酉孟春谷旦 永凝阁卫绅耆董事公启

弟子蔡恢扬募捐谨启

垠依纳捐款　龚大螺倡捐银壹佰员　黄当邦捐银伍拾员 郑尊罗 郑亲念 刘惟甚各捐贰拾肆大员　李样 许同 卢捞 郭协兴 吴昆荫 洪名炭 陈家庵以上各捐拾贰员　李蒲 蔡泉坑各捐拾员　李略缀捐捌员　许六 许踏 卢板 李荣 蔡惟聘 施志魁 刘管 楊饭 施志耀 许存咸 许志芳各捐陆员　许逊埌 郑螺 郑天 王章拔 卢发各捐肆员　林隆 李锦 卢远炳 陈长情各捐叁员　许志球 吴山 蔡衍趣 蔡文聘 苏瓜 王汀丕各捐贰员。

佳教鄢捐款　董国樑合家捐银壹佰拾伍员

董宗筹捐银伍拾大员

怡朗捐款　施得捐叁拾员　林逊铁捐拾贰员　龚丕頠 蔡猷瓯 许猴 黄凿 龚丕焕 卢同源合各捐陆员　张箴捐肆员　卢蛤 杨烧各捐叁元　高绳宗 许志彬 蔡渊 郭彩 施局舍 张霞猫 许垂尚 卢源兴 卢为福 许祖墙 郑迭 颜顺兴 合利 王焕 卢纯 协发 源发各捐贰员 郭龙 郭头 郭娥 卢添 郭炊 邱森 卢盼 黄琼 郑象 洽发 卢鼎 邱泡 卢滔 张达 龚锭 杨泉 许波 杨从 龚本 义发各捐壹员

本地捐款　四和堂捐捌员　众弟子 王金锭 李江各捐陆员　陈集盛捐伍员　陈大耀 蔡回春 蔡猷庄各捐肆员　黄当邦 蔡耀奎各捐叁员　黄承勋 佘煌踏 董春博 李乌蔴 黄当條条 高林 蔡赖司 蔡泉钱 刘光显 林允荐 陈顺义 李玉成 李琼官 李炎 李植马 龚天佐 麦定邦 蔡盛发 蔡顺兴 蔡其淮 盛发 合顺 陈新成 李永顺 吴瞰禧 吴坚 高祖宣各捐贰员 黄永奢 黄栋 黄盘 黄桔 李进 陈忠度 蔡熏 蔡潭 蔡荣 李发 蔡饭 李木 董扬 蔡捌 黄霞猫 卢钩 刘旋 王河 王帕 高聘 蔡猷烈 李清时 李霞猫 施管 董光汤 蔡树 蔡梭 陈缎 董钓 蔡梯 高飯 杨振 合兴 姚打 李和溪 联和 源兴 洽兴 新奇珍 泉隆 佘追 泉记 蔡中满 蔡世昆 三益 合成 金和 义和 姚歪 蔡益发 蔡金瓯 林复 郭胡 蔡放 吴简 吴滴 蔡妹姑 蔡四来 蔡托 佘俊林 李迈 黄棕 蔡肇文 张胡 蔡缄 蔡墨 郭池 郭谅 郭钞 郭扁 李钓 李叠 龚元旦 郭枫 郭恭 郭猪 陈洞 苏蛋 李纳 林登寬 吴文富以上各捐壹大员　李畔 蔡盼 李佰 洪寬 刘查 泉芳 董弟子 蔡世传 蔡代道 复盛 锦成 珍兴 新春 陞源 高天送 联芳 鼎和 瑞庆 玉泉 郭粊 张由 广琏玉 龚纲 郭林　蔡淡 蔡瓦 佘钷 董耀 苏蛋 吴德 蔡泉線 陳蔡氏 郭文华以上各捐壹中员

计收岷捐银肆佰肆拾肆大员平叁佰壹拾玖两陆錢捌分

收鄢捐银壹佰陸拾伍大员平壹佰壹拾叁两捌钱伍分
收怡捐银壹佰肆拾捌大员平壹佰零肆两捌钱玖分
收本地捐银壹佰捌拾肆大员平壹佰壹拾捌两叁钱叁分
收中银叁拾叁员平拾两零伍钱柒分壹厘
收卖金灰香烛长来平柒两陸錢壹分贰厘
收蔡恢扬添凑及长单水来平陸兩伍钱陸分肆厘
总共收来平陸佰捌拾壹两肆钱玖分柒厘

按：此碑尚存永宁小街梅福庵。原文数字多为苏州码，现已转换为汉字，以便排版。

新建梅福庵碑记

事以相需而復济，功以协赉而有成，梅福庵之兴也，得众力为多。其始以庚辰六月十一日入永，越壬午二月七日，举回山不果，目作建庵之气，是年八月僧善修奉佛南渡，住岷募捐，至癸未十月归唐，事无头绪，而素手堪叹，迨甲申得董国樑鸠捐住教鄢之项，即卜地於斯，然而费既浩繁，财易告匮，诸绅董又有虑焉。于是举恢扬蔡先生造宋募捐，由岷至怡得白镪六百，而在唐凑成之，自乙酉正月六日启土，迨己丑季冬告竣，费白镪玖佰有奇。倡其捐者龚大螺、董国樑、董宗筹也。募其捐者蔡恢扬、蔡迎宗，黄当邦也。鉴其事则蔡耀奎也，董其事则诸绅耆也。而督工任劳则有蔡泉坑，鼓舞助工则有蔡代鍊，财用出入则僧善修也。至若在唐募捐则又有蔡景云、陈锡纶、王文锦、蔡长华、董旭杨、燧士、高打司、董春博、高标文、王梯千、蔡明士、许金钟、蔡猷庄、王天赐、李双炎、董光极、林亲、林付、郭胡等人，即于告竣之日，爰笔直序以为碑记。

梅福庵费用列左

一买厝三间连地基并清典掛	去平伍拾伍兩叁钱捌分
一办厝上厝下室仔杉楠等料	去平伍拾贰兩零叁分叁厘
一土水工颜料花窗壁斗	去平肆拾叁兩肆钱柒分。
一土司并小土	去平贰拾肆兩捌钱柒分壹厘
一竖栋合脊办桌插花等费用	去平贰拾柒两玖钱壹分
一刊籤诗版並注释全付	去平捌兩贰钱捌分
一全宫正金朱漆連油并工	去平贰拾柒兩零玖分壹厘
一造锡器连工	去平贰拾叁两叁钱伍分六厘
一修花斗托木买磬鼓什器费	去平壹拾两肆钱柒分叁厘

一置西门瓮城内店壹畔连修理	去平贰拾陆两玖钱捌分陆厘
一赶南坂石园一坵母银	去平陆两玖钱
一乙酉腊月出借高海参母银	去平壹拾肆两肆钱玖分
一对僧德海经手杂费	去平贰两陆钱肆分肆厘
一办粗细一切石料	一置宫口石砻一个
一办南北墙瓦硐砌	一塑像贴用金
一买油灰	一造戏台并诸木器
一重新土地宫	一善修师归西费
一土木花工锯手	一买都宫边园一坵
一塑像二十八尊	一勒石刻碑刻工印工

总共用去平陆佰陆拾陆两柒钱叁分陆厘

对除外存平壹拾肆两柒钱陆分壹厘

光绪乙丑季冬谷旦　永凝合卫绅耆董事盥手勒石

蔡妈渊献高滚掛此厝母银叁拾员

蔡赖　蔡火　高点各献分头

蔡纲　蔡塘　蔡玲各献柴工拾工

蔡本鹅敬画八仙棹裙

董汤　郭昔　吴棉敬带夷信

蔡源郎献室仔地三尺

小街蔡姓二十一人　高董林曾各二人合敬小工夯杉挑砖瓦土沙石工

泉郡石室居刊

按：此碑尚存永宁小街梅福庵。原文数字多为苏州码，现已转换为汉字，以便排版。

后 记

《永宁镇志》（普通本）的编写，始于 2010 年 3 月，至 1916 年 6 月完成送审稿，刚好用了整整 6 年的时间。原计划 3 年，篇幅控制在 30 万字。想不到进行到中途，始发觉原有架构既难以记述古卫城几代历经的风云变化，也难以容纳当今日新月异之煌煌大观。感谢镇委、镇政府对编撰工作的重视和理解，在时间上给予放宽，在工作条件诸多方面给予大力支持，始获得初步的成果。

继后，恰逢编中国名镇志，在省、泉州市、石狮市方志有关部门的推荐下，又开始了新一轮紧张的编写工作，由于名镇志的体例及要求与普通本有很大的差异，不免走了好些弯路，三易其稿，直至近日杀青，列为中国名镇志文化工程首批十五部镇志之一。

因而《永宁镇志》有了两个版本，一为《中国名镇志丛书·永宁镇志》、一为《永宁镇志》（普通本）。前者重点突出永宁军事古镇、闽南侨乡、旅游胜地，名士之乡的特征，该志书不久将由方志出版社在北京出版；后者则涵盖方方面面，力求为永宁留下一份较为完整的史料，该书在镇政府支持下，不日亦即将付梓。

编写过程中，承蒙石狮市志办主任李秉源和办公室诸同志的关心指导和帮助，且初稿完成之后，又获李天锡、李国宏、高晶璟三位学者专家的认真校阅，提出诸多宝贵意见，今仅致以衷心谢意。同时，向曾热心为我们提供有关资料的纪培明、洪明芳、李延安、黄汉瑜、高玉瑄、王新民、李育群、陈宗教、郑水龙以及多年来关心支持《永宁镇志》编撰工作的广大干部和各界人士致谢！

囿于水平的限制，以及专业知识的浅陋，难免还有某些遗漏或错谬之处，恳请有识之士不吝赐教。

编 者

2016 年 6 月 30 日